Das Buch

Im Herbst 1984 k... ...Gründung feiern. Sie e... ...republik Deutschland ... ...lsten Staaten der neuer... ...wohl die Ausgangssituat... ...erst schwierig war und ... ...System nur geringe Z...
Hermann Weber ze... ...souveränen Gesamtdarstellung die Geschichte dieser Republik nach, von ihren (problematischen) Anfängen bis hin zu ihrer (problematischen) Gegenwart. Dabei wird erkennbar, daß die Entwicklung dieses Staates in zwei ganz unterschiedlichen Phasen verlaufen ist. Bis 1961 bestimmten ideologische Normen und programmatische Zielsetzungen vorrangig die Politik: die Umgestaltung der Herrschaftsstrukturen und der Gesellschaft nach den Prinzipien des Marxismus-Leninismus, und zwar in der konkreten Ausformung des sowjetischen Modells. 1961 war dieser Prozeß im wesentlichen abgeschlossen. Seither wirkt die veränderte gesellschaftliche und politische Realität – vor allem der Widerspruch zwischen moderner Industriegesellschaft und veralteten Leitungsmethoden – stärker auf die Politik ein. Die Sachzwänge bewirken Veränderungen der Politik, ja selbst der Ideologie.

Der Autor

Hermann Weber, geb. 1928, Dr. phil., ord. Professor für Politische Wissenschaft und Zeitgeschichte, ist Leiter des Arbeitsbereichs »Geschichte und Politik der DDR« an der Universität Mannheim.
Zahlreiche Veröffentlichungen zu Problemen der Arbeiterbewegung, des Kommunismus und der DDR, u. a. ›Die Wandlung des deutschen Kommunismus‹ (2 Bde., 1969); ›Lenin‹ (1970, 10. Aufl. 1984); ›Kommunismus in Deutschland 1918–1945‹ (1983).

Hermann Weber:
Geschichte der DDR

Deutscher
Taschenbuch
Verlag

dtv

Von Hermann Weber ist im Deutschen Taschenbuch Verlag erschienen:
Lenin. Aus den Schriften (1895–1923) (2919)
Lenin-Chronik (3254, zusammen mit Gerda Weber)

Originalausgabe
April 1985
© Deutscher Taschenbuch Verlag GmbH & Co. KG,
München
Umschlaggestaltung: Celestino Piatti
Gesamtherstellung: C. H. Beck'sche Buchdruckerei,
Nördlingen
Printed in Germany · ISBN 3-423-04430-6

Inhalt

Einleitung 7

1. Kapitel: Die Gründung der DDR 21
2. Kapitel: Die »antifaschistisch-demokratische Umwälzung« 1945–1949 47
   Das Ende Hitler-Deutschlands 47 Die Rolle der deutschen Kommunisten 51 Anfänge des Neuaufbaus 54 Die Sowjetische Militäradministration 59 Neuaufbau des Parteiensystems 69 Das Potsdamer Abkommen 86 Aufbau von Wirtschaft und Verwaltung 91 Deutsche Zentralverwaltungen 96 Von der Bodenreform zur »Industriereform« 110 Die Gründung der SED 115 Der Kampf der SED um die Hegemonie im Parteiensystem 133 Die Wahlen von 1946 in der sowjetischen Besatzungszone 138 Die Spaltung Deutschlands 144 Der Übergang zur »Volksdemokratie« 160 Die »Partei neuen Typus« 173
3. Kapitel: Stalinisierung der DDR 1949–1953 186
   Anfänge der DDR 186 Wandel des Parteiensystems 196 Der »Aufbau des Sozialismus« 213 Herrschaft des Apparats 219 Der »Neue Kurs« 232 Der Aufstand vom 17. Juni 1953 236
4. Kapitel: Der Ausbau des neuen Systems 1953–1961 ... 245
   »Tauwetter« in der DDR? 245 Die Souveränität der DDR 255 Angepaßte Strukturen 259 Die Lage 1955 in der Sicht des ZK 264 Die 3. Parteikonferenz der SED 1956 275 Ausschaltung der Opposition 283 Die Harich-Gruppe 287 Schirdewan scheitert – Ulbricht setzt sich durch 292 Konsolidierung 1958/1959 297 Gefestigtes Parteiensystem 301 Vorrang der Ideologie 309 Kollektivierung der Landwirtschaft 314 Neue Krise 318 Mauerbau 1961 321
5. Kapitel: Die Festigung der DDR 1961–1965 327
   Die Zäsur von 1961 327 Stabilisierungsversuche 335 Frauen in der Männergesellschaft 339 Traditionspflege 342 Der VI. Parteitag der SED 345 Das neue ökonomische System 350 Ausbau von Staat und Gesell-

schaft 353 Jugend und Bildungssystem 356 Außenpolitische Schritte 362

6. Kapitel: Ulbrichts Modellversuche 1966–1970 367
Rückschläge in der Reformpolitik 367 Politik der Abgrenzung 370 Der VII. Parteitag der SED 376 Die Verfassung von 1968 385 Die DDR und der »Prager Frühling« 388 Versuche zur Eigenständigkeit der DDR 393 Der Weg in eine neue Krise 398

7. Kapitel: Anpassung an die UdSSR 1971–1975 404
Ulbrichts Ablösung und der VIII. Parteitag 404 Veränderungen in der Partei 407 Parteiensystem und Staat 416 Probleme in Gesellschaft und Wirtschaft 423 Anpassung an die UdSSR und Abgrenzung vom Westen 429

8. Kapitel: Krisenhafte Entwicklung 1976–1980 437
Der IX. Parteitag der SED 437 Das neue Parteiprogramm 439 Die SED als »führende Kraft« 444 Repressive Kulturpolitik 451 Stagnation der Wirtschaft 455

9. Kapitel: Probleme der DDR 1981–1984 460
Der X. Parteitag der SED 460 Politisches System seit 1981 466 »Übergang zum Kommunismus« 469 Das Politbüro – das Führungsorgan der DDR 475 Das Ringen um Stabilität 488

Karte der DDR 509
Auswahlbibliographie 510
Abkürzungen 531
Personenregister.................... 534

Eine ausführliche Zeittafel zur Geschichte der DDR ist vorgesehen für einen demnächst folgenden Band ›DDR‹ in der Reihe dtv-dokumente, herausgegeben von Hermann Weber.

Einleitung

Die DDR feierte 1984 den 35. Jahrestag ihrer Gründung, mit viel Pomp und Eigenlob, aber ohne jegliche Selbstkritik. Die Entwicklung des anderen deutschen Staates wird in der Eigendarstellung interpretiert als geradlinige Fortsetzung der progressiven Tradition der deutschen Geschichte, inbesondere der Arbeiterbewegung. Dabei werden Brüche im historischen Prozeß der DDR ebenso übergangen wie Schwankungen oder grundsätzliche Änderungen der Politik; die Geschichte der DDR erscheint in dieser Sicht als unvermeidlicher, ja als »gesetzmäßiger« Werdegang zu einer immer vollkommeneren Gesellschaft des Sozialismus mit »neuen Menschen«.

Die historische Wirklichkeit ist banaler und tatsächlich ist etwas anderes positiv zu vermerken, nämlich, daß die DDR einer der historisch stabilsten Staaten der neueren deutschen Geschichte ist. Einschließlich der Vorgeschichte seit 1945 existiert die DDR inzwischen rund 40 Jahre, also bereits um ein Vielfaches länger als die 14 Jahre Weimarer Republik oder die zwölf Jahre »Drittes Reich« und ungefähr so lange wie das deutsche Kaiserreich.

Diese Stabilität ist deshalb besonders bemerkenswert, weil die Ausgangssituation der DDR äußerst schwierig war und fast alle zeitgenössischen Prognosen dem neuen Staat ein rasches Ende voraussagten. Vor allem die öffentliche Meinung der Bundesrepublik Deutschland – eines Staates, der nach seinem Selbstverständnis als »Provisorium« begann und inzwischen ebenso lange besteht – gab der DDR keine lange Lebensdauer. Inzwischen zeigt sich jedoch, daß die Existenz beider Staaten bereits ein Drittel der etwa 110 Jahre deutscher Nationalgeschichte seit 1871 umfaßt.

In den letzten Jahren hat nun die wissenschaftliche Aufarbeitung der Geschichte der DDR – ebenso wie die der Bundesrepublik – Fortschritte gemacht. In der DDR ist die Untersuchung der eigenen Vergangenheit ein Schwerpunkt der historischen Forschung. Ohnehin nimmt dort das Geschichtsbild als Legitimation von Herrschaft einen überragenden Platz in der Ideologie ein.

Doch die DDR-Geschichtsschreibung hat sich den Erfordernissen der Politik unterzuordnen. Historische Gegebenheiten werden durch eine ideologische Brille und damit verzerrt gesehen; die Geschichtsbetrachtung dient weitgehend der Untermauerung politischer Anliegen, weil sie vorgegebene Doktrinen bestätigen soll. Damit wird die Geschichte in der DDR zur rückprojizierten Gegenwart, das heißt, die heutige Parteilinie wird in die Vergangenheit transformiert. Geschichte wird so geschildert, wie sie nach der aktuellen Politik hätte sein sollen, und nicht so, wie sie wirklich war. Jede Wendung der politischen Linie bringt daher auch ein Umschreiben der Geschichte mit sich, immer neue Legenden entstehen. Ein so deformiertes Geschichtsbild der DDR wird über (meist sehr preiswerte) Lizenzausgaben von DDR-Publikationen auch in die Bundesrepublik getragen. Unter diesen Umständen kann die Darstellung der DDR-Geschichte nicht allein der DDR überlassen bleiben. Daher hat die Geschichte der DDR in jüngster Zeit auch im Westen in der Forschung zunehmend an Bedeutung gewonnen.

In der DDR selbst erschien die erste zusammenfassende ›Kurze Geschichte der DDR‹[1] erst 15 Jahre nach der Staatsgründung. Inzwischen gibt es dort zahlreiche Dokumentationen, Memoiren und Monographien zu einzelnen Phasen der Geschichte, die auch neue, detaillierte Erkenntnisse ermöglichen. Der vorliegende Band beruht auf diesem Forschungsstand in Ost und West. Auf der Basis der vorhandenen Ergebnisse soll eine Beschreibung und Analyse der DDR-Geschichte mit sachlicher Information und Interpretation erfolgen. Die einzelnen Kapitel beschäftigen sich mit den verschiedenen Perioden der DDR-Geschichte. Es geht dabei in erster Linie um die Beschreibung der Entwicklung, um die Aufbereitung der wichtigsten Fakten. Entsprechend der Zielsetzung, die Geschichte der DDR darzustellen, werden die Entstehung ausführlich beschrieben, die früheren Phasen breiter vorgestellt und die jüngste Zeit nur knapp behandelt. Bei aller gebotenen Kürze werden dabei doch genügend Fakten gebracht, um den Werdegang nachzeichnen zu können. Das Schwergewicht liegt auf der Herausbildung und der Frühzeit der DDR. Dies geschieht nicht nur, weil hier die Materiallage am besten ist, sondern vor allem, weil in der Frühphase die Grundlagen der jetzigen Politik geschaffen wurden und diese Zeit vielen Menschen kaum bekannt ist.

---

[1] Stefan Doernberg, Kurze Geschichte der DDR. Berlin (Ost) 1964; die letzte (4.) überarbeitete und erweiterte Auflage erschien 1969.

Die historisch gewachsenen Rahmenbedingungen und Strukturen der DDR sind bis heute wirksam geblieben. Die eigene Tradition beeinflußt die Praxis der DDR, die Verhaltensweise der Führung ist geprägt von ihrer Herkunft und ihren Erfahrungen. Die Kenntnis der Geschichte der DDR ist also unentbehrlich für das Verständnis ihrer gegenwärtigen Politik.

Die vorliegende Geschichte der DDR ist chronologisch gegliedert, nur die Gründung 1949 wurde als 1. Kapitel vorgezogen. Die Periodisierung, über die inzwischen recht breit diskutiert wurde,[2] braucht hier nicht weiter problematisiert zu werden. Verschiedene Ereignisse der DDR-Geschichte sind so gravierend, daß sie in Ost und West übereinstimmend als Zäsuren der Entwicklung verstanden werden. Das gilt für die DDR-Gründung 1949, das Jahr 1961 mit dem Mauerbau oder für 1971 mit der Ablösung Ulbrichts. Weitere Einschnitte brachten das Jahr 1953 mit dem Tod Stalins und dem Aufstand vom 17. Juni, aber auch 1965/66 mit Veränderungen des ökonomischen Systems, der Kultur- und Deutschlandpolitik. Für die jüngsten Phasen schließlich wurde mit 1975/76, also der Konferenz von Helsinki, dem Beistandspakt DDR-UdSSR und dem IX. Parteitag der SED eine Zäsur gesetzt bzw. mit dem X. Parteitag 1981 ebenfalls ein neues Kapitel begonnen. Die chronologische Beschreibung wurde durchgehend beibehalten.

Doch zunächst wird die DDR-Gründung im Oktober 1949 geschildert, und zwar relativ ausführlich, denn dieser Akt ist bisher kaum näher beschrieben worden bzw. er wird in der DDR verzerrt dargestellt.[3] Da bei der Gründung des Staates Methoden und Taktiken praktiziert wurden, die vorher und auch nachher für die deutschen Kommunisten typisch waren, ist dieser Einstieg auch methodisch gerechtfertigt.

Für die danach dargestellte Phase von 1945 bis 1949 wurden einige Probleme besonders detailliert erörtert, da sie charakteristisch sind. Das gilt z. B. für die Herausbildung der Zentralverwaltungen 1945; hierbei ermöglichten bisher unveröffentlichtes

---

[2] Vgl. Christina von Buxhoeveden, Geschichtswissenschaft und Politik in der DDR. Das Problem der Periodisierung. Köln 1980; Alexander Fischer und Hermann Weber, Periodisierungsprobleme der Geschichte der DDR. Deutschland Archiv 12 (1979), Sonderheft ›30 Jahre DDR‹; vgl. jetzt auch Gert Joachim Glaeßner, Schwierigkeiten beim Schreiben der Geschichte der DDR. Anmerkungen zum Problem der Periodisierung. Deutschland Archiv 17 (1984), S. 638ff.

[3] Vgl. Helmut Neef, Entscheidende Tage im Oktober 1949. Die Gründung der Deutschen Demokratischen Republik. Berlin (Ost) 1979 (Neuaufl. 1984).

Archivmaterial[4] und andere Quellen neue Akzente in der Bewertung des staatlichen Neuaufbaus und der Rolle der sowjetischen Besatzung. Breiter beschrieben wurde auch die Gründung der SED im April 1946, die den entscheidenden Einschnitt in der Transformation des Parteiensystems brachte und deren Zustandekommen bis heute in Wissenschaft und Politik umstritten ist.

Solche etwas überproportionierten Teile sind indes paradigmatisch und damit vertretbar. Das gilt ebenso für die umfangreiche Erörterung einer ZK-Tagung der SED von 1955, die in der Literatur bisher zuwenig ausgewertet wurde. Ansonsten kam es darauf an, die Entwicklung der DDR bis zum großen Einschnitt von 1961 ausführlicher, die Phasen danach hingegen eher kursorisch abzuhandeln.

Bei einer Betrachtung der Gesamtgeschichte der DDR sind zwei grundsätzlich voneinander verschiedene Etappen erkennbar, in denen Ideologie, Realität und Motivation unterschiedlichen Stellenwert besaßen. Bis 1961 bestimmten ideologische Normen und programmatische Zielsetzungen vorrangig die Politik: Umgestaltung der Herrschaftsstrukturen und der Gesellschaft nach den Prinzipien des »Marxismus-Leninismus« in der konkreten Übertragung des sowjetischen Modells. Dieser Prozeß war 1961 im wesentlichen abgeschlossen. Seither wirkt die veränderte gesellschaftliche und politische Realität – vor allem der Widerspruch zwischen moderner Industriegesellschaft und veralteten Herrschafts- und Leitungsmethoden – stärker auf die Politik ein. Die »Sachzwänge« bestimmen Veränderungen der Politik, ja selbst der Ideologie.

Dabei zeigt die Entwicklung der DDR den Wandel von einem von der Besatzung total abhängigen Regime zum Juniorpartner der UdSSR, vom administrativ-diktatorischen stalinistischen System zur flexibleren »sozialistischen« Leistungs- und Konsumgesellschaft. Durch radikale Umformung der ökonomischen, politischen und sozialen Strukturen bis 1961 wurden in der DDR die alten besitzenden und herrschenden Schichten enteignet und entmachtet (Großgrundbesitz, Besitzbürgertum und Mittelschichten); an ihre Stelle trat eine neue Oberschicht, eine Elite der Apparate (hauptamtliche Funktionäre) der Partei, des Staates, der Massenorganisationen, der Wirtschaft, der be-

---

[4] Eine Ostberliner Dissertation war leider nicht erreichbar: Wolfgang Merker, Die deutschen Zentralverwaltungen in der Sowjetischen Besatzungszone Deutschlands 1945–1949; vgl. dazu Kap. 2, Anm. 102.

waffneten Organe und der Massenmedien, die alle von der SED umfassend angeleitet und kontrolliert werden. Grundlage der Gesellschaftsordnung der DDR sind – neben dem Herrschaftssystem – die neuen Eigentumsverhältnisse. Entscheidende Eigentumsform ist nicht mehr der Privatbesitz der Unternehmer, sondern das Staats- und Genossenschaftseigentum. Die Umverteilung bewirkte eine neue soziale Schichtung der Bevölkerung mit der Konsequenz, daß die DDR von Problemen privat-kapitalistischer Ordnung nur noch wenig, von der allgemeinen Problematik moderner Industriegesellschaft jedoch nach wie vor stark tangiert wird.

Nach dem Willen der Staatspartei und laut Verfassung soll die DDR den Sozialismus verwirklichen, doch tatsächlich wird darunter verstanden, das Modell Sowjetunion zu realisieren. Unter dieser Zielsetzung ist im Herrschaftssystem der DDR die verfassungsrechtlich abgesicherte »führende Rolle« der SED von zentraler Bedeutung. Der Hegemonieanspruch der Partei erstreckt sich auf alle Lebensbereiche.

Neben den Massenorganisationen und den übrigen vier Parteien ist der Staatsapparat wichtigster »Hebel« der SED. Sie benutzt Repressionen, Neutralisierung und Manipulierung sowie ideologische Indoktrination als wesentliche Methoden zur Ausübung ihrer Macht. Der demokratische Zentralismus ist als Leitungsprinzip Instrument der Parteiführung zur Anleitung und Kontrolle sowohl der eigenen Partei als auch des Staates. Die innere Struktur der SED ist durch hierarchische Apparatherrschaft nach dem Vorbild der KPdSU gekennzeichnet. Widersprüche soll die Ideologie als Integrationsklammer kaschieren.

Die Doppelfunktion der Ideologie – einerseits Rechtfertigung und Verschleierung der Machtverhältnisse, andererseits Setzung von politischen Normen – entspricht der generellen zwiespältigen Rolle des »Marxismus-Leninismus« in der DDR. Er ist sowohl Herrschaftsinstrument der Führung (»institutionalisierter Marxismus«) als auch ideologische Grundlage der innerkommunistischen Opposition.

Das von der SED geschaffene »neue« System entwickelte sich keineswegs immer entsprechend der Zielsetzung der Partei; die Gesellschaft zeigte in manchen Phasen überdies eine Eigendynamik, die von der Führung berücksichtigt werden mußte. Partei und Staat hatten und haben ihre Politik und Strategie ständig an die sich verändernden Realitäten anzupassen, um Formen von Partizipation sowohl in der Partei wie in der Gesellschaft zu finden, ohne dabei aber den Führungsanspruch der Parteispitze zu gefährden. Für die SED bedeutete das, den Wandel von der bürokratischen Apparatpartei zu einem flexibel arbeitenden Leitungsorgan zu vollziehen (Veränderung der Kader und des Führungsstils). Doch die Traditionen wirken weiter und lassen den Konflikt zwischen moderner Gesellschaft und veralteten hierarchischen Leitungsprinzipien immer wieder aufbrechen.

Die DDR ist daher nicht durch eine monolithische, sondern durch eine widersprüchliche Ordnung gekennzeichnet. Ideologische Normen einerseits und Sachzwänge andererseits bestimmen den Doppelcharakter der DDR; sie hat gleichzeitig progressive (normative Ziele) und konservative Züge (Konformismus und Systemerhaltung). Die Antriebskräfte und Motive des Systems bleiben widerspruchsvoll. Materieller Anreiz und Konsumstreben spielen eine wichtige Rolle, doch werden diese »kapitalistischen« Faktoren nicht nur durch Planwirtschaft und Staatseigentum (»sozialistische Grundlage«) begrenzt, sondern auch durch die Staatspartei, die stalinistische Relikte aufweist.

Die DDR schwankt daher zwischen Fortschritt und Dogmatismus, Modernität und kleinbürgerlichem Spießertum. Manche Reformen zielten auf Emanzipation: Es verschwanden alte Hierarchien und überholte Klassenstrukturen, die Bewältigung der faschistischen Vergangenheit, des Chauvinismus und des Rassismus ist insgesamt gesehen erfolgt und der in der deutschen Geschichte verwurzelte Irrationalismus wurde – wenigstens in der öffentlichen Meinung – durch Wissenschaftsgläubigkeit ersetzt. Ansätze der Frauenemanzipation, Heranziehung der Jugend zu gesellschaftlicher Verantwortung, Sozialprestige der Arbeiter, fortschrittliches Gesundheits- und effizientes Bildungswesen sind ebensowenig zu übersehen wie Grundzüge einer solidarischen Gesellschaft. Daneben aber steht die politische Diktatur, die Militarisierung vieler Lebensbereiche, Sanktionen gegen jeden Nonkonformismus. Selbst auf dem Gebiet von Wissenschaft und Bildung, deren Erfolge immer wieder gepriesen werden, zeigt das Erziehungsziel einer braven SED-konformen »sozialistischen« Persönlichkeit den Widerspruch der DDR, die inzwischen eher konservativ als progressiv ist.

Diese generelle Einschätzung der DDR übersieht selbstverständlich nicht, daß die Entwicklung des DDR-Systems sowohl immanenten Bedingungen unterlag als auch von äußeren Umständen abhängig war. Änderungen in der UdSSR schlugen sich selbstverständlich in der DDR nieder. Aber sie reagierte auch auf die Politik des Westens; der Kalte Krieg bewirkte einerseits ein Zusammenrücken der Führungseliten gegenüber dem »Feind« und förderte andererseits ein Wunschdenken bei den Gegnern des Regimes, die auf das baldige Ende der DDR hofften. Die als offen angesehene deutsche Frage vergrößerte die Instabilität des Regimes ebenso wie ökonomische Schwierigkeiten, die auch aus Problemen der Weltwirtschaft oder der früheren deutschen Wirtschaftseinheit herrührten.

Die SED-Führung muß außen- wie innenpolitische »Sachzwänge« berücksichtigen; das läßt erkennen, daß die Kommunisten keineswegs – wie sie behaupten und wie auch bei uns oft angenommen wird – ihre Strategie und Programmatik konsequent durchsetzen können. Auch die SED war und ist oft weniger Partei der Aktion als eine Organisation, die auf Ereignisse und Realitäten reagieren muß.

In einem zentralistischen System wie dem der DDR kommt dabei den führenden Personen besondere Bedeutung zu. Die wichtigsten Persönlichkeiten der Politik werden daher mit kurzen biographischen Daten im Text vorgestellt (im Namensregister sind diese Stellen hervorgehoben). Die Beschränkung auf Politiker ist kein Zufall. Bei der vorliegenden Untersuchung handelt es sich in erster Linie um eine politische Geschichte, in die Aspekte von Gesellschaft, Wirtschaft und Kultur mit einbezogen wurden. Auch die Außenpolitik wurde berücksichtigt; im Mittelpunkt steht jedoch die Innenpolitik, die Entwicklung des Staates, des Parteiensystems und insbesondere die Darstellung des Prozesses der Machterringung und Herrschaftssicherung durch die Führungspartei SED. Bei der Beschreibung einer politisch so verfaßten Gesellschaft wie der DDR ist das legitim und notwendig. Allerdings treten damit bestimmte Fragestellungen und Probleme in den Hintergrund, spezifische Entwicklungstendenzen werden bei solcher Zustandsbeschreibung verkürzt.

Dies hängt auch mit den theoretischen Grundpositionen zusammen, von denen hier ausgegangen wird. Gemeint ist die These, daß Spannnungsverhältnisse für das scheinbar monolithische System bestimmend sind, ferner die Thesen von der meist unterschätzten Rolle der Tradition für die politische Realität, von der Bedeutung des Gegensatzes zwischen Theorie und

Praxis und insbesondere von der Wandlungsfähigkeit des Kommunismus:[5] Ein Blick in die Geschichte zeigt nicht nur frühere Veränderungen des Kommunismus, sondern auch, daß die diktatorische Ausprägung des stalinistischen Kommunismus keineswegs seine genuine Ausformung war. Ursprünglich waren im Kommunismus neben dem Stalinismus, der sich durchsetzte, mehrere Möglichkeiten angelegt. Seine Wandelbarkeit bewies der Kommunismus erstmals, als er demokratische Ansätze ausschaltete. Eine Metamorphose, die wieder demokratische Tendenzen hervorbringt, ist also durchaus denkbar, die Reformen der CSSR 1968 sind dafür beispielhaft. Mit dem Einmarsch der Truppen der Warschauer-Pakt-Staaten in die CSSR im August 1968 wurde dieser Prozeß allerdings unterbrochen, der Reformkommunismus und seine demokratische Variante wieder weit zurückgeworfen.

Der einheitliche Kommunismus existiert jedoch nicht mehr. Heute lassen sich bürokratisch-diktatorischer Kommunismus (der noch immer von der SED praktiziert wird), revolutionärer Kommunismus und Reformkommunismus unterscheiden. Historische Erfahrungen und theoretische Analysen besagen, daß für Industriegesellschaften nicht nur *eine* politische Herrschaftsform adäquat ist. Das kapitalistische Wirtschaftssystem hat mehrere und gegensätzliche politische Ordnungen hervorgebracht (von der parlamentarischen Demokratie bis zum Faschismus). Auch mit der kommunistischen Staatswirtschaft und ihrer Sozialstruktur können verschiedene Herrschaftstypen verbunden sein. Eine Wandlung des gegenwärtigen administrativ-diktatorischen Kommunismus (auch der DDR) zu einer demokratischen Variante ist zumindest eine theoretische Möglichkeit, auch wenn diese Alternative für die DDR noch in weiter Ferne liegt und nur durch eine radikale Veränderung vor allem der SED und der Machtstruktur überhaupt erst möglich erscheint (bei bisherigen Veränderungen der SED und der DDR handelte es sich ja nicht um Demokratisierungstendenzen, sondern jeweils um Versuche, das bestehende System zu modernisieren).

In diesen Vorstellungen von den Wandlungen des Kommunismus spielt der Begriff des Stalinismus eine zentrale Rolle. Die Kritiker dieser Bezeichnung sehen darin nicht selten einen emotional aufgeladenen Kampfbegriff, der kein wissenschaft-

---

[5] Einzelheiten dazu in Hermann Weber, Demokratischer Kommunismus? Zur Theorie, Geschichte und Politik der kommunistischen Bewegung. Hannover 1969, Neuaufl. Berlin (West) 1979.

lich tragfähiges Erklärungsmuster abgeben könne und zudem personalisiert sei. Doch die Stalin-Periode unterscheidet sich grundsätzlich von der Lenin-Periode wie von der späteren Phase des Kommunismus; die Absicht der Kommunisten, den Begriff Stalinismus zu tabuisieren, ist eine Verdrängung, um ihre Vergangenheit umzufälschen. Das neuartige politische und gesellschaftliche System, das sich in den zwanziger Jahren in der UdSSR herausbildete, erwuchs aus der Rückständigkeit Rußlands und wurde wesentlich von Stalin geprägt; wie sollte es daher besser definiert werden als mit dem Begriff Stalinismus?[6]
Stalinismus war die Machtausübung durch die hierarchisch organisierten Apparate, die Bürokratie, aber in der Form der Willkürherrschaft. Die despotische Gewalt der Führung, insbesondere Stalins, war in der Realität weder durch Gesetze noch durch Institutionen hinreichend beschränkt oder kontrolliert. Die politische Ausprägung des Stalinismus war die kommunistische Einparteienherrschaft; bei völliger Ausschaltung innerparteilicher Demokratie war die gesellschaftliche und politische Entscheidungsgewalt und damit die Macht in den Händen der Parteispitze konzentriert. Die Volksvertretungen wurden nicht von der Bevölkerung bestimmt, sondern von der Partei eingesetzt, und sie übten lediglich Scheinfunktionen aus. Die Partei beherrschte auch die Staatsverwaltung, die Justiz und die Massenorganisationen, die ebenfalls straff zentralistisch aufgebaut waren, und sie besaß das Monopol der Meinungsbildung.

Weitere Kennzeichen des Stalinismus waren das Fehlen jeder politischen Freiheit und Diskussion in Gesellschaft, Staat und Partei, terroristische Säuberungen durch die Geheimpolizei, Militarisierung und Reglementierung aller Lebensbereiche, Ausschaltung der Grundrechte des Bürgers, schließlich eine dogmatische Ideologie (»Marxismus-Leninismus«), die die Herrschaft der Apparate verschleiern und absichern sollte und im Personenkult um Stalin gipfelte.

Als soziale Merkmale des Stalinismus sind zu nennen: eine starke soziale Differenzierung der Gesellschaft, die Beherrschung der zentralistisch geplanten, verstaatlichten bzw. kollektivierten Wirtschaft durch den Apparat, eine materielle Privilegierung der bürokratischen Oberschicht, das Fehlen jeder

---

[6] Vgl. dazu Hermann Weber, Stalinismus. Zum Problem der Gewalt in der Stalin-Ära. In: Reinhard Crusius und Manfred Wilke (Hrsg.), Der XX. Parteitag der KPdSU und seine Folgen. Frankfurt a. M. 1976, S. 263 ff.

ernsthaften Mitbestimmung der Arbeiter und Bauern in der Wirtschaft und im Betrieb, die völlige Unterordnung der Gewerkschaften unter den Löhne und Normen festsetzenden Staat, die Ein-Mann-Leitung in Betrieb und Gesamtwirtschaft. Viele dieser Charakteristika existieren immer noch, andere wurden durch die »Entstalinisierung« überwunden. Daß diese Strukturen auf die DDR übertragen wurden, ist leicht an der Realität ablesbar; insofern kann von einer Stalinisierung der DDR gesprochen werden.

Diese Stalinisierung der DDR führte auch zu einem Widerspruch zwischen Theorie und Praxis, der politische Bedeutung erlangte. Der Gegensatz zwischen den Idealen der Gleichheit und Freiheit im »Marxismus« und der Realität in der DDR führte bei der »marxistisch« geschulten jungen Generation zu grundsätzlicher Kritik am System. Eine immanente Kritik, die die Wirklichkeit mit dem Anspruch konfrontiert, ist also durchaus angemessen.

Dabei läßt sich als Grundproblem der Entwicklungs- und Strukturbedingungen der DDR zweierlei festhalten. Erstens: die DDR ist nur ein Teilstaat, dessen Bevölkerung zudem auf den größeren Teilstaat, die Bundesrepublik, fixiert ist. Zweitens: auf die DDR, ein sozialökonomisch hochentwickeltes Gebiet, wurde eine Herrschafts- und Gesellschaftsform übertragen – der Stalinismus –, die nicht zuletzt auf der Rückständigkeit Rußlands beruhte. Hierin liegen die Ursachen zahlreicher Konflikte der Entwicklung der DDR bis in unsere Tage.

Trotz dieser Schwierigkeiten und vielfältiger anderer Probleme in ihrer Geschichte ist es der DDR-Führung insgesamt gelungen, bei straffer politischer Machtkonzentration – einer politischen Diktatur mit klarer Befehlsentscheidung und Kontrolle von oben nach unten – ein effizientes und relativ erfolgreiches Wirtschaftssystem zu etablieren. Dieses wesentliche Ergebnis der DDR-Entwicklung brachte eine gewisse Stabilität der Gesamtgesellschaft, jedoch keinesfalls ein widerspruchsfreies System. Nachdem die schlimmsten Kriegsfolgen überwunden waren, konnte in der DDR, aufbauend auf der Tradition einer Industrienation, eine moderne Industriegesellschaft errichtet werden. Die gleichzeitige Übertragung der Herrschafts- und Leitungsmethoden der UdSSR führte zum generellen Widerspruch des DDR-Systems. Verstärkt wurde dieser Gegensatz noch dadurch, daß diese Praktiken von einer Besatzungsmacht gegen den Willen der Mehrheit der Bevölkerung eingeführt wurden, was ständig und bis heute hinreichend Konfliktstoff erzeugte. Daraus lassen sich folgende Thesen ableiten:

Die DDR entstand – ebenso wie die Bundesrepublik Deutschland – aus einem Besatzungsregime. Der Umwandlung der DDR-Gesellschaft lagen dabei zwei Faktoren zugrunde: die Besatzungsmacht UdSSR sowie Tradition und Ideologie des deutschen Kommunismus. Direkte Voraussetzung der Entstehung der DDR war jedoch die Auseinanderentwicklung Deutschlands, die sich aus den wachsenden Gegensätzen zwischen den bisherigen Alliierten ergab. Durch die ungünstige Ausgangslage, vor allem der Wirtschaft, befand sich die DDR von Anfang an gegenüber der Bundesrepublik in einer schwächeren Position, sie blieb in allen Etappen trotz feindseliger Kritik an der BRD immer auf diese fixiert.

Nach Reformen und bei Offenhaltung der »deutschen Frage«, zumindest bis 1949, wurde in der Zeit von 1949 bis 1961 das damalige System der Sowjetunion auf die DDR übertragen. Dieses Regime entsprach dem ideologischen Grundkonzept der deutschen Kommunisten, die schrittweise die von der Besatzungsmacht geräumten Positionen übernahmen. Die SED war zunächst nur der verlängerte Arm der Besatzung, was sie in Gegensatz zur Mehrheit des Volkes, gerade der Arbeiter, geraten ließ.

Das Oktroyieren des stalinistischen Modells der UdSSR mit diktatorischen Mitteln verhärtete die Auseinandersetzung. Das Verhältnis zum Kommunismus war in Deutschland ohnehin immer gespannter gewesen als in anderen Ländern, unter dem Faschismus wuchs es sich zur Katastrophe aus.

Stalinismus und Faschismus spielten dann auch in der Entwicklung des deutschen Kommunismus eine gravierende Rolle; in der Traditionslinie der SED haben sie bis heute eine fast traumatische Bedeutung für die Politik der Parteiführung behalten. Die bitteren Erfahrungen mit der Hitler-Diktatur, deren Gewaltherrschaft Zehntausende Kommunisten das Leben kostete und während der Hunderttausende Parteimitglieder lange Freiheitsstrafen erlitten, wirken bis heute nach.

Das »Stalinismus-Trauma«, das die kommunistische Führung zusätzlich belastete, resultiert nicht nur daraus, daß die SED unter Ulbricht das stalinistische System übernahm, sondern auch aus der Tatsache, daß sich bereits die alte KPD Stalin unterworfen hatte und auch zahlreiche deutsche Kommunisten Opfer der Stalinschen Säuberung von 1936 bis 1938 geworden waren. Die »Entstalinisierung« der auf Stalin eingeschworenen deutschen Kommunisten blieb problematisch und halbherzig. Nicht zuletzt das Faschismus- und das Stalinismus-»Trauma« im Hintergrund der SED-Politik sind deutlicher Beweis dafür, wie sehr die aktuelle Situation der SED von ihrer Geschichte geprägt, wie groß der Einfluß der Tradition auf ihre Politik ist.

Der Weg der DDR wurde bestimmt durch die Spaltung Deutschlands im Kalten Krieg und die Übertragung des stalinistischen Systems bzw. später durch die Veränderung der sowjetischen Politik. Insofern gab es für die Entwicklung des zweiten deutschen Staates grundsätzlich keine Alternative. Doch viele und oft fatale einzelne Entscheidungen in der Geschichte der DDR waren keineswegs unvermeidlich, sie hätten sich auch in anderer Form vollziehen können. Hier spielte auch der Kalte Krieg in Deutschland selbst eine Rolle. Die starre Haltung der deutschen Kommunisten ebenso wie die nicht weniger starre Haltung der Politiker der Bundesrepublik eskalierten zu einer »harten« Politik; so wurden beispielsweise in den sechziger Jahren nicht einmal »kleine Schritte« gewagt, etwa um liberale Tendenzen in der DDR zu stärken.

Freilich blieb ein »dritter Weg« jenseits von sowjetischer Abhängigkeit oder einer kapitalistischen Restauration in der DDR nur ein Wunschtraum oder bestenfalls eine theoretische Möglichkeit, keine reale Perspektive. Die Weltmächte entschieden auch in Deutschland die Politik, und gerade die Sowjetunion wollte einen »dritten Weg« nicht tolerieren. So bestimmte die Einbindung der DDR in den Block unter Führung der Sowjetunion die Trends der Politik, die freilich zunehmend auch vom Interesse der SED nach eigener Machtsicherung geprägt wurde. Daneben sind die sozialen und wirtschaftlichen Einflüsse und »Notwendigkeiten« ebenso wichtige Faktoren der Politik wie die Reaktionen auf den Westen. Damit lief die Geschichte der DDR auf fatale Weise generell mit einer gewissen Zwangsläufigkeit ab (freilich in anderem Sinn als in der von der DDR selbst behaupteten »Gesetzmäßigkeit« ihrer Entwicklung), und durch fehlende Flexibilität wurden sogar mögliche Nuancen der Politik eingeengt. Die deutsche Politik in Ost und West war in diese Zwänge eingebunden, sie machte allerdings auch keine Versuche auszubrechen. Trotz ständiger verbaler Beteuerungen wurden kaum reale Schritte unternommen, um die Situation zu ändern, um die Spaltung zu überwinden. Die führenden Kommunisten in der DDR hatten Angst vor jeder

Abweichung von der vorgegebenen sowjetischen Linie, da sie nur mit Hilfe der UdSSR ihre Macht erhalten konnten, und den meisten von ihnen fehlte auch der Mut zu Initiativen, um eigene Wege zu gehen. In der Bundesrepublik wiederum befürchteten die führenden Politiker jahrzehntelang, jede »Anerkennung« der DDR oder jedes Eingehen auf die Sicherheitsinteressen der Siegermacht UdSSR könnte eine »Aufweichung« der Bindungen zum Westen oder gar die Gefahr der kommunistischen Infiltration bringen. Unter diesen Umständen blieben Veränderungen in der DDR beschränkt auf die Übernahme sowjetischer Wandlungen oder die notwendige Anpassung der kommunistischen Führung an – vor allem wirtschaftliche – Sachzwänge. Diese wurden allerdings so groß, daß die DDR im Laufe ihrer 35jährigen Geschichte neben der Kontinuität in ihrer Entwicklung auch erhebliche Veränderungen bis hin zu Brüchen in der Politik aufweist.

Diese Thesen verallgemeinern das Ergebnis dieser Arbeit, das durch den Forschungsstand abgesichert ist. Dabei konnte vor allem die zeitgenössische DDR-Presse ausgewertet werden, aber auch bislang unveröffentlichtes internes Material.

Über bisherige Dokumentationen[7] und Forschungsergebnisse hinaus war es möglich, Quellen aus dem Archiv der Sozialen Demokratie (AdsD) der Friedrich-Ebert-Stiftung (Akten Ostbüro der SPD) Bonn, aus dem Bundesarchiv (BA) Koblenz und aus dem Staatsarchiv Bremen heranzuziehen. Für großzügige Benutzungsmöglichkeiten danke ich den Leitern dieser Institutionen und ihren Mitarbeitern. Schließlich konnten die im »Arbeitsbereich Geschichte und Politik der DDR« am Institut für Sozialwissenschaften der Universität Mannheim vorhandenen Materialien ausgewertet werden. Den Mitarbeitern des Arbeitsbereichs, in erster Linie dem Dokumentar Hermann Schwenger, gilt mein Dank ebenso wie den Mitarbeitern meines Lehrstuhls an der Universität Mannheim für vielfältige Hilfe; stellvertretend erwähnt seien für Mithilfe bei der Bibliographie Patrik Baab und bei der Erstellung des Registers Martina Stamm. Vor allem aber danke ich meiner Frau, Gerda Weber, für ihre unermüdliche Hilfe.

Mannheim, im Oktober 1984   Hermann Weber

[7] Vgl. dazu Hermann Weber (Hrsg.), Parteiensystem zwischen Demokratie und Volksdemokratie. Dokumente und Materialien zum Funktionswandel der Parteien und Massenorganisationen in der SBZ/DDR 1945–1950. Köln 1982.

1. Kapitel
Die Gründung der DDR

Im großen Festsaal der »Deutschen Wirtschaftskommission« für die sowjetisch besetzte Zone Deutschlands, im früheren Reichsluftfahrtministerium in der Berliner Wilhelmstraße, sollte am 7. Oktober 1949, einem Freitag, um 12 Uhr der »Deutsche Volksrat« zusammentreten. Seine 330 Mitglieder bildeten eine Art Ersatzparlament. Ein »Deutscher Volkskongreß« hatte sie berufen, der im Mai 1949 in umstrittener Weise nach einer »Einheitsliste« gegen eine starke Minderheit von der Bevölkerung der sowjetischen Besatzungszone (SBZ) gewählt worden war.

An der mit schwarz-rot-goldenen Fahnen geschmückten Einfahrt herrschte bereits eine Stunde vorher Hochbetrieb. Der für die Öffentlichkeit reservierte kleinere Teil des Saales war sofort nach Öffnung der Türen bis auf den letzten Stehplatz gefüllt. Drei Viertel des Saales wurden vom Volksrat beansprucht, der am 5. Oktober von seinem Präsidium einberufen worden war. Die zwei Nischen waren durch nicht weniger als 16 Jupiterlampen mehrerer Filmgesellschaften ausgefüllt, deren Licht den Saal in gleißende Helligkeit versetzte. An der Stirnwand, vor der sich die mit Blumen und Grünpflanzen geschmückte Tribüne des Präsidiums erhob, stand in großen Lettern: »Es lebe die Nationale Front des demokratischen Deutschland«. Und an der Rückfront hieß es auf einem Transparent: »Nur eine gesamtdeutsche Regierung überwindet die nationale Not!« Doch der Beginn der Veranstaltung verzögerte sich noch um fast eine Stunde.

So hielt der Korrespondent des CDU-Organs in der SBZ, der ›Neuen Zeit‹, die Ereignisse für sein Blatt und damit für die Nachwelt fest. Ein Journalist der Zeitung der Liberal-Demokratischen Partei (LDP), ›Der Morgen‹, berichtete noch ausführlicher.[1] Er erwähnte auch, daß zum ersten Mal Vertreter fremder Staaten als Gäste anwesend waren, Diplomaten der Militärmissionen aus Bulgarien, Rumänien, Ungarn, Polen, der Tschechoslowakei und aus Norwegen. Von sowjetischer Seite

---

[1] Vgl. Neue Zeit. Tageszeitung der Christlich-Demokratischen Union Deutschlands, Nr. 236 vom 8. 10. 1949; Der Morgen. Tageszeitung der Liberal-Demokratischen Partei Deutschlands, Nr. 236 vom 8. 10. 1949.

war lediglich Oberst Nasarow, der stellvertretende Leiter der Informationsabteilung der Sowjetischen Militäradministration (SMAD), zugegen.[2]

Erst kurz vor 12.45 Uhr nahmen nach den Zeitungsmeldungen die drei Präsidenten des Volksrates, Hermann Kastner (LDP), Wilhelm Pieck (SED) und Otto Nuschke (CDU), ihre Plätze ein. Wenige Minuten später ertönte die Präsidentenglocke, und Pieck, einer der beiden Vorsitzenden der kommunistischen SED, verlas ein ›Manifest des Deutschen Volksrates: Die Nationale Front des demokratischen Deutschland‹. Als er nach 15 Minuten endete, gab es anhaltenden Beifall. Vier Sprecher von Parteien und Organisationen erklärten kurz ihre Zustimmung. Danach folgte Punkt 2 der Tagesordnung: »Stellungnahme zur politischen Lage und Beratung der zu ergreifenden Maßnahmen«. Einleitend gab Pieck – wie ›Der Morgen‹ zu berichten wußte – eine »sehr weit ausgreifende Schilderung« der Lage. Pieck dankte der Sowjetunion für ihre Hilfe und ersuchte sie, der Volkskammer die Befugnisse zu übertragen, die »der Sowjetischen Militärverwaltung kraft ihrer Besatzungsrechte zustehen«. Er behauptete, die Bundesrepublik solle in jenen »Kriegspakt« eingegliedert werden, der geschlossen worden sei, um »den großen Kriegsbund gegen den Osten Deutschlands, gegen die Volksdemokratien und gegen die Sowjetunion zu schaffen«; daher müsse die DDR gegründet werden. Die Volkskammer solle »Deutschland der Freiheit und dem Frieden zuführen«.[3]

Nach den langatmigen Erläuterungen Piecks folgten wiederum »teils längere und teils kürzere Reden«. Schließlich stellte Pieck den Antrag: »Der deutsche Volksrat erklärt sich zur provisorischen Volkskammer im Sinne der von ihm am 19. März 1949 beschlossenen und vom 3. Deutschen Volkskongreß am 30. Mai 1949 bestätigten Verfassung der Deutschen Demokratischen Republik.«[4] Am Schluß konnte Pieck festhalten, daß die

---

[2] Der Hinweis auf die Anwesenheit von Oberst Nasarow, dem Stellvertreter des wichtigen SMAD-Offiziers General (früher Oberst) Tulpanow, fehlte in der Ostberliner Presse; er findet sich in der Neuen Zürcher Zeitung, Nr. 2041 vom 8. 10. 1949, sowie in dem amerikanischen Organ Die Neue Zeitung, Nr. 163 vom 8. 10. 1949.

[3] Sächsische Zeitung. Organ der Sozialistischen Einheitspartei Deutschlands. Land Sachsen, Nr. 236 vom 8. 10. 1949. Vgl. auch Helmut Neef, Entscheidende Tage im Oktober 1949. Die Gründung der Deutschen Demokratischen Republik. Berlin (Ost) 1979, S. 66 ff.

[4] Ebd., S. 49.

Delegierten des »Volksrats« durch Erhebung von den Plätzen die Bildung einer »Provisorischen Volkskammer« einmütig billigten, mit anderen Worten, daß sie ihre Institution selbst umbenannten.

Genau dies hatte Otto Grotewohl, der andere Vorsitzende der SED, noch ein Jahr vorher, im August 1948, in einer vertraulichen Sitzung der Parteiführer der SBZ, im »gemeinsamen Ausschuß« des »Blocks« der vier Parteien, für undenkbar erklärt: »Wir sind also der Meinung, daß der Volksrat seine Aufgaben auf Gesamtdeutschland zu erstrecken hat, und daß wir niemals, welche Entwicklung auch für die sowjetische Besatzungszone kommen möge, also die Bildung eines Parlaments und einer Regierung in einem späteren Zustand, daran denken, diesen Volksrat in so etwas wie ein Parlament der Ostzone umzumodeln.«[5] Ausgerechnet Grotewohl ließ sich dann von der nun doch umgewandelten Institution zum Ministerpräsidenten wählen.

Am 7. Oktober traten die Delegierten nach einer Pause von zwei Stunden um 17.35 Uhr erneut zusammen. Sie wählten den sächsischen Justizminister Johannes Dieckmann (LDP) zum Präsidenten der »Provisorischen Volkskammer«. Zu seinen Stellvertretern wurden Hermann Matern (SED), Hugo Hickmann (CDU) und Jonny Löhr (National-Demokrat, früher KPD und so wenig bekannt, daß ihn ›Der Morgen‹ als »Frau Löhr« vorstellte) gewählt. Unter Dieckmanns Vorsitz wurde sofort das Gesetz über das Inkrafttreten der »Verfassung der Deutschen Demokratischen Republik« verabschiedet, die der Volkskongreß schon im Mai 1949 gebilligt hatte. Mit der Annahme eines weiteren »Gesetzes über die Provisorische Regierung der Deutschen Demokratischen Republik« war der neue Staat, die DDR, gegründet. Volkskammer-Präsident Dieckmann beendete die Tagung, die bereits alle Beschlüsse einstimmig faßte, mit dem Ruf »Es lebe Deutschland!«[6]

Diese ausführliche Beschreibung der Ereignisse des 7. Oktober 1949, den die DDR seit 35 Jahren als ihren Gründungstag feiert, soll durch die Schilderung der Regierungsbildung ergänzt

---

[5] Siegfried Suckut, Zu Krise und Funktionswandel der Blockpolitik in der Sowjetisch Besetzten Zone Deutschlands um die Mitte des Jahres 1948. Dokumentation. Vierteljahrshefte für Zeitgeschichte 31 (1983), S. 696 (Sitzung des gemeinsamen Ausschusses der antifaschistisch-demokratischen Parteien vom 5. August 1948).

[6] Vgl. Neue Zeit, Der Morgen und Sächsische Zeitung, a. a. O.

werden. Vier Tage später, am 11. Oktober, sprach im gleichen Saal der soeben gewählte Präsident der DDR, Wilhelm Pieck, die in der Verfassung (Artikel 102) festgelegte Eidesformel: »Ich schwöre, daß ich meine Kraft dem Wohle des deutschen Volkes widmen, die Verfassung und die Gesetze der Republik wahren, meine Pflichten gewissenhaft erfüllen und Gerechtigkeit gegen jedermann üben werde.« Danach gratulierte das jüngste Mitglied der Provisorischen Volkskammer, Margot Feist (die spätere Frau Erich Honeckers), dem von der Provisorischen Volkskammer und der neugeschaffenen Länderkammer einstimmig gewählten Präsidenten mit einem Blumenstrauß. In seiner Antrittsrede erhob Präsident Pieck den gleichen Anspruch, den einige Wochen zuvor in Bonn die aus freien Wahlen hervorgegangene Bundesregierung gestellt hatte: die Interessen des gesamten deutschen Volkes wahrzunehmen und deutscher »Kernstaat« zu sein. Und wie die Bundesregierung, so erklärte auch Pieck für die DDR, »die Legitimation« zu besitzen, »für das ganze deutsche Volk zu sprechen«.[7]

Die gegensätzlichen Auffassungen von Demokratie in beiden deutschen Staaten wurden freilich sofort überdeutlich, denn für Pieck hob sich die »Einmütigkeit der Parteien und Organisationen« in der DDR »würdig ab von dem traurigen Bild, das der westdeutsche Bundestag und die westdeutsche Bundesregierung in dem häßlichen Widerstreit des Parteiegoismus der bürgerlichen Parteien und der Sozialdemokratie bieten«. Einen »häßlichen« Parteienstreit sah Pieck vor allem darin, daß »der Präsident der westdeutschen Bundesrepublik, Heuss, mit nur 416 Stimmen von 804 Stimmen der Bundesversammlung und der Bundeskanzler nur mit seiner eigenen Stimme, mit 202 von 402 Stimmen des Bundestages gewählt werden konnten«.

Obwohl sich auch die neugegründete DDR als Parteienstaat verstand, versuchte Pieck also die in Deutschland verbreitete Neigung auszunutzen, den Konkurrenzkampf der Parteien als Parteiengezänk, als »häßlichen Widerstreit« negativ zu werten. Dagegen stellte er die »Einmütigkeit« im DDR-System als positiv heraus, um so die Vorherrschaft der Kommunisten zu vertuschen.

---

[7] Die Rede ist in der DDR-Presse abgedruckt. Vgl. z. B. Neues Deutschland. Organ des ZK der SED, Nr. 239 vom 12. 10. 1949; Tägliche Rundschau. Zeitung für Politik, Wirtschaft, Kultur (Organ der SMAD), Nr. 238 (1349) vom 11. 10. 1949; Berliner Zeitung, Nr. 239 vom 12. 10. 1949.

Mit Wilhelm Pieck stand zum ersten Mal ein Kommunist an der Spitze eines deutschen Staates. Wilhelm Pieck (1876–1960), von Beruf Tischler, gehörte 1919 zu den Mitbegründern der KPD; er hatte nach Ernst Thälmanns Verhaftung 1933 die Leitung der Partei in der Emigration übernommen. Seit 1946 war er zwar einer der Vorsitzenden der SED, indes besaß der jovial wirkende und der Sowjetunion treu ergebene »Landesvater« nur geringe politische Bedeutung. Doch ein so hohes Amt hatten die deutschen Kommunisten noch nie zuvor erreicht. Zwar waren in den kurzlebigen sozialistisch-kommunistischen Landesregierungen von Sachsen und Thüringen 1923 erstmals Kommunisten vertreten und in fast allen Landesregierungen der vier Besatzungszonen nach 1945 arbeiteten kommunistische Minister, doch nahmen sie in den westlichen Zonen nur untergeordnete Positionen ein.[8]

Daß dies in der DDR nun anders war, zeigte die Zusammensetzung der neuen Regierung. Als Ministerpräsidenten bestätigte die Volkskammer am 12. Oktober (wiederum einstimmig) Otto Grotewohl (1894–1964). Er hatte sich 1912 der SPD angeschlossen und war für seine Partei in der Weimarer Republik u. a. Minister in Braunschweig gewesen. 1945 Mitbegründer der SPD in Berlin, beugte er sich dem Druck der sowjetischen Besatzung und überführte die Ost-SPD in die SED, deren Vorsitzender er neben Pieck wurde. Mit der Umbildung der SED in eine »Partei neuen Typus« wurden die Sozialdemokraten nach 1948 zurückgedrängt, und Grotewohl unterwarf sich immer mehr der kommunistischen Disziplin. Obwohl er seine Funktionen bis zu seinem Tod behielt, sank sein Einfluß ständig.

Grotewohls Kabinett setzte sich aus drei stellvertretenden Ministerpräsidenten (Walter Ulbricht, Hermann Kastner und Otto Nuschke) und 14 Fachministern zusammen. Von den 18 Mitgliedern der ersten DDR-Regierung gehörten acht der SED an; festzuhalten ist auch, daß sieben Minister ehemals Arbeiter waren, durchaus keine Alltäglichkeit für ein deutsches

---

[8] Die KPD war in den Landesregierungen von Baden, Bayern, Hessen, Niedersachsen, Rheinland-Pfalz, Nordrhein-Westfalen, Saarland und Württemberg-Baden sowie in den Senaten von Bremen und Hamburg vertreten, meist mit einem Minister (nur in Schleswig-Holstein und Württemberg-Hohenzollern gab es keine kommunistischen Minister). Bestimmenden Einfluß hatten die Kommunisten ab 1946 in den Ländern der SBZ.

Unter Hinweis auf den ursprünglichen Beruf Piecks erschien das FDGB-Organ Tribüne am 13. Oktober mit der Schlagzeile ›Der Arbeiterpräsident‹.

Kabinett. Sechs Regierungsmitglieder hatten während der Hitler-Diktatur viele Jahre im Zuchthaus oder Gefängnis gesessen, vier hatten emigrieren müssen; freilich: einer (Steidle) war bereits 1933 in die NSDAP eingetreten. Als der eigentlich entscheidende Mann der DDR erwies sich rasch der stellvertretende Ministerpräsident Walter Ulbricht (1893–1973). Er hatte sich in den zwanziger Jahren als tüchtiger Organisator im Apparat der KPD hochgearbeitet und bestimmte bereits in der Emigration maßgeblich die Linie der KPD, da er sich stets besonders geschickt an der Haltung der Sowjetunion und vor allem Stalins orientierte. Durch die Wahl zum Generalsekretär der SED im Juli 1950 (später: Erster Sekretär) und seit 1960 als Vorsitzender des Staatsrates wurde Ulbricht auch nach außen sichtbar die zentrale Figur, die sich zunächst uneingeschränkt den sowjetischen Weisungen unterwarf, in den sechziger Jahren jedoch auch eigene Schritte versuchte. Mit Ulbrichts Person ist die Entwicklung der DDR weitgehend verknüpft, er hat Partei und Staat bis zu seiner Ablösung 1971 nachhaltig mitgeprägt.

Dr. Hermann Kastner (LDP) und Otto Nuschke (CDU) nahmen in der Regierung Grotewohl als stellvertretende Ministerpräsidenten dagegen nur untergeordnete Positionen ein. Kastner (1886–1957) war nach dem Studium in der Berliner Kommunalverwaltung tätig. Seit 1922 gehörte er als Abgeordneter der Deutschen Demokratischen Partei dem Sächsischen Landtag an. 1946 sächsischer Ministerpräsident, übernahm er 1949 zusammen mit Dr. Karl Hamann die Leitung der LDP. Kastner soll für die westdeutsche »Organisation Gehlen« gearbeitet haben, 1956 flüchtete er in die Bundesrepublik. Otto Nuschke (1883–1957) studierte und war dann anschließend Redakteur, von 1915 bis 1933 Chefredakteur der ›Berliner Volkszeitung‹. Nuschke gehörte für die Deutsche Demokratische Partei der Weimarer Nationalversammlung an und war von 1921 bis 1933 Abgeordneter des Preußischen Landtages. Er war 1945 Mitbegründer der CDU, 1947 wurde er kommissarischer, 1948 ordentlicher Vorsitzender der Ost-CDU (bis zu seinem Tode).

Von den 14 Fachministern gehörten der Innenminister (Dr. Karl Steinhoff), der Justizminister (Max Fechner), der Volksbildungsminister (Paul Wandel, als 44jähriger jüngstes Regierungsmitglied), der Planungsminister (Heinrich Rau), der Industrieminister (Fritz Selbmann) und der Außenhandelsminister (Georg Handke) der SED an. Der Außenminister (Georg

Dertinger), der Arbeitsminister (Luitpold Steidle) sowie der Postminister (Fritz Burmeister) waren Mitglieder der CDU. Aus der LDP kamen der Finanzminister (Dr. Hans Loch) und der Handelsminister (Dr. Karl Hamann). Der Verkehrsminister (Dr. Hans Reingruber) war parteilos. Als Abgeordneter der Bauernpartei war der Altkommunist Ernst Goldenbaum Landwirtschaftsminister, und die NDPD vertrat der Altkommunist Dr. Lothar Bolz als Aufbauminister.[9]

In seiner Regierungserklärung[10] wollte Grotewohl beweisen, daß nach der »Vollendung der Spaltung Deutschlands« durch die Bildung der Bundesrepublik auch die Sowjetzone eine eigene Regierung brauche: »Die drohende Gefahr eines imperialistischen Krieges hat uns mit gebieterischer Notwendigkeit die Aufgabe gestellt, für den Kampf zur Wiedervereinigung Deutschlands, für den demokratischen Neuaufbau und für den Frieden eine wirkungsvolle und starke Führung zu schaffen. Dazu haben wir die Deutsche Demokratische Republik konstituiert und unsere provisorische Regierung gebildet. Die provisorische Regierung der Deutschen Demokratischen Republik ist sich dabei dessen bewußt, daß sie ihre Aufgabe nur erfüllen kann, wenn sie einen neuen Weg, den Weg des Friedens und der Demokratie, beschreitet.« Grotewohl versprach, daß seine Regierung »alles für die Einheit Deutschlands« tun werde. Sie wolle gute Beziehungen zu allen Staaten, doch die »Freundschaft mit der Sowjetunion, den Volksdemokratien und allen anderen friedliebenden Völkern« sei »die Grundlage der Außenpolitik«. Die wichtigsten Probleme in der DDR waren nach Grotewohl die Überwindung der Kriegsschäden und die Erhöhung der Arbeitsproduktivität zur Verbesserung der Lebenslage.

Die Regierung berief in ihrer ersten Sitzung am 14. Oktober 1949 15 Staatssekretäre. Wie die wichtigsten Ministerposten wurden auch die entscheidenden Staatssekretariate mit SED-Funktionären besetzt. Von den acht SED-Staatssekretären waren sieben früher in der KPD: Anton Ackermann kam ins Außenministerium, Hans Warnke ins Innenministerium, Bruno Leuschner ins Planungsministerium, Willy Rumpf ins Finanz-

---

[9] Kurzbiographien der Minister waren in der Presse abgedruckt; vgl. Neues Deutschland, Nr. 240 vom 13. 10. 1949; Berliner Zeitung, Nr. 240 vom 13. 10. 1949. Vgl. auch Hermann Weber, DDR. Grundriß der Geschichte 1945–1981. Hannover 1982, S. 161 ff.
[10] Die Regierungserklärung Grotewohls wurde in der Presse veröffentlicht; vgl. Neues Deutschland, Nr. 240 vom 13. 10. 1949.

ministerium, Paul Merker ins Landwirtschaftsministerium, Paul Peschke ins Arbeitsministerium und Wilhelm Schröder ins Postministerium.[11] Die SED hatte damit von Anfang an die Schlüsselpositionen der zentralen Staatsführung in ihren Händen konzentriert; dennoch konnte sie damit bei ihrem absoluten Vormachtsanspruch noch nicht zufrieden sein.

Der Spielraum der neuen Regierung blieb stark eingeschränkt. Da die DDR aus einem Besatzungsgebiet hervorging, war sie von der Siegermacht abhängig. Die oberste Sowjetbehörde in Deutschland, die Sowjetische Militäradministration (SMAD), wurde zwar 1949 aufgelöst, doch die Nachfolgeinstitution, die Sowjetische Kontrollkommission, übernahm deren deren politische Funktion. Sie konnte jederzeit genügend Druck ausüben und besaß die maßgebliche Kompetenz, um die DDR-Regierung im Sinne der Sowjetunion zu lenken. Nach außen wurde versucht, den Eindruck zu erwecken, als könne die Grotewohl-Regierung nunmehr über die wichtigsten Probleme in ihrem Land selbst bestimmen. Bereits am 10. Oktober empfing der Chef der SMAD, Armeegeneral W. I. Tschuikow, das Präsidium der Provisorischen Volkskammer und den »designierten Ministerpräsidenten« Grotewohl und gab in Anwesenheit des »außerordentlichen und bevollmächtigten Botschafters der UdSSR in Deutschland«, W. S. Semjonow, eine Erklärung ab, mit der die SMAD der Provisorischen Regierung der DDR die Verwaltungsfunktionen übertrug, »die bisher der Sowjetischen Militärverwaltung zustanden«.[12] Die neugeschaffene Sowjetische Kontrollkommission sollte darüber wachen, daß das Potsdamer Abkommen erfüllt werde. Bezeichnend war, daß der Chef der Kontrollkommission identisch war mit dem der aufgelösten SMAD: Armeegeneral Tschuikow.

Am 17. Oktober schließlich nahm die Sowjetregierung als erste diplomatische Beziehungen zur DDR auf. Nach sowjetischer Lesart entsprach dies der Konsequenz der Außenpolitik

---

[11] Zu den Biographien von Ackermann, Leuschner, vgl. Weber, DDR. Grundriß. Zu Merker, Peschke und Warnke vgl. Hermann Weber, Die Wandlung des deutschen Kommunismus. Frankfurt a. M. 1969, Bd. 2.
Weitere Staatssekretäre wurden Fritz Geyer (SED, früher SPD), die CDU-Mitglieder Helmut Brandt, Wilhelm Bachem und Hans-Paul Ganter-Gilmans, die LDP-Mitglieder Ruth Fabisch (als einzige Frau) und Wilhelm von Stoltzenberg sowie von der NDPD Alfred Wunderlich und von der DBD Rudolf Albrecht, ein früherer Kommunist.
[12] Tägliche Rundchau, Nr. 238 (1349) vom 11. 10. 1949.

der UdSSR, denn sie hatte auch »als erste diplomatische Beziehungen mit der Volksrepublik Korea, dem Staate Israel und der Volksrepublik China hergestellt«.[13]

Die Abhängigkeit des zweiten deutschen Staates von der Siegermacht Sowjetunion wurde auch in Treuebekundungen der neuen Führung an Moskau deutlich, etwa wenn Pieck erklärte, die »Wende der deutschen Geschichte«, die Gründung der DDR, sei nur möglich gewesen »dank der großen Hilfe, die uns die Sowjetregierung erwiesen hat«.[14]

Freilich hofften die DDR-Politiker auf weitere sowjetische Unterstützung. Diese Hoffnung wurde besonders durch ein Gruß-Telegramm Stalins genährt, in dem dieser die Gründung der DDR einen »Wendepunkt in der Geschichte Europas« nannte. Das SED-Zentralorgan brachte am 14. Oktober eine Extraausgabe heraus, die das Telegramm in großer Aufmachung enthielt, und die reguläre Ausgabe erschien mit der Schlagzeile: »Stalin begrüßt die Gründung der Deutschen Demokratischen Republik als Wendepunkt in der Geschichte Europas«.[15] Stalin erklärte weiter: »Es unterliegt keinem Zweifel, daß die Existenz eines friedliebenden, demokratischen Deutschland neben dem Bestehen der friedliebenden Sowjetunion die Möglichkeit neuer Kriege in Europa ausschließt, dem Blutvergießen in Europa ein Ende macht und die Knechtung der europäischen Länder durch die Weltimperialisten unmöglich macht. Die Erfahrung des letzten Krieges hat gezeigt, daß das deutsche und das sowjeti-

---

[13] Aus dem Leitartikel der Täglichen Rundschau, Nr. 244 (1355) vom 18. 10. 1949.

[14] Neues Deutschland, Nr. 239 vom 12. 10. 1949 und Berliner Zeitung, Nr. 239 vom 12. 10. 1949.

[15] Neues Deutschland, Nr. 241 vom 14. 10. 1949. In ähnlich großer Aufmachung brachte auch die übrige Presse (allerdings meist erst am 15. Oktober) das Telegramm; vgl. die Schlagzeilen »Stalin: Es lebe das einheitliche, unabhängige, demokratische, friedliebende Deutschland« (Volksstimme. Organ der SED, Bezirk Chemnitz-Erzgebirge, Nr. 242 vom 15. 10.); »Stalins Glückwunsch an die Demokratische Deutsche Republik« (Sächsische Zeitung, Nr. 242 vom 15. 10.); »Stalins Telegramm von weltweiter Bedeutung« (Tribüne. Tageszeitung des Freien Deutschen Gewerkschaftsbundes, Berlin Nr. 242 vom 15. 10.); »Eine Botschaft tiefer und großer Freundschaft für unser Volk« (Landes-Zeitung. Organ der SED für Mecklenburg, Nr. 243 vom 15. 10.); »Stalin: Es lebe und gedeihe das einheitliche, unabhängige, demokratische, friedliebende Deutschland« (Bauern Echo. Organ der Demokratischen Bauernpartei Deutschlands, Nr. 120 vom 15. 10).

Die Organe von CDU und LDP stellten die Antwort von Pieck und Grotewohl an die Spitze und Stalins Telegramm in den Text (Neue Zeit, Nr. 142 vom 15. 10.: ›Dank an Generalissimus Stalin‹).

sche Volk in diesem Kriege die größten Opfer gebracht haben, daß diese beiden Völker die größten Potenzen in Europa zur Vollbringung großer Aktionen von Weltbedeutung besitzen. Wenn diese beiden Völker die Entschlossenheit an den Tag legen werden, für den Frieden mit der gleichen Anspannung ihrer Kräfte zu kämpfen, mit der sie den Krieg führten, so kann man den Frieden in Europa für gesichert halten.«

In ihrer Antwort dankten Pieck und Grotewohl der Sowjetunion »und ihrem weisen und hochherzigen Führer« und gelobten, die sowjetische Friedenspolitik zu unterstützen. Betonten Pieck und Grotewohl die »Wärme des Tones« in Stalins Telegramm, so stellte es für die Presse der DDR sogar ein »weltbewegendes Ereignis« dar. Stalins Worte riefen demnach in der soeben gegründeten DDR wieder ins Bewußtsein: »Jawohl, Deutschland war und ist eine wichtige Macht in Europa«.[16] Für die DDR-Führung, die gerade mit der Bildung einer »Nationalen Front« auch den Nationalismus für ihre Politik instrumentalisieren wollte, kam das Telegramm gerade recht. Freilich zeigten sich auch ungewollte Nebenwirkungen. So zog die ›Junge Welt‹, das Organ der Freien Deutschen Jugend, aus den Stalin-Worten den Schluß, daß es neben dem sowjetischen Volk »in Europa kein anderes Volk gibt, das durch Tüchtigkeit, Ausdauer und Fleiß befähigt ist ›Aktionen von Weltbedeutung‹ zu vollbringen, wie das deutsche Volk«.[17] Hinter den Kulissen wurde diese Form des Nationalismus der verantwortlichen Redakteure heftig gerügt, so daß diese selbstkritisch eingestehen mußten, »Überheblichkeit unseligen Andenkens« gezeigt zu haben. Sie gaben den »groben Schnitzer« »freimütig zu«.[18]

Die Gründung der DDR war nicht zuletzt Ausdruck wachsender Spannungen und des Ost-West-Konfliktes. Fast zur gleichen Zeit verwiesen auch andere Ereignisse auf die kritische Lage. Wenige Tage zuvor war die weltgeschichtlich bedeutsamere Ausrufung der Volksrepublik China erfolgt, war in Ungarn der frühere Innenminister Rajk nach einem Schauprozeß hingerichtet worden und hatte nach der ersten bekannt gewordenen Atomexplosion in der UdSSR (23. September) die Sowjetunion erklärt, daß sie bereits seit 1947 über das Atomge-

[16] Neues Deutschland, Nr. 242 vom 15. 10. 1949.
[17] Junge Welt. Zentralorgan der Freien Deutschen Jugend (Berlin), Nr. 42 vom 19. 10. 1949.
[18] Junge Welt, Nr. 43 vom 26. 10. 1949.

heimnis verfüge. Im September 1949 war der Freundschaftspakt zwischen der UdSSR und Jugoslawien gekündigt worden, der Streit zwischen Stalin und Tito auf dem Höhepunkt angelangt. Auf der anderen Seite war nicht nur die Bundesrepublik Deutschland entstanden, auch die NATO und der Europarat waren gegründet worden. In dieser turbulenten Zeit fand die Bildung der DDR dennoch das Interesse der Weltöffentlichkeit. Freilich wurde die Einschätzung dieser Staatsgründung durch Hinweise auf die weiterhin bestehende sowjetische Vormachtstellung überdeckt. Eine zeitgenössische Analyse der Meinung der Weltpresse über die Gründung der DDR kam zu dem Ergebnis, daß die westeuropäische und die amerikanische Presse die Fakten zwar eingehend berichteten, daß aber die Bedeutung, die das Ereignis für die zukünftige Entwicklung über Deutschland hinaus haben könnte, nur gelegentlich anklang. »In der französischen Presse wird die Staatsgründung in Ostdeutschland durch die Kabinettskrise in Paris überschattet. In den englischen Tageszeitungen herrscht die Tendenz vor, der Angelegenheit keine übertriebene Bedeutung beizumessen.«[19]

In der Bundesrepublik schließlich überwog die Ansicht, der neue Staat DDR werde keine lange Lebensdauer haben. Bundeskanzler Konrad Adenauer wies am 21. Oktober 1949 in einer Regierungserklärung darauf hin, daß die tragische Entwicklung zur Spaltung »1933 mit der Machtergreifung Hitlers« begonnen habe. Er sagte, die »nunmehr geschaffene Organisation der Sowjetzone« werde nicht von der Bevölkerung getragen« die Bundesrepublik Deutschland sei daher »bis zur Erreichung der deutschen Einheit insgesamt die alleinige legitimierte staatliche Organisation des deutschen Volkes«, nur sie könne für das deutsche Volk sprechen. In der Kabinettssitzung am 7. Oktober, dem Gründungstag der DDR, hatte man sich nur darauf geeinigt, daß der Bundeskanzler »nach Ausrufung der Ostzonenrepublik« im Rundfunk eine Erklärung abgeben werde.[20]

---

[19] So eine Übersicht des Deutschen Büros für Friedensfragen, V 2422 (B 4), Stuttgart, 20. 10. 1949 (Nur für den Dienstgebrauch). Kopie: Arbeitsbereich für Geschichte und Politik der DDR am Institut für Sozialwissenschaften der Universität Mannheim.
[20] Verhandlungen des Deutschen Bundestages. 1. Wahlperiode 1949. Stenogr. Ber., Bd. 1, S. 307f. (Sitzung vom 21. 10. 1949); Die Kabinettsprotokolle der Bundesregierung. Hrsg. v. Bundesarchiv Koblenz. Bd. 1: 1949. Bearbeitet v. Ulrich Enders und Konrad Reiser. Boppard 1982, S. 108f. (10. Sitzung vom 7. 10. 1949).

Offensichtlich erwartete die Bundesregierung die deutsche Einheit in absehbarer Zeit. Der Abgeordnete Pünder (CDU) meinte, die Schaffung des »merkwürdigen Staatsgebildes« unterstreiche die Zerreißung Deutschlands; er lehnte »den Oststaat in aller Form ab«.[21]

Für die SPD erklärte deren Vorsitzender Kurt Schumacher, die Gründung des »Oststaates« zeige, daß das Ziel Moskaus, ganz Deutschland zu beherrschen, gescheitert sei. Er gab den westlichen Alliierten »viel Schuld« an der Entwicklung zum Verlust der Freiheit in der SBZ in den Jahren nach 1945 und sah »in der Etablierung dieses sogenannten Oststaates eine Erschwerung der deutschen Einheit«, freilich keine Verhinderung.[22] Um die Wiedervereinigung offenzuhalten, trat Willy Brandt im Bundestag gegen eine »Stabilisierung einer sowjetischen Ordnung in der Sowjetzone« auf.[23]

Der FDP-Vorsitzende und Vizekanzler Franz Blücher betonte das Recht der Bundesrepublik, »stellvertretend für Gesamtdeutschland zu handeln«, und der Bundesminister für gesamtdeutsche Fragen und ehemalige CDU-Vorsitzende der SBZ Jakob Kaiser bestritt der Ostberliner Regierung jegliche Legitimation.[24]

Die gegenseitigen harten Vorwürfe, die sich die Führer beider deutscher Staaten bei der Gründung machten, lassen erkennen, wie eng die Entstehung der Bundesrepublik Deutschland und der DDR mit dem Kalten Krieg zusammenhing. Deshalb sicherten die Westmächte auch zu, daß sie der DDR-Regierung die Anerkennung verweigern würden. Die USA signalisierten vorher, daß »keine Zweifel an der aggressiven Linie der neuen Regierung möglich« seien, falls der Kommunist Gerhart Eisler (er war im Frühjahr 1949 aus den USA geflüchtet) in die Regierung aufgenommen würde.[25] Es wurde daher als defensive Politik der DDR gewertet, daß Eisler kein Ministeramt erhielt. Im Ausland sah man ohnehin trotz der starken Worte auf beiden Seiten auch einen »Gegensatz zwischen rhetorischer Geste und politischer Vorsicht«, der auch nach der DDR-Gründung die

---

[21] Verhandlungen des Deutschen Bundestages, a. a. O., S. 313.
[22] Neuer Vorwärts. Zentralorgan der SPD, Nr. 41 vom 8. 10. 1949.
[23] Verhandlungen des Deutschen Bundestages. 1. Wahlperiode 1949. Stenogr. Ber., Bd. 3, S. 1853.
[24] Die Neue Zeitung, Nr. 163 vom 8. 10. 1949.
[25] Die Neue Zeitung, Nr. 161 vom 6. 10. 1949.

deutsch-deutschen Beziehungen bestimmte.[26] Vor allem aber der Abschluß eines deutsch-deutschen Handelsabkommens am 8. Oktober, einen Tag nach der Bildung der DDR, ließ hoffnungsvolle Ansätze eines geregelten Nebeneinander wenigstens auf dem Gebiet der Wirtschaft vermuten. Freilich registrierte schon damals ein Zeitungskommentar »mit Ernüchterung«, »daß es zwei Deutschland gibt«, und der Redakteur stellte richtig fest: »Wie beide Hälften eine Einheit werden sollen, ist unausdenkbarer als je geworden.«[27] So weitblickend waren damals nur wenige. Für Politik und Gesellschaft war die Gründung der DDR in der Tat ein tieferer und folgenreicherer Einschnitt, als die Zeitgenossen zu erkennen vermochten.

Die Vorbereitungen zur Gründung der DDR entsprachen jenen Methoden, die für die Taktik der deutschen Kommunisten typisch waren. Zunächst wurde ein Feindbild konstruiert, und zwar recht grobschlächtig. Damit sollte die eigene Politik (hier die Gründung eines eigenen Staates und damit die Spaltung Deutschlands) legitimiert, die politische Wendung als unausweichlich dargestellt und dem Gegner dafür die Schuld zugewiesen werden. Als zweites wurden konkrete Maßnahmen vorbereitet, indem die Führung spontan erscheinenden »Druck von unten« organisierte, um ein angebliches »Verlangen der Massen« zu dokumentieren. Schließlich nahmen Parteien und politische Organisationen diese »Forderungen« der Basis auf und setzten die »Volksmeinung« in Politik und organisatorisch-administrative Konsequenzen um.

Diese drei taktischen Schritte sind bei der DDR-Gründung genau zu beobachten. Allerdings fiel die Entscheidung in der Sowjetunion, und die grundsätzliche Änderung der sowjetischen Politik war Ausdruck einer veränderten internationalen Lage.

---

[26] Die Schweizer Zeitung Die Tat (17. 10. 1949) zog aus der stillschweigenden Zurückziehung der westdeutschen Delegierten aus dem Volksrat den Schluß einer »gesamtdeutschen juristischen Fiktion«, hier handele es sich um eine »noch viel bemerkenswertere als die ohnedies auch reichlich fiktive Fiktion der Bundesrepublik Deutschland in den drei Westzonen«. In der Behauptung von Pieck und Grotewohl im »Namen des ganzen deutschen Volkes« zu sprechen, sah das Blatt kein »politisches Programm« sondern einen »terminologischen Trick«.

[27] Hermann Knorr, Zwei Deutschland. Rhein-Neckar-Zeitung, Nr. 212 vom 11. 10. 1949. Vgl. zum Handelsabkommen Keesings Archiv der Gegenwart 18/19 (1948/49). Wien 1950, S. 2094. Das in Frankfurt abgeschlossene Abkommen sah einen Austausch in Höhe von 300 Millionen Verrechnungseinheiten vor und galt bis zum 30. Juni 1950.

Zunächst verurteilten die Führer der Parteien und Organisationen der sowjetischen Besatzungszone Deutschlands die Entwicklung in Westdeutschland. Dabei wurde die Schaffung der Bundesrepublik Deutschland, die mit der Annahme des Grundgesetzes im Mai 1949 vorbereitet, mit den Bundestagswahlen vom August und der Regierungsbildung vom September 1949 abgeschlossen worden war, nicht nur als Spaltung Deutschlands angegriffen, sondern als Teil eines »Kriegsplanes« der USA.
Nachdem am 7. September der Bundestag in Bonn zusammengetreten war, hatte Pieck verlangt, der »Weststaat« müsse »aufgelöst« und der Westen Deutschlands mit dem Osten vereinigt werden; es gehe um die »Rückgewinnung des Westens für Deutschland«; daher gelte es, eine »Nationale Front für ganz Deutschland« zu schaffen. Entsprechend wurde die Regierung Adenauer als »Regierung des Auslands auf deutschem Boden« diffamiert.[28]
Die Propaganda der SBZ richtete ihre Angriffe auf zwei Punkte: Einmal wurde die Bundesrepublik mit Nazi-Deutschland verglichen (»Adenauer in Hitlers Fußstapfen« oder »Nazi-Methoden im Bonner Spalterparlament« lauteten Zeitungs-Schlagzeilen), zum anderen wurde behauptet, zusammen mit den USA bereite die Bundesrepublik einen Krieg vor (Honekker: »Bonn – Gefahr für den Frieden«).[29] Doch die Agitation konzentrierte sich noch ganz auf die Verdammung der Bundesrepublik (bzw. der USA), konkrete »Gegenmaßnahmen« gegen die Gründung der Bundesrepublik wurden nicht angedroht. Bis Ende September sah es so aus, als liefe die Strategie der SED weiterhin darauf hinaus, verbal einen »Friedensvertrag« und die »Einheit Deutschlands« sowie den »Abzug der Besatzungstruppen« zu verlangen. Die Forderung nach einer »unabhängigen deutschen Regierung« blieb vereinzelte Episode.[30]
Allerdings wurde nun vermehrt die »Kriegsgefahr« beschworen, um die »nationale Frage« mit der »Friedensfrage« zu verbinden und damit die eigene Argumentation zu verstärken. Hö-

---

[28] Thüringer Volk. Thüringer Landeszeitung der SED, Nr. 213 vom 12. 9. 1949; vgl. auch Deutschlands Stimme. Wochenblatt der Volksbewegung für Einheit und gerechten Frieden (Berlin), Nr. 38 vom 16. 9. 1949.
[29] Neues Deutschland, Nr. 221 vom 21. 9. 1949, Nr. 223 vom 23. 9. 1949 und Nr. 225 vom 25. 9. 1949.
[30] Deutschlands Stimme, Nr. 38 vom 16. 9. 1949, hatte berichtet, der Mansfelder Aktivist und Nationalpreisträger Joseph Wujczak habe in einem Telegramm verlangt: »Wir fordern eine unabhängige deutsche Regierung.«

hepunkt dieser Kampagne sollten »Friedenskundgebungen« in der gesamten Ostzone am Sonntag, den 2. Oktober, werden, zu denen ein »Deutsches Komitee der Kämpfer für den Frieden« im Rahmen eines vom »Ständigen Komitee des Weltfriedenskongresses« in Paris proklamierten »Weltfriedenstages« aufrief. Die Gründung der Bundesrepublik wurde als Plan bezeichnet, ein »Aufmarschfeld für den westlichen Kriegsblock« zu schaffen. Dieser Aufruf (vom 18. September) nannte als Ziel »einen gerechten Friedensvertrag mit einem einheitlichen Deutschland und den baldigen Abzug der Besatzungstruppen«.[31] Dies blieb der Tenor, von einer eigenen Staatsgründung war nicht die Rede. Der Vorsitzende des Sekretariats des Volksrats, Wilhelm Koenen (SED), sagte noch Ende September, eine »schrittweise Wiederherstellung der deutschen Einheit« sei notwendig.[32] Noch immer wurde recht nebulös davon gesprochen, daß der »Nationale Notstand« durch eine gesamtdeutsche »Nationale Front« überwunden werden müsse, die die Einheit Deutschlands, den gerechten Friedensvertrag und den Abzug der Besatzungsmächte erreichen solle.[33] Selbst ein am 1. Oktober veröffentlichter Aufruf des Parteivorstandes der SED zum 2. Oktober blieb bei diesen abstrakten Thesen, obwohl inzwischen der Sächsische Landtag in Verbindung mit diesen Aufrufen bereits die »Bildung einer gesamtdeutschen Regierung« gefordert hatte.[34] Und noch am 3. Oktober wurde in einer Erklärung des Politbüros der SED zwar den Westmächten die »Schuld und Verantwortung« für die deutsche Spaltung zugewiesen, als »Antwort des deutschen Volkes« wurden aber nur Allgemeinplätze wie »Zusammenschluß in der Nationalen Front des demokratischen Deutschland« wiederholt, verbunden mit dem

[31] Neues Deutschland, Nr. 218 vom 17. 9. und 219 vom 18. 9. 1949.
[32] Neues Deutschland, Nr. 227 vom 28. 9. 1949.
[33] So Franz Dahlem in einem Artikel in Neues Deutschland, Nr. 227 vom 28. 9. 1949; auch Erich Honecker hatte sich so geäußert, vgl. Neues Deutschland, Nr. 225 vom 25. 9. 1949.
[34] Sächsische Zeitung, Nr. 230 vom 1. 10. 1949 und Volksstimme, Nr. 230 vom 1. 10. 1949.
Der Aufruf des Parteivorstandes in Neues Deutschland, Nr. 230 vom 1. 10. 1949; wiederabgedruckt in: Dokumente der SED, Bd. II, Berlin (Ost) 1952, S. 342f.
Der Thüringer Landtag war in einer Entschließung nicht so weit gegangen, vgl. Thüringer Volk, Nr. 229 vom 30. 9. 1949. Ebenso hatte ein Aufruf des »Landesfriedenskomitees Thüringen« die Frage der Regierungsbildung nicht angeschnitten, vgl. Abendpost. Das Blatt für Politik, Kultur und Wirtschaft für Mittel-Deutschland (Weimar), Nr. 228 vom 30. 9. 1949.

Verlangen nach »Wiederherstellung der Einheit Deutschlands«, einem Friedensvertrag und dem »nachfolgenden Abzug aller Besatzungstruppen«.[35]

Zu diesem Zeitpunkt war die Entscheidung für eine eigene Staatsgründung jedoch bereits gefallen. Schon am 16. September waren die SED-Führer Wilhelm Pieck, Otto Grotewohl, Walter Ulbricht und Fred Oelßner nach Moskau gefahren. Ihre Verhandlungen, die fast 30 Jahre lang geheimgehalten wurden, dauerten bis zum 28. September.[36] Einzelheiten über die beinahe zwei Wochen dauernden Erörterungen sind bis heute nicht bekannt. Die vier deutschen Kommunisten beurteilten – nach heutiger Darstellung der DDR – mit »führenden Mitgliedern des Politbüros« der KPdSU die Lage und berieten »Schritte zur Gründung einer Deutschen Demokratischen Republik«.[37]

Der lange Aufenthalt der SED-Führer in Moskau läßt vermuten, daß sowohl verschiedene Varianten als auch das konkrete Vorgehen zur Staatsbildung besprochen wurden. Ein wichtiger Punkt der Beratungen war auch die »Zusammenarbeit« des neuen Staates mit der »Sowjetunion und den volksdemokratischen Ländern«, also wohl auch die weitere Rolle der Besatzungsmacht. Die deutschen Kommunisten waren an Ansätzen zur Souveränität interessiert; diese sollte zumindest formal (und im Gegensatz zur Bundesregierung) durch ein eigenes Außenministerium demonstriert werden. Die Dauer des Besuchs in Moskau kann ferner auch als Indiz dafür gelten, daß die SED-Spitze versuchte, ihre eigenen Vorstellungen bei den Sowjetführern durchzusetzen. Die SED wollte zur konkreten Staatsgründung übergehen, um ihre eigenen Machtpositionen auszubauen, und wollte daher nur noch verbal an der Forderung einer »gesamtdeutschen Regierung« festhalten. Andererseits mußte sie Rücksicht auf die übrigen Parteien nehmen und diese für die Staatsgründung gewinnen.

---

[35] Sächsische Zeitung, Nr. 233 vom 5. 10. 1949. Volksstimme, Nr. 233 vom 5. 10. 1949; wiederabgedruckt in: Dokumente der SED, Bd. II, S. 346 ff.

[36] Über die Reise der vier SED-Führer wurde erstmals berichtet in: Geschichte der Sozialistischen Einheitspartei Deutschlands. Abriß. Berlin (Ost) 1978, S. 218; vgl. dazu Hermann Weber, Kleine Geschichte der DDR. Köln 1980, S. 52.

Inzwischen sind in zwei Biographien genauere Angaben über den Reisetermin erfolgt, vgl. Heinz Voßke, Otto Grotewohl. Biographischer Abriß. Berlin (Ost) 1979, S. 241; Heinz Voßke, Walter Ulbricht. Biographischer Abriß. Berlin (Ost) 1983, S. 264.

[37] Geschichte der SED, und Voßke, Grotewohl bzw. Ulbricht.

Die Sowjetunion mußte nicht nur ihre Rechte als Siegermacht in ganz Deutschland im Auge behalten, sondern auch die Absicherung ihrer Hegemonie in der zukünftigen DDR. Auch die Berlin-Frage dürfte eine Rolle gespielt haben. Nach dem Desaster der Berlin-Blockade von 1948 konnte Moskau nicht daran interessiert sein, mit der Staatsgründung in der sowjetischen Besatzungszone auch eine neue Berlin-Krise zu provozieren.

Mit der Rückkehr der SED-Führer nach Berlin war am 29. September der Kurs für die Schaffung eines Separatstaates festgelegt. Nun konnten die Gremien der Einheitspartei konkrete Maßnahmen zur Regierungsbildung einleiten, auch wenn die Agitation noch bei den allgemeinen Losungen von der »Einheit Deutschlands« blieb.

Den ersten offiziellen und öffentlichen Schritt in Richtung DDR-Gründung unternahm die Sowjetunion selbst. Dabei ging es ihr zunächst darum, ihre neue Politik zu begründen und zu legitimieren. Der stellvertretende sowjetische Außenminister Gromyko überreichte am 1. Oktober eine Note der Sowjetregierung an die USA, Großbritannien und Frankreich. Darin wurde von einer »neuen Lage in Deutschland« gesprochen, hervorgerufen durch die westliche »Spaltungspolitik«. Kernpunkt war die These, die Westmächte hätten mit der Bildung der Regierung in Bonn (»gestrige Lakaien des Hitler-Regimes«) das Potsdamer Abkommen gebrochen und seien daher für die »neue Lage« verantwortlich.[38] Ohne auf die geplante Regierungsbildung in der SBZ selbst einzugehen, versuchte die Sowjetregierung mit der Note von vornherein eben diese Politik zu rechtfertigen.

Nun änderten sich schlagartig Parolen und politische Zielsetzung auch vor der Öffentlichkeit. Wie schon erwähnt, begann dies mit den Forderungen der »Massen«. Zur Vorbereitung der Friedensdemonstrationen des 2. Oktober kam es vor allem in Berlin am 1. Oktober zu zahlreichen Versammlungen in Betrieben, in denen erstmals die Bildung einer Regierung in Berlin als Ausweg genannt wurde. Als Antwort auf die Gründung der Bundesrepublik wurde nun die Schaffung eines eigenen Staates thematisiert, freilich unter der Losung einer »gesamtdeutschen Regierung in der Hauptstadt Berlin«. So verkündete das SED-Zentralorgan ›Neues Deutschland‹, die »arbeitenden Menschen

---

[38] Tägliche Rundschau, Nr. 232 (1343) vom 4. 10. 1949; Sächsische Zeitung, Nr. 232 vom 4. 10. 1949.

Berlins und der Ostzone verurteilen Bonn und fordern eine demokratische Regierung«.[39] Die großen Friedensdemonstrationen am 2. Oktober wurden nun umfunktioniert; man verlangte nachdrücklich eine eigene Regierung. Resolutionen und Erklärungen von Versammlungen und im Namen von Betriebsbelegschaften hatten alle den gleichen Tenor, in den beispielsweise die Betriebsgewerkschaftsleitung der Walzwerke Hettstedt im Namen von 4000 Arbeitern einstimmte: »Sofortige Bildung einer gesamtdeutschen Regierung mit dem Sitz in Berlin, der alten Hauptstadt Deutschlands«.[40] Für die 10 000 Arbeiter des Elektrochemischen Kombinats Bitterfeld wurde sogar gefordert »die Auflösung der Bonner Spalterregierung und die Bildung einer gesamtdeutschen unabhängigen Regierung mit dem Sitz in Berlin«.[41]

Die Sprachregelung, eine »gesamtdeutsche« Regierung in Berlin zu bilden, blieb in all den zahlreichen angeblich spontanen Aufrufen, Resolutionen und Erklärungen gleich. Sie ließ die Zielrichtung der SED-Politik erkennen, nämlich weiterhin Bonn für die Spaltung verantwortlich zu machen, um selbst einen gesamtdeutschen Anspruch und eine entsprechende Legitimation erheben zu können.

Neben den Resolutionen von Betrieben und Verwaltungen gab es auch zahlreiche Erklärungen von »Kulturschaffenden«, so von Arbeiter-und-Bauern-Fakultäten an Universitäten, aber auch von Prominenten wie etwa Robert Havemann. Einzelne Politiker der »bürgerlichen« Parteien stimmten sofort in den Chor ein. Der Generalsekretär der CDU, Georg Dertinger, begrüßte »freudig« die Forderungen der »Werktätigen«; der politische Geschäftsführer der NDPD, Vincenz Müller (ehemaliger Generalleutnant und Ritterkreuzträger der Hitler-Wehrmacht) nannte die Aufrufe »wahrhaft nationale Forderungen«.[42]

Von der SED trat neben Wilhelm Pieck, der sich bei der

---

[39] Neues Deutschland, Nr. 231 vom 2. 10. 1949. Die Tägliche Rundschau, das Organ der SMAD (Nr. 231/1342), schrieb von Forderungen nach einer »legitimen gesamtdeutschen Regierung mit Berlin als Hauptstadt«.

[40] Freiheit. Organ der SED für das Land Sachsen-Anhalt, Nr. 231 vom 3. 10. 1949.

[41] Tägliche Rundschau, Nr. 233 (1344) vom 5. 10. 1949. Die Presse jener Tage brachte Dutzende solcher Erklärungen; vgl. Tägliche Rundschau und Neues Deutschland vom 2. bis 5. 10. 1949; zahlreiche Hinweise auch bei Neef, Entscheidende Tage, S. 56 ff.

[42] Tägliche Rundschau, Nr. 231 (1342) vom 2. 10. 1949; Neue Zeit, Nr. 231 vom 2. 10. 1949; Der Neue Weg. Stimme der CDU im Land Sachsen-Anhalt, Nr. 79 vom 4. 10. 1949.

Gründung der DDR am meisten exponierte, Ulbricht als ihr »starker Mann« zuerst öffentlich hervor. In einem langen Leitartikel in ›Neues Deutschland‹ ging er bereits am 2. Oktober unter dem harmlos klingenden Titel »Fragen des demokratischen Staatsrechts« auch auf die Staatsgründung ein. Zwar schrieb er, es gehe gar nicht um die Frage »Westdeutschland oder Ostdeutschland«, sondern entweder um nationale Einheit oder »Kolonisierung Westdeutschlands«. Dennoch machte er klar, daß in der SBZ durch »Verwirklichung der Bestimmungen der Verfassung« und eine »Reihe staatsrechtlicher Maßnahmen« die Regierungsbildung bevorstehe. Einer späteren Veröffentlichung zufolge hielt Ulbricht bereits am 1. Oktober mit gleichem Tenor einen mit dem Leitartikel teilweise wörtlich übereinstimmenden Vortrag an der Deutschen Verwaltungsakademie. Er hatte also sofort nach der Rückkehr aus Moskau die Staatsgründung (wenn auch im geschlossenen Kreis) bekanntgemacht.[43]

Am 4. Oktober schließlich gab die SED auf der 22. Tagung ihres Parteivorstandes offiziell grünes Licht für die Konstituierung der DDR. Nach einem Referat von Pieck, der wieder den »nationalen Notstand und die Kriegsgefahr« beschworen hatte, nahm der Parteivorstand einstimmig den »dringenden Vorschlag« an, »mit den anderen demokratischen Parteien und Massenorganisationen in Beratungen über die Bildung einer provisorischen Regierung der Deutschen Demokratischen Republik einzutreten«.[44] Die Führungsspitzen dieser Parteien und Organisationen hatten sich bereits festgelegt oder traten nun zusammen, um ebenfalls die Regierungsbildung zu verlangen. Die Bekundungen klangen recht einmütig.[45] Es war das CDU-

---

[43] Ulbrichts Artikel erschien in Neues Deutschland, Nr. 231 vom 2. 10. 1949. Der Vortrag (die hier zitierten Sätze ebenfalls enthaltend) wurde erst 1958 gedruckt. Vgl. Walter Ulbricht, Die Entwicklung des deutschen volksdemokratischen Staates 1945–1958. Berlin (Ost) 1958, S. 157. Ulbricht begann seinen Vortrag mit den Worten, dies hier sei »die Verwaltungsakademie der Deutschen Demokratischen Republik« – also eines Staates, der erst eine Woche später gegründet wurde! (S. 150).

[44] Neues Deutschland, Nr. 233 vom 5. 10. 1949.

[45] Der NDP-Vorsitzende Lothar Bolz unterstützte die SED-Forderungen ebenso uneingeschränkt wie der Parteivorstand der Demokratischen Bauernpartei; vgl. National-Zeitung. Das Blatt der National-Demokratischen Partei Deutschlands, Nr. 232 vom 4. 10. 1949; Bauern Echo, Nr. 115 vom 4. 10. 1949. Zu den Zustimmungen der Massenorganisationen vgl. Neef, Entscheidende Tage, S. 61.

Der Hauptausschuß der CDU ermächtigte seinen Vorsitzenden Otto Nusch-

Organ ›Neue Zeit‹, das am 4. Oktober mit der Schlagzeile erschien: »Der Deutsche Volksrat muß handeln! Forderung aus allen Kreisen nach gesamtdeutscher Regierung.« Doch hinter den Kulissen gab es Auseinandersetzungen, da LDP und CDU noch keineswegs völlig gleichgeschaltet waren.

Zunächst richtete sich der Widerstand gegen das lange Hinausschieben von Volkskammerwahlen, da nach Vorstellungen der SED die »Provisorische Volkskammer« ein ganzes Jahr bestehen bleiben sollte. Vor allem aber wurde der SED-Vorschlag kritisiert, die fälligen Landtagswahlen ebenfalls bis Oktober 1950 zu verschieben. Schließlich ging es um Personalprobleme. Schon auf Sitzungen der Führung des »Demokratischen Blocks« hatten CDU- und LDP-Vertreter mehrfach das zu große Übergewicht der SED in den Verwaltungen bemängelt,[46] nun hegten sie die gleichen Befürchtungen bei der Regierungsbildung.

Am 4. Oktober trafen sich auch die Parteiführer zu Vorgesprächen. Dabei verlangten die LDP-Vorsitzenden Hermann Kastner und Karl Hamann z. B. von Wilhelm Pieck, daß Kastner nicht nur stellvertretender Ministerpräsident, sondern auch Außenminister werde. Nach ihrer Vorstellung sollte auch der Präsident – wie Volkskammer und Regierung – nur provisorischen Charakter erhalten, bis Wahlen durchgeführt seien. Die Verschiebung der Landtagswahlen bis zum Herbst 1950 lehnten sie als »unmöglich« ab.[47] In der Öffentlichkeit trat freilich auch Kastner voll für die Staatsgründung ein, sah darin den »Kernpunkt« für ein Gesamtdeutschland, und gab bestenfalls sehr verklausuliert seine Vorbehalte zu verstehen, wenn er »baldigst auf Grund von Neuwahlen eine verfassungsmäßige Neugestaltung« der Volkskammer ankündigte.[48]

---

ke, die »schwebenden Verhandlungen zum Abschluß zu bringen« (Neue Zeit, Nr. 234 vom 6. 10. 1949). Der Hauptausschuß der LDP nannte die Errichtung der DDR nur eine vorläufige Lösung der deutschen Lebensfragen, Ziel seien gesamtdeutsche Wahlen. »Bis dahin muß die deutsch-demokratische Republik durch demokratische Wahlen im Sinne der gesamtdeutschen Verfassung des Volksrats innerhalb der Zone die erforderliche Untermauerung erfahren.« (Der Morgen, Nr. 232 vom 4. 10. 1949.) Diese Passage hat Neef (S. 60) bei seinem Zitat aus Der Morgen weggelassen!

[46] Siegfried Suckut, Blockpolitik in der SBZ/DDR 1945–1949. Die Sitzungsprotokolle des zentralen Einheitsfront-Ausschusses. Quellenedition (erscheint Köln 1985) (Blocksitzung vom 22. Februar 1949, Rede Hamann).

[47] Neef, Entscheidende Tage, S. 45.

[48] Die Tat (Organ der VVN), Nr. 30 vom 15. 10. 1949.

Am 5. Oktober traten das Präsidium des Volksrates und der zentrale »Demokratische Block« zu einer gemeinsamen Beratung zusammen. Auf dieser entscheidenden Sitzung hielt wiederum Pieck ein Referat.[49] Er beschwor abermals den außerordentlichen Ernst der Lage und sagte, seine »Besprechungen mit den Führern der Parteien des demokratischen Blocks und der Gewerkschaften« hätten Übereinstimmung darüber ergeben, daß in Deutschland »ein Zentrum« für die Rechte des Volkes und zur Verhinderung eines neuen Krieges entstehen müsse. Dieses Zentrum könne »nur in unserer Zone« geschaffen werden. Dazu schlug Pieck nun konkrete Schritte vor, nämlich die Umwandlung des Volksrates in eine Provisorische Volkskammer, die Inkraftsetzung der Verfassung und eine sofortige Regierungsbildung. Pieck gestand den anderen Parteien zu, daß »nach Ablauf einer gewissen Zeit Wahlen durchgeführt werden müssen, um die reguläre Volkskammer zu bilden«. Jetzt aber sei »entsprechend den Forderungen der Massen« eine Regierung einzusetzen. Erstmals machte Pieck vor einem größeren Gremium auch deutlich: »Wir verstehen darunter nicht eine Regierung Gesamtdeutschlands, sondern eine Regierung der Deutschen Demokratischen Republik«.

Damit war klar, daß die neue Regierung faktisch nur das Recht beanspruchte, das Territorium der SBZ zu verwalten. Ihr »gesamtdeutscher« Anspruch – ähnlich wie umgekehrt der der Bundesregierung – war lediglich auf die Zukunft gerichtet oder diente gar nur der Agitation bzw. der Legitimation.

Die meisten Redner unterstützten Pieck, doch gab es auch »massive Angriffe«.[50] Der stellvertretende CDU-Vorsitzende Hugo Hickmann wandte sich vor allem gegen die geplante Verlegung der Landtagswahlen, da dafür jede rechtliche Grundlage fehle. Eine Verschiebung könne sich nur aus einer Zwangslage ergeben, etwa wenn die SMAD »eine Wahl zu einem früheren Termin nicht für möglich« halte.[51] Damit wollte Hickmann die wahren Machtverhältnisse offenlegen. Hickmann hatte bereits in der Hauptvorstandssitzung der CDU am Vormittag des 5. Oktobers die »Zweckmäßigkeit einer Umwandlung des Volks-

---

[49] Neef, Entscheidende Tage, S. 42 ff. Leider fehlt das Protokoll dieser Sitzung in der Sammlung Suckut, Blockpolitik, so daß hier nur aufgrund der Auszüge, die Neef erstmals veröffentlichte, berichtet werden kann.
[50] So Neef, Entscheidende Tage, S. 46.
[51] Ebd., S. 46 f.; Neef bringt nur einige (vermutlich verkürzte) Ausführungen Hickmanns.

rats in eine Volkskammer« bezweifelt und vorgeschlagen, »eine provisorische Volkskammer aus den Landtagen zu bilden«. Er konnte sich im CDU-Vorstand aber nicht durchsetzen.[52] Die LDP-Vertreter schließlich verwiesen darauf, daß ihr Parteivorstand erst am 6. Oktober tagen würde und sie nicht vorgreifen könnten.

Trotz der Differenzen, die nicht nach außen drangen, kam es am Ende der Diskussion zu einem einstimmigen Beschluß, in dem der Volksrat aufgefordert wurde, sich zur Provisorischen Volkskammer umzuwandeln und eine »verfassungmäßige Regierung« der DDR zu bilden. »Das Präsidium des Deutschen Volksrates beruft daher den Volksrat zu einer Tagung am Freitag, dem 7. Oktober, mittags 12 Uhr, nach Berlin ein.«[53] Am Ende der Tagung erläuterte Pieck einen detaillierten Plan über die Beschlüsse und organisatorischen Maßnahmen bis hin zur Regierungserklärung am 12. Oktober. »Alles war klar durchdacht, nichts blieb dem Zufall überlassen«, wie später die DDR-Geschichtsschreibung bestätigte.[54]

Die Weichen waren also am 5. Oktober endgültig gestellt. Der SED war es mit Hilfe der Massenorganisationen, der Bauernpartei und der Nationaldemokraten sowie ihren Verbündeten in CDU und LDP gelungen, ihre Vorstellungen voll durchzusetzen. Dabei dürften drei Zusagen auch die skeptischen Führer von CDU und LDP zum Einschwenken veranlaßt haben. Erstens setzten sie große Hoffnung in die Schaffung des Außenministeriums (das auch noch der CDU zugebilligt war);[55] d. h. sie glaubten an eine Souveränität des neuen Staates. Zweitens sahen sie in den (wenn auch verschobenen) Wahlen die Chance einer Schwächung oder gar Abschaffung der SED-Dominanz, da sie selbstverständlich Wahlen nach Parteienlisten

---

[52] Protokoll über die Hauptvorstandssitzung der CDU am 5. Oktober 1949, 9 Uhr. Bundesarchiv Koblenz (BA), NL Kaiser 8.
[53] Neues Deutschland, Nr. 234 vom 6. 10. 1949; Tägliche Rundschau, Nr. 234 (1345) vom 6. 10. 1949. Vgl. auch Neef, Entscheidende Tage, S. 48 f.
[54] Ebd., S. 49.
[55] Ein eigenes Außenministerium erschien als großer Schritt zur Souveränität, gerade auch weil die Bundesregierung kein solches Ministerium besaß. Da ursprünglich auch Bolz (NDP) als möglicher Außenminister genannt wurde, schien der CDU die Berufung ihres Generalsekretärs Dertinger zum Außenminister als doppelter Erfolg. Im Protokoll der CDU-Hauptvorstandssitzung vom 5. Oktober 1949 heißt es dazu: »Durch die Errichtung eines Außenministeriums wesentliche Unterscheidung von der westlichen Regierungsbildung.« BA Koblenz NL Kaiser 8.

erwarteten und sich gute Ergebnisse errechneten. Und drittens vertrauten sie auf personelle Zugeständnisse der SED. Dies alles erwies sich freilich später als Illusion.

Die Bevölkerung erfuhr von den Differenzen nichts, da in den öffentlichen Sitzungen und den Massenmedien Einmütigkeit gezeigt wurde. Die Zeitungen von CDU und LDP spekulierten zwar über die Zusammensetzung der Regierung, wobei als Präsident neben Pieck auch Kastner genannt wurde und als Außenminister neben Dertinger auch Bolz, doch gab es nur positive Äußerungen zum Gründungsprozeß.[56]

Die westliche Presse wußte freilich zu berichten, daß es z. B. auf einer Sitzung der Kreisvorsitzenden und Kreissekretäre der CDU am 10. Oktober in Berlin zu stürmischen Auseinandersetzungen gekommen war. Nuschke und Dertinger wurden angegriffen, weil sie die Beteiligung an der Staatsgründung nicht von der Abhaltung der Wahlen zu den Landesparlamenten noch 1949 abhängig gemacht hatten.[57] Tatsächlich fand diese Sitzung am 9. Oktober statt, Nuschke wurde durch Zwischenrufe unterbrochen, die meisten Kreisvorsitzenden kritisierten die Haltung des Vorstands. Der Kreisvorsitzende von Ahlbeck faßte die Stimmung zusammen: »Wir alle sind erschüttert, daß von Wahlen Abstand genommen wurde.« Der Vertreter des Kreisvorstands Luckau teilte mit, zwei Ortsverbände seien aus der Partei ausgetreten, die Auflösung der Deutschen Wirtschaftskommission (DWK) sei bedeutungslos: »In der Regierung sitzen die gleichen Personen, es ist die gleiche SEDistische Diktatur.«[58] Doch die Kritik kam zu spät. In den Tagen vor der

[56] Der Morgen, Nr. 235 vom 7. 10. 1949 brachte eine Namensliste der vermutlich vorgesehenen 14 Fachminister, wobei als Außenminister Dertinger oder Bolz und als Landwirtschaftsminister Goldenbaum oder Hoffmann genannt wurden, jeweils der erstere erhielt das Amt. Falsch informiert war das Blatt über die geplante Besetzung des Aufbauministeriums (genannt wurden Dertinger oder Rühle statt Bolz) und beim Postministerium (Lobedanz statt Burmeister).
Die Abendpost (Weimar), Nr. 234 vom 8. 10. 1949 spekulierte gar, Ministerpräsident würde Grotewohl *oder* Kastner, als Finanzminister wurde auch Strasser genannt. Tatsächlich hatte der SED-Fraktionsvorsitzende Matern bereits am 7. Oktober an den Präsidenten Pieck geschrieben, die SED zeige »hiermit an, daß sie als stärkste Fraktion« Grotewohl als Ministerpräsidenten benenne. Faksimile des Schreibens in Neues Deutschland, Nr. 30 vom 4./5. 2. 1984, S. 13.

[57] Neue Zürcher Zeitung, Nr. 2064 vom 11. 10. 1949.

[58] Tagung der Kreisvorsitzenden und Kreissekretäre in Berlin, Hauptgeschäftsstelle der CDU, am 9. Oktober, 11 Uhr, S. 8, 15, in: BA Koblenz NL Kaiser 8; vgl. auch Konferenz der Kreisvorsitzenden und Kreisgeschäftsführer der SBZ, 9. 10. 1949, NL Kaiser, ebd.

Gründung der DDR war es zu keinen öffentlichen Protesten gekommen. Die Unruhe in den Parteien hielt freilich weiter an. In der Fraktionssitzung der CDU am 12. Oktober stand die Rede von Präsident Pieck vom Vortag als erster Punkt auf der Tagesordnung. Die Abgeordneten Rohner und Brauer kritisierten die Äußerungen Piecks zur Oder-Neiße-Linie. Pieck hatte gesagt, diese solle »die Grenze des Friedens sein und niemals die freundschaftlichen Beziehungen zu dem polnischen Volke stören«.[59]

Dertinger wurde in der Fraktionssitzung der CDU gebeten, die Bedenken der Partei gegen diese Anerkennung der Grenze vorzubringen »und den Ministerpräsidenten zu befragen, ob ihm die Rede Piecks vorgelegt worden sei und er sie billige«. Hickmann ging noch weiter und beanstandete vier Punkte aus der Rede:

»1. Formulierung über die Oder-Neiße-Linie.
2. Bezeichnung ›gesamtdeutsche Republik‹.
3. Der Angriff gegen Präsident Heuss.
4. Wurde keine Erklärung abgegeben, daß Pieck nach Ablauf des jetzigen Provisoriums zurücktritt. Die Regierungserklärung muß dies eindeutig klären und berichten. Bei der Ministervereidigung solle Pieck eine Erklärung über das Provisorium des jetzigen Zustandes abgeben.
Es wird in der weiteren Diskussion nochmals klar und eindeutig auf eine sachliche Kritik hingewiesen.«[60]

Auch auf der mittleren und unteren Ebene gab es zunächst noch Widerstand gegen die Linie der SED. In der Sitzung des »Landesblocks« der Parteien in Brandenburg wurde ein Beschluß über die Regierung »erst nach vielem hin und her« angenommen und im »Block des Kreises Niesky« konnte »eine Entschließung für die Regierung nicht durchgebracht werden, weil zwei Parteien« also CDU und LDP, dagegen waren.[61] In einer Resolution der CDU-Kreistagsfraktion Chemnitz wurde aus-

---

[59] Neues Deutschland, Nr. 239 vom 12. 10. 1949.

[60] Protokoll der Fraktionssitzung der CDU in der Volkskammer am 12. Oktober 1949, 8.00 Uhr im Unionshaus, Jägerstraße. BA Koblenz, NL Kaiser 8. Eine Woche später stellte allerdings der »Politische Ausschuß« der CDU fest, der Standpunkt der Union zur Oder-Neiße-Grenze sei »in den Blockrichtlinien in Verbindung mit der Regierungserklärung festgelegt«; vgl. Protokoll über die Sitzung des Politischen Ausschusses (Landesvorsitzende) am Mittwoch, den 19. Oktober 1949, 16 Uhr, Unionshaus Berlin. BA Koblenz, ebd.

[61] Suckut, Blockpolitik, S. 686 (Bericht von Goldenbaum).

drücklich die Verschiebung der Landtagswahlen und die erneute Vertagung der Gemeindewahlen als »unerträglich« abgelehnt.[62] Die Versuche der CDU-Leitung, die eigene Haltung zu rechtfertigen und die Opposition sofort abzufangen,[63] hatten also wenig genützt. In einem standardisierten Antwortschreiben an die Kritiker versuchte Nuschke am 22. Oktober nochmals die wichtigsten Argumente für die Haltung der CDU zusammenzufassen: sofortige Wahlen wären nur möglich gewesen »gegen das Zugeständnis der Beteiligung an einer Einheitsliste. Dieses Zugeständnis hat die CDU abgelehnt«. Mit der Bildung der Regierung sei die »Diktatur« der (von Kommunisten beherrschten) Deutschen Wirtschaftskommission (DWK) beseitigt, die Volkskammer habe nun die Kontrolle und die Verfassung bringe eine Erweiterung des CDU-Einflusses. Schließlich seien die Wünsche der CDU für die »das kirchliche Leben berührenden Angelegenheiten« berücksichtigt.[64] Wie die CDU hatte sich auch die LDP aufgrund von Zusagen und Kompromissen entschlossen, der DDR-Gründung zuzustimmen. Der Zentralvorstand der LDP hatte allerdings am 6. Oktober eine recht vorsichtig formulierte Erklärung abgegeben, so z. B. die Erwartung ausgesprochen, daß am 15. Oktober 1950 »Wahlen entsprechend den Bestimmungen der jetzigen Verfassung« stattfinden würden (also nach dem Verhältniswahlrecht), und außerdem sofort ein Wahlgesetz gefordert. Der Bildung der DDR widersprach aber auch die LDP nicht.[65]

Unter diesen Voraussetzungen konnte am 7. Oktober der Volksrat zusammentreten und die bereits geschilderte Konstituierung der DDR vornehmen. Die Staatsgründung sollte wie gesagt nicht als weiterer Schritt zur Spaltung Deutschlands erscheinen, sondern vielmehr als eine Reaktion auf die Schaffung der Bundesrepublik, mit dem Anspruch, die deutsche Einheit wiederzuerlangen. In Wirklichkeit war die Gründung der DDR im Oktober 1949 keineswegs nur eine Antwort auf die Bildung der Bundesrepublik Deutschland. Seit 1947 wurde Deutschland

---

[62] Das Dokument ist abgedruckt in Siegfried Suckut, Der Wandel von Rolle und Funktion der CDUD im Parteiensystem der SBZ/DDR 1945–1952. In: Hermann Weber (Hrsg.), Parteiensystem zwischen Demokratie und Volksdemokratie. Dokumente und Materialien zum Funktionswandel der Parteien und Massenorganisationen in der SBZ/DDR 1945–1950. Köln 1982, S. 164f.
[63] Ebd., S. 165f.
[64] Ebd., S. 167.
[65] Der Morgen, Nr. 235 vom 7. 10. 1949.

schrittweise gespalten, und es war der Ost-West-Konflikt, der zur Schaffung zweier deutscher Staaten führte.

In der sowjetischen Besatzungszone war bis 1949 der Übergang zur »volksdemokratischen Ordnung« abgeschlossen worden. Unter der Oberhoheit der SMAD hatte die SED die wichtigsten Machtpositionen übernommen, die Partei selbst war nach dem Vorbild der KPdSU in eine »Partei neuen Typus« umgewandelt worden. Die ökonomische und damit auch die Sozialstruktur der SBZ waren stark verändert. Somit waren Voraussetzungen für einen eigenen Staat geschaffen. Insofern beginnt die eigentliche Geschichte der DDR nicht erst 1949; auch die Vorgeschichte von 1945 bis 1949 ist in ihre Entwicklung einzubeziehen.

2. Kapitel
Die »antifaschistisch-demokratische Umwälzung« 1945–1949

Das Ende Hitler-Deutschlands

Die Unterzeichnung der Urkunde über die bedingungslose Kapitulation durch die Vertreter des Oberkommandos der Wehrmacht (am 7. Mai 1945 in Reims und am 8. Mai in Berlin-Karlshorst) beendete den Zweiten Weltkrieg in Europa. Bereits am 30. April hatte Hitler in Berlin Selbstmord verübt und sich damit der Verantwortung für den Krieg entzogen, mit dem der Nationalsozialismus Deutschland und die Welt in eine Katastrophe gestürzt hatte. Folgen des von Deutschland unter Hitlers Führung begonnenen Krieges waren der totale Zusammenbruch des Deutschen Reiches und schließlich die Spaltung Deutschlands.

Der Krieg hatte fast 55 Millionen Tote gekostet, darunter allein 20 Millionen Sowjetbürger. Das deutsche Volk hatte über 6 Millionen Tote zu beklagen, die an der Front, bei Luftangriffen, auf der Flucht oder in Hitlers Konzentrationslagern ums Leben kamen. Vernichtet war ein Drittel des Volksvermögens. 25 Millionen Deutsche verloren als Flüchtlinge, Evakuierte oder Ausgebombte ihre Heimat, 15 Prozent des vorhandenen Wohnraums waren zerstört. Besonders schlimme Verhältnisse herrschten in dem von sowjetischen Truppen besetzten Teil Deutschlands, da hier die letzten Kämpfe am härtesten getobt hatten. Der Wiederaufbau des zerstörten Deutschland stellte sich bei Kriegsende der deutschen Bevölkerung, aber auch den Besatzungsbehörden als die dringendste Aufgabe.

Die Siegermächte kamen jedoch mit ungleichen Interessen und ihre Truppen auch mit unterschiedlichen Erfahrungen nach Deutschland. Hatte der Krieg im Westen zu den im großen und ganzen »üblichen« schrecklichen Ergebnissen geführt, so »hatte im Osten ein von Hitler entfesselter rassenideologischer Vernichtungskrieg ohne Bindung an völkerrechtliche Normen gewütet«.[1]

Die unmenschlichen Zustände in den Konzentrationslagern, die nach der Befreiung bekannt wurden, und die Enthüllungen

---

[1] Andreas Hillgruber, Deutsche Geschichte 1945–1972. Frankfurt a. M., Berlin 1974, S. 13.

über die Vernichtung der europäischen Juden hatten bei den westlichen Armeen Entsetzen und Abscheu hervorgerufen. Erst recht konnten die Schrecken des brutalen Vernichtungskrieges im Osten nicht ohne Rückwirkungen auf das Verhalten der Roten Armee bleiben.

Die Politik dieser Armee als Besatzungsmacht wurde freilich von der Moskauer Führung bestimmt. Vor allem in der ersten Phase bis Mitte 1947 war die sowjetische Besatzungspolitik ein Teil der Deutschlandpolitik der UdSSR. Offensichtlich hatte die Sowjetunion für ihre Deutschlandpolitik bereits während des Krieges mehrere Alternativen ausgearbeitet.[2] Die Haltung der UdSSR war nach dem deutsch-sowjetischen Pakt vom August 1939 geprägt durch den Überfall der deutschen Armee am 22. Juni 1941. Zunächst mußte die Sowjetunion alle Anstrengungen auf ihre Verteidigung richten. Die rasche Kooperation mit den Westalliierten ermöglichte es Stalin dann, auch Pläne und Konzeptionen für ein Nachkriegsdeutschland zu entwikkeln. Gemeinsam mit den Alliierten wollte die Sowjetunion den Nationalsozialismus vernichten sowie Deutschlands Militärmacht und Rüstungsindustrie zerschlagen. Darüber hinaus beanspruchte die UdSSR, die durch den Krieg die schwersten Verluste erlitten hatte, auch möglichst umfangreiche Reparationen.

Dabei beteiligte sich Stalin zunächst an den Plänen, Deutschland nach Kriegsende zu zerstückeln. Doch nach außen distanzierte er sich von den Teilungskonzeptionen, die während des Krieges bei allen Alliierten aufgetaucht waren. In einem Tagesbefehl an die Rote Armee vom 23. Februar 1942 erklärte Stalin, die Erfahrungen der Geschichte besagten, »daß die Hitler kommen und gehen, aber das deutsche Volk, der deutsche Staat bleibt«.[3] Entsprechend dieser immer wieder zitierten These zeigte die Sowjetunion in den folgenden Jahren kein Interesse an Vorschlägen zur Aufteilung Deutschlands. Auch der Morgenthau-Plan fand keine offizielle Billigung der Sowjetunion, während Roosevelt und Churchill dem Plan noch auf der 2. Quebec-Konferenz im September 1944 Zugeständnisse machten, indem sie die Demontage wichtiger Industrien und die Kontrolle des Ruhr- und des Saargebietes forderten und

---

[2] Vgl. dazu Alexander Fischer, Sowjetische Deutschlandpolitik im Zweiten Weltkrieg 1941–1945. Stuttgart 1975.
[3] Josef Stalin, Über den Großen Vaterländischen Krieg der Sowjetunion. Berlin 1945, S. 35.

erklärten, Deutschland müsse in Zukunft »in erster Linie den Charakter des Ackerbaus und der Weidewirtschaft tragen«.[4]

Auf der Konferenz der Alliierten in Jalta im Februar 1945 schwenkte Stalin in der Teilungsfrage allerdings wieder um. Er fragte, ob es »nicht schon an der Zeit sei, eine Entscheidung über die Zergliederung Deutschlands zu treffen«.[5] Ein geheimer Teilungsausschuß wurde eingesetzt, doch rückte der sowjetische Vertreter in diesem Gremium bereits im März 1945 wieder von allen Zerstückelungsplänen ab.

So wie die sowjetische Deutschlandpolitik während des Krieges in der Frage der Aufteilung Deutschlands schwankte, so kam sie auch bei den übrigen Konzeptionen für ein Nachkriegsdeutschland zu keiner einheitlichen Linie; es bestand damals eine »große Bandbreite« der Politik. Während die kommunistische Literatur nur die »antifaschistische« Position der UdSSR hervorhebt, war das Spektrum in Wirklichkeit größer: »Gerade für die Zeit zwischen dem deutschen Überfall am 22. Juni 1941 und dem Kapitulationsvorgang vom 8./9. Mai 1945 in Berlin-Karlshorst läßt sich der Nachweis führen, daß sich die sowjetische Deutschlandpolitik ständig zwischen dem Willen zur Vernichtung des deutschen ›Faschismus‹ im Bunde mit den angelsächsischen Partnern einerseits und irgendeinem Arrangement mit einer deutschen Reichsregierung ohne Hitler andererseits bewegt hat und darüber hinaus ... den ideologischen Kampf nie außer acht ließ.«[6]

Offensichtlich existierten in Moskau ursprünglich auch Pläne, nach denen die KPD sofort nach der Niederschlagung des NS-Regimes die Arbeit aufnehmen sollte, um auf das von der Roten Armee eroberte Gebiet das sowjetische System zu übertragen und später auf ganz Deutschland auszudehnen. Je länger der Krieg dauerte, um so deutlicher modifizierte Stalin seine Konzeption. Die Entmachtung Deutschlands, seine militärische Entwaffnung und Besetzung sowie wirtschaftliche Wiedergutmachung in Form von Reparationen schienen nunmehr weit wichtiger als ein »sozialistisches« Deutschland. Die russischen

[4] Vgl. Manfred Rexin, Die Jahre 1945–1949. In: Herbert Lilge (Hrsg.), Deutschland 1945–1963. 11. Aufl. Hannover 1979, S. 5.
[5] Ernst Deuerlein, Die Einheit Deutschlands. Ihre Erörterung und Behandlung auf den Kriegs- und Nachkriegskonferenzen 1941–1949. Darstellung und Dokumentation. Frankfurt a. M. 1957, S. 63.
[6] Fischer, Sowjetische Deutschlandpolitik, S. 10. Zur sowjetischen Sicht vgl. Viktor Issralian, Die Anti-Hitlerkoalition. Moskau 1975.

Staatsinteressen galten im internationalen Kommunismus ohnehin als vordringlich, so daß die deutschen Kommunisten sich unterzuordnen hatten. Da die Sowjetunion vor allem Reparationen aus dem Ruhrgebiet erwartete, mußte sie schon deswegen eine gesamtdeutsche Lösung favorisieren.

»Es ist davon auszugehen, daß die sowjetische Deutschlandpolitik bei Kriegsende weder auf eine Teilung Deutschlands noch auf eine Unterwerfung und Sowjetisierung ausgerichtet war. Man hielt von sowjetischer Seite vielmehr an dem Ziel wirtschaftlicher Ausbeutung im Rahmen der alliierten Reparationspolitik fest und bemühte sich auch um eine kurzfristige tragfähige Plattform für eine gemeinsame Besatzungspolitik in Deutschland.«[7]

Um das zu erreichen, trat die Sowjetunion dann nach der deutschen Kapitulation vorrangig für eine gesamtdeutsche Lösung ein. Zugleich wurden jedoch mit der »antifaschistisch-demokratischen Umwälzung« in der eigenen Besatzungszone Strukturreformen durchgeführt, die Grundlage für ein kommunistisches Herrschafts- und Gesellschaftssystem sein konnten, sei es für eine »gesamtdeutsche« Perspektive oder für eine »kleine«, auf die SBZ beschränkte Lösung. Die verschiedenen Konzeptionen der UdSSR boten ihr die Möglichkeit, sich der jeweiligen konkreten Situation anzupassen, um schrittweise bestimmte strategische und taktische Ziele zu realisieren. Das bedeutete aber, daß die sowjetische Deutschlandpolitik wesentlich von der Haltung der USA abhing (und umgekehrt).

Ein »Fernziel« der UdSSR bestand 1945 auch darin, in Deutschland ihr eigenes System zu installieren. Nur dadurch glaubte sie »Faschismus und Militarismus« endgültig ausrotten zu können, die ja nach der sowjetischen Ideologie Folgen des Kapitalismus und der bürgerlichen Staatsform, also auch des Parlamentarismus und seines Parteiensystems, waren.

Die aktuellen Interessen der UdSSR verlangten 1945 jedoch eine andere Politik. Die Sowjetunion wollte ihren Machtbereich erweitern und ihr internationales Gewicht verstärken, sie benötigte nach den schweren Kriegsverlusten Ruhe für den Wiederaufbau, und sie brauchte Reparationen. Daher sollte jeder Anschein einer »kommunistischen« Entwicklung oder einer Übertragung des Sowjetsystems in Osteuropa und erst recht im ge-

---

[7] Alexander Fischer in: Der Weg nach Pankow. Zur Gründungsgeschichte der DDR. München 1980, S. 15. Vgl. auch die Schematisierung der Alternativen bei Wolfgang Leonhard, ebd., S. 32 ff.

meinsam besetzten Deutschland vermieden oder zumindest vertuscht werden. Es ist offensichtlich, daß sich die sowjetische Deutschlandpolitik zwar »jederzeit möglichst alle Alternativen offenhalten« wollte, aber in den ersten Jahren nach 1945 bemüht blieb, »eine Deutschlandlösung im Einvernehmen mit den Siegermächten mindestens nicht zu verbauen«.[8]

Deutschland sollte trotz der Aufteilung in Besatzungszonen als Einheit bestehen bleiben. Schon am 12. September 1944 hatten die Vertreter der USA, Großbritanniens und der UdSSR ein Abkommen unterzeichnet, das die Grenzen der zukünftigen Besatzungszonen festlegte. Weite Teile des für sie vorgesehenen Okkupationsgebietes hatte die Sowjetarmee bei Kriegsende bereits erobert. Die Übertragung des Stalinismus auf zumindest diesen Teil Deutschlands war zwar kein aktuelles Ziel, wohl aber eine der möglichen Perspektiven der sowjetischen Führung. Um die geplante Politik realisieren und den Wiederaufbau vorantreiben zu können, war die Mitarbeit der deutschen Kommunisten unerläßlich. Deshalb wurden ihnen leitende Positionen in der neuen Verwaltung übertragen; allerdings blieben sie anfangs den Anordnungen der Besatzungsmacht unterstellt.

Die Rolle der deutschen Kommunisten

Die deutschen Kommunisten waren 1945 bereit, Hilfsfunktionen für die UdSSR zu übernehmen. Die um die Jahreswende 1918/19 gegründete KPD[9] hatte nach der Ermordung ihrer bedeutendsten Führer Rosa Luxemburg und Karl Liebknecht (Januar 1919) schon früh ihre Eigenständigkeit aufgegeben. Sie wurde 1920 zu einer Massenpartei der linksradikalen deutschen Arbeiter. Doch als Sektion der Kommunistischen Internationale blieb sie an der bolschewistischen Oktoberrevolution orientiert, und schon bald erblickten die deutschen Kommunisten in der UdSSR ihr politisches Vorbild und das Modell ihrer Zukunftserwartungen.

[8] Hans-Peter Schwarz, Vom Reich zur Bundesrepublik. Deutschland im Widerstreit der außenpolitischen Konzeptionen in den Jahren der Besatzungherrschaft 1945–1949. Neuwied, Berlin 1966, S. 261. Zu den vier Möglichkeiten der Politik bei Schwarz vgl. auch Dietrich Staritz, Sozialismus in einem halben Lande. Zur Programmatik und Politik der KPD/SED in der Phase der antifaschistischdemokratischen Umwälzung in der DDR. Berlin (West) 1976, S. 147.

[9] Zum Forschungsstand über die KPD vgl. Hermann Weber, Kommunismus in Deutschland 1918–1945. Darmstadt 1983.

Wie alle kommunistischen Parteien geriet auch die KPD von 1924 bis 1929 in die Mühlen der Stalinisierung. Es kam zur völligen Abhängigkeit der KPD von der Komintern und der Sowjetunion Stalins, die deutsche Partei wurde zur Hilfstruppe der UdSSR. Die Stalinisierung der KPD bedeutete die Abschaffung der innerparteilichen Demokratie und die Entstehung einer straff disziplinierten und zentralisierten Organisation, in der die Führung mit Hilfe des hierarchisch aufgebauten Parteiapparates, d. h. der hauptamtlichen Parteifunktionäre, die Politik bestimmte. Die Parteidisziplin schloß auch die Anerkennung der sowjetischen Hegemonie ein.

Die Weltwirtschaftskrise verstärkte den Zulauf zur KPD (1928: 130000 Mitglieder und 3,2 Millionen Wähler, Ende 1932: 252000 Mitglieder und 6 Millionen Wähler). Bis 1933 hat die KPD mit ihren verwirrenden Faschismus-Theorien (Bezeichnung aller Nichtkommunisten als Faschisten, Hauptangriff gegen die Sozialdemokraten, die »Sozialfaschisten« genannt wurden) und ihrer ultralinken Politik den Faschismus Hitlers nicht nur nicht verhindern können, sondern ihn auch ungewollt in seinem Aufstieg begünstigt. 1935 übte die Partei zwar Selbstkritik, schwächte sie aber nach einiger Zeit wieder ab. Die verfehlte ultralinke Politik von 1929 bis 1933 und die darauf folgenden bitteren Erfahrungen unter der Hitlerdiktatur, deren Gewaltherrschaft Tausende von Kommunisten das Leben kostete, wirkten als »Faschismus-Trauma« 1945 nach. Zahlreiche KPD-Führer wurden auch im sowjetischen Exil Opfer der Stalinschen Säuberung von 1936 bis 1938; dennoch hielten die meisten deutschen Kommunisten am Modell Sowjetunion und ihrem Idol Stalin fest.[10] Für die KPdSU waren die deutschen Genossen 1945 daher ein wichtiger Faktor: mit ihrer Hilfe glaubte Moskau Einfluß auf die Politik Nachkriegsdeutschlands gewinnen zu können.

Vorbereitungen für solche Pläne waren bereits Jahre zuvor getroffen worden. Im Juni 1943 besuchten Walter Ulbricht und der deutsche kommunistische Schriftsteller Erich Weinert, die beide in sowjetischer Emigration lebten, das Kriegsgefangenenlager Krasnogorsk, um dort Offiziere für die Gründung des Nationalkomitees »Freies Deutschland« zu gewinnen. Die Sowjetunion beabsichtigte, die Bewegung »Freies Deutschland« zur Zersetzung der Hitler-Armee und als Druckmittel gegen

---

[10] Vgl. ebd., S. 159 ff.

ihre Westalliierten (Drohung mit einem separaten Friedensvertrag) zu benutzen. Die Mehrzahl der Offiziere, die sich zur Verfügung stellten, lehnten die Verbrechen Hitlers ab. Sie erhofften durch ihre Mitarbeit im Nationalkomitee aber auch – das versprachen die Sowjets – den Bestand des Deutschen Reiches erhalten, Positionen im neuen Deutschland einnehmen und eine Bolschewisierung verhindern zu können. Die deutschen Kommunisten schließlich erwarteten von der Bewegung »Freies Deutschland« nicht nur Hilfe beim Sturz Hitlers von außen, sondern erstrebten damit auch eine gefügige Tarnorganisation.

Bei seiner Gründung bestand das Nationalkomitee aus 25 Vertretern von kriegsgefangenen Offizieren und Mannschaften und 15 emigrierten KPD-Funktionären (darunter Pieck, Ulbricht, Becher, Matern, Ackermann und Herrnstadt). Das Nationalkomitee »Freies Deutschland« trug damit bereits alle Merkmale der späteren Taktik des Stalinismus in den »Massenorganisationen« und bei der Unterwanderung bürgerlicher Organisationen. Die KPD-Funktionäre waren zwar in der Minderheit, aber sie bestimmten die Politik. Die übrigen 25 Mitglieder repräsentierten einen Querschnitt aus allen Berufen und sozialen Schichten und dienten so als Aushängeschild. Mit dem Nationalkomitee sollten in erster Linie nationale Kreise gegen Hitler mobilisiert werden. Die Tarnung der Kommunisten ging so weit, daß Schwarz-Weiß-Rot die offiziellen Farben des Komitees wurden. Die in das Nationalkomitee gesetzten Hoffnungen konnten sich aus verschiedenen Gründen nicht erfüllen, der Versuch war aber ein typisches Beispiel für die Praktiken der Kommunisten.[11]

Hatte die Sowjetunion Stalins zunächst verschiedene Teilungspläne unterstützt, sich dann aber mit Gedanken eines Sonderfriedens mit Deutschland getragen, so versuchte sie nach dem »deutschnationalen« Zwischenspiel mit dem Nationalkomitee »Freies Deutschland« vor allem ein antifaschistisches Programm zu entwickeln. Auch dazu wurde die Exil-KPD in Moskau herangezogen. Die deutschen Kommunisten erarbeiteten 1944/45 verschiedene Perspektiven für ein Nachkriegsdeutschland.[12]

[11] Vgl. zum Nationalkomitee Bodo Scheurig, Freies Deutschland. Das Nationalkomitee und der Bund Deutscher Offiziere in der Sowjetunion 1943–1945. Neuauflage Köln 1984.
[12] Vgl. die Hinweise in Weber, Kommunismus in Deutschland, S. 169f.

Anfänge des Neuaufbaus

Als die Siegermächte 1945 das total zusammengebrochene Deutschland in Besatzungszonen aufteilten und vorerst selbst regierten, konnte es kaum ausbleiben, daß sich jede Besatzungsmacht in ihrer praktischen Politik von den Ordnungsvorstellungen leiten ließ, die ihr aus dem eigenen Land vertraut waren. Stalin konnte in Deutschland auf lange Sicht kein anderes System installieren als jenes, das er in der Sowjetunion geschaffen hatte. Unmittelbar nach dem Krieg war er jedoch, wie schon erwähnt, darauf bedacht, sein langfristiges Programm nicht durch sofortige Sowjetisierung in der eigenen Besatzungszone zu gefährden, was den Protest der westlichen Alliierten hervorgerufen hätte. Außerdem wären viele demokratische Antifaschisten, die Stalin in Deutschland als zeitweilige Bündnispartner gewinnen wollte, durch eine sofortige und schnelle Übertragung des sowjetischen Systems von vornherein abgestoßen worden. Und nicht zuletzt erforderte die gesamtdeutsche Konzeption – vor allem wegen der Reparationen – eine andere Taktik. Stalin hielt also eine Übergangsetappe für notwendig, die »antifaschistische Demokratie«.

Nach der deutschen Kapitulation verbreitete ein ›Nachrichtenblatt für die deutsche Bevölkerung‹, das die Rote Armee herausgab, die »Botschaft des Genossen J. W. Stalin« an das »Volk« (gemeint war natürlich das sowjetische Volk) mit den bemerkenswerten Worten: »Die Sowjetunion feiert den Sieg, obwohl sie nicht beabsichtigt, Deutschland aufzuteilen oder zu vernichten.«[13]

Wenige Tage später wiederholte die ›Tägliche Rundschau‹, die sowjetische Zeitung für die deutsche Bevölkerung,[14] daß die Rote Armee als »Siegerin, aber nicht als Unterdrückerin« nach Deutschland gekommen und ihr Ziel »niemals die Vernichtung des deutschen Volkes oder die Zertrümmerung des deutschen Staates« sei. Nunmehr müsse aber das deutsche Volk beweisen, »daß Hitler nicht Deutschland, daß die nazistische

[13] Nachrichtenblatt für die deutsche Bevölkerung, Nr. 19 vom 10. 5. 1945, S. 1.
[14] Die Tägliche Rundschau erschien in unterschiedlichem Format als »Frontzeitung für die deutsche Bevölkerung« bzw. als »Tageszeitung für die deutsche Bevölkerung«, schließlich als »Zeitung für die deutsche Bevölkerung«. Chefredakteur war Oberst A. W. Kirsanow, in der Redaktion waren auch deutsche Emigranten beschäftigt; vgl. Stefan Doernberg, Befreiung 1945. Ein Augenzeugenbericht. Berlin (Ost) 1975, S. 150 ff.

Bande nicht das deutsche Volk ist«.[15] Als Zeichen des guten Willens verwies die Zeitung auf die Maßnahmen des sowjetischen Kommandos für die Verbesserung der Nahrungsmittelversorgung der deutschen Bevölkerung, die in der Tat das Gegenstück zu den zahlreichen Übergriffen der Soldaten der Roten Armee waren.

Die sowjetische Besatzungsmacht hatte in ihrer Zone und vor allem in Berlin schon früh entscheidende Schritte eingeleitet: Bereits vor der deutschen Kapitulation hatte die Sowjetarmee zu ihrer Unterstützung drei Gruppen deutscher Kommunisten nach Berlin, nach Sachsen und nach Mecklenburg-Pommern gebracht, deren Leiter Walter Ulbricht, Anton Ackermann und Gustav Sobottka waren. Anton Ackermann (1905–1973) war seit 1925 in der KPD und kam 1935 in der Emigration ins ZK und Politbüro. Als Leiter einer »Initiativgruppe« kehrte er 1945 aus der UdSSR nach Deutschland zurück und galt seit 1946 als »Chefideologe« der SED. Er vertrat vor allem den »besonderen deutschen Weg« zum Sozialismus und war Kandidat des Politbüro bis 1953. Als Gegner Ulbrichts wurde er gemaßregelt. 1956 wurde er rehabilitiert, gewann aber keinen politischen Einfluß mehr. Gustav Sobottka (1886–1953), Bergmann, war 1910 der SPD beigetreten und kam über die USPD 1920 zur KPD. Von 1921 bis 1932 war er Abgeordneter des Preußischen Landtags und in der kommunistischen Gewerkschaftsarbeit aktiv. 1935 emigrierte er in die UdSSR. Er wurde 1945 Stellvertretender Leiter der Zentralverwaltung Energie und Brennstoffverwaltung der SBZ und später Abteilungsleiter der Deutschen Wirtschaftskommission (DWK).

Am Tag, an dem Hitler Selbstmord verübte, am 30. April 1945, landeten zehn deutsche Kommunisten, aus Moskau kommend, auf dem sowjetischen Feldflugplatz Calau, 70 km von Frankfurt an der Oder entfernt; es war die sogenannte Gruppe Ulbricht. Sie sollte der Roten Armee beim Neuaufbau der Verwaltung helfen. Ulbricht schrieb später, die Gruppe sei gut vorbereitet gewesen, schon in Moskau sei bis in die Details geplant worden, »einschließlich der Organisierung der Verwaltungen bis zu den Fragen der Organisierung des kulturellen Lebens. Wir hatten auch eine Liste von Hitlergegnern, von denen wir annahmen, daß sie sich in Berlin aufhielten. Es waren Namen von kommunistischen und sozialdemokratischen Reichstagsab-

---

[15] Tägliche Rundschau, Nr. 1 vom 15. 5. 1945.

geordneten sowie anderen Hitlergegnern aus bürgerlichen Kreisen.«[16]

Die »Gruppe Ulbricht« kam in ein weitgehend zerstörtes Berlin. Von 1,5 Millionen Wohnungen waren nur noch 370 000 unbeschädigt, das Verkehrswesen lag gänzlich darnieder, die Lebensmittelversorgung war zusammengebrochen; ein Ausbruch von Seuchen drohte. Selbstverständlich lag die ganze Macht (wie überall in Deutschland) zunächst in den Händen der Besatzer. Deren Anordnungen hatten die deutschen Kommunisten zu befolgen und dafür zu sorgen, daß überhaupt wieder ein geregeltes Leben in Gang kam. Ulbricht bestätigte dies später selbst. Dabei bemühten sich die deutschen Kommunisten, Verbindungen zu Sozialdemokraten herzustellen und bürgerliche Hitler-Gegner zu gewinnen. Insofern sind spätere Berichte Ulbrichts wohl zutreffend, in denen er beschreibt, wie er z. B. den früheren Zentrumspolitiker Hermes dafür gewann, im Berliner Magistrat mitzuarbeiten: »Als ich nachts, 24 Uhr in der Villa, wo er bei Bekannten wohnte, ankam, lag alles in den Betten. Nachdem ich genügend Lärm gemacht hatte, wurde geöffnet, und wir stellten uns im Kerzenschein gegenseitig als frühere Reichstagsabgeordnete vor. Dann begannen in dieser Nacht die ersten Besprechungen über die Einschätzung der Lage, sehr sachliche, sehr interessante Besprechungen. Dr. Hermes war ein ehrlicher Hitlergegner. Er war vom Hitlerfaschismus verfolgt und zum Tode verurteilt worden und war zufällig gerade noch am vorletzten Tage weggekommen. Es zeigte sich, daß wir in der Einschätzung der Lage ziemlich übereinstimmten.« In einem Gespräch habe auch der ehemalige Reichsminister Schiffer, ein Demokrat, Ulbricht gegenüber betont: »Wir haben einen verschiedenen Weg gehabt und wir haben sehr verschiedene Ziele.« Da es aber darauf ankäme, den »Karren wieder aus dem Dreck herauszuholen«, meinte Schiffer: »Wir wollen also versuchen, ein Stück des Weges gemeinsam zu gehen.«[17] Es kam auch den kommunistischen Gruppen zuallererst auf den Wiederaufbau an. Anton Ackermann, der in Sachsen die gleiche Funktion erfüllte wie Ulbricht in Berlin, berichtete später, der Auftrag seiner Gruppe sei gewesen, »in Überein-

---

[16] Ulbricht in einer Rede am 12. Mai 1960; erstmals abgedruckt in Neues Deutschland, Nr. 106 vom 17. 4. 1965.

[17] Ebd., Die Rede ist auch abgedruckt in Walter Ulbricht, Zur Geschichte der deutschen Arbeiterbewegung. Aus Reden und Aufsätzen. Bd. II, Zusatzband, Berlin (Ost) 1966, S. 209 ff.

kunft mit den sowjetischen Militärkommandanten alle erforderlichen Maßnahmen einzuleiten und zu fördern, die notwendig waren, um das Leben der deutschen Bevölkerung so rasch wie möglich zu normalisieren«.[18]

Natürlich hatte die »Gruppe Ulbricht« (ebenso wie die Gruppen von Ackermann und Sobottka) darüber hinausgehende »Perspektivpläne«, doch auch diese waren noch völlig von der Annahme einer längeren Besatzungszeit der Siegermächte geprägt. Wolfgang Leonhard, das jüngste Mitglied der »Gruppe Ulbricht«, berichtet darüber: »Als Teilnehmer dieser Gruppe kann ich mich noch genau erinnern, daß ich erst Mitte April zum erstenmal von diesem Unternehmen hörte. Seit Januar 1945 wurden allerdings schon regelmäßig Instruktionsreferate für 150 ausgesuchte Emigranten gehalten. Das Thema: Die zukünftige politische Arbeit im Nachkriegsdeutschland. Der Grundtenor – und dies verdient besonders festgehalten zu werden, weil sich schon wenige Monate später die ›Linie‹ beträchtlich änderte – war damals die These, daß Deutschland eine langjährige Periode der Besetzung durchmachen werde. In den ersten Jahren der Besetzung, so hieß es damals, sei mit der Zulassung von politischen Parteien wohl überhaupt nicht zu rechnen. Die Aufgabe der Kommunisten sei es deshalb, die demokratischen Reformen der Besatzungsmächte zu unterstützen und in den neuen Verwaltungsorganen mitzuarbeiten. Sobald eine politische Betätigung möglich sei, sollte eine antifaschistische Massenorganisation unter dem Namen ›Block der kämpfenden Demokratie‹ geschaffen werden. Eine Bodenreform sei anzustreben, aber sie könne frühestens im Sommer 1946 durchgeführt werden ... Jeden Tag fuhren wir nun [im Mai 1945] frühmorgens in die verschiedenen Berliner Bezirke – zunächst meist in die westlichen –, und spät abends fanden dann in Bruchmühle unsere Sitzungen statt. Jeder von uns gab seinen Bericht, und Ulbricht erläuterte die neuen Anweisungen. Auf einer dieser Begegnungen gab der spätere Parteiführer die Direktive aus: Es muß demokratisch aussehen, aber wir müssen alles in der Hand haben.«[19]

Auch wenn noch kein sofortiger Neuaufbau der KPD geplant war, so war Ulbricht doch bestrebt, die Kommunisten nach stalinistischen Vorstellungen auszurichten. Jede selbständige politische Aktivität schien ihm gefährlich; antifaschistische Ko-

---

[18] Staat und Recht, Berlin (Ost) 14 (1965), S. 668.
[19] Die Zeit (Hamburg), Nr. 22 vom 7. 5. 1965. Vgl. auch Wolfgang Leonhard, Die Revolution entläßt ihre Kinder. Köln, Berlin 1956, S. 340 ff.

mitees wurden aufgelöst. Am 9. Mai 1945 schrieb Ulbricht in einem Brief an Dimitroff: »Die spontan geschaffenen KPD-Büros, die Volksausschüsse, die Komitees der Bewegung ›Freies Deutschland‹ und die Ausschüsse der Leute des 20. Juli, die vorher illegal arbeiteten, treten jetzt offen auf. Wir haben diese Büros geschlossen und den Genossen klargemacht, daß jetzt alle Kräfte auf die Arbeit in den Stadtverwaltungen konzentriert werden müssen. Die Mitglieder der Ausschüsse müssen ebenfalls zur Arbeit in die Stadtverwaltungen übergeführt und die Ausschüsse selbst liquidiert werden.«[20]

Vorrangig kam es den Gruppen um Ulbricht, Ackermann und Sobottka darauf an, Verwaltungen einzurichten. In Berlin wollte die »Gruppe Ulbricht« noch vor dem Einzug der Westalliierten in West-Berlin vollendete Tatsachen schaffen, um die neue Administration auch personell unter Kontrolle zu halten. Bereits am 14. Mai 1945 bestätigte der sowjetische Stadtkommandant von Berlin, N. E. Bersarin, einen Magistrat mit dem parteilosen Oberbürgermeister Dr. Arthur Werner. Am 17. Mai gab Dr. Werner die Zusammensetzung des Magistrats bekannt; acht der sechzehn Mitglieder waren Kommunisten, Karl Maron war erster Stellvertreter des Oberbürgermeisters, Paul Schwenk dritter Stellvertreter, die übrigen kontrollierten die Abteilungen für Personalfragen (Arthur Pieck), Volksbildung (Otto Winzer), Sozialfürsorge (Ottomar Geschke), Finanzen (Edmund Noortwyck), Nachrichten und Verbindung (Ernst Kehler) und Arbeitseinsatz (Hans Jendretzky).[21]

Die feierliche Amtseinführung des neuen Magistrats durch Generaloberst Bersarin erfolgte am 19. Mai 1945 in einem großen Saal mit der Losung »Die antifaschistische Einheit – das Unterpfand der Neugeburt des deutschen Volkes«. Auf der Gründungsversammlung sprachen u. a. Oberbürgermeister Werner, Professor Sauerbruch, der Kommunist Otto Winzer, aber auch der Schauspieler Heinz Rühmann. Bersarin sagte,

---

[20] Walter Ulbricht, Zur Geschichte der deutschen Arbeiterbewegung. Bd. II, Berlin (Ost) 1953, S. 419. Vgl. auch Ulbrichts Briefe an Pieck, ebd., Bd. II, Zusatzband, S. 204 ff.

[21] Vgl. die Bekanntmachung in Tägliche Rundschau, Nr. 4 vom 18. 5. 1945. Allerdings gab es in den nächsten Tagen noch einige Veränderungen; so wurde Prof. Sauerbruch zum Leiter der Abteilung für Gesundheitswesen ernannt. Vgl. Klaus Scheel (Hrsg.), Die Befreiung Berlins 1945. Eine Dokumentation. Berlin (Ost) 1975, S. 213. Dort ist allerdings auf S. 29 von 19 Mitgliedern und nur sieben Kommunisten die Rede. Vgl. auch: 25 Jahre SED. Beiträge zur Berliner Arbeiterbewegung. Berlin (Ost) 1971, S. 95.

Stalin selbst habe noch während des Kampfes um Berlin Anweisung gegeben, »Lebensmittel für die Bevölkerung der Stadt Berlin heranzuschaffen. Jetzt interessiert sich Marschall Stalin täglich dafür, wie die Arbeit fortschreitet. Ich muß Ihnen sagen, daß sich auf einer ganzen Reihe von Gebieten ehrliche Menschen bereits ernstlich an die Arbeit gemacht haben, so daß ich schon Unterlagen besitze, um an Marschall Stalin zu berichten. Aber ich muß Ihnen auch etwas Anderes sagen: Daß sich noch bei weitem nicht die ganze Bevölkerung der Stadt Berlin an die Arbeit der Wiederherstellung begeben hat.«[22]

Ähnlich sah es in den anderen Städten aus. Überall setzten die sowjetischen Kommandanten deutsche Kommunalverwaltungen ein. Erstmals bekamen Kommunisten in Deutschland wichtige Verwaltungsaufgaben übertragen; sie erhielten Schlüsselpositionen, und das, noch ehe die Partei offiziell wieder zugelassen war.

Die Sowjetische Militäradministration

Bis Anfang Juni 1945 bestimmte jede Besatzungsmacht allein in dem von ihr okkupierten deutschen Gebiet. Am 5. Juni, knapp einen Monat nach der deutschen Kapitulation, übernahmen die vier Siegermächte USA, UdSSR, Großbritannien und Frankreich mit ihrer sogenannten Juni-Deklaration gemeinsam die »oberste Regierungsgewalt in Deutschland« einschließlich »aller Befugnisse der deutschen Regierung«. In der Deklaration wurden auch die »vollständige Abrüstung und Entmilitarisierung Deutschlands« festgelegt.[23]

Der Alliierte Kontrollrat, der sich aus den Oberkommandierenden der Besatzungstruppen zusammensetzte, wurde höchstes Machtorgan für Deutschland. Daneben übten jedoch die einzelnen Befehlshaber in ihren Zonen die Entscheidungshoheit aus; sie konnten selbständig Befehle und Gesetze erlassen. Damit war nicht nur die Möglichkeit einer Auseinanderentwicklung Deutschlands gegeben, sondern die faktische Machtausübung der einzelnen Siegerstaaten in ihrem Besatzungsgebiet gesichert.

Zur feierlichen Unterzeichnung der Deklaration waren die Vertreter der Oberkommandos der Siegermächte am 5. Juni

[22] Berliner Zeitung, Nr. 1 vom 21. 5. 1945.
[23] Tägliche Rundschau, Nr. 20 vom 6. 6. 1945; Berliner Zeitung Nr. 17 vom 6. 6. 1945.

1945 erstmals in Berlin zusammengekommen. General Eisenhower betonte bei seiner Ankunft auf dem Flughafen Tempelhof, es sei eine Ehre für ihn, »unter den Kommandanten der Roten Armee zu weilen, die so viel dazu beigetragen hat, Deutschland in die Knie zu zwingen«.[24] Auf der Konferenz in Berlin-Köpenick, im Wendenschloß, begrüßte Marschall Schukow neben Eisenhower den britischen Vertreter Feldmarschall Montgomery und den französischen General de Lattre de Tassigny auch »im persönlichen Namen des Genossen Stalin« und erklärte den Beginn der Arbeit des Kontrollrates.[25]

Wenige Tage später, am 9. Juni 1945, wurde mit »Befehl Nr. 1« in der sowjetischen Besatzungszone als Oberstes Machtorgan die Sowjetische Militäradministration in Deutschland (SMAD) gebildet. »Befehl Nr. 1« brachte »zur allgemeinen Kenntnis«, daß »zur Durchführung der Kontrolle über die Erfüllung der Deutschland durch die bedingungslose Kapitulation auferlegten Bedingungen und zur Verwaltung der sowjetischen Okkupationszone in Deutschland« die SMAD mit Marschall G. K. Schukow an der Spitze geschaffen wurde. Neben dem 1. Stellvertreter, General W. D. Sokolowskij (der dann von April 1946 bis März 1949 die SMAD leitete), wurde auch ein »Stellvertreter des Obersten Chefs in Sachen der Ziviladministration« ernannt, Generaloberst I. A. Serow.[26] Der Befehl Nr. 1 beruhte auf einer Anordnung des Rats der Volkskommissare der UdSSR vom 6. Juni 1945, in dem es hieß: »Die Sowjetische Militäradministration in Deutschland hat die Aufgabe, die Einhaltung der Bedingungen, die sich aus der bedingungslosen Kapitulation für Deutschland ergeben, zu kontrollieren; die sowjetische Besatzungszone in Deutschland zu verwalten und die vereinbarten Beschlüsse des Kontrollrats zu grundsätzlichen militärischen, ökonomischen und anderen für ganz Deutschland gemeinsamen Fragen durchzusetzen.«[27]

[24] Berliner Zeitung, Nr. 18 vom 7. 6. 1945. Eisenhower hatte nach Schukows Bericht diesen aber schon einige Tage vorher in Berlin aufgesucht. Vgl. Marschall der Sowjetunion G. K. Shukow, Erinnerungen und Gedanken. Bd. 2. Berlin (Ost) 1976, S. 391f.

[25] Berliner Zeitung, Nr. 18 vom 7. 6. 1945.

[26] Tägliche Rundschau, Nr. 23 vom 9. 6. 1945; Berliner Zeitung, Nr. 20 vom 9. 6. 1945. Vgl. auch: Befehle des Obersten Chefs der Sowjetischen Militärverwaltung in Deutschland. Aus dem Stab der Sowjetischen Militärverwaltung in Deutschland. Sammelheft 1945. Berlin 1946, S. 9.

[27] Um ein antifaschistisch-demokratisches Deutschland. Dokumente aus den Jahren 1945–1949. Berlin (Ost) 1968, S. 51.

Die Doppelaufgabe der SMAD bestand also zum einen in der Verwaltung der sowjetischen Besatzungszone, zum anderen in der sowjetischen Einflußnahme (über den Kontrollrat) auf ganz Deutschland. Für die SBZ war der Begriff Verwaltung recht weit ausgelegt; er betraf alle politischen Hoheitsrechte, und der Aufbau der SMAD geschah entsprechend umfassend. Schon bei Schaffung der SMAD wurde klargestellt, daß die neu einzurichtenden deutschen Instanzen nur als Hilfsorgane der sowjetischen Stellen tätig sein konnten. Sie sollten sowohl direkte Anweisungen erhalten (Anleitung) als auch überwacht werden (Kontrolle). Die Machtverhältnisse waren somit festgeschrieben. Auch in heutiger Sicht der DDR war die SMAD »als Organ der Sowjetregierung höchste Rechtsetzungs-, Verwaltungs- und Kontrollinstanz im sowjetischen Besatzungsgebiet«.[28]

Über die Beziehungen der Roten Armee zur deutschen Bevölkerung sagte Marschall Schukow am 9. Juni auf einer Pressekonferenz, diese würden »von einem strengen Okkupationsregime bestimmt«.[29] Gleiche Absichten vertraten zunächst alle Alliierten, doch ging die Rote Armee in der Handhabung ihrer Macht restriktiver vor.

Die SMAD war sowohl horizontal als auch vertikal untergliedert: Auf der Führungsebene gab es sogenannte Verwaltungen sowie Abteilungen,[30] von oben nach unten entsprach ihre Arbeitsteilung der herkömmlichen deutschen Verwaltungsstruktur bzw. den Instanzen des Kontrollrats.

Mit Befehl Nr. 5 vom 9. Juli 1945 wurden SMAD-Verwaltungen in Ländern und Provinzen geschaffen und deren Chefs ernannt, so für Mecklenburg Generaloberst I. I. Fedjuninski, für Brandenburg der Marschall der Panzertruppen S. I. Bogdanow, für die Provinz Sachsen Generaloberst W. I. Kusnezow, für das Land Sachsen Generaloberst A. G. Katukow und für Thüringen

---

[28] Wolfgang Merker, Die deutschen Zentralverwaltungen und die Herausbildung der antifaschistisch-demokratischen Staatsmacht (1945–1947). Staat und Recht 31 (1982), S. 337.

[29] Tägliche Rundschau, Nr. 24 vom 10. 6. 1945; Berliner Zeitung, Nr. 21 vom 10. 6. 1945.

Noch am 6. Oktober 1947 verbot die SMAD in einem streng geheimen Befehl Nr. 009 den Angehörigen der Sowjetarmee den Kontakt mit der Bevölkerung, vor allem mit Frauen. Archiv der sozialen Demokratie der Friedrich-Ebert-Stiftung/AdsD (Ostbüro-Akten). SMAD, 0400.

[30] Zu den Einzelheiten vgl. Hermann Weber, Zum Transformationsprozeß des Parteiensystems in der SBZ/DDR. In: Ders. (Hrsg.), Parteiensystem zwischen Demokratie und Volksdemokratie. Köln 1982, S. 18f.

Generaloberst W. I. Tschuikow; stellvertretende Chefs und verantwortlich für Zivilangelegenheiten wurden durchweg Generalmajore, so für Mecklenburg M. A. Skosyrew, für Brandenburg W. M. Scharow, für die Provinz Sachsen A. G. Kotikow, für das Land Sachsen D. G. Dubrowski und für Thüringen I. S. Kolesnitschenko.[31] Der SMAD unterstanden »die 12 Verwaltungen in den einzelnen Bezirken, die 664 Militärkommandanturen«, in denen »rund 32 000 Offiziere, Unteroffiziere und Soldaten neben vielen Zivilfachleuten« tätig waren.[32] Die Kommandanten der Großstädte standen allgemein im Rang eines Obersten (z. B. in Leipzig 1947 Oberst Lewischin, in Rostock 1945 Oberst Prjadkow, in Halle allerdings zunächst Generalmajor Gustyschew), in kleineren Städten im Rang eines Oberstleutnants (in Bautzen Oberstleutnant Drenjasew, in Grimmen Oberstleutnant Iwanow, später Tischenkow).[33]

Die SMAD in Berlin verfügte über einen umfangreichen Stab, allerdings hatten die meisten Mitarbeiter keine spezielle Ausbildung für diese Tätigkeit erhalten. Diesen Mangel versuchte die Führung durch eine »systematische Schulung der Kader der Sowjetischen Militäradministration« wettzumachen.[34] Anweisungen für die SMAD-Mitarbeiter veröffentlichte auch das Organ der SMAD ›Sovjetskoje slovo‹.

In der Anordnung über den Aufbau der SMAD fand neben dem Stellvertreter des Chefs für Fragen der Zivilverwaltung auch der »Politische Berater beim Obersten Chef der SMAD«

[31] Lothar Kölm, Die Befehle des Obersten Chefs (Sammelheft), S. 13f.

[32] Generalleutnant F. J. Bokow, Frühjahr des Sieges und der Befreiung. Berlin (Ost) 1979, S. 419. Vgl. zur regionalen Gliederung auch Karl Wilhelm Fricke, Politik und Justiz in der DDR. Zur Geschichte der politischen Verfolgung 1945–1968. Köln 1979, S. 27.

[33] AdsD (Ostbüro), SMAD, 0403 a, 0404 b; Autorenkollektiv unter Leitung von Lothar Elsner, Rostock. Berlin (Ost) 1980, S. 147; Autorenkollektiv unter Leitung von Erwin Könnemann, Halle. Berlin (Ost) 1983, S. 99.

[34] S. I. Tulpanow, Die Rolle der Sowjetischen Militäradministration im demokratischen Deutschland. In: 50 Jahre Triumph des Marxismus-Leninismus. Die Große Sozialistische Oktoberrevolution und die Entwicklung des Marxismus-Leninismus. Hrsg. Parteihochschule »Karl Marx« beim ZK der SED (Autorenkollektiv unter Leitung von Gertrud Teschner). Berlin (Ost) 1967, S. 48. In einer gekürzten Fassung des Artikels fehlt dieser Passus, vgl. Sergej Ivanovic Tjulpanow: Die Rolle der SMAD bei der Demokratisierung Deutschlands. Zeitschrift für Geschichtswissenschaft 15 (1967), S. 240 ff. An anderer Stelle verwies Tulpanow freilich darauf, daß die Offiziere doch »im gewissen Maße« vorbereitet waren. Vgl. S. I. Tulpanow, Vertrauen und Zusammenarbeit. In: ... einer neuen Zeit Beginn. Erinnerungen an die Anfänge unserer Kulturarbeit 1945–1949. Berlin (Ost) 1981, S. 515.

besondere Erwähnung. Er stand eigentlich im diplomatischen Dienst und wurde auch als »Botschafter in Deutschland« bezeichnet. Diese Funktion übten kurze Zeit aus: A. J. Wyschinski, A. A. Smirnow und A. A. Sobolew, dann von 1946 bis 1949 Botschafter W. S. Semjonow. Schließlich wurde der »Gehilfe des Obersten Chefs für ökonomische Fragen« (K. J. Kowal) hervorgehoben, der sowohl für Reparationen als auch für die Leitung und Kontrolle der deutschen Wirtschaft verantwortlich war und die entsprechenden Abteilungen leitete (Industrie, Landwirtschaft, Handel und Versorgung usw.).[35] An der Spitze der Abteilungen standen »die vom Rat der Volkskommissare der UdSSR ernannten Abteilungsleiter«, die wiederum ausdrücklich die Tätigkeit der entsprechenden deutschen Verwaltungen zu »leiten und kontrollieren« hatten.

In Moskau bestand kein spezielles Organ zur Anleitung der SMAD. Bei grundsätzlichen Fragen kamen Anweisungen »direkt vom Politbüro, dem Rat der Volkskommissare und der Politischen Hauptverwaltung« der Armee, wobei Schukow und das Mitglied des Militärrates der SMAD, F. J. Bokow, bereits im Juni »mehrmals von Stalin, seinen Stellvertretern vom Rat der Volkskommissare, Molotow und Mikojan, von den Sekretären des ZK, Schdanow, Kusnezow und Malenkow, angerufen« wurden. Stalin kümmerte sich persönlich um Fragen der Besatzungspolitik.[36]

Die Struktur der SMAD war zwar durch die Anordnung vom 6. Juni und Befehl Nr. 5 vorgegeben, doch erfolgten verschiedene Reorganisationen; so wurde z. B. schon am 28. Juni 1945 der Militärrat der SMAD gebildet. Es ist deshalb schwierig, die Gliederung der SMAD zu rekonstruieren. Bei der SMAD-Spitze

[35] Kölm, Die Befehle des Obersten Chefs der Sowjetischen Militäradministration in Deutschland 1945–1949. Phil. Diss. (MS.) Berlin (Ost) 1977, S. 39; Bokow, Frühjahr des Sieges, S. 419. Schon beim Empfang zur Unterzeichnung der Juni-Deklaration war vom »Botschafter A. A. Smirnow« die Rede (Berliner Zeitung, Nr. 18 vom 7. 6. 1945). Bei der Übergabe der Verwaltungshoheit durch die SMAD im Oktober 1949 wurde Semjonow als »Botschafter in Deutschland« bezeichnet. Kowal war zuvor stellvertretender Minister für Schwerindustrie der UdSSR. Vgl. Die SED – die führende Kraft der antifaschistisch-demokratischen Umwälzung (1945–1949). Hrsg. v. d. Parteihochschule »Karl-Marx« beim ZK der SED (Vorlesungen zur Geschichte der SED). Berlin (Ost) 1984, S. 142.
[36] Bokow, ebd., S. 408. Shukow, Erinnerungen, Bd. 2, S. 424: »Viele wertvolle Ratschläge für die Besatzungspolitik gingen von Stalin persönlich aus.« Vgl. auch: Vorlesungen zur Geschichte der SED. Hrsg. v. d. Parteihochschule »Karl Marx« beim ZK der SED. Zur Vereinigung von KPD und SPD. Berlin (Ost) o. J. (1977), S. 127.

bestanden eine Reihe von Fachverwaltungen, die sich in einzelne Abteilungen untergliederten. Für das deutsche politische Leben waren die entscheidenden Instanzen der SMAD offensichtlich einmal der Politische Berater beim Obersten Chef der SMAD und zum anderen die Verwaltung Information. Die genaue Abgrenzung der Kompetenzen beider Organe ist in den Einzelheiten kaum zu belegen. Der Politische Berater war verantwortlich für die »gesamte Leitung der politischen Abteilung, der Abteilung Volksbildung und der Rechtsabteilung« und stand in engster Verbindung zum Außenministerium der UdSSR.[37]

Auf Vorschlag des Militärrates schuf das ZK der KPdSU (B) bei der SMAD eine Verwaltung Propaganda, die dann in Verwaltung Information umbenannt wurde. Leiter war Oberst S. I. Tulpanow, sein Stellvertreter D. S. Dawidowitsch (später Oberst Nasarow), Abteilungsleiter u. a. Oberst I. Sdorow und Oberst A. Dymschiz.[38] Da Semjonow als Politischer Berater des Obersten Chefs der SMAD auch die »Politische Abteilung« leitete, wird ihm in der westlichen Literatur »die Kontrolle und Reglementierung des gesamten politischen und öffentlichen Lebens« zugeordnet. Danach kontrollierte die Politische Abteilung durch besondere Verbindungsoffiziere »nicht zuletzt die von der SMAD zugelassenen Parteien und Massenorganisationen«.[39] Demgegenüber wird in der DDR-Geschichtsschreibung vor allem auf die Verwaltung Information verwiesen, die »im Grunde die politische Verwaltung vor allem für die inneren Vorgänge in der sowjetischen Besatzungszone« war.[40] Sie befaßte sich mit den »inneren politischen Entwicklungen, mit Fragen der Ideologie und Propaganda, der Kulturpolitik usw.« Der

---

[37] Um ein antifaschistisch-demokratisches Deutschland, S. 52.

[38] Bokow, Frühjahr des Sieges, S. 429. Vgl. auch Neue Zürcher Zeitung, Nr. 2041 vom 8. 10. 1949.

[39] Fricke, Politik und Justiz in der DDR, S. 26. In einem der frühesten Werke zur Entwicklung der DDR hat J. Peter Nettl, Die deutsche Sowjetzone bis heute. Frankfurt a. M. 1953, die Verwaltung Information offensichtlich mit der »Politischen Abteilung« gleichgesetzt, er sprach von Tulpanow als dem Leiter dieser entscheidenden Abteilung (S. 22). Vgl. auch Gregory Klimow, Berliner Kreml. Köln 1952, S. 223.

[40] G. Handel, Die Hilfe der SMAD beim Aufbau eines demokratischen Hochschulwesens. In: E. Kalbe und S. I. Tulpanow, Einheit im Kampfe geboren. Beiträge zum 30. Jahrestag der Befreiung vom Faschismus. Karl-Marx-Universität Leipzig 1975, S. 126. Vgl. auch G. Handel, Zum internationalistischen Wirken von S. I. Tjulpanow als Politoffizier der Sowjetarmee. In: Wissenschaftliche Zeitschrift, Karl-Marx-Universität Leipzig. Gesellschafts- und Sprachwissenschaftliche Reihe 25 (1976), S. 351 ff.

zentralen Verwaltung Information gehörten mehr als 150 Offiziere an, sie arbeiteten in Abteilungen für Kultur, Presse, Rundfunk, Zensur,[41] aber auch für Parteien und Organisationen. »Die Verwaltung und ihre Abteilungen in den Ländern und Städten arbeiteten sehr eng mit den antifaschistischen Parteien und Selbstverwaltungsorganen zusammen und halfen ihnen in jeder Weise.«[42]

Der Verwaltung Information unterstanden auch die Redaktion der sowjetischen Zeitung in Deutschland, ›Tägliche Rundschau‹, das Informationsbüro SNB, der SWA-Verlag und eine Antifa-Schule bei Königs Wusterhausen. In den SMA-Institutionen der Länder und in den Kommandanturen verfügte die Verwaltung Information ebenfalls über einen »großen Mitarbeiterstab«, sie war somit auch territorial gegliedert.[43]

Diese Verwaltung Information war damit eine wesentliche Instanz für das politische System der SBZ. Es ist bemerkenswert, daß sie die »kadermäßig stärkste Verwaltung der SMAD« war, also den umfangreichsten Apparat besaß. Ihr Chef Tulpanow war zugleich Leiter des Parteiaktivs der SMAD und daher mindestens seit 1946 der »starke Mann« für die Politik in der SBZ. Tulpanow stand nicht nur in engstem Kontakt zum Obersten Chef der SMAD, sondern nahm auch an allen Beratungen des Obersten Chefs (also Schukow und später Sokolowskij) mit den Vertretern der deutschen Politik teil und hatte selbst ständig Verbindung zu deutschen Politikern. Sergej Iwanowitsch Tulpanow (1901–1984) war Absolvent der Leningrader Militärakademie und promovierter Wirtschaftswissenschaftler. Im Krieg Angehöriger der Politischen Organe der Roten Armee, leitete er dann von 1945 bis September 1949 die Verwaltung Information der SMAD. Nach seiner Rückkehr in die UdSSR wurde er Hochschullehrer.[44]

---

[41] Kölm, Die Befehle des Obersten Chefs, S. 134.

[42] Bokow, Frühjahr des Sieges, S. 429.

[43] Handel, Die Hilfe der SMAD, S. 126. In Mecklenburg z. B. leitete Oberst A. Serebrijskijnow die Informationsabteilung der SMA, ihm unterstanden etwa ein Dutzend Offiziere, die für Kontrolle und Zusammenarbeit mit den deutschen Parteien zuständig waren. Vgl. Joachim Mai, Die Rolle der Sowjetunion bei der antifaschistisch-demokratischen Umwälzung 1945–1949, dargestellt am Beispiel Mecklenburg. Jahrbuch für Geschichte. Berlin (Ost) 28 (1983), S. 201.

[44] Vgl. Weber, Parteiensystem, S. 591. Kölm, Befehle des Obersten Chefs, S. 134. Vgl. auch Erich W. Gniffke, Jahre mit Ulbricht. Köln 1966, S. 52 ff.; Maria Rentmeister, Kulturelle Beziehungen zu unseren Freunden. In: Die ersten Jahre. Erinnerungen an den Beginn der revolutionären Umgestaltung. Berlin (Ost) 1979, S. 321 f.; Manfred Koch, Zum Tode von Sergei I. Tulpanov.

Eine wichtige Rolle spielten schließlich die Abteilung Innere Angelegenheiten, eine Außenstelle der »politischen Polizei- und Sicherheitsapparate« der UdSSR sowie die Rechtsabteilung, die vor allem für die Ausarbeitung der Befehle der SMAD zuständig war. Ebenso große Bedeutung hatte die Abteilung für Volksbildung, deren Leiter, P. W. Solotuchin, früher Rektor der Leningrader Universität gewesen war.[45]

Die SMAD vollzog ihre Hoheitsakte gegenüber den deutschen Institutionen hauptsächlich in Form von »Befehlen« (ergänzt durch »Bekanntmachungen«). In den Befehlen widerspiegelt sich das breite Spektrum von Verwaltungsakten, die die SMAD in den Jahren 1945 bis 1949 vornahm. Die Mehrzahl der Befehle betraf Probleme des Bildungswesens, der Wirtschaft, Reparationen, aber auch Fragen der Justiz, der öffentlichen Meinung und den Verwaltungsaufbau.[46] So erließ der Chef der SMAD z. B. im Juni/Juli 1945 Befehle zur Waffenablieferung (Nr. 3), Einziehung von Sowjetvaluta (Nr. 4), Inbetriebnahme der Industrie (Nr. 9), Ablieferung von Wertsachen (Nr. 11), Verbot des Tragens von Uniformen (Nr. 12), Verwaltungseinteilung der Provinz Brandenburg (Nr. 13), Einreiseverbot für Berlin (Nr. 15). Im Juli wurden Provinzial- und Landesverwaltungen gebildet. Der Inhalt des wichtigen Befehls Nr. 17 zur Schaffung deutscher Zentralverwaltungen, der bereits im Juli erging, wurde allerdings erst im September 1945 bekanntgegeben.

Im August und September 1945 wurden Befehle der SMAD erlassen zur Arbeit von Druckereien (Nr. 19), zur Vorbereitung auf den Schulbetrieb (Nr. 40), zur Registrierung von Offizieren der deutschen Armee, der SS, SA usw. (Nr. 42), zur Organisation der Gerichte (Nr. 49), zum Hochschulunterricht (Nr. 50), zu Kunstinstitutionen (Nr. 51), zum Arbeitseinsatz der Bevölkerung (Nr. 65), zur Außerkraftsetzung des deutschen Beamtengesetzes (Nr. 66), zur Aufhebung faschistischer Gesetze

---

Deutschland Archiv 17 (1984), S. 341 ff.; Sergej I. Tulpanow, Erinnerungen an deutsche Genossen. Berlin, Weimar 1984.

[45] Fricke, Politik und Justiz in der DDR, S. 27; Vorlesungen zur Geschichte der SED, S. 127.

[46] Auf Einzelheiten kann hier nicht eingegangen werden. In Kürze wird Angelika Ruge einen Werkstattbericht über die Rolle der SMAD vorlegen, in dem auch die Befehle umfassend ausgewertet werden. Vgl. auch Kölm, Befehle des Obersten Chefs, der die Befehle unterteilt zu den Problemkreisen Entmilitarisierung und Entnazifizierung, Landwirtschaft, Industrie, Kulturarbeit, Recht, Versorgung, Reparationen und Wiederaufbau politischer Institutionen.

(Nr. 79), über die Auflösung von NS-Organisationen (Nr. 80), zum alliierten Besatzungsgeld (Nr. 92). Daneben gab es »Bekanntmachungen« zur Wiederherstellung des Eisenbahn- und Kraftwagenverkehrs, zur Finanzwirtschaft, zur Pflichtablieferung der Bauern, zur Inbetriebnahme des Senders Leipzig sowie Maßnahmen gegen Infektionskrankheiten usw.[47] Schon für die ersten Monate zeigen so die Befehle der SMAD in Berlin die weitgefächerte Aufgabenstellung des Wiederaufbaus durch die Besatzungsmacht. Auch die einzelnen SMA der Länder sowie die Kommandanten der Kreise und Orte setzten durch entsprechend konkretisierte Befehle das öffentliche Leben wieder in Gang.

Beim Aufbau des Parteiensystems wie beim Wiederaufbau der Wirtschaft und der Verwaltung war die Militärregierung (wie in allen Besatzungszonen) auf die Mitarbeit der Deutschen, insbesondere der deutschen Hitler-Gegner, angewiesen. Die Ziele der Alliierten in Deutschland waren eben von Anfang an nur mit Hilfe der deutschen politischen Kräfte zu realisieren. Auch hierbei ähnelten sich zunächst die Praktiken der Besatzungsbehörden in allen Zonen.

Die sowjetische Besatzungsmacht verwirklichte jedoch die Wandlungen in der SBZ vor allem durch zwei Methoden: durch die Änderung von Strukturen (etwa in den Verwaltungen) und durch personelle Neubesetzungen der Funktionen, insbesondere der entscheidenden Positionen mit deutschen Kommunisten. Dabei konnte die Sowjetunion von Anfang an zielstrebiger als die anderen Besatzungsmächte vorgehen, weil die SMAD monolithisch organisiert war und zentralistisch operierte sowie aus dem »Kaderreservoir« der deutschen Kommunisten eine ergebene Hilfstruppe rekrutieren konnte. Die SMAD erreichte ihre Ziele durch Säuberungen und Druck auf deutsche Politiker, aber auch durch Privilegierung von Anhängern. Da sie über materielle Ressourcen verfügte und die Medien beherrschte sowie planmäßige Kaderarbeit betrieb,[48] konnte sie die verschiedensten Maßnahmen zur Herrschaftsausübung durchführen.

Da die Besatzung tatsächlich die allein bestimmende Macht war, spielte die SMAD auch in den folgenden Jahren eine emi-

---

[47] Vgl. Befehle des Obersten Chefs; Um ein antifaschistisch-demokratisches Deutschland, S. 53 ff. Viele Befehle wurden in der Täglichen Rundschau bzw. Berliner Zeitung abgedruckt.
[48] Zu den Einzelheiten vgl. Weber, Parteiensystem, S. 38 ff.

nent wichtige Rolle für die Entwicklung der sowjetischen Besatzungszone. Die SMAD setzte die Interessen der UdSSR in der SBZ durch (vor allem die Sicherstellung der Reparationen), sie dirigierte auch den Neuaufbau in Wirtschaft, Verwaltung, Kultur und Politik. Mit Hilfe der SMAD konnte die Sowjetunion Stalins ihre Vorstellungen in der SBZ – natürlich entsprechend den vorhandenen Möglichkeiten und unter Berücksichtigung der Politik der West-Alliierten – realisieren. Es war die in Berlin-Karlshorst residierende SMAD, die bis zu ihrer Auflösung 1949 die sozialökonomische, politische und kulturelle Umwandlung der SBZ betrieb und damit die Voraussetzungen für die spätere Eingliederung der DDR in den Ostblock schuf.

Die Befürchtung der Alliierten, nach der deutschen Niederlage würde die von Hitler angekündigte Bewegung »Werwolf« durch Partisanentätigkeit den Neuaufbau stören, bestand zunächst auch in der SBZ. In Berlin ließ Oberbürgermeister Werner noch am 31. Mai 1945 öffentlich verkünden, Attentäter und Brandstifter würden hingerichtet, ebenso Mitwisser, die diese nicht meldeten. Sogar mit Geiseln wurde gedroht: Jeder, der einen Anschlag auf Angehörige der Besatzung oder Träger öffentlicher Funktionen verübe, reiße »50 (fünfzig) ehemalige Mitglieder der Nazipartei mit sich in den Abgrund. Ihr Leben ist zugleich mit dem des Attentäters oder Brandstifters verwirkt.«[49] Als es entgegen den früheren Behauptungen der NS-Propaganda zu keiner »Werwolf«-Bewegung kam, konnte die UdSSR ihre Politik ändern. Sie revidierte die Konzeption, die den emigrierten deutschen Kommunisten in Moskau im Frühjahr 1945 vermittelt worden war, daß nämlich eine politische Betätigung in Deutschland zunächst nur im Rahmen einer allgemeinen antifaschistischen Bewegung in Frage käme. Wahrscheinlich geschah das bereits nach einem Besuch des Stellvertretenden Vorsitzenden der Sowjetregierung A. I. Mikojan am 9. Mai in Berlin, als die UdSSR erkannte, daß die antifaschistischen Kräfte in ihrer Zone bereit waren, den Wiederaufbau in die Hand zu nehmen. Freilich war die Sowjetunion – wie die anderen Alliierten – keineswegs daran interessiert, den überall in Deutschland spontan entstandenen »antifaschistischen Komitees« und »Antifas« den Neuaufbau zu übertragen. Sie beabsichtigte vielmehr, durch die Zulassung von Parteien, die zen-

---

[49] Berliner Zeitung, Nr. 12 vom 1. 6. 1945. Ganz offensichtlich wurde die Androhung auf Befehl der sowjetischen Stadtkommandantur publiziert.

tral von oben aufgebaut werden sollten und deren Lenkung und Kontrolle sie fest im Griff behalten wollte, unabhängige antifaschistische Aktivitäten zu verhindern.[50] Zudem wollte die UdSSR mit der Wiederzulassung von Parteien, dem Neuaufbau des traditionellen deutschen Parteiensystems, signalisieren, daß keine rasche kommunistische Machtübernahme in Deutschland geplant war. Zugleich konnte sie jedoch der KPD in ihrem Einflußbereich wichtige Positionen einräumen.

Anfang Juni 1945 wurden daher die deutschen Kommunisten mit der neuen sowjetischen Linie vertraut gemacht. Am 4. Juni fuhren Anton Ackermann, Hermann Matern und Walter Ulbricht nach Moskau, wo sich Wilhelm Pieck noch befand. Bis zum 9. Juni tagten die KPD-Führer (vermutlich mit sowjetischen Beauftragten), um alle Vorbereitungen für die Zulassung ihrer Partei zu erörtern und den Aufruf ihres ZK abschließend zu formulieren.[51]

Neuaufbau des Parteiensystems

Der von Marschall Schukow und Generaloberst Kurasow unterzeichnete »Befehl Nr. 2« gab den Weg frei zur Gründung oder Wiedergründung deutscher Parteien. Im Befehl hieß es unter anderem:
»1. Auf dem Territorium der Sowjetischen Okkupationszone in Deutschland ist die Bildung und Tätigkeit aller antifaschistischen Parteien zu erlauben, die sich die endgültige Ausrottung der Überreste des Faschismus und die Festigung der Grundlage der Demokratie und der bürgerlichen Freiheiten in Deutschland und die Entwicklung der Initiative und Selbstbetätigung der breiten Massen der Bevölkerung in dieser Richtung zum Ziel setzen.

---

[50] Zu den »Antifas« vgl. Lutz Niethammer, Ulrich Borsdorf und Peter Brandt (Hrsg.), Arbeiterinitiative 1945. Antifaschistische Ausschüsse und Reorganisation der Arbeiterbewegung in Deutschland. Wuppertal 1976; hier insbesondere den Beitrag von Horst Schmollinger über Leipzig, S. 219 ff. Vgl. auch Christoph Kleßmann, Die doppelte Staatsgründung. Deutsche Geschichte 1945–1955. Bonn 1982, S. 122 ff.
[51] Vgl. Heinz Voßke, Walter Ulbricht. Biographischer Abriß. Berlin (Ost) 1983, S. 194 ff.; Günter Benser, »Zwangsvereinigung« – eine Legende und ihre Variationen. In: Geschichte, Ideologie, Politik. Auseinandersetzungen mit bürgerlichen Geschichtsauffassungen in der BRD. Berlin (Ost) 1983, S. 214; Vorlesungen zur Geschichte der SED, S. 22 ff.

2. Der werktätigen Bevölkerung der Sowjetischen Okkupationszone in Deutschland ist das Recht zur Vereinigung in freien Gewerkschaften und Organisationen zum Zweck der Wahrung der Interessen und Rechte der Werktätigen zu gewähren ...
3. Alle in den Punkten 1 und 2 genannten antifaschistischen Parteiorganisationen und freien Gewerkschaften sollen ihre Vorschriften und Programme der Tätigkeit bei den Organen der städtischen Selbstverwaltung und beim Militärkommandanten registrieren lassen und ihnen gleichzeitig eine Liste der Mitglieder ihrer führenden Organe geben.
4. Es wird bestimmt, daß für die ganze Zeit des Okkupationsregimes die Tätigkeit aller in Punkt 1 und 2 genannten Organisationen unter der Kontrolle der Sowjetischen Militärischen Administration und entsprechend den von ihr gegebenen Instruktionen vor sich gehen wird.«[52]

Der Befehl Nr. 2 ließ somit Parteien zu, die nur »unter der Kontrolle« der SMAD tätig sein und »entsprechend den von ihr gegebenen Instruktionen« arbeiten durften. Sie waren auf die Begriffe »antifaschistisch« sowie »Demokratie« und »bürgerliche Freiheiten« festgelegt. Mit den Vorbehalten wie den Zugeständnissen ermöglichte die SMAD ein pluralistisches deutsches Parteiensystem, was sowohl die westlichen Alliierten als auch die deutschen Politiker überraschte.[53]

Da jedoch Termini wie Demokratie und selbst »bürgerliche Freiheiten« im Sinne der sowjetischen Ideologie interpretierbar blieben, konnte die SMAD als alleiniger Inhaber der Macht den Pluralismus in ihrem Besatzungsgebiet jederzeit wieder annullieren. In der Praxis sicherte sich die SMAD die Kontrolle des Parteiensystems auf allen Ebenen durch die Punkte 3 und 4 ihres Befehls Nr. 2, denn die Parteiorganisationen mußten sich registrieren lassen und hatten ihre Vorstandsmitglieder der Besatzung bekanntzugeben. In Punkt 4 wurde bestimmt, daß die Parteien und Organisationen nicht nur unter der Kontrolle der SMAD arbeiteten, sondern sogar nach deren Instruktionen.

---

[52] Berliner Zeitung, Nr. 21 vom 10. 6. 1945. Der Befehl Nr. 2 ist mehrfach (wenn auch in unterschiedlicher Übersetzung) abgedruckt, vgl. Weber, Parteiensystem, S. 22f.

[53] Zur Überraschung selbst bei den Kommunisten vgl. Leonhard, Die Revolution entläßt ihre Kinder, S. 389ff. Auch in der DDR-Geschichtsschreibung heißt es, der Befehl habe »Überraschung und Erstaunen« ausgelöst. Vgl. Kölm, Die Befehle des Obersten Chefs, S. 48.

Damit war der Spielraum der Parteien erheblich eingeengt. Sowohl Befehl Nr. 2 wie auch die aufgrund des Befehls erfolgten Genehmigungen der vier Parteien machten deutlich, daß sich die SMAD als weisungs- und kontrollberechtigte Institution alle Einwirkungsmöglichkeiten auf die deutschen Parteien offenhielt. Diese Haltung war durch die Juni-Deklaration legitimiert und entsprach im übrigen auch der Politik der westlichen Alliierten, die ab Herbst unter ähnlichen Auflagen ebenfalls Parteien zuließen, wenn auch freilich zunächst nur auf lokaler oder regionaler Ebene.

Erstaunlich war nicht nur der frühe Zeitpunkt der Zulassung von Parteien in der SBZ, sondern mehr noch, daß sich neben der Kommunistischen Partei (11. Juni) auch die Sozialdemokratische Partei (15. Juni), die Christlich-Demokratische Union (26. Juni) und die Liberal-Demokratische Partei (5. Juli) bilden konnten, womit an das traditionelle deutsche – also ein nichtkommunistisches – Parteiensystem angeknüpft wurde. Denn mit KPD, SPD, CDU und LDP standen sich vier formal gleichberechtigte Parteien gegenüber, die programmatisch, organisatorisch und personell die Traditionslinie des deutschen Parteienspektrums fortführten, d. h., die zum Teil seit dem 19. Jahrhundert und vor allem in der Weimarer Republik vorhandenen Parteirichtungen, allerdings unter Ausschluß der diskreditierten Rechten, waren wiederentstanden.

Als erste Partei im Nachkriegsdeutschland konstituierte sich am 11. Juni 1945 die KPD. Die Kommunisten, von denen die NS-Diktatur die größten Blutopfer gefordert hatte, verpflichteten sich, die Folgen des Nationalsozialismus zu beseitigen und jede Wiederkehr einer faschistischen Diktatur zu verhindern. Der Gründungsaufruf der KPD vom 11. Juni[54] forderte daher die »Liquidierung der Überreste des Hitlerregimes«, aber keineswegs eine sozialistische Umgestaltung Deutschlands, sondern die »Vollendung« der Revolution von 1848. So wirkte der Aufruf in vielen Teilen wie eine Abkehr von den revolutionären Traditionen der Partei. Die KPD-Führer wandten sich nachdrücklich gegen die Einführung des Sowjetsystems in Deutschland, da »dieser Weg nicht den gegenwärtigen Entwicklungsbe-

---

[54] Deutsche Volkszeitung, Zentralorgan der Kommunistischen Partei Deutschlands, Nr. 1 vom 13. 6. 1945. Der Aufruf ist mehrfach wiederabgedruckt; vgl. die Hinweise in Werner Müller, Der Transformationsprozeß der SED. In: Weber, Parteiensystem, S. 51.

dingungen in Deutschland« entspräche. Vielmehr traten sie ein für die Errichtung einer »demokratischen Republik«, eines »antifaschistisch-demokratischen Regimes« mit »allen Rechten und Freiheiten für das Volk«. Darüber hinaus sicherte der Aufruf sogar die »völlig ungehinderte Entfaltung des freien Handels und der privaten Unternehmerinitiative« zu.

Diese Politik entsprach völlig der damaligen Linie Stalins für Osteuropa und Deutschland. Ulbricht selbst bestätigte später, daß »das Politbüro der KPdSU uns ausdrücklich darauf aufmerksam machte, daß wir in Deutschland nicht die Formen der Sowjetmacht und andere sowjetische Formen einfach übernehmen können«.[55] Damit führte die KPD wesentliche Beschlüsse ihrer Konferenzen von 1935 und 1939 (»Brüsseler« und »Berner« Konferenz) weiter, die es der Partei z. B. gestatteten, ihre Absichten zu verhüllen und nach und nach die Macht in die Hand zu nehmen. Zugleich hielt diese Politik den Weg zu einer gesamtdeutschen einheitlichen Entwicklung offen. Mit dieser Konzeption konnte die Partei ihre Strategie und Taktik der Realität flexibel anpassen.

Allerdings zeigte der neue KPD-Kurs sowohl einige Änderungen gegenüber früheren sowjetischen Weisungen (Schaffung eines einheitlichen Kampfblocks anstelle von Parteien) als auch Abweichungen von den Beschlüssen der »Berner« Konferenz 1939, in welchen die Gründung einer einheitlichen marxistischen Partei vorgeschlagen worden war. Nunmehr lehnte die KPD alle Angebote ab, anstelle von SPD und KPD sofort eine einheitliche Arbeiterpartei zu bilden. Die Führung wollte offensichtlich erst die Voraussetzungen für eine »Vereinigung« in ihrem Sinne schaffen. Ideologische Grundlage sollte die Ausrichtung der KPD-Mitglieder auf die vorbehaltlose Unterstützung der sowjetischen Besatzungsmacht und der Politik Stalins sein sowie eine Immunisierung gegen sozialdemokratische Ideen. Die organisatorische Vorbedingung einer Parteienverschmelzung sah die KPD-Spitze in der Schaffung eines linientreuen Funktionärkorps, das in der künftigen Einheitspartei die Schlüsselpositionen einnehmen konnte.

Den KPD-Gründungsaufruf unterschrieben 16 frühere Partei-Führer, die sich als ZK deklarierten. Von diesen Funktionären waren 13 gerade aus der sowjetischen Emigration zurückge-

---

[55] Walter Ulbricht, Zur Geschichte der deutschen Arbeiterbewegung. Aus Reden und Aufsätzen. Bd. IV: 1956–1957. Berlin (Ost) 1962, S. 300.

kehrt. Diese Parteiführer hatten schon in der Weimarer Republik die Stalinisierung der KPD mitgetragen und die Moskauer Säuberungen von 1936 bis 1938 überstanden; sie schienen nunmehr auch die Durchsetzung der Linie Stalins in der KPD zu garantieren. Einige der Unterzeichner behielten auch für die weitere Entwicklung der DDR Bedeutung, so neben Pieck, Ulbricht, Ackermann und Sobottka vor allem Franz Dahlem (1892–1981), seit 1927 Mitglied des ZK und seit 1929 Mitglied des Politbüro der KPD. Er war nach 1933 in der französischen Emigration und dann von 1942 bis 1945 im KZ Mauthausen inhaftiert gewesen. Von 1945 bis 1953 war er Mitglied der obersten Führungsorgane der KPD bzw. SED. Er wurde dann als stärkster Gegenspieler Ulbrichts abgesetzt. 1958 rehabilitiert, konnte er nicht mehr an die Parteispitze zurückkehren. Den Aufruf unterschrieben hatte auch Edwin Hoernle (1883–1952), der sich nach dem Theologiestudium als Vikar 1910 von der Kirche getrennt hatte und 1919 die KPD mitbegründete. In der Weimarer Republik für die Landarbeit und die Kinderorganisation der Partei verantwortlich, emigrierte er 1933 in die Sowjetunion. 1945 wurde er Präsident der Zentralverwaltung für Land- und Forstwirtschaft. Unter dem Aufruf stand auch der Name von Hans Jendretzky (geb. 1897). Er war Schlosser und seit 1920 in der KPD. Er wurde 1926 hauptamtlicher Funktionär und war von 1928 bis 1932 Preußischer Landtagsabgeordneter. Von 1934 bis 1938 und 1944/45 inhaftiert, war er von 1946 bis 1948 Vorsitzender des FDGB in der SBZ, dann Leiter der Berliner SED, seit 1950 Kandidat des Politbüro. 1953 als Anhänger Zaissers aller Funktionen enthoben, wurde er 1956 rehabilitiert und ist seit 1957 wieder ZK-Mitglied.

Zusammen mit Ackermann war 1945 Hermann Matern (1893–1971) aus Moskau nach Deutschland zurückgekehrt. Er war seit 1919 Mitglied der KPD, ab 1926 Parteisekretär. 1934 konnte er aus dem Gefängnis fliehen und ging in die Emigration. 1946 übernahm er die Leitung der Berliner SED, von 1949 bis zu seinem Tod war er Vorsitzender der mächtigen Parteikontrollkommission.[56]

---

[56] Weitere Unterzeichner waren Ottomar Geschke, Michael Niederkirchner, Bernard Koenen, Martha Arendsee, die alle schon in der Weimarer Republik wichtige Funktionen innehatten. Zu ihren Biographien vgl. Hermann Weber, Die Wandlung des deutschen Kommunismus. Frankfurt a. M. 1969, Bd. 2. Außerdem unterschrieben die jüngeren Parteifunktionäre Elli Schmidt (mit ihrem

Der organisatorische Aufbau der KPD wurde schon durch die Gruppen von Ulbricht, Ackermann und Sobottka eingeleitet. KPD-Kader im Lande hatten freilich aus eigener Initiative spontan Parteiorganisationen wieder aufgebaut. In Berlin begann man bereits Anfang Mai mit der Schaffung von KPD-Betriebsgruppen. Ehemalige Mitglieder wurden aufgefordert, »an die Reorganisation der Zellen zu gehen, um die bezirkliche Erfassung zu ermöglichen und für die Entgegennahme der Anweisungen der Zentrale bereit zu sein«. Offensichtlich duldeten die sowjetischen Besatzungsoffiziere diese kommunistischen Aktivitäten, obwohl noch keine Parteien zugelassen waren.[57]

An der Basis wurden allerdings auch zahlreiche Versuche unternommen, anstelle von KPD und SED eine einheitliche Arbeiterpartei zu gründen. Diese Vorhaben wußte die KPD-Führung ebenso zu verhindern wie die Absicht, Antifa-Komitees als Machtorgane einzusetzen. Zum anderen gab es auch Bestrebungen, einfach an die Politik von 1933 anzuknüpfen und die traditionelle kommunistische Politik fortzusetzen. Dagegen wandte sich die Ulbricht-Führung. Das neue Leitungszentrum, das Sekretariat, dem Ulbricht, Pieck, Dahlem und Ackermann angehörten,[58] vermied ganz bewußt die alten Symbole der KPD, um die neue Linie glaubhaft zu machen. Schon im Juni 1945 sagte Ulbricht, es sei nicht »zweckmäßig«, mit »Rot Front« zu grüßen oder »Sichel und Hammer« anzubringen. Ulbricht verteidigte die neue Politik besonders eifrig; am 12. Juni 1945 erklärte er, die Aufgabe in Deutschland sei »zunächst die Vollendung der bürgerlich-demokratischen Revolution, die 1848 begonnen wurde. Es muß also die Demokratisierung Deutschlands erfolgen. Wir sind dagegen, daß in Deutschland die Sowjetmacht errichtet wird. Das muß man dem Volk offen sagen.« Aber dies war vielen Mitgliedern und Funktionären der KPD »zu wenig revolutionär«. Daher beharrten die unteren Einheiten gerade auf Hammer und Sichel oder dem Sowjetstern. Ein »Ortskomitee« in Pirna bestimmte z. B. gleich im Mai 1945: »Der neue Gruß ist: Rot Front, der alte Gruß der

---

Pseudonym Irene Gärtner), Otto Winzer und Hans Mahle sowie der Dichter Johannes R. Becher.

[57] Scheel, Die Befreiung Berlins, S. 208; Wir sind die Kraft. Der Weg zur DDR. Erinnerungen. Berlin (Ost) 1968, S. 316.

[58] Geschichte der Sozialistischen Einheitspartei Deutschlands. Abriß. Berlin (Ost) 1978, S. 87.

kommunistischen Freiheitskämpfer. Die Anrede: Genosse oder Genossin und Du.«[59]

Altbekannte kommunistische Forderungen nach der Diktatur des Proletariats oder der Räterepublik waren ebenso zu hören wie der Ruf nach Schaffung des kommunistischen Jugendverbandes. Der Führung gelang es rasch, solche »Abweichungen« zu überwinden. Dies ist sowohl auf die traditionelle Parteidisziplin in der KPD zurückzuführen, die nach dem Aufruf vom 11. Juni 1945 schnell eine einheitliche Ausrichtung ermöglichte, als auch auf die Umstrukturierung der Parteiorganisation, in der bald neue Mitglieder überwogen.

Schon Ende Juni forderte die Führung dazu auf, Mitglieder zu werben, damit die Partei keine Sekte werde. Sie beantwortete die Frage, wer aufgenommen werden könne, im Juli mit dem Hinweis, wer für den Weg des »Aufbaus einer freien und fortschrittlichen Nation« eintrete, »der kann nicht nur, der sollte Mitglied der KPD werden«. Eine »Volkspartei« wie die KPD müsse »alle Schichten des werktätigen Volkes repräsentieren«.[60] Nachdem die alten Kader das Organisationsgerüst der Partei errichtet hatten und die Disziplinierung damit erreicht war, strebte die Führung eine Massenpartei an. Dabei spielte auch Ulbrichts These eine Rolle, »daß möglichst bald die Zusammensetzung der Partei geändert werden muß durch Hereinnahme aktiver Antifaschisten«, denn die Mehrheit der alten Kader sei »sektiererisch« eingestellt.[61]

Nach dem Schock des totalen Zusammenbruchs von 1945 besaßen die Kommunisten tatsächlich die Chance für eine Massenbasis, weil sie als entschiedene Widerstandskämpfer gegen das Hitlerregime über erhebliche Autorität verfügten, aber

---

[59] Herbert Anger und Heinz Rieger, Hell aus dem dunklen Vergangenen. Beiträge zur Vereinigung der Arbeiterparteien des Kreises Pirna. Pirna o. J. (1961), S. 15 (Faksimile). Vgl. auch die Fahne mit Hammer und Sichel und Sowjetstern bei der Gründung der KPD-Ortsgruppe Neugersdorf. Abbildung in: Zur Geschichte des Vereinigungsprozesses von KPD und SPD zur SED im heutigen Bezirk Dresden. Dresden 1976, S. 49.

Ulbrichts Ausführungen in Ulbricht, Zur Geschichte, Bd. II, 1. Zusatzband, S. 317 und ebd., Bd. II, 2. Zusatzband, Berlin (Ost) 1968, S. 233. Vgl. auch Siegfried Thomas, Entscheidung in Berlin. Zur Entstehungsgeschichte der SED in der deutschen Hauptstadt 1945/46. Berlin (Ost) 1964, S. 44.

[60] Franz Dahlem, Wer kann Mitglied der KPD werden? Deutsche Volkszeitung, Nr. 39 vom 27. 7. 1945.

[61] Neues Deutschland, Nr. 106 vom 17. 4. 1965. Auch abgedruckt in Ulbricht, Zur Geschichte, Bd. II, 2. Zusatzband, S. 205.

auch, weil sie mit der siegreichen Sowjetmacht eng liiert waren. So konnte die Partei ab Juli 1945 einen Zustrom neuer Mitglieder registrieren. Schon bald geriet die KPD jedoch in einen Gegensatz zur Mehrheit der Bevölkerung. Die Partei identifizierte sich völlig mit der sowjetischen Besatzungsmacht, sie rechtfertigte die Übergriffe der Roten Armee, die Behandlung der Kriegsgefangenen, die Reparationspolitik usw., und sie schwenkte stets auf die jeweilige Strategie und Taktik der UdSSR ein. Obwohl sich die KPD als Arbeiterpartei verstand, vertrat sie bei Interessenkonflikten zwischen der Sowjetunion und der deutschen Arbeiterschaft ohne Zögern den Kurs Moskaus und isolierte sich dadurch mehr und mehr.

Am 15. Juni 1945 veröffentlichte der Zentralausschuß der SPD in Berlin seinen Gründungsaufruf. Ein prominenter Unterzeichner war neben Otto Grotewohl Max Fechner (1892–1973). Der frühere Werkzeugmacher war seit 1911 in der SPD, von 1917 bis 1922 in der USPD, von 1928 bis 1933 Preußischer Landtagsabgeordneter und Mitarbeiter des Parteivorstandes der SPD. Als einer der letzten Überlebenden eines vom alten Parteivorstand der SPD 1933 eingesetzten Gremiums erhob er für den neuen Vorstand in Berlin Führungsansprüche für das ganze Reich. Fechner wurde später stellvertretender Parteivorsitzender der SED und dann Justizminister der DDR. Er wurde 1953 verhaftet, 1956 aus dem Gefängnis entlassen und 1958 wieder SED-Mitglied. Der dritte der zunächst gleichberechtigten drei Vorsitzenden der SPD wurde Erich W. Gniffke (1895–1964). Er war seit 1913 in der SPD, ab 1926 Gewerkschaftssekretär, bis 1945 im SPD-Widerstand aktiv, wurde 1946 Mitglied des Zentralsekretariats der SED, flüchtete aber im Oktober 1948 nach Westdeutschland.

Die sozialdemokratischen Funktionäre Grotewohl, Fechner, Gniffke, Gustav Dahrendorf und andere strebten zunächst eine einheitliche Arbeiterpartei an. Gleich nach Kriegsende hatte sich Fechner an Ulbricht gewandt und ihm vorgeschlagen, »die ersehnte Einheitsorganisation der Arbeiterklasse zu schaffen«.[62]

---

[62] Albrecht Kaden, Einheit oder Freiheit. Die Wiedergründung der SPD 1945/46. Hannover 1964, S. 32, Neuauflage Berlin, Bonn 1980. Der Brief wurde von Grotewohl auf der »Sechziger-Konferenz« verlesen und ist (mit Fehlern) abgedruckt in: Gert Gruner und Manfred Wilke (Hrsg.), Sozialdemokraten im Kampf um die Freiheit. Stenographische Niederschrift der Sechziger-Konferenz am 20./21. Dezember 1945. München 1981, S. 68 f. Die DDR-Geschichtsschrei-

Die KPD lehnte das ab, doch gaben die Berliner SPD-Führer ihr Ziel auch nach der Zulassung der KPD nicht auf. So wurde im Gründungsaufruf der SPD nicht nur Demokratie in Staat und Gemeinde sowie Sozialismus in Wirtschaft und Gesellschaft gefordert, sondern auch erklärt: »Wir wollen vor allem den Kampf um die Neugestaltung auf dem Boden der organisatorischen Einheit der deutschen Arbeiterklasse führen! Wir sehen darin eine moralische Wiedergutmachung politischer Fehler der Vergangenheit, um der jungen Generation eine einheitliche politische Kampforganisation in die Hand zu geben ... Wir bieten unsere Bruderhand allen, deren Losung ist: Kampf gegen Faschismus, für die Freiheit des Volkes, für Demokratie, für Sozialismus!«[63]

Auch bei einer Besprechung, die am 19. Juni 1945 zwischen je fünf Vertretern des ZK der KPD und des ZA der SPD stattfand, plädierte die SPD ausdrücklich für eine organisatorische Einheit. Doch Ulbricht war dagegen: »Die Zeit für eine organisatorische Vereinigung ist noch nicht gekommen.«[64] Die Sitzung verständigte sich aber auf ein gemeinsames Aktionsprogramm von KPD und SPD und eine enge Zusammenarbeit beider Parteien. Ein »gemeinsamer Arbeitsausschuß« aus je fünf Vertretern beider Führungen sollte »Ausdruck der Aktionseinheit« sein. Die KPD verbuchte diese Vereinbarung als ersten Erfolg ihres Zieles, der »Bildung eines festen Blocks mit allen anderen antifaschistischen demokratischen Parteien«.[65] Mit Befriedigung konnte die KPD auch registrieren, daß die sozialdemokratische Führung in Berlin in einem Interview mit einem sowjetischen Journalisten im Juli 1945 die Ideen der »kommunistischen Freunde« zur Einheitspartei unterstützte. Grotewohl, Gniffke, Fechner und andere distanzierten sich von sozialdemokratischen Emigrationsführern und erklärten: »Nur wir ha-

---

bung verweist allerdings darauf, daß der Brief kaum schon am 28. April von Fechner an Ulbricht geschickt worden sein kann, da Ulbricht erst am 1. Mai nach Berlin zurückkam. Überdies habe Ulbricht den Brief nie erhalten, wie aus seinem Zwischenruf hervorgehe. Vgl. Benser, »Zwangsvereinigung«, S. 213f.

[63] An die Arbeit! Aufruf der SPD vom 15. Juni 1945 und die Begrüßungsrede ihres Vorsitzenden Otto Grotewohl. Berlin 1945, S. 13. Die Berliner Zeitung druckte den SPD-Aufruf erst am 21. Juni ab. Er erschien auch in der ersten Nummer des SPD-Organs Das Volk vom 7. 7. 1945.

[64] Beiträge zur Vorgeschichte der Vereinigung von SPD und KPD in der Sowjetzone zur SED. In: PZ-Archiv (Köln), Nr. 1/1950, S. 13.

[65] Deutsche Volkszeitung, Nr. 7 vom 20. 6. 1945; vgl. auch Das Volk, Nr. 3 vom 10. 7. 1945.

ben heute das Recht, im Namen der Sozialdemokratischen Partei Deutschlands zu sprechen.«[66]

Am 26. Juni 1945 trat die Christlich-Demokratische Union mit ihrem Gründungsaufruf als dritte Partei an die Öffentlichkeit. Dem Gründerkreis dieser bürgerlichen Partei gehörten Personen aus dem ehemaligen Zentrum, dem protestantisch-konservativen Lager und der früheren Deutschen Demokratischen Partei an, darunter Andreas Hermes, Jakob Kaiser, Ernst Lemmer, Walther Schreiber, Heinrich Krone, Ferdinand Friedensburg, Theodor Steltzer, Otto Nuschke und Ferdinand Sauerbruch.

In ihrem Aufruf bekannte sich die Partei zu christlicher, demokratischer und sozialer Politik. Sie forderte den »wahrhaft demokratischen Staat«, der »auf der Pflicht des Volkes zu Treue, Opfer und Dienst am Gemeinwohl ebenso ruht wie auf der Achtung vor dem Recht der Persönlichkeit, ihrer Ehre, Freiheit und Menschenwürde. Das Recht muß wieder die Grundlage des ganzen öffentlichen Lebens werden.« Die Volksvertretung solle »die brüderliche und vertrauensvolle Zusammenarbeit aller die Demokratie bejahenden Parteien und aller aufbauwilligen Kräfte verwirklichen«. Die CDU trat für das Privateigentum ein, »das die Entfaltung der Persönlichkeit sichert, aber an die Verantwortung für die Allgemeinheit gebunden bleibt«. Sie begrüßte die »einheitliche Gewerkschaftsbewegung der Arbeiter und Angestellten«. Die Bodenschätze sollten »der Staatsgewalt unterworfen werden«.[67]

Die Forderungen waren durchaus interpretationsfähig, und die Partei als neue Sammlungsbewegung war zunächst auch für die Besatzungsmacht nicht klar einzuordnen. Der Vorsitzende der Partei, Andreas Hermes (1878–1964) war von 1920 bis 1923 Reichsminister für Ernährung bzw. Finanzen und von 1924 bis 1933 Abgeordneter des Zentrums im Reichstag bzw. Preußischen Landtag. 1944 verhaftet, wurde er im Januar 1945 von der

[66] Das Volk, Nr. 6 vom 13. 7. 1945, brachte das Interview in großer Aufmachung auf der ersten Seite. Das Interview wurde nach Darstellung der kommunistischen Deutschen Volkszeitung von dem »bedeutenden Sowjetjournalisten Karl Hoffmann« geführt. Es wurde vom Nachrichtenbüro der Sowjetischen Militärverwaltung (SNV) verbreitet. Deutsche Volkszeitung, Nr. 27 vom 13. 7. 1945. In einem Leitartikel, Das Volk, Nr. 12 vom 19. 7. 1945, erhob Fechner wieder indirekt Anspruch auf die Nachfolge des alten SPD-Vorstands.

[67] Abgedruckt in Siegfried Suckut, Zum Wandel von Rolle und Funktion der CDU im Parteiensystem der SBZ/DDR 1945–1952. In: Weber, Parteiensystem, S. 129 ff.; dort auch die Namen der Parteigründer.

NS-Justiz zum Tode verurteilt, im Mai 1945 dann im ersten Berliner Senat stellvertretender Oberbürgermeister. Hermes, der versuchte, die neue Partei in voller Unabhängigkeit zu halten, bekam die notwendige Lizenz von der SMAD aber erst am 10. Juli, nachdem er zugesichert hatte, die CDU werde im »Block« mitarbeiten.[68] Die CDU erhob den Anspruch, alle »antifaschistischen, demokratischen Kräfte« außerhalb von SPD und KPD zu sammeln.[69]

Die SMAD hatte wohl damit gerechnet, daß das (in der überwiegend evangelischen SBZ kaum massenwirksame) katholische Zentrum wieder entstehen würde. Diese Kalkulation scheiterte durch die Gründung der CDU. Um eine einheitliche »Bürgerpartei« zu verhindern, forcierte die SMAD nun die Bildung einer weiteren Partei.

Am 5. Juli 1945 konstituierte sich die Liberal-Demokratische Partei als vierte Partei in Berlin. An ihrer Spitze standen Waldemar Koch, Eugen Schiffer, Wilhelm Külz und Arthur Lieutenant. Diese bürgerliche Partei proklamierte die Erhaltung des Privateigentums und der freien Wirtschaft, des unabhängigen Berufsbeamten- und Richtertums, sie erstrebte – so ihr Gründungsaufruf – die »Neugestaltung des deutschen Gemeinschaftslebens auf wahrhaft demokratischer Grundlage mit dem Ziele politischer, wirtschaftlicher, sozialer und kultureller Gerechtigkeit ... Aufrichtige Mitarbeit an der Festigung des friedlichen Zusammenlebens der Völker und Einreihung Deutschlands in die Familie der Nationen«.[70]

Den Vorsitz der Partei übernahm Waldemar Koch (1880–1963), vor dem Ersten Weltkrieg Vorsitzender der AEG in England, später leitend in der deutschen Wirtschaft tätig (von 1949 bis 1953 Professor an der TU Berlin). Unter seiner Führung erklärte die LDP in der ersten Nummer ihres Organs ›Der Morgen‹, sie wolle »Sprachrohr des liberal-demokratischen Bürgertums« sein. Wie die anderen Parteien, so betonte auch die LDP die »loyale Zusammenarbeit« mit der Besatzungsmacht und den Kampf für die »restlose Beseitigung des Nationalsozialismus und Militarismus«, gleichzeitig verlangte sie, »Unduldsamkeit« dürfe »keinen Platz im neuen Deutschland«

---

[68] Suckut, ebd., S. 188 f.
[69] Neue Zeit, Nr. 2 vom 24. 7. 1945.
[70] Der Morgen, Nr. 1 vom 3. 8. 1945. Abgedruckt in: Brigitte Itzerott, Die Liberal-Demokratische Partei Deutschlands (LDPD). In: Weber, Parteiensystem, S. 185 f.

haben.[71] Die Partei unterstrich immer wieder, daß es ihr vorrangig auf den Ausbau des Rechtsstaates ankomme.[72]

Während KPD, SPD und CDU sich als zentrale Parteien etablierten, bildeten sich neben der Berliner LDP gleichzeitig verschiedene örtliche liberale Gruppen, z. B. in Dresden eine »Demokratische Partei Deutschlands«, ähnlich in Halle, Görlitz, Weimar und anderen Städten. Sie alle schlossen sich der LDP an, so daß ab Juli 1945 in der sowjetischen Besatzungszone vier Parteien existierten.

Da die KPD die sowjetische Politik ohne Einschränkung unterstützte, war es selbstverständlich, daß sie von der SMAD in jeder Weise bevorzugt wurde. Sie diente der SMAD als Kaderreservoir für die deutschen Institutionen, als Informationsquelle für deutsche Probleme und in gewisser Hinsicht auch als Beraterorgan.

Das bedeutete jedoch nicht, daß die KPD wesentlich auf die Besatzungspolitik einwirken konnte. Auch die deutschen Kommunisten hatten 1945 und 1946 die Befehle der allgewaltigen SMAD auf allen Ebenen auszuführen. Doch die SMAD war nicht nur programmatisch mit der KPD verbunden, sie mußte auch daran interessiert sein, diese sowjettreue Partei zu stärken, Rahmenbedingungen zu schaffen, die es der KPD ermöglichten, eine gewichtige Rolle zu übernehmen. Nur mit dieser Unterstützung konnte die KPD ihre Ziele erreichen: Sie wollte vermeiden, im neuen Parteiensystem in eine Minoritätenposition oder gar in die Opposition gedrängt zu werden. Ihr Plan war vielmehr, zur bestimmenden Partei aufzusteigen, wobei ihr die Förderung der SMAD sicher war.

Angesichts der Situation von 1945 war es nicht erstaunlich, daß die SMAD beim Aufbau des Parteiensystems auf antifaschistischen Programmen der Parteien und einer entsprechenden Haltung ihrer Funktionäre bestand. Die scharfe Frontstellung gegen das verbrecherische Hitler-Regime war für die Politiker der neuen Parteien selbstverständlich, waren doch nicht nur

[71] Vgl. ebd. sowie Der Morgen, Nr. 5 vom 8. 8. 1945 und Nr. 31 vom 7. 9. 1945.
[72] Vgl. z. B. Der Morgen, Nr. 53 vom 3. 10. 1945, in dem Eugen Schiffer als »Chef der Zentralverwaltung für Justiz« die Rechtssicherheit hervorhob. Vgl. auch Der Morgen, Nr. 125 vom 8. 12. 1945. Allerdings hieß es in dieser Zeitung erstaunlicherweise auch, daß in der UdSSR die »Staatsgewalt tatsächlich vom Volke« ausgehe (Der Morgen, Nr. 83 vom 7. 11. 1945); es kann sich dabei freilich auch um einen »Pflichtartikel« der SMAD handeln.

Kommunisten, sondern auch ein Großteil der SPD- und CDU-Gründer politisch Verfolgte des NS-Terrors. Auch die Überlegung, daß unter sowjetischem Besatzungsregime keine antikommunistische und erst recht keine antisowjetische Politik betrieben werden könne, war unausweichlich.[73] Es war ohnehin – gerade für die nichtkommunistischen Politiker – überraschend, daß die SMAD die Emotionen der Sowjetoffiziere, deren Land verwüstet worden war, und die alle durch den deutschen Angriff persönliche Tragödien erlebt hatten, rasch unter Kontrolle brachte und frühzeitig das politische Leben in der SBZ organisieren konnte.

Zum wichtigsten Instrument für die Strategie von SMAD und KPD wurde die »Einheitsfront der antifaschistisch-demokratischen Parteien«, der sogenannte Antifa-Block. Am 15. Juli konnte die ›Deutsche Volkszeitung‹, das Zentralorgan der KPD, berichten: »Die antifaschistische demokratische Einheit ist da.« Nach Vorgesprächen in der ersten Julihälfte[74] hatten sich am 14. Juli je fünf Vertreter von KPD, SPD und CDU sowie vier Führer der LDP getroffen und einen »gemeinsamen Ausschuß« gebildet. In ihm sollten je fünf Mitglieder der vier Parteien eine gemeinsame Politik abstimmen. Der Ausschuß plante, unter wechselndem Vorsitz zweimal monatlich zu tagen. Säuberung Deutschlands von der NS-Ideologie, wirtschaftlicher Wiederaufbau, »Herstellung voller Rechtssicherheit auf der Grundlage eines demokratischen Rechtsstaates«, Geistesfreiheit sowie Bereitschaft zur Durchführung der Maßnahmen der Besatzungsbehörden und Anerkennung der Pflicht zur Wiedergutmachung waren Kompromißformeln, auf die sich die Parteien trotz ihrer verschiedenen Konzeptionen einigen wollten. »Die Vertreter der vier Parteien beschließen, unter gegenseitiger Anerkennung ihrer Selbständigkeit, die Bildung einer festen Einheitsfront der antifaschistisch-demokratischen Parteien, um mit vereinter Kraft die großen Aufgaben zu lösen.«[75] Da der gemeinsame Ausschuß seine Beschlüsse nur einstimmig,

---

[73] Vgl. dazu Walrab von Buttlar, Ziele und Zielkonflikte in der sowjetischen Deutschlandpolitik 1945–1947. Stuttgart 1980, S. 115; Harold Hurwitz, Demokratie und Antikommunismus in Berlin nach 1945. Bd. 1: Die politische Kultur der Bevölkerung und der Neubeginn konservativer Politik. Köln 1983, S. 120ff., 250.

[74] Vgl. Manfred Koch, Der Demokratische Block. In: Weber, Parteiensystem, S. 294f.

[75] Deutsche Volkszeitung, Nr. 29 vom 15. 7. 1945, abgedruckt bei Koch, Der Demokratische Block, S. 301f.

d. h. mit Zustimmung aller Parteien, fassen konnte, war der »Block« etwas völlig Neues in der deutschen Parteiengeschichte. Versuchte die KPD bereits durch ihre »Einheitsfrontpolitik« mit der SPD der Gefahr einer Isolierung zu begegnen, so sollte die Mitwirkung der KPD im »Block« jede Koalitionsbildung ohne oder gar gegen die KPD verhindern. »Zugleich suchte die KPD ... zur personell, materiell und politisch stärksten und somit bestimmenden Organisation im Parteienspektrum zu werden.«[76]

Der »Block« bildete dazu die Voraussetzung. Der Antifa-Block blieb nicht nur ein zentrales Spitzengremium, er wurde auch in allen Orten der SBZ gegründet, in Mecklenburg sogar bereits vor dem zentralen Ausschuß. Schon sehr früh kam es in den lokalen Blockausschüssen zu Machtkämpfen zwischen Kommunisten und Vertretern der anderen Parteien. Die Besatzungsmacht, die ja einen entsprechenden Druck auf alle Politiker ausüben konnte, half der KPD ihre Dominanz weiter auszubauen. Für die übrigen Parteien war diese Entwicklung zunächst kaum erkennbar. Bereits in der ersten Sitzung, bei der Bildung des zentralen gemeinsamen Ausschusses der vier Parteien am 14. Juli 1945, konnte die CDU erreichen, daß nicht vom »Block«, sondern von der »Einheitsfront« der Parteien gesprochen wurde (freilich bürgerte sich die Bezeichnung »Block« ein). Die von der LDP geforderte Rechtsstaatlichkeit wurde auch von der KPD »grundsätzlich« gebilligt und in den Forderungskatalog konnten CDU und LDP wesentliche Teile ihrer Vorschläge gegenüber dem KPD- und SPD-Entwurf einbringen.[77] Auf der 3. Sitzung am 3. August 1945 beantragte die CDU, bei der Besetzung von Funktionen in den Verwaltungen alle Parteien gleichmäßig zu berücksichtigen; auch dieser Antrag wurde dann in der 5. Sitzung am 30. August einstimmig angenommen.[78] Warum sich die Parteien »Einig im Ziel – einig im Willen« sein wollten (so das Motto einer Kundgebung der Parteiführer im August 1945), erläuterte der LDP-Vorsitzende Koch: »Neu ist insbesondere die Ausrichtung der vier Parteien. Sie geht nicht mehr auf Kampf gegeneinander, nicht in erster

---

[76] Manfred Koch und Werner Müller, Transformationsprozeß des Parteiensystems der SBZ/DDR zum »sozialistischen Mehrparteiensystem« 1945–1950. In: Deutschland Archiv, Sonderheft ›30 Jahre DDR‹, 1979, S. 30.

[77] Vgl. Koch, Der Demokratische Block, S. 296 ff.

[78] Siegfried Suckut, Blockpolitik in der SBZ/DDR 1945–1949. Die Sitzungsprotokolle des zentralen Einheitsfront-Ausschusses. Köln 1985.

Linie um Gewinnung von Wählern und Stimmen. Vielmehr ist die Grundrichtung die Herstellung der einheitlichen Front. Sie richtet sich eindeutig gegen den Nationalsozialismus ... Das positive Ziel ist die gemeinsame Arbeit am Wiederaufbau Deutschlands.«[79]

Diese Vorstellung war in allen Parteien vorhanden, der gemeinsame antifaschistische und demokratische Grundkonsens dominierte, die Schwächen und Fehler der Weimarer Republik sollten vermieden werden. So schien die Selbständigkeit der Parteien programmatisch, organisatorisch und politisch ebenso gesichert wie ihre personelle Vertretung in den Institutionen. Die Praxis gestaltete sich freilich ganz anders. Der Begriff »Antifaschismus« wurde von den Kommunisten rasch instrumentalisiert, um Gegner auszuschalten, der Kalte Krieg riß schließlich neue Fronten auf, und so zerfiel der anfänglich in ganz Deutschland vorhandene Konsens der Hitler-Gegner.

Zur gleichen Zeit wie die Parteien entstanden auch die ersten »Massenorganisationen«. Schon am 15. Juni 1945 hatte sich ein vorbereitender Gewerkschaftsausschuß für Groß-Berlin gebildet, der sich aus den kommunistischen Gewerkschaftern Roman Chwalek, Hans Jendretzky und Paul Walter, den sozialdemokratischen Gewerkschaftern Otto Brass, Bernhard Göring und Hermann Schlimme sowie Jakob Kaiser von den christlichen Gewerkschaften und Ernst Lemmer von den Hirsch-Dunckerschen Gewerkvereinen zusammensetzte. Der Ausschuß versicherte in seinem Aufruf zur Gründung freier Einheitsgewerkschaften: »Die neuen freien Gewerkschaften sollen unter Zusammenfassung aller früheren Richtungen in ihrer Arbeit eine Kampfeinheit zur völligen Vernichtung des Faschismus und zur Schaffung eines neuen, demokratischen Rechtes der Arbeiter und Angestellten werden. Ihre Aufgabe ist vor allem, mitzuhelfen bei der Neugeburt unseres Volkes und bei der Heilung der Wunden, die der unselige Hitlerkrieg der Welt geschlagen hat.«[80]

---

[79] Der Morgen, Nr. 10 vom 14. 8. 1945. Vgl. auch den Leitartikel »Einheitsfront« in Der Morgen, Nr. 112 vom 12. 12. 1945.
Die verbindliche Art Wilhelm Piecks trug zunächst zum Vertrauensverhältnis bei, wie die Reden von Wilhelm Külz und Jakob Kaiser beim 70. Geburtstag Piecks im Januar 1946 zeigten. Vgl. Gelöbnis zur Einheit. Kundgebungen für die antifaschistisch-demokratische Einheit anläßlich des 70. Geburtstages von Wilhelm Pieck. Berlin 1946, S. 22 ff.

[80] Abgedruckt in Hermann Weber, Der deutsche Kommunismus. Dokumente. Köln 1963, S. 551.

Wie später im Westen Deutschlands schien so auch im Osten die Möglichkeit für eine freie Einheitsgewerkschaft gegeben. Freilich entstand der FDGB sofort als zentrale Einheitsgewerkschaft, in der sich die Einzelgewerkschaften dem Bund unterordneten. Bereits in die Gründung des FDGB schaltete sich die SMAD, durch Befehl Nr. 2 zur Instruktion und Kontrolle legitimiert, ein. Dabei wurde die Schaffung des FDGB für die ganze SBZ von der SMAD forciert. Bei einer Besprechung von Fechner, Göring (SPD), Ulbricht und Dahlem (KPD) mit Generalleutnant Bokow im November 1945 trat der SMAD-Vertreter klar für eine möglichst baldige »Zusammenfassung« der Gewerkschaften ein (und unterstützte damit den kommunistischen Wunsch). Rasch wurden »die Sozialdemokraten mehr und mehr von ihren anfänglichen Positionen verdrängt«.[81] Bei seinem 1. Kongreß im Februar 1946 zählte der FDGB zwei Millionen Mitglieder; Vorsitzender wurde Hans Jendretzky (KPD), Bernhard Göring (SPD) wurde 2., Ernst Lemmer (CDU) 3. Vorsitzender. Durch ihre straff gelenkte Betriebs- und Organisationsarbeit konnten die Kommunisten sofort wesentlichen Einfluß gewinnen.

Am 4. Juli 1945 gründeten Intellektuelle und Künstler den »Kulturbund zur demokratischen Erneuerung Deutschlands«, der die Überwindung der Nazi-Ideologie und eine »neue, freiheitliche, demokratische Weltanschauung« anstrebte. Nachdem die Militärbehörden, wie Johannes R. Becher in einem Brief vom 1. August mitteilte, die »Arbeit des Kulturbundes zur demokratischen Erneuerung Deutschlands in offizieller Weise genehmigt« hatten, trat das vorbereitende Komitee am 8. August zur Wahl des Präsidiums zusammen. Der kommunistische Dichter Johannes R. Becher wurde Präsident, der Dichter Bernhard Kellermann, der Maler Carl Hofer und der Wissenschaftler Johannes Stroux wurden Vizepräsidenten.[82] Durch ei-

[81] Jürgen Klein, Bürgerliche Demokraten oder christliche, sozialdemokratische und kommunistische Gewerkschafter Hand in Hand gegen die Arbeiter. Hamburg 1974. S. 229; Kampfgemeinschaft SED-KPdSU. Grundlagen, Traditionen, Wirkungen. Referate und Diskussionsbeiträge (XXIV. Tagung der Kommission der Historiker der DDR und der UdSSR, 8./9. Dezember 1975 in Moskau). Berlin (Ost) 1978, S. 308. Vgl. auch: Gewerkschaftlicher Neubeginn. Dokumente zur Gründung des FDGB und zu seiner Entwicklung vom Juni 1945 bis Februar 1946. Hrsg. und eingeleitet von H. Bednareck u. a. Berlin (Ost) 1975; Klaus Helf, Von der Interessenvertretung zur Transmission. Die Wandlung des FDGB. In: Weber, Parteiensystem, S. 339 ff.

[82] Bundesarchiv Koblenz (BA), NL Friedensburg 27, S. 222 (Brief Bechers an

ne Mitteilung Marschall Schukows vom 31. Juli 1945 wurde die Bildung von »Jugendausschüssen« genehmigt. Im September entstand ein zentraler Jugendausschuß für die SBZ, der eine einheitliche Jugendorganisation vorbereitete. Auch hier wirkten Kommunisten unter Erich Honecker von Anfang an bestimmend mit. Das gleiche gilt für die seit Sommer bestehenden, aber formell erst im November 1945 zugelassenen Frauenausschüsse oder die Vereinigung der gegenseitigen Bauernhilfe (VdgB).[83]

Planmäßig wurden so traditionelle oder neue gesellschaftliche Organisationen aufgebaut, durch die breite Schichten der Bevölkerung erfaßt werden sollten, deren Struktur dennoch den Kommunisten erheblichen oder überwiegenden Einfluß einräumte. Durch diese Verbände wurde das politische System vorstrukturiert, denn als »Massenorganisationen« sollten sie auch ins Parteiensystem integriert werden.

Zu Anfang blieb das neu entstandene Parteiensystem der SBZ auf Gesamtdeutschland ausgerichtet. Dies zeigte sich in zweierlei Hinsicht: Einmal verstanden sich alle Parteien, die in der früheren Reichshauptstadt gegründet wurden, als Organisationen, die in und für ganz Deutschland wirken wollten. Zum anderen prägten die zunächst in der SBZ geschaffenen vier Parteien KPD, SPD, CDU und Liberale in den folgenden Jahren das Parteienspektrum in allen vier Zonen. Während sich allerdings in den Westzonen das traditionelle deutsche Parteiensystem wieder etablierte (neben den »Arbeiterparteien« gab es im »bürgerlichen« Lager Zusammenschlüsse und Verschiebungen) und sich dort frei entwickeln konnte, kam es in der SBZ rasch zu einem Transformationsprozeß, der vor allem durch die SMAD und das Instrument »Blockpolitik« den Kommunisten Vorteile und schließlich ein Übergewicht brachte.

Friedensburg vom 1. 8. 1945). Karl-Heinz Schulmeister, Auf dem Weg zu einer neuen Kultur. Der Kulturbund in den Jahren 1945–1949. Berlin (Ost) 1977. S. 51f.

[83] Vgl. dazu Gerda Weber, Zur Vorgeschichte und Entwicklung des Demokratischen Frauenbundes von 1945 bis 1950. In: Weber, Parteiensystem, S. 421ff.; Ludwig Vogt, Die Freie Deutsche Jugend. Ebd., S. 387ff.; Bernhard Wernet-Tietz, Bauernverband und Bauernpartei in der DDR. Die VdgB und die DBD 1945–1952. Köln 1984.

Das Potsdamer Abkommen

Bis Juni 1945 blieben die alliierten Truppen in jenen Teilen Deutschlands, die sie jeweils erobert hatten. Diese stimmten jedoch nicht mit den Besatzungsgebieten überein, die ein Abkommen vom September 1944 festgelegt hatte. Rasch zeigte sich nun ein gegenseitiges Mißtrauen zwischen den Westmächten und der Sowjetunion. So zweifelten die Sowjetführer am Willen der USA, sich aus Thüringen und Sachsen zurückzuziehen.[84]

Andererseits beabsichtigten die westlichen Alliierten, so schnell wie möglich in Berlin einzurücken. Am 14. Juni schickte Präsident Truman Stalin ein Telegramm. Darin schlug er vor, nach der ersten Sitzung des Kontrollrats die Besatzungstruppen »in ihre jeweilige Zone« zu verlegen und auch die »gleichzeitige Entsendung der Garnisonstruppen der verschiedenen Nationen nach Groß-Berlin« vorzunehmen, wozu auch »die Bestimmung über freien Zugang für die Streitkräfte der Vereinigten Staaten per Luft, Landstraße und Eisenbahn von Frankfurt und Bremen nach Berlin« gehöre. In seiner Antwort vom 16. Juni verwies Stalin auf »gewisse Schwierigkeiten« für den Termin 21. Juni, da Berlin noch nicht von Minen geräumt sei und Marschall Schukow sich in Moskau befinde. Er schlug deshalb als Termin den 1. Juli vor.[85]

Nachdem sich Moskau und Washington geeinigt hatten, rückte die Rote Armee am 1. Juli 1945 in Teile Sachsens, Thüringens und Mecklenburgs ein, die bis dahin von den westlichen Alliierten besetzt waren, darunter die Städte Leipzig, Halle, Erfurt und Schwerin. Am 3. Juli 1945 übernahmen die USA und Großbritannien ihre Sektoren Berlins; Frankreich folgte am 12. August. Damit war die Demarkationslinie zwischen der SBZ und den westlichen Besatzungszonen endgültig gezogen. Da die UdSSR die Gebiete östlich von Oder und Neiße unter polnische Verwaltung gestellt hatte, umfaßte die sowjetische Besatzungszone Deutschlands die Länder Mecklenburg (einschließlich Vorpommern), Sachsen und Thüringen sowie die

---

[84] In seinen Erinnerungen schreibt Schukow, er habe zu Stalin gesagt: »Amerikanische Truppen stehen noch immer in Thüringen und denken vorläufig, wie es scheint, nicht daran, in ihre Besatzungszone abzuziehen.« Shukow, Erinnerungen, Bd. 2, S. 389. Dies ist wohl eine Erinnerung an die Einschätzung von 1945 und kaum eine spätere Interpretation.

[85] Vgl. Keesings Archiv der Gegenwart 15 (1945), S. 275.

früheren preußischen Provinzen Brandenburg und Sachsen. Berlin unterstand dem Viermächtestatus, Ost-Berlin blieb von Truppen der Roten Armee besetzt. Die SBZ umfaßte damit ein Territorium von 107 862 qkm mit (1946) 18,4 Millionen Einwohnern. In diesem Gebiet begann sehr rasch eine Sonderentwicklung, obwohl im Potsdamer Abkommen noch einmal der einheitliche Charakter Deutschlands betont worden war.

Die Potsdamer Konferenz tagte vom 17. Juli bis 2. August 1945 im Schloß Cecilienhof bei Potsdam. Trotz einer Reihe von Gegensätzen einigten sich Truman, Stalin und Churchill (der nach dem Wahlsieg der Labour Party von Attlee abgelöst wurde) in wichtigen Punkten. Das am 2. August verkündete Abkommen offenbarte, daß sich die Großmächte nicht nur auf eine langjährige Besatzungszeit eingerichtet hatten, sondern daß sie Deutschland zunächst überhaupt nur als Objekt der Politik betrachteten. Bei den Grenzfragen wurden die von der Sowjetunion geschaffenen Tatsachen hingenommen. Zwar forderten die Westmächte, »daß die endgültige Festlegung der Westgrenze Polens bis zu der Friedenskonferenz zurückgestellt werden soll«, aber sie bestätigten, daß die Gebiete östlich von Oder und Neiße »unter die Verwaltung des polnischen Staates kommen und in dieser Hinsicht nicht als Teil der sowjetischen Besatzungszone in Deutschland betrachtet werden sollen«. Die drei Westmächte erklärten sich auch damit einverstanden, daß die deutsche Bevölkerung aus Polen, der Tschechoslowakei und Ungarn ausgewiesen werden müsse. Außerdem stimmte die Konferenz der »Übergabe der Stadt Königsberg und des anliegenden Gebietes an die Sowjetunion« zu. Die USA und Großbritannien zeigten sich bereit, die sowjetischen Gebietsansprüche bei einer Friedensregelung zu unterstützen.[86] Zu ihren Maßnahmen in Deutschland erklärten die Alliierten, das deutsche Volk fange an, für »die furchtbaren Verbrechen zu büßen, die unter der Leitung derer, welche es zur Zeit ihrer Erfolge

---

[86] Tägliche Rundschau, Nr. 71 vom 4. 8. 1945; Berliner Zeitung, Nr. 70 vom 4. 8. 1945; Deutsche Volkszeitung, Nr. 46 vom 4. 8. 1945; Das Volk, Nr. 27 vom 4. 8. 1945. Das Potsdamer Abkommen ist mehrfach abgedruckt. Vgl. Ernst Deuerlein, Deklamation oder Ersatzfrieden? Die Konferenz von Potsdam 1945. Stuttgart 1970. Aus DDR-Sicht: Gerhard Kegel, Ein Vierteljahrhundert danach. Das Potsdamer Abkommen und was aus ihm geworden ist. Berlin (Ost) 1970; V. N. Wyssozki, Unternehmen Terminal. Zum 30. Jahrestag des Potsdamer Abkommens. Berlin (Ost) 1975; Das Potsdamer Abkommen. Dokumentensammlung. Berlin (Ost) 1984.

offen gebilligt hat und denen es blind gehorcht hat, begangen wurden«. Als Ziele wurden genannt: »Der deutsche Militarismus und Nazismus werden ausgerottet, und die Alliierten treffen nach gegenseitiger Vereinbarung in der Gegenwart und in der Zukunft auch andere Maßnahmen, die notwendig sind, damit Deutschland niemals mehr seine Nachbarn oder die Erhaltung des Friedens in der ganzen Welt bedrohen kann. Die Alliierten sind nicht gewillt, das deutsche Volk zu vernichten oder in die Sklaverei zu stürzen. Die Alliierten haben vor, dem deutschen Volk eine Möglichkeit zu geben, sich vorzubereiten, um zukünftig die Wiederherstellung seines Lebens auf einer demokratischen und friedlichen Grundlage zu verwirklichen.« Es wurde die völlige Abrüstung und Entmilitarisierung Deutschlands verkündet und die NSDAP verboten.

Noch einmal betonten die Alliierten, daß die Oberkommandierenden der Streitkräfte als Mitglieder des Kontrollrats die höchste Regierungsgewalt in Deutschland ausübten, und zwar »jeder in seiner Besatzungszone nach den Leitsätzen seiner entsprechenden Regierung, sowie gemeinsam in den Deutschland als Ganzes betreffenden Fragen«. Die Behandlung der deutschen Bevölkerung mußte danach gleich sein, »soweit dieses praktisch durchführbar ist«.

Die NS-Gesetze sollten außer Kraft gesetzt, Kriegsverbrecher dem Gericht übergeben und Mitglieder der NSDAP aus öffentlichen oder halböffentlichen Ämtern entfernt werden. »Die endgültige Umgestaltung des deutschen politischen Lebens auf demokratischer Grundlage« vorzubereiten wurde ebenso als Ziel der Alliierten proklamiert wie ein demokratisches Erziehungs- und Gerichtswesen, eine demokratische Verwaltung sowie die Zulassung »aller demokratischen politischen Parteien« und Freier Gewerkschaften. »Bis auf weiteres« sollte keine zentrale deutsche Regierung, wohl aber »einige wichtige zentrale deutsche Verwaltungsabteilungen errichtet werden«. Rede-, Presse- und Religionsfreiheit sollten gewährt werden, freilich »unter Berücksichtigung der Notwendigkeit zur Erhaltung der militärischen Sicherheit«.

Auf wirtschaftlichem Gebiet wurde die Vernichtung des Kriegspotentials, die Zerschlagung der »bestehenden übermäßigen Konzentration der Wirtschaft, dargestellt insbesondere durch Kartelle, Syndikate, Trusts und andere Monopolvereinigungen« gefordert. Bei der Neuorganisation des deutschen Wirtschaftslebens mußte das Hauptgewicht auf der Landwirtschaft und Konsumgüterindustrie liegen. Während der Besatzungszeit sollte Deutschland eine wirtschaftliche Einheit bleiben, allerdings unter alliierter Kontrolle.

Ein eigener Abschnitt des Abkommens behandelte die Reparationsfrage. Danach mußte Deutschland »in größtmöglichem Ausmaß für die Verluste und die Leiden, die es den Vereinten Nationen verursacht hat, und wofür das deutsche Volk der Verantwortung nicht entgehen kann«, durch Reparationen einstehen. Die Ansprüche der UdSSR sollten durch Entnahme aus der sowjetischen Besatzungszone befriedigt werden; außerdem sollte die Sowjetunion einen Teil der westdeutschen Reparationen erhalten.

Schließlich war ein »Rat der Außenminister« zu bilden, der auch eine »friedliche Regelung für Deutschland« vorbereiten sollte. Das Potsdamer Abkommen ließ also einen weiten Spielraum. Neben den Vorstellungen, daß die Alliierten über Deutschland bestimmen müßten und Deutschland Wiedergutmachung zu leisten habe, stand der Wille, Militarismus und Faschismus in Deutschland auszurotten und den Aufbau eines demokratischen Staatswesens in Gang zu bringen. Bei den unterschiedlichen Gesellschaftsstrukturen und der gegensätzlichen Ideologie der Besatzungsmächte waren nicht nur Differenzen über die »Demokratisierung«, sondern über die Auslegung und Anwendung des Potsdamer Abkommens überhaupt zu erwarten.

Obwohl die Sowjetregierung nach der Konferenz erklärte, deren »erfolgreicher Abschluß« bedeute, daß sich »die Verbindung zwischen den Verbündeten gefestigt habe«,[87] war eher das Gegenteil richtig und hatte sich das gegenseitige Mißtrauen verstärkt. Typisch war z. B., daß Truman in einer Konferenzpause Stalin scheinbar beiläufig über die Atombombe informierte, um zusammen mit Churchill seine Reaktion zu testen. Andererseits war es wohl nur ein Schachzug Stalins, so zu tun, als begreife er deren Bedeutung nicht. Am Konferenzende reagierte Stalin auf Trumans Hoffnung auf eine baldige Wiederbegegnung bemerkenswerterweise mit »Gebe es Gott!« und bezeichnete die Konferenz »sozusagen als erfolgreich«.[88]

---

[87] So die Prawda vom 3. August, zitiert in Tägliche Rundschau, Nr. 71 vom 4. 8. 1945.
[88] Vgl. dazu Shukow, Erinnerungen, Bd. 2, S. 408. Wyssozki, Unternehmen Terminal, S. 154 und 158.

Da auf der Potsdamer Konferenz die deutsche Frage eine wichtige Rolle spielte, nahmen auch Vertreter der SMAD teil; so gehörten zur offiziellen sowjetischen Delegation der »assistierende Chef« der SMAD M. S. Saburow sowie der politische Berater A. A. Sobolew.[89] Rasch wurde klar, daß die Potsdamer Vereinbarungen der sowjetischen Deutschlandpolitik als Legitimation dienen sollten. Nach Abschluß der Tagung befragte die SMAD über ihr Organ ›Tägliche Rundschau‹ die Vorsitzenden der vier Parteien der SBZ nach deren Schlußfolgerungen. Walter Ulbricht, der für die KPD antwortete,[90] sah eine Lehre der Geschichte darin, friedliche Beziehungen zu anderen Völkern, insbesondere zum »fortschrittlichsten Volk, zum Sowjetvolk« auszubauen. Er bejahte die deutsche Pflicht zur Wiedergutmachung und sah durch das Potsdamer Abkommen für das deutsche Volk die Möglichkeit gegeben, auf »demokratischer und friedlicher Grundlage« zu leben.

Zum Parteiensystem erklärte Ulbricht, die deutsche Rechte, DNVP und DVP, existierten nicht mehr, doch würden »manche Kräfte aus diesen alten imperialistischen Parteien versuchen, in den jetzt bestehenden Parteien unterzuschlüpfen«, um die Ideologie des deutschen Imperialismus weiterzuvertreten. Hier deutete sich die kommunistische Taktik an, die übrigen Parteien auseinanderzudividieren. Ulbricht beanspruchte für die KPD auch, mit ihrem Programm den »Ausgangspunkt für die Einheitsfront« der Parteien geschaffen zu haben.

Für die SPD antwortete der »geschäftsführende Vorsitzende« Erich W. Gniffke, die Potsdamer Beschlüsse hätten den Rahmen für die politische und wirtschaftliche Betätigung des deutschen Volkes festgelegt, seine Partei sei bereit, entsprechend praktische Aufbauarbeit zu leisten. Er lobte ausdrücklich den »hochherzigen Beschluß« der SMAD, schon so früh die SPD zuzulassen. Dagegen setzte der Vorsitzende der LDPD, Walde-

---

[89] Der sowjetischen Delegation gehörten 17 Personen an; vgl. Tägliche Rundschau, Nr. 71 vom 4. 8. 1945; Wyssozki, Unternehmen Terminal, S. 199; Die Berliner Konferenz und unsere Aufgaben. Berlin 1945 (Hrsg. KPD), S. 17. M. S. Saburow spielte später noch eine bedeutende Rolle, er wurde 1952 Mitglied des ZK-Präsidium (Politbüro) der KPdSU, aus dem er 1957 als Gegner Chruschtschows entfernt wurde. Sobolew war später Botschafter bei der UNO. Vgl. Hans Koch (Hrsg.), Sowjetbuch. Köln 1958, S. 548, 556.
[90] Tägliche Rundschau, Nr. 80 vom 15. 8. 1945. Obwohl Pieck Vorsitzender der KPD war, wurde der »starke Mann« der Partei, Ulbricht, befragt. Auf einer Einheitsfront-Kundgebung am 12. August 1945 sprach Pieck für die KPD. Vgl. Die Berliner Konferenz, S. 19ff.

mar Koch, andere Akzente; er verlangte die Wiederherstellung des Berufsbeamtentums und hob hervor, daß im Abkommen die Freiheit der Rede, der Presse und der Religion anerkannt werde. Der CDU-Vorsitzende Andreas Hermes begrüßte die Zulassung der Partei durch Marschall Schukow, nannte die Verwirklichung des Potsdamer Abkommens »im Sinne einer echten Demokratisierung Deutschlands« als Ziel der CDU, wobei er einerseits Presse- und Gewissensfreiheit, andererseits Kontrolle der Monopolbetriebe und Trusts als »ermutigende Perspektive« des Abkommens erwähnte.[91]

Diese programmatischen Aussagen der Parteien wenige Wochen nach ihrer Gründung ließen nochmals Übereinstimmung beim Willen zum Neuaufbau, aber unterschiedliche Vorstellungen über Weg und Ziel des neuen Deutschland erkennen. So wurde deutlich, daß nicht nur die Siegermächte, sondern auch die deutschen Politiker, das Potsdamer Abkommen sehr verschieden interpretierten.

Aufbau von Wirtschaft und Verwaltung

In der sowjetischen Besatzungszone hatte sich – wie in ganz Deutschland – durch Krieg und Nachkriegszeit die Struktur der Bevölkerung stark verändert. Nach der Volkszählung vom Dezember 1945 lebten auf dem Gebiet der sowjetisch besetzten Zone 16,2 Millionen Menschen, 1,2 Millionen mehr als 1939. Bei der Volkszählung im Oktober 1946 wurden sogar 18,4 Millionen registriert. Für den Neuaufbau waren die erheblichen demographischen Umschichtungen bedeutsam, die bereits im Krieg durch Evakuierungen, vor allem aber nach dem Krieg durch den Flüchtlingsstrom erfolgten. Ende 1945 hatte sich die männliche Bevölkerung um 600 000 vermindert, während der weibliche Anteil um fast 1,9 Millionen gewachsen war. Vor al-

---

[91] Tägliche Rundschau, Nr. 80 vom 15. 8. 1945. Auf der Kundgebung vom 12. August hatte Hermes gesagt: »Nicht Trennung, sondern Sammlung kann und muß unsere Lösung sein.« Für die SPD hatte Grotewohl das Bekenntnis der KPD zur parlamentarischen Demokratie als »segensreich« bewertet, weil damit das »Kriegsbeil« zwischen KPD und SPD begraben und die »ideologische Voraussetzung zur Beseitigung des Bruderkampfes« geschaffen sei. Vgl. Die Berliner Konferenz, S. 25, 27. Vgl. auch die Antworten der Parteivorsitzenden auf Fragen der Täglichen Rundschau zur Einheitsfront (Nr. 147, vom 1. 11. 1945), auszugsweise abgedruckt bei Koch, Der Demokratische Block, S. 309 ff.

lem die männlichen Altersgruppen von 18 bis 40 Jahren hatten stark abgenommen. Dies verursachte beträchtliche Veränderungen bei den Arbeitskräften; bis 1946 nahm die Zahl der weiblichen Erwerbstätigen um 30 Prozent zu, die der männlichen um 13 Prozent ab, was sich vor allem als ein Mangel an Facharbeitern bemerkbar machte. Der Umfang der arbeitsfähigen Bevölkerung war im Gegensatz zur Gesamtbevölkerung nicht gewachsen.[92] Dennoch kann davon ausgegangen werden, daß – wie im Westen – ein großes Arbeitskräftepotential vorhanden war. Auch die Zerstörung der Industrie war geringer als oft angenommen, die größten Probleme für den Wiederaufbau bereitete das kaum noch leistungsfähige Verkehrsnetz. Die Schwierigkeiten des Neuaufbaus lagen aber auch darin, daß die Besatzungsmacht einen »erheblichen Teil des Arbeitskräftepotentials« beanspruchte, wegen der Versorgungskrise die Leistungsfähigkeit zurückging und »ein Großteil der Facharbeiter fremdberuflich arbeitete«.[93]

Immerhin waren Ende 1945 6,7 Prozent der männlichen und 14,9 Prozent der weiblichen Erwerbstätigen arbeitslos. Die Beschäftigten selbst waren vorwiegend Arbeiter (52 Prozent) oder Angestellte (18 Prozent), wobei wiederum die meisten in Industrie und Handwerk tätig waren.[94]

Die Ausgangslage der Wirtschaft, vor allem der Industrie, war in der sowjetischen Besatzungszone insgesamt ungünstig. Die Industrieproduktion in diesem Teil Deutschlands betrug 1936 zwar rund ein Viertel der Produktion des Reiches, aber es gab kaum Bodenschätze und nur eine schmale schwerindustrielle Basis. Auffallend waren Disproportionen der Wirtschaft, vor allem »die Mißverhältnisse zwischen der relativ starken, spezialisierten metallverarbeitenden Industrie und der schwach entwickelten Grundstoffindustrie sowie die unausge-

[92] K. H. Schöneburg, R. Mand, H. Leichtfuß, K. Urban, Vom Werden unseres Staates. Eine Chronik. Bd. 1: 1945–1949. Berlin (Ost) 1966, S. 310 ff.; Autorenkollektiv unter Leitung Rolf Badstübner, Geschichte der Deutschen Demokratischen Republik. Berlin (Ost) 1981, S. 30.
[93] So entgegen bisherigen Annahmen belegt in der Dissertation von Wolfgang Zank, Wirtschaftlicher Aufbau, Arbeitskräfte und Arbeits-»Markt«-Politik in der Sowjetischen Besatzungszone Deutschlands 1945–1949. Eine Studie über Ausgangsbedingungen, sozialökonomische Entwicklung und Wirtschaftspolitik der DDR. Phil. Diss. (MS.) Bochum 1983, S. 397 ff.
[94] Autorenkollektiv Badstübner, Geschichte, S. 30 f.; G. Dittrich, Arbeiterklasse und sowjetische Besatzungspolitik im Osten Deutschlands. In: Kalbe-Tulpanow, Einheit im Kampf geboren, S. 109.

wogene Struktur der übrigen Industrie – der hohe Anteil der Leichtindustrie gegenüber den anderen Zweigen«.[95]

Abgesehen von den Kriegsschäden wurde die Wirtschaft durch die Reparationen noch zusätzlich geschwächt. Im Rahmen der Hauptdemontage mußten bis Ende 1946 weit über 1000 Betriebe, vor allem des Maschinenbaus, der chemischen und optischen Industrie demontiert, das zweite Gleis fast aller Bahnstrecken abgebaut werden.

Die Kapazitäten der Industrie reduzierten sich teilweise erheblich (eisenschaffende Industrie um 80 Prozent, Zementindustrie und Papiererzeugung um 45 Prozent, Energieerzeugung um 35 Prozent).[96] In einer zweiten Etappe entnahm die UdSSR Reparationen aus der laufenden Produktion, außerdem gingen etwa 200 wichtige Betriebe in das Eigentum der Sowjetunion über (Befehl Nr. 167 vom 5. Juni 1946). In diesen Sowjetischen Aktiengesellschaften (SAG) wurden ca. 25 Prozent der Gesamtproduktion der SBZ erzeugt. Es gibt keine exakten Zahlen über die Höhe der Reparationen, die die spätere DDR zu leisten hatte, doch dürften sie die Wirtschaft bis 1953 mit der riesigen Summe von 66 Milliarden Mark belastet haben.[97] Das belegt, daß die von der UdSSR besetzte Zone zur Wiedergutmachung der von Deutschland im Krieg begangenen Schäden unvergleichlich stärker herangezogen wurde als die Westzonen.

Die Bruttoproduktion in der SBZ erreichte 1946 43 Prozent des Standes von 1936, dies waren freilich nur 27 Prozent der Nettoproduktion und sogar nur 22 Prozent der Pro-Kopf-Produktion von 1936. Die sowjetische Besatzungszone war auch keineswegs – wie oft behauptet – ein agrarisches Überschußgebiet. Bei derart schwierigen Voraussetzungen war nur ein langsamer Aufbau der Friedenswirtschaft möglich. Unter der katastrophalen Lage in Landwirtschaft und Industrie litt damals freilich die gesamte deutsche Bevölkerung. Die Lebensmittelzuteilungen waren minimal; die Alliierte Kommandantur in Berlin gab z. B. im Februar 1946 die Anweisung, neue Lebensmittelkarten für Kinder auszugeben, denen pro Tag 300 Gramm Brot und 25 Gramm Fett zugestanden werden sollten. In der sowje-

---

[95] Staritz, Sozialismus in einem halben Lande, S. 13.
[96] Manfred Lentz, Die Wirtschaftsbeziehungen DDR – Sowjetunion. Opladen 1979, S. 31.
[97] Vgl. Das Stichwort ›Reparationen‹ in: DDR-Handbuch. Hrsg. von Peter Christian Ludz unter Mitwirkung von Johannes Kuppe. 2. Aufl. Köln 1979, S. 907; Kleßmann, Die doppelte Staatsgründung, S. 106 ff.

tischen Besatzungszone war die Versorgung zunächst unregelmäßig, erst ab November 1945 existierte ein geregeltes System, nun wurden Lebensmittelkarten für sechs Personengruppen ausgestellt: Schwerstarbeiter, Schwerarbeiter, Arbeiter, Angestellte, Kinder bis 15 Jahre, Sonstige. Ende 1945 gab es Marken für (im Durchschnitt) 250 bis 450 Gramm Brot, 19 bis 20 Gramm Fett, 30 bis 65 Gramm Fleisch pro Tag. Die Rationen für nichtberufstätige Personen (Sonstige) betrugen 1945 nur 300 Gramm Brot, 20 Gramm Fleisch und 7 Gramm Fett. Dennoch war die Lebensmittelversorgung in der SBZ von 1945 bis 1947 vermutlich besser als in der britischen Zone. Ein Facharbeiter verdiente durch Lohn- und Preisstop 200 Reichsmark, doch kostete ein Kilo Zucker auf dem Schwarzmarkt 90 RM.[98]

So galt es zunächst, dafür zu sorgen, daß die Wirtschaft das Überleben der Bevölkerung ermöglichte. Für die Menschen war überdies »das völlige Fehlen jedes Gefühls persönlicher Sicherheit« in den ersten Monaten der Besatzungszeit schlimm. Dies stellte Isaac Deutscher bei einem Besuch der sowjetischen Besatzungszone im Oktober 1945 fest. Er beschrieb plastisch deren Situation: »Selbst jetzt bedeuten ihm Fragen der hohen Politik wenig im Vergleich mit dem dringlichen täglichen Problem der persönlichen Sicherheit für sich selbst und mehr noch für seine Frau oder Tochter ... Die Racheorgie war auch nicht auf individuelle Handlungen russischer Soldaten beschränkt. Von einem gewissen Punkt an drohte die Demontage der Fabriken und Eisenbahnen Deutschlands und die Ausraubung deutscher Bauernwirtschaften das Land östlich der Elbe in eine wirtschaftliche Wüste zu verwandeln. Das Vieh wurde entweder von der Wehrmacht geschlachtet oder während der Kämpfe getötet oder es wurde nach Rußland abtransportiert; nur zwanzig bis dreißig Prozent sind übriggeblieben ... Es wäre völlig falsch, wollte man daraus den Schluß ziehen, daß die russische

---

[98] Autorenkollektiv Badstübner, Geschichte, S. 30; Walter Ulbricht, Zur Geschichte der Neuesten Zeit. Bd. 1, 1. Halbbd. Berlin (Ost) 1955, S. 67 ff.; Zank, Wirtschaftlicher Aufbau, S. 186; Kleßmann, Die doppelte Staatsgründung, S. 67; Schöneburg u. a., Vom Werden unseres Staates, S. 315; DDR. Werden und Wachsen. Zur Geschichte der Deutschen Demokratischen Republik. Berlin (Ost) 1974, S. 48; Manfred Overesch, Deutschland 1945–1949. Vorgeschichte und Gründung der Bundesrepublik. Königstein/Ts. 1979, S. 66; Der Alliierte Kontrollrat in Deutschland – die Alliierte Kommandantur in Berlin. Sammelheft 2, Januar bis Juni 1946. Berlin 1946, S. 152. Vgl. auch Alexander von Plato (Hrsg.), Auferstanden aus Ruinen. Von der SBZ zur DDR (1945–1949) – ein Weg zu Einheit und Sozialismus? Köln 1979, S. 31 f.

Besatzung nur ein Bild völliger Düsternis biete. Nachdem der Anfall destruktiver Rachsucht jetzt fast vorüber zu sein scheint, ist die russische Militärregierung bemüht, Nägel mit Köpfen zu machen und das, was von Ostdeutschland übrig geblieben ist, wieder in Ordnung zu bringen.«[99]

Es wurde schnell deutlich, daß die sowjetische Besatzungsmacht auch unter diesen Umständen den Wiederaufbau der Wirtschaft in der SBZ weitgehend am eigenen Modell der UdSSR orientierte. Die Umgestaltung der Wirtschaft erfolgte schon sehr bald, wohl auch, weil durch die Veränderung der Produktionsverhältnisse die Struktur der Gesellschaft verändert werden sollte. So wurde früh die Planwirtschaft eingeführt und ein staatlicher Sektor der Industrie geschaffen.

Freilich gab es in der Frühzeit der sowjetischen Besatzung auch eine gegenläufige Tendenz. In den Betrieben herrschte nach Kriegsende eine Art »Machtvakuum«, das – wie auch im Westen Deutschlands – von den Vertretern der Arbeiter, in erster Linie von den Betriebsräten ausgefüllt wurde. Sie wollten den Wiederaufbau »von der Basis« her vorantreiben, die Wirtschaft demokratisieren. Vor allem die älteren Industriefacharbeiter ergriffen spontan die Initiative, um eine Art Selbstbestimmung der Arbeiter zu erreichen. Auch wenn diese Entwicklung nicht überschätzt werden sollte, so hat doch erst die schrittweise Aushöhlung und dann die Auflösung der Betriebsräte diese Arbeiterinitiative mit ihrer betrieblichen Mitbestimmung in der SBZ ganz ausschalten können. Sie paßte nicht in das Konzept von SMAD und KPD-SED.[100]

Auch den Aufbau der Verwaltung bestimmte die Besatzungsmacht. Bereits Anfang Juli 1945 setzte die SMAD Landesverwaltungen für die Länder Sachsen, Mecklenburg und Thüringen und Provinzialverwaltungen für die Provinzen Brandenburg und Sachsen-Anhalt (die 1947 ebenfalls in Länder umgewandelt wurden) ein. Präsidenten der Landesverwaltungen wurden die Sozialdemokraten Rudolf Friedrichs (Sachsen) und Wilhelm Höcker (Mecklenburg) sowie der Parteilose Rudolf Paul (Thüringen), der Provinzialverwaltungen der Sozialdemo-

---

[99] Isaac Deutscher, Reportagen aus Nachkriegsdeutschland. Hamburg 1980, S. 130f.
[100] Vgl. dazu Siegfried Suckut, Die Betriebsrätebewegung in der Sowjetischen Besatzungszone Deutschlands (1945–1948). Frankfurt a. M. 1982, insbes. S. 526ff. Vgl. auch Staritz, Sozialismus in einem halben Lande, S. 90ff.

krat Karl Steinhoff (Brandenburg) und der Liberaldemokrat Erhard Hübener (Sachsen-Anhalt). Von den 18 Vizepräsidenten gehörten sechs der KPD, vier der SPD, fünf den bürgerlichen Parteien an und drei waren parteilos. Alle Parteien waren in den Landesverwaltungen vertreten, wenn auch in unterschiedlicher Stärke. So waren Anfang 1946 in der Landesverwaltung Sachsen 440 Mitglieder der KPD, 512 der SPD, 90 der LDP, 87 der CDU und 901 Parteilose eingesetzt. Die Stadtverwaltung Leipzig beschäftigte Ende 1945 1998 Mitglieder der KPD, 4163 der SPD, 183 der CDU, 396 der LDP, 12258 Parteilose. In den Städten und Gemeinden des Landkreises Rochlitz bei Chemnitz waren Ende 1945 50 Prozent der Bürgermeister Mitglieder der KPD, 10 Prozent der SPD und 40 Prozent Parteilose. Von 11 Oberbürgermeistern in Thüringen gehörten zwei der KPD, drei der SPD, zwei der LDP an, vier waren parteilos; von den Stellvertretern stellte die KPD fünf, die SPD drei, CDU und LDP je einen und einer war parteilos. Von den 21 Landräten waren neun Mitglieder der KPD, 11 der SPD und einer war Mitglied der CDU; von den Stellvertretern waren 14 Mitglied der KPD, fünf der SPD und zwei parteilos. Von 20 Landräten in Mecklenburg waren 13 in der KPD und sieben in der SPD organisiert.[101] Die SMAD schien also bei der personellen Besetzung der neuen Verwaltungen das Parteienspektrum weitgehend zu berücksichtigen, wenn auch die beiden »bürgerlichen« Parteien unterrepräsentiert blieben.

Deutsche Zentralverwaltungen

In den ebenfalls im Juli 1945 errichteten deutschen Zentralverwaltungen in Berlin übergab die SMAD die Schlüsselpositionen freilich eindeutig den deutschen Kommunisten. Die Zentralverwaltungen konnten allerdings keine Gesetze und Verordnungen erlassen, allein die SMAD bestimmte. Die Verwaltungen, durch

[101] Berliner Zeitung, Nr. 43 vom 4. 7. 1945; Um ein antifaschistisch-demokratisches Deutschland, S. 82 f., 94 f.; Autorenkollektiv, Leitung Karl-Heinz Schöneburg, Errichtung des Arbeiter-und-Bauern-Staates der DDR 1945–1949. Berlin (Ost) 1983, S. 48 f.; Helene Fiedler, SED und Staatsmacht. Zur staatspolitischen Konzeption und Tätigkeit der SED 1946–1948. Berlin (Ost) 1974, S. 24; Stefan Doernberg, Die Geburt eines neuen Deutschland 1945–1949. Berlin (Ost) 1959, S. 86; Regionalgeschichtliche Beiträge aus dem Bezirk Karl-Marx-Stadt. Heft 4, Karl-Marx-Stadt 1982, S. 25.

Befehl Nr. 17 legalisiert, arbeiteten als Hilfsorgane der SMAD, sie bildeten zugleich aber auch eine Keimzelle für eine zukünftige deutsche Zentralregierung. Etwas überstürzt begann die SMAD während der Potsdamer Konferenz mit dem Aufbau dieser Verwaltungen. Offensichtlich wollte sie bis zum Ende der Konferenz funktionierende Zentralverwaltungen vorweisen, um – ähnlich wie beim Aufbau des Berliner Magistrats im Mai 1945 – die West-Alliierten vor vollendete Tatsachen zu stellen und sie zur Anerkennung einer stark kommunistisch beeinflußten Institution zu bewegen. Da das Potsdamer Abkommen zentrale Verwaltungsabteilungen vorsah, schien der Plan aufzugehen, doch scheiterten alle sowjetischen Vorschläge dann am Veto Frankreichs.[102] Für die KPD erklärte Anton Akkermann, die Zentralverwaltungen seien keine Regierung, man wolle auch »keine Zerreißung Deutschlands in fünf Teile nach den fünf Besatzungszonen«.[103]

Die Entstehung der Zentralverwaltungen zeigt auch, daß in den chaotischen Verhältnissen der ersten Monate nach dem Krieg selbst der Aufbau zentraler Dienststellen keineswegs so reibungslos verlief, wie das nach den »Befehlen« der SMAD zu sein schien. Ebenso wird ersichtlich, daß die SMAD von An-

---

[102] Dies wird auch von der DDR-Geschichtswissenschaft so gesehen. Wolfgang Merker, dessen Dissertation ›Die deutschen Zentralverwaltungen in der sowjetischen Besatzungszone Deutschlands 1945–1949‹ aus dem Jahr 1980 die einzige Darstellung der ZV ist (allerdings wird die Arbeit nicht in die Bundesrepublik ausgeliehen und war daher nicht zugänglich), berichtet über die Anfänge, daß nach den Plänen »beim Alliierten Kontrollrat deutsche Zentralverwaltungsabteilungen« zu bilden, die »SMAD mit dieser Perspektive die ersten Deutschen Zentralverwaltungen für das sowjetische Besatzungsgebiet errichtete«. Wolfgang Merker, Die Anfänge der deutschen Zentralverwaltungen in der sowjetischen Besatzungszone Deutschlands 1945/46. Archivmitteilungen 31 (1981) 5, S. 162; ich danke Siegfried Suckut für den Hinweis auf den Artikel. Merker schreibt auch offen, daß die Sowjetregierung die »in den Tagen der Potsdamer Konferenz für ihre Besatzungszone errichteten Deutschen Zentralverwaltungen als Vorstufe für eine gesamtdeutsche zentrale Verwaltungsorganisation« empfahl (S. 163). Frankreich lehnte am 1. Oktober 1945 im Kontrollrat Deutsche Zentralverwaltungen ab. Vgl. Andreas Hillgruber, Europa in der Weltpolitik der Nachkriegszeit 1945–1963. 2. erg. Aufl. München, Wien 1981, S. 35. Zur Haltung Frankreichs aus sowjetischer Sicht vgl. V. N. Belezki, Die Politik der Sowjetunion in den deutschen Angelegenheiten in der Nachkriegszeit 1945–1976. Berlin (Ost) 1977, S. 41 f. Vgl. auch Hermann Graml, Die Alliierten in Deutschland. In: Westdeutschlands Weg zur Bundesrepublik 1945–1949. Beiträge von Mitgliedern des Instituts für Zeitgeschichte. München 1976, S. 35 ff.

[103] Deutsche Volkszeitung, Nr. 85 vom 19. 9. 1945. Bemerkenswert ist, daß Ackermann Berlin offenbar als 5. Besatzungszone betrachtete.

fang an wichtige Beschlüsse geheimhielt und nur schrittweise darüber informierte.

Der Befehl Nr. 17 selbst wurde nicht wie andere direkt und sofort veröffentlicht, sondern nur seinem Inhalt nach »Aus dem Stab der Sowjetischen Militärverwaltung« (bzw. »Militärregierung«)[104] bekanntgemacht. Dies geschah jedoch erst am 12. September 1945, als die Zentralverwaltungen bereits arbeiteten. Nun wurde mitgeteilt, daß »zwecks Entwicklung der lebenswichtigen Wirtschaft und Wiederherstellung von Eisenbahn und Telegraph, Gesundheits- und Volksbildungsämtern« auf dem Gebiet der SBZ »deutsche Verwaltungen errichtet« seien. Der Bericht vom 12. September führte 11 Verwaltungen auf und nannte gleichzeitig die »Direktoren«: Transportverwaltung (Dr. Wilhelm Fitzner), Post- und Telegraphenverwaltung (Wilhelm Schröder), Brennstoffindustrie (Dr. Ferdinand Friedensburg), Handel und Versorgung (Dr. Hugo Buschmann), Industrieverwaltung (Leo Skrzypczynski), Landwirtschaft (Edwin Hoernle), Finanzverwaltung (Henry Meier), Arbeit und Sozialfürsorge (Gustav Gundelach), Volksbildung (Paul Wandel), Justiz (Eugen Schiffer), Gesundheitswesen (Dr. Paul Konitzer). Vier Präsidenten gehörten im September 1945 der KPD an, drei der SPD, je einer der CDU und LDP und zwei waren angeblich parteilos.[105] Freilich sind schon bei der Nennung der Direktoren (oder Präsidenten, wie sie dann bezeichnet wurden) Ungereimtheiten zu finden.[106] Offensichtlich bereitete die Funktionsbesetzung mehr Schwierigkeiten, als damals und auch später bekannt wurde.

---

[104] Berliner Zeitung, Nr. 103 vom 12. 9. 1945. Befehle des Obersten Chefs, S. 34f. Der Befehl wurde später abgedruckt in: Ulbricht, Zur Geschichte, Bd. 1, 1. Halbbd., S. 417ff. und in: Um ein antifaschistisch-demokratisches Deutschland, S. 100.
[105] Vgl. ebd., außerdem Das Volk, Nr. 60 vom 12. 9. 1945; Der Morgen, Nr. 35 vom 12. 9. 1945. Mitglieder der KPD waren Hoernle, Meier, Gundelach und Wandel (und vermutlich Schröder sowie Skrzypczynski, früherer Unternehmer, Mitglied der »Roten Kapelle«). Vgl. Autorenkollektiv Schöneburg, Errichtung, S. 66; Zeitschrift für Geschichtswissenschaft 32 (1984), S. 36f.
[106] So sind im abgedruckten Befehl bei Ulbricht, Zur Geschichte, Bd. 1, 1. Halbbd., bzw. in: Um ein antifaschistisch-demokratisches Deutschland bei Post (Nachrichten) statt Schröder Ernst Köhler (richtig: Kehler) genannt, bei Finanzen statt Meier Jürgen Kuczynski, bei Arbeit statt Gundelach Wilhelm Koenen. Offenbar waren dies ursprünglich Vorstellungen der SMAD, die nicht zu realisieren waren, da z. B. Kuczynski sich noch in der Emigration befand. Typisch für Ulbrichts Darstellung ist, daß zwei Verwaltungen und ihre Präsidenten, nämlich Friedensburg und Konitzer, einfach weggelassen wurden, sie waren

Die Präsidenten wurden zunächst von den Parteien vorgeschlagen und von der SMAD bestätigt. Der Einfluß der Kommunisten wuchs jedoch stetig an. Von den 14 Zentralverwaltungen, die bis zum Frühjahr 1946 bestanden, gehörten sechs Präsidenten und 11 Vizepräsidenten der KPD an, vier Präsidenten und 11 Vizepräsidenten der SPD, ein Präsident und drei Vizepräsidenten der CDU, ein Präsident und ein Vizepräsident der LDP; parteilos waren zwei Präsidenten und vier Vizepräsidenten. Mitte 1947 dominierte die SED dann noch eindeutiger: ihr gehörten in 16 Zentralverwaltungen 13 Präsidenten und 23 Vizepräsidenten an, der CDU nur noch drei Vizepräsidenten, der LDP ein Präsident; parteilos waren zwei Präsidenten und drei Vizepräsidenten.[107]

Heute wird auch in den DDR-Darstellungen geschrieben, der Befehl zur Errichtung von Zentralverwaltungen sei am 27. Juli ergangen und bereits bis 10. August seien 11 Zentralverwaltungen gebildet gewesen – später kamen noch die fünf Verwaltungen für Umsiedlerfragen (September 1945), Statistik (Oktober 1945), Sequestrierung und Beschlagnahme (März 1946), die Deutsche Verwaltung des Innern (Juli 1946) sowie Außen- und Interzonenhandel (Juli 1947) hinzu.

Tatsächlich begannen die Vorbereitungen jedoch schon früher. So wurde Otto Grotewohl, einer der Vorsitzenden der SPD, bereits am 20. Juli 1945 abends durch den Leiter der Politischen Abteilung der Berliner SMA, Gardeoberst Jelisarow, zur SMAD in Karlshorst befohlen, wo ihm Generalleutnant Bokow (Vorsitzender des Kriegsrates der SMAD) erklärte, daß Zentralverwaltungen geschaffen werden sollten, deren Leiter von den Parteien zu nominieren seien. Grotewohl berichtete

zu »Unpersonen« geworden. Kuczynski schreibt: »Im Juli 1945 wurde dann die Zusammensetzung von Zentralverwaltungen beschlossen, und man setzte mich in meiner Abwesenheit – zu dieser Zeit war ich noch beim United States Strategic Bombing Survey – nach Befehl Nr. 17 von Marschall Shukow als Präsident der Zentralverwaltung für Finanzen ein ... Als ich dann im November 1945 nach Berlin kam, ›beschlagnahmte‹ mich eine Spezialabteilung der sowjetischen Besatzungsmacht, und obgleich der Genosse Walter Ulbricht mich zu der entscheidenden Unterhaltung begleitete, um mich zu unterstützen, mußte ich mich fügen.« Jürgen Kuczynski, Dialog mit meinem Urenkel. Neunzehn Briefe und ein Tagebuch. 2. Aufl. Berlin (Ost) 1984, S. 50.
[107] Merker, Die Anfänge, S. 164. Vgl. auch Autorenkollektiv Schöneburg, Errichtung, S. 59; Geschichte der deutschen Arbeiterbewegung. Hrsg. Institut für Marxismus-Leninismus beim ZK der SED. Bd. 6: Von Mai 1945 bis 1948. Berlin (Ost) 1966, S. 67; Staats- und Rechtsgeschichte der DDR. Grundriß. Berlin (Ost) 1983, S. 38f.

darüber seinen Freunden im SPD-Zentral-Ausschuß in einer »streng vertraulichen« Aktennotiz:[108] »Im Laufe der Unterhaltung versuchte ich zu ergründen, ob es sich um die Errichtung einer Regierung oder des Vorläufers zu einer Reichsregierung handeln soll. Der General-Leutnant umging die klare Beantwortung dieser Frage und teilte mir mit, daß er hierüber keine abschließenden Äußerungen abgeben könne. Es sei möglich, daß sich diese Vereinigung von Wirtschaftlern einmal später zu einer politischen Instanz wandeln könne. Zur Zeit komme es jedoch lediglich darauf an, ausgesprochene Fachleute aus dem Wirtschaftsleben zu bestimmen, die gleichzeitig möglichst so populär sein sollten, daß ihre Namen überall, auch im westlichen Reichsgebiet bekannt seien und bereits ein gewisses Programm für sich darstellen.« Die SPD sollte, so Bokow, einen Sachbearbeiter für das Transportwesen und den Vertreter für Versorgung und Handel benennen. In beiden Ämtern würden wahrscheinlich von der Kommunistischen Partei die Ersatzleute gestellt. Auf Grotewohls Frage nach der Anzahl der geplanten Dienststellen erwähnte Bokow Landwirtschaft, Industrie, Volksbildung, Post und andere. In Grotewohls Notiz heißt es weiter: »Ich teilte dem General-Leutnant Bokow mit, daß ich zu meinem Bedauern allein es nicht für zweckmäßig halte, eine abschließende Stellungnahme einzunehmen, worauf mir der General-Leutnant erklärte, die Administration lege ausdrücklich Wert darauf, diese Verhandlungen mit mir allein zum Abschluß zu bringen. Bokow bezeichnete dann die mit mir geführten Verhandlungen als geheim und bat mich, das größte Stillschweigen zu bewahren. Auf meinen Einspruch, daß ich in dem gegenwärtigen Stadium der Verhandlung mich in meiner Eigenschaft als einer der Vorsitzenden der Sozialdemokratischen Partei für die Information meiner Parteifreunde in einer so wichtigen Angelegenheit verantwortlich fühle, gestand mir der General-Leutnant Bokow schließlich zu, daß ich die Angelegenheit mit meinen Kollegen im Zentralausschuß besprechen könne, legte mir jedoch nochmals größte Verschwiegenheit ans Herz. Die Nennung bestimmter Namen lehnte ich ab, bis ich mit meinen Freunden Gelegenheit gehabt hätte, die Angelegenheit zu besprechen.«

Bokow wollte die Verhandlungen am 21. Juli weiterführen, Grotewohl sollte dann genaue Angaben über die Kandidaten

---

[108] AdsD, Nachlaß Gniffke.

machen. Nach den vorliegenden Unterlagen, die allerdings kein umfassendes Bild ermöglichen, machte der ZA der SPD dann am 25. Juli der SMAD schriftlich Personalvorschläge »für die Besetzung der Posten« der Präsidenten oder deren Stellvertreter »für die neu zu schaffenden Zentralverwaltungen«, also auch dies bereits vor dem Datum des 27. Juli, an dem der Befehl erging.[109] Auch mit den anderen Parteien verhandelte die SMAD, in erster Linie wohl mit den Kommunisten, doch waren darüber bisher keine Unterlagen zu finden.

Am 26. Juli hatte auch der stellvertretende LDP-Vorsitzende Külz eine Besprechung bei der SMAD, wobei es um die Zulassung der Zeitung der LDP ging. Im Anschluß wurde Külz nach seinem eigenen Bericht aufgefordert, »für eine Anzahl Chefstellen einer künftigen Landesverwaltung des russisch besetzten Gebietes Persönlichkeiten zu nennen. Es handele sich um die etwaige Einrichtung von Stellen, die etwa unseren früheren Staatssekretären gleichkommt, Stellen, die für die Justiz, die Bahn, die Post, das Wirtschaftswesen, die Kulturverwaltung, Finanzen usw. vorgesehen sind. Es war bezeichnend, daß der Russe die Vorschläge am liebsten sofort gemacht haben wollte. Ich habe das natürlich abgelehnt, denn solche Vorschläge müssen auf das sorgfältigste überlegt werden. Die schwierigen Verkehrsverhältnisse machen es überdies außerordentlich schwer, die in der Sache notwendigen vorherigen Erkundigungen, Fühlungnahmen usw. eintreten zu lassen. Immerhin haben wir dann nach Durchsprache der ganzen Angelegenheit im Parteiausschuß dem Russen eine Liste von Persönlichkeiten zukommen lassen, die wir für die betr. Ämter als geeignet bezeichnen möchten. Von ausschlaggebender Bedeutung dürfte die ganze Sache nicht sein, denn auch diese Garnitur wird sich bei den völlig im Fluß befindlichen schwierigen Verhältnissen totlaufen. Ich für meine Person habe es in der Besprechung des Parteiausschusses von vornherein abgelehnt, mich irgendwie für ein solches sogen. Staatsamt vorschlagen zu lassen.«[110]

---

[109] In einem Brief vom 9. August an die SMAD, den offenbar Fechner schrieb (auf dem Durchschlag steht das Zeichen F/dR), heißt es: »Mit Schreiben vom 25. Juli haben wir, Ihrem Wunsch entsprechend, personelle Vorschläge für die Besetzung der Posten des Präsidenten oder dessen Stellvertreter für die neu zu schaffenden Zentralverwaltungen im sowjetisch besetzten Gebiet eingereicht. Wir dürfen hierauf höflich Bezug nehmen.« AdsD, Nachlaß Gniffke.

[110] BA Koblenz, NL Külz 141, S. 57. Die Verhandlungen über die Zulassung der LDP-Zeitung zogen sich in die Länge, auch durfte die Partei ihr Organ dann nicht, wie gewünscht, Neues Deutschland nennen. Vgl. ebd., S. 33 ff.

Im Gegensatz zu den Kommunisten verkannten andere Politiker also die Bedeutung der neuen Institutionen. Auch der CDU-Politiker Ferdinand Friedensburg, der zum Leiter der Zentralverwaltung für Brennstoffindustrie ernannt wurde, wollte nicht »beiseite stehen«, sah aber die »Dinge im Fluß«, als er von Marschall Schukow ernannt wurde.[111]

Am 27. Juli um 17.15 Uhr erschien in Gniffkes Büro Oberst Rumjanzew, der Stellvertreter von Jelisarow, und verlangte, daß Dr. Fitzner, Dr. Buschmann, Hermann Waschow, Helmut Lehmann und Dr. Vollbracht, die als Präsidenten bzw. deren Stellvertreter (Verkehrswesen, Handel, Industrie, Arbeit und Finanzen) vorgesehen waren, »um 20 Uhr bei Herrn General Bokow, Pionierschule Karlshorst, sich zu melden« hätten. Offenbar sollte nun der Befehl offiziell verlesen werden. Obwohl nur etwa zwei Stunden Zeit blieben, beharrte die SMAD auf ihrer ultimativen Forderung, was deutlich machte, daß die deutschen Politiker nur als Gehilfen der Besatzung angesehen wurden.

Im Auftrag des ZA der SPD wandte sich Gniffke dann noch am 8. August an die SMAD und erklärte, anstelle der ursprünglichen Empfehlung, Dr. Otto Suhr als Vertreter für Skrzcypczynski einzusetzen, benenne die SPD nunmehr Richard Mischler.[112] Einen Tag später schrieb Fechner an die SMAD, es sei bei den Besetzungsvorschlägen für das der SPD zugestandene Ressort Post- und Fernmeldewesen zu Mißverständnissen gekommen. Den SPD-Vorschlag habe die SMAD nicht akzeptiert, so daß der Berliner (KPD)-Stadtrat Kehler »scheinbar einem von sowjetischer Seite geäußerten Wunsch nachkommend, andere Vorschläge eingereicht« habe. »Bei einer Besprechung zwischen einem Herrn sowjetischen Oberst von der Kommandantur in der Luisenstraße und dem von uns vorgeschlagenen Herrn Postdirektor a. D. Willy Steinkopf, die am Abend des 7. August in Gegenwart des Herrn Kehler stattfand, zeigte es sich, daß der Herr Oberst von unserem Vorschlag nicht unterrichtet war.« Die SPD bat darum, die Besetzung einer nochmaligen Prüfung zu unterziehen: »Wir dürfen höflich daran

---

[111] BA Koblenz, NL Friedensburg 26, S. 122.

[112] AdsD, Nachlaß Gniffke, »Bericht« der Sekretärin Gniffkes, Frau de Roggenbucke, vom 27. Juli 1945 über den Besuch von Oberst Rumjanzew. Brief Gniffkes »An die Sowjetische Militär-Administration, z. Hd. Herrn Gen.lt. Bokow« vom 8. 8. 1945. AdsD, Nachlaß Gniffke. (Zeichen F/dR und Unterschrift Gniffke).

erinnern, daß in den mündlich geführten Besprechungen eine paritätische Besetzung der genannten Stellen in der Weise vereinbart wurde, daß abwechselnd die eine Partei den Leiter der Verwaltung und die andere dessen Stellvertreter (KPD und SPD) zu stellen habe. Wir wären dankbar, wenn an dieser Vereinbarung auch bei Besetzung der Zentralverwaltung für Post und Fernmeldewesen festgehalten werden würde.«

Die SMAD kam diesem Anliegen nicht nach; sie ernannte nicht Steinkopf (der stellvertretender Präsident wurde), sondern den »parteilosen« Wilhelm Schröder.[113] Noch am 18. August teilte die SPD der SMAD mit, sie habe Kenntnis erhalten, daß für die Zentralverwaltung für Gesundheitswesen Dr. Konitzer genannt worden sei. Hätte der ZA gewußt, daß Dr. Konitzer in Dresden sei, hätte er ihn von sich aus vorgeschlagen.[114] Allein die Frage der Besetzung der Präsidentenposten zog sich also lange hin.

Hinzu kamen räumliche Schwierigkeiten. Die Zentralverwaltungen arbeiteten anfangs getrennt in verschiedenen Verwaltungsgebäuden Berlins, dann wurden sie im ehemaligen Luftfahrtministerium untergebracht, einem der wenigen nicht völlig zerstörten Gebäude. Aber selbst dort waren z. B. von den über 1000 Zimmern »kaum zehn Räume richtig benutzbar«, die Mitarbeiter mußten das Haus erst instand setzen. Schließlich waren die Zentralverwaltungen im Dienstbetrieb nicht miteinander koordiniert. Doch mit nur einem kleinen Mitarbeiterstab beginnend, hatten die Zentralverwaltungen 1946 bereits 2000 und 1947 6200 Mitarbeiter.[115]

Die bruchstückhaft bekannten Einzelheiten über die Besetzung der Zentralverwaltungen lassen erkennen, wie kompliziert deren Einrichtung war. Trotz ihrer umfassenden Macht konnte

---

[113] Vgl. Anm. 109. Der kommunistische Stadtrat Kehler war in Berlin für das Postwesen verantwortlich, es ist bemerkenswert, daß ihn die SMAD in die Beratungen einschaltete, obwohl diese Zentralverwaltung der SPD zugestanden war. Im Befehl war Dr. Fitzner genannt, in der Veröffentlichung am 12. September Wilhelm Schröder. Vgl. Berliner Zeitung, Nr. 103 vom 12. 9. 1945; Ulbricht, Zur Geschichte, Bd 1, 1. Halbbd., S. 417.
[114] Brief Gniffkes (Durchschlag Zeichen G/dR) vom 18. August 1945: »An die Sowjetische Militär-Administration, Bln.-Karlshorst«. AdsD, Nachlaß Gniffke.
[115] Autorenkollektiv Schöneburg, Errichtung, S. 60; DDR, Werden, S. 43. Vgl. auch Erich W. Gniffke, Jahre mit Ulbricht. Köln 1966, S. 64. Zu den Tätigkeiten der einzelnen Zentralverwaltungen vgl. Autorenkollektiv Schöneburg, Errichtung, S. 59, 69 f.

die SMAD ihre Konzeptionen nicht problemlos umsetzen, erreichte letztlich aber dennoch ihre Ziele.

Dies gilt auch für die Unterstützung der deutschen Kommunisten. Beispielhaft für die dabei angewandten Methoden ist die Ablösung von Friedensburg (CDU) als Präsident der Zentralverwaltung für Brennstoffindustrie. Stellvertreter Friedensburgs als Vizepräsident war der Kommunist Gustav Sobottka, ein weiterer Vizepräsident Albert Bergholz. Der sozialdemokratische Vizepräsident Gustav Dahrendorf verließ die SBZ schon im Februar 1946.

Bereits im September 1945 hatte der CDU-Vorsitzende Hermes Friedensburg über den Beschluß der vier Parteien informiert, daß bei Stellenbesetzungen alle Parteien gleichmäßig berücksichtigt werden sollten und ihn aufgefordert, »eine diesem Beschlusse entsprechende Stellenbesetzung durchzuführen«; die CDU könne »eine ausreichende Anzahl politisch einwandfreier und fachlich hervorragender Kräfte« namhaft machen.[116] Die SMAD verhinderte eine solche Personalpolitik. Auch Friedensburgs Versuch, die Präsidenten der Zentralverwaltung zu lockeren Gesprächen einzuladen, wurde von den kommunistischen Präsidenten argwöhnisch abgelehnt.[117] 1946 bekam Friedensburg Konflikte mit der Sächsischen Landesverwaltung, aber auch mit seinem Vizepräsidenten Sobottka. In völliger Verkennung der Situation beantragte er am 3. Juni 1946 bei Generalleutnant Bokow die Ablösung Sobottkas. Am 4. Juni teilte seinerseits Sobottka mit, er habe zusammen mit Vizepräsident Bergholz bei der SMAD eine Untersuchung gegen Friedensburg beantragt. Nach weiteren Querelen wurde Friedensburg am 12. September 1946 von Generalleutnant Bokow im Auftrag von Marschall Sokolowskij abgelöst, angeblich wegen »Duldung faschistischer Umtriebe«. Friedensburg schrieb an Sokolowskij: »In der Tat hat die Arbeit der Zentralverwaltung

[116] BA Koblenz, NL Friedensburg 27, S. 226, Brief von Hermes, (CDU, Der Vorsitzende, vom 12. 9. 1945 an Friedensburg). Am 5. November 1945 schrieb Dertinger (CDU, Reichsgeschäftsstelle) an Friedensburg, bei Abfassung von Gesetzesvorschlägen etc. würden einzelne Zentralverwaltungen sich mit KPD und SPD absprechen, falls dies stimme, müsse auch die CDU zugezogen werden. Ebd., S. 172.

[117] Die Einladung zum 1. Dezember 1945 ging von Schiffer und Friedensburg aus, von den Kommunisten sagte nur Joseph Schlaffer (Präsident ZV für Umsiedler) zu. Gustav Gundelach (Arbeit) schrieb, er halte die Zusammenkunft »nicht für zweckmäßig«, da »in Karlshorst Gelegenheit gegeben war, sich über alle Fragen zu unterhalten«. Ebd., S. 152 ff.

zunächst ständig die Anerkennung der Sowjetadministration gefunden ... Diese durchaus erfreuliche Entwicklung hat sich bis zum Frühjahr dieses Jahres fortgesetzt, fand dann aber Störungen durch die ständigen Bemühungen des 2. Vizepräsidenten der Zentralverwaltung, des Herrn Gustav Sobottka, die Leitung der Behörde an sich zu reißen, und mich zu diesem Zweck sowohl bei seiner Partei, als auch vor allem bei der SMA zu diskreditieren. Ich habe Herrn Generalleutnant Bokow im Juli auf diese unleidlichen Verhältnisse aufmerksam gemacht und um Abstellung gebeten, da sie die Arbeit der Zentralverwaltung empfindlich beeinträchtigen. Da trotz der wiederholt gegebenen Zusage eine Abhilfe nicht erfolgte, blieb mir nichts anderes übrig, als mich mit Herrn Vizepräsident Sobottka erneut über die gemeinschaftliche Leitung der Behörde zu einigen. Während ich aber bemüht gewesen bin, alle hierbei gegebenen Zusagen peinlichst zu erfüllen, konnte ich die entsprechende Gegenleistung von Herrn Sobottka nicht erlangen. Insbesondere hat er beinahe täglich, ja bisweilen mehrmals am Tage, mit der SMA direkt verhandelt, ohne sich mit mir als dem verantwortlichen Chef der Verwaltung zu verständigen oder mir wenigstens nachträglich Bericht von den Ergebnissen dieser Besprechungen zu geben. Er hat, wie ich wiederholt feststellen konnte, diese Besprechungen benutzt, um bei einer Reihe von Herren der Administration ganz falsche Vorstellungen über mich und die Arbeit der Zentralverwaltung zu erwecken. Da ich von diesen Bemühungen nur in Ausnahmefällen unterrichtet wurde, war es mir unmöglich, mich dagegen zu wehren.«[118] Doch die Entscheidung der SMAD war gefallen. Die sowjetischen Kommunisten waren in erster Linie an den deutschen kommunistischen Mitarbeitern und der Stärkung von deren Einfluß interessiert.

Dies zeigte sich auch in anderen Zentralverwaltungen. So berichtete der stellvertretende Präsident der Zentralverwaltung für das Post-und Fernmeldewesen Willy Steinkopf (bis 1933 MdR der SPD) in einer vertraulichen Notiz vom Januar 1946, daß der »parteilose« Präsident Wilhelm Schröder, ein Fachmann, »stark zu den Kommunisten« neige. Vizepräsident Jurczyk war Kommunist, vor allem aber waren die Personalchefs (Walter Hochmuth und Charles Dewey) KPD-Mitglieder. In

---

[118] BA Koblenz, NL Friedensburg, ebd., S. 49 ff. Vgl. auch Ferdinand Friedensburg, Es ging um Deutschlands Einheit. Rückschau eines Berliners auf die Jahre nach 1945. Berlin (West) 1971, S. 59 ff.

Steinkopfs Notiz hieß es über die Zentralverwaltung: »Insgesamt: der überwiegend kommunistische Einfluß ist vorhanden und vorerst nicht zu brechen.«[119]

Allerdings konnten sich auch nur diejenigen Kommunisten in ihren Positionen halten, die die sowjetische Politik uneingeschränkt durchführten, wie das Beispiel der Zentralverwaltung für Umsiedlerfragen zeigt. Mit dem Aufbau dieser Verwaltung wurde von der SMAD im September 1945 Joseph Schlaffer beauftragt, der bereits in der Weimarer Republik leitende Funktionen in der KPD innehatte. Im September aus der Kriegsgefangenschaft zurückgekehrt, war er von seinem alten Freund Franz Dahlem der SMAD empfohlen worden. General Gorochow ernannte Schlaffer dann zum Präsidenten der neu aufzubauenden Zentralverwaltung. Der Führung seiner Partei konnte Schlaffer später mitteilen, daß es ihm »in wenigen Wochen« gelungen war, »die Zentralverwaltung für Umsiedler aus dem Nichts« aufzubauen. »Und keiner meiner Mithelfer hatte auch nur die geringste Erfahrung, jeder Einzelne mußte von mir angelernt werden und die Millionen Umsiedler waren nicht so höflich und haben gewartet, bis ich mit dem Aufbau meiner Verwaltung fertig war. Sie kamen einfach und mußten weggeschafft und untergebracht werden.« Schlaffer berichtete später, daß die Zusammenarbeit mit dem ersten sowjetischen Kontrolloffizier Maikowsky gut war, doch dessen Nachfolger Isakow wollte »maßgebenden Einfluß auf die parteipolitische Zusammensetzung der Verwaltung – die nach einer Anweisung paritätisch aus Kommunisten und SPD-Leuten zusammengesetzt werden sollte – ausüben«; es kam zu ständigen Reibereien. Isakow setzte durch, daß Schlaffer alle Verwaltungsanweisungen vor dem Erlaß erst General Gorochow vorlegen mußte. Schließlich wurde Schlaffer Ende 1945 von seinem Posten abgelöst (später sogar einige Zeit inhaftiert).[120]

Die hier etwas ausführlicher beschriebenen Details über die Entstehung der Zentralverwaltungen lassen beispielhaft Probleme des Aufbaus der Verwaltung durch die SMAD erkennen. Die Besatzungsmacht bestimmte Zeitpunkt und Struktur der neuen Organe, wobei sie frühzeitig deutsche Politiker zur Bera-

---

[119] BA Koblenz, NL Rossmann 36, S. 40 ff.
[120] Biographie. Aufzeichnungen von Joseph Schlaffer, S. 32 f. Brief Schlaffers vom 25. 5. 1946 an das »Sekretariat des ZK der KPD« (wohl irrtümlich »KPD«, da ja bereits die SED bestand!). Kopien im Privatarchiv Hermann Weber. Zur Person von Joseph Schlaffer (1891–1964) vgl. Weber, Wandlung, Bd. 2, S. 272 ff.

tung heranzog und von ihnen auch personelle Vorschläge erwartete. In erster Linie stützte sich die SMAD auf Ratschläge deutscher Kommunisten; dabei kam es – wie beim Beispiel der Postverwaltung – sogar zu Dissonanzen, weil deutsche Kommunisten andere Personen benannten als die angesprochene Partei, in diesem Fall die SPD. Es ist bezeichnend, daß die SMAD bei ihren Entscheidungen den Vorschlägen der deutschen Kommunisten folgte. Diese waren offenbar auch besser über die Bedeutung der neuen Verwaltungen orientiert als Sozialdemokraten und »bürgerliche« Politiker, denn letztere hielt die SMAD zunächst über die eigentlichen Aufgaben im Unklaren. Bei Auseinandersetzungen schließlich – wie im Falle Friedensburg – unterstützte die SMAD wiederum die deutschen Kommunisten, die so schrittweise alle wichtigen Positionen übernehmen konnten, so daß deren Einfluß – wie Steinkopf es ausdrückte – in der Tat nicht mehr »zu brechen« war. Das traf aber – wie der »Fall Schlaffer« zeigt, nur für linientreue Kommunisten zu.

Zentralverwaltungen, Länder- und Provinzialverwaltungen und auch die Organe der Kreise und Gemeinden (die unter Aufsicht der örtlichen Kommandanten der Roten Armee standen) bemühten sich, das Chaos des Zusammenbruchs zu überwinden, gleichzeitig wurde aber das Fundament für die künftige Entwicklung der deutschen Administration gelegt.

Der Aufbau der Verwaltungen war gekennzeichnet durch eine weitgehende personelle Neubesetzung. Begründet wurde dies – wie jede Maßnahme in den ersten Jahren nach der NS-Diktatur – mit der Beseitigung der Überreste des Hitler-Regimes. Durch die rigorose Ausschaltung der Nationalsozialisten aus dem öffentlich-politischen und beruflichen Leben erreichte die SMAD eine weitgehende Entnazifizierung. Bis August 1947 überprüften 262 Entnazifizierungskommissionen 828 000 ehemalige NSDAP-Mitglieder, 520 000 Personen verloren daraufhin ihren Arbeitsplatz, vorwiegend in den Behörden.[121] Nach anderen DDR-Quellen wurden von Mai 1945 bis Februar 1948 in den Ländern der sowjetischen Besatzungszone (allerdings ohne Mecklenburg und Berlin) 408 569 NSDAP-Aktivi-

---

[121] Zur Entnazifizierung vgl. die ausführliche Darstellung in Autorenkollektiv Schöneburg, Errichtung, S. 93 ff.; Dittrich, Arbeiterklasse, S. 109. Wyssozki, Unternehmen Terminal, S. 207 spricht von 390 478 Personen, die bereits 1945/46 »von ihren Posten abgelöst« wurden.

sten »aus den verschiedensten Verwaltungen und Unternehmen entlassen oder nicht wieder zu ihrem alten Dienst zugelassen«. Insgesamt mußten aufgrund der Entnazifizierung wohl eine halbe Million Menschen ihre Stellungen verlassen. In Thüringen wurden aus den Verwaltungen 62 000 Personen entfernt; immerhin waren dort noch im Februar 1946 unter den Mitarbeitern der den Ministerien nachgeordneten Dienststellen über 6000 (d. h. fast 25 Prozent) ehemalige NSDAP-Mitglieder. In Sachsen-Anhalt wurden 50 000 und in Mecklenburg 12 000 belastete Personen entlassen, aber auch wirtschaftliche Funktionen mußten z. B. in Thüringen von 21 000 Personen aufgegeben werden. Allein die Reichsbahn entließ 14 000, und die Post 25 000 ehemalige NSDAP-Mitglieder, und schon bis Oktober 1945 wurden 11 000 Lehrer aus dem Schuldienst entfernt; freilich blieben hier zunächst noch 15 000 nominelle Mitglieder der NSDAP beschäftigt.[122]

Im Gegensatz zu den Westzonen, wo eine recht widersprüchliche Entnazifizierung einen klaren Trennungsstrich zur Vergangenheit nicht ermöglichte und wo beim Neuaufbau des Berufsbeamtentums ehemalige NSDAP-Mitglieder wieder ihre alten Stellungen einnehmen konnten, war die Säuberung in der SBZ durchgreifend und so zunächst die Vergangenheitsbewältigung auch eindeutiger. Freilich erhielten später unter dem Vorzeichen des Kalten Krieges in beiden deutschen Staaten ehemalige Nazis wieder Funktionen und es zeigte sich, daß auch in der DDR NS-Tradition und Militarismus durchaus noch Spuren hinterlassen hatten.

Die SMAD benutzte den radikalen Bruch mit dem faschistischen Deutschland auch dazu, alle entscheidenden Posten mit Kommunisten zu besetzen. So erhielten die deutschen Kommunisten die Machtpositionen, die allmählich von der Besatzung in deutsche Hände übergingen, und sie befehligten bald nicht nur die Verwaltung, sondern vor allem Polizei und Justiz. Die SMAD hatte bereits 1945 eine deutsche Polizei aufgebaut, die zunächst für Verkehrsregelung und Aufrechterhaltung der öffentlichen Ordnung zuständig war. Doch bereits früh wurde

[122] Die Zahlen in Wolfgang Meinicke, Bildung von Machtorganen des werktätigen Volkes. Neues Deutschland, Nr. 116 vom 18./19. 5. 1980, S. 13; Autorenkollektiv Schöneburg, Errichtung, S. 70, 96, 101. Vgl. auch 1. Rechenschaftsbericht. Sozialistische Einheitspartei Deutschlands. Landesvorstand Thüringen. 1946/1947. O. O. u. o. J. (Jena 1947), S. 20.

auch eine politische Abteilung »K 5« geschaffen, und bewährte Kommunisten, die oft jahrelang in Hitlers Zuchthäusern inhaftiert gewesen waren, übernahmen die »Kommandohöhen«.

Auch die Justiz wurde zunächst allein von der Besatzungsmacht beherrscht. Die sowjetische Geheimpolizei NKWD errichtete auf deutschem Boden Konzentrationslager, die sie erst 1950 auflöste. In diesen KZs befanden sich etwa 130 000 politische Gefangene, von denen 50 000 ums Leben gekommen sein sollen; 20 000 bis 30 000 Personen wurden in die UdSSR deportiert. Unter den Internierten waren nicht nur NS-Verbrecher, sondern auch eine Vielzahl willkürlich denunzierter Personen; ab 1946 gerieten auch Sozialdemokraten und sogar oppositionelle Kommunisten in die Lager.

Auf Anweisung der SMAD erfolgte eine »Justizreform«, die von Anfang an unter kommunistischem Vorzeichen stand. Laut Gesetz Nr. 4 des Kontrollrates sollten alle ehemaligen »aktiven« Mitglieder der NSDAP aus dem Justizdienst entfernt werden. In der Sowjetzone legte die SMAD das Gesetz so aus, daß sie alle NSDAP-Mitglieder (also auch die passiven) entließ, später auch Mitglieder der NS-Nebenorganisationen, d. h. etwa 85 Prozent der 2467 Richter und Staatsanwälte, die bis 1945 auf dem Gebiet der SBZ tätig waren. Die KPD bzw. die SED ersetzte sie durch kurzfristig ausgebildete »Volksrichter« und schuf sich im Laufe der Zeit einen linientreuen Justizapparat.

Diese Entwicklung hatte die SMAD schon im September 1945 mit ihrem Befehl Nr. 49 eingeleitet, der die Reorganisation und Entnazifizierung der Justiz vorsah. »Mehrere Gründe hatten die SMAD zu Befehl 49 veranlaßt: Erstens bedurfte das Gerichtswesen im sowjetischen Besatzungsgebiet in der Tat einer Vereinheitlichung. ›Wildwuchs‹ in Gestalt eigenmächtig geschaffener örtlicher Gerichte, ›Bezirksgerichte‹ und ›Volksgerichte‹ war zu beschneiden. Zweitens legte die SMAD nachdrücklich Wert auf eine radikale Entnazifizierung namentlich der Justiz. Und drittens begann sich mit Befehl Nr. 49, der in Verbindung mit Befehl Nr. 17 der SMAD zu sehen ist, die Tendenz zur Zentralisierung der Justiz abzuzeichnen – eine Tendenz, der bald auch die Zentralisierung der Polizei entsprach.«[123]

Der Aufbau der Verwaltung und vor allem der Machtorgane in der SBZ zeigt sowohl die gravierende Einflußnahme der

---

[123] Fricke, Politik und Justiz in der DDR, S. 31; dort weitere Einzelheiten.

SMAD auf die Neugestaltung, als auch Ansätze zur neuen Funktion der KPD als privilegierter Staatspartei.

Von der Bodenreform zur »Industriereform«

In ihrem Gründungsaufruf hatte die KPD nicht nur das Sowjetsystem für Deutschland abgelehnt, auch eine sozialistische Umgestaltung der Wirtschaft wurde als nicht zeitgemäß verworfen. Während die SPD die Verstaatlichung der Bodenschätze, der Bergwerke und der Energiewirtschaft forderte, die CDU »Bergbau und andere monopolartige Schlüsselunternehmungen« der »Staatsgewalt unterwerfen« wollte, verlangte die KPD lediglich »Enteignung der Nazibonzen und Kriegsverbrecher«.[124] Offensichtlich hatte für die sowjetische Besatzungsmacht und damit auch für die KPD zunächst der wirtschaftliche Wiederaufbau Vorrang.

Doch rasch zeigte sich, daß der Neuaufbau des staatlichen und politischen Systems parallel lief mit einer tiefgreifenden Umstrukturierung der Gesellschaftsordnung. Unter der Losung »Junkerland in Bauernhand« erfolgte bereits 1945 als erste der großen Reformen die Bodenreform. Damit sollte der Großgrundbesitz östlich der Elbe, der in Deutschland immer eine politische und wirtschaftliche Macht gewesen war, enteignet werden. Bestimmend für diese Reform war die UdSSR, die treibende Kraft war die SMAD. Doch wie üblich begann die Kampagne mit »Forderungen der Bauern, Gutsarbeiter und Flüchtlinge« nach einer Bodenreform, die das Zentralorgan der KPD ›Deutsche Volkszeitung‹ am 1. September in einer Schlagzeile als »dringendes Gebot« bezeichnete. Schon am 3. September erließ die Verwaltung der Provinz Sachsen eine Verordnung über die Bodenreform.[125] Am 8. September 1945 rief schließlich das ZK der KPD zu einer umfassenden Bodenreform auf. Auch die anderen Parteien sahen aus wirtschaftlichen und politischen Gründen eine Landreform als notwendig an. Immerhin besaßen 6000 Großgrundbesitzer eineinhalbmal soviel Boden wie 300 000 Mittel- und Kleinbauern zusammen. Zu politischen

---

[124] Das Volk, Nr. 1 vom 7. 7. 1945; Deutsche Volkszeitung, Nr. 1 vom 13. 6. 1945; Suckut, Zum Wandel, S. 130; vgl. auch Anm. 54 oben.
[125] Deutsche Volkszeitung, Nr. 74 vom 6. 9. 1945. Vgl. auch: Bodenreform. Junkerland in Bauernhand. Berlin 1945, S. 21 ff.

Überlegungen sagte der SPD-Vorsitzende Grotewohl im September 1945: »Die politische Seite der Bodenreform ist die Beseitigung des verderblichen Einflusses der Junker auf die Geschicke Deutschlands. Durch Jahrhunderte war der Großgrundbesitzer der Träger der Reaktion. Aus ihren Reihen stammten zahlreiche hohe Offiziere, Beamte, Minister und Höflinge. Sie waren die Feinde jeder freiheitlichen Entwicklung in Deutschland.«[126]

Ernst Lemmer von der CDU beschuldigte die »ostelbischen Großagrarier«, Verbündete Hitlers gewesen zu sein; die Agrarreform hielt er für unausweichlich.[127]

Durch die Bodenreform vom September 1945 wurde der Grundbesitz über 100 ha enteignet, damit wurden 7000 Großagrariern 2,5 Millionen ha Land entschädigungslos entzogen. Dieser Boden kam zusammen mit 600 000 ha Land, das von Naziführern konfisziert worden war oder dem Staat gehörte, in einen Bodenfonds. Aus diesem Fonds wurden 2,1 Millionen ha Land an 500 000 Personen (119 000 Landarbeiter und landlose Bauern, 91 000 Umsiedler, 138 000 landarme kleine Bauern, an Arbeiter und Handwerker usw.) aufgeteilt. Etwa ein Drittel des enteigneten Bodens erhielten Länder, Kreise und Gemeinden zur Bewirtschaftung. Da viele der Neubauern allerdings nur Zwergparzellen bekamen, konnten sie nicht wirtschaftlich rentabel arbeiten. Vor allem diese nicht existenzfähigen Betriebe bildeten 1952 die ersten Landwirtschaftlichen Produktionsgenossenschaften (LPG).[128]

Die Bodenreform war eine radikale, aber keine kommunistische Maßnahme. Alle vier Parteien waren für eine Reform in der Landwirtschaft. Allerdings lehnte die CDU-Führung eine entschädigungslose Enteignung ab, und es kam deswegen zu einer Parteikrise. Die SMAD entzog dem 1. Vorsitzenden Hermes und seinem Stellvertreter Schreiber das Vertrauen und setzte beide schließlich am 19. Dezember 1945 ab.

---

[126] Wo stehen wir, wohin gehen wir? Rede des Vorsitzenden der SPD, Otto Grotewohl, am 14. September 1945. Berlin 1945, S. 20.
[127] Ernst Lemmer, Demokratisierung des Bodens. Berliner Zeitung, Nr. 97 vom 5. 9. 1945. Auch die LDP forderte bereits in einem Artikel ihres Organs Der Morgen (Nr. 23 vom 29. 8. 1945) ›Jetzt Bodenreform!‹. Vgl. auch die SPD-Zeitung Das Volk, Nr. 48 vom 29. 8. 1945: ›Agrarreform, das Gebot der Stunde‹.
[128] Zur Bodenreform und ihren Auswirkungen vgl. Wernet-Tietz, Bauernverband und Bauernpartei, S. 27 ff. und die dort angegebene Literatur.

Die Bodenreform wurde in der CDU unterschiedlich bewertet; ein ungenügendes Informationssystem in der neuen Partei hatte dazu geführt, daß Parteigliederungen gegeneinander ausgespielt wurden: Kreis- und Landesverbände der Partei wandten sich gegen die Politik der Parteiführung und forderten teilweise selbst deren Absetzung.[129] Jakob Kaiser und Ernst Lemmer übernahmen nun den Vorsitz der CDU. Jakob Kaiser (1888–1961), gelernter Buchbinder, war bis 1933 in der christlichen Gewerkschaftsbewegung und im Zentrum aktiv, leistete nach 1933 illegale Widerstandsarbeit und wurde 1945 Mitbegründer der CDU in Berlin. Bis zu seiner Absetzung durch die SMAD im Dezember 1947 war er Vorsitzender der CDU in der SBZ, 1949 bis 1957 Minister für Gesamtdeutsche Fragen in Bonn, Repräsentant des linken Flügels der CDU und Kontrahent Adenauers. Ernst Lemmer (1898–1970) war nach dem Studium von 1922 bis 1933 Generalsekretär der Hirsch-Dunckerschen Gewerkvereine und von 1924 bis 1933 MdR für die Deutsche Demokratische Partei. Er war von 1945 bis 1947 2. Vorsitzender der CDU, von 1945 bis 1949 3. Vorsitzender des FDGB, wurde 1956 in Bonn Bundespostminister und von 1957 bis 1962 Minister für Gesamtdeutsche Fragen. Generalsekretär der CDU war von 1946 bis 1949 Georg Dertinger (1902–1968), der engere Verbindungen zur SMAD hatte. Dertinger war vor 1933 Mitglied der DNVP und Redakteur des ›Stahlhelm‹. Er war Mitbegründer der CDU und von 1949 bis 1953 Außenminister der DDR. Im Januar 1953 verhaftet, wurde er im Juni 1954 wegen »Spionage« zu 15 Jahren Zuchthaus verurteilt und bis 1964 in Bautzen inhaftiert.

Auch die Schulreform mit dem Ziel gleicher Bildungschancen für alle war zunächst keine kommunistische Maßnahme. Auf einer gemeinsamen Veranstaltung am 4. November 1945[130] verlangte nicht nur Anton Ackermann (KPD) eine Schulreform, um den »Befähigten freie Bahn« zu geben, für die SPD wurde sie auch von Max Kreuziger voll unterstützt. Schließlich trat auch der 2. (ab Dezember dann 1.) LDP-Vorsitzende Külz unter der These »Freie Bahn dem Tüchtigen« für die Schulreform ein. Wilhelm Külz (1875–1948) war nach Studium und Promotion in der

---

[129] Zu den Einzelheiten vgl. Siegfried Suckut, Der Konflikt um die Bodenreformpolitik in der Ost-CDU 1945. In: Deutschland Archiv 15 (1983), S. 1080 ff.
[130] Demokratische Schulreform. Bericht über die gemeinsame Kundgebung der KPD und SPD am 4. November 1945 in Berlin. Berlin o. J. (1945).

Kommunalverwaltung tätig, er vertrat von 1920 bis 1933 die DDP im Reichstag und war 1926/27 Reichsminister. 1945 Mitbegründer der LDP, löste er Ende 1945 Koch als Vorsitzenden der LDP ab und blieb in dieser Funktion bis zu seinem Tod.

Die CDU hielt sich bei der Schulreform zurück, da die Trennung von Kirche und Staat verlangt und Privatschulen nicht gestattet wurden. Schulreformer wie Paul Oestreich gingen noch weiter und proklamierten die »elastische Einheitsschule als Produktionsschule«, freilich zunächst noch erfolglos.[131]

Die Einheitsschule wurde schließlich 1946 eingeführt; sie umfaßte eine aus acht Klassen bestehende Grundschule und anschließend eine vierklassige Oberschule oder eine dreijährige Berufsschule. Die Schulreform war allerdings auch mit einer Auswechslung der Lehrer verbunden. Von den fast 40 000 Lehrern hatten 28 000 der NSDAP angehört. Sie wurden schrittweise durch »Neulehrer« ersetzt; schon im Oktober 1945 begannen 15 000 Neulehrer mit dem Unterricht, im Herbst 1946 kamen weitere 25 000 hinzu. Bis Herbst 1947 konnte als Erfolg der Schulreform die Reduzierung der 3100 einklassigen Schulen auf 1700 und der Anstieg der vollausgebauten achtklassigen Schulen um 25 Prozent auf 2800 gemeldet werden.[132]

Am einschneidensten für die weitere Entwicklung war die sogenannte Industriereform. Durch Befehl Nr. 124 der SMAD vom 30. und Befehl Nr. 126 vom 31. Oktober 1945 wurde das gesamte Eigentum des deutschen Staates, der NSDAP und ihrer Amtsleiter sowie der Wehrmacht beschlagnahmt. Ein Teil dieser – meist schwerindustriellen – Betriebe wurde in Sowjetische Aktiengesellschaften (SAG) umgewandelt, einen anderen Teil unterstellte die SMAD im März 1946 den neuen deutschen Verwaltungsorganen. Nun konnte der erste Schritt zur Verstaatlichung dieser Industriebetriebe getan werden.

Die KPD änderte ihre Wirtschaftspolitik entsprechend. Auf

---

[131] Prof. Paul Oestreich, Einheitsschule? Berliner Zeitung, Nr. 106 vom 15. 9. 1945.
[132] Paul Wandel, Die demokratische Einheitsschule – Rückblick und Ausblick. Berlin, Leipzig 1947, S. 14; Allen Kindern das gleiche Recht auf Bildung. Dokumente zur demokratischen Schulreform. Berlin (Ost) 1981, S. 8 (dort sind zahlreiche Dokumente abgedruckt); Joachim Streisand, Kulturgeschichte der DDR. Berlin (Ost) 1981, S. 75; Albert Norden, Ereignisse und Erlebtes. Berlin (Ost) 1981, S. 226. Vgl. auch Karl-Heinz Günther und Gottfried Uhlig, Geschichte der Schule in der DDR 1945–1971. Berlin (Ost) 1974, S. 62 (dort etwas andere Zahlen).

einer Wirtschaftstagung der Partei im Januar 1946 erklärte die Führung zwar immer noch, die Wirtschaft könne nicht sozialistisch aufgebaut werden, sie trat aber jetzt für eine Wirtschaftsplanung ein und verlangte: »Alle Betriebe und anderen Unternehmungen des Handels, des Verkehrs, des Versicherungswesens usw., deren Besitzer bzw. bei Aktiengesellschaften deren Direktoren geflüchtet sind, Kriegsverbrecher oder Nazis waren, werden mit allen Rechten und Forderungen in die Hände der Selbstverwaltungsorgane der Gemeinden, Provinzen bzw. Länder übereignet.«[133]

Zwar war in den Richtlinien der Wirtschaftskonferenz der KPD vom Januar 1946 noch immer davon die Rede, daß sich der Neuaufbau der deutschen Wirtschaft auf der »Grundlage veränderter kapitalistischer Bedingungen« vollziehe, doch sollte dies im Rahmen einer »neuen demokratischen Ordnung« sinnvoll gelenkt werden. Dabei galten die Gewerkschaften als »gleichberechtigter Faktor«.[134] In der Realität steuerte die KPD unter dem Schutz der SMAD nun aber auf die Verstaatlichung der Industrie zu. Bereits im Juli 1945 waren Banken und Sparkassen enteignet worden. Ein Volksentscheid in Sachsen bildete den Auftakt für eine Verstaatlichung der Industrie. Dort befanden sich allein 4800 der rund 7000 Betriebe, die durch Befehl Nr. 124 beschlagnahmt worden waren. Die sächsische KPD schlug im Februar 1946 einen Volksentscheid vor, der beschließen sollte, Kriegs- und Naziverbrecher zu enteignen und ihre Betriebe in Staatseigentum zu überführen.[135]

Auf der 1. Reichskonferenz der KPD (2./3. März 1946) unterstützte Ulbricht diesen Plan, den auch die SMAD genehmigte. Gegen den starken Widerstand von seiten der CDU und LDP gelang es der KPD bzw. nach dem April 1946 der SED, einen Beschluß der Blockparteien für den Volksentscheid durchzusetzen. Danach sollten zugunsten des Landes Sachsen entschädigungslos enteignet werden: »Betriebe und Unternehmen, die als Kriegsinteressenten anzusehen sind, oder die Naziverbrechern, aktiven Nazis oder Kriegsinteressenten gehören oder am 8. Mai 1945 gehörten.«[136]

---

[133] Neuaufbau der deutschen Wirtschaft. Richtlinien der KPD zur Wirtschaftspolitik. Berlin 1946, S. 21.

[134] Ebd., S. 17.

[135] Vgl. Otto Schröder, Der Kampf der SED in der Vorbereitung und Durchführung des Volksentscheids in Sachsen. Berlin (Ost) 1961, S. 47.

[136] Ebd., S. 73. Vgl. auch die zahlreichen Aufrufe abgedruckt in: 30 Jahre

Nach intensiver Vorbereitung fand der Volksentscheid in Sachsen am 30. Juni 1946 statt. 3,4 Millionen Wähler (93,7 Prozent der Wahlberechtigten) gingen zur Urne; 2 683 401 (77,6 Prozent) stimmten für, 571 000 (16,5 Prozent) gegen die Enteignung; 204 657 Stimmen (5,8 Prozent) waren ungültig. Die meisten Ja-Stimmen gab es in den Kreisen Freital (85,7 Prozent), Annaberg (84,2 Prozent) und Chemnitz (82,6 Prozent); die meisten Nein-Stimmen in Meerane (26 Prozent und 7 Prozent ungültige), Leipzig (23,6 Prozent und 6 Prozent ungültige) und Grimma (22,2 Prozent und 6 Prozent ungültige).[137] Unter der Parole »Enteignung der Kriegsverbrecher« konnte nun die Verstaatlichung der Schwer- und Schlüsselindustrie durchgeführt werden. Anschließend wurden auch in den anderen Ländern der sowjetischen Besatzungszone (dort allerdings ohne vorherige Abstimmung) die entsprechenden Betriebe, besonders der Schwerindustrie, verstaatlicht oder den Kommunen übergeben. Bis zum Frühjahr 1948 wurden so 9281 gewerbliche Unternehmen »entschädigungslos enteignet, darunter waren 3843 Industriebetriebe. Ihr Anteil an der gesamten Industrieproduktion betrug zu diesem Zeitpunkt etwa 40 Prozent.«[138] Der Grundstein für eine neue Wirtschaftsstruktur war damit gelegt.

Die Gründung der SED

Der erste tiefe Einschnitt zur Veränderung des Parteiensystems in der sowjetischen Besatzungszone war die Gründung der SED im April 1946 durch den Zusammenschluß von KPD und SPD. Dieser Schritt erfolgte in der SBZ erheblich früher als in anderen »Volksdemokratien«[139] und hatte weitreichende Fol-

---

Volkseigene Betriebe. Dokumente und Materialien zum 30. Jahrestag des Volksentscheids in Sachsen. Berlin (Ost) 1976, S. 81 ff.

[137] Schröder, Der Kampf der SED, S. 169 f.

[138] Heinz Heitzer, DDR. Geschichtlicher Überblick. Berlin (Ost) 1979, S. 54.

[139] Nur in der Slowakei war der Zusammenschluß von Kommunisten und Sozialdemokraten bereits im September 1944 erfolgt, in Rumänien kam es dazu im Februar 1948, in Bulgarien im Mai 1948, in Ungarn und in der CSR im Juni 1948 sowie in Polen im Dezember 1948. Vgl. dazu auch: Geschichte der sozialistischen Gemeinschaft. Herausbildung und Entwicklung des realen Sozialismus von 1917 bis zur Gegenwart. Von einem Autorenkollektiv unter Leitung von Ernstgert Kalbe. Berlin (Ost) 1981, S. 146 f.

gen. Damit vertiefte sich auch die Spaltung Deutschlands, denn die Auseinandersetzungen zwischen der westdeutschen Sozialdemokratie und der kommunistischen SED im Osten schufen ein feindseliges Klima in der deutschen Politik. Für die westlichen Besatzungsmächte, insbesondere für Großbritannien, war die unter Druck durchgeführte Einschmelzung der Sozialdemokraten in die SED ein Grund mehr, der sowjetischen Politik mit tiefem Mißtrauen zu begegnen und Kurs auf einen Weststaat zu nehmen.[140] Für die innere Situation der SBZ signalisierte die Bildung der SED bedrohlich die Übertragung des sowjetischen Einparteienstaats.

Schien die Gründung der traditionellen deutschen Parteien im Juni/Juli 1945 auch ein pluralistisches politisches System zu ermöglichen, so wurde dieser Weg schon zehn Monate später durch die Schaffung der SED entscheidend verbaut. Die Probleme der SED-Gründung sollen deswegen hier etwas ausführlicher geschildert werden. Noch im Juni 1945 hatte sich das ZK der KPD zunächst nur für eine »Aktionseinheit« von KPD und SPD, aber gegen den sofortigen Zusammenschluß ausgesprochen. Offensichtlich erwarteten die Kommunisten, ihre Organisation könne mit Hilfe der SMAD zur bestimmenden und größten Partei der SBZ werden.

Demgegenüber sahen die Berliner Führer der SPD in der organisatorischen Einheit der Arbeiterparteien eine Voraussetzung für den von ihnen geforderten demokratischen und sozialistischen Neuaufbau. Die gemeinsame antifaschistische Grundeinstellung und Erfahrungen unter Hitler sowie das Bekenntnis der KPD zur parlamentarischen Demokratie schienen frühere Differenzen verwischt zu haben. Zudem hofften viele Sozialdemokraten, nicht zuletzt wegen ihrer zahlenmäßigen Überlegenheit, in einer Einheitspartei dominieren zu können. Schon im September 1945 erklärte Max Fechner, die SPD sei »wohl unbestritten die größte Organisation« unter den vier zugelassenen Parteien.[141] Schließlich hatte es im Sommer 1945 in ganz Deutschland Ansätze zur Zusammenarbeit von SPD und KPD gegeben und vielerorts war der Wille zu einer einheitlichen Arbeiterpartei vorhanden.[142] Doch nachdem die SPD im Westen

---

[140] Vgl. dazu Rolf Steininger, Deutsche Geschichte 1945–1961. Darstellung und Dokumente in zwei Bänden. Bd. 1. Frankfurt a. M. 1983, S. 156f., 171ff.
[141] Eröffnungsansprache des Genossen Max Fechner. In: Wo stehen wir, wohin gehen wir? Der historische Auftrag der SPD. Berlin o.J. (1945), S. 7.
[142] Vgl. dazu Kaden, Einheit oder Freiheit, S. 51ff.; Werner Müller, Die KPD

unter Kurt Schumacher jede Verschmelzung und Zusammenarbeit mit der KPD strikt ablehnte, machte sich auch in der SPD der SBZ zunehmend Skepsis gegenüber einer Einheitspartei breit.

Da trat aber plötzlich im Spätherbst 1945 die KPD-Führung überraschend für eine schnelle Vereinigung beider Parteien ein. Offenbar glaubte sie, nun dafür die ideologischen und organisatorischen Voraussetzungen geschaffen zu haben. Vor allem aber bemerkte die KPD nach Anfangserfolgen, daß sie sowohl bei der Bevölkerung als auch bei den anderen Parteien mehr und mehr in die Isolierung geriet. Nach späteren Aussagen Ackermanns hatte die KPD-Spitze »Ende September – Anfang Oktober« 1945 in einer Sitzung des Politbüros »erwogen«, der SPD anstelle einer »Aktionseinheit« nun den Zusammenschluß beider Parteien vorzuschlagen.[143]

In diese Richtung war Pieck bereits am 19. September vorgestoßen, als er in einer Rede eine »möglichst baldige Vereinigung« beider Parteien empfahl. Allerdings schränkte er den Begriff »baldig« dadurch ein, daß er sagte, die »kampffähige Einheit der Arbeiterklasse« müsse sich »herausbilden« im »Zusammengehen der kommunistischen und sozialdemokratischen Arbeiter«. Schließlich müsse »ein neuer Weg« beschritten werden und zwar mit neuen »zuverlässigen« Kräften und nicht den alten Führern – womit er natürlich die alten SPD-Führer meinte, denn bei der KPD blieben ja weiterhin die alten Kräfte am Ruder.[144]

Ulbricht sprach freilich noch am 12. Oktober weit vorsichtiger davon, daß »der Zeitpunkt näherkommt, wo die Voraussetzungen für die Schaffung der einheitlichen Partei ... gegeben sind«. In dieser Rede warnte Ulbricht die Sozialdemokraten auch vor Auseinandersetzungen bei kommenden Wahlen.[145] Der KPD-Führung war wohl bereits klar, daß die für 1946

und die »Einheit der Arbeiterklasse«. Frankfurt a. M., New York 1979. S. 45 ff.; Ulrich Hauth, Die Politik von KPD und SED gegenüber der westdeutschen Sozialdemokratie (1945–1948). Frankfurt a. M., Bern 1978, S. 441.

[143] Anton Ackermann, Der neue Weg zur Einheit. In: Vereint sind wir alles. Erinnerungen an die Gründung der SED. Berlin (Ost) 1966, S. 84.

[144] Deutsche Volkszeitung, Nr. 86 vom 20. 9. 1945; auch abgedruckt in Wilhelm Pieck, Reden und Aufsätze. Auswahlband. Berlin 1948, S. 82 f.

[145] Deutsche Volkszeitung, Nr. 107 vom 14. 10. 1945, auch etwas gekürzt und leicht verändert abgedruckt in: Ulbricht, Zur Geschichte der deutschen Arbeiterbewegung, Bd. II, S. 502 ff. Das Thema Wahlen wurde von den Kommunisten nun öfter aufgegriffen, so sagte Hermann Matern im Januar 1946: »Wem dienen

angesetzten Wahlen ihrer Partei keine Erfolge bringen würden. Bei den Kommunalwahlen vom 7. Oktober 1945 in Budapest hatten die ungarischen Kommunisten zwar die SP zu einer gemeinsamen Wahlliste bewegen können, aber diese Liste hatte die Mehrheit verfehlt. Für die Parlamentswahlen in Ungarn beschloß die SPU dann am 12. Oktober sogar eigene Wahllisten, womit die KPU isoliert war.[146] Diese Entwicklung wollten die Kommunisten offensichtlich für die SBZ vermeiden. Daher verdoppelten sie besonders nach den Niederlagen der Kommunisten bei den Parlamentswahlen vom 4. November 1945 in Ungarn und vom 25. November in Österreich ihre Anstrengungen für eine Vereinigung mit der SPD. Sie waren der Meinung, nur mit einer Einheitspartei ihre leitenden Positionen in Partei und Staat weiter ausbauen zu können. Der Sieg der »Vaterländischen Front« bei den bulgarischen Wahlen vom 18. November 1945 dürfte diese Ansicht noch verstärkt haben. Für die KPD gab es also mehrere Motive, ihre Politik zu ändern und die Vereinigung mit der SPD zu forcieren. Dabei spielten langfristige Pläne strategischer Art eine Rolle:[147] die Frage der Machterringung und die Ausschaltung der SPD, des wichtigsten Konkurrenten, aber ebenso taktische Überlegungen zum Abschneiden bei kommenden Wahlen. Auch kaderpolitische Gründe veranlaßten die Führung der KPD zu einer Korrektur ihrer Haltung. Durch starken Zulauf konnte die KPD im Sommer 1945 die SPD an Mitgliederzahlen überflügeln (sie zählte im August 1945 150000 Mitglieder), Ende 1945 waren dann beide Parteien mit rund 375000 Mitgliedern in der SBZ etwa gleich stark.[148] Der Mitgliederaufschwung der KPD (die 1932 auf dem Gebiet der SBZ nur rund 100000 Mitglieder zählte) wurde u. a.

---

getrennte Wahlen? Nur unseren Feinden!« Hermann Matern, Im Kampf für Frieden, Demokratie und Sozialismus. Ausgewählte Reden und Schriften. Bd. I: 1926–1956. Berlin (Ost) 1963, S. 190.

[146] Vgl. Geschichte der ungarischen revolutionären Arbeiterbewegung. Von den Anfängen bis 1962. Berlin (Ost) 1983, S. 495 ff.

[147] Vgl. dazu Staritz, Sozialismus in einem halben Lande, S. 79 ff. Zur Strategie der KPD auch Arnold Sywottek, Deutsche Volksdemokratie. Studien zur politischen Konzeption der KPD 1935–1946. Düsseldorf 1971.

[148] Zu den Einzelheiten vgl. Hermann Weber, Die deutschen Kommunisten 1945 in der SBZ. Probleme bei der kommunistischen Kaderbildung vor der SED-Gründung. Aus Politik und Zeitgeschichte, Beilage zur Wochenzeitung Das Parlament, B 31 (1978), S. 24 ff. Die KPD zählte im Juli 1945 in allen vier Zonen 125000 Mitglieder, im Oktober in der SBZ und Berlin 250000, im November 300000. Vgl. Günter Benser, Aufruf der KPD vom 11. Juni 1945. Berlin (Ost) 1980, S. 30; vgl. auch AdsD (Ostbüro) 0301 II.

durch Aktivitäten sowjetischer Ortskommandanten gefördert, die eher KPD- als SPD-Ortsgruppen zuließen. Damit wuchs die KPD ausgerechnet auf dem Land, wo sie stets schwach verankert war, stärker als die SPD. Zweifellos traten aber auch viele Karrieristen in die KPD ein, die ja nun Posten zu vergeben hatte.

Während die SPD praktisch ihren traditionellen Mitgliederstand wieder erreichte (681 000 im März 1946 gegenüber 581 000 im Jahre 1932), war die KPD eine Partei mit neuen Mitgliedern, die alten Kader gerieten in die Minderheit. Außerdem war die KPD mit ihrer neuen Linie und der neuen Aufgabe, nämlich der Übernahme von verantwortlichen Positionen in Staat, Verwaltung, Wirtschaft, Bildung usw., überfordert.

Um die Funktionen in Verwaltung, Wirtschaft usw. auch auf unteren und mittleren Ebenen besetzen zu können, hätte die KPD noch weit mehr Mitglieder, darunter wohl nicht wenige Karrieristen, aufnehmen müssen. Dieses Problem löste eine Einschmelzung der SPD, die ja über bewährte Arbeiterfunktionäre verfügte. Die wichtigsten Hebel blieben jedoch in der Hand der Kommunisten, die durch Ausschlüsse von Opponenten ihre Linie durchsetzten und frühere Sozialdemokraten durch Schulung u. ä. assimilieren wollten. Doch Gleiches galt auch gegenüber Neukommunisten, und damit erreichte die KPD-Führung – wie die Entwicklung zeigte – im großen und ganzen ihr Ziel.

Die Vereinigung selbst wird bis heute völlig gegensätzlich bewertet. Während die DDR-Geschichtsschreibung behauptet, die Sozialdemokraten hätten sich (bis auf wenige »rechte Spalter« und Anhänger Schumachers in der Führung und unter Funktionären) völlig freiwillig zur Einheit und damit zur SED bekannt, ist in der Literatur der Bundesrepublik meist die These zu finden, es habe sich um eine »Zwangsvereinigung« gehandelt.[149] Zweifellos waren Druck und Zwang bei der Einschmelzung der SPD in die SED von erheblicher Bedeutung. Freilich haben die Kommunisten auch eine Reihe differenzierter Methoden angewendet, und es spielten durchaus mehrere Faktoren eine Rolle; die Voraussetzungen, unter denen beide Parteien die Vereinigung vornahmen, waren ebenso verschieden wie ihre Motive.

[149] Vgl. z. B. Geschichte der SED, S. 110 f.; Benser, »Zwangsvereinigung«, S. 201 ff. Dagegen die Beiträge in Friedrich Gleue, Deutsche Geschichte in Wennigsen (Deister), 5. bis 7. Oktober 1945. Wennigsen 1979.

Tatsächlich wurde die Vereinigung, gerade auch auf der unteren Ebene, mit Hilfe starker Repressalien der SMAD vorangetrieben. Über Eingriffe sowjetischer Ortskommandanten machte Pieck schon auf der zweiten »Sechziger Konferenz« im Februar 1946 Angaben, die allerdings erst 1981 veröffentlicht wurden: »Es ist sehr viel damit operiert worden, daß hier in der Sowjetzone der Prozeß der Vereinigung unter dem Zwang und Druck der sowjetischen Besatzungsmacht vor sich geht. Genossen, im allgemeinen brauchte man es ja gar nicht zu bedauern, wenn dadurch ein solches Resultat der Einigung der Arbeiterklasse zustande kommt, damit man gegenüber der Reaktion die Zügel fest in der Hand hat. Man brauchte also einen solchen Druck gar nicht zu bedauern. Aber, Genossen, ich sage Euch ganz offen: Wo wir gehört haben, daß übereifrige Kommandanten versucht haben, den Prozeß der Verständigung zwischen den beiden Parteien durch irgendwelche Einflußnahme zu beschleunigen, haben wir uns mit aller Entschiedenheit bei der obersten Militärverwaltung dagegen gewehrt, weil wir uns sagten, das ist absolut überflüssig, die Einmischung der Militärkommandanten ist absolut überflüssig. Wir brauchen eine Vereinigung, die auf der Überzeugung der Genossen beider Parteien basiert und nicht auf irgendwelchen organisatorischen Dingen, die hier und dort übernommen werden. Aus diesem Grunde haben wir uns mit aller Entschiedenheit gemeinsam mit den Genossen vom Zentralausschuß gegen solche Eingriffe der Militärkommandanten an einzelnen Orten gewandt, und wir wissen, daß, wenn auch keine schriftlichen, aber mündliche Anweisungen an die einzelnen Bezirke ergangen sind, daß sich die Militärkommandanten solcher Sachen enthalten sollen.«[150]

Doch gerade so entstanden schon Ende 1945 und Anfang 1946 vielfach durch die Nötigung der Besatzung Aktionsausschüsse für die Vereinigung auf Orts- und Kreisebene, so daß der Zentralausschuß der SPD unter Otto Grotewohl einem starken Druck der Basis ausgesetzt war. Die SMAD wandte jedoch nicht nur auf der unteren Ebene Zwang an. Auch in den Ländern mischten sich die verantwortlichen Offiziere der SMA ein und verlangten den Zusammenschluß, so z. B. in Thüringen Generalmajor Kolesnitschenko.[151] Anfang Februar 1946

---

[150] Materialien Wilhelm Piecks zum Entwurf der »Grundsätze und Ziele der SED«. Beiträge zur Geschichte der Arbeiterbewegung 23 (1981), S. 249.
[151] Gniffke, Jahre mit Ulbricht, S. 146.

schließlich wurde Otto Grotewohl zu Marschall Schukow vorgeladen, der ihm sagte, für die Vereinigung im Reichsmaßstab fehlten die Voraussetzungen. Schukow drängte Grotewohl zur Verschmelzung in der SBZ und soll als Zugeständnis sogar ein Zurückziehen Ulbrichts ins Gespräch gebracht haben.[152] Die SMAD versuchte aber gleichzeitig, neben der Anwendung von massivem Druck, diejenigen Sozialdemokraten in ihren Positionen zu stärken, die nach wie vor für die Vereinigung eintraten. Mit Unterstützungen bis hin zu materiellen Bestechungen – die Lebensmittelpakete, Pajoks genannt, waren dabei noch die harmloseste Art – lockte die SMAD für die Einheitspartei, wobei vor allem Karrieren in Aussicht gestellt werden konnten.

Mindestens ebenso gravierend war jedoch das Anknüpfen an den vorhandenen Willen nach einer einheitlichen Arbeiterpartei, den viele Sozialdemokraten 1945 unverändert zeigten. Hierauf versuchte die KPD flexibel mit scheinbarer Kompromißbereitschaft und Zugeständnissen einzugehen. Da die Kommunisten grundsätzlich die Positionen der parlamentarischen Republik übernommen hatten und einen »deutschen Weg« zum Sozialismus proklamierten, schien weiterhin eine Basis für eine Einheitspartei gegeben. Wenn Pieck für die KPD erklärte, die gemeinsame Aufgabe sei es, eine »parlamentarische, antifaschistisch-demokratische Republik aufzubauen«, die »entgegen der kraftlosen Demokratie der Weimarer Republik eine wirklich kämpferische Demokratie« sein müsse,[153] so konnte die SPD dieser verbalen Aussage voll zustimmen, doch war damit nicht geklärt, ob die Kommunisten damit auch eine pluralistische Demokratie akzeptierten.

Freilich befand sich die KPD-Führung auch aus anderen Gründen im Vorteil. Von Anfang an hatte sie gefordert, so Matern in einer Rede vom 1. Juli 1945, die SPD dürfe »nicht in Feindschaft zur KPD stehen und darf keine Antisowjetpolitik betreiben«, auch dürfe die Führung nicht bei »Leuten wie Stampfer, Seger, Grzesinsky und Sollmann« liegen, diese könne

---

[152] Ebd., S. 137. Vgl. zum Verhältnis von Schukow und Grotewohl auch die Erinnerungen von S. Tjulpanow in: Sonntag, Nr. 11/1975, S. 9. Auf alle Details des Vereinigungsprozesses kann hier nicht eingegangen werden. Vgl. Kaden, Einheit oder Freiheit; Staritz, Sozialismus in einem halben Lande, S. 76ff. sowie Frank Moraw, Die Parole der »Einheit« und die deutsche Sozialdemokratie. Bonn 1973. Die DDR-Lesart in: Thomas, Entscheidung.
[153] Tägliche Rundschau Nr. 51 (248) vom 2. 3. 1946, auch abgedruckt in Pieck, Reden, S. 115.

man »nicht gebrauchen«, weil sie gegen die Sowjetunion seien.[154] Der Zentralausschuß der SPD hatte sich auf diese Forderungen eingelassen, wohl nicht zuletzt, weil er nicht gegen die Besatzungsmacht Politik machen konnte, aber auch, weil er den Führungsanspruch für ganz Deutschland erhob und die Legitimation der SPD-Emigrationsführung bezweifelte. Außerdem hatte die KPD sofort versucht, in die SPD auch Anhänger ihrer Ideen einzuschleusen. In der gleichen Rede vom 1. Juli erläuterte Matern den KPD-Funktionären, manche Sozialdemokraten wollten in die KPD kommen, man lege ihnen nichts in den Weg, aber die KPD brauche eine SPD, die »mit uns auf dem Boden unseres Aktionsprogramms fest zusammenarbeitet. Daß eine solche Sozialdemokratische Partei entsteht, dafür müßt ihr sorgen. Versteht ihr mich? Wenn ihr also die guten Arbeiter in die Kommunistische Partei aufnehmt, dann könnt ihr einen rechten Haufen übrig behalten, und dann habt ihr die Tatsache, daß die Spaltung der Arbeiterklasse aufrecht erhalten bleibt. Das muß man dabei im Auge behalten.«[155] Klarer konnten die Kommunisten unter den gegebenen Umständen ihre Taktik kaum ausdrücken.

Hinzu kam, daß der ZA der SPD die Selbstkritik an der Politik der eigenen Partei vor 1933 scharf und konsequent vertrat, während die KPD ihre eigene Selbstkritik so formulierte, als ob sie in den Grundfragen eben doch »immer recht« hatte. Schon im Juni 1945 erklärte Ulbricht, die »alten Parteiführungen der Weimarer Koalition« seien bankrott. Die SPD-Führer widersprachen nicht, und sie verwiesen nicht einmal darauf, daß auch die KPD-Führung vor 1933 mit ihrer These, die SPD sei »sozialfaschistisch«, sei »Hauptfeind«, völlig versagt hatte.[156] So konnte Ulbricht auch im Oktober 1945 unwidersprochen behaupten, die KPD habe »zu allen Zeiten konsequent den richtigen Kampf« geführt.[157] Da sich die SPD-Führung als »marxistisch« verstand und in der KPD eine »Bruderpartei« sah, kam es zu einer – über das Konzept der »Einheit aller Antifaschi-

---

[154] Vgl. Matern, Im Kampf für Frieden, S. 145 (Rede vom 1. Juli 1945).
[155] Diese Passage der Rede fehlt bei Matern, ebd. Sie ist abgedruckt in: Zur Geschichte des Vereinigungsprozesses, S. 46.
[156] Walter Ulbricht auf der 1. Funktionärskonferenz der KPD. In: Einheitsfront der antifaschistisch-demokratischen Parteien. Dresden o. J. (1945), S. 27. Vgl. zur KPD-Politik: Hermann Weber, Hauptfeind Sozialdemokratie. Strategie und Taktik der KPD. 1929–1933. Düsseldorf 1982.
[157] Ulbricht in: Deutsche Volkszeitung, Nr. 107 vom 14. 10. 1945.

sten« noch hinausgehenden – Kooperation, deren logische Folge die Einheitspartei zu sein schien. Allerdings zeigte die Haltung von Hermann L. Brill im Sommer 1945 in Thüringen, daß gerade eine »marxistische« Position mit harter Kritik an der früheren kommunistischen Politik verknüpft werden konnte. Nur so konnte Brill auch überzeugt sein, daß beim Zusammengehen »wir als Sozialdemokraten durchaus nicht den kürzeren ziehen«.[158] Hingegen erhob der ZA der SPD in Berlin keinen Protest, als die KPD ihren Führungsanspruch immer stärker mit Geschichtsumdeutungen zu beweisen versuchte. In seiner Rede vom 19. September 1945, in der Pieck erstmals eine »baldige« Vereinigung gefordert hatte, schob er die Schuld für das Versagen der Arbeiterbewegung allein der SPD-Führung zu, indem er behauptete, die »Führer der Sozialdemokratie und Gewerkschaften« hätten vor 1933 Angebote der Kommunisten zum »gemeinsamen Kampf« abgelehnt. Daraus folgerte Pieck, »solche Gestalten wie Noske, Severing, Stampfer und ähnliche« dürften niemals wieder an die Spitze der SPD treten. Aus den verbal zugegebenen eigenen »Fehlern« der KPD zog er keineswegs die gleichen Schlüsse, sondern spielte sie damit herunter, daß die KPD-Führer lediglich »der Entwicklung der Arbeiterbewegung etwas vorauseilten«.[159]

Während die Berliner SPD-Führer um Grotewohl und Fechner dazu schwiegen, wies Schumacher im Westen überpointiert den Kommunisten die Alleinschuld für das Versagen der Arbeiterbewegung zu. Er schrieb Anfang Januar 1946: »Die geschichtliche Schuld der deutschen Arbeiterbewegung beruht darin, daß ihr kommunistischer Teil die klassenpolitische Rolle der Demokratie verkannt und zusammen mit den Nazi, den Deutschnationalen und den anderen kapitalistischen Feinden der Demokratie den Parlamentarismus sabotiert hat. Ohne diese kommunistische Haltung wären die Nazi nicht an die Macht gekommen.«[160] Dieser Beurteilung wollte oder konnte der Berliner ZA der SPD nicht zustimmen; damit geriet er bei seiner

---

[158] Vgl. Brills Rede vom 8. Juli 1945 und seine Thesen für ein Referat vom 18. Oktober 1945 in BA Koblenz, NL Rossmann 36, S. 12, 37 ff. Vgl. auch Hermann Brill, Gegen den Strom. Offenbach 1946. Immerhin war es die SPD in Thüringen, die noch am 6. November 1945 in einem Rundschreiben alle gemeinsamen Veranstaltungen untersagte und – so die heutige SED-Lesart – »die Politik der KPD in grober Weise verleumdete«. Vgl. Die SED – führende Kraft, S. 66.

[159] Pieck in: Deutsche Volkszeitung, Nr. 86 vom 20. 9. 1945.

[160] Zit. bei Kaden, Einheit oder Freiheit, S. 222.

Argumentation zur Überwindung von »Fehlern« der Vergangenheit aber ganz auf die Linie der Kommunisten.

Mit den zunehmenden Auseinandersetzungen zwischen dem Zentralausschuß der SPD in Berlin und der westdeutschen Sozialdemokratie unter Schumacher wurde nicht nur der politische Spielraum des ZA eingeengt, sondern auch die personelle Alternative. Die Führung der KPD in Berlin setzte sich aus harten Politikern, gewieften Taktikern und erfahrenen Organisatoren zusammen. Im Sekretariat der KPD saßen mit Ulbricht, Pieck und Dahlem drei frühere Politbüromitglieder der KPD, die während der Stalinisierung der Partei ihre Erfahrungen in der Zentrale gesammelt hatten. Anton Ackermann gehörte seit 1933 zu dieser Führung, nachdem er zwei Jahre die Moskauer Lenin-Schule absolviert und sich als Ideologe qualifiziert hatte. Die drei SPD-Vorsitzenden besaßen solche Voraussetzungen nicht. Grotewohl war zwar vor 1933 Reichstagsabgeordneter gewesen, aber nur Landespolitiker in Braunschweig; erst recht gilt dies für Gniffke. Fechner hatte sich vor 1933 als Kommunalpolitiker einen Namen gemacht. Die Berliner SPD-Führer waren nicht nur als Spitzenpolitiker unerfahren, sondern auch zwölf Jahre lang in Deutschland von der politischen Bühne verdrängt, während ihre kommunistischen Gegenspieler in dieser Zeit in der Emigration wirkten. Von den übrigen ZA-Mitgliedern der SPD war vor 1933 August Karsten im Zentralverband der Arbeitsinvaliden, Helmut Lehmann bei den Krankenkassen und Otto Meier im Berliner Bezirksvorstand der SPD tätig gewesen. Mitglieder des ZA wie Gustav Dahrendorf, Gustav Klingelhöfer und Karl Germer jun. wandten sich bald gegen jede Vereinigung, Bernhard Göring und Hermann Schlimme waren gänzlich von der Gewerkschaftsarbeit absorbiert. Die KPD-Spitze rekrutierte sich weitgehend aus den KPD-Führern der Berliner Zentrale der Zeit vor 1933, der ZA der SPD jedoch meist aus Kräften der »mittleren Ebene«, da die Emigrations-Führer und westdeutsche Spitzenpolitiker nicht nach Berlin kamen.[161] Unter solchen Umständen war der ZA den weit erfahreneren, fanatischeren und auch skrupelloseren KPD-Führern eigentlich nicht gewachsen.

Schließlich praktizierte die Berliner Führung der SPD eine

---

[161] Zur Zusammensetzung des ZA vgl. Max Fechner, Zentralausschuß der SPD und Zentralkomitee der KPD gingen zusammen. In: Vereint sind wir alles, S. 44.

Politik der Halbheiten und des Lavierens,[162] die aus einer Fehleinschätzung der Lage, Begrenzung ihrer Möglichkeiten unter sowjetischer Besatzung und der Konkurrenz zu Schumacher im Westen erklärbar war, aber ihren politischen Spielraum einengte. Dabei versuchte der Berliner ZA zunächst noch, die Differenzen mit Schumacher zu überdecken und den gesamtdeutschen Charakter der SPD zu betonen. In einem Bericht über die Konferenz der westdeutschen Sozialdemokratie in Wennigsen (5.–7. Oktober 1945) hob ›Das Volk‹ die Entschlossenheit hervor, »die Sozialdemokratie als einheitliche Partei in Gesamtdeutschland aufzubauen«.[163] Max Fechner nannte dies eine »zwingende Notwendigkeit« und lobte die »Verbundenheit« auf der Wennigser Konferenz,[164] obwohl gerade dort der Konflikt zwischen Grotewohl und Schumacher wegen der Einstellung zu den Kommunisten deutlich aufgebrochen war. Schumacher hatte die KPD für überflüssig erklärt, da »ihr Lehrgebäude zertrümmert, ihre Linie durch die Geschichte widerlegt« sei. Und er hatte gewarnt, das KPD-Konzept der »Einheitspartei« sei die Suche »nach dem großen Blutspender«, die Absicht, der SPD eine kommunistische Führung aufzuzwingen.[165] Gerade diese Prognose traf für die Sozialdemokratie in der sowjetischen Besatzungszone zu.

Dies zeigte sich, als am 20. und 21. Dezember 1945 in Berlin je 30 Vertreter der SPD und KPD zur sogenannten »Sechziger Konferenz« zusammenkamen.[166] Die Sozialdemokraten unter Grotewohl betonten dort, eine Vereinigung könne nur im gesamtdeutschen Rahmen vollzogen werden. Grotewohl brachte 10 Punkte zur Sprache, auf die er eine Antwort der KPD erwartete. Unter anderem führte er aus, die KPD erfahre durch die sowjetische Besatzungsmacht eine wesentlich weitergehendere und nachdrücklichere Förderung als die SPD, so u. a. Erleichterung beim organisatorischen Aufbau der Partei, ihrer Presse

---

[162] Vgl. Kaden, Einheit oder Freiheit, S. 181 ff.

[163] Das Volk, Nr. 85 vom 11. 10. 1945.

[164] Max Fechner, Hannover. Ein Beitrag zur Klarheit. Das Volk, Nr. 89 vom 16. 10. 1945.

[165] Programmatische Erklärung Schumachers vom 5. Oktober 1945. In: Ossip K. Flechtheim (Hrsg.), Dokumente zur parteipolitischen Entwicklung in Deutschland seit 1945. Bd. 3: Programmatik der deutschen Parteien. Zweiter Teil. Berlin (West) 1963, S. 5.

[166] Vgl. das Protokoll Gruner-Wilke, Sozialdemokraten im Kampf um die Freiheit.

und sonstigen Publikationen. »Das äußert sich vor allem auch in der Einräumung eines wesentlich stärkeren zahlenmäßigen und sonstigen Einflusses der KPD in allen Organen der sowjetrussischen Besatzungszone, wie z. B. in den Zentralverwaltungen, den Länder- und Provinzialverwaltungen sowie in den Verwaltungen der Kreise und Gemeinden.«

Grotewohl kritisierte, die KPD handele vielfach »nicht im Geiste der von ihr selbst bekundeten demokratischen Grundsätze und der vereinbarten guten Zusammenarbeit. Es mehren sich die Zeugnisse eines undemokratischen Drucks auf Sozialdemokraten.«[167] Außerdem war Grotewohl gegen die von der KPD geplanten gemeinsamen Wahllisten von SPD und KPD in der sowjetischen Besatzungszone, er verlangte absolute Gleichberechtigung mit der KPD. Zur Sprache kam auch der Druck der SMA auf die Sozialdemokraten. Gustav Klingelhöfer wandte sich an die Kommunisten und sagte: »Ihr könnt überall reden, was Ihr wollt, Euch zieht niemand zur Verantwortung ... Ihr könnt handeln, Ihr könnt mehr tun: Ihr könnt auch kühn sein. Es ist nicht für jeden Genossen gleich, ob er handeln kann und kühn sein kann.« Er nannte als Beispiel, daß man (offenbar Sowjetsoldaten) in Sachsen einen Sozialdemokraten vor einen Ort geführt und in den Hals geschossen habe.[168]

Die KPD-Vertreter, vor allem Wilhelm Pieck, versuchten die SPD-Funktionäre durch formale Zugeständnisse zu beruhigen. Doch nach Abschluß des ersten Tages der Konferenz war keine Einigung in Sicht.[169] In der Nacht »bearbeiteten« die Kommunisten und SMAD-Offiziere die SPD-Teilnehmer,[170] und überraschenderweise konnte Fechner am nächsten Morgen bei der Eröffnung bekanntgeben, »daß die Kommission, die ja damals schon die Vorbereitungen für diese Konferenz getroffen hat, sich zusammengesetzt hat und aus der Diskussion heraus zur Niederschrift der gemeinsamen Auffassung gekommen ist«.[171]

---

[167] Ebd., S. 72.
[168] Ebd., S. 146.
[169] Die letzte Rede am 1. Konferenztag war die von Klingelhöfer mit den scharfen Angriffen.
[170] Mitteilung von Ernst Thape und Gustav Schmidt-Küster an den Verfasser (18. 5. 1983). Die Anwesenheit sowjetischer Offiziere berichtete Willy Steinkopf bereits am 27. Januar 1946 vertraulich in ›Notizen über die gegenwärtige Lage in Berlin‹ an Erich Rossmann. Vgl. BA Koblenz, NL Rossmann 36, S. 42 f.
[171] Protokoll Gruner-Wilke, Sozialdemokraten im Kampf um die Freiheit, S. 148 f.

Unter solcher Voraussetzung verständigte man sich dann auf ein Kommuniqué, in dem es hieß: »Die Erweiterung und Vertiefung der Aktionseinheit soll den Auftakt zur Verwirklichung der politischen und organisatorischen Einheit der Arbeiterbewegung, d. h. zur Verschmelzung der Sozialdemokratischen Partei Deutschlands und der Kommunistischen Partei Deutschlands zu einer einheitlichen Partei bilden.«[172] Nach der »Sechziger Konferenz« vom Dezember 1945, die schließlich dem Zusammenschluß grundsätzlich zugestimmt hatte, forcierte die KPD ihre Vorbereitungen für die Verschmelzung.

Auch SPD-Organisationen schlossen sich an. In einem Rundschreiben hatte z. B. die Görlitzer SPD schon am 28. Dezember 1945 die »Sechziger Konferenz« so ausgelegt, daß es über die Vereinigung »innerhalb der Partei eine Diskussion nicht mehr gibt«, wer sich den Grundsätzen der Entschließung nicht beugen wolle, stelle »sich außerhalb der Partei«.

Wo sich hingegen in der SPD Widerstand regte, griff die Besatzungsmacht massiv ein, u. a. mit Redeverboten und Verhaftungen von Einheitsgegnern. In unteren Organisationen wurde die Vereinigung – oft durch Einwirken von sowjetischen Ortskommandanten erzwungen – bereits im Februar und März 1946 vollzogen. So schlossen sich am 23. Februar 1946 KPD und SPD des Kreises Neuruppin zusammen, bis zum 24. März folgten alle übrigen Kreise der Provinz Brandenburg, z. B. Frankfurt a. d. Oder.[173]

Mit der Politik vollendeter Tatsachen wurde die Linie des ZA unterlaufen. Dieser hatte am 15. Januar 1946 noch beschlossen, es dürfe keine organisatorische Vereinigung in Bezirken oder Besatzungszonen geben und nur ein Reichsparteitag könne darüber entscheiden. Am 12. Januar hatte der ZA einen Brief verbreitet, in dem als Erläuterung über den Inhalt der »Sechziger Konferenz« mitgeteilt wurde, die Vereinigung werde »von dem Parteitag für ganz Deutschland beschlossen«, bis dahin blieben »die beiden Parteien selbständig«.[174] Fechner hatte schließlich eine geheime Urabstimmung aller Sozialdemokraten der sowje-

---

[172] Ebd., S. 200.
[173] Siegfried Wiestruk, Die Vereinigung von KPD und SPD in Teltow. Zossen 1964, S. 82; Magda Knäbke, Die Vereinigung von KPD und SPD in Frankfurt (Oder) 1945/46. In: Frankfurter Beiträge zur Geschichte, 5. Frankfurt (Oder) 1978, S. 10; Zur Geschichte des Vereinigungsprozesses, S. 91.
[174] Protokoll Gruner-Wilke, Sozialdemokraten im Kampf um die Freiheit, S. 191.

tischen Besatzungszone und Berlins über die Frage der Vereinigung vorgeschlagen. Hierbei schaltete sich wiederum die SMAD ein; sie hatte noch im Januar 1946 den ZA nach Karlshorst eingeladen. Dort erklärte Tulpanow, die Absichten des ZA seien wenig hilfreich; er forderte eine rasche Vereinigung.[175]

Für die KPD erklärte Wilhelm Pieck am 20. Januar in Gotha, man werde sich »wahrscheinlich vorerst damit begnügen müssen«, die Vereinigung nur in der sowjetischen Besatzungszone vorzunehmen.[176] Dagegen wehrte sich der ZA der SPD zwar noch, doch unter diesen Umständen wurde die Stimmung der Berliner SPD-Führer immer pessimistischer. Bei einem Gespräch, das Grotewohl und Dahrendorf am 4. Februar 1946 mit dem Leiter der politischen Abteilung der britischen Militärregierung, Christopher Steel, führten, zeigte sich, daß sie ihre Position für aussichtslos hielten. Grotewohl sagte, sie stünden nicht nur persönlich unter stärkstem Druck, auch ihre Organisation in den Ländern der SBZ sei vollkommen unterwandert. Viele Sozialdemokraten, die bisher Widerstand leisteten, wollten nun »die Sache hinter sich« bringen.[177] Ein Gespräch Grotewohls mit Schumacher am 8. Februar 1946 in Braunschweig ergab, daß kein Reichsparteitag möglich war; Schumachers und Grotewohls Auffassungen gingen immer weiter auseinander.[178] Am 10. Februar kam der ZA mit den Vertretern der Landesorganisationen der SBZ zusammen, über die turbulente Tagung berichtete Gniffke später: »In der Sitzung am 10. Februar 1946 standen sich zwei Anträge gegenüber: Der Antrag Grotewohl – Fechner: Vereinigung Ostern, und der Antrag Dahrendorf – Gniffke: Vereinigung ja, aber erst zum gegebenen Zeitpunkt als Antrag auf einem gesamtdeutschen Parteitag. Der Antrag Dahrendorf – Gniffke wurde mit einer Stimme Mehrheit angenommen. Daraufhin glaubte man, daß die Sitzung im Tumult untergehen würde. Sie wurde von Max Fechner geleitet. Endlich konnte er die Ruhe wieder herstellen. Die einzelnen Ländervertreter, die vorher geschrien hatten: Wir halten den Druck nicht mehr aus, gaben jetzt, geführt von Buchwitz, Moltmann und Heinrich Hoffmann die Erklärung ab, daß sie von den Landes-

[175] Gniffke, Jahre mit Ulbricht, S. 129. Vgl. auch Koch-Müller, Transformationsprozeß, S. 30, Anm. 10.
[176] Zit. in Helmut Leuthold, Gotha. Zur Geschichte der Stadt. Gotha, Leipzig 1975, S. 130.
[177] Abgedruckt in Steininger, Deutsche Geschichte, Bd. 1, S. 164.
[178] Vgl. Kaden, Einheit oder Freiheit, S. 233 ff.

verbänden autorisiert seien, sich vom Zentralausschuß loszusagen, um die Vereinigung auf Länderbasis durchzuführen. Die Berliner: Hermann Harnisch und Richard Weimann, gaben die Erklärung ab, daß sie sich bei der Abstimmung geirrt haben. Sie wollten gegen den Antrag Dahrendorf – Gniffke stimmen und haben versehentlich dafür gestimmt. Daraufhin hob Fechner das Abstimmungsergebnis auf und vertagte die Sitzung auf den nächsten Tag. In dieser Sitzung erhielt der Antrag Grotewohl – Fechner die Mehrheit. Grotewohl fuhr daraufhin zum Gewerkschaftskongreß der gerade tagte und verkündete dort zusammen mit Ulbricht: Vereinigung Ostern 1946. Die Entscheidung war gefallen.«[179]

Hatte sich damit am 11. Februar 1946 auch der ZA auf die sofortige Vereinigung mit der KPD in der SBZ festgelegt, so gab es doch noch Schwierigkeiten. Schumacher reiste nach Berlin und wandte sich auf einer Pressekonferenz gegen den ZA.[180] Dahrendorf und Germer verließen den ZA, von dem sich auch Klingelhöfer trennte, in der Berliner SPD formierte sich der Widerstand. Doch am 26. Februar beschloß der »Sechziger-Ausschuß« den Vereinigungsparteitag für Ostern, April 1946, einzuberufen.

Die SMAD verhinderte schließlich den letzten Versuch, die Vereinigung durch eine Urabstimmung in ganz Berlin zu bremsen. Vier Ostberliner Bezirke der SPD hatten sich wie die Westberliner Bezirke für eine Urabstimmung ausgesprochen, doch wurden in Berlin-Mitte, Pankow, Prenzlauer Berg und Lichtenberg die Wahllokale eine halbe Stunde nach Öffnung von sowjetischem Militär geschlossen, so daß die Abstimmung nur in West-Berlin möglich war.[181] Von 32 547 Westberliner SPD-Mitgliedern (nach DDR-Angaben 39 716)[182] beteiligten sich am 31. März 1946 an der Abstimmung 23 755 (72,9 Prozent). Ge-

---

[179] Erich W. Gniffke, Bericht über die politische Tätigkeit 1945/48. Ms. AdsD, Nachlaß Gniffke. Vgl. auch die ausführlichere Darstellung in Gniffke, Jahre mit Ulbricht, S. 139 ff. In späteren Erinnerungen schrieb Fechner, der Antrag Dahrendorf hätte »die Selbstauflösung der SPD« in der SBZ bedeutet. Vgl. Fechner, Zentralausschuß, S. 55.

[180] Neue Zeitung vom 25. 2. 1946 und Das Volk vom 24. 2. 1946.

[181] Vgl. dazu Protokoll Gruner-Wilke, Sozialdemokraten im Kampf um die Freiheit, S. 9 f.

[182] Die SED kommt zur gleichen Berechnung wie 1945 der ZA. Sie geht von 39 716 Mitgliedern aus und leitet davon ab, weniger als die Hälfte der SPD-Mitglieder (d. h. die 19 526, die gegen die Verschmelzung stimmten) sei gegen die Vereinigung gewesen. Vgl. Benser, »Zwangsvereinigung«, S. 206.

gen eine Vereinigung wandten sich 19529 (82 Prozent), dafür waren 2937 (12 Prozent). Von den Abstimmenden sprachen sich jedoch 14763 (62 Prozent) für eine Zusammenarbeit mit der KPD aus, dagegen waren 5559 (23 Prozent).[183] In der sowjetischen Besatzungszone erhielten die SPD-Mitglieder keine Möglichkeit, eine Urabstimmung durchzuführen. Mit verschiedenen ideologischen Kompromissen versuchte die KPD, die Einschmelzung der Sozialdemokraten zu erleichtern. Vor allem die von Anton Ackermann propagierten Thesen vom »besonderen deutschen Weg« und vom »demokratischen Weg« zum Sozialismus, die weithin als Distanzierung von der stalinistischen Praxis der UdSSR verstanden wurden, dienten nun als programmatische Grundlage für die neue Einheitspartei. Diese Theorie lag einmal auf der Linie Moskaus, die damals allen kommunistischen Parteien gestattete, vom »unterschiedlichen« und »friedlichen« Weg zum Sozialismus zu reden. Zum anderen hofften viele deutsche Funktionäre, mit diesem Kurs tatsächlich einen »eigenen Weg« einschlagen zu können.[184]

Freilich ließen die KPD-Führer, nachdem der Zusammenschluß vereinbart war, ihre wahren Ziele schon erkennen. So sagte Pieck auf dem letzten Bezirksparteitag der Berliner KPD am 13. April 1946, die KPD habe immer eine richtige Politik, einen »gradlinigen Kurs« mit »eiserner Konsequenz geführt, und darin unterscheiden wir uns von allen anderen Parteien«. Neben diesen Anklängen an die These »die Partei hat immer recht«, erklärte Pieck sogar, man werde in die neue Partei »alles Gute aus unserer Vergangenheit, vor allem unsere marxistisch-leninistische Schulung« und die »Disziplin einer Kampfpartei« übernehmen.[185]

Solche Töne waren indes kein Einzelfall. Auf dem letzten Bezirksparteitag der KPD Sachsen am 6. April 1946 sagte Hermann Matern in seiner (erst 1976 veröffentlichten) Rede, die SED werde eine »Weiterentwicklung« der KPD sein, und die Kommunisten würden »unsere ganze Tradition, unsere ganze

---

[183] Vgl. zur Abstimmung Kaden, Einheit oder Freiheit, S. 256. Vgl. auch Tagesspiegel und Der Berliner vom 2. 4. 1946 sowie Telegraph, Nr. 33 vom 3. 4. 1946 (dort ist von 33247 Mitgliedern die Rede).
[184] Zum »deutschen Weg« zum Sozialismus vgl. Dietrich Staritz, Ein »besonderer deutscher Weg« zum Sozialismus. Aus Politik und Zeitgeschichte, Beilage zur Wochenzeitung Das Parlament, B 51/52 (1982).
[185] Einstimmig beschlossen: SED Groß-Berlin. Die Bildung der SED in der Hauptstadt Deutschlands. Berlin o. J. (1946), S. 18.

Erfahrung, unsere engste Verbundenheit mit hinein in die SED« nehmen.[186] Und auf dem sächsischen Vereinigungsparteitag forderte Wilhelm Koenen sogar, der »demokratische Zentralismus, wie ihn uns Lenin gelehrt hat« ebenso wie das »leninistische Prinzip, Selbstkritik zu üben«, müßten in der SED »Allgemeingut« werden.[187] Gerade solche klaren Aussagen deuteten die Pläne der Kommunisten an, doch wurden sie völlig überdeckt vom lautstarken Bekenntnis zur Einheit auf einer neuen Basis.

Auf dem 15. KPD-Parteitag, der am 19. und 20. April 1946 in Berlin tagte, hielt Ulbricht das Hauptreferat. Die 519 Delegierten (darunter 130 aus Westdeutschland) diskutierten vor allem über die Frage des Zusammenschlusses mit der SPD. Dahlem gab bekannt, daß die KPD in der Ostzone mehr als 600 000 Mitglieder zähle. (Tatsächlich hatte sie ohne Berlin nur 525 000 gegenüber 655 000 der SPD).[188] Noch einmal erhielten die kommunistischen Parteiorganisationen Anweisungen für die Arbeit in der neuen SED.[189] Zur gleichen Zeit versammelte sich (ebenfalls in Berlin) der letzte Parteitag der SPD in der SBZ. Sie war mit (einschließlich Berlin) 681 500 Mitgliedern stärker als die KPD. Zum Streit kam es über die Forderung der KPD, die neue Einheitspartei auf der Grundlage von Betriebsgruppen aufzubauen. Dieses Ansinnen lehnten viele Delegierte ab, doch die Vereinigung bejahte der Parteitag einstimmig.[190] Bei der Wahl der 40 SPD-Mitglieder für den SED-Parteivorstand wurden allerdings 21 von 472 Stimmen als »ungültig« registriert, Beispiel für den Protest einer Minderheit.[191] Durch das Herausheben

[186] Die »Auswahl der bisher unveröffentlichten Reden« von Matern in: Jahrbuch 1976 zur Geschichte Dresdens. Dresden o. J., S. 31 f.
[187] Volksstimme, Organ der SED, Bundesland Sachsen, Nr. 82 vom 10. 4. 1946. In Jahrbuch, ebd., S. 43 wird fälschlich geschrieben, die Rede Koenens sei ebenfalls »bisher unveröffentlicht« gewesen.
[188] Vgl. dazu Weber, Die deutschen Kommunisten 1945, S. 27, Anm. 29.
[189] Bericht vom 15. Parteitag der Kommunistischen Partei Deutschlands. Berlin 1946, S. 60 ff.
[190] 40. Parteitag der Sozialdemokratischen Partei Deutschlands. Berlin 1946, S. 82, 106 ff., 129.
[191] Ebd., S. 129. Zwischen den im »Protokoll« (40. Parteitag, ebd.) erwähnten und den auf dem »Stimmzettel« befindlichen Namen bestehen Differenzen, so sind im »Protokoll«, aber nicht auf dem »Stimmzettel« genannt: Ernst Heilmann – Kiel, Gottlieb Teichert – Essen und Gustav Müller – Rheinland; auf dem »Stimmzettel für die Wahl des Parteivorstandes der Sozialistischen Einheitspartei Deutschlands (Paritätischer Anteil der SPD), 40 Namen« stehen hingegen: Werner, Wasserkante; Walter, Ruhrgebiet und Gustav, Rheinland (»Stimmzettel« im Privatarchiv Hermann Weber).

einer Reihe von Veteranen, die früher auf dem rechten SPD-Flügel gestanden hatten, wie Eugen Ernst und Georg Schöpflin (der auch für die Veteranen sprach),[192] sollte die Tradition der Partei betont werden.

Am 21. und 22. April 1946 trat der »Vereinigungsparteitag« von KPD (507 Delegierte) und SPD (548 Delegierte) zur Sozialistischen Einheitspartei Deutschlands zusammen. Dieser Parteitag sollte demonstrieren, daß die SPD der Vereinigung »freiwillig« zugestimmt hatte und daß die SED keinesfalls eine Fortsetzung der KPD sein werde. Dementsprechend leitete Otto Grotewohl den Parteitag mit den Worten ein: »Als wir beide eben auf diese Bühne kamen, wurde mir die symbolische Bedeutung dieses Aktes klar: Wilhelm Pieck kam von links, und ich kam von rechts. (Beifall). Wir kamen beide, um uns in der Mitte zu treffen.«[193] Wilhelm Pieck behauptete auch, die SED werde keineswegs die »Diktatur des Einparteiensystems aufrichten«.[194] Und Walter Ulbricht charakterisierte den Zusammenschluß nicht nur als »einfache Vereinigung« von Sozialdemokraten und Kommunisten, sondern als »Neugeburt der deutschen Arbeiterbewegung«.[195]

Die vom Parteitag verabschiedeten »Grundsätze und Ziele« der SED, als programmatische Aussage mit gemäßigten Gegenwartsforderungen und sozialistischem Endziel, betonten auch den besonderen deutschen Charakter der Partei: Die SED »kämpft als unabhängige Partei in ihrem Lande für die wahren nationalen Interessen ihres Volkes. Als deutsche sozialistische Partei ist sie die fortschrittlichste und beste nationale Kraft, die ... für die wirtschaftliche, kulturelle und politische Einheit Deutschlands eintritt.«[196] Versprochen wurde auch eine breite

---

[192] 40. Parteitag, S. 19, 124ff. Allerdings hatte Georg Schöpflin in einem Brief vom 20. Februar 1946 an Erich Rossmann (dem er vertraulich Material über die Sechziger Konferenz schickte) sich sehr kritisch über die Vereinigung ausgesprochen (BA Koblenz, NL Rossmann 36, S. 31). In mehreren Gesprächen mit dem Verfasser ließ Schöpflin noch im November 1952 diese Kritik durchblicken.

[193] Protokoll des Vereinigungsparteitages von SPD und KPD. Berlin 1946, S. 12.

[194] Ebd., S. 19. Schon auf dem Vereinigungsparteitag der SED Groß-Berlin am 14. April 1946 hatte Pieck die These, die SED wolle zu einem »Einparteien-System kommen«, als »dummes Geschwätz« bezeichnet und die beiden andern Parteien beruhigt: »Sie können ohne Sorge sein: eine solche Absicht besteht bei uns nicht.« Einstimmig beschlossen, S. 35.

[195] Protokoll Vereinigungsparteitag, S. 161.

[196] Ebd., S. 179f.

innerparteiliche Demokratie, danach sollte »das Gesetz des gesamten innerparteilichen Lebens« die »Parteidemokratie sein«.[197]

In der Tat zeigte die neugegründete SED einige wesentliche Unterschiede gegenüber herkömmlichen kommunistischen Parteien. Sie war keine Kader-, sondern eine Massenpartei. Zu den rund 600 000 Kommunisten und 680 000 Sozialdemokraten stießen zahlreiche neue Mitglieder, bis Mitte 1948 zählte die SED (bei 19 Millionen Einwohnern der SBZ) fast 2 Millionen Mitglieder, damit waren etwa 16 Prozent aller Erwachsenen in der Einheitspartei organisiert. Nach den Statuten mußten alle Funktionen in der Partei paritätisch mit früheren Kommunisten und Sozialdemokraten besetzt werden, letztere erhielten zumindest formal noch erheblichen Einfluß. Die Spitzenführung der SED, das Zentralsekretariat, bildeten sieben Kommunisten (Ackermann, Dahlem, Matern, Merker, Pieck, Elli Schmidt und Ulbricht) und ebensoviele Sozialdemokraten (Fechner, Gniffke, Grotewohl, Karsten, Käthe Kern, Lehmann und Meier).

Bei ihrer Gründung übernahm die SED nicht das sowjetische Modell, sondern legte Wert auf ihren deutschen Charakter, und sie bekannte sich zwar ausdrücklich zum Marxismus, aber nicht zum Leninismus. In der Praxis setzte die SED freilich die Politik der KPD fort, denn wie diese war sie der verlängerte Arm der sowjetischen Besatzungsmacht. Die Gründung der SED im April 1946 bedeutete einen Wendepunkt in der Entwicklung des Parteiensystems: Es war zugunsten der Kommunisten radikal verändert worden.

Der Kampf der SED um die Hegemonie im Parteiensystem

Die SED war 1946 die mitgliederstärkste deutsche Partei; nicht zuletzt daraus leitete sie einen Führungsanspruch im Parteiensystem ab. Durch die Einschmelzung der SPD schien es außerdem so, als sei die SED nun die »einheitliche Arbeiterpartei« und damit Repräsentant der übergroßen Mehrheit der Bevölkerung, nämlich der Arbeitnehmer.

Ihren Hegemonieanspruch versuchte die SED zunächst intern ihren Funktionären zu vermitteln. Bereits auf der 2. Ta-

---

[197] So Pieck auf dem 15. Parteitag der KPD; vgl. Wilhelm Pieck, Reden und Aufsätze. Auswahlband. Berlin 1948, S. 143.

gung des Parteivorstandes der SED am 14./15. Mai 1946 betonte Franz Dahlem (in einer damals allerdings nicht veröffentlichten Rede), der SED als »staatsaufbauender Partei« gehöre »als Partei der Arbeiterklasse die Führung beim demokratischen Neuaufbau Deutschlands auf allen Gebieten: in der Politik, der Selbstverwaltung, der Wirtschaft und in der kulturellen Entwicklung des Landes«.[198]

Diesen Anspruch hoffte die SED durch einen Sieg bei den für Herbst 1946 vorgesehenen Wahlen legitimieren zu können. Die Ergebnisse der Kreistagswahlen in der amerikanischen Zone kurz nach der SED-Gründung konnten für die Einheitspartei freilich kein gutes Omen sein: die CDU erhielt 1,7 Millionen, die SPD 936 000 und die KPD nur 171 000 Stimmen.[199]

Die SED unterstrich nun verstärkt ihr Eintreten für die »antifaschistisch-demokratische parlamentarische Republik« und warnte vor dem »nazistischen Ungeist«, der noch lebe.[200] Offensichtlich wollte die Partei den antifaschistischen Konsens erneuern und sich daraus Vorteile verschaffen. Doch während die SED nach außen vor allem ihren Charakter als deutsche Partei unterstrich und weiterhin den Marxismus (und nicht den »Marxismus-Leninismus«) als ihre Ideologie propagierte, drängten die Kommunisten in der SED schon sehr früh auf eine »leninistische« Schulung in der neugeschaffenen Partei. Die erste zentrale Arbeitstagung der SED vom 6. bis 8. Juni 1946 (über die damals kaum berichtet wurde)[201] setzte hier deutliche Zeichen. Vor den Mitgliedern des Parteivorstandes, den Referenten einiger PV-Abteilungen, den Chefredakteuren aller SED-Zeitungen und Mitgliedern der Landesvorstände (insgesamt etwa 80 Personen), verlangte Anton Ackermann, auch grundlegende Werke von Lenin und Stalin in die Schulungsarbeit einzubeziehen.[202]

So benutzten die Kommunisten die rasch systematisch aufge-

---

[198] Zitiert in: Beiträge zur Geschichte der Arbeiterbewegung 25 (1983), S. 562. Auf dem letzten KPD-Parteitag formulierte Dahlem noch vorsichtiger, die SED werde »zur führenden Kraft in Politik, Wirtschaft und kulturellem Leben dieses Teils Deutschlands«, sprach aber auch schon von der SED als »führender Staatspartei«. Bericht 15. Parteitag, S. 71. Vgl. auch Franz Dahlem, Ausgewählte Reden und Aufsätze 1919–1979. Berlin (Ost) 1980, S. 295.

[199] Vgl. Neues Deutschland, Nr. 7 vom 30. 4. 1946. Bei den ersten Gemeindewahlen in der US-Zone im Januar hatte die KPD freilich noch schlechter abgeschnitten.

[200] Neues Deutschland, Nr. 13 vom 8. 5. 1946.

[201] Vgl. die kurze Meldung in Neues Deutschland, Nr. 41 vom 12. 6. 1946.

[202] Über die Konferenz wurde erstmals ausführlich 1983 berichtet, vgl. Beiträge zur Geschichte der Arbeiterbewegung 25 (1983) S. 561 ff.

baute Schulung der SED-Mitglieder und Funktionäre, um anhand verschiedener Thesen von Lenin und Stalin die aktuelle Politik zu akzentuieren.[203] Dies konnte natürlich den beiden andern Parteien der sowjetischen Besatzungszone nicht verborgen bleiben. Sie bemühten sich daher, ihre Organisationen in Konkurrenz zur SED weiter auszubauen[204] und ihre gesamtdeutschen Kontakte zu verbessern. So mußte die SED in der ersten Jahreshälfte 1946 befürchten, daß vor allem die LDP unter Führung von Külz Masseneinfluß gewann, in der zweiten Jahreshälfte 1946 entwickelte sich dann die CDU unter Führung von Kaiser zum gefährlichsten Kontrahenten der SED.

Nachdem Külz von der 1. Delegiertenkonferenz in Weimar am 4. Februar 1946 einstimmig als Vorsitzender der LDP bestätigt wurde,[205] versuchte er, die Partei in einer Reihe von Großveranstaltungen zu profilieren. Külz betonte, seine Partei, die LDP, sei Garant der Entwicklung des Rechtsstaates (er verwies dabei auf Schiffers Rolle als Chef der Zentralverwaltung der Justiz), und verlangte vor allem die Beibehaltung des Berufsbeamtentums. Ebenso trat er betont national auf und sagte: »Ich kenne nur ein Vaterland und das heißt Deutschland.«[206] Er scheute sich aber auch nicht, das Problem der »kleinen PG«, der Mitläufer der NSDAP, anzusprechen.[207] In zahlreichen großen Versammlungen in Sachsen, Thüringen und Mecklenburg im Frühjahr 1946 forderte Külz die Einheit Deutschlands und erklärte dabei in Veranstaltungen in Frankfurt am Main und Nürnberg den »zum Separatismus neigenden Föderalismus zum Todfeind Deutschlands«.[208] Bei dieser politischen Linie,

---

[203] Bereits im Mai 1946 beschäftigte sich die SED-Zeitschrift Neuer Weg, die ›Monatsschrift für aktuelle Fragen der Arbeiterbewegung‹ (Nr. 3, S. 22) zur »Schulung zum Studium von Lenin« mit dessen Schrift ›Zwei Taktiken der Sozialdemokratie‹. Das theoretische Organ Einheit untersuchte (Heft 2, Juli 1946, S. 100 ff.) ›Was lehrt uns Lenins »Was tun?«‹.
[204] Die CDU hatte schon im Februar 1946 beschlossen, jedes Parteimitglied sei verpflichtet, »ein weiteres Mitglied zu werben«. Protokoll der Sitzung des Erw. Vorstandes vom 13. 2. 1946. BA Koblenz, NL Kaiser 134.
[205] Thüringer Landeszeitung, Organ der LDP, Nr. 18 vom 7. 2. 1946. Mitglieder des »Reichsparteivorstandes« wurden u. a. Lieutenant, Schiffer, Prof. Eick und Frau Schirmer-Pröscher.
[206] Thüringer Landeszeitung, Nr. 15 vom 2. 2. 1946, Sächsisches Tageblatt, Organ der LDP, Landesverband Sachsen, Nr. 217 vom 4. 4. 1946 und Sondernummer, April 1946.
[207] Sächsisches Tageblatt, ebd.
[208] Nachtexpreß (Berlin), Nr. 103 vom 6. 5. 1946; Nürnberger Nachrichten vom 8. 5. 1946. Vgl. auch BA, Koblenz, NL Külz 147.

die offensichtlich auf Resonanz in der Bevölkerung stieß, befürchtete die SED, daß ihr die LDP (einerseits durch Abgrenzung von SED-Thesen und andererseits durch deren Übernahme, z. B. die Betonung der Einheit Deutschlands) gefährlich werden könne. Die LDP unter Külz bekam wegen der Religionsfrage allerdings auch Streit mit der CDU.[209] Und schließlich kooperierte Külz stark mit der SMAD, wobei er sogar so weit ging, die sowjetische Besatzungszone als die »liberalste Zone« zu bezeichnen.[210]

Da Külz auch die angeblich »irreführenden« Behauptungen vom »Totalitätsanspruch der SED« zurückwies,[211] zeigte sich schon Mitte 1946, daß die LDP einen Mittelweg zwischen Ablehnung und Anpassung versuchte, der letztlich ihre Chancen verminderte.[212]

Unter diesen Umständen rückte Mitte 1946 (und insbesondere nach den unerwarteten Wahlerfolgen der Partei im Herbst 1946) die CDU, die inzwischen unter Führung von Kaiser und Lemmer die Krise der Partei um die Jahreswende 1945/46 überwunden hatte, zum »Hauptfeind« der SED auf. Mit der Losung eines »Sozialismus aus christlicher Verantwortung« trat die CDU der SED entgegen. Im Februar 1946 hatte Kaiser programmatisch erklärt: »Wir verlangen nicht nur als Christen, sondern auch als Demokraten eine gesunde sozialistische Ordnung. Wir können nicht der Auffassung zustimmen, daß die Idee einer Demokratie sich in dem Ideal eines formalen Abstimmungsmechanismus erschöpfe. Es genügt nicht, daß jeder Deutsche gleiches Stimmrecht hat. Es muß auch jeder Staatsbürger die gleiche Chance haben, wirklich an der politischen Willensbildung seines Volkes teilzunehmen. Davon kann aber

---

[209] Külz trat klar für die Trennung von Staat und Kirche ein, die CDU griff ihn wegen seines »armseligen« Religionsbegriffs an (Neue Zeit, Nr. 37 vom 14. 2. 1946). Die LDP-Zeitung Der Morgen, Nr. 39 vom 16. 2. 1946 antwortete: ›Polemik? – Bitte!‹ Vgl. auch Berliner Zeitung, Nr. 45 vom 23. 2. 1946. Wohl auch wegen dieses Konflikts wandte sich noch im September 1946 Nuschke vor dem CDU-Vorstand »gegen jeden Gedanken einer Blockpolitik der Union mit der LDP« (d. h. gegen die SED). Vgl. Protokoll über die Vorstandssitzung am 17. 9. 1946. BA Koblenz, NL Kaiser 134.

[210] Tagesspiegel, Nr. 119 vom 23. 5. 1946.

[211] Sächsisches Tageblatt, Nr. 37 vom 14. 5. 1946.

[212] Vgl. dazu Ekkehart Krippendorff, Die Liberal-Demokratische Partei Deutschlands in der Sowjetischen Besatzungszone 1945/48. Entstehung, Struktur, Politik. Düsseldorf o. J. (1961). Vgl. auch Itzerott, Die Liberal-Demokratische Partei Deutschlands. In: Weber, Parteiensystem, S. 179 ff.

so lange keine Rede sein, als innerhalb des Volkes Leute vorhanden sind, die auf Grund privatrechtlicher Titel, kraft eigener Besitzvollkommenheit überragende wirtschaftliche Machtstellungen innehaben.«[213]

Diese Vorstellungen Kaisers prägten die CDU. Auf ihrem 1. Parteitag (15.-17. Juni 1946 in Berlin) wählte die Ostzonen-CDU Jakob Kaiser zum 1. Vorsitzenden, Ernst Lemmer zum 2., Reinhold Lobedanz zum 3. und Leo Herwegen zum 4. Vorsitzenden. Auf dem Parteitag trat Kaiser für einen »christlichen Sozialismus« ein. In der Entschließung bekannte sich der Parteitag zum »Sozialismus aus christlicher Verantwortung«. Kaiser forderte auch, Deutschland habe »Brücke zu sein zwischen Ost und West, um Deutschlands, um Europas willen«. Ernst Lemmer betonte, die Partei stehe weder links noch rechts, ihr Ziel sei die Demokratie.[214]

Da die CDU in Westdeutschland bei den Wahlen große Erfolge erzielte und sich als Volkspartei profilieren konnte, erstrebte die Union auch in der Ostzone ähnliche Wahlergebnisse. Sie führte einen harten Wahlkampf und zwang dadurch die SED, auch zum Verhältnis »Christentum oder Marxismus« Stellung nehmen zu müssen. Die SED griff dabei den »christlichen Sozialismus« der CDU an: »Allerdings, was die CDU als ›christlichen Sozialismus‹ vertritt, das ist nicht jene Umgestaltung der Gesellschaft, wie sie die SED, gestützt auf die Erkenntnisse des wissenschaftlichen Sozialismus, fordert. Dieser ›christliche Sozialismus‹ will nicht die Gesellschaftsordnung ändern; er beseitigt nicht die Ursachen der schweren sozialen Übelstände und diese selbst, sondern er will sie nur mildern. Er ist als Schlagwort ebenso irreführend wie der von der CDU konstruierte Gegensatz zwischen Christentum oder Marxismus.«[215]

Die CDU-Führung hatte sich bereits im Juli 1946 mit der Vorbereitung der Gemeindewahlen befaßt. Dabei verlangte sie

---

[213] Der soziale Staat. Hrsg. CDU. Berlin o.J. (1946), S. 13.
[214] Deutschland und die Union. Die Berliner Tagung 1946. Berlin 1946, S. 9ff., 17, 30ff., 136. Vgl. auch Berliner Tagung der Union, 15. bis 17. Juni 1946. Die Entschließungen. Berlin o.J. (1946), S. 2ff. Vgl. auch Suckut, Zum Wandel, S. 120ff.
[215] Dabei erklärte die SED sogar, der »christliche Glauben und die Zugehörigkeit zu einer Religionsgemeinschaft sind kein Hinderungsgrund ... für die Mitgliedschaft in der marxistischen Partei«. Flugblatt (Privatarchiv Hermann Weber). Vgl. Weber, Der deutsche Kommunismus, S. 461.

von ihren Anhängern einen sachlichen Wahlkampf, verwies aber selbstbewußt darauf, die Union habe in Süddeutschland »bereits ihre Stärke durch Wahlentscheidungen unter Beweis gestellt, die anderen Parteien wollen einen solchen Nachweis erst führen«.[216]

Die SED ihrerseits sah in den Gemeindewahlen eine »Kraftprobe«, um den »bisher errungenen Fortschritt« zu sichern, wobei nach den Worten des SED-Kaderchefs Franz Dahlem die Stalinsche Devise »Die Kader entscheiden alles« für die Lösung der SED-Aufgaben bestimmend sei.[217] Der Parteivorstand der SED gab eigens ein ›Handbuch zur Durchführung der Gemeindewahlen 1946‹ heraus, in dem neben dem Aufruf und dem Gemeindewahlprogramm der SED auch ein Rundschreiben des Zentralsekretariats und Anmerkungen der kommunalpolitischen Abteilung veröffentlicht wurden. Zwar erklärte die SED, ihr Wahlkampf werde sich nicht gegen »die anderen Parteien, sondern gegen den Nazismus und die wiedererstarkende Reaktion« richten,[218] dennoch kam es im Wahlkampf zu heftigen Auseinandersetzungen.

Die Wahlen von 1946 in der sowjetischen Besatzungszone

Die ersten Wahlen fanden am 1. September 1946 in Sachsen statt. In diesem Land, in dem traditionell die Arbeiterparteien einen Vorsprung hatten, waren die Ausgangsbedingungen bei den Gemeindewahlen für die SED daher besonders günstig. Es durften nur lizenzierte Ortsverbände der Parteien und Massenorganisationen Listen aufstellen; indessen hatte die Besatzungsmacht die Registrierung der LDP- und CDU-Ortsgruppen verzögert (die CDU war bis dahin nur in 593 von 2402 Orten zugelassen). Auch bei der Papierzuteilung wurde die SED bevorzugt, ihre Presse hatte erheblich größere Auflagen. Den Gemeindewahlkampf führte die SED mit den Losungen »Einheit, Demokratie, Sozialismus«. »Das Wichtigste und Größte, das

---

[216] Protokoll der Vorstandssitzung am 26. Juli 1946. Anhang: Vorschläge für die Kommunalwahlen. BA Koblenz, NL Kaiser 134.
[217] Franz Dahlem, Der neue Typus des Funktionärs der SED. Einheit 1 (1946) Heft 4, S. 199.
[218] Handbuch zur Durchführung der Gemeindewahlen 1946. Hrsg. vom Parteivorstand der SED. Berlin 1946, S. 28. Für die späteren Berliner Wahlen gab der PV ein eigenes Handbuch »Ausgabe Groß-Berlin« heraus.

wir heute erhalten und bewahren müssen, ist die nationale Einheit des deutschen Volkes. Darum kämpft die SED gegen alle Pläne, die auf eine Zersplitterung Deutschlands abzielen. Wir wollen einen deutschen Einheitsstaat mit dezentralisierter Verwaltung in den Ländern und weitgehender demokratischer Selbstverwaltung der Gemeinden! Der neue Staat muß ein demokratischer Staat sein! Die SED kämpft für die wahre lebensvolle Demokratie, die sie nur in der wirklichen Herrschaft des Volkes erblickt. Die Staats- und Gemeindeangestellten sollen nicht das Volk schurigeln, sondern sie sollen Diener des Volkes sein! Sozialismus heißt Vereinigung freier Werktätiger, die im Besitze der Produktionsmittel sind und sie zum Wohle aller anwenden! Erst wenn die Ausbeutung beseitigt ist, kann von der Freiheit und Würde der Persönlichkeit auch des Arbeiters die Rede sein! Diesen Sozialismus wollen wir auf friedlichem Wege erreichen. Die Reaktion muß daran gehindert werden, staatliche Machtmittel dagegen anzuwenden. Dazu ist nötig, daß in die Gemeindevertretungen nur solche Männer und Frauen gewählt werden, die sich eindeutig für den Sozialismus erklären. Das sind die Kandidaten der Sozialistischen Einheitspartei. Sie sichern die nationale Einheit, den demokratischen Aufbau und den friedlichen Weg zum Sozialismus«.[219]

Die SED-Führung ordnete an, ihre Kandidatenlisten zum »Spiegelbild aller Gruppen des gesamten werktätigen Volkes« zu machen und darauf zu achten, daß »eine paritätische Zusammensetzung – ohne Schema – nach der früheren Zugehörigkeit zur SPD und KPD erfolgt«.[220] Den Wahlkampf wollte die SED zwar so führen, daß die Voraussetzungen für die »Zusammenarbeit im Einheitsblock« nicht verschüttet würden. Doch da die SED erhebliche Vorteile genoß, war dies schwer zu praktizieren. Immerhin konnte sich die Bevölkerung bei diesen Abstimmungen noch zwischen verschiedenen Parteien entscheiden: von 3,5 Millionen Wahlberechtigten beteiligten sich 3,2 Millionen; 326 000 Stimmen waren ungültig (die Berliner SPD hatte aufgerufen, ungültig zu stimmen). Die SED erhielt mit 1,6 Millionen Stimmen über 53 Prozent, die LDP kam auf 671 000 (22 Prozent) und die CDU auf 655 000 (21 Prozent); der Rest verteilte sich auf Bauernhilfe, Frauenausschüsse usw. Die SED hatte sich zwar als stärkste Partei durchsetzen können, aber in

---

[219] Flugblatt ›Wähler und Wählerinnen‹ (Privatarchiv Hermann Weber).
[220] Handbuch zur Durchführung der Gemeindewahlen, S. 40.

Städten wie Dresden, Leipzig, Zwickau, Plauen, Bautzen usw. erhielten LDP und CDU zusammen mehr Stimmen als die SED.

Die Gemeindewahlen in Thüringen und Sachsen-Anhalt, die am 9. September folgten, brachten ein ähnliches Ergebnis. Auch hier reichte es für die SED in den meisten Städten nicht zur absoluten Mehrheit. Bei den Gemeindewahlen in Brandenburg und Mecklenburg am 15. September erzielte die SED einen höheren Anteil (60 Prozent bzw. 69 Prozent), da hier LDP und CDU erst wenige Ortsverbände hatten.

Die Gemeindewahlen hatten der SED insgesamt zwar ein gutes Resultat gebracht, aber die Führung machte sich keine Illusionen; sie wußte, daß es »nicht der wirklichen Stimmung entsprach, sondern unseren politischen und materiellen Vorteilen zu verdanken war«.[221] Die SED-Führung zog aus dem Wahlergebnis den Schluß, ihre Partei habe sich vor allem nicht genügend von der LDP abgegrenzt.[222] Daher wurde in einer Rededisposition zum Landtagswahlkampf in Thüringen z. B. den SED-Referenten folgende Argumentation vorgegeben: »Die LDP ist zum Vorkämpfer des kapitalistischen Privateigentums geworden ... Das Geschrei der LDP über die Sicherung des Privateigentums bedeutet nichts anderes als der berüchtigte Ruf: ›Haltet den Dieb‹. Die Monopolherren sind die schlimmsten Feinde des Kleinbesitzes ... Die SED schützt das Kleineigentum. Wir haben es durch die Praxis dieses Jahres bewiesen. Wir haben in Thüringen 50 000 Bauern neuen Besitz gegeben. Wir haben dem Handwerk die stärkste Unterstützung zuteil werden lassen. Die LDP hilft durch ihre Politik nicht den Kleinen, sondern nur den Großkapitalisten. Die LDP ist bei den Gemeindewahlen in mehreren Städten zur stärksten Partei geworden. Aber sie wagt nicht, die Verantwortung zu übernehmen, sondern hat die bisherigen Oberbürgermeister der SED gebeten, im Amt zu bleiben. Die LDP will sich vor der Verantwortung drücken.«[223]

Ulbricht signalisierte für die Strategie und Taktik der SED bereits Änderungen der Blockpolitik, diese sollte nicht nur mit der CDU und LDP praktiziert, sondern auch auf die Massenor-

---

[221] Leonhard, Die Revolution entläßt ihre Kinder, S. 449.

[222] Max Fechner, Die Ergebnisse der Gemeindewahlen in der Ostzone. Einheit 1 (1946) Heft 5, S. 301.

[223] Anweisungen für Referenten zum Landtagswahlkampf [SED-Landesvorstand Thüringen]. O. O. u. J., S. 4 f. [Deutsche Bücherei 1946, A 3508].

ganisationen, FDGB, FDJ usw. ausgedehnt werden. Die CDU war »angesichts der politischen Voraussetzungen« mit dem Stimmergebnis zufrieden, und wie alle Parteien setzte sie nun verstärkt auf den Kampf um Erfolge bei den Kreistags- und Landtagswahlen.[224]

Auf der Sitzung des zentralen »Block«-Ausschusses kam es am 24. September wegen des Gemeindewahlkampfs zu heftigen Diskussionen. Jakob Kaiser erklärte, »der Wahlkampf sei bis jetzt so schlimm wie möglich gewesen und leider seien auch die Besatzungsmächte nicht objektiv gewesen«. Er brachte Beispiele der Behinderung der CDU »in der Flugblattverteilung, durch Verdächtigungen, Verhaftungen usw.«. Er wandte sich gegen die Behauptung, seine Partei habe Nazis aufgenommen; so habe die LDP in Thüringen acht Prozent »rehabilitierte PG's«, die CDU 10 Prozent, »die SED habe leider einen Einblick abgelehnt«. Er verlangte, die SMAD solle allen Parteien beim kommenden Wahlkampf gleiche Chancen geben. Pieck und Külz waren dagegen, »Vergangenes aufzurollen«, doch ging die Diskussion weiter, wie das Protokoll zeigt: »Herr Kaiser betont noch einmal den Ernst der Situation. Die Demokratie sei nicht gewahrt, wenn nicht auch seine Partei und die LDP die volle Freiheit hätten. Diese müßte wenigstens für die Landtags- und Kreistagswahl gewährleistet sein. Herr Ulbricht entgegnet Herrn Kaiser, er dürfe nicht die Schwierigkeiten unterschätzen, die durch die in seiner Partei aufgestellte Losung gegen den Marxismus, durch das christliche Kreuz als Schutzschild, entstanden seien. Damit sei auch 1932 gearbeitet worden und dadurch mobilisiere man alle reaktionären Kräfte. Er berichtet von Terrormaßnahmen gegen die SED, Hitlerjugendaktionen usw. Die CDU errichte in Deutschland die autoritäre Herrschaft. Herr Ulbricht schlägt einen Vergleich der Wahlkampfmittel vor. Herr Kaiser antwortet, daß man sich selbstverständlich mit dem Marxismus auseinandersetzen müsse. Man dürfe aber nicht mit dem Rüstzeug der Barbaren gegeneinander kämpfen.« Man einigte sich schließlich darauf, die Organisationen anzuweisen, beim Wahlkampf zu den Landtagswahlen »alles zu vermeiden, was die künftige Zusammenarbeit der Parteien beeinträchtigen könnte«.[225]

---

[224] Walter Ulbricht, Strategie und Taktik der SED. Einheit 1 (1946) Heft 4, S. 266. – Protokoll über die Vorstandssitzung (der CDU) am 16. 9. 1946. BA Koblenz, NL Kaiser 134.
[225] Vgl. Suckut, Blockpolitik, (20. Sitzung vom 24. 9. 1946).

	SED	CDU	LDP	VdgB	Kulturbund
Mecklenburg	547 663	377 808	138 572	43 260	–
	49,5%	34,1%	12,5%	3,9%	
Thüringen	816 864	313 824	471 415	55 093	–
	49,3%	18,9%	28,5%	3 3%	
Sachsen	1 595 281	756 710	806 163	57 229	18 565
	49,1%	23,3%	24,7%	1,7%	0,6%
Brandenburg	634 786	442 206	298 311	83 271	
	43,9%	30,6%	20,6%	4,9%	
Sachsen-Anhalt	1 063 889	507 397	695 685	56 630	–
	45,8%	29,9%	21,8%	2,5%	
Insgesamt	4 658 483	2 397 975	2 410 146	295 483	18 565

Die Wahlen zu den Kreis- und Landtagswahlen am 20. Oktober 1946 gaben ein deutlicheres Bild der Kräfteverhältnisse.[226] Im Vergleich zu den Gemeindewahlen konnte die SED in Sachsen 7000 und in Thüringen 66 000 Stimmen gewinnen, die beiden bürgerlichen Parteien zusammen aber 253 000 bzw. 133 000. Die SED verlor sogar in Brandenburg 185 000, in Mecklenburg 125 000 und in Sachsen-Anhalt 165 000 Stimmen, während die CDU und LDP zusammen in diesen Ländern 890 000 Stimmen hinzugewannen. So hatte die SED ihr Ziel, die absolute Mehrheit, nicht erreicht. Doch demonstrierten die Wahlen, daß sie als stärkste Partei noch Rückhalt in der Bevölkerung besaß. Dabei zeigten Wahlergebnisse in einzelnen Orten, daß die SED bei Männern besser abgeschnitten hatte als bei Frauen. In Magdeburg z. B. hatte die SED bei den Gemeindewahlen 51,2 Prozent der Stimmen erhalten, von Männern 55,2 Prozent, von Frauen nur 45,3 Prozent (dagegen die LDP 25 Prozent Männer- und 30 Prozent Frauenstimmen, die CDU 14 Prozent Männer- und knapp 20 Prozent Frauenstimmen).[227] Ein echter Gradmesser der politischen Haltung der Bevölkerung und weit aufschlußreicher waren jedoch die Wahlen in Groß-Berlin, die

---

[226] Statistisches Jahrbuch der Deutschen Demokratischen Republik 1955. Berlin (Ost) 1956, S. 87; – Stefan Doernberg, Kurze Geschichte der DDR. 4. Aufl. Berlin (Ost) 1969, S. 101; Vgl. auch Günter Braun, Die Wahlen in der SBZ im Herbst 1946. In: Weber, Parteiensystem, S. 545 ff.
[227] AdsD (Ostbüro) 0301 II (Ausschnitte aus dem Tätigkeitsbericht für das Jahr 1946/47. SED Kreis Magdeburg, Kreisdelegiertenkonferenz am 16. und 17. August 1947 in Magdeburg).

ebenfalls am 20. Oktober 1946 stattfanden. Hier bewarben sich neben der SED nicht nur die CDU und LDP, sondern auch die SPD. Das Resultat dieser Wahlen bedeutete eine eindeutige Niederlage für die SED:

SPD	1 015 609	(48,7%)
CDU	462 425	(22,2%)
SED	412 582	(19,8%)
LDP	194 722	(9,3%)

Selbst im Bezirk Wedding, wo die KPD 1929 rund 45 Prozent und 1932 sogar fast 60 Prozent der Stimmen erreicht hatte, kam die SED nur auf 29 Prozent.[228]

Für die SED war das Ergebnis ein Schock. Sie hatte auch in Berlin mit einem Wahlsieg gerechnet, während die SMAD die Lage wohl etwas nüchterner beurteilt hatte.[229] Die SED wandte sich nun verstärkt den Ländern der sowjetischen Besatzungszone zu, um dort ihre Macht auszubauen.

Die Wahlen in den Ländern der SBZ hatten folgende Zusammensetzung der Landtage gebracht:[230]

	SED	CDU	LDP	VdgB	Kulturbund
Mecklenburg	45	31	11	3	–
Thüringen	50	19	28	3	–
Sachsen	59	28	30	2	1
Brandenburg	44	31	20	5	–
Sachsen-Anhalt	51	24	33	2	–

Anfang Dezember 1946 konstituierten sich die von den Landtagen bestimmten neuen Länderregierungen. 21 Minister der Landesregierungen gehörten der SED an, neun der LDP, acht der CDU, einer der VdgB.[231] Auch konnte die SED wieder die

---

[228] Berlin in Zahlen. 1945–1947. Hrsg. Hauptamt für Statistik und Wahlen des Magistrats von Groß-Berlin. Berlin 1949, S. 435 ff.
[229] Leonhard, Die Revolution entläßt ihre Kinder, S. 450 ff.; Gniffke, Jahre mit Ulbricht, S. 212 ff.
[230] Karl-Heinz Schöneburg und Gustav Seeber, Arbeiterklasse und Parlament. Parlamentarische Traditionen der revolutionären deutschen Arbeiterbewegung 1848–1949. Berlin (Ost) 1984, S. 161.
[231] Heitzer, DDR, S. 57. Differenzen gab es z. B. in Brandenburg, wo die SED

wichtigsten Positionen in den Landesregierungen besetzen: In vier Ländern stellte sie den Ministerpräsidenten und den Innenminister (letztere alles ehemalige Kommunisten), in allen Ländern gehörte der Kultusminister der SED an.

Durch die Wahlen erhielten die Landtage und damit die Landesregierungen eine Legitimation, die den von der SMAD eingesetzten Zentralverwaltungen fehlte. Da die SED in den Landtagen keine gesicherte Mehrheit besaß, versuchte sie nun mit Hilfe der SMAD die Rolle der zentralen Instanzen gegenüber den Ländern zu stärken. Vor dem Hintergrund der Spaltung Deutschlands mußte das zu Spannungen, vor allem aber zu neuen Konflikten im Parteiensystem der SBZ führen.

Die Spaltung Deutschlands

Die gegenseitigen Beziehungen der Besatzungsmächte in Deutschland waren schon früh von Mißtrauen geprägt. Ihre unterschiedlichen Ausgangspositionen ließen bald Differenzen zwischen ihnen entstehen. So konstatierten deutsche Politiker, etwa Külz, bei Gesprächen bereits im Sommer 1945, »starke Mißstimmung« zwischen den Alliierten.[232] Doch erst als Folge des Kalten Krieges wurden die Gegensätze zwischen den ehemaligen Verbündeten so groß, daß es zur direkten Trennung der westlichen und der östlichen Besatzungszone kam. Auch wenn bei den Siegermächten (im Westen wie im Osten) keine bewußte Spaltungsabsicht festzustellen war, führten ihre verschiedenen politischen Schritte, die jeweils Aktion und Reaktion aufeinander waren, zur gegensätzlichen Entwicklung und damit letztlich zur Spaltung Deutschlands.

Die optimale Zielsetzung der USA und ihrer Verbündeten einerseits und der UdSSR andererseits bestand sowohl in der Einbeziehung Deutschlands in den jeweiligen »Block« oder doch in ihre Interessensphäre als auch in der Anpassung der wirtschaftlichen und politischen Verhältnisse an die eigenen

---

mit weit weniger als der Hälfte der Stimmen und Sitze vier Ministerposten beanspruchte und die CDU nur zwei, die LDP ein Ministerium erhielten. Vgl. Suckut, Blockpolitik (23. Sitzung vom 17. 12. 1946).

[232] Notiz von Külz über ein Gespräch mit englischen und amerikanischen Besatzungsoffizieren. BA Koblenz, NL Külz 141, S. 87.

Ordnungsvorstellungen. Diese Pläne konnte keine der Besatzungsmächte verwirklichen,[233] so daß sie sich damit begnügen mußten, ihre politischen Normen in den jeweils von ihnen okkupierten Teil Deutschlands einzuführen. In den drei Westzonen konnten so im Laufe der Zeit der Kapitalismus restauriert und die politische Demokratie errichtet werden, eine Entwicklung, die schließlich die Bevölkerung in freien Wahlen legitimierte; der Ostzone hingegen wurde von der Sowjetunion die zentralgesteuerte Staatswirtschaft und das politische System der stalinistischen Diktatur aufgezwungen, ohne daß die Bevölkerung je die Möglichkeit erhielt, darüber frei zu entscheiden. Die grundlegenden Veränderungen des Herrschaftssystems und der Gesellschaftsstrukturen in der SBZ reflektierten also zugleich den vor allem ab 1947 parallel dazu verlaufenden Spaltungsprozeß Deutschlands.

Im Jahr 1946 unterschieden sich die Vorstellungen der USA und der Sowjetunion über die »deutsche Frage« zwar schon sehr deutlich, beschränkten sich aber vorwiegend auf verbale Kontroversen. Während beispielsweise der amerikanische Außenminister Byrnes eine Entwaffnung und Entmilitarisierung Deutschlands für 25 Jahre vorschlug, forderte der sowjetische Außenminister Molotow 40 Jahre: »Die Sowjetregierung bestätigt aufs neue, daß die Entwaffnung und dauernde Entmilitarisierung Deutschlands unbedingt notwendig ist. Die Sowjetregierung ist der Meinung, daß Deutschland nicht für fünfundzwanzig Jahre, wie in dem Entwurf vorgeschlagen, entwaffnet und entmilitarisiert werden muß, sondern wenigstens auf die Dauer von vierzig Jahren. Die Erfahrung hat gezeigt, daß die kurze Zeit, für die eine Beschränkung der Bewaffnung Deutschlands nach dem ersten Weltkrieg festgelegt wurde, sich als absolut ungenügend erwies, um Deutschlands Wiedererstarken als eine für die Völker Europas und die ganze Welt gefährliche Angriffsmacht zu verhindern.«[234]

---

[233] Das galt nicht für die Großmächte, sondern auch für Frankreich: »Die wichtigsten deutschlandpolitischen Ziele – die Zerstückelung Deutschlands, die Internationalisierung des Ruhrgebiets und die Abtrennung der linksrheinischen Gebiete – wurde nicht erreicht.« Gerhard Kiersch, Französische Deutschlandpolitik. In: Claus Scharf und H.-J. Schröder (Hrsg.) Politische und ökonomische Stabilisierung Westdeutschlands 1945–1949. Fünf Beiträge zur Deutschlandpolitik der westlichen Alliierten. Wiesbaden 1977, S. 67.
[234] W. M. Molotow, Über das Schicksal Deutschlands. O.O. u. J. (Hrsg. SED, Berlin 1946), S. 3.

Der Konflikt zwischen Ost und West entzündete sich zunächst weniger an der Deutschlandfrage, als vielmehr an Osteuropa, insbesondere Polen. Die Differenzen eskalierten auf den Pariser Friedenskonferenzen zwischen Juli und Oktober 1946 und griffen mehr und mehr auf deutsche Probleme über. In der Reparationsfrage blieb die Sowjetunion isoliert und verhärtete daraufhin ihre Haltung. Molotow betonte, bei den riesigen Verlusten der Sowjetunion (Zerstörung von 31850 Industriebetrieben, in denen vor dem Krieg 4 Millionen Arbeiter beschäftigt waren) komme den Reparationen eine »nicht geringe wirtschaftliche Bedeutung und auch gewaltige politische Bedeutung zu, denn sie bieten eine gewisse moralische Genugtuung für unser Volk«.[235]

Stalin hatte zwar noch im Oktober 1946 Byrnes' These über eine zunehmende Spannung zwischen der UdSSR und den USA abgelehnt,[236] aber bereits damals von den »Anstiftern eines neuen Krieges, vor allem Churchill und seine Gesinnungsgenossen in England und den USA« gesprochen. Churchill hatte ja in seiner berühmten Rede vom 5. März 1946 in Fulton nicht nur einen »Eisernen Vorhang« konstatiert, sondern auch erklärt, die Russen wollten in ihrem Besatzungsgebiet ein kommunistisches Deutschland errichten. Stalin hatte darauf erwidert, es sei nicht erstaunlich, daß die UdSSR nach ihren Erfahrungen die Zukunft sichern wolle und danach strebe, daß in ihren Nachbarländern »Regierungen bestehen, die zur Sowjetunion loyal eingestellt sind«.[237] Dies war eine Aussage, die natürlich auch für Deutschland Gewicht hatte.

Die Sowjetunion war nach dem Weltkrieg zur Großmacht geworden, nicht zuletzt weil sie die Hauptlast des Krieges getragen hatte und zu den Siegern über Deutschland gehörte. Ihre Außenpolitik war geprägt vom Sicherheitsinteresse, zugleich aber auch von der Absicht, neben den USA gleichberechtigt in der Weltpolitik mitzubestimmen. Die ökonomische Überlegenheit der USA und deren Atombombenmonopol steigerte in der

---

[235] Molotow, Rede vom 28. 8. 1946. In: W. M. Molotow, Fragen der Außenpolitik. Moskau 1949, S. 167 und 174. Zu den Schäden der UdSSR auch Deutsche Volkszeitung, Nr. 85 vom 19. 9. 1945; W. M. Molotow, Rede anläßlich der Feier des 28. Jahrestages der Großen Sozialistischen Oktoberrevolution. Berlin 1945, S. 10.
[236] Tägliche Rundschau, Nr. 253 (450) vom 29. 10. 1946.
[237] J. W. Stalin, Interview mit der ›Prawda‹. Tägliche Rundschau, Nr. 41 vom 14. 3. 1946; abgedruckt in: J. W. Stalin, Werke. Bd. 17. Hamburg 1973, S. 33.

UdSSR die Furcht, von den USA und England um die »Früchte des Sieges« über Deutschland gebracht zu werden.[238] Der »nachgerade traumatische Argwohn, der die sowjetische Politik im Umgang mit den westlichen Kontrahenten beherrschte«,[239] spielte dabei ebenso eine Rolle wie die schwerfällige bürokratische Haltung der sowjetischen Diplomatie, in der sich die innere Struktur des Landes widerspiegelte. Alle diese Faktoren veranlaßten die UdSSR wohl bereits 1946 dazu, ihre Strategie in der Deutschlandpolitik schrittweise zu ändern und sich stärker auf ihre eigene Besatzungszone zu orientieren. So wenig es möglich ist, ein Datum zu nennen, das den »Ausbruch« des Kalten Krieges fixiert,[240] so wenig kann dies konkret für die Spaltung Deutschlands genannt werden. Der Mißerfolg der Außenministerkonferenz der Großmächte im März/April 1947 in Moskau und die schweren Differenzen auf der Pariser Konferenz der Außenminister im Juni/Juli 1947 waren Marksteine dieser Entwicklung. Die Sowjetunion warf den Westmächten vor, die Entnazifizierung in ihren Zonen nicht genügend vorangetrieben zu haben (und sie konnte dabei z. B. auf die große Zahl von NS-Richtern in der westdeutschen Justiz verweisen[241]). Die Sowjetunion beharrte weiterhin auf umfangreichen Wiedergutmachungen, die Reparationsfrage wurde zum »Schlüsselproblem der sowjetischen Deutschlandpolitik«.[242] Die UdSSR bemühte sich, über den Kontrollrat Einfluß auf das Ruhrgebiet zu bekommen. Zunehmend fügte sie aber in ihre Argumentation den Vorwurf ein, die Westmächte beabsichtigten, Deutschland zu spalten, die UdSSR hingegen trete für die deutsche Einheit ein. Auf der Moskauer Konferenz im März 1947 beschuldigte Molotow die Amerikaner und Engländer, durch das Abkommen über die Bizone ihre Besatzungsgebiete »tatsächlich von dem übrigen Deutschland abgetrennt« und

---

[238] Im Mai 1946 sagte Molotow, in »gewissen ausländischen Kreisen« wolle man die UdSSR von ihrem »ehrenvollen Platz in den internationalen Angelegenheiten verdrängen«, aber diesen nehme sie mit vollem Recht ein, da sie »den Hauptstoß im Kampfe für die Rettung der Menschheit von der Tyrannei des Faschismus aushalten mußte«. Neues Deutschland, Nr. 30 vom 28. 5. 1946.

[239] Dietrich Geyer, Von der Kriegskoalition zum Kalten Krieg. In: Dietrich Geyer (Hrsg.), Osteuropa-Handbuch. Sowjetunion. Teil: Außenpolitik 1917–1955. Köln, Wien 1972, S. 362.

[240] Ebd., S. 369.

[241] Molotow, Fragen, S. 377.

[242] Renate Fritsch-Bournazel, Die Sowjetunion und die deutsche Teilung. Die sowjetische Deutschlandpolitik 1945–1979. Opladen 1979, S. 27.

»Deutschland in zwei Teile gespalten« zu haben.[243] In den grundsätzlichen Fragen konnten sich die vier Großmächte auf der Moskauer Konferenz nicht mehr einigen, doch immerhin gaben sie dem Kontrollrat am 24. April 1947 noch einstimmig »Empfehlungen« (u. a. Zerstörung des deutschen Kriegspotentials, beschleunigte Entnazifizierung, Durchführung einer Bodenreform in allen Besatzungszonen im Jahre 1947).[244] Betrachteten die Amerikaner bis »etwa zur Jahreswende 1946/47« die Kooperation mit der Sowjetunion als vorrangiges Ziel,[245] so war 1947 für beide Weltmächte das Jahr, in dem sich ihre Beziehungen radikal verschlechterten. Die US-Außenpolitik mit der »Truman-Doktrin« vom Frühjahr 1947 und dann mit dem Marshallplan lief auf eine Konfrontation mit der UdSSR hinaus, wobei die Doktrin der »Eindämmung« den ideologischen Hintergrund abgab.[246]

Über die Gründe, die zum Kalten Krieg und damit auch zur Spaltung Deutschlands führten, sind viele Überlegungen angestellt worden. Zunächst wurde der Sowjetunion und ihrem Expansionsstreben die Alleinschuld zugewiesen. Die »revisionistische« Schule der Geschichtsschreibung in den USA hat später die Hauptverantwortung am Ost-West-Konflikt den USA gegeben und dabei den Zusammenhang der ökonomischen Interessen des amerikanischen Imperialismus mit der Außenpolitik herausgearbeitet. Eine dritte Richtung hat neuerdings diese These als einseitig bemängelt, da sie die sowjetische Strategie nicht miteinbezog.[247] Offenbar hat ein ganzes Bündel von Faktoren zum Kalten Krieg geführt.

Deutsche Politiker konnten dabei nur eine untergeordnete Rolle spielen. Die Konferenz der Ministerpräsidenten der deutschen Länder im Juni 1947 in München war ein Versuch, der Entwicklung zur deutschen Spaltung entgegenzuwirken. Die Initiative ergriff der bayerische Ministerpräsident Ehard. Am

---

[243] W. M. Molotow, Zentralverwaltung und Wirtschaftseinheit Deutschlands. Rede auf der Außenministerkonferenz in Moskau am 18. März 1947. Berlin o. J., S. 6.
[244] Zwischen Krieg und Frieden. Eine Dokumentensammlung, 2. Teil, Berlin 1948, S. 154 f.
[245] Hillgruber, Europa, S. 14.
[246] Wilfried Loth, Die Teilung der Welt 1941–1955. München 1980, S. 120 f. Vgl. auch Ernst-Otto Czempiel und Carl-Christoph Schweitzer, Weltpolitik der USA nach 1945. Bonn 1984, S. 30 ff.
[247] Vgl. dazu Kleßmann, Die doppelte Staatsgründung, S. 177 f.; Geyer, Von der Kriegskoalition zum Kalten Krieg, S. 344 ff.

7. Mai 1947, wenige Wochen nach der ergebnislosen Moskauer Konferenz, lud er die Ministerpräsidenten aller deutschen Länder zu einer Konferenz nach München ein, die am 6. und 7. Juni stattfinden sollte. Der Generalsekretär des Länderrates, Rossmann, führte vom 16. bis 24. Mai in der sowjetischen Besatzungszone Besprechungen, um auch die Regierungschefs der dortigen fünf Länder für diese Zusammenkunft zu gewinnen. Er kehrte mit dem Eindruck zurück, daß diese teilnehmen würden. Schließlich war der Gedanke der Konferenz auch bei der Bevölkerung der SBZ auf fruchtbaren Boden gefallen, und die SED sah eine Möglichkeit, ihre Vorstellungen verbreiten zu können. Bei Gesprächen Rossmanns mit dem LDP-Ministerpräsidenten von Sachsen-Anhalt, Erhard Hübener, schlug dieser vor, innenpolitische Streitfragen zurückzustellen, aber die Flüchtlingsfragen zu erörtern und Vorsicht bei Reparationen walten zu lassen: »für die Russen das rote Tuch«.[248] Am 19. Mai traf Rossmann in Dresden den sächsischen Ministerpräsidenten Friedrichs (SED), der »mit höchster Wahrscheinlichkeit« die Teilnahme der Ministerpräsidenten der Ostzone signalisierte.[249] Es kam in Hof schließlich zu einer Unterredung zwischen den Ministerpräsidenten Ehard und Friedrichs. Das Angebot, Vorschläge für die Tagesordnung zu unterbreiten, wurde indes von den Regierungschefs der Ostzone nicht genutzt.[250] Hinter den Kulissen war es wegen der möglichen Teilnahme zu Auseinandersetzungen in der SED gekommen. Die SMAD soll es den Ministerpräsidenten freigestellt haben, zu reisen.[251] Oberst Tulpanow stimmte Friedensburg zu, der die brennenden wirtschaftlichen Sorgen voranstellen wollte und General Georgiew meinte, eine Verlegung der Tagung nach Berlin könne den gesamtdeutschen Charakter klarer deutlich machen.[252]

Hingegen berichtet Gniffke, daß die SMAD Ulbricht zu einer anderen Haltung inspirierte: »Aber auch im Zentralsekretariat gab es in dieser Zeit eine im großen und ganzen gesehen gute Zusammenarbeit mit Anton Ackermann, Elli Schmidt und Paul

---

[248] BA Koblenz, NL Rossmann 30, S. 125.
[249] Ebd., S. 120. Dieser Bericht Rossmanns liegt auch gedruckt vor, vgl. Manfred Overesch, Die Reise des Generalsekretärs des Länderrats Rossmann in die Ostzone vom 15. bis 20. Mai 1947. Vierteljahrshefte für Zeitgeschichte 23 (1975), S. 454 ff.
[250] Bericht Rossmanns an Oberstleutnant Winning vom 9. 6. 1947. Ebd., S. 51.
[251] BA Koblenz, NL Rossmann 30, S. 121. Overesch, Die Reise des Generalsekretärs, S. 465.
[252] Friedensburg, Es ging um Deutschlands Einheit, S. 164 f.

Merker, die bei Kampfabstimmungen – die verschiedentlich erforderlich wurden – mit dem sozialdemokratischen Flügel stimmten. Eine solche Abstimmung wurde u. a. in der Frage der Teilnahme an der ›Münchener Konferenz‹ notwendig. Ulbricht, von Karlshorst inspiriert, agierte für eine Nichtteilnahme. In mehreren Sitzungen wurde hart gekämpft, bis ich schließlich erklärte, daß ich demissionieren werde, wenn von uns diese gesamtdeutsche Konferenz sabotiert wird.«[253]

Auch Wolfgang Leonhard berichtet über diese Differenzen im Parteivorstand der SED: »Ich traf Gyptner, den ich noch aus den Zeiten der ›Gruppe Ulbricht‹ kannte. Er war jetzt Sekretär des Zentralsekretariats. Er strahlte: ›Das haben wir gut hingekriegt. Ein Glück, daß es so gekommen ist, aber es hat vorher manche Schwierigkeiten im Zentralsekretariat gegeben.‹ ›Schwierigkeiten?‹ ›Wir wollten doch zuerst überhaupt nicht hinfahren, aber die Sozialdemokraten und sogar einige der unsrigen drängten. Darauf wurde dann dieser Weg beschlossen: Wir haben den guten Willen gezeigt, gleichzeitig ist diese Konferenz aber nicht zustande gekommen.‹ Ich sagte nichts. Gyptner war nun erst richtig in Fahrt: ›Stell Dir mal vor, was passiert ist. Ulbricht weist in der Sitzung des Zentralsekretariats darauf hin, daß er mit den sowjetischen Freunden gesprochen habe, und sie uns diesen Rat gaben. Da steht doch einer von den Sozialdemokraten auf und erklärt mir nichts dir nichts, die Münchener Konferenz sei eine innerdeutsche Angelegenheit, und man brauche sich doch nicht unbedingt nach den sowjetischen Vorschlägen zu richten!‹«[254]

Diese Hintergründe waren im Westen unbekannt, allerdings gab es Vermutungen über Schwierigkeiten. Am 4. Juni verbreiteten die Nachrichtenagenturen noch die Meldung, die Ministerpräsidenten der SBZ würden der Konferenz fernbleiben, sie trafen aber dann doch überraschend am 5. Juni 1947 in München ein.[255]

Immerhin zeigten die Vorfälle, daß die SED noch keine orthodox-kommunistische Partei war. Frühere Sozialdemokraten und eine Reihe von Kommunisten im Parteivorstand konnten

---

[253] Gniffke, Bericht über die politische Tätigkeit, S. 9.
[254] Leonhard, Die Revolution entläßt ihre Kinder, S. 460f.
[255] BA Koblenz, NL Rossmann 30, S. 50. Nach Rossmanns Bericht an Winning sagte Ministerpräsident Hübener, am 4. Juni sei die Nachricht des Absagens »der Wahrheit sehr nahe gekommen. Demnach wäre die Entscheidung zugunsten der Teilnahme erst in letzter Minute getroffen worden«.

durchsetzen, daß die fünf Ministerpräsidenten der Ostzone (Paul, Thüringen; Hübener, Sachsen-Anhalt; Steinhoff, Brandenburg; Friedrichs, Sachsen und Höcker, Mecklenburg) fahren konnten. Wegen seiner Krankheit mußte sich der sächsische Regierungschef, der ehemalige Sozialdemokrat Rudolf Friedrichs, von seinem Innenminister, dem früheren KPD-Funktionär Kurt Fischer, vertreten lassen. Allerdings kamen die Vertreter der SBZ (zwei von ihnen ehemalige Sozialdemokraten, Hübener LDP-Mitglied, Paul war ehemals parteilos und flüchtete wenig später in den Westen) mit dem Auftrag, vor allem über die künftige politische Entwicklung Deutschlands zu konferieren.

In Vorgesprächen hatten sich aber die westlichen Ministerpräsidenten (den Regierungschefs der französischen Zone war von ihrer Besatzung verwehrt, die zukünftige Ordnung Deutschlands zu erörtern) darauf verständigt, nur über Ernährungs-, Wirtschafts- und Flüchtlingsnot zu verhandeln. So scheiterte die Konferenz schon an Verfahrensfragen; es gelang nicht einmal, sich auf eine Tagesordnung zu einigen. Die Forderung der Vertreter der Sowjetzone, als ersten Punkt die »Bildung einer deutschen Zentralverwaltung« zu behandeln, wurde abgelehnt. Alle Kompromißversuche mißlangen, die Ministerpräsidenten der Ostzone reisten ab und es kam lediglich zu einer westdeutschen Rumpfkonferenz.[256]

Es ist mehr als fraglich, ob ein »Gelingen« der Münchener Tagung oder eine gemeinsame Erklärung aller deutschen Ministerpräsidenten 1947 die Spaltung hätte verhindern können. Diese war ja in erster Linie eine Folge des Gegensatzes beider Weltmächte und des Kalten Krieges. Der Mißerfolg des Treffens erscheint für die deutsche Politik des Jahres 1947 dennoch symptomatisch und beleuchtet die damalige Situation, auch wenn der Vorwurf, die westdeutschen Politiker hätten die »letzte bedeutende Chance« zur Verhinderung der Spaltung vertan,[257] sicher unzutreffend ist. Aber sie ließen die Möglich-

---

[256] Zur Münchener Konferenz vgl. Wilhelm Grünewald, Die Münchener Ministerpräsidentenkonferenz 1947. Anlaß und Scheitern eines gesamtdeutschen Unternehmens. Meisenheim am Glan 1971. Vgl. auch Elmar Krautkrämer, Der innerdeutsche Konflikt um die Ministerpräsidentenkonferenz in München 1947. Vierteljahrshefte für Zeitgeschichte 20 (1972), S. 154 ff. und 419; Rolf Steininger, Zur Geschichte der Münchener Ministerpräsidenten-Konferenz 1947. Vierteljahrshefte für Zeitgeschichte 23 (1975), S. 375 ff., dort auch das Protokoll der Vorbesprechung vom 5. Juni 1947.

[257] So Grünewald, ebd. S. 497.

keit eines gesamtdeutschen Gesprächs ungenutzt. Die westdeutschen Länderchefs hatten »weder den Mut noch den Willen zum Gespräch mit ihren ostdeutschen Kollegen; es kam zu keiner Demonstration nationaler Einheit«.[258]

In der SBZ hatten inzwischen die deutschen Kommunisten so großen Einfluß, daß ihr Machterhalt für sie wichtiger war als die – immer wieder proklamierte – gesamtdeutsche Entwicklung. So lag die neue sowjetische Politik der Abgrenzung auch ganz in ihrem Interesse. Schon vom 30. Januar bis 7. Februar 1947 befand sich eine SED-Delegation mit Wilhelm Pieck, Otto Grotewohl, Walter Ulbricht, Max Fechner und Fred Oelßner in Moskau. Sie wurde am 31. Januar auch von Stalin empfangen, der sie »ausführlich über die Deutschlandpolitik« informierte.[259] Nun konnte die SED auf die neue sowjetische Linie einschwenken. Da zudem Ulbricht und seine Anhänger dabei waren, die SED in eine stalinistische »Partei neuen Typus« umzuwandeln, besaßen jene Kommunisten (und erst recht die früheren Sozialdemokraten), die Hoffnungen auf die Münchener Tagung gesetzt hatten, ohnehin kaum noch Chancen gegenüber den harten Machtpolitikern. Die Vertreter der »bürgerlichen« Parteien in der SBZ waren in ihrem Handlungsspielraum bereits so weit eingeengt, daß sie sich den SED-Vorstellungen beugen mußten. Auf einer Sitzung des zentralen »Block«-Ausschusses im Mai 1947 begrüßte der LDP-Vorsitzende Külz zwar die Einladung des bayerischen Ministerpräsidenten, sagte aber, solange keine deutsche Regierung existiere, seien »die deutschen Parteien« die »einzigen Träger der politischen Willensbildung«. Pieck bejahte diese Auffassung sofort, während Lemmer und Kaiser für die CDU die Initiative aus Bayern »unbedingt unterstützen« wollten. Schiffer (LDP) betonte, »bei der Münchener Konferenz handle es sich um eine reine Sachverständigenkonferenz«. Man einigte sich auf ein Kommuniqué, in dem die Konferenz als Beitrag zur Milderung der deutschen Not bezeichnet, aber auch erklärt wurde: »Es bestand Übereinstimmung, daß mehr als die Ländervertretungen mit ihren lediglich regionalen Aufgaben die großen Parteien dazu berufen sind, gesamtdeut-

---

[258] Steininger, Deutsche Geschichte, Bd. 1, S. 231. Vgl. dazu auch die Besprechung von Gerd Bucerius in Die Zeit, Nr. 17 vom 20. 4. 1984.
[259] Heinz Voßke und Gerhard Nitzsche, Wilhelm Pieck. Biographischer Abriß. Berlin (Ost) 1975, S. 305; Voßke, Ulbricht, S. 242.

sche Fragen, insbesondere die der staats- und verfassungsrechtlichen Struktur, zu behandeln.«[260]

Auch die Mehrheit der westdeutschen Politiker hat – abgesehen von ständigen verbalen Bekundungen zur Einheit Deutschlands – in der Praxis wenig Neigung gezeigt, ernsthaft die Aussichten für eine gemeinsame Politik auszuloten. Schon deswegen war ein Kompromiß in München nicht möglich. Das lag weniger an der Verhandlungsführung Hans Ehards,[261] sondern vor allem an der Position von Kurt Schumacher und der SPD. Schumacher, der den deutschen Kommunisten vorwarf, sie wollten Westdeutschland für Rußland erobern, und der den ostdeutschen Ministerpräsidenten jede Legitimation bestritt, stand der Münchener Zusammenkunft skeptisch gegenüber.[262] Deshalb traf er sich vorher mit den sozialdemokratischen Regierungschefs und legte sie auf seine starre Haltung fest (nur der Bremer Bürgermeister Kaisen zeigte sich flexibel).[263] Schumachers Haß auf die Kommunisten, die – auch für Außenstehende 1947 immer deutlicher erkennbar – die Sozialdemokratie der SBZ als »Blutspender« aufgesogen hatten, war verständlich, er konnte sich in seinen Prognosen bestätigt fühlen. Dennoch ist rückblickend festzustellen, daß seine Torpedierung der Münchener Konferenz ein Fehler war. Eine Wiederzulassung der SPD in der SBZ war überhaupt nur auf dem Verhandlungsweg denkbar, und ein Erfolg oder auch nur ein Teilerfolg hätte gerade die nichtstalinistischen Politiker in der SED, zu denen ja auch fast alle der nach München angereisten Ministerpräsidenten zählten, gestützt.

Die »bürgerlichen« westdeutschen Politiker hatten sich zwar zurückhaltender gezeigt, aber die meisten von ihnen hatten die Ostzone wohl schon abgeschrieben. Für sie war, wie Ferdinand Friedensburg schrieb, das »mystische Grauen« vor dem »Bolschewismus« bereits »mächtig genug«, um »unverkennbar das

[260] Vgl. Suckut, Blockpolitik (27. Sitzung vom 16. 5. 1947). Neues Deutschland, Nr. 113 vom 17. 5. 1947. Vgl. auch BA Koblenz, NL Rossmann 30. Friedensburg, Es ging um Deutschlands Einheit S. 170, berichtet über die pessimistische Haltung Hübeners bei einem Gespräch unter vier Augen.
[261] Dies überschätzt Grünewald, Ministerpräsidentenkonferenz, S. 496, vgl. auch Friedensburg, ebd., S. 171 ff.
[262] Karl Dietrich Erdmann, Das Ende des Reiches und die Entstehung der Republik Österreich, der Bundesrepublik Deutschland und der Deutschen Demokratischen Republik (Gebhardt, Handbuch der deutschen Geschichte, Bd. 22). München 1980, S. 269 ff. Vgl. auch die ausführliche Darstellung bei Steininger, Zur Geschichte der Münchener . . ., S. 393 ff.
[263] Friedensburg, Es ging um Deutschlands Einheit, S. 163.

Gefühl der Erleichterung entstehen zu lassen, als die Vertreter der Ostzone abgereist waren«.[264] Friedensburg selbst hatte sich bemüht, die Konferenz noch zu retten. Die dramatische Schilderung seiner intensiven Verhandlungen mit Paul, Hübener und Steinhoff sowie mit Ehard[265] und ein von ihm fast erreichter Kompromiß zeigen indes, daß die Mehrzahl der westdeutschen Politiker die Zustände in der SBZ erst in zweiter Linie interessierten. Bei der katastrophalen Lage, der Ernährungsnot und den Flüchtlingsproblemen war dies verständlich. Kaisen bestätigte später, daß selbstverständlich beabsichtigt war, die »Einheit und den Friedensvertrag zu fördern«, aber »etwas anderes war für uns naheliegender, nämlich ein Alarmruf über die Nöte der Zeit zu sein«.[266] Unter dem Druck der Verhältnisse hatten die Regierungschefs schon im Länderrat vor allem die »Einheit der westlichen Zonen« im Auge gehabt.[267] Und noch 1948 hatte US-General Clay die deutschen Politiker darauf verwiesen, daß »die Verantwortung für eine politische Teilung Deutschlands« von den USA und Großbritannien »nicht übernommen werden könne«, aber wenn man es »deutscherseits wünsche«, eine politische Konstruktion zu finden sei.[268] Aus praktischen Gründen und zur Erhaltung der gerade beginnenden freiheitlichen Ordnung schien vielen Politikern nur der Ausweg der Trennung zu bleiben. Andere Vorschläge, etwa der »Robertson-Plan« von 1948,[269] blieben so ebenfalls chancenlos. Bei manchem westdeutschen Politiker hatte das »Abschreiben« der SBZ und die Bolschewistenfurcht wohl auch andere Ursachen; es war nicht zuletzt die Angst vor sozialen Veränderungen und der Wunsch, durch Anschluß an den Westen auf der Seite der Sieger zu stehen.

Dies war auch die Absicht der deutschen Kommunisten, die sich allein an der Sowjetunion orientierten. Jene Kräfte, die zum Westen tendierten, aber den Machtfaktor Sowjetunion in ihr Kalkül einer gesamtdeutschen Politik einschlossen – etwa

---

[264] Ebd., S. 164.
[265] Ebd., S. 169ff. Vgl. auch Steininger, Zur Geschichte der Münchener ..., S. 442ff.
[266] Zit. bei Steininger, Deutsche Geschichte, S. 241.
[267] Vgl. die Protokolle über die Sitzungen des Länderrats, z.B. am 15. April 1947 die Frage von Ministerpräsident Stock nach den Aussichten der »Einheit der westlichen Zonen« und die vorsichtigen Antworten Clays. BA Koblenz, NL Rossmann 25, S. 150ff.
[268] Ebd., S. 53 (Sitzung vom 3. Februar 1948).
[269] Vgl. dazu: Rolf Steininger, Ein Versuch, die Teilung Deutschlands zu verhindern. Der Robertson-Plan von 1948. Deutschlandfunk, 19. Juli 1983 (Ms.).

Kaiser oder Friedensburg –, hatten bei der damaligen realen Kräftekonstellation keine Aussicht auf Erfolg. Friedensburg bemühte sich vor der Außenministerkonferenz in London (25. November bis 15. Dezember) nochmals, eine gesamtdeutsche Initiative in die Wege zu leiten. Am 7. November 1947 trafen sich Politiker aus Ost und West in Berlin, darunter Paul Löbe, Otto Lenz, Karl Steinhoff, Erhard Hübener, aber auch Alfred Weber, Johannes R. Becher und Propst Grüber; sie forderten die politische Einheit Deutschlands.[270] Auch dieser Versuch blieb ohne Wirkung, nicht zuletzt weil sich die SPD schroff distanziert hatte.

Die Wiedervereinigung blieb – recht nebelhaft – ein Ziel deutscher Politik; aber da klare Strategien zur Verwirklichung fehlten, war es den durch den Kalten Krieg verursachten Bedingungen unterworfen. Aktionen für die Wiedervereinigung wurden nun im Osten wie im Westen rasch für die jeweilige Politik instrumentalisiert.

Dabei ging die SED voran. Sofort nach dem Scheitern des Münchener Treffens traten Pieck, Ulbricht und Ebert in Bayern in öffentlichen Versammlungen auf, um ihre Propaganda zu verbreiten. Das ließ, wie Rossmann damals meinte, »darauf schließen«, daß »der Vorstoß gegen die Konferenz sorgfältig und planmäßig vorbereitet war«.[271] Wie das Mißlingen der Konferenz auf allen Ebenen agitatorisch ausgenutzt wurde, zeigt ein Blick in das Protokoll der Sekretariats-Sitzung des Zentralrats der FDJ vom Juli 1947: »Vor Eintritt in die Tagesordnung gibt Edith Baumann einen kurzen politischen Überblick über die Münchener Konferenz. Wir als Jugend waren stärkstens interessiert und sind über den negativen Ausgang sehr enttäuscht. Hauptfehler der Konferenz sei der enge Rahmen gewesen, lediglich Teilnahme der Ministerpräsidenten. Weitere Minus-Punkte: die ungenügende Stabilität der vertretenden Regierungen sowie die teilweise offen ausgesprochene Abhängigkeit von den Entschlüssen der Besatzungmacht. Edith schlägt eine starke Kampagne in der Presse für die Einheit vor und fordert, daß die gesamte Organisation sich hinter die Beschlüsse und die Handlung der Minister der Ostzone stellt. Nach eingehender Diskussion und Widerlegung der vor allem

---

[270] Friedensburg, Es ging um Deutschlands Einheit, S. 184 ff. Auf S. 188 ein Faksimile des Aufrufs mit den Unterschriften.
[271] BA Koblenz, NL Rossmann 30, S. 51.

von Herbert Geisler gebrachten Einwände wird der Bericht von Edith Baumann gebilligt.«[272]

Im Herbst ergriff die SED selbst die Initiative; ihre Vorsitzenden Pieck und Grotewohl luden am 29. November 1947 zu einem »Volkskongreß für Einheit und gerechten Frieden« am 6. Dezember ein, um Einfluß auf die bevorstehende Londoner Außenministerkonferenz zu nehmen.[273] Doch gerade die Gründung und Entwicklung der Volkskongreßbewegung bewies, daß es der SED um die innere Stabilisierung der SBZ und den Ausbau der SED-Herrschaft ging und keineswegs um die deutsche Einheit. Die westlichen Außenminister lehnten den Vorschlag Molotows ab, eine Delegation des Volkskongresses in London zu empfangen. Die Londoner Konferenz selbst endete – so die in diesem Fall voll zutreffende sowjetische Beurteilung – mit »einem Fiasko«.[274]

Nach dem Scheitern der Außenministerkonferenzen beschleunigte die Gründung des Zweizonenwirtschaftsrats und später des Parlamentarischen Rats im Westen und der Deutschen Wirtschaftskommission im Osten die separate Entwicklung. Dabei konnte die SED ihre Macht ausbauen, und innerhalb der Partei konnte Ulbricht die Zügel fest in die Hand bekommen. Die mißlungene Konferenz der Ministerpräsidenten der deutschen Länder im Juni 1947 in München war damit symptomatisch für die Entwicklung der deutschen Teilung.

Die Schaffung zentraler Institutionen im Osten wie im Westen Deutschlands war ein weiterer Ausdruck des Spaltungsprozesses. Nach häufigen Kompetenzstreitigkeiten zwischen den durch Wahlen legitimierten Länderregierungen und den von der SMAD eingesetzten Zentralverwaltungen sollte eine durch Befehl Nr. 138 der SMAD am 14. Juni 1947 eingesetzte Deutsche Wirtschaftskommission (DWK) die Tätigkeit der Zentralverwaltungen koordinieren und die gesamtstaatliche

---

[272] 3. Sekretariats-Sitzung am 12. und 13. Juni 1947. Zentralrat der FDJ. S. 1. Landesarchiv Berlin (West), Zeitgesch. Sammlung 8705. Herbert Geisler war der Vertreter der LDPD im Zentralrat. Vgl. Heinz Lippmann, Honecker. Porträt eines Nachfolgers. Köln 1971, S. 94 f.

[273] Der von Pieck und Grotewohl unterschriebene Brief an Friedensburg lud für den 6. Dezember 1947, 16.00 Uhr ein, der Brief trug den Briefkopf »Büro des Deutschen Volkskongresses für Einheit und gerechten Frieden«. Friedensburg lehnte am 3. Dezember die Teilnahme aus persönlichen Gründen ab, übermittelte dem Kongreß Glückwünsche, verwahrte sich aber auch gegenüber SED-Vorwürfen gegen Jakob Kaiser. BA Koblenz, NL Friedensburg 27, S. 422, 428.

[274] Die Londoner Tagung des Außenministerrates. Berlin o. J. (1948), S. 126.

Wirtschaftsplanung ausbauen. Damit war eine zentrale deutsche Behörde in der SBZ geschaffen. Im Februar 1948 wurde die DWK mit gesetzgeberischen Vollmachten ausgestattet, später eine Kontrollkommission zur Aufdeckung von »Sabotage« angeschlossen.[275] Die Verselbständigung der SBZ war damit weiter vorangetrieben worden.

Leiter der DWK wurde Heinrich Rau (1899–1961), der seit ihrer Gründung der KPD angehörte und von 1920 bis 1933 hauptamtlicher Mitarbeiter der ZK-Landabteilung war. Von 1928 bis 1933 war er MdL in Preußen. Er emigrierte 1933 und war im Spanischen Bürgerkrieg Kriegskommissar der Internationalen Brigaden, anschließend war er bis 1945 im KZ inhaftiert. 1949 wurde er Mitglied des PV bzw. ZK der SED und 1950 des Politbüro, er leitete später verschiedene Ministerien der DDR-Regierung.

In einem Interview mit einer sowjetischen Zeitung berichtete Rau über die Struktur und die Aufgaben der DWK: »An der Spitze der Wirtschaftskommission steht ein ständiges Sekretariat als ausführendes Organ. Das Sekretariat ist folgendermaßen zusammengesetzt: Vorsitzender der Wirtschaftskommission – Heinrich Rau; seine Stellvertreter – Bruno Leuschner, Fritz Selbmann, Hermann Kastner, Luitpold Steidle; Mitglieder des Sekretariats – Georg Handke und Erwin Lampka. Zum Sekretariat gehören außerdem der Vorsitzende des FDGB der sowjetischen Besatzungszone, Hans Jendretzky, und der Vorsitzende der Vereinigung der gegenseitigen Bauernhilfe, Kurt Vieweg. Jedes Mitglied des Sekretariats ist für ein bestimmtes Arbeitsgebiet der Wirtschaftskommission verantwortlich ... Die Deutsche Wirtschaftskommission verkörpert die Leitung des gesamten wirtschaftlichen Lebens in der sowjetischen Besatzungszone und ist mit den Länderregierungen eng verbunden.«[276]

Die heutige Geschichtsschreibung der DDR sieht die Schaffung der DWK und ihren Ausbau als den »wesentlichen Schritt«, um den »demokratischen Zentralismus« in der Wirtschaftsführung durchzusetzen.[277] Darüber hinaus fungierte die

---

[275] Geschichte des Staates und des Rechts der DDR. Dokumente 1945–1949. Berlin (Ost) 1984, S. 149. Staats- und Rechtsgeschichte der DDR. Grundriß. Berlin (Ost) 1983, S. 71. AdsD (Ostbüro).
[276] Heinrich Rau, Für die Arbeiter-und-Bauernmacht. Ausgewählte Reden und Aufsätze. Berlin (Ost) 1984, S. 200 (Interview mit der Zeitung Das sowjetische Wort vom 9. 9. 1948).
[277] Zur Wirtschaftspolitik der SED. Hrsg. v. Institut für Gesellschaftswissenschaften beim ZK der SED. Band 1: 1945–1949. Berlin (Ost) 1984, S. 194.

DWK aber auch als wichtiges Instrument für die Machtausweitung der SED, und sie war ein weiterer Schritt auf dem Weg zur Spaltung Deutschlands.

Dennoch verbreitete die SED in ihrer Agitation und Propaganda nach wie vor die Parolen von der »Einheit Deutschlands«. Im September 1947 tagte der II. Parteitag der SED, auf dem 1111 Delegierte (darunter 271 westdeutsche) den »Kampf um die Einheit Deutschlands« zur Hauptaufgabe der Partei erklärten. Die SED bezeichnete sich selbst als die führende politische Kraft in Deutschland. Sie forderte einen »Volksentscheid für die Gestaltung Deutschlands zu einem demokratischen Einheitsstaat mit dezentralisierter Verwaltung«. In der Entschließung des Parteitages hieß es auch: »Die Sozialistische Einheitspartei Deutschlands bekennt sich zum Marxismus als der wissenschaftlichen Grundlage der Arbeiterbewegung und dem sicheren Kompaß auf dem Wege zur demokratischen Neugestaltung und zur Einheit Deutschlands, auf dem Wege zum Sozialismus.«[278]

Nun übernahm die SED aber auch die sowjetische These von den »zwei Lagern« in der Welt, die der Sowjetführer A. Schdanow auf der Gründungskonferenz des Informationsbüros der kommunistischen und Arbeiterparteien im September 1947 ausgegeben hatte, eines »imperialistischen und antidemokratischen Lagers einerseits und des demokratischen Lagers andererseits«.[279] Die SED schwenkte ganz um auf die antiamerikanische Linie. Das änderte die bisherige Politik, denn noch im Mai 1947 hatte Johannes R. Becher auf der 1. Bundeskonferenz des Kulturbundes gesagt: »Ein Revolutionär ist heute derjenige, der nicht versucht, eine Besatzungsmacht gegen die andere auszuspielen, sondern, wie wir schon ausgeführt haben, nur in der Einheit der großen Nationen die Möglichkeit sieht, daß Deutschland wieder genesen kann. Ein Revolutionär ist keinesfalls derjenige, der sich die Lösung des deutschen Problems dadurch vereinfacht, daß er die Staats- und Lebensformen anderer Völker, seien es die des russischen, amerikanischen, englischen oder französischen Volkes, den deutschen, geschichtlich

---

[278] Protokoll der Verhandlungen des II. Parteitages der SED, 20.–24. 9. 1947. Berlin 1947, S. 545.
[279] A. Shdanow: Über die internationale Lage. Berlin o. J. (1947), S. 12. Vgl. auch die gleiche Rede in: Für Frieden und Volksdemokratie. Bericht über die Tätigkeit einiger kommunistischer Parteien, gehalten auf der Konferenz in Polen Ende September 1947. Berlin o. J. (1947), S. 15.

ganz anders gelagerten Verhältnissen aufzuzwingen versucht und auf diese Weise irgendeine für deutsche Verhältnisse ganz und gar unbrauchbare Art von Demokratie kopiert.«[280]

Und schließlich war es Ulbricht gewesen, der bereits 1945 auf der 1. Funktionärskonferenz der KPD über »unser Verhältnis zu den Besatzungsmächten« erklärt hatte, daß die KPD die Sicherung des Friedens wolle. »Deshalb sind wir als Deutsche unmittelbar an der Erhaltung und Festigung der Zusammenarbeit der Alliierten interessiert.« Aufgabe sei es daher, »in unserem Volke den Willen und die Hoffnung auf eine feste Zusammenarbeit der Alliierten im Frieden zu stärken«.[281]

Nun aber reihte sich die SED in den Kampf gegen die Westmächte und ihre Besatzung ein, stellte in ihrer Propaganda das »Friedenslager« unter Führung der Sowjetunion dem Lager der »Kriegstreiber« mit den USA und deren angeblicher »Kolonie« Westdeutschland gegenüber. Mit ihrer Frontstellung gegen die drei westlichen Besatzungsmächte hatte die SED klargemacht, daß sie eine deutsche Einheit in absehbarer Zeit nicht erwartete, sonst hätte sie anders taktieren müssen. Doch die Direktiven für die neue Strategie kamen von der UdSSR. Sie brachten im Innern eine rasche »volksdemokratische« Änderung.

Nachdem die Außenministerkonferenzen in der Sackgasse geendet hatten, brach auch die Alliierte Verwaltung für Deutschland auseinander. Am 20. März 1948 verließen die sowjetischen Vertreter den Kontrollrat und machten damit das gemeinsame oberste Machtorgan für Deutschland handlungsunfähig. Die separat durchgeführten Währungsreformen im Juni 1948 zerrissen Deutschland auch als Wirtschaftsgebiet und führten zur Spaltung Berlins.

Die sowjetischen Vertreter hatten am 16. Juni 1948 auch die Alliierte Kommandantur in Berlin verlassen. Nach der westlichen Währungsreform ordnete der sowjetische Oberbefehlshaber Sokolowskij sofort eine Währungsreform für die SBZ an und erklärte die Ostmark zum alleinigen gesetzlichen Zahlungsmittel für ganz Berlin. Die westlichen Stadtkommandan-

---

[280] Johannes R. Becher, Wir, Volk der Deutschen. Rede auf der 1. Bundeskonferenz des Kulturbundes zur demokratischen Erneuerung Deutschlands (21. Mai 1947). Berlin 1947, S. 80.
[281] Abgedruckt in: Einheitsfront der antifaschistisch-demokratischen Parteien. Dresden o. J. (1945), S. 22 f. Auch Grotewohl hatte auf dem Vereinigungsparteitag der SED eine »loyale und entschlossene Bereitschaft zur Zusammenarbeit mit allen vier Besatzungsmächten« verlangt. Vgl. Protokoll, S. 115.

ten setzten diesen Befehl für ihre Sektoren außer Kraft und übernahmen die Westmark. Der Magistrat beschloß gegen den Protest der SED-Fraktion, in Berlin seien beide Währungen nebeneinander gültig (bis März 1949). Nun versuchten die Sowjets durch eine Blockade West-Berlins, ganz Berlin in ihre Hand zu bekommen. Die Blockade begann in der Nacht vom 23. zum 24. Juni 1948. Doch bereits ab 26. Juni erfolgte die Versorgung West-Berlins durch eine Luftbrücke. So erreichte die Blockade nicht das Ziel, ganz Berlin dem sowjetischen Einflußbereich einzuverleiben. Doch es kam zur Spaltung der früheren Reichshauptstadt. Nach kommunistischen Demonstrationen hatte die Stadtverordnetenversammlung im September 1948 ihren Sitz nach West-Berlin verlegt. Am 30. November erklärte eine Massenversammlung der SED den Magistrat für »abgesetzt«, ein neuer Magistrat unter Friedrich Ebert wurde von der SMAD anerkannt. Er konnte nur für Ost-Berlin fungieren, da ihn die Westmächte ablehnten. Am 1. Dezember 1948 schließlich sah sich der 1946 frei gewählte Magistrat gezwungen, seinen Dienstsitz nach West-Berlin zu verlegen. Die Wahlen vom 5. Dezember 1948 konnten nur in West-Berlin durchgeführt werden, die SMAD verbot sie für ihren Sektor. Auch Berlin war nun gespalten.

Der Übergang zur »Volksdemokratie«

Das Jahr 1948 brachte in der sowjetischen Besatzungszone Deutschlands erhebliche Veränderungen, und zwar sowohl des politischen Systems als auch der Wirtschafts- und Gesellschaftsordnung. Um den Widerstand von CDU und LDP gegen weitere Eingriffe ins Parteiensystem zu unterlaufen, brachte die SED 1947/48 neben dem Antifa-Block ein neues Instrument ins Spiel: die Volkskongreßbewegung.

Wie erwähnt sollte damit nicht nur die sowjetische Haltung auf der Londoner Außenministerkonferenz unterstützt, sondern vor allem auf das Parteiensystem eingewirkt werden. So hieß es denn auch im Aufruf des Parteivorstandes der SED zur Volkskongreßbewegung: »Leider sind alle Bemühungen zur Bildung einer gesamtdeutschen Beratung der Parteien über die Vertretung der Interessen des deutschen Volkes auf der Außenministerkonferenz an dem Widerstand führender Männer der Sozialdemokratischen Partei Deutschlands und bürgerlicher

Parteien in den westlichen Besatzungszonen gescheitert. Schließlich hat auch noch der Führer der Christlich-Demokratischen Union in der sowjetischen Besatzungszone seine Zustimmung verweigert. In einem der entscheidendsten Augenblicke versagen die Führer dieser Parteien und lassen das deutsche Volk im Stich ... Es geht nicht um Parteien, sondern um unser Volk!«[282] Der Hauptangriff richtete sich also gegen die Berliner CDU-Führung, die eine Beteiligung am Volkskongreß abgelehnt hatte.

Immerhin war es der SED gelungen, die LDP-Spitze (Külz, Schiffer, Lieutenant, Moog u. a.) sowie von der CDU Nuschke, Lobedanz, Bachem, Steidle u. a. für den Kongreß zu mobilisieren. Die Losung des am 6. Dezember 1947 zusammengetretenen 1. Volkskongresses[283] »Was 1848 unvollendet blieb, müssen wir jetzt vollenden« knüpfte an die KPD-Linie von 1945 an und man versuchte wieder, »bürgerliche« Kreise zu gewinnen. Einigkeit herrschte darüber, was Külz so ausdrückte: »Das nächste, was wir hoffen, ist, daß man eine vorläufige deutsche Regierung schafft.«[284] Von den 2215 Delegierten (davon 315 Frauen) kamen aus der SBZ und Berlin 1551, darunter 599 von der SED, 249 von der LDP und 215 von der CDU.[285] Selbst wenn diese Zahlen nicht korrekt sein sollten, zeigen sie doch, daß der Einbruch in die Reihen der CDU gelungen war. Der Kongreß bildete einen Ständigen Ausschuß mit Pieck, Külz und Nuschke an der Spitze. Nuschke rückte damit zum Favoriten der SMAD für den CDU-Vorsitz auf. Zwischen der CDU unter Führung von Kaiser und Lemmer einerseits und der SED und der SMAD andererseits war es 1947 ständig zu Spannungen gekommen. Kaiser wies seit Mitte 1947 den Hegemonieanspruch der SED immer deutlicher zurück und stellte sogar die Blockpolitik in Frage.

Der 2. Parteitag der CDU im September 1947 erhob die Forderung, die Union solle die Funktion eines »Wellenbrechers des dogmatischen Marxismus« übernehmen.[286] Die Politik Jakob Kaisers fand in der Union volle Unterstützung; er wurde

---

[282] Dokumente der Sozialistischen Einheitspartei Deutschlands. Bd. I. Berlin (Ost) 1948, S. 247.
[283] Protokoll des 1. Deutschen Volkskongresses für Einheit und gerechten Frieden am 6. und 7. 12. 1947 in der deutschen Staatsoper Berlin. Berlin 1948, (mit diesem Motto).
[284] Ebd., S. 35.
[285] So die Aufstellung, ebd., S. 96.
[286] Suckut, Zum Wandel, S. 123.

auf dem Parteitag in geheimer Wahl bei nur einer Gegenstimme und einer Enthaltung als Vorsitzender wiedergewählt. Im Dezember 1947 konnte die Union in der SBZ ihren höchsten Mitgliederstand mit 218000 erreichen.[287] Doch die Schwierigkeiten der CDU in der SBZ waren stets groß, weil die SMA vielfachen Druck auf sie ausübte. Die CDU-Presse konnte z. B. »reine Parteisachen« 1947 zwar unbeanstandet bringen, bei allen anderen Meldungen aber, die nicht von der amtlichen ADN-Agentur oder dem sowjetischen SNB stammten, gerieten die Redaktionen schnell in Bedrängnis.[288] Zum endgültigen Bruch zwischen der SMAD und Kaiser kam es, als die CDU-Führung es ablehnte, sich an der Volkskongreßbewegung zu beteiligen. Auf stürmischen Sitzungen der CDU-Spitzengremien im Dezember wurde versucht, jede Spaltung der Partei zu vermeiden. Auch verwiesen Parteiführer darauf, daß die CDU in der Sowjetzone »ohne ein Vertrauensverhältnis zur SMA« gar nicht arbeiten könne.[289] Am 20. Dezember bestellte die SMAD zwei Männer ihres Vertrauens, Nuschke und Dertinger, zu sich nach Karlshorst. Die sowjetischen Offiziere teilten ihnen mit, sie hätten dem bisherigen Chefredakteur der ›Neuen Zeit‹, Wilhelm Gries, die Lizenz entzogen und bis auf weiteres sollten die sechs Landesvorsitzenden sowie die bisherigen 3. und 4. Vorsitzenden, Hickmann und Lobedanz, die Parteiführung übernehmen.[290] Damit waren am 20. Dezember Kaiser und Lemmer durch Befehl der SMAD abgesetzt. Die SMAD schaltete sich damit zu einem relativ späten Zeitpunkt nochmals unmittelbar in das Parteiensystem ein, um die SED zu stützen. Die Veränderung der CDU-Führung[291] erfolgte durch direkten Eingriff der Besatzung. Allerdings spielten bei der damit verbundenen Änderung der politischen Linie der CDU auch noch zusätzliche

[287] Vgl. die Tabelle in Christel Dowidat, Zur Veränderung der Mitgliederstrukturen von Parteien und Massenorganisationen in der SBZ/DDR 1945–1952. In: Weber, Parteiensystem, S. 513.
[288] Vgl. das Protokoll über die Konferenz der CDU-Chefredakteure vom 21. 5. 1947. BA Koblenz, NL Kaiser 118.
[289] So Leo Herwegen, Landesvorsitzender von Sachsen-Anhalt (er wurde Ende 1949 aller Ämter enthoben und 1950 zu 15 Jahren Zuchthaus verurteilt). BA Koblenz, NL Kaiser 46.
[290] Aktennotiz Dertingers vom 20. 12. 1947. BA Koblenz, NL Kaiser 46.
[291] Vgl. dazu Johann Baptist Gradl, Anfang unter dem Sowjetstern. Die CDU 1945–1948 in der sowjetischen Besatzungszone Deutschlands. Köln 1981, S. 130 ff. Werner Conze, Jakob Kaiser. Politiker zwischen Ost und West 1945–1949. Stuttgart 1969, S. 204.

Faktoren eine Rolle.[292] Es lag sowohl am Scheitern der Idee einer Brückenfunktion Deutschlands durch den Kalten Krieg als auch an der fehlenden Unterstützung von seiten der westdeutschen Partei für Kaisers Konzepte und darüber hinaus schließlich am schlechten Informationsfluß in der Organisation, der zu Differenzen führen mußte. Die Folge der Absetzung von Kaiser und Lemmer war eindeutig: »Dieser Befehl der Militärregierung bedeutete das Ende der ›eigenständigen‹ CDUD in der Sowjetzone. Die ›Neue Zeit‹ änderte vom 21. Dezember an – im Sinne der Abschiedsglosse vom 20. Dezember – vollkommen ihr Gesicht. Mit Gries verließ fast die ganze Redaktion die Zeitung.«[293]

Für die CDU, die bis dahin ihre Eigenständigkeit weitgehend hatte bewahren können, begann nun ein Prozeß der Anpassung, der schrittweisen Veränderung ihrer Politik und Funktion, der erst 1950 im wesentlichen abgeschlossen war.[294]

Auch die LDP hatte – trotz der konzilianten Haltung von Külz und der Teilnahme der Partei am Volkskongreß – ihre unabhängige Position zunächst beibehalten. Ihr 2. Parteitag im Juli 1947 war dafür typisch. Külz hatte unter stürmischem Beifall der Versammelten den »schon seit zwanzig Jahren mit mir verbundenen Kampfgenossen, unseren Heuss« als Gast begrüßt; Theodor Heuss seinerseits pries den in Eisenach geborenen Ernst Abbé als Vorbild der Partei.[295]

In seinem Referat distanzierte sich Külz deutlich von der SED, indem er sagte: »Wir kennen das Wort Klassenkampf in unserem politischen Lexikon überhaupt nicht. Das gehört der Vergangenheit an. Im gleichen Augenblick, wo wir uns bemühen, mit unseren früheren Waffengegnern zum Ausgleich und zur Versöhnung zu gelangen, halten wir es für absurd, den alten Ladenhüter des Klassenkampfes hervorzuholen.« Külz erklärte auch: »Reaktion und Diktatur, Faschismus und Ungeist sind in gleicher Weise unsere Feinde, ob sie von links oder von rechts an uns herankommen wollen.«[296]

Einige Delegierte gingen noch weiter. Der LDP-Funktionär Starke aus Glauchau warf dem FDGB vor, »Steigbügelhalter

---

[292] Suckut, Zum Wandel, S. 124
[293] Conze, JakobKaiser, S. 205.
[294] Vgl. dazu Suckut, Zum Wandel, S. 124 ff.
[295] Zweiter Parteitag der Liberal-Demokratischen Partei Deutschlands vom 4. bis 7. Juli 1947 in Eisenach. Berlin o. J. (1947), S. 6.
[296] Ebd., S. 31 f. und S. 33.

einer Partei«, also der SED, zu sein.[297] Als Johannes Dieckmann den Angriffen gegen die SED widersprach, wurde er von der Versammlung am Weiterreden gehindert. Wolfgang Natonek (er wurde später als Vorsitzender des Studentenrats Leipzig im November 1948 verhaftet) wandte sich gegen die FDJ und sagte, es sei für die LDP »selbstverständlich, daß das Hochschulprogramm der FDJ nicht angenommen werden« könne.[298]

Die Berliner Delegierten um Schwennicke verurteilten die vermittelnde Haltung von Külz und sprachen sich auf dem Parteitag gegen dessen Wiederwahl zum Vorsitzenden aus. Der Berliner Delegierte Schoepke sagte, Külz sei Repräsentant einer Politik geworden, die den Namen der Partei »mit dem Odium des Opportunismus behaftet« habe, da der SED-Politik zuviel nachgegeben worden sei. Die übergroße Mehrheit der Delegierten war gegen eine solche – in ihren Augen unrealistische – Frontstellung. Külz wurde mit 258 gegen 23 Stimmen bei 9 Enthaltungen erneut zum Parteivorsitzenden gewählt.

Die LDP, die am 1. Juni 1947 170121 Mitglieder in 3391 Ortsgruppen zählte (ihren Höchststand erreichte sie im Dezember 1948 mit knapp 200000 Mitgliedern),[299] blieb zunächst bei ihrer Haltung. Die Differenzen mit dem Berliner Landesvorstand wuchsen aber weiter, da Külz und andere Parteiführer mehrmals gegen die westliche Politik Stellung nahmen. Am 10. Februar 1948 kam es auf einer Sitzung des erweiterten Parteivorstandes in Halle zum Bruch: Die Mehrheit erklärte, der Landesvorstand Berlin habe sich außerhalb der Partei gestellt. Nach diesem Ausschluß lehnte sich die Berliner LDP der westdeutschen FDP an, deren Berliner Landesverband sie später wurde. Die Abspaltung der Berliner Organisation bedeutete für die LDP auch den Bruch mit der westdeutschen FDP und einen weiteren Schritt auf dem Wege der Spaltung Deutschlands.[300]

Der Widerstand der »bürgerlichen« Parteien machte der SED große Sorgen, weil die oppositionelle Stimmung in der Bevölkerung wuchs. Zunächst waren dafür die katastrophalen Lebensverhältnisse maßgebend, die nicht nur im harten Winter 1946/47, sondern auch 1947 und Anfang 1948 – wie in ganz Deutschland – in der sowjetischen Besatzungszone herrschten.

[297] Ebd., S. 42.
[298] Ebd., S. 51.
[299] Dowidat, Mitgliederstrukturen, S. 513.
[300] Vgl. Krippendorff, Die Liberal-Demokratische Partei Deutschlands, S. 149 ff.

Die Ernährungssituation war eher noch schlechter geworden. So wurden einem Arbeiter nur 1400 bis 1600 Kalorien täglich zugestanden, etwa 1000 Kalorien zu wenig. Die auf Lebensmittelkarten zugeteilten Rationen konnten oft nicht geliefert werden. Später bestätigte die DDR-Geschichtsschreibung: »Zehntausende Bewohner der Großstädte und Industriebezirke suchten auf dem Land zusätzliche Nahrungsmittel zu erlangen. Der Tauschhandel blühte. Schieber und Spekulanten nutzten die Notlage der Menschen skrupellos aus. Trotz des aufopferungsvollen Einsatzes der staatlichen Organe, besonders der Polizei, konnte der Schwarzmarkt nicht beseitigt werden. Die schwierigen Lebensverhältnisse wirkten sich auf die Arbeitsleistungen aus. In der Industrie lag die Arbeitsproduktivität weit unter dem Vorkriegsniveau. Die Arbeitsdisziplin und -moral hatten einen Tiefstand erreicht. Die Veränderungen der Eigentumsverhältnisse hatten nicht automatisch dazu geführt, daß sich die Arbeiter und Angestellten im volkseigenen Sektor auch schon als Eigentümer ihrer Betriebe fühlten und entsprechend handelten.«[301]

Wie sollten sich die Arbeiter und Angestellten auch als »Eigentümer« fühlen, wenn die Strukturen im Betrieb nicht verändert waren, die Arbeitsergebnisse als Reparationen oder in dunklen Kanälen verschwanden und immer deutlicher eine neue bürokratische Schicht anstelle der alten Besitzer bestimmte. Hinzu kam die Selbstherrlichkeit der Besatzungsmacht und der zunehmende Druck der SED. Die Opposition von CDU und LDP widerspiegelte unter diesen Umständen den Widerstand breiter Kreise gegen die Zustände in der sowjetischen Besatzungszone. Um so dringlicher erschien der SED-Führung die Veränderung des Parteiensystems.

Nach dem Tod von Külz (April 1948) kamen neben Arthur Lieutenant (der 1949 flüchtete) und Hermann Kastner mit Johannes Dieckmann und Hans Loch Politiker in die LDP-Führung, die loyal mit der SED zusammenarbeiteten. Auch bei der Nachfolge von Külz hatte die SMAD hinter den Kulissen eingegriffen; sie wollte zunächst den Thüringer LDP-Politiker Alphons Gaertner für den Vorsitz gewinnen. Es gab mehrere vertrauliche Verhandlungen mit Tulpanow, Nasarow und Oberstleutnant Tschablin. Gaertner berichtete 1949: »Bei der Unterhaltung mit dem Letzteren verlangte dieser in kategorischer

---

[301] DDR. Werden und Wachsen. Berlin (Ost), 1974, S. 104.

Form, daß ich zur Übernahme des Vorsitzes bereit sei. Ich erklärte hierauf, daß ich zu gegebener Stunde das tun würde, was ich für meine politische Pflicht erachte.«[302] Nachdem Tulpanow auf Gaertners Forderung, Garantien für die »freie Vertretung liberaldemokratischen Gedankenguts« zu geben, ausweichend antwortete, flüchtete Gaertner im Juli 1948 in den Westen.

Der Führungsanspruch der SED und ihre Umbildung in eine »Partei neuen Typus« trieb die LDP in stärkere Opposition zur SED, während die CDU nach der Absetzung von Kaiser und Lemmer vorsichtiger taktierte. Die LDP griff die SED auch öffentlich an, sie erklärte z. B., nicht daran zu denken, »Ziele zu unterstützen, die Deutschland kommunistisch gestalten«, oder kritisierte, die SED habe den Boden der Blockpolitik verlassen.[303] Auch auf der mittleren Ebene ging der Kampf von LDPD und CDU gegen die neue Rolle, die ihren Organisationen zugedacht war, weiter. Die eigentliche Veränderung des Parteiensystems und die endgültige Schwächung von CDU und LDP erreichte die SED 1948, und zwar einmal durch die Bildung zweier neuer Parteien und zum anderen durch die gleichberechtigte Einbeziehung von »Massenorganisationen« in den Block.

Im Juni 1948 ließ die SMAD die im Mai gegründete National-Demokratische Partei Deutschlands offiziell zu. Die NDPD wurde geleitet von Lothar Bolz (geb. 1903). Der Rechtsanwalt gehörte vor 1933 der KPD an, emigrierte über Danzig in die Sowjetunion und war Mitbegründer des Nationalkomitees »Freies Deutschland«. Er wurde 1949 Aufbauminister der DDR und war von 1953 bis 1956 deren Außenminister. Den Vorsitz in der NDPD hatte er bis 1972. Seine Person war für die Abhängigkeit der NDPD von der SED symptomatisch. Die neue Partei stützte sich auf ehemalige Offiziere, NSDAP-Mitglieder (diese durften von CDU und LDPD nicht aufgenommen werden) und bürgerliche Kreise. Welche Freiheiten der NDP gestattet wurden, zeigte eines ihrer Gründungsplakate mit der Aufschrift »Gegen den Marxismus – für die Demokratie«. Natürlich war das Plakat »mit Genehmigung der SMAD«

---

[302] Brief Gaertners an Gniffke vom 20. 10. 1949. AdsD, NL Gniffke 811.
[303] Der Morgen Nr. 92 vom 21. 4. und Nr. 153 vom 4. 7. 1948. Vgl. Siegfried Suckut, Zu Krise und Funktionswandel der Blockpolitik in der SBZ um die Mitte des Jahres 1948. Vierteljahrshefte für Zeitgeschichte 31 (1983), S. 684.

gedruckt worden und entsprach deren Taktik.[304] In der ersten Nummer ihrer ›National-Zeitung‹ hatten die späteren Parteigründer zwar gesagt, »wir wollen keinen neuen Krieg«, gleichzeitig aber betont, sie kämpften »gegen die Verräter an der deutschen Sache«; diese nationalistischen Töne wurden unterstrichen durch Bemerkungen wie, es sei nicht »schimpflich« ein »guter Soldat« gewesen zu sein.[305]

Solche Äußerungen mußten die SED-Mitglieder irritieren. Doch ihre Führung war freilich besser informiert. Aus einem streng vertraulichen Bericht über die NDP an den Parteivorstand der SED ging hervor, daß eine Reihe der Führer der neuen Partei eigentlich »praktisch SED« waren.[306]

Ähnlich sah es mit der zweiten Neugründung aus, der Demokratischen Bauernpartei Deutschlands (DBD). Es war typisch, daß ein Kommunist ihr Vorsitzender wurde. Der Landwirt Ernst Goldenbaum (geb. 1898) war 1920 der KPD beigetreten und vertrat die Partei von 1924 bis 1926 und von 1929 bis 1932 als Abgeordneter im Landtag von Mecklenburg Schwerin. Nach 1933 mehrfach in Haft, wurde er 1946 Vorsitzender der VdgB in Mecklenburg; er leitete dann die DBD bis 1982.

Wie Goldenbaum waren auch andere Kommunisten als Spitzenfunktionäre für die neue DBD »abgestellt«, beispielsweise der Chefredakteur des Parteiorgans ›Bauern Echo‹, Leonhard Helmschrott, der als SED-Mitglied noch wenige Tage vor Parteigründung an der SED-Parteihochschule »Karl Marx« studierte. Auch die Bauernpartei übernahm die Politik der SED.[307]

Der Volksrat, ein vom 2. Deutschen Volkskongreß im März 1948 gewähltes und von der SED gelenktes ständiges Gremium, nahm die beiden neuen Parteien sofort auf. Nachdem der Widerstand von CDU und LPD gebrochen war, konnte die DBD am 5. August 1948 (die NDPD am 7. September 1948) dem Antifa-Block beitreten. Nach und nach wurden auch die »Massenorganisationen« in das Parteiensystem integriert.

Mit der Aufnahme der neuen Parteien in den Volksrat konnte die SED dort ihre Positionen gegenüber den bürgerlichen Krei-

[304] Leonhard, Die Revolution entläßt ihre Kinder, S. 485. Zur NPDP vgl. Dietrich Staritz, Die National-Demokratische Partei Deutschlands 1948–1953. Diss. rer. pol. FU Berlin, 1968. Dietrich Staritz, Die National-Demokratische Partei Deutschlands (NDPD). In: Weber, Parteiensystem, S. 215 ff.
[305] National-Zeitung. Das Volksblatt für deutsche Politik, Nr. 1 vom 22. 3. 1948.
[306] Das Dokument ist abgedruckt in Staritz, Die NDPD, S. 222 f.
[307] Zur DBD vgl. Wernet-Tietz, Bauernverband.

sen noch weiter ausbauen und festigen. Am 19. Juni 1948 erklärte sich der Volksrat selbstherrlich als »die berufene Repräsentation für ganz Deutschland«.[308] Ein vom Volksrat eingesetzter Arbeitsausschuß nahm am 3. August 1948 »Richtlinien für die Verfassung der Deutschen Demokratischen Republik« an. Dieser Verfassungsentwurf entsprach im wesentlichen einem schon 1946 von der SED ausgearbeiteten Entwurf; auf ihm beruhte die spätere Verfassung der DDR.

Am 22. Oktober 1948 nahm der Volksrat den Verfassungsentwurf einstimmig an. In einer Rede erklärte Grotewohl: »Will man die wesentlichsten Differenzen des vorliegenden Entwurfs gegenüber der Weimarer Verfassung bestimmen, so kann man sie darin sehen, daß in dem hier vorliegenden Entwurf das Parlament aus seinem Schattendasein zum höchsten Willensträger erhoben wurde ... Das Recht der Regierungsbildung soll in der Hand derjenigen Partei liegen, der die meisten Wähler ihr Vertrauen geschenkt haben; aber ihr Vertreter bildet als Ministerpräsident die Regierung unter Hinzuziehung aller anderen Parteien, die Fraktionsstärke erreicht haben ... Nach der in dem Entwurf vorgesehenen Lösung hat jede Partei, die Fraktionsstärke erreicht hat, das Recht, ja die Pflicht, auf Teilnahme an der Regierung ... An die Stelle der formalen soll eine reale Demokratie treten.«[309]

Die neuen Parteien NDPD und DBD sollten die Stellung der SED im »Block« gegenüber LDP und CDU stärken. Allerdings waren die Differenzen zwischen CDU und LDP einerseits und SED andererseits auch 1948 noch so tiefgreifend gewesen, daß der zentrale Block von Februar bis August 1948 nicht ein einziges Mal getagt hatte.[310] Die Sitzung des Blocks vom 5. August 1948 beschloß dann, nicht nur die Vertreter der Bauernpartei aufzunehmen, sondern auch die des FDGB.[311] Gerade die Einbeziehung der Massenorganisationen gehörte 1948 für die SED

---

[308] Neues Deutschland, Nr. 180 vom 5. 8. 1948.
[309] Neues Deutschland, Nr. 248 vom 23. 10. 1948. Grotewohl erklärte etwas später: »Es darf keine verantwortungslose Opposition im Parlament der neuen deutschen Demokratie geben ... Wer in das Parlament einzieht, der muß mitarbeiten.« Einleitung in: Die Verfassung der Deutschen Demokratischen Republik. Berlin (Ost) 1949, S. 6. Im Sozialistischen Bildungsheft, Nr. 1 vom Januar 1947: Der Verfassungsentwurf der SED, hatte die Partei ihrer Mitgliedschaft bereits erläutert, eine wesentliche Besonderheit sei die »Beseitigung der verhängnisvollen Dreiteilung der Staatsgewalt« (S. 11).
[310] Vgl. Koch, Der Demokratische Block, S. 290; Suckut, Zu Krise, S. 683.
[311] Vgl. Suckut, ebd., S. 690f.

zum »Wesen der Blockpolitik«,[312] die damit freilich neu definiert wurde. Mit der Erweiterung auch des zentralen Blocks war es der SED gelungen, das Parteiensystem entscheidend zu ihren Gunsten zu verändern.

Die »Massenorganisationen« wurden seit 1948 mehr oder weniger deutlich von der SED beherrscht. Der FDGB, der 1945 als unabhängige und überparteiliche Gewerkschaft gegründet worden war, kam schrittweise unter kommunistischen Einfluß. Durch ihre straff organisierte Arbeit übte die SED im FDGB bald die Vormachtstellung aus. Auf dem 2. Kongreß im April 1947 errang sie die Mehrheit der 47 Vorstandsmitglieder. Damit veränderte sich auch die Funktion des FDGB. Auf der »Bitterfelder Tagung« von Gewerkschaftsfunktionären im November 1948 proklamierte die FDGB-Führung die Abkehr von »überholten« gewerkschaftlichen Traditionen. Planerfüllung sollte nun in den Mittelpunkt der Gewerkschaftsarbeit treten. Die opponierenden Betriebsräte in der SBZ wurden aufgelöst und mit den Betriebsgewerkschaftsleitungen (BGL) »verschmolzen«.

Der FDGB mußte nach dem Vorbild der UdSSR als »Massenorganisation« der SED deren Politik vertreten. Da er aber gleichzeitig bestimmte Interessen der Arbeiter wahren sollte, kam es zu einem ständigen Spannungsverhältnis zwischen seiner Funktion als »Transmissionsriemen« der SED-Politik und seinen Verpflichtungen als Arbeitnehmer-Repräsentant. Alle Führungskräfte des FDGB waren inzwischen Funktionäre der SED, so wuchs mit der Aufnahme des FDGB in den »Block« die »führende Rolle« der SED.

Eine ähnliche Entwicklung machten alle »Massenorganisationen« durch. In der Einheitsjugendorganisation FDJ hatten die Kommunisten von Anfang an wesentlichen Einfluß. Zwar versprach der Vorsitzende Honecker auf dem »Ersten Parlament« der FDJ (Juni 1946) noch, die Überparteilichkeit »wie unseren eigenen Augapfel zu hüten«,[313] in Wirklichkeit aber bestimmten die Kommunisten schon rasch die Jugendpolitik. Im Januar 1948 beriefen CDU und LDP ihre Vertreter aus dem Zentralrat der FDJ ab, da deren Überparteilichkeit nicht mehr gewährleistet war. Auch der im Juli 1945 ins Leben gerufene »Kultur-

---

[312] Sozialistische Bildungshefte 2 (1947) 15: Das Wesen der Blockpolitik, S. 12.
[313] Erstes Parlament der Freien Deutschen Jugend. Brandenburg an der Havel, Pfingsten 1946. O. J. (1946), S. 52.

bund zur demokratischen Erneuerung Deutschlands«, eine Organisation der Intellektuellen und Kulturschaffenden, und der (aus den 1945 geschaffenen Frauenausschüssen hervorgegangene) im März 1947 gegründete Demokratische Frauenbund Deutschlands unterstützten 1948 die Politik der SED. Ihre Einbeziehung in den Antifa-Block stärkte dort das Gewicht der Einheitspartei.

Allerdings konnte sich die SED mit der Umwandlung des Parteiensystems an der Spitze nicht begnügen, sie mußte diese Transformation auf allen Ebenen vollziehen. Das war für die Parteiorganisationen ein komplizierter Prozeß, den sie mit verschiedenen Methoden vorantrieben. Der Umformung dienten im wesentlichen die Instrumente »Blockpolitik« und »Volkskongreßbewegung«, aber als »letztes Mittel« konnte die SED immer auf die Einwirkung der SMAD zählen.

Deren Rolle war auch bei der Umwandlung des Wirtschafts- und Gesellschaftssystems überragend. Da die Veränderung der Produktionsverhältnisse als Basis jeder Entwicklung zum »Sozialismus« betrachtet wurde, legte die SMAD früh das Schwergewicht auf eine Umgestaltung der Wirtschaft. Entsprechend trieb die SED als Führungspartei der SBZ vor allem 1947/48 die Durchsetzung der Planwirtschaft und den Ausbau des »volkseigenen«, also staatlichen Sektors der Industrie voran und betrachtete die Wirtschaftspolitik als Teil ihrer Gesamtstrategie zur Erringung und Festigung der politischen Herrschaft.

Vor allem 1948 führten Prozesse gegen Unternehmer, die als »Wirtschaftsverbrecher« angeklagt wurden, zu Einschüchterungen, Flucht und damit weiteren Verstaatlichungen. Am 12. Februar 1948 gab die SMAD mit Befehl Nr. 32 der Deutschen Wirtschaftskommission (DWK) weitgehende Vollmachten zur selbständigen Leitung der Wirtschaft; sie wurde nun ein zentrales Führungsorgan. Nach der Reorganisierung der DWK (9. März 1948) konnte sie für alle Behörden der SBZ verbindliche Verfügungen erlassen, war also Vorstufe einer Regierung. Der Vorsitzende (Rau) und vier der sechs Stellvertreter gehörten der SED an, deren Vorrangstellung in Wirtschaft und Verwaltung damit gesichert war.

Ab Mitte 1948 arbeitete die Wirtschaft in der SBZ nach einem »Halbjahrplan«, Ergebnis der ersten selbständigen Planungsarbeit deutscher Stellen. Der wachsende Einfluß der SED auch in der Wirtschaftspolitik zeigt sich darin, daß der erste Zweijahrplan 1949/50 vom Parteivorstand der SED am 30. Juni 1948 beschlossen wurde. Ulbricht gab die Grundlinien des Zweijahrplanes, mit dem die zentralistische Planwirtschaft begann, bekannt. Er sagte, Voraussetzung des Planes sei es, daß »die wirtschaftlichen Schlüsselstellungen in der sowjetischen Besatzungszone in die Hände des Volkes übergegangen sind«,[314] womit er meinte, daß sie von der SED eingenommen wurden. Tatsächlich erzeugten die Privatbetriebe 1948 nur noch 39 Prozent der Bruttoproduktion, genau der gleiche Anteil entfiel auf die »Volkseigenen Betriebe« und 22 Prozent auf die SAG-Betriebe. Allerdings waren noch immer 36 000 Betriebe in Privatbesitz, in der Leichtindustrie dominierte das »kapitalistische Eigentum«, und in der Landwirtschaft verfügten die Großbauern über 25 Prozent des Bodens.[315]

Die Produktion sollte nach dem Zweijahrplan um ein Drittel erhöht (das wären 80 Prozent der Produktion von 1936), die Arbeitsproduktivität um 30 Prozent gesteigert werden. Um dieses Ziel zu erreichen, initiierte die SED nach sowjetischem Vorbild 1948 eine Aktivistenbewegung. Im Oktober erfüllte der Kumpel Adolf Hennecke nach entsprechender Vorbereitung sein Tagessoll im Steinkohlenbergbau zu 380 Prozent. Er diente fortan als Vorbild: Entsprechend dem sowjetischen Stachanow-System sollte nun die Hennecke-Bewegung die Arbeitsproduktivität in die Höhe schrauben. Im Februar 1949 erklärte die SED die Aktivistenbewegung zum wichtigsten Hebel der Wirtschaft.

Trotz gewisser Fortschritte blieb die Wirtschaftslage problematisch. Auch die auf die westdeutsche Währungsreform im Juni 1948 folgende Währungsumstellung brachte keine großen Veränderungen. Ende 1948 versuchten die Behörden, durch einen »freien Handel« die Lage zu bessern, dem Schwarzmarkt entgegenzuwirken und gleichzeitig neue Arbeitsanreize zu schaffen. So verkündete die DWK im Oktober 1948 die Bildung einer Staatlichen Handelsorganisation (HO). Diese errichtete Einzelhandelsbetriebe, in denen die Bevölkerung neben der rationierten Versorgung Konsumgüter und Lebensmittel zu stark überhöhten Preisen (z. B. 1 kg Margarine für 110 Mark) frei kaufen konnte. Mit der Schaffung der HO veränderte die Führung gleichzeitig die Struktur des Handels und steigerte auch hier die Staatsquote systematisch. So hatte die SED mit Beginn

---

[314] Der deutsche Zweijahrplan 1949/50. Berlin 1948, S. 13.
[315] Schröder, Der Kampf der SED, S. 192.

des Zweijahrplanes 1949 bereits Voraussetzungen geschaffen, um nicht nur den Staat, sondern auch die Wirtschaft zu beherrschen.

Ab 1948 wuchs der Einfluß der SED auch auf das Bildungssystem stetig. Ende 1948 gründete die FDJ auf »Vorschlag der SED« eine Kinderorganisation, die »Jungen Pioniere«, die zusammen mit der Lehrerschaft die Kinder ideologisch beeinflussen sollte. Großes Gewicht maß die SED der Arbeit an den Hochschulen bei. Sie intensivierte die Förderung der Studenten aus Arbeiterkreisen durch Bildung von Vorstudienanstalten (1946) und später durch Arbeiter- und Bauern-Fakultäten. Der Anteil der Arbeiterkinder stieg von 19 Prozent 1945/46 auf 36 Prozent im Jahre 1949. Der materielle Aufwand für das Bildungswesen war groß, die Fortschritte waren nicht zu übersehen.

Die Kunst konnte sich in der ersten Periode noch frei entwikkeln. Im Mittelpunkt von Literatur, bildender Kunst und Film stand die Auseinandersetzung mit dem Nationalsozialismus und dem Krieg; Besatzungsmacht und SED gewährten zunächst einen großen Spielraum. Nach den Erfahrungen mit der NS-Zeit und ihrem Kampf gegen »entartete Kunst« akzeptierte man bewußt ein breites Spektrum, in dem sich auch die Moderne entfalten konnte. 1949 signalisierten Angriffe gegen die abstrakte Kunst aber bereits einen Richtungswechsel. Da die SMAD die Massenkommunikationsmittel früh in die Hände der deutschen Kommunisten gelegt hatte, bestimmte die Partei im Rundfunk und im Verlagswesen und – da SED-Zeitungen zahlreicher waren, höhere Auflagen und größere Papierzuteilungen hatten – auch in der Presse. Damit konnte auch die öffentliche Meinung schon früh von der Einheitspartei beeinflußt werden.

In ihrem Selbstverständnis ging die SED freilich 1948 noch davon aus, die »demokratische Ordnung in der sowjetischen Besatzungszone« sei zwar nicht mehr kapitalistisch, aber auch nicht sozialistisch.[316] Im Sommer 1948 sagte Ulbricht, die Ordnung in der SBZ sei »noch nicht einmal eine Volksdemokratie«. Gleichzeitig betonte er allerdings, daß »bis zur Wiederherstellung der Einheit Deutschlands« die von der DWK erlassenen

---

[316] Walter Ulbricht, Die gegenwärtigen Aufgaben unserer demokratischen Verwaltung. In: Die neuen Aufgaben der demokratischen Verwaltung. Berlin (Ost) 1948, S. 18f.

Gesetze und Verordnungen denen der Länder »übergeordnet« seien – obwohl allein die Länder durch die Wahlen von 1946 eine Legitimation besaßen. Ulbricht lehnte auch die Selbstverwaltung der Gemeinden ab, da man »Losungen, die früher unter den Bedingungen der kapitalistischen Staatsgewalt richtig waren«, nicht für die »gegenwärtige Ordnung übernehmen könne«.[317] Wichtig waren für die Ulbricht-Führung nicht Begriffe, sondern deren konkrete Inhalte; dies galt auch für die Umformung der eigenen Organisation in eine »Partei neuen Typus«.

Die »Partei neuen Typus«

Der Kalte Krieg und der Konflikt zwischen Stalin und Tito hatten erhebliche Auswirkungen auf den Weltkommunismus. Die Sowjetunion änderte ihre Generallinie und die einzelnen kommunistischen Parteien mußten sich anpassen. Für die SED brachte das 1948/49 auch einen Wandlungsprozeß, sie wurde in eine »Partei neuen Typus« nach dem Vorbild der KPdSU Stalins umgebildet. Zwei Gründe waren dafür maßgebend. Nach der Polemik zwischen der UdSSR und Jugoslawien (das unter Tito die These vom »eigenen Weg« benutzte, um eine von Moskau unabhängige Politik zu betreiben) revidierte Stalin die Parole von den »unterschiedlichen Wegen zum Sozialismus«. Nunmehr hatte die Sowjetunion als alleiniges Vorbild aller kommunistischen Parteien zu gelten, entsprechend war die Parteistruktur an die der KPdSU anzugleichen. Außerdem sollte die SED auf ihre Aufgaben als Staatspartei besser vorbereitet werden. Die Übertragung des sowjetischen Modells auf die SBZ setzte voraus, die SED zu einer kommunistischen Partei im Sinne Stalins zu machen.

Die SED zählte Mitte 1948 fast zwei Millionen Mitglieder, davon war ein Drittel ursprünglich in der SPD organisiert. Viele dieser ehemaligen Sozialdemokraten standen ebenso wie eine große Reihe enttäuschter Altkommunisten in latentem Widerspruch zur Parteiführung. Um ihre »führende Rolle« ausüben zu können, mußte die Parteispitze diese Kräfte ausschalten und jede potentielle Opposition verhindern. Konkret bedeutete dies zunächst: die Abschaffung der paritätischen Funktionsbeset-

[317] Ebd., S. 30f.

zung der Vorstände, eine Absage an den »besonderen deutschen Weg« zum Sozialismus, die zentralistische Anleitung der Parteiorganisation und eine Säuberung unter Funktionären und Mitgliedern. Die Definition »Partei neuen Typus« umschrieb, daß die SED zu einer stalinistischen Partei umgestaltet werden sollte, d. h. zu einer straff zentralisierten und disziplinierten Organisation, in der die Führung mit Hilfe ihres Apparats bestimmte und die Politik Stalins praktizierte. Offiziell wurde dies als Übernahme der Ideologie des Marxismus-Leninismus bezeichnet.

In diese Richtung tendierten die Kommunisten, wie erwähnt,[318] bereits bei der Gründung der Einheitspartei. Als Parteitheorie anerkannt war aber auch im Jahr 1947 allein der »Marxismus«. In seiner Broschüre ›Der SED-Funktionär‹ hatte Erich W. Gniffke 1947 nicht nur den »spezifisch deutschen Weg zum Sozialismus« als verbindlich für die SED-Kader erklärt, sondern ebenso den Marxismus: »Die Theorie des Marxismus ist in den ›Grundsätzen und Zielen‹ unserer Partei verankert. Diese wichtige Entschließung des Vereinigungsparteitages bildet daher den unerläßlichen Leitfaden für die Arbeit eines jeden Parteifunktionärs.«[319]

An dieser Linie nahm der II. Parteitag der SED im September 1947 noch keine grundsätzlichen Änderungen vor. In der Entschließung dieses Parteitages war ausdrücklich festgelegt, daß sich die SED »zum Marxismus als der wissenschaftlichen Grundlage der Arbeiterbewegung« bekenne, und »bis zur Schaffung eines Parteiprogramms« die »Grundsätze und Ziele« des Vereinigungsparteitages weiter gültig blieben. Allerdings sprach Otto Grotewohl auf diesem Parteitag bereits von einer »Fortentwicklung« des Marxismus. Darunter verstand er, »daß wir auch die Fortsetzung und Anwendung dieser Lehre (von Marx und Engels, H. W.) im 20. Jahrhundert, besonders durch Lenin und Stalin, anerkennen und daraus für die deutschen Verhältnisse das Neue und Brauchbare schöpfen«.[320] Zusammenfassend sagte Grotewohl: »Wir müssen und wollen die Errungenschaften des Leninismus genau kennenlernen, um uns

---

[318] Vgl. die Aussagen von Pieck, Einstimmig beschlossen: SED Groß-Berlin, Berlin o. J. (1946), S. 18.
[319] Erich W. Gniffke, Der SED-Funktionär. Berlin o. J. (1947), S. 13 ff.
[320] Protokoll der Verhandlungen des II. Parteitages der Sozialistischen Einheitspartei Deutschlands. 20.–24. 9. 1947. Berlin 1947, S. 292.

das für Deutschland Passende anzueignen.« Doch unterstrich er nochmals, daß dies nicht heiße, »die russischen Erfahrungen und die Erkenntnisse der russischen Theorie schematisch auf Deutschland übertragen« zu können, denn dies wäre »völlig unmarxistisch gedacht«.[321] Dieses Einschwenken des ehemaligen Sozialdemokraten Grotewohl auf den »Leninismus« bedeutete also noch keine völlige Akzeptierung der Stalinschen Dogmen.

Fast gleichzeitig mit dem II. Parteitag der SED fand im September 1947 eine Tagung in Polen statt, auf der das Informationsbüro der kommunistischen und Arbeiterparteien (Kominform) gegründet wurde. Mit Hilfe des Kominform wollte die KPdSU nicht nur die wichtigsten kommunistischen Parteien wieder straffer anleiten, sondern auch die kritiklose Übernahme des sowjetischen Modells und der Stalinschen Ideologie des »Leninismus«[322] ebenso durchsetzen wie die bedingungslose Befolgung der Moskauer Politik. An der Kominform-Gründung war die SED nicht beteiligt, aber sie schloß sich sofort der neuen sowjetischen Konzeption an. Es blieb ihr, als Partei, die der Besatzungsmacht unterstellt war, wohl auch gar keine andere Wahl.

Die Anpassung der SED an die KPdSU wurde vor allem durch den sowjetisch-jugoslawischen Konflikt vorangetrieben. Nach der Kominform-Resolution gegen Jugoslawien[323] trat die SED ohne Zögern an die Seite Stalins. Am 3. Juli 1948 stellte das Zentralsekretariat der SED in einer Entschließung gegen die jugoslawischen Kommunisten fest: »Ganz besonders zeigen die Fehler der Kommunistischen Partei Jugoslawiens unserer Partei, daß die klare und eindeutige Stellungnahme für die Sowjetunion heute die einzig mögliche Position für jede sozialistische Partei ist, die einen festen Standpunkt im Kampfe gegen die imperialistischen Kriegstreiber einnehmen will. Die wichtigste Lehre der Ereignisse in Jugoslawien besteht aber für uns deutsche Sozialisten darin, mit aller Kraft daranzugehen, die SED zu

---

[321] Ebd., S. 292f.
[322] Der »Leninismus« war in dieser Phase längst zur orthodoxen Ideologie des Stalinismus geworden und war keineswegs mit den Theorien Lenins identisch. Vgl. dazu Hermann Weber, Demokratischer Kommunismus? Zur Theorie, Geschichte und Politik der kommunistischen Bewegung. 2. Aufl. Berlin (West) 1979, S. 41ff.
[323] Vgl. dazu: Tito contra Stalin. Der Streit der Diktatoren in ihrem Briefwechsel. Hamburg 1949.

einer Partei neuen Typus zu machen, die unerschütterlich und kompromißlos auf dem Boden des Marxismus-Leninismus steht.«[324]

In wenigen Monaten sollte nun die SED zur »Partei neuen Typus« umgewandelt werden. Die sich steigernde Hetze gegen Jugoslawien[325] verband die SED mit einer Parteisäuberung. Am 29. Juli 1948 faßte der Parteivorstand den Beschluß über die »Säuberung der Partei von feindlichen und entarteten Elementen«.[326] Wer sich weigerte, am »Parteileben« teilzunehmen, sollte ausgeschlossen werden. »Beschleunigte Ausschlußverfahren« waren durchzuführen gegen Mitglieder, »die eine parteifeindliche Einstellung« oder »sowjetfeindliche Haltung« zeigten, wobei der »begründete Verdacht« genügte. Damit setzte eine gezielte Aktion gegen Sozialdemokraten, Gewerkschafter und oppositionelle Kommunisten ein. Gleichzeitig wurde unter der Losung des »Kampfes gegen den Nationalismus« die Anerkennung der »führenden Rolle« der Sowjetunion als verbindlich erklärt. Widerstand gegen diese neue Linie galt als »antisowjetische Propaganda«, Parteimitglieder, die an der alten Politik festhalten wollten, wurden ausgeschlossen und als »Agenten« strafrechtlich verfolgt. Walter Ulbricht sagte: »Wer die antisowjetische Hetze führt oder unterstützt, hat in dem Kreise unserer Parteimitglieder nichts mehr zu suchen. (Zwischenruf: Sie müssen aus den Staatsstellen entlassen werden!) Das ist richtig.«[327]

Ziel der Säuberungen war indes nicht nur die Entfernung oppositioneller Mitglieder, sondern auch eine Strukturänderung. Von April 1946 bis Ende 1947 waren eine halbe Million neuer Mitglieder in die SED gekommen. Den weitaus stärksten

---

[324] Beschluß des Zentralsekretariats vom 3. 7. 1948. In: Dokumente der Sozialistischen Einheitspartei Deutschlands, Bd. II, Berlin (Ost) 1952, S. 81f.
[325] Die SED veröffentlichte alle Noten der Sowjetregierung, so z. B. 1949: Titos Doppelspiel und Verrat. Berlin o. J. (1949). Auch die immer aggressiveren Angriffe des Kominform wurden von der SED nachgedruckt, etwa die Resolution von 1949 ›Die Kommunistische Partei Jugoslawiens in der Hand von Mördern und Spionen‹, zu der die SED erklärte: »Die verächtlichen Kreaturen des amerikanischen Imperialismus, die Tito-Agenten, Vertreter des Ostbüros Schumachers, frühere KPO-Leute und andere Feinde der Arbeiterklasse versuchen auch in der DDR ... ihre Zersetzungsarbeit.« Verteidigung des Friedens und Kampf gegen die Kriegstreiber. Berlin o. J. (1949), S. 79.
[326] Vgl. dazu AdsD (Ostbüro) 0051. Dokumente der SED, Bd. II, S. 84f.
[327] Neues Deutschland, Nr. 195 vom 22. 8. 1948.

Zuwachs hatte Thüringen (59 Prozent),[328] wo nach Meinung der Führung die »Parteifeinde« über den größten Einfluß verfügten. Die neuen Mitglieder waren ebenso wie die früheren Sozialdemokraten noch keineswegs fest in die Partei eingebunden.

Die Mitgliederentwicklung war insgesamt positiv gewesen. Der Anteil der Frauen und der Jugend hatte sich etwas verbessert (Frauen von 21,5 Prozent bei der Gründung auf 24,1 Prozent Ende 1947, Mitglieder unter 30 Jahren: von 17 auf 21 Prozent).[329] Jeder neunte erwachsene Einwohner der DDR war Ende 1947 Mitglied der SED. Von den Industriearbeitern gehörten rund 20 Prozent, von den Angestellten zwischen 34 Prozent (Sachsen und Brandenburg, Berlin nur 8 Prozent) und 42 Prozent (Mecklenburg) der Partei an, von den Lehrern rund 40 Prozent usw.[330] Zwar waren damit schon viele der vom Staat abhängigen Personen Parteimitglieder, doch der Führung war daran gelegen, diesen Prozeß fortzusetzen.

Die vom Vereinigungsparteitag festgelegte »paritätische« Besetzung der Parteileitungen mit ehemaligen Sozialdemokraten und Kommunisten war bereits früh ausgehöhlt. Schon 1946 waren erste Verstöße zu registrieren; so wurde z. B. die Redaktion des theoretischen Organs ›Einheit‹ faktisch nur von einem Kommunisten geleitet, auf den Parteischulen dominierten kommunistische Lehrer.[331] 1947 gewannen die Kommunisten in der SED noch größeres Gewicht. »Die Bemühungen der SED, sich als gesamtdeutsche Parteiorganisation zu etablieren, waren gescheitert. In der sowjetischen Zone hatte die Partei seit ihrer Gründung einen beträchtlichen Mitgliederzuwachs zu ver-

---

[328] Den geringsten Zuwachs hatte Berlin mit 8 Prozent. Eine genaue Aufstellung und eine Analyse der Mitgliedschaft befindet sich in AdsD, NL Gniffke 32: Stand der Organisation am 31. Dezember 1947. Vgl. auch die Aufschlüsselung der Mitglieder für Mai 1947. In: Bericht des Parteivorstandes der SED an den 2. Parteitag. Berlin 1947, S. 29ff.

[329] Ebd., S. 5f. Die meisten weiblichen Mitglieder (28,8 Prozent) hatte Berlin, die wenigsten (21,8 Prozent) Thüringen. Die meisten Mitglieder unter 30 Jahren hatte Sachsen-Anhalt (24 Prozent), die wenigsten Berlin (10,8 Prozent).

[330] Ebd., S. 9ff. Insgesamt war jeder sechste Industriearbeiter, jeder vierte Angestellte, jeder dritte Lehrer, jeder achte Handwerker und Techniker, jeder zehnte Bauer und jeder 17. Landarbeiter Mitglied der SED (S. 12).

[331] Chefredakteur der ›Einheit‹ war Seydewitz (1945 KPD), seine SPD-»Parität« Weimann schied schon nach der ersten Nummer aus. Vgl. Max Seydewitz, Es hat sich gelohnt zu leben. Lebenserinnerungen eines alten Arbeiterfunktionärs. Bd. 2. Berlin (Ost) 1978, S. 63. Zu den Parteischulen vgl. z. B. AdsD (Ostbüro): Aufstellung über die Parteihochschule.

zeichnen, der in erster Linie über das Instrument der Parteischulung zu integrieren war. Die Dominanz der Kommunisten in diesem Bereich, ihre größere Aktivität angesichts des permanenten Kampagnencharakters der Parteipolitik, die Passivität vieler früherer Sozialdemokraten, die Zentralisierung und Hierarchisierung der Parteistruktur und nicht zuletzt die Besetzung von Schlüsselfunktionen durch frühere Kommunisten bildeten einzelne Transformationsmechanismen, die insgesamt im ersten Jahr der Existenz der SED zu einer beträchtlichen Veränderung des ursprünglichen formalen und zahlenmäßigen Gleichgewichts von Kommunisten und Sozialdemokraten führten.«[332] Nachdem die Parität in den Grundeinheiten bereits vor dem II. Parteitag weitgehend aufgegeben worden war,[333] hob die 16. Tagung des PV einen Tag vor der 1. Parteikonferenz der SED im Januar 1949 schließlich das Prinzip der Parität auch formal auf.[334]

Der Anteil der Sozialdemokraten in den Vorständen ging nun rapide zurück. Von den Mitarbeitern des Zentralsekretariats – dort gab es von Anfang an keine Parität – waren im März 1949 nur noch 10 Prozent ehemalige Sozialdemokraten.[335]

Verworfen wurde auch die Theorie vom besonderen deutschen Weg zum Sozialismus. Dazu hatte der Parteivorstand der SED am 16. September 1948 erklärt, diese Theorie sei ebenso zu bekämpfen wie der »Nationalismus, der seinen Ausdruck findet in der Verleumdungskampagne gegen die Sowjetunion«.[336] Ein »besonderer Weg« wurde als Abgleiten in den »westeuropäischen Scheinsozialismus«, den Opportunismus und Nationalismus verdammt. Der Hauptvertreter dieser Theorie, Anton Akkermann, schrieb wenige Tage später selbstkritisch: »Diese Theorie von einem ›besonderen deutschen Weg‹ bedeutet zweifellos eine Konzession an die starken antisowjetischen Stimmungen in gewissen Teilen der deutschen Bevölkerung: Sie bedeutet ein Zurückweichen vor der wilden antikommunistischen

---

[332] Müller, Der Transformationsprozeß, S. 55f.
[333] Vgl. Bericht des PV an den 2. Parteitag, abgedruckt bei Müller, ebd., S. 84.
[334] Hermann Weber und Fred Oldenburg, 25 Jahre SED. Chronik einer Partei. Köln 1971. S. 72. Dokumente der SED, Bd. II, S. 213 ff. AdsD (Ostbüro), 0320.
[335] Das ergibt eine Auszählung der Listen der Angestellten des Zentralsekretariats in der Lothringer- und der Wallstraße im März 1949, die sich in den Akten des Ostbüros befinden und in denen ehemalige Sozialdemokraten unterstrichen sind. Von den 500 Angestellten sind nur 48 ehemalige SPD-Mitglieder. AdsD (Ostbüro), 0302 I.
[336] Dokumente der SED, Bd. II, S. 103.

Hetze, wie sie in Deutschland besonders kraß im Zusammenhang mit der Vereinigung der KPD und SPD zur SED einsetzte. Diese Theorie enthält das Element einer Abgrenzung von der Arbeiterklasse und von der bolschewistischen Partei der Sowjetunion, ganz unbeschadet, ob man sich dessen bewußt war oder nicht, ob es beabsichtigt war oder nicht. Die Theorie von einem besonderen deutschen Weg zum Sozialismus läßt dem Antibolschewismus Raum, statt ihn entschieden, und mit aller Kraft zu bekämpfen.«[337]

Das Thema der Mitgliederschulung im September 1948 lautete »Wie schaffen wir die Partei neuen Typus«. Im ›Bildungsheft‹ dazu wurde nochmals herausgestellt, daß die »von Lenin und Stalin geschaffene Partei der Bolschewiki« das »Musterbeispiel« einer solchen Partei sei.[338] Als wesentliches Merkmal wurde eine »straffe Parteidisziplin« genannt, ebenso Kritik und Selbstkritik. Zu den nächsten Schritten auf dem Weg zur Partei neuen Typus wurden die Schaffung eines aktiven Funktionärskorps, die Reinigung von feindlichen »Elementen«, vor allem »Schumacher-Agenten« und eine neue positive Einstellung zur Sowjetunion gezählt: »Jeder Sozialist und Demokrat muß sich heute vorbehaltlos hinter die Sowjetunion stellen. Mitglieder, die eine sowjetfeindliche Einstellung bekunden, können wir nicht in der Partei dulden.«[339] Die Haltung gegenüber der UdSSR wurde zum »Prüfstein« für jedes Mitglied gemacht.

Mit der Aufhebung der Parität und der Ablehnung der Theorie vom besonderen Weg sowie der Durchführung von Parteisäuberungen gab die SED die Grundlage ihrer Entstehung als Einheitspartei auf, sie wurde nun eine kommunistische Partei Stalinscher Prägung. Zu dem immer größer werdenden Dissens zwischen SED und Bevölkerung wegen des Aufbaus der »Volksdemokratie« kam so eine weitere Differenzierung innerhalb der Partei selbst, denn viele Mitglieder und Funktionäre wollten diese Abkehr von den Grundpositionen der Einheitspartei nicht mitvollziehen. Die SED-Führung versuchte, durch organisatorische Maßnahmen und eine Anpassung der Parteistrukturen an die der KPdSU jeglichen inneren Widerstand zu ersticken. Die 13. Tagung des Parteivorstandes der SED im

---

[337] Anton Ackermann in: Neues Deutschland, Nr. 223 vom 24. 9. 1948.
[338] Sozialistische Bildungshefte 3 (1948) Heft 9: Wie schaffen wir eine Partei neuen Typus? S. 3.
[339] Ebd., S. 15.

September 1948 beschloß die Einrichtung einer Zentralen Parteikontroll-Kommission (ZPKK) und entsprechender Institutionen für jeden Landes- und Kreisverband. Mit Hilfe der mächtigen ZPKK (die Hermann Matern von 1948 bis zu seinem Tode 1971 leitete) entledigte sich Ulbricht in der Folgezeit aller innerparteilichen Gegner. Von September 1948 bis Januar 1949 wurden 400 sogenannte Agenten des Ostbüros der SPD aus der SED ausgeschlossen und verhaftet.[340] Das gleiche Schicksal erlitten oppositionelle Kommunisten, vor allem in Thüringen.[341] Aus der SPD gekommene Parteiführer wie Ernst Thape[342] und Erich Gniffke flüchteten nach Westdeutschland. In einem »Abschiedsbrief« schrieb Gniffke am 28. Oktober 1948:

»Die Politik der SED bewegte sich bis zur 11., 12. und 13. Partei-Vorstandssitzung zweigleisig. Erst hier erfolgte die Weichenstellung und die Umrangierung der bisherigen offiziellen Parteipolitik auf das Gleis der bisher inoffiziellen Ulbrichtpolitik, um von nun an die Fahrt der kominformierten Politik eingleisig in die östliche Isolierung fortzusetzen. Seit dem Winter 1947/48 wurde mehr und mehr erkennbar, daß sich für die SED der offizielle Kurswechsel vorbereitete und daß es Walter Ulbricht dabei gelingen kann, seinen Kurs der Partei, dem Parteienblock und dem ›Deutschen Volksrat‹ aufzuzwingen ... Vertreter der revolutionären Politik und Stütze Ulbrichts war der Vertreter der KPdSU (B) bei der Administration, Oberst Sergej Tulpanow, der mir darum auch im Mai d. J. die Warnung erteilte, ich müsse daran denken, er sei ein Bolschewik, er sei der Revolutionär! ... Erinnern wir uns, daß wir Sozialdemokraten bei der Vereinigung von alten Kommunisten gebeten wurden, mit ihnen zusammen alles zu tun, um zu verhindern, daß sich

---

[340] Hans Müller, Die Entwicklung der SED und ihr Kampf für ein neues Deutschland. Berlin (Ost) 1961, S. 191.
[341] Besonders hervorstehend war das Beispiel des ehemaligen Preußischen Landtagsabgeordneten Alfred Schmidt, der 1929 zur KPO übergetreten war. Schmidt, der bereits in der Weimarer Republik wegen seiner Tätigkeit für die KPD zweieinhalb Jahre inhaftiert war, wurde als Widerstandskämpfer gegen Hitler fünf Jahre im Zuchthaus und KZ festgehalten. 1945 wurde er in Thüringen FDGB-Funktionär, 1947 wegen »sowjetfeindlicher Einstellung« aus der SED ausgeschlossen, im Juni 1948 verhaftet und im Dezember 1948 von einem sowjetischen Militärtribunal zum Tode verurteilt, die in 25 Jahre Arbeitslager verwandelt wurden, von denen er über acht Jahre absitzen mußte. Vgl. Hermann Weber, Die Wandlung, Bd. 2, S. 278 f.
[342] Vgl. Ernst Thape, Von Rot zu Schwarz-Rot-Gold. Lebensweg eines Sozialdemokraten. Hannover 1969, S. 295 ff.

wieder wie vor 1935 der ›Apparat‹ neben der Partei auftut! Und Anton Ackermann wird seinen Grund dafür gehabt haben, als er erklärte, eher nach Sibirien geschickt zu werden, als daß er zulasse, daß Ulbricht seinen Machtapparat aufbaut und das Politbüro geschaffen wird. Trotzdem vollzog sich revolutionär ›volksdemokratisch‹ der Weg des Separatismus, in dem der ›Klassenkampf‹ in die Blockparteien, in die ganze Zone bis zum letzten Dorf getragen wurde ... Ich will offen bekennen, heute fällt mir der Entschluß leichter als vor einem halben Jahr. Damals hätte ich austreten müssen aus der SED, heute trete ich aus aus der ›Partei neuen Typus‹, richtiger aus der Ulbrichtschen KPD 1932. Denn das ist der Wandel, wie wir beides in den genannten drei Parteivorstandssitzungen erlebt haben.«[343]

Im September 1948 beschloß das Zentralsekretariat der SED, das Studium der Stalinschen ›Geschichte der KPdSU – Kurzer Lehrgang‹ (die Chruschtschow dann 1956 als Machwerk angriff) zur Basis der Parteischulung zu machen.[344] Das war ein deutliches Signal für die intensive Stalinisierung.

Diese wurde auch nachdrücklich von der SMAD forciert. Bei den Tagungen des Parteivorstandes der SED, die die Weichen für diesen Weg stellten, wandten sich erstmals die »Vertreter der SMAD als Organisation der KPdSU an die SED«.[345] Die SMAD förderte nicht nur die »innere Stärkung und Konsolidierung« der SED, der Historiker und damalige Mitarbeiter der SMAD, Drabkin, bestätigt verklausuliert, daß der »höchste Parteistab« und die »Mitarbeiter der SMAD, die sich mit diesen Fragen beschäftigten«, mit »Prinzipienfestigkeit« und »Elastizität« in den Prozeß der Stalinisierung eingriffen.[346] Konkret berichtet Drabkin, wie auf einer Sitzung der SMAD im Januar 1949 »mit W. Pieck, O. Grotewohl, W. Ulbricht in kleinem Kreise bei Marschall V. D. Sokolowskij« die »praktische Realisierung einer Reihe von Grundsätzen der Leninschen Lehre über die Partei auf der bevorstehenden I. Parteikonferenz der SED« besprochen und bestimmte Schritte »empfohlen« wurden, so die Einführung der Kandidatenzeit, die Aufhebung der

---

[343] Gniffke, Jahre mit Ulbricht, S. 364 ff.
[344] So sollte im »Massen-Selbststudium« der »Kurze Lehrgang« studiert werden, die »Politischen Bildungsabende« sollten »einzelne Kapitel« behandeln, an den Landesschulen war er ebenso wie auf der Parteihochschule »Karl Marx« zur »Grundlage der Lehrpläne« zu machen. Dokumente der SED, Bd. II, S. 128 ff.
[345] Kampfgemeinschaft SED-KPdSU, S. 323.
[346] Ebd., S. 53.

Parität und die Schaffung des Politbüros.[347] Die DDR-Geschichtsschreibung berichtet, daß »in den regelmäßig stattgefundenen Zusammenkünften der führenden Vertreter der SED und der SMAD in Berlin stets auch Grundfragen der politisch-ideologischen Arbeit beraten wurden«.[348] Auf einer solchen Tagung am 8. Mai 1948 hatte der Leiter der Informationsabteilung der SMAD, S. I. Tulpanow, das Referat gehalten,[349] womit ganz offensichtlich der Beginn der offenen Kampagne zur Umwandlung der SED in eine »Partei neuen Typus« eingeleitet wurde.

Die Übertragung der Strukturen der KPdSU auf die SED mit den Führungsorganen Politbüro, Sekretariat und ZK-Apparat, dem zentralistischen und hierarchischen Aufbau der Organisation, den Kompetenzen des hauptamtlichen Apparats und den Mechanismen und Arbeitsmethoden sowie insbesondere der »Kaderarbeit« mit der »Nomenklatur« wurde von der Stalinschen Führung auch über die SMAD gesteuert. Die SMAD spielte also auch bei der Umwandlung der SED zu einer stalinistischen Partei nach dem Vorbild der KPdSU eine maßgebliche Rolle, auch wenn die Praktiken der deutschen Kommunisten nicht unterschätzt werden dürfen.

Die 1. Parteikonferenz der SED, die vom 25. bis 28. Januar 1949 tagte, war ein Höhepunkt der Stalinisierungs-Kampagne. Die 384 Delegierten nahmen nach Referaten von Pieck, Ulbricht und Grotewohl eine Resolution über die »nächsten Aufgaben der SED« an. In dieser Entschließung wurde die Umformung der SED zu einer »Partei neuen Typus« zur Hauptaufgabe der Partei erklärt: »Die SED steht heute vor der großen historischen Aufgabe, den demokratischen Neuaufbau in der Ostzone zu festigen und von dieser Basis aus den Kampf für die demokratische Einheit Deutschlands, für den Frieden und für die fortschrittliche Entwicklung zu verstärken. Die Partei kann diese Aufgabe nur erfüllen, wenn sie unermüdlich weiter daran arbeitet, die SED zu einer Partei neuen Typus, zu einer marxistisch-leninistischen Kampfpartei zu entwickeln. Vorwärts unter dem unbesiegbaren Banner von Marx, Lenin und Stalin!«[350]

---

[347] Ebd., S. 54.
[348] Heinz Voßke, Über die politisch-ideologische Hilfe der KPdSU, der Sowjetregierung und der SMAD für die deutsche Arbeiterklasse in den ersten Nachkriegsjahren. Beiträge zur Geschichte der Arbeiterbewegung 14 (1972), S. 736.
[349] Ebd., S. 737.
[350] Protokoll der 1. Parteikonferenz der SED. 25.–28. Januar 1949 in Berlin. Berlin (Ost) 1949, S. 530f.

Für die »Partei neuen Typus« nannte Grotewohl sechs Merkmale: »Was heißt Partei neuen Typus? Das heißt:
1. Die marxistisch-leninistische Partei ist die bewußte Vorhut der Arbeiterklasse.
2. Die marxistisch-leninistische Partei ist die organisierte Vorhut der Arbeiterklasse.
3. Die marxistisch-leninistische Partei ist die höchste Form der Klassenorganisation des Proletariats.
4. Die marxistisch-leninistische Partei beruht auf dem Grundsatz des demokratischen Zentralismus.
5. Die marxistisch-leninistische Partei wird durch den Kampf gegen den Opportunismus gestärkt.
6. Die marxistisch-leninistische Partei ist vom Geiste des Internationalismus durchdrungen.«[351]

Die Entschließung der Parteikonferenz konkretisierte diese Thesen. Der »demokratische Zentralismus« avancierte zum Prinzip des Parteiaufbaus, Fraktionen und Gruppierungen in der SED wurden streng untersagt. Da die SED keine »opportunistische Partei« westlicher Prägung sein sollte, schrieb sie den Kampf gegen den »Sozialdemokratismus« auf ihre Fahnen. Das Bekenntnis zur KPdSU Stalins und zur »führenden Rolle« der Sowjetunion wurde für alle SED-Mitglieder verpflichtend. »Kontrollkommissionen« überwachten die »Reinheit« der Partei, Sozialdemokraten wurden aus Funktionen verdrängt, und Verhaftungen sogenannter Agenten schufen eine Atmosphäre der Angst, in der die geforderte Parteidisziplin einen hierarchischen Zentralismus begünstigte.

Entsprechend dem sowjetischen Beispiel wurden Kaderabteilungen eingeführt, die mit dem »Nomenklatursystem« für Funktionäre die innere Demokratie durch Besetzung der Positionen von oben nach unten ersetzte. Die Leitung der Partei übernahm nach einem Beschluß der 16. Tagung des Parteivorstandes vom 24. Januar 1949 ein Politbüro.[352]

Dieser neuen Spitzenführung gehörten die Kommunisten Wilhelm Pieck, Franz Dahlem, Walter Ulbricht und Paul Merker sowie die ehemaligen Sozialdemokraten Otto Grotewohl, Friedrich Ebert und Helmut Lehmann als Mitglieder an. Kandidaten wurden Anton Ackermann und Karl Steinhoff. Die Kommunisten überwogen nun. Fechner war aus der Führung ver-

---

[351] Ebd., S. 378. Neues Deutschland, Nr. 23 vom 28. 1. 1949.
[352] Protokoll, ebd., S. 547. Neues Deutschland, Nr. 25 vom 30. 1. 1949.

drängt, Paul Merker (1894–1969) von Beruf Kellner, hatte sich 1920 mit der linken USPD der KPD angeschlossen. Er war seit 1923 hauptamtlicher Sekretär, von 1928 bis 1930 Mitglied des Politbüros der Partei, dann wegen »Linksabweichung« abgesetzt. In der Emigration wieder in der Parteiführung, flüchtete er 1942 nach Mexiko und kam 1946 zurück. Er wurde 1950 aus der SED ausgeschlossen, 1952 verhaftet, aber 1956 wieder entlassen und rehabilitiert. Er bekam keine politischen Funktionen mehr.

Friedrich Ebert (1894–1979) war der älteste Sohn des späteren Reichspräsidenten Ebert. Seit 1913 in der SPD, war er in der Weimarer Republik Redakteur an Parteizeitungen und von 1928 bis 1933 MdR, 1945 wieder in der SPD, dann Vorsitzender der SED in Brandenburg. Von 1948 bis 1967 war er Oberbürgermeister von Ost-Berlin; er gehörte bis zu seinem Tode dem Politbüro an.

Neu geschaffen wurde das »Kleine Sekretariat« des Politbüros unter Vorsitz Ulbrichts, in das wurde u. a. auch Edith Baumann (1909–1973) aufgenommen. Sie wurde 1927 Mitglied der SPD, 1931 der SAP und war von 1933 bis 1936 inhaftiert. 1945 wieder in der SPD, war sie von 1946 bis 1949 stellvertretende Vorsitzende der FDJ; sie war einige Jahre mit Erich Honecker verheiratet. Bis 1953 war sie Sekretär des ZK, dann der Berliner SED.

Mit der Parteikonferenz vom Januar 1949 war die erste Transformationsphase der SED abgeschlossen. Freilich wurde offiziell die SBZ noch nicht zur »Volksdemokratie« erklärt, sondern das Streben nach der Einheit Deutschlands wieder stärker in den Vordergrund gerückt. Doch das war lediglich ein vorübergehendes Bremsen, noch im gleichen Jahr 1949 wurde die DDR ausgerufen.

Im Februar 1949 führte das Politbüro der SED entsprechend einem Beschluß der 16. Tagung des Parteivorstandes eine »Kandidatenzeit« ein. Erst nach einer Bewährungszeit von einem Jahr konnte ein Antragsteller Parteimitglied werden. Auch das bedeutete eine Angleichung an die KPdSU. In ›Richtlinien‹ dazu hieß es: »Die Kandidaten müssen sich mit den ›Grundsätzen und Zielen‹ der SED bekannt machen, an der praktischen Parteiarbeit teilnehmen und regelmäßig ihre Parteibeiträge entrichten. Die Kandidaten sind ebenso wie die Mitglieder verpflichtet, immer und überall, wo sie sich befinden, besonders an ihren Arbeitsplätzen, zu helfen, die Politik der Partei und die Beschlüsse der Parteileitungen durchzuführen, die Versammlungen der Parteigruppe zu besuchen und die Parteidisziplin zu wahren. Wachsamkeit gegenüber feindlichen Elementen und Agenten, um die Partei sowie das Volkseigentum vor Sabotage und anderen Schäden zu schützen, ist genau so die Pflicht der Kandidaten, wie es die der Mitglieder ist.«[353]

Im ›Schulungsheft der SED‹ zum »Politischen Bildungsabend« wurden die Parteimitglieder z. B. im März 1949 entsprechend instruiert: Die »Partei Lenins und Stalins« war danach Vorbild für alle revolutionären Arbeiterparteien. Die SED hätte nach den »bitteren Lehren« der letzten drei Jahrzehnte ganz besondere Veranlassung, von der UdSSR und dem »anerkannten Lehrer der Arbeiterklasse in allen Ländern«, Stalin, zu lernen.[354]

Allerdings mußte Ulbricht auf der Organisationskonferenz im Juni 1949 weiterhin »ideologische Schwankungen« feststellen, so in Thüringen, aber auch »bei einigen Genossen auf der Parteihochschule auf Grund der Tätigkeit des Trotzkisten Leonhard«.[355] Ulbricht kritisierte auch, daß die SED-Mitglieder vielerorts bei Diskussionen »antisowjetischen Auffassungen« nicht entgegenträten und die UdSSR nicht verteidigten.[356] Eine gründliche »Kaderarbeit«, vor allem die Heranziehung und Förderung junger Kräfte sowie eine stärkere »systematische Anleitung und Kontrolle der unteren Organisationen« konnte laut Ulbricht die Arbeit der »Partei neuen Typus« verbessern.

Mit der Einschwörung auf Stalin, der Zurückdrängung der Sozialdemokraten und damit Führung der Partei durch die Kommunisten sowie dem Prinzip des »demokratischen Zentralismus« knüpfte die SED an die Tradition der alten KPD an. Zugleich waren nun alle Vorbereitungen getroffen, als Staatspartei in einem – am Modell der Sowjetunion orientierten – deutschen Teilstaat die Macht zu übernehmen.

---

[353] Richtlinien zum Beschluß über die Einführung einer Kandidatenzeit in der SED. Beschluß des Politbüros der SED vom 8. April 1949. Hrsg. v. d. Org.-Abteilung des PV der SED. o. O. u. J. (Berlin 1949), S. 3.
[354] Sozialistische Bildungshefte 4 (1949) Heft 3: Lenin und der Leninismus, S. 12.
[355] Die Organisationsarbeit der SED. Reden von Walter Ulbricht und Paul Verner auf der Organisationskonferenz der SED (7. und 8. Juni 1949). Berlin 1949, S. 19.
[356] Ulbricht auf der 18. Tagung des PV der SED im Mai 1948, in: Walter Ulbricht, Zur Geschichte der deutschen Arbeiterbewegung. Bd. III: 1946–1950, Zusatzband. Berlin (Ost) 1971, S. 709f.

3. Kapitel
Stalinisierung der DDR 1949–1953

Die Verschärfung des Kalten Krieges führte zu einer vertieften Spaltung Deutschlands, die politischen, gesellschaftlichen, kulturellen und auch die wirtschaftlichen Bindungen zwischen den beiden 1949 geschaffenen deutschen Staaten wurden schrittweise gelockert und schließlich gelöst. Die aus einem Besatzungsgebiet entstandene DDR blieb in der Abhängigkeit von der Sowjetunion. Wie die übrigen »Volksdemokratien« wurde nun auch die DDR nach dem Vorbild der UdSSR umgestaltet. Unter maßgeblicher Führung Ulbrichts galt die Sowjetunion der DDR nicht nur als Modell ihrer Gesellschaftsordnung und für den Neuaufbau ihres Staates, es wurden darüber hinaus die Methoden des stalinistischen Herrschaftssystems der UdSSR übernommen (abgesehen von geringfügigen Modifizierungen wie z. B. das formal beibehaltene Mehrparteiensystem oder die zunächst noch überwiegend private Landwirtschaft).

Anfänge der DDR

Nach der Regierungsbildung im Oktober 1949 ging die DDR-Führung zielstrebig dazu über, den Staatsapparat auszubauen. Rasch zeigte sich, daß zwischen der gerade angenommenen Verfassung und der Realität des Staates keineswegs Übereinstimmung herrschte. Die Verfassung der DDR von 1949[1] unterschied sich in den meisten Teilen nur wenig von »bürgerlich-demokratischen« Verfassungen, in vielen Passagen war das Vorbild der Weimarer Verfassung erkennbar. Insgesamt wurden in drei Abschnitten die Grundlagen der Staatsgewalt, ihr Inhalt und ihre Grenzen sowie ihr Aufbau definiert. Deutschland war danach eine unteilbare Republik, die sich auf die Länder stützte. Die Verfassung sah eine zentralistische Staatsform vor, mit dem Parlament – der Volkskammer – als »höchstem Organ der Re-

---

[1] Die Verfassung ist mehrfach veröffentlicht, vgl. z. B. Herwig Roggemann, Die DDR-Verfassungen. Berlin (West) 1976, S. 174 ff. Dort finden sich auch die späteren Veränderungen (S. 202 ff.). Vgl. auch Siegfried Mampel, Die Verfassung der Sowjetischen Besatzungszone Deutschlands. 2. Aufl. Frankfurt a. M. 1966.

publik« (Art. 50). Damit sollten die Gewaltenkonzentration und die Abkehr vom Prinzip der Gewaltenteilung demonstriert werden. Allerdings schrieb die Verfassung die »allgemeine, gleiche, unmittelbare und geheime Wahl« der Abgeordneten nach »den Grundsätzen des Verhältniswahlrechts« vor (Art. 51). Artikel 3 bestimmte nicht nur, daß alle Staatsgewalt vom Volke ausgeht, sondern verfügte auch: »Die Staatsgewalt muß dem Wohl des Volkes, der Freiheit, dem Frieden und dem demokratischen Fortschritt dienen. Die im öffentlichen Dienst Tätigen sind Diener der Gesamtheit und nicht einer Partei.« Entsprechend garantierte die Verfassung die Grundrechte des Bürgers (Rede-, Presse-, Versammlungs- und Religionsfreiheit, das Postgeheimnis usw. – Art. 8, 9, 41). Artikel 14 besagte: »Das Streikrecht der Gewerkschaften ist gewährleistet.« Artikel 22 schützte das Eigentum.

Eine Besonderheit der Verfassung war der später bekanntberüchtigte Artikel 6, der neben Bekundung von Glaubens-, Rassen- und Völkerhaß sowie Kriegshetze auch »Boykotthetze gegen demokratische Einrichtungen und Organisationen ... und alle sonstigen Handlungen, die sich gegen die Gleichberechtigung richten«, als »Verbrechen im Sinne des Strafgesetzbuches« definierte. Mit Hilfe dieser Leerformeln in Artikel 6 konnte die SED in der Folgezeit durch entsprechende Auslegung alle Gegner, jede Form von Opposition, strafrechtlich verfolgen lassen.

Gleichzeitig mit der Staatsgründung erfolgte die Bildung der »Nationalen Front des demokratischen Deutschland«. Am 4. Oktober 1949 hatte die SED die »Plattform der Nationalen Front des demokratischen Deutschland« vorgelegt und der Volkskongreßbewegung die Aufgabe gestellt, »zur Schaffung und Festigung der Nationalen Front des demokratischen Deutschland breite patriotische Kreise um sich zu sammeln« und sich in Ausschüsse der Nationalen Front umzugestalten.[2]

Alle Parteien und Massenorganisationen schlossen sich in der Nationalen Front zusammen. Die SED beherrschte von Anfang an die Büros (d. h. Sekretariate) der Nationalen Front und konnte dadurch die anderen Parteien und Massenorganisationen direkt lenken und stärker kontrollieren. Durch die Einrichtung sogenannter Hausgemeinschaften erfaßte die Nationale

---

[2] Dokumente der Sozialistischen Einheitspartei Deutschlands. Bd. II. Berlin (Ost) 1952, S. 375.

Front auch die politisch Unorganisierten, ihre »Aufklärungs-Lokale« spielten als Agitationszentren selbst im entlegensten Dorf eine große Rolle. Ganz besonders aber sollte sich die Nationale Front in der Westarbeit bewähren, d. h. »nationale Kreise« in der Bundesrepublik für sich gewinnen.

Im Januar 1950 nahm das »Sekretariat der Deutschen Volkskongreßbewegung« Stellung zu der angeblich »aus allen Kreisen der Bevölkerung erhobenen Forderung«, die Nationale Front organisatorisch zu festigen. Das Sekretariat konstituierte sich als »Sekretariat der Nationalen Front des demokratischen Deutschland« und bildete entsprechende Landes-, Kreis- und Ortsausschüsse. Vorsitzender des Sekretariats blieb Wilhelm Koenen, später wurden von den sechs Mitgliedern des Sekretariats drei (Paul Merker, Georg Dertinger und Karl Hamann) als »Feinde« inhaftiert.[3]

Am 15. Februar 1950 beschloß der Nationalrat, ein weiteres Führungsgremium der Nationalen Front, ein Programm, dessen Hauptforderung lautete: »Schaffung eines einheitlichen, demokratischen, friedliebenden und unabhängigen Deutschlands und Wiederherstellung der politischen und wirtschaftlichen Einheit Berlins als der Hauptstadt Deutschlands.«[4] Dies waren nur verbale Bekundungen, in der Praxis wurde die Spaltung nämlich gerade durch den Aufbau des neuen Staatsapparates vorangetrieben. Entsprechend dem Strukturplan der Regierung war dem Sekretariat des Ministerpräsidenten Grotewohl die Zentrale Kommission für Staatliche Kontrolle, das Amt für Information und das Amt für Reparationen zugeordnet. Zum Bereich des Sekretariats des Stellvertretenden Ministerpräsidenten Ulbricht gehörte das Amt für Jugendfragen, während sein CDU-Kollege Nuschke für die Verbindung zu den Kirchen zuständig war. Der Regierungskanzlei angeschlossen waren die Abteilung Personal, die zentrale Verschlußsachenabteilung und die Hauptabteilungen Allgemeine Verwaltung und Regierungsangelegenheiten. Die Hauptabteilungen der einzelnen Ministerien waren entsprechend der Aufgabenstellung gegliedert, so z. B. im Ministerium für Auswärtige Angelegenheiten (Dertin-

---

[3] Nationale Front des demokratischen Deutschland. Informationsdienst 3 (1950) Nr. 8, S. 3. Weitere Mitglieder des Sekretariats waren Friedel Malter, Vincenz Müller und Paul Scholz.

[4] Vom Deutschen Volkskongreß zum Nationalkongreß. Hrsg. Sekretariat der Nationalen Front des demokratischen Deutschland. O.O.u.J. (Berlin 1950), S. 42.

ger): Politische Angelegenheiten, Personalpolitik, Wirtschaftspolitik, Kulturpolitik, Recht, Konsularische Angelegenheiten, Allgemeine Verwaltung und die Abteilungen Verschlußsachen, Protokoll, Presse sowie Schulung.[5]

Bei der Vergabe der Positionen in den Ministerien zeigte sich bald, daß die SED die Personalpolitik bestimmte. Die anderen Parteien hatten zwar die Wichtigkeit der Stellenbesetzungen erkannt, blieben aber ohne wesentlichen Einfluß auf die Personalentscheidungen. Die CDU-Fraktion setzte einen »Personalausschuß« ein, der am 18. Oktober 1949 erstmals zusammentrat und vom Stellvertretenden Ministerpräsidenten Nuschke einen »Stellenplan sämtlicher Ministerien« mit »der Parteizugehörigkeit der Stelleninhaber« forderte. Die Fraktion sollte einen Gesetzentwurf erarbeiten, damit die »Personaleinstellung in allen Regierungs- und Verwaltungsstellen im Geiste der Blockpolitik vorgenommen« werde.[6] In der Fraktionssitzung vom 19. Oktober 1949 gab Nuschke zu bedenken »ob wir genügend geeignete Menschen für diese Aufgaben haben würden. Das bisherige Ergebnis ist erschütternd. Es melden sich fast ausschließlich ›abgeschossene‹ Unionsmitglieder.« Hingegen meinte der Abgeordnete Teubert-Dresden, bisher hätten nach den Richtlinien der DWK über jeden Bewerber Informationen bei der SED eingezogen werden müssen, die »dann meist negativ ausfielen. Es ist doch so: jeder CDU-Mann, der aktiv tätig ist, wird irgendwo bei der SED angerempelt haben, ohne dabei den Grundsätzen der CDU untreu gewesen zu sein. Dieser Zustand muß aufhören, sonst kann die ganze Aktion keinen Erfolg haben.«[7] Doch die SED behielt das Privileg, die personalpolitischen Entscheidungen im Staatsapparat zu treffen. Die Angehörigen der anderen Parteien mußten unter diesen Umständen kooperationsbereit und loyal sein, und so gelang es der SED auf diese Parteien selbst einzuwirken.

Am 7. Dezember 1949 beschloß die Provisorische Volkskammer ein Gesetz über die Errichtung des Obersten Gerichts und der Obersten Staatsanwaltschaft in der DDR. Von der LDPD-

[5] Strukturplan der Sowjetzonenregierung. Hrsg. v. Bundesminister für gesamtdeutsche Fragen, 27. 2. 1950. Staatsarchiv Bremen, Senats-Registratur. R.1.0. Nr. 17.
[6] Verhandlungsniederschrift über die 1. Sitzung des Personalausschusses der CDU-Fraktion. 18. 10. 1949. BA Koblenz, NL Kaiser 8.
[7] Vermerk. Fraktionssitzung der Volkskammerfraktion der CDU am 19. 10. 1949 betr. Personalpolitik. BA Koblenz, NL Kaiser 8.

Fraktion kam ein eigener Entwurf, nach dem das Oberste Gericht in der Tradition des deutschen Reichsgerichts fortgeführt werden sollte. Der Rechtsausschuß der Volkskammer einigte sich dann auf eine Fassung, die im wesentlichen dem Regierungstext entsprach. Das Oberste Gericht hatte danach in Straftaten von »überragender Bedeutung« in erster und letzter Instanz zu entscheiden und wirkte als Kassationsgericht. Vor allem: die Oberste Staatsanwaltschaft wurde selbständiges Organ und der sowjetischen Prokuratur angeglichen. Damit war ein erster Schritt zur Neuordnung der gesamten Gerichtsverfassung getan. Das Oberste Gericht wurde (auch bei zahlreichen Schauprozessen) maßgebliche Instanz für die Auslegung der Verfassung (Art. 6) und damit gleichzeitig für die Festigung des Systems. Gerichte sollen allein 1950 über 78 000 politische Angeklagte verurteilt haben, darunter 15 zum Tode. Gerade in der Phase der Übertragung des Sowjetsystems spielten also politischer Druck und Terror eine große Rolle.[8]

Das Ministerium des Innern wurde entsprechend erweitert, eine zentrale Staatliche Kontrolle beim Ministerpräsidenten geschaffen und die Deutsche Volkspolizei als zentral geleitetes bewaffnetes Organ ausgebaut – bis 1950 wuchsen die »Bereitschaften« der Kasernierten Volkspolizei (KVP) auf 50 000 Mann an.

Zum wichtigsten Instrument der SED entwickelte sich der Staatssicherheitsdienst (SSD). Das Ministerium für Staatssicherheit (MfS), das auf Beschluß der Volkskammer am 8. Februar 1950 gegründet worden war, unterstand als selbständiger Apparat nur dem Politbüro der SED. Mit einem weitverzweigten Netz von Agenten überwachte der SSD das öffentliche Leben und half mit, jede Opposition bereits im Keim zu ersticken und auszuschalten.[9]

Schließlich bot das von der Volkskammer im Dezember 1950 verabschiedete »Gesetz zum Schutz des Friedens« der SED die Voraussetzung, gegen Oppositionelle vorzugehen. Danach mußte z. B. strafrechtlich verfolgt werden, wer »gegen Teilnehmer am Kampf für den Frieden ... hetzt«.[10] Da die DDR-

---

[8] Vgl. dazu Karl Wilhelm Fricke, Politik und Justiz in der DDR. Zur Geschichte der politischen Verfolgung 1945–1968. Köln 1979. S. 155 ff.
[9] Vgl. dazu Karl Wilhelm Fricke, Die DDR-Staatssicherheit. Entwicklung, Strukturen, Aktionsfelder. Köln 1982.
[10] Tägliche Rundschau, Nr. 294 (1712) vom 16. 12. 1950.

Führung den Anspruch erhob, allein für den Frieden aktiv zu sein (in einer Regierungserklärung behauptete Grotewohl, »Adenauer und Schumacher wollen den dritten Weltkrieg«),[11] war jede – als »Hetze« abqualifizierte – Kritik an den Herrschenden in der DDR zu bestrafen.

Der SED gelang es, den gesamten Staatsapparat systematisch mit ergebenen Kadern zu besetzen. Im Jahre 1948 gehörten knapp 44 Prozent der Mitarbeiter des Staatsapparates in der SBZ der Einheitspartei an, ebensoviele waren parteilos, je fünf Prozent waren Mitglieder der CDU und der LDPD, je 0,3 Prozent der NDPD und der DBD.[12] In den folgenden Jahren wuchs die Zahl der SED-Mitglieder (aber auch der NDPD- und DBD-Mitglieder) im Staatsapparat stark an, vor allem die »Kommandohöhen« gingen ganz in SED-Hände über. Rückblickend stellte die DDR-Geschichtsschreibung fest: »Ebenso wie in der Regierung übernahmen im gesamten Staats- und Wirtschaftsapparat erfahrene und im Klassenkampf bewährte Mitglieder der SED die entscheidenden Positionen.«[13]

Ebenso wird inzwischen bestätigt, was damals fast geheim praktiziert wurde: Die SED »betonte, daß alle in staatlichen Organen tätigen Mitglieder der SED der Disziplin der Partei unterstehen und verpflichtet sind, die Beschlüsse der Partei durchzuführen«.[14] Auf diese Weise konnte die Vormachtstellung der Partei im Staat gesichert werden.

Das bewiesen auch die Wahlen vom Oktober 1950. Hatte die CDU-Führung noch im Oktober 1949 ihre Beteiligung an der Regierung und die Zustimmung zur Verschiebung der Wahlen damit begründet, daß Wahlen nach Einheitslisten verhindert würden, so wichen CDU und LDP jetzt auch hier schrittweise zurück. Zunächst blieb die Konferenz der Parteiführer im März 1950, auf der ein Gedankenaustausch stattfand, ohne konkretes Ergebnis.[15]

Auf einer Sitzung des zentralen Blocks am 28. März 1950 kam es zu heftigen Auseinandersetzungen. Die Vertreter von SED,

[11] Tägliche Rundschau, Nr. 63 (1786) vom 15. 3. 1951.
[12] K. H. Schöneburg, R. Mand, H. Leichtfuß, K. Urban, Vom Werden unseres Staates. Eine Chronik. Bd. 1. Berlin (Ost) 1966, S. 332.
[13] DDR. Werden und Wachsen. Berlin (Ost) 1974, S. 160.
[14] Geschichte der Sozialistischen Einheitspartei Deutschlands. Abriß. Berlin (Ost) 1978, S. 226.
[15] Manfred Koch, Der Demokratische Block. In: Hermann Weber (Hrsg.), Parteiensystem zwischen Demokratie und Volksdemokratie. Köln 1982, S. 292.

FDGB, NDP und DBD waren ohne Einschränkungen für die Einheitsliste. Für die CDU stimmten Nuschke und Dertinger mit Vorbehalten zu, während für die LDP Hamann und Kastner sich widersetzten.[16] In der Mitteilung über die Sitzung war daher von gemeinsamen Wahllisten auch noch nicht die Rede.[17] Indessen blieb die SED bei ihrer Forderung, die Wahlen zur Volkskammer und zu den Landtagen mit einem gemeinsamen Programm und einer Einheitsliste aller Parteien und Massenorganisationen unter Federführung der Nationalen Front abzuhalten. Dabei griff sie zu ihrer alten Taktik, »zentral zunächst nicht mögliche Entscheidungen durch Druck von unten doch noch herbeizuführen«.[18] So hatte der Landesblock Sachsen schon am 13. März 1950 ein »gemeinsames Wahlprogramm« gefordert und trat am 20. April dann auch für gemeinsame Kandidatenlisten ein.[19] Nach heftigen Dikussionen sowie Säuberungen in CDU und LDP beschloß der zentrale Block schließlich am 16. Mai »in voller Einmütigkeit« die »gemeinsame Kandidatenliste der Nationalen Front des demokratischen Deutschland zu den Wahlen am 15. Oktober 1950.«[20] Damit war die Abkehr vom Parteienstaat endgültig vollzogen. Die Parlamentssitze wurden im Juli 1950 vom »Block« nach einem generellen Schlüssel aufgeteilt. Danach erhielten die SED 25 Prozent, CDU und LDPD je 15 Prozent, NDPD und DBD je 7,5 Prozent der Abgeordneten, der Rest von 30 Prozent verteilte sich auf die Massenorganisationen. Gerade über deren Sitze aber entschied die SED, wie ein Dokument beweist. Die SED-Kreisleitung Rostock (Abt. Kader) teilte am 8. August 1950 ihrer Ortsgruppe Karlsruhe mit: »Die von Euch vorgeschlagenen Kandidaten der SED und örtlichen Massenorganisationen Rutenberg, Fredi; Draeger, Fritz; Hoth, Johann; Büsselberg, Walter; Henze, Marthe; Pastow, Wilhelm; Wegner, Erich

---

[16] Nach dem Bericht eines offensichtlichen »Insiders« aus Ost-Berlin vom März 1950, der sich in den Akten des Ostbüros der SPD befindet. AdsD (Ostbüro), 0302.
[17] Neues Deutschland, Nr. 76 vom 30. 3. 1950.
[18] Koch, Der Demokratische Block, S. 292.
[19] Vgl. das Dokument, ebd., S. 335.
[20] Neues Deutschland, Nr. 113 vom 17. 5. 1950. Koch, ebd., S. 336. Entsprechende Beschlüsse unterer Block-Ausschüsse folgten; z. B. beschloß der »Block« im Kreis Luckenwalde Mitte Mai ein »gemeinsames Wahlprogramm« und am 10. Juni »gemeinsame Aufstellung von Kandidatenlisten«. Vgl. Luckenwalder Nachrichten. Amtliches Informationsblatt des Kreises Luckenwalde, Nr. 20 vom 19. 5. 1950 und Nr. 24 vom 16. 6. 1950.

sind von der Kaderabteilung der SED-Kreisleitung Rostock in Zusammenarbeit mit den verantwortlichen Leitern der Massenorganisationen geprüft und bestätigt worden. Auf Grund der Struktur Eurer Gemeinde habt Ihr 9 Gemeindevertreter zu wählen. Wir bitten Euch, die beiden noch fehlenden Vertreter uns sofort mitzuteilen. Wir bitten, dann die Kandidaten unserer Partei im Block bekanntzugeben und gleichzeitig die Massenorganisationen zu veranlassen, dasselbe zu tun.«[21]

Dies war kein Einzelfall, die SED konnte auf allen Ebenen nicht nur über ihre Kandidaten (25 Prozent), sondern auch die der Massenorganisationen (30 Prozent) bestimmen, und sie nahm darüber hinaus auch Einfluß auf die Kandidatenaufstellung von NDP und DBD, letztlich also auf zwei Drittel der Wahlvorschläge.

Die Kandidatenlisten ließen z. B. auch erkennen, wie weit die Säuberungen in den Parteien inzwischen fortgeschritten waren. Von den 32 LDPD-Mitgliedern des Thüringer Landtags kandidierte keiner mehr, von den 20 CDU-Abgeordneten in Thüringen waren nur noch vier übriggeblieben. Von den 100 Abgeordneten, die im Jahre 1946 in den Landtag von Brandenburg gewählt worden waren, standen nur mehr neun auf der Einheitsliste von 1950, in Mecklenburg wurden von den 90 Abgeordneten noch zehn aufgestellt. Im Land Sachsen-Anhalt war auf der Kandidatenliste nicht ein einziger mehr verzeichnet, der bei der letzten Wahl im Jahre 1946 gewählt worden war.[22] Zur Vorbereitung der »Wahlen« wurde ein riesiger Propagandaaufwand betrieben. Das »Wahl-Programm« der Nationalen Front hatte die Wahl zu einer Abstimmung »für den Frieden« hochstilisiert: »Der Wunsch nach Frieden eint das ganze Volk, gleich welcher Weltanschauung, ob Arbeiter oder Bauer oder Bürger. Im Kampf um den Frieden haben sich alle Parteien und alle Organisationen in der Deutschen Demokratischen Republik zum einheitlichen Wahlvorschlag zusammengefunden; denn jede Spaltung des demokratischen Lagers gefährdet den Frieden. Das hat uns die Vergangenheit gelehrt. Darum stimmt am 15. Oktober für den einheitlichen Wahlvorschlag der Nationalen Front, das heißt für den Frieden, damit nie mehr eine Mut-

---

[21] SED-Kreisleitung Rostock. Brief vom 8. 8. 1950 an die SED-Ortsgruppe Karlsruhe. AdsD (Ostbüro), 0357 II.
[22] Der große Wahlbetrug am 15. Oktober 1950 in der sowjetischen Besatzungszone. Dokumente und Tatsachen. Bonn o. J. (1950), S. 3.

ter ihren Sohn beweint und ein Leben in Frieden, Glück und Wohlstand aufgebaut werden kann.«[23]

Schließlich wurden die Oktoberwahlen gar als »frei und demokratisch« bezeichnet. So sagte Präsident Pieck auf dem I. Nationalkongreß der Nationalen Front im August 1950: »Unsere Wahlen werden frei sein von Kriegshetze und Kriegsvorbereitungen – sie werden dem Frieden und der Freundschaft mit allen friedliebenden Völkern dienen. Unsere Wahlen werden frei sein von der antibolschewistischen Kriegshetze – sie werden die Freundschaft unseres Volkes mit der großen und mächtigen Sowjetunion festigen. Unsere Wahlen werden frei sein von Zersplitterung und gegenseitiger Hetze – sie werden der Einheit der Nation, der Einheit Deutschlands dienen ... Unsere Wahlen werden also die am weitgehendsten freien und demokratischen Wahlen sein, die jemals in Deutschland durchgeführt wurden. Sie werden unser ganzes Volk zusammenschließen im Bekenntnis zum Frieden, zur nationalen Einheit, zur Festigung der Deutschen Demokratischen Republik, zu Aufstieg und Wohlstand durch die Verwirklichung unseres großen Fünfjahrplans. Unsere Arbeit und unser Kampf in der Nationalen Front des demokratischen Deutschland gilt dem Glück unseres Volkes, der nationalen Einheit, der Freiheit und der Demokratie unseres Vaterlandes.«[24]

Und ausgerechnet Otto Nuschke, der ein Jahr vorher die CDU mit seinem »Kampf« gegen Einheitslisten beschwichtigt hatte, begründete nun: »Warum Einheitslisten für die Volkswahlen«, wobei er neben Allgemeinplätzen die »drohende Weltsituation« beschwor und sagte: »Wir können uns den Luxus nicht leisten, getrennt zu den Wahlen zu marschieren. Wir wissen aber, daß gerade in dieser Einigkeit aller Richtungen jetzt ein großes wirtschaftliches und politisches und letzten Endes auch moralisches Plus liegt.«[25]

An den Tagen vor der Wahl trommelten alle Parteien und Organisationen, um eine hohe Wahlbeteiligung zu erreichen. Nun wurde sogar »offene Stimmabgabe« propagiert, verkündet, daß »Fanfarengruppen wecken« würden, und »Einsatzpläne« wurden geschmiedet.[26] So brachten denn die Wahlen am

[23] Nationale Front des demokratischen Deutschland. Informationsdienst 3 (1950) Nr. 14/15, S. 3.
[24] Ebd., S. 27.
[25] Ebd., S. 39.
[26] Vgl. z. B. Junge Welt, Nr. 78 vom 13. 10. 1950.

15. Oktober 1950, die – unter Bruch der Verfassung – in vielen Orten nicht mehr geheim, sondern offen durchgeführt wurden, das bei sowjetischen Abstimmungen übliche Resultat: 98,73 Prozent Wahlbeteiligung, 99,72 Prozent »Ja«-Stimmen für die Einheitsliste. Doch die Flüchtlingszahlen der folgenden Jahre bewiesen nachdrücklich die Brüchigkeit solcher Treuebekenntnisse der Wähler und den berechtigten Zweifel an der Legitimation der so Gewählten.

In der Volkskammer erhielt die Fraktion der SED 100 Sitze, CDU und LDPD bekamen je 60 Mandate, der FDGB 40, NDPD und DBD je 30, FDJ und Kulturbund je 20, DFD und VVN je 15 und VdgB und Genossenschaften je fünf Sitze. Da die meisten Abgeordneten der Massenorganisationen der SED angehörten, verfügte die SED wieder über die absolute Mehrheit. Auch die neue Regierung spiegelte den verstärkten Einfluß der SED wider. Unter Ministerpräsident Grotewohl stellte die SED jetzt von fünf Stellvertretern zwei (Ulbricht und Rau). Das im Februar 1950 geschaffene Ministerium für Staatssicherheit (Zaisser, SED) sowie die neugebildeten Ministerien für Maschinenbau (Ziller, SED) und Leichtindustrie (Feldmann, NDPD) sowie die Aufteilung des Ministeriums für Arbeit und Gesundheitswesen (Arbeitsminister Chwalek, SED) stärkten die SED-Dominanz im Kabinett. Wesentlich aber war, daß nunmehr die Beschlüsse des SED-Politbüros für die Regierung verbindlich waren (auch wenn das offiziell noch nicht eingestanden wurde).

Die Landesregierungen wurden drastisch umgebildet, die SED stellte nun in allen fünf Ländern den Ministerpräsidenten und wieder den Innenminister. Auch auf dieser Ebene wuchs das Übergewicht der SED, vor allem aber ging durch die stetige Zentralisierung die Bedeutung der unteren Staatsorgane permanent zurück. 1950 fand – nach späterer DDR-Darstellung – »der Prozeß der Errichtung der Arbeiter- und Bauern-Macht als einer Staatsmacht vom Typ der Diktatur des Proletariats im wesentlichen seinen Abschluß«.[27]

---

[27] DDR. Werden und Wachsen, S. 191.

Wandel des Parteiensystems

Voraussetzung für die – heute »Diktatur des Proletariats« oder »real existierender Sozialismus« genannte – Herrschaft der SED war eine weitere Veränderung des Parteiensystems. Dazu gehörte einmal die Entwicklung der SED zur »Partei neuen Typus« und zum andern die Umgestaltung des Parteiensystems zum Instrument der SED.

Vom 20. bis 24. Juli 1950 trat in Ost-Berlin der III. Parteitag der SED zusammen. Hinter dem Präsidium prangten riesige Porträts von Marx, Engels, Lenin und Stalin. Walter Ulbricht, inzwischen der starke Mann der SED und vom Parteitag zum »Generalsekretär« gewählt, hielt das Hauptreferat über den Fünfjahrplan (1951–1955), durch dessen Erfüllung die Produktion des Jahres 1936 verdoppelt werden sollte. Die ›Grundsätze und Ziele‹ der Partei von 1946 wurden für überholt erklärt und ein neues Parteiprogramm angekündigt (das freilich erst 13 Jahre später, 1963, angenommen wurde). Wilhelm Pieck sagte im Rechenschaftsbericht des Parteivorstandes, die SED müsse ihre Politik so führen, »daß unsere Maßnahmen die Vereinigung des deutschen Volkes unter dem Banner des demokratischen und friedliebenden Deutschlands fördern«.[28]

Eine Entschließung des III. Parteitages forderte, die Festigung der SED zur »Partei neuen Typus« voranzutreiben. Beschleunigt werden sollte dieser Prozeß durch ein vom Parteitag verabschiedetes neues Parteistatut. Mit dem »demokratischen Zentralismus«, der in der Praxis weitgehend ein hierarchischer Zentralismus war, galt es, die Schlagkraft der Partei zu erhöhen. In ihrem Selbstverständnis begriff sich die SED als »die Partei der deutschen Arbeiterklasse, ihr bewußter und organisierter Vortrupp«, die sich von der »Theorie von Marx, Engels, Lenin, Stalin leiten« ließ. Die SED wollte »unter Führung der Sowjetunion« für den Frieden kämpfen und die Einheit Deutschlands erreichen.[29]

Hinter diesen Leerformeln verbarg sich der Kern der SED-Ideologie: Die Partei war überzeugt, mit ihrer Ideologie im Besitz der Wahrheit zu sein, die Gesetze der Geschichte zu

---

[28] Protokoll der Verhandlungen des III. Parteitages der Sozialistischen Einheitspartei Deutschlands. Berlin (Ost) 1951, Bd. 1, S. 50. Vgl. auch Bildbericht vom III. Parteitag der SED. Berlin 1951.

[29] Protokoll ebd., Bd. 2, S. 225 ff.

kennen und unter Ausnutzung dieser Gesetzmäßigkeit den Übergang zu einer neuen Gesellschaft zu vollziehen. Entsprechend dieser Vorstellung hatte Ulbricht bereits im Juli 1949 erklärt, das »wichtigste Kettenglied in der Entwicklung der SED zu einer Partei neuen Typus« sei die Schulung anhand der »wissenschaftlichen Theorie«, wobei er konkretisierte: »Das heißt, das Studium der Geschichte der Kommunistischen Partei der Sowjetunion und des Werkes von Stalin ›Fragen des Leninismus‹ zur Grundlage der Schulung zu machen«.[30]

Der »Marxismus-Leninismus« der SED jener Jahre war also eindeutig der Stalinismus. Ihren Totalitätsanspruch unterstrich die SED, als sie auf dem III. Parteitag erstmals Louis Fürnbergs Lied ›Die Partei‹ verbreitete, in dem es hieß:

Sie hat uns alles gegeben.
Sonne und Wind.
Und sie geizte nie.
Wo sie war, war das Leben.
Was wir sind, sind wir durch sie.
Sie hat uns niemals verlassen.
Fror auch die Welt, uns war warm.
Uns schützte die Mutter der Massen.
Uns trägt ihr mächtiger Arm.
Die Partei.
Die Partei, die hat immer recht!

Das Lied endet: »So, aus Leninschem Geist, Wächst, von Stalin geschweißt, Die Partei – die Partei – die Partei!« (Nach Verurteilung des »Personenkults« um Stalin auf dem XX. Parteitag der KPdSU 1956 wurde im Text Stalin durch Lenin ersetzt.)

Der Kult um die Partei nahm groteske Züge an, z. B. gab es öffentliche Diskussionen darüber, wo das Mitgliedsbuch, das »Parteidokument«, aufzubewahren sei. Allen Ernstes berichtete eine Frau in einem Parteiorgan: »Die Unterbringung des Parteidokuments hat auch mir ernsthafte Sorgen gemacht, da es bei der Art unserer Frauenbekleidung wirklich schwierig ist, einen sicheren Platz für das Dokument zu finden. Nach reiflicher Überlegung habe ich schließlich eine Lösung gefunden, die mich bis jetzt durchaus befriedigt. Ich habe mir in sämtliche Kleider und Röcke an der rechten Innenseite des Bundes, beziehungsweise des innen überstehenden Blusenteils bei Kleidern,

---

[30] Neues Deutschland, Nr. 172 vom 26. 7. 1949.

zwei Knöpfe angenäht (fest und dauerhaft!). Für das Parteidokument habe ich mir eine Hülle aus nicht sehr dickem, aber festem Stoff genäht, die mit zwei Bändern an den Knöpfen befestigt wird. Diese Lösung ist mir sympathischer als die Aufbewahrung im Brustbeutel, der an einer Schnur um den Hals zu tragen beziehungsweise mit Druckknöpfen an den Trägern der Unterwäsche zu befestigen ist. (Druckknöpfe halte ich überhaupt für denkbar ungeeignet, da sie erstens in der Wäsche stören und zweitens keine Sicherheit gewährleisten.).«[31] Neuen Parteimitgliedern wurde sogleich seine »Bedeutung« erklärt: »Bei der Aushändigung wurde besonders darauf hingewiesen, daß das Parteidokument das Wertvollste ist, das ein Mensch in seinem Leben besitzen kann. Deshalb muß es jeder Genosse so aufbewahren, daß er es niemals verlieren und es dem Klassenfeind nicht in die Hände fallen kann.«[32]

Dieser Mystizismus um das Mitgliedsbuch sollte enge emotionale und irrationale Bindungen der Mitglieder an »die Partei« schaffen, er wurde von der UdSSR übernommen, wo der Kult um das »Dokument« in den dreißiger Jahren aufgekommen war. Das war weniger »revolutionärer« Fetischismus und auch kein Relikt aus der Zeit der Geheimbündelei und der Illegalität, sondern ganz einfach die Kopierung sowjetischer Vorbilder, die an Byzantinismus grenzte. Solche banalen und weltfremden Diskussionen mußten den Riß zwischen Partei und Bevölkerung (die ja wahrlich andere Probleme hatte) noch vertiefen. Der kommunistische Charakter der SED wurde nun nicht mehr verbrämt, auch wenn der III. Parteitag noch nicht offen den »Übergang zum Sozialismus«, also die Nachahmung des Sowjetmodells, propagierte.

Neben der innerparteilichen Problematik beschäftigte sich der III. SED-Parteitag vor allem mit Wirtschaftsfragen. Schon im Juli 1949 hatte Ulbricht versprochen, daß nunmehr »die Zeit der Erfolge« gekommen sei. In der Wirklichkeit des Alltags verspürte die Bevölkerung wenig davon, Mangelwirtschaft und Entbehrungen bestimmten weiterhin das Leben. Die Pro-Kopf-Erzeugung sowohl der Industrie als auch der Landwirtschaft lag noch beträchtlich unter dem Vorkriegsniveau. Der vom III. Parteitag vorgeschlagene Fünfjahrplan (später von der

---

[31] Neuer Weg, Heft 1, 1952, S. 41 (Leserzuschrift von Else Delisch).
[32] Sächsische Zeitung, Nr. 296 vom 22. 12. 1952.

Volkskammer beschlossen und zum Gesetz erhoben) sah in erster Linie den Aufbau einer Schwerindustrie vor.

Der Parteitag wählte ein neues ZK, dessen Politbüro 15 Personen angehörten; zu den neun Vollmitgliedern zählten neben den früheren Kommunisten Ulbricht, Pieck, Dahlem, Matern, Oelßner, Rau und Zaisser nur noch zwei ehemalige Sozialdemokraten, nämlich Grotewohl und Ebert. Von den sechs Kandidaten hatte nur einer, Mückenberger, früher der SPD angehört; Ackermann, Herrnstadt, Honecker, Jendretzky und Elli Schmidt kamen aus der KPD.

Fred Oelßner (1903–1977) war seit 1920 in der KPD und Redakteur an Parteizeitungen. Er studierte von 1926 bis 1932 in Moskau, war bis 1940 Lehrer an der Leninschule und im Zweiten Weltkrieg Leiter der Deutschland-Abteilung des Moskauer Rundfunks. Er leitete die Abteilung Parteischulung des PV bzw. ZK der SED und galt nach Ackermanns Verdrängung als »Chefideologe« der SED. Bis 1958 gehörte er dem Politbüro an, war 1955 bis 1958 auch Stellvertretender Vorsitzender des Ministerrats der DDR, verlor dann als Ulbricht-Gegner seine Funktionen und wurde Direktor des Zentralinstituts für Wirtschaftswissenschaften.

Wilhelm Zaisser (1893–1958), seit 1920 in der KPD, absolvierte 1924 die 1. Militärschule in Moskau. Er war im Militärischen Nachrichtendienst der UdSSR tätig, im Spanischen Bürgerkrieg war er als »General Gomez« Stabschef der Internationalen Brigaden. Nach 1945 war er u. a. sächsischer Innenminister und Chefinstrukteur der Volkspolizei, von 1950 bis 1953 Minister für Staatssicherheit. 1953 wegen »Fraktionstätigkeit« gegen Ulbricht aller Funktionen enthoben, wurde er 1954 aus der SED ausgeschlossen.

Nach dem III. Parteitag wiederholte die SED den Prozeß der Stalinisierung, den die KPD bereits in den zwanziger Jahren mitgemacht hatte.[33] Als wichtigstes Prinzip galt die »monolithische Einheit« der Partei, Opposition oder gar Fraktionen wurden nicht geduldet. Da die SED jedoch durch ihre wachsende Monopolstellung einziges politisches Forum wurde, mußten sich in ihr zwangsläufig die Widersprüche der Gesellschaft re-

---

[33] Vgl. dazu Hermann Weber, Die Wandlung des deutschen Kommunismus. Die Stalinisierung der KPD in der Weimarer Republik. 2 Bde. Frankfurt a. M. 1969.

flektieren; es traten oppositionelle Strömungen auf, die Einheit konnte nur durch rigorose Säuberungen gesichert werden.

Der III. Parteitag hatte gefordert, der »Kampf gegen Spione und Agenten«, vor allem gegen die »Tito-Clique«, das Ostbüro der SPD sowie gegen Trotzkisten müsse verstärkt werden. Auch die »Überreste des Sozialdemokratismus in der SED« sollten beseitigt werden. Die Partei wurde aufgefordert, »die revolutionäre Wachsamkeit in ihren Reihen in jeder Weise zu erhöhen und die bürgerlich-nationalistischen Elemente und alle sonstigen Feinde der Arbeiterklasse und Agenten des Imperialismus, unter welcher Flagge sie auch segeln mögen, zu entlarven und auszumerzen«.[34]

Bei der Parteiüberprüfung 1950/51 wurden 150 000 Mitglieder aus der SED ausgeschlossen, gleichzeitig begannen auch die ersten größeren Säuberungen innerhalb der Führungsspitze. Paul Merker, seit den zwanziger Jahren führender Kommunist und Mitglied des ersten Politbüros der SED, wurde auf dem III. Parteitag nicht wiedergewählt. Im August 1950 beschloß das ZK der SED, ihn gemeinsam mit Leo Bauer, Willi Kreikemeyer, Lex Ende und anderen Altkommunisten auszustoßen. Sie wurden der Verbindung mit dem angeblichen US-Agenten Noel H. Field bezichtigt, der im Budapester Schauprozeß eine zentrale Rolle gespielt hatte (diese Anklagen wurden später als Fälschungen enthüllt). Kreikemeyer (er kam im SSD-Gefängnis ums Leben) und Bauer wurden sofort verhaftet, die meisten anderen ausgeschlossenen SED-Funktionäre 1952 nach dem Prozeß gegen Slansky und andere führende Kommunisten der Tschechoslowakei.

In dieser Periode wollte die Parteiführung die Einheit und Zentralisierung der SED außer durch die ständige ideologische Indoktrination vor allem durch Einschüchterung und Bedrohung sichern und damit eine Disziplinierung der Funktionäre erreichen. Offensichtlich war auch in der DDR ein Schauprozeß gegen führende Kommunisten geplant. In der DDR – wie in allen Volksdemokratien – stand hinter den Säuberungen die sowjetische Geheimpolizei, die damit jede potentielle Opposition gegen die Übertragung des Sowjetsystems und gegen die uneingeschränkte Vorherrschaft der UdSSR Stalins verhindern wollte.

---

[34] Protokoll des III. Parteitags der SED, Bd. 2, S. 250f.

Die Organisationsstruktur der SED glich bald dem sowjetischen Vorbild. Von Januar bis Juni 1951 fand eine Überprüfung der Mitglieder statt, die nicht nur der Parteisäuberung diente, sondern zugleich dazu benutzt wurde, über jedes Mitglied Führungsakten, das sogenannte Grundbuch, anzulegen. Dessen Zweck ging aus einer ZK-Anweisung hervor: »Das Grundbuch dient zur personellen Registrierung der Mitglieder und Kandidaten in der Partei. Es enthält neben den Angaben zur Person alle die Merkmale, die für die Partei zur Beurteilung des Mitgliedes bzw. Kandidaten wichtig sind. Damit ist der Partei die Möglichkeit gegeben, die Entwicklung eines jeden Mitgliedes bzw. Kandidaten genau zu erkennen und es entsprechend seinen Fähigkeiten und Veranlagungen zu fördern. Die Grundlage für die Ausstellung des Grundbuches bildet der Fragebogen. Alle Eintragungen ins Grundbuch erfolgen nur mit der vom ZK gelieferten Spezialtinte und in gut leserlicher Handschrift. Nachdem das Grundbuch ausgefüllt ist, wird auf der zweiten Seite das auf der Rückseite mit der Mitgliedsbuch- bzw. mit der Kandidatenkartennummer (Spezialtinte) versehene Lichtbild mit zwei Ösen eingeheftet und mit dem Siegel (Prägestempel) versehen. Alle Veränderungen im Leben des Mitgliedes bzw. Kandidaten müssen auf dem dazu vorgesehenen Benachrichtigungsschein der Kreisleitung zur Eintragung ins Grundbuch mitgeteilt werden.«[35] Zusätzlich gab es eine »Nachweiskarte« über jedes Mitglied, die direkt an das ZK ging.

Die Kontrolle der eigenen Mitgliedschaft war damit umfassend, die Führung konnte entsprechend ihrer Kaderpolitik den Einsatz und die Überwachung, aber auch die Heranbildung der Funktionäre, besser organisieren. In den folgenden Jahren perfektionierte die SED diese Mechanismen.[36] Da jeweils die übergeordnete Instanz die »Grundbücher« der Mitglieder und Funktionäre verwaltete und für die »Kader« verantwortlich war, existierte damit das sowjetische System der »Nomenklatur« auch in der SED.

[35] Die neuen Parteidokumente. Wie arbeiten die Parteiführungen mit diesen Dokumenten. Richtlinien für die Registrierung und die statistische Erfassung der Mitglieder und Kandidaten der SED. Hrsg. v. ZK der SED. O.O. u. J. (Berlin [Ost] 1951), S. 18. Vgl. auch: Die ideologische und organisatorische Entwicklung der SED. Hrsg. v. Vorstand der SPD. Bonn o.J. (1951), S. 12 ff.
[36] Vgl. Die grundlegenden Bestimmungen über die Organisationsstatistik und -technik der SED. Hrsg. v. ZK der SED o.J. (1953). Kopie in: AdsD (Ostbüro), 0321 II.

Die Anpassung der SED an die KPdSU wurde vor allem durch fast 40 000 Instrukteure vorangetrieben, die der Parteiführung zur Anleitung der Organisationen zur Verfügung standen. Eine Delegation der SED-Führung, die im April 1950 unter Leitung von Paul Verner in die UdSSR reiste, bekam »Einblick in den Parteiaufbau und in die Arbeitsweise der KPdSU (B) und machte sich mit deren Propaganda- und Agitationstätigkeit sowie mit der Struktur und Arbeitsweise« der Leitungen vertraut.[37] Die Übertragung der sowjetischen Praktiken auf die SED erfolgte dann ziemlich schematisch. So wurde den Mitarbeitern des ZK-Apparats z. B. ihre Arbeitsweise erklärt, die in Anleitung und Kontrolle der Partei bestand: »Worin bestehen die Aufgaben des Apparates einer Parteileitung, in diesem Fall des Apparates des ZK? Das sind:
1. Die Auswahl der Kader, die Beschäftigung mit der Entwicklung und Förderung der Kader und die Ausarbeitung von Vorschlägen für den Einsatz von Kadern;
2. die Überprüfung der Durchführung der Beschlüsse des ZK und der Regierung;
3. die Gewährleistung einer Kontrolle über die Durchführung der Beschlüsse.
Wie muß das in der Arbeit einer Abteilung des Parteiapparats zum Ausdruck kommen? Die Abteilung Landwirtschaft beim Zentralkomitee überprüft zum Beispiel durch eine Brigade in einem Bezirk oder in einem Kreis die Durchführung der Verordnung der Regierung auf einem bestimmten Gebiet, sagen wir in der Arbeit der MAS, in der Durchführung der Ernte oder in der Erfassung. Sie kommt mit den Informationen zurück und arbeitet einen Bericht und eine Beschlußvorlage für das Sekretariat aus. Dieser Bericht und diese Beschlußvorlage sind die Grundlage einer Reihe von Beschlüssen, Empfehlungen, Anregungen für die im Ministerium arbeitenden Genossen, vielleicht sogar für alle in der Regierung arbeitenden Genossen. Das heißt, die Partei kontrolliert durch die Abteilung Landwirtschaft als eine ihrer Aufgabenstellungen, wie die Beschlüsse des ZK und die Verordnungen der Regierung durchgeführt werden. Solche Aufgaben muß die Abteilung in ihrem Arbeitsplan haben, in einem Fall die Überprüfung der Durchführung einer Verordnung der Regierung, in einem anderen Fall die Überprüfung der Arbeit einer Kreisleitung oder einer Bezirksleitung,

---

[37] Geschichte der SED, S. 225.

wie z. B. der Beschluß des Sekretariats des ZK über die Vorbereitung und Einbringung der Ernte durch diese Leitung durchgeführt wird. In einem dritten Fall untersucht sie in einer Bezirksleitung oder einer Kreisleitung, wie sich diese Leitung mit der Anleitung der gesamten Fragen der Landwirtschaft beschäftigt.«[38]

Nach Gründung der DDR 1949 spielten die nichtkommunistischen Parteien weiterhin noch eine gewisse Rolle. Sie hatten eine Alibifunktion (Verschleierung der kommunistischen Einparteienherrschaft und Vortäuschung einer pluralistischen Demokratie), eine gesamtdeutsche Funktion (Kontakte zum Westen) und eine Transmissionsfunktion (Verbreitung gewisser Vorstellungen der SED in anderen Bevölkerungsgruppen, z. B. durch die CDU in christlichen Kreisen). Aus diesen Gründen wurden die Parteien vermutlich auch nach 1949 nicht aufgelöst (also das sowjetische Modell nicht bis ins letzte Detail übertragen). Es wurde eine neue Variante kommunistischer Herrschaft gefunden, das sogenannte sozialistische Mehrparteiensystem, bei dessen Entwicklung die Blockpolitik als wesentliches Instrument benutzt wurde. Alle Parteien verpflichteten sich z. B. in einer Sitzung der zentralen Leitung des Blocks am 19. August 1949 zur Verteidigung der »antifaschistisch-demokratischen Ordnung« und zu einer »positiven Stellungnahme gegenüber der Sowjetunion«, vor allem aber sollten nunmehr Beschlüsse der zentralen Gremien auch verbindlich für die unteren Block-Organe sein.[39] Damit konnte die Einheitspartei ihre Vormachtstellung im zentralen Block auch auf die nachgeordneten Instanzen ausdehnen.

Die SED versuchte, das Parteiensystem 1949/50 durch drei Maßnahmen völlig gleichzuschalten: 1. durch stärkere Einbeziehung von DBD, NDPD und Massenorganisationen in den Block, 2. durch Ausschaltung der letzten widerstrebenden CDU- und LDPD-Führer und 3. schließlich durch die Bildung der »Nationalen Front«.

Über den Volksrat des Volkskongresses hatte die SED bereits den neuen Parteien DBD und NDPD sowie den Massenorganisationen auch in der »Provisorischen« Volkskammer erhebliche Positionen eingeräumt und damit zugleich ihren eigenen Ein-

---

[38] Auszug aus dem Referat von Otto Schön vor politischen Mitarbeitern des ZK, Ende August 1952, in: Neuer Weg, Heft 19 (Oktober 1952), S. 5f.
[39] Vgl. die Dokumente in Koch, Demokratischer Block, S. 332 ff.

fluß gefestigt. Im Gegensatz zur zentralen Ebene widerspiegelte aber die Zusammensetzung der Landtage, Kreistage und Gemeindevertretungen bis Ende 1950 noch die Situation von 1946 (sieht man von abgesetzten oder geflüchteten Abgeordneten ab), so daß dort nicht selten CDU und LDPD gegenüber der SED dominierten. Im November 1949 setzte die SED im zentralen Block (dem ja nun bereits DBD, NDPD und FDGB angehörten) durch, daß NDPD und DBD in die Ausschüsse der Landtage mit beratender Stimme, in die Kreistage und Gemeindevertretungen sogar mit beschließender Stimme aufgenommen wurden.

1949/50 gab es in den Führungen von CDU und LDPD aber immer noch Widerstand gegen die den Parteien zugedachte Rolle als Transmissionsorgan der SED. Der 2. Vorsitzende der CDU, Hugo Hickmann, war der SED suspekt, weil er schon bei der DDR-Gründung gegen die SED opponiert hatte. Hickmann (1877–1955) war nach dem Studium der Theologie im Schuldienst und zuletzt Religionsprofessor in Leipzig. Von 1920 bis 1933 gehörte er als Abgeordneter der DVP dem sächsischen Landtag an. 1933 in den Ruhestand versetzt, gründete er 1945 die CDU und wurde deren Vorsitzender in Sachsen. Im Frühjahr 1950 abgesetzt, wurde er Vorsitzender der sächsischen Hauptbibelgesellschaft. Hickmann forderte eine stärkere personalpolitische Mitentscheidung der CDU in der DDR und verwarf die »führende Rolle« der SED. Auch der Vorsitzende der CDU-Fraktion in der Volkskammer (und Finanzminister von Sachsen-Anhalt), Gerhard Rohner, forderte eine pluralistische Demokratie. Beide fanden auf dem 4. CDU-Parteitag im November 1949 aber keine Mehrheit. Ähnlich argumentierte der Finanzminister von Thüringen, Leonhard Moog (LDPD) – auch er konnte sich nicht durchsetzen. Zu besonders heftigen Kämpfen kam es, wie erwähnt, sowohl im Block als auch in der CDU und LDPD, als die SED für die Wahlen zur Volkskammer und zu den Landtagen vom Oktober 1950 schon frühzeitig eine Einheitsliste forderte und zudem einen Schlüssel zur Mandatsverteilung vorschlug, der NDPD, DBD und Massenorganisationen maßgeblichen Einfluß sichern sollte, aber letztlich eine Stärkung der SED-Position bedeutete. Diese Vorstellungen lösten strikte – jedoch vergebliche – Ablehnung aus, vor allem bei Hickmann und seinen Anhängern.

Im Februar 1950 forderte der zentrale Blockausschuß »die Entfernung solcher Elemente, die gemeinsame Beschlüsse mißachten oder ihnen entgegenhandeln«.[40] Es kam zu (von der SED organisierten) Massendemonstrationen gegen oppositionelle bürgerliche Politiker. Diese oppositionellen Politiker, allen voran Hickmann, verloren im Frühjahr 1950 alle Ämter.

Aus dem »Fall Hickmann« zog die SED das Resümee: »Die Auseinandersetzungen um Professor Hickmann und seinen reaktionären Kurs in der CDU haben weit über den Rahmen Sachsens hinaus Bedeutung erlangt ... Wenn nunmehr die Leitungen der CDU mit offenen und ehrlichen Demokraten besetzt werden sollen, wenn die Einheit der demokratischen Kräfte im Block und in der Nationalen Front des demokratischen Deutschland zur Lösung all der großen vor uns stehenden Aufgaben gefestigt und gestärkt werden soll, dann müssen diese gesunden Auseinandersetzungen in der CDU durch unsere Partei die stärkste Unterstützung erhalten, dann müssen die fortschrittlichen Kräfte in der CDU, aber auch in der LDP, in ihrem Bestreben, durch ihre Parteien eine ehrliche und ohne Vorbehalt zu den gemeinsamen Beschlüssen stehende Politik durchführen zu lassen, einen sicheren Rückhalt finden ... Die Lehre daraus ist, daß wir in der Partei energisch darauf bestehen müssen, die Einheit der demokratischen Kräfte im Block und in den Ausschüssen der Nationalen Front des demokratischen Deutschland herzustellen, zu fördern und zu stärken. Wenn *wir* es nicht tun, wer sollte es denn sonst tun? Die zitierten Entschließungen unserer Partei besagen inhaltlich, daß die Blockarbeit im Sinne der Förderung der demokratischen Kräfte und des Kampfes gegen die reaktionären Kräfte dieser Parteien aufzufassen ist.«[41]

Die SED machte also keinen Hehl daraus, auch in den »Blockparteien« nur noch ihr genehme Führer zu dulden. CDU und LDPD versuchten zunächst noch, durch einen »christlichen Realismus« bzw. einen »neugewordenen Liberalismus«[42] eine gewisse Eigenständigkeit zu bewahren. Nuschke meinte sogar, die CDU der DDR könne »Sprecher der christlichen Demokraten ganz Deutschlands« sein.[43] Doch die Verhaftung

---

[40] Ebd., S. 333.
[41] Neuer Weg, Heft 4 (Februar 1950), S. 18f.
[42] Vgl. Siegfried Suckut, Zum Wandel von Rolle und Funktion der CDUD. In: Weber, Parteiensystem, S. 170. Brigitte Itzerott, Die Liberal-Demokratische Partei Deutschlands. Ebd., S. 213f.
[43] Bei der Einweihung der ersten CDU-Parteischule. Vgl. Neue Zeit, Nr. 134 vom 14. 6. 1951.

bürgerlicher Spitzenpolitiker (z. B. 1952 Karl Hamann, LDPD, oder 1954 Georg Dertinger, Außenminister und früher Generalsekretär der CDU) beschleunigte ohnehin die Einschüchterung und Gleichschaltung dieser Parteien, die auf die volle Anerkennung der Führungsrolle der SED einschwenkten. In der LDP hatte 1951 neben Karl Hamann auch Hans Loch (1898–1960) den Vorsitz übernommen, nach Hamanns Verhaftung war er von 1952 bis 1960 alleiniger Parteivorsitzender. Loch hatte in der Weimarer Republik der DDP angehört, er war Verbands- und Steuersyndikus. 1945 hatte er die LDP mitbegründet, von 1949 bis 1955 war er Finanzminister der DDR. Personen wie Loch trugen wesentlich zum Anpassungsprozeß der bürgerlichen Parteien bei.

Der Hauptvorstand der CDU erklärte im Juli 1952, die CDU »erkennt die führende Rolle der SED als der Partei der Arbeiterklasse vorbehaltlos an. Sie ist überzeugt, daß der erfolgreiche Aufbau des Sozialismus in der DDR nur auf der Grundlage der fortgeschrittenen Wissenschaft ... des Marxismus-Leninismus möglich ist.«[44] Damit hatten diese Parteien ihre »bürgerliche« Tradition über Bord geworfen. So war es nur folgerichtig, wenn sich der 5. Parteitag der LDP (1953) mit der neuen Organisations-Satzung zur führenden Rolle der Arbeiterklasse bekannte und die Gewinnung der Mittelschichten für den Aufbau des Sozialismus sowjetischer Prägung empfahl, oder wenn z. B. der 7. Parteitag der CDU dann 1954 eine neue Präambel der Parteisatzung annahm, in der es hieß: »Die CDU bekennt sich zum Aufbau der neuen Gesellschaftsordnung, weil dies die beste Möglichkeit zur Verwirklichung der christlichen Anliegen bietet.«[45] Auch CDU und LDP respektierten so die Transmissionsfunktion, die der SED Einwirkungsmöglichkeiten auf ihr fernstehende Gesellschaftsschichten sicherte. Sie paßten sich damit NDPD und DBD an, die diese Funktion schon seit 1948 ausübten. Daß dabei die »Politik« dieser Parteien oft bedeutungslos war und der »Friedenskampf« ihrer Mitglieder zuweilen groteske Züge aufwies, mag ein Beispiel illustrieren. 1952 schrieb der Meisterbauer Hugo Schütze, DBD, aus dem Kreis Jena: »Ich bin der Meinung, daß wir als Bauern jetzt mehr als bisher Friedenstaten leisten müssen. So unterstützen wir nicht nur den Kampf aller deutschen Patrioten um Frieden und Ein-

---

[44] Neue Zeit, Nr. 172 vom 26. 7. 1952.
[45] Zit. in DDR, Werden und Wachsen, S. 251.

heit, sondern festigen gleichzeitig das Weltfriedenslager, an dessen Spitze die Sowjetunion steht. Ich verpflichte mich daher, noch 500 Kilo Milch zusätzlich der Volksernährung zur Verfügung zu stellen.«[46] Die Ernährungslage konnte sich freilich auch durch solche »Friedenstaten« kaum verbessern.

Inzwischen baute die SED zur weiteren Festigung des Parteiensystems konsequent die Nationale Front als ihr Instrument aus. Nach dem Sekretariat (Januar 1950) wurde im Februar noch der »Nationalrat« als Führungsgremium der Nationalen Front geschaffen. Auch in diesen Organen waren alle Parteien und Massenorganisationen vertreten, die in Konkurrenz zum Demokratischen Block entwickelte Nationale Front nahm aber von Anfang an nur »fortschrittliche« Mitglieder der nichtkommunistischen Parteien auf. Im August 1950 tagte der I. Nationalkongreß der Nationalen Front, der einen Nationalrat mit dem parteilosen Professor Correns an der Spitze wählte. Die wirkliche Leitung lag indessen beim Büro des Präsidiums, dessen Chef immer die SED stellte. Die Nationale Front sollte auch in die Bundesrepublik Deutschland hineinwirken (auf dem I. Kongreß 1950 befanden sich unter 2500 Delegierten auch 1000 Westdeutsche). Offizielles Ziel war die Einheit Deutschlands; freilich sollte dieses Deutschland die Struktur der DDR haben. In beiden deutschen Staaten stellte man sich also die »Wiedervereinigung« so vor, daß jeweils der andere dem eigenen Staat angegliedert würde. Bei der Situation der DDR als dem kleineren Deutschland bleibt die Frage offen, wie ernst ihre Politiker die eigenen Parolen nahmen.

Die Nationale Front hatte sich ohnehin der sowjetischen Generallinie unterzuordnen. Schon bei ihrer Gründung 1949 hatte sich die Nationale Front zur »Zwei-Lager-Theorie« bekannt und erklärt, es gebe nur noch einen Feind: »Dieser Feind ist der amerikanische Imperialismus. Er hat das Erbe des Hitlerfaschismus im Kampf um die Weltherrschaft angetreten. Die herrschenden Kreise des heutigen Amerika bereiten einen neuen furchtbaren Weltkrieg vor.«[47] Für die SED war es nun zweitrangig, ob jemand einmal Nazi gewesen war: »Der Standpunkt jedes Deutschen in dem großen nationalen Befreiungskampf des deutschen Volkes ist der entscheidende Gradmesser und nicht die frühere Organisationszugehörigkeit.« Entsprechend sollten

---

[46] Bauern Echo, Nr. 104 vom 4. 5. 1952.
[47] Tägliche Rundschau, Nr. 234 (1345) vom 6. 10. 1949.

nunmehr auch »frühere Beamte, Soldaten, Offiziere und Generale der deutschen Wehrmacht sowie die früheren Nazis« in der Nationalen Front mitarbeiten. Die SED forderte die »völlige rechtliche Gleichstellung der früheren Mitglieder der Nazipartei« und eine »Amnestie« für die Mitglieder der NSDAP mit »Ausnahme derjenigen, die eine gerichtliche Strafe verbüßen«. Ulbricht war noch vor der DDR-Gründung sogar so weit gegangen, bei einem Vergleich Nazis den kritischen CDU- und LDP-Mitgliedern vorzuziehen: »Wir haben heute in der sowjetischen Besatzungszone nicht wenige frühere aktive Nazis, die eine verantwortliche Arbeit leisten. Jedenfalls können sie bestimmte Leistungen aufweisen, was man von einigen Mitgliedern der Christlich-Demokratischen Union und Liberal-Demokratischen Partei Deutschlands nicht sagen kann, die nach Washington und London schielen.«[48]

Mit ihrer neuen Strategie gegen die USA und die Bundesrepublik wandte sich die SED von der Instrumentalisierung des Antifaschismus für ihre Zwecke nun zum Nationalismus, um damit ihre Politik voranzubringen (wobei sie Hinweise auf angebliche und tatsächliche Nazis in führenden Stellungen in der Bundesrepublik weiterhin zur Agitation gegen den Westen benutzte). Anstelle des Blocks übernahm die Nationale Front immer deutlicher die Koordination des Parteiensystems. Durch den Ausbau ihrer »Ausschüsse« entwickelte sie sich außerdem zu einer selbständigen Organisation.

Nicht nur die Führungen der Parteien akzeptierten schließlich die Vormachtstellung der SED; mit der weiteren Stalinisierung der DDR gaben auch die Massenorganisationen ein offenes Bekenntnis zur Führungsrolle der Staatspartei ab. Die Massenorganisationen näherten sich in Funktion, Aufbau und Arbeitsweise den sowjetischen Massenorganisationen an. Große Teile der Bevölkerung traten in die Massenorganisationen ein. So zählte 1950 der FDGB 4,7 Millionen Mitglieder, die FDJ 1,5 Millionen, die Jungen Pioniere 1,6 Millionen, der DFD 1 Million, die Gesellschaft für deutsch-sowjetische Freund-

---

[48] Interview mit dem Nacht-Expreß vom 2. 8. 1949, zit. in Unsere Zeit. Beiträge zur Geschichte nach 1945. Nr. 3, 1962, S. 287. Im Juni 1949 hatte Ulbricht gesagt: daß »nicht, wie manche annahmen, die früheren Mitglieder der Nazipartei oder die Umsiedler usw. die gegnerischen Kräfte sind, sondern daß sich die Hauptkräfte des Gegners in bestimmten Funktionen innerhalb der beiden bürgerlichen Parteien getarnt« hätten. In: Die Organisationsarbeit der SED. Berlin (Ost) 1949, S. 10.

schaft 1,9 Millionen, der Kulturbund fast 20000 Mitglieder.[49] Diese Organisationen wurden völlig von der SED dirigiert und kontrolliert. Fast alle hauptamtlichen Funktionäre der Massenorganisationen gehörten der SED an. Die grundsätzlichen Beschlüsse der SED hatten die Leitungen auf ihre Massenorganisationen zu übertragen. Ebenso mußten die Funktionäre der Massenorganisationen den Sekretariaten der SED periodisch Bericht erstatten. Die SED-Leitungen in den Ländern bzw. Bezirken, Kreisen und Grundorganisationen waren auf ihrer Ebene für die jeweiligen Organe der Massenorganisationen voll verantwortlich. Ihre Hegemonie sicherte die SED durch eine doppelte Überwachung: durch Personalunion zwischen SED- und Massenorganisationsleitungen sowie durch die SED-Parteigruppen, die bei allen Leitungen der Massenverbände existierten. Auch die Parteidisziplin der Funktionäre verbürgte der SED-Führung, daß in den überparteilichen Organisationen im Sinne der SED gearbeitet wurde. So bildeten die Massenorganisationen eine tragende Säule der SED-Herrschaft.

Der 3. Kongreß des FDGB (30. August – 3. September 1950) nahm eine Satzung an, in der die SED bereits als »bewußter organisierter Vortrupp« der Arbeiterklasse bezeichnet wurde. Allerdings definierte sich der FDGB noch »parteipolitisch nicht gebunden«.[50] 1952 rechtfertigte die FDGB-Spitze die »Anleitung der Gewerkschaft« und bestätigte die »führende Rolle« der SED.[51] Eine ähnliche Entwicklung vollzog sich in der FDJ. Auf der I. Funktionärkonferenz der FDJ im Dezember 1950 sagte Ulbricht, die Jugendorganisation könne ihre Aufgaben nur erfüllen, wenn sie die »führende Rolle der SED« anerkenne.[52] Auf dieser Tagung berichtete FDJ-Vorsitzender Erich Honecker über ein »Friedensaufgebot« der deutschen Jugend, eine Aktion im Sinne der SED, die – so Honecker – »eine gewaltige Abfuhr für die amerikanischen Imperialisten« war.[53] Auf einer gleichzeitig stattfindenden Konferenz westdeutscher FDJ-

---

[49] Statistisches Jahrbuch der Deutschen Demokratischen Republik 1955. Berlin (Ost) 1956, S. 83 ff.
[50] Vgl. Klaus Helf, Von der Interessenvertretung zur Transmission. Die Wandlung des FDGB. In: Weber, Parteiensystem, S. 382 f.
[51] Die Arbeit, Berlin (Ost), Heft 1/1952. Handbuch für den Gewerkschaftsfunktionär im Betrieb. Hrsg.: Bundesvorstand des FDGB. 2. Aufl. Berlin (Ost) 1955, S. 340.
[52] Tägliche Rundschau, Nr. 278 (1696) vom 28. 11. 1950.
[53] Junge Welt, Nr. 92 vom 1. 12. 1950.

Funktionäre stellte der Sekretär des Zentralrats Heinz Lippmann der Jugend die Aufgabe des »Kampfes gegen die Remilitarisierung« – allerdings nur in Westdeutschland, denn in der DDR förderte gerade die FDJ später die Militarisierung. Auf der I. Funktionärkonferenz der FDJ wurde auch Kritik laut, so z. B. von Stephan Hermlin an »manchen Funktionären«, die »die Rolle der Literatur nicht begreifen« und »die Literatur für einen bürgerlichen Luxus halten«, obwohl doch »das Vorbild Stalin« die »Werke von Maxim Gorki und Romain Rolland verehrt«.[54] Solche Hinweise auf kulturelle Aufgaben der Jugendorganisation gingen unter, da die politische Ausrichtung Vorrang hatte. Im Mittelpunkt standen dabei das Bekenntnis zur Sowjetunion und der »Friedenskampf«. Beides wurde verbunden, nachdem Stalin im Februar 1951 erklärte, ein neuer Krieg sei nicht unvermeidlich.[55] Die FDJ-Führung wandte sich mit einem Appell »an alle Mitglieder und Funktionäre«, die Äußerungen des »großen Stalin«, des »weisen Führers des Weltfriedenslagers« in den »Mittelpunkt der gesamten Agitationsarbeit des Verbandes zu stellen«.[56] Wie von der SED wurde der Personenkult um Stalin auch und gerade von der FDJ forciert. So hatte die Führung schon im Dezember 1949 erklärt: »Für uns ist Stalin der Repräsentant des ruhmreichen Sowjetvolkes und seiner bolschewistischen Partei, die uns von der Barbarei des Faschismus befreiten, und uns helfen in unserem Kampf um die Demokratie und die nationale Einheit und Unabhängigkeit. Für uns ist Stalin der Führer der weltumspannenden, ständig wachsenden Front des Friedens. Für uns ist Stalin der große Lehrmeister des Kampfes um die Befreiung aller Völker von der Unterdrückung und Ausbeutung, das Vorbild aller Menschen, die ihre ganze Kraft für den Fortschritt der Menschheit einsetzen.«[57] Es war Ulbricht, der nach dem Abschluß eines »Stalin-Aufgebots« der FDJ am 12. August 1951 die Jugend aufforderte, aus den »Werken des großen Stalin« zu lernen, und der seine Rede schloß: »Es lebe der weise Führer der Jugend der ganzen Welt, der Bannerträger des Friedens, der beste Freund des deutschen Volkes, Joseph Wissarionowitsch Stalin!«[58]

[54] Ebd., S. 10.
[55] Interview J. W. Stalin mit einem Korrespondenten der Prawda. Neues Deutschland, Nr. 40 vom 17. 2. 1951. Junge Welt, Nr. 14 vom 20. 2. 1951.
[56] Junge Welt, Nr. 15 vom 23. 2. 1951.
[57] Junge Generation, Zeitschrift für Fragen der Jugendbewegung 3 (1949), Heft 12, S. 545.
[58] Junge Welt, Nr. 70 vom 13. 8. 1951.

Diese Linie behielt die FDJ auch bei, als sie zu den »Weltfestspielen« im August 1951 in Berlin 14 Tage lang 2 Millionen Jugendliche aus der DDR versammelte. Außerdem kamen 26 000 Delegierte aus 104 Ländern zusammen, die vom Präsidenten des Weltbundes der demokratischen Jugend, Enrico Berlinguer (dem späteren langjährigen Chef der KP Italiens) begrüßt wurden.[59] Damit konnte die FDJ nicht nur ihre Anhänger mobilisieren, sondern auch die DDR nach außen präsentieren. Im Innern aber blieb die FDJ – wie alle Massenorganisationen – eine feste Stütze der SED. Allerdings verlor sie dabei immer wieder ihre Funktion als Organisation der Jugend aus dem Auge. Denn für die Führung eines Jugendverbandes mußte es schon peinlich sein, in großangelegten Kampagnen ihre Funktionäre aufzufordern: »Vergeßt das frohe Jugendleben nicht!«[60] Dabei kam zutage: »Es entspricht den Tatsachen, daß viele Funktionäre und Leitungen die Verbindung zur arbeitenden und lernenden Jugend verloren haben. Sie sind zu sehr mit andern, ›wichtigeren‹ Aufgaben beschäftigt. Sie benehmen sich wie ›allgemeine Leiter‹, vergessen, daß sie jung sind und betrachten es als unter ihrer Würde, gemeinsam mit der Jugend zu singen und zu tanzen, zu wandern und Sport zu treiben.«[61] Der Zentralrat ermahnte die Leitungen zu Selbstverständlichkeiten: Heimabende veranstalten, Filmvorführungen besuchen, Jugendbälle oder Wanderungen durchführen usw. Trotz ihres Auftrags als Jugendverband orientierte sich die FDJ bald wieder stärker an den politischen Direktiven der SED, verkündete Kampfparolen und demonstrierte für politische Ziele. Dieses Spannungsverhältnis zwischen ihren unterschiedlichen Funktionen als Jugendverband und als Massenorganisation der SED blieb unbewältigt. Unzweifelhaft aber ist, daß die SED über alle Aktionen der FDJ bestimmte.

Das IV. Parlament der FDJ im Mai 1952 (das den Verband auch auf die militärische Verteidigung der DDR festlegte und zugleich dem Pazifismus abschwor) nahm entsprechend eine »Verfassung« an, in der es hieß: »Die FDJ ... anerkennt die führende Rolle der Arbeiterklasse und der großen Sozialistischen Einheitspartei Deutschlands auf allen Gebieten des de-

---

[59] Geschichte der Freien Deutschen Jugend. Berlin (Ost) 1982, S. 222f.
[60] Junge Welt, Nr. 14 vom 15. 2. 1952.
[61] Ebd., S. 1.

mokratischen Aufbaus.«[62] Als weitere Massenorganisation hatte damit die FDJ für ihren Verband die Unterordnung unter die SED auch statutarisch verbindlich festgeschrieben. Sie diente nunmehr – neben ihrer Rolle als Jugendorganisation – der SED vorwiegend als Kaderreserve, und sie stellte den Nachwuchs für die Partei, den Regierungs- und Verwaltungsapparat.

Eine ähnliche Entwicklung nahm auch der 1947 gegründete Demokratische Frauenbund Deutschlands. Auf einem Empfang beim Ministerrat anläßlich der 40. Wiederkehr des Internationalen Frauentages, am 7. März 1950, unterbreitete der DFD erstmals Vorschläge zur »Förderung der Frauen und Mädchen«. Auf dem III. Bundeskongreß des DFD (21.–24. April 1950) vertraten 1900 Delegierte 567335 Mitglieder. Die Frauen diskutierten über den Zweijahrplan und die Vorbereitung des ersten Fünfjahrplanes. Der Kongreß erteilte den Mitgliedern des DFD den Auftrag, »verstärkt in der Nationalen Front mitzuarbeiten«, mit Hilfe der Organisation ein »neues Verhältnis der Frau zur Arbeit« herzustellen und Tausende Frauen in die Produktion einzubeziehen.[63]

Im Jahr 1950 versuchte der DFD durch eine große Kampagne, zu einem »Millionenverband« zu werden. Das Aufgebot »Auf dem Wege zur Million« hatte zum Ziel, 400000 neue Mitglieder zu gewinnen, 1200 Werbegruppen für die Aufklärungsarbeit unter den Frauen aufzustellen und insbesondere die Aufklärung auf dem Lande zu verstärken. Als Resultat gab der DFD bekannt, daß 16,8 Prozent der weiblichen Bevölkerung der DDR im Frauenbund organisiert waren. Da Tätigkeit und Erfolge der Frauen die SED-Führung jedoch keineswegs zufriedenstellten, beschloß der DFD auf einer Organisationskonferenz im Oktober 1951 einen Wettbewerb zum 5. Jahrestag der Gründung des Frauenbundes. Als Aufgaben wurden genannt: Schulung aller Mitglieder und Funktionäre, Festigung der Organisation und Gewinnung neuer Mitglieder. Im Dezember 1951 beschloß der DFD-Bundesvorstand »die nächsten Aufgaben des DFD bei der Verwirklichung des Gesetzes über den Fünfjahrplan«, wobei es darauf ankam, die Frauen zur Arbeit und zur stärkeren Beteiligung an der Aktivistenbewegung zu mobilisieren. Der

---

[62] Dokumente zur Geschichte der Freien Deutschen Jugend. Bd. 2. Berlin (Ost) 1960. S. 405.
[63] Vgl. Gerda Weber, Zur Vorgeschichte und Entwicklung des DFD. In: Weber, Parteiensystem, S. 421ff.

vom 16. bis 19. April 1952 in Berlin tagende IV. Bundeskongreß des DFD hob die Bedeutung der DDR als »Heimat der deutschen Frauen« hervor und forderte die Organisation auf, alles zur Festigung des »Arbeiter- und Bauernstaates« zu unternehmen. Am 13. Juni 1952 wurde der DFD als Massenorganisation in den »Demokratischen Block der DDR« aufgenommen und stellt seitdem in der Volkskammer eine eigene Fraktion.[64]

Der DFD und auch der Kulturbund, die VVN und andere Organisationen bekannten sich nun ohne Einschränkung zur Führung durch die SED. Diese Organisationen wurden Mitglied des Demokratischen Blocks und der Nationalen Front und hatten dort erheblichen Einfluß auf die Festigung des Parteiensystems. Da auch NDP und DBD von Anfang an die SED unterstützten, konnte das neue Parteiensystem trotz des Widerstandes der Mehrheit der Bevölkerung etabliert werden. Die NDP war zudem Nutznießer eines Gesetzes über den Erlaß von Sühnemaßnahmen und die Gewährung staatsbürgerlicher Rechte vom November 1949, das die Entnazifizierung endgültig abschloß. Über ihre Hilfestellung für die SED im Parteiensystem hinaus trugen diese Organisationen durch ihre Aktivitäten, die Bevölkerung in das neue Regime zu integrieren, zur Stabilität der DDR bei. Sowohl die Sowjetunion als auch die DDR-Führung sahen daher ab 1952 die Voraussetzungen für die offene Übernahme des sowjetischen Modells als gegeben an.

Der »Aufbau des Sozialismus«

Die Integration der DDR in den Ostblock sollte vor allem durch weitere Strukturveränderungen und die Angleichung des Systems an die übrigen Volksdemokratien (nach dem Modell der UdSSR) vollzogen werden. Das Signal dazu gab die 2. Parteikonferenz der SED vom 9. bis 12. Juli 1952 mit der Parole vom »Aufbau des Sozialismus« in der DDR.

Die Wirtschaft der DDR war bereits vorher in den von der UdSSR geführten Block einbezogen worden. Im September 1950 wurde die DDR Mitglied im Rat für gegenseitige Wirtschaftshilfe (RGW, im Westen COMECON genannt). Der Abschluß von Handelsverträgen sowie wissenschaftlich-techni-

---

[64] Vgl. Gerda Weber, Um eine ganze Epoche voraus? 25 Jahre DFD. Deutschland Archiv 5 (1972), S. 410 ff.

schen Abkommen (so im September 1951 mit der UdSSR) vertieften die wirtschaftlichen Bindungen der DDR an die übrigen kommunistisch regierten Länder. Der Außenhandel mit diesen Staaten erhöhte sich von 1950 bis 1955 auf fast das Dreifache (während sich der innerdeutsche Handel in dieser Zeit nur verdoppelte), 1954 entfielen drei Viertel des Außenhandels der DDR auf den Ostblock.

Die Ziele des Fünfjahrplanes 1951 bis 1955 betrafen nicht nur wirtschaftliche, sondern auch politische Probleme. Über die Hauptaufgaben hieß es, es sei im Interesse des gesamten deutschen Volkes und des »Kampfes um die Einheit des demokratischen Deutschlands«, eine schnelle Entwicklung der Produktivkräfte zu gewährleisten; bis zum Ende des Jahrfünfts habe die Industrieproduktion im Verhältnis zum Stand des Jahres 1950 190 Prozent zu erreichen. Die geplante Erhöhung der industriellen Produktion bedeutete die Verdoppelung der Produktion im Vergleich zum Jahre 1936.

Durch den Produktionsanstieg und durch Beseitigung der Kriegsfolgen sollte der Vorkriegslebensstandard der Bevölkerung erreicht und »zum Ende des Fünfjahrplans bedeutend überschritten werden. Das gilt im besonderen für den Verbrauch von Nahrungsmitteln und wichtigen Industriewaren pro Kopf der Bevölkerung.«[65]

Die Industrieproduktion sollte von 23 Milliarden auf 45 Milliarden gesteigert, die landwirtschaftlichen Erträge um 25 Prozent und das Volkseinkommen um 60 Prozent erhöht werden, die Arbeitsproduktivität sogar um 72 Prozent. In einer Reihe von Produktionszweigen (Energie, Braunkohle, Rohstahl) wurde der Plan jedoch nicht erfüllt. Das Versprechen eines deutlich höheren Lebensstandards konnte nicht eingelöst werden. Ende 1952 betrug der Produktionsindex der DDR zwar 108 des Standes von 1936 (Bundesrepublik: 143), doch in der Verbrauchsgüterindustrie war der Vorkriegsstand noch immer nicht erreicht.[66] Der Anteil der »volkseigenen Betriebe« wuchs ständig. Mitte 1949 gab es 75 zentrale »Vereinigungen Volkseigener Betriebe« mit 1764 Betrieben, 1950 zählte man insgesamt 5000 VEB. 2678 dieser Betriebe waren zentral auf DDR-Ebene zu-

[65] Zur ökonomischen Politik der SED und der Regierung der DDR. Berlin (Ost) 1955, S. 69f.
[66] Vgl. den Bericht des Deutschen Instituts für Wirtschaftsforschung. Die Welt vom 20. Dezember 1952. Vgl. auch Tägliche Rundschau, Nr. 249 (1360) vom 23. 10. 1949 und Neues Deutschland, Nr. 254 vom 1. 11. 1951.

sammengefaßt, 1874 den Ländern zugeordnet. 1950 hatten die VEB 900 000 Beschäftigte, deren Zahl bis 1953 auf 1,7 Millionen anstieg.[67] Bei einer Umorganisation der VEB 1951 waren die wichtigsten »Schwerpunktbetriebe« (etwa 70) direkt den zuständigen Fachministerien unterstellt worden. Während eine Hälfte der von den Ländern geleiteten VEB mit den zentralgesteuerten Betrieben vereinigt wurde, faßte man die andere Hälfte mit den ca. 4000 kommunalen Wirtschaftsunternehmen zur »örtlichen Industrie« zusammen. Diese Art Umorganisation und Strukturveränderung gab es in den folgenden Jahren immer wieder; damit sollte die Effektivität der Wirtschaft erhöht werden. Da jedoch die zentralistische Anleitung und die Vorherrschaft der Partei erhalten blieben, führten alle »Reform«-Versuche nicht zum Ziel.

Die Bedeutung der VEB stieg auch dadurch, daß die Sowjetunion einige in ihrem Besitz befindliche SAG-Betriebe an die DDR-Wirtschaft übergab. Ende 1946 bestanden 200 SAG, davon kamen 1947 bereits 47, 1950 weitere 23 unter deutsche Leitung. Die verbleibenden SAG-Betriebe waren allerdings noch ein beträchtlicher Wirtschaftsfaktor. Sie umfaßten 13 Prozent der Beschäftigten und erstellten 32 Prozent der Produktion; die Produktion von Uhren, Motorrädern und Benzin kam zu 80 Prozent aus den SAG. Mit der Übergabe weiterer 66 SAG-Betriebe 1952 wurde der Anteil der VEB merklich erhöht. Die staatseigene Industrie war zum beherrschenden Sektor der DDR-Wirtschaft geworden.

Darüber hinaus kopierte die DDR-Wirtschaft weitgehend sowjetische Methoden. Im Juni 1951 stellte das ZK der SED die Losung »Von der Sowjetunion lernen, heißt siegen lernen« in den Mittelpunkt der Agitation und erklärte, es komme darauf an, den volkseigenen Sektor in Industrie, Landwirtschaft, Verkehr, Handel und Finanzen »entscheidend weiterzuentwickeln«, die Prinzipien der sowjetischen Wirtschaftsführung und ihre Methoden seien »gründlich zu studieren« und daraus Schlußfolgerungen für die Leitung der volkseigenen Wirtschaft zu ziehen.[68] Die Parole »Von der Sowjetunion lernen, heißt siegen lernen« war im politischen Raum schon vorher verwendet worden, so vom 3. Kongreß der Gesellschaft für deutschsowjetische Freundschaft im Januar 1951.[69]

[67] Tägliche Rundschau, Nr. 106 (1524) vom 7. 5. 1950.
[68] Zur ökonomischen Politik der SED, S. 109.
[69] Friedenspost. Das Wochenblatt für Jedermann. Nr. 5 vom 28. 1. 1951.

Doch vordringlich waren nun Studium und Anwendung der von Stalin entwickelten Formen der »wirtschaftlichen Planung sowie besonders der bolschewistischen Methoden der Anleitung der Wirtschaftsorgane durch die Partei«.[70] Stalin galt als »der Inspirator und Organisator der sozialistischen Industrialisierung«,[71] das Studium seiner Biographie sollte daher einen Aufschwung bringen. Da die Wirtschaftsstrukturen nach sowjetischem Vorbild entwickelt worden waren, mußten auch bei den Leitungsmethoden sowjetische Erfahrungen übernommen werden. Für die Gesamtwirtschaft der DDR brachte das sowohl Erfolge als auch Schwierigkeiten, denn die qualifizierten Arbeiter standen den sowjetischen »Neuerermethoden« vielfach skeptisch gegenüber. Schließlich wurde die Forderung, die »Arbeitsorganisation durch verstärkte Anwendung sowjetischer Arbeitsmethoden zu verbessern«, auch immer mit Kampagnen »zur vorfristigen Planerfüllung« – also mit Mehrarbeit – verbunden, so z. B. »zu Ehren« des auch in der DDR mit viel Pomp propagierten XIX. Parteitags der KPdSU 1952.[72]

Priorität in der DDR-Wirtschaftspolitik hatte die Erhöhung der Arbeitsproduktivität. Das im April 1950 eingeführte »Gesetz der Arbeit« sah neben der Verbesserung der Lage der Arbeiter und der Garantie des »Rechtes auf Arbeit« vor allem eine Steigerung der Arbeitsproduktivität vor. Schließlich rückte die 2. Parteikonferenz der SED 1952 die Förderung der Schwerindustrie noch mehr in den Mittelpunkt der Planung. Folge dieser Politik waren weitere Engpässe in der Versorgung der Bevölkerung. Immerhin gelang es der DDR unter größten Mühen und Entbehrungen und ohne Hilfe von außen bis 1952/53, die zerrüttete Wirtschaft wiederaufzubauen. Die Rohstahlerzeugung z. B., die 1946 auf 150 000 Tonnen abgesunken war, stieg bis 1953 auf 2,1 Millionen Tonnen (das Doppelte der Erzeugung von 1936). Ähnlich erstaunliche Leistungen erzielten die Energiewirtschaft und die chemische Industrie. Demgegenüber blieb die Entwicklung der Konsumgüterindustrie zurück. Trotz vieler Versprechungen der SED-Führung (Ulbricht 1949: »Jetzt kommt die Zeit der Erfolge«[73]) war der Lebensstandard weiterhin relativ niedrig (und erheblich bescheidener als der in der

---

[70] Zur ökonomischen Politik der SED, S. 109.
[71] Tägliche Rundschau, Nr. 39 (1762) vom 15. 2. 1951.
[72] Neuer Weg, Heft 19 (Oktober 1952), S. 3.
[73] In einem Interview mit Neues Deutschland, Nr. 172 vom 26. 7. 1949.

Bundesrepublik). Noch immer mußten Fett, Fleisch und Zukker rationiert werden, sehr viele Güter waren Mangelware, und die Qualität ließ oft zu wünschen übrig. Außerdem waren die hohen Preise in den HO-Läden für viele Arbeiter unerschwinglich (die Bruttostundenlöhne betrugen 1951 für Maurer 1,60 Mark, für Schlosser 1,78 Mark, die Mehrheit der Arbeiter verdiente unter 312,00 Mark brutto im Monat, bis 1955 stieg der Durchschnittsverdienst von Arbeitern und Angestellten auf 345 Mark).

Unter diesem Aspekt bedeutete die Proklamierung des »Aufbaus des Sozialismus« durch Ulbricht auf der 2. Parteikonferenz im Juli 1952 eine Reduzierung des Begriffs »Sozialismus« auf das stalinistische System der UdSSR. Ulbricht hatte unter »langanhaltendem Beifall« der 1565 Delegierten verkündet: »In Übereinstimmung mit den Vorschlägen aus der Arbeiterklasse, aus der werktätigen Bauernschaft und aus anderen Kreisen der Werktätigen hat das Zentralkomitee der Sozialistischen Einheitspartei Deutschlands beschlossen, der 2. Parteikonferenz vorzuschlagen, daß in der Deutschen Demokratischen Republik der Sozialismus planmäßig aufgebaut wird.«[74]

Damals sollte ein Schauprozeß gegen führende SED-Funktionäre vorbereitet werden, deshalb verwies Ulbricht auch auf Parallelen zu anderen Ostblockstaaten. Er sprach vom »abgrundtiefen Verrat der Tito-Clique«, von der »verbrecherischen Tätigkeit der Slansky-Gruppe in der Tschechoslowakei, der Gomulka-Gruppe in Polen«.[75] Den Personenkult um Stalin propagierte Ulbricht in kaum noch zu überbietender Weise. Das Protokoll registrierte: »Von besonderer Bedeutung ist das Studieren der Werke des Genossen Stalin und seiner Biographie im Selbststudium. Für die Anleitung dieses Studiums ist es notwendig, besondere Konsultationen zu veröffentlichen und mündliche Konsultationen in den Parteikabinetten zu erteilen ... Wir werden siegen, weil unsere Partei, die Sozialistische Einheitspartei Deutschlands, eine Partei neuen Typus geworden ist, die stärkste Partei in Deutschland, die Partei, die sich von der wissenschaftlichen Lehre von Marx, Engels, Lenin, Stalin leiten läßt. (Lang anhaltender Beifall.) ... Lang lebe unser

---

[74] Protokoll der Verhandlungen der 2. Parteikonferenz der Sozialistischen Einheitspartei Deutschlands. 9. bis 12. Juli 1952 in Berlin. Berlin (Ost) 1952, S. 58.
[75] Ebd., S. 151.

weiser Lehrmeister, der Bannerträger des Friedens und Fortschritts in der ganzen Welt, der große Stalin! (Stürmischer Beifall, Hurrarufe, der Beifall geht in minutenlange Ovationen für Genossen Stalin über.)«[76] Ulbrichts Schlußwort auf der Konferenz endete mit dem Ausruf: »Wir werden siegen, weil uns der große Stalin führt!«[77]

In einem »Beschluß« der Parteikonferenz wurde der »Sturz der Bonner Regierung« als Voraussetzung für die deutsche Einheit bezeichnet. Außerdem hieß es dort, die »Verschärfung des Klassenkampfes« sei unvermeidlich. Der »Aufbau des Sozialismus« erfordere: »Durchführung der grundsätzlichen Aufgaben der Volksmacht: den feindlichen Widerstand zu brechen und die feindlichen Agenten unschädlich zu machen; die Heimat und das Werk des sozialistischen Aufbaus durch die Organisierung bewaffneter Streitkräfte zu schützen; ihre Funktion als Instrument des Aufbaus des Sozialismus auszuüben.«[78]

Ulbricht behauptete außerdem, das Stadium der volkswirtschaftlichen Entwicklung für einen »Übergang zum Sozialismus« sei erreicht. »Der Anteil der volkseigenen und genossenschaftlichen Betriebe an der Bruttoproduktion der Industrie betrug im Jahre 1950 73,1 v. H., er stieg 1951 auf 79,2 v. H. und wird Ende 1952 81 v. H. erreichen.«[79] Dies registrierte die SED als Ergebnis des »Klassenkampfes«, worunter sie Ausbau und Sicherung ihrer Macht verstand. Dazu gehörte ebenso die Bekämpfung aller wirklichen und vermeintlichen Gegner durch SSD und Gerichte. Es zeigte sich, daß es keinen Bereich der DDR-Gesellschaft gab, in dem nicht die stalinistischen Praktiken der Sowjetunion kopiert wurden. Drastischer Beweis dafür, daß breite Bevölkerungsschichten das System und seine Methoden völlig ablehnten, sich verweigerten und »mit den Füßen abstimmten«, war die Flucht von 1,4 Millionen Menschen zwischen 1949 und 1955 aus der DDR in die Bundesrepublik.[80]

---

[76] Ebd., S. 158 ff.
[77] Ebd., S. 464.
[78] Neues Deutschland, Nr. 163 vom 13. 7. 1952.
[79] Protokoll der 2. Parteikonferenz, S. 58.
[80] Vgl. Die Tabelle in Hermann Weber, Kleine Geschichte der DDR. Köln 1980, S. 104. In einem Bericht des Ministeriums für gesamtdeutsche Fragen vom März 1952 heißt es, von Ende 1949 bis Anfang 1952 seien allein über »5000 Beamte der ostzonalen Kriminal- und Verwaltungspolizei« geflüchtet, aber auch 400 militärische Ausbilder und selbst 11 Kommissare und 14 Unteroffiziere des SSD. Vgl. Staatsarchiv Bremen, Senats-Registratur, 3.R.1.0. Nr. 121.

Herrschaft des Apparats

In der offiziellen SED-Version wird die Entwicklung nach 1950 als Weg zu einer neuen Gesellschaft interpretiert, als »Weg zum Sozialismus«, in dem die Klassengegensätze allmählich verschwinden und die Arbeiterklasse, die Klasse der Genossenschaftsbauern sowie die Schicht der »Intelligenz« ohne antagonistische Widersprüche miteinander leben. Indessen formierte sich jedoch in der Zeit von 1949 bis 1953 in der DDR die gleiche »Oberschicht«, die in der UdSSR Machtpositionen besetzt und materiell privilegiert ist. Sie umfaßt die hauptamtlichen Mitarbeiter von Partei, Staat, Sicherheitsorganen, Wirtschaft und Medien.

Dabei spielte der Parteiapparat, seine hauptamtlichen Kader, die politisch entscheidende Rolle. Dazu gehörten fast 2000 zentrale Funktionäre und eine entsprechend große Anzahl von Bezirks-, Kreis- und Ortssekretären, von Redakteuren, Propagandisten und Instrukteuren. Für das Jahr 1950 registrierte die offizielle Statistik 110 000 Angestellte (und 30 000 Arbeiter) bei »politischen, sozialen und wirtschaftlichen Organisationen«.[81] Nach anderen Angaben waren es insgesamt 121 000 Beschäftigte. Schließlich waren offiziell 1952 35 000 und 1955 43 000 Angestellte bei »gesellschaftlichen Organisationen« beschäftigt.[82] Diese Zahlen dürften im wesentlichen auf die Parteiangestellten zutreffen, denen außerdem noch die hauptamtlichen Mitarbeiter der Massenorganisationen zuzurechnen sind. Der hauptamtliche Apparat der SED, der die Partei befehligte und immer stärker deren entscheidender Motor wurde, wuchs ständig. Bereits 1948 gab es 450 politische (und 300 technische) Mitarbeiter des Zentralsekretariats, in den sechs Landesvorständen waren 1200 Personen beschäftigt. Die 156 Kreisleitungen der SED verfügten über 12 480 Mitarbeiter, an 112 Parteischulen wirkten 1000 Lehrer, bei der Presse arbeiteten 5000 Redakteure und Mitarbeiter, so daß sich der SED-Apparat aus insgesamt 20 000 Personen zusammensetzte.[83]

---

[81] Statistisches Jahrbuch 1955, S. 26f. Die Zahlen »ohne Groß-Berlin, demokratischer Sektor«, daher war der Apparat einschließlich Ost-Berlins noch größer.

[82] Ebd., S. 112; Statistisches Jahrbuch der DDR 1956. Berlin (Ost) 1957, S. 153. In späteren Statistischen Jahrbüchern fehlen solche exakten Angaben.

[83] Die Zusammenstellung wurde von der SPD gemacht. Vgl. AdsD (Ostbüro) 0321 I. Vgl. auch SOPADE, Nr. 476 vom 22. 5. 1948.

Im Staatsapparat (1955 arbeiteten 317000 Angestellte in der öffentlichen Verwaltung) zählten die politischen Funktionäre zur neuen Elite, ebenso die verantwortlichen Mitarbeiter des Bildungswesens und der Massenkommunikationsmittel. Materielle Privilegien erlangten vor allem die neuen Führungskräfte, die die Staatswirtschaft, d. h. die über 5000 Industriebetriebe, die volkseigenen Güter, LPGs usw. anleiteten. Schließlich waren auch das Offizierskorps, SSD und Justiz Teil der neuen Elite. Diese Oberschicht, die vermutlich eine halbe Million Menschen umfaßte, unterschied sich mit ihren Familien deutlich von der Masse der Bevölkerung.

Viele dieser privilegierten Funktionäre waren ehemalige Arbeiter oder Angestellte (z. B. rekrutierten sich schon 1946 40 Prozent aller Werkdirektoren und Betriebsleiter aus der Arbeiterschaft), doch für die Besetzung der Positionen war die Ergebenheit gegenüber der Parteiführung meist wichtiger als die fachliche Qualifikation; daraus resultierte oft ein gewisses Mißverhältnis zwischen Sachverstand und politischer Engstirnigkeit, das neue Probleme schuf. Das Schlagwort von der Entstehung der »Arbeiter- und Bauernmacht« in der DDR verschleierte die Tatsache der Herausbildung neuer sozialer Schichten (und Oberschichten) in einer modernen Industriegesellschaft. Bis 1953 war die sozioökonomische Struktur der DDR ebenso wie das Herrschaftssystem in weiten Bereichen an das sowjetische Modell angepaßt.

Priorität für die SED hatte der »ideologische Kampf«. Dazu hieß es im Beschluß ihrer 2. Parteikonferenz: »Auf ideologischem Gebiet ist die wichtigste Aufgabe, die Arbeiterklasse und die Masse der Werktätigen mit sozialistischem Bewußtsein zu erfüllen und zugleich den täglichen konsequenten Kampf gegen die bürgerlichen Ideologien zu führen ... Das Studium der Geschichte der KPdSU (B), das die Grundlage unserer gesamten Parteischulung bildet, und das Studium der Werke des Genossen Stalin ist noch gründlicher durchzuführen.«[84] Als Folge dieser Schulung wurden allerdings die »Vermehrung der Buchstabengelehrten und Talmudisten« verzeichnet.[85] Und noch ein knappes Jahr nach der 2. Parteikonferenz kritisierte Oelßner, daß die Werke Stalins bei der Mitgliedschaft kaum vorhanden

---

[84] Neues Deutschland, Nr. 163 vom 13. 7. 1952.
[85] Fred Oelßner, Ideologische Fragen zur Vorbereitung des dritten Parteilehrjahrs. Berlin (Ost) 1952. S. 16.

seien; so hatten nur 7 Prozent der Parteimitglieder der Leuna-Werke »Walter Ulbricht« Band 8 der Stalin-Werke gekauft und selbst eine billige Stalin-Broschüre war wenig verbreitet.[86]

Neben der Schulung sollten weiterhin Säuberungen die Disziplin in der Partei garantieren. Im Frühjahr 1952 erfolgte eine neue Parteikontrolle, über die mitgeteilt wurde: »Im Verlauf der Parteiüberprüfung der Parteimitglieder und Kandidaten wurden 63 564 Kandidaten in den Mitgliederstand übergeführt und erhielten das Mitgliedsbuch. 18 180 Mitglieder wurden in den Kandidatenstand zurückversetzt. Bei 4150 Kandidaten erfolgte die Verlängerung der Kandidatenzeit. Durch Streichung der Mitgliedschaft bzw. Kandidatenschaft sowie durch Ausschluß schieden 150 696 Personen aus.«[87]

Die große Zahl von über 150 000 Ausschlüssen zeigte, wie rigoros die Säuberungen gehandhabt wurden. Auf die Parteispitze griffen diese Maßnahmen sofort nach dem Slansky-Prozeß in der CSR über. Im Dezember 1952 zog das ZK der SED »Lehren aus dem Prozeß gegen das Verschwörerzentrum Slansky«.[88] Auf der 13. Tagung des ZK im Mai 1953 referierte Hermann Matern über die Durchführung dieses Beschlusses, dessen Auswertung nach seiner Auffassung völlig ungenügend war.[89] Die »Sorglosigkeit« gegenüber »Feinden« in der Partei müsse nun ein Ende haben. Dem »Klassenfeind« war es angeblich sogar gelungen, in »die Führung der Partei einzudringen«.[90] Der Ausschluß von Franz Dahlem sowie des ZK-Sekretärs Hans Lauter waren Signale, die erneut auf einen geplanten Schauprozeß verwiesen. Der neue Kurs der KPdSU nach Stalins Tod und der Juni-Aufstand ließen die Säuberungen freilich in den Hintergrund treten.

Die SED-Führung rückte die sowjetischen »Kaderprinzipien« in den Mittelpunkt ihrer Tätigkeit: Kritik und Selbstkritik, Kontrolle durch den übergeordneten Apparat, ideologische und fachliche Qualifikation der Funktionäre und Mitglieder

---

[86] Fred Oelßner, Die Bedeutung der Literatur im Kampf um Frieden, Einheit und besseres Leben (Rede vom 22. 5. 1953). Berlin (Ost) 1954, S. 29.
[87] Neuer Weg, Nr. 10, Mai 1952.
[88] Dokumente der Sozialistischen Einheitspartei Deutschlands. Bd. IV. Berlin (Ost) 1954, S. 199 ff.
[89] Hermann Matern, Über die Durchführung des Beschlusses des ZK der SED »Lehren aus dem Prozeß gegen das Verschwörerzentrum Slansky«. 13. Tagung des ZK der SED, 13.–14. 5. 1953, Berlin (Ost) 1953, S. 3.
[90] Oelßner, Die Bedeutung, S. 19.

sollten die Parteiarbeit verbessern. Es wurde auf Stalins These verwiesen »Die Kader entscheiden alles«, freilich auch gesagt, Voraussetzung dafür sei »Wachsamkeit«,[91] also das Schnüffeln nach »Feinden«. Ein eigenes Schulungsnetz ermöglichte es der SED, ergebene Funktionäre auszubilden. In dieser Periode ging es vorrangig darum, durch Verbreitung des sogenannten Marxismus-Leninismus einen festen, zuverlässigen Funktionärstamm zu schaffen; ideologische Ausrichtung erschien wichtiger als Sachverstand, alle Positionen sollten mit geschulten Kadern besetzt werden.

So verbreitete die SED die Parole, eine Parteileitung, die »nach den Stalinschen Prinzipien die Kaderauslese« vornehme, die Kader fördere und richtig einsetze, habe »praktisch neun Zehntel der Parteiarbeit gelöst«. Allerdings mußte sie zugleich eine beträchtliche Fluktuation ihrer Kader registrieren: in manchen Kreisorganisationen waren die 1. und 2. Sekretäre in 18 Monaten »vier- bis fünfmal ausgewechselt« worden, die »Abteilungsleiter in den Kreisleitungen haben sogar acht- bis neunmal gewechselt«.[92] Im April 1953 berichtete ZK-Sekretär Otto Schön, daß über ein Drittel der Parteisekretäre nicht wiedergewählt wurden. Einerseits war dies eine Reaktion unterer Einheiten gegen die Parteiführung. Schön schrieb: »Einige Grundorganisationen haben ihren Sekretär bzw. andere Genossen deshalb nicht wiedergewählt, weil sie konsequent die Linie der Partei vertraten. Er mache ihnen ›zu viel Leben‹, er sei ihnen in ihrer Ruhe unbequem. Das zeigt, daß diese Grundorganisationen nicht in Ordnung sind, und daß sich die Kreisleitungen ernsthaft mit ihrem Zustand beschäftigen müssen.«[93] Besonders viele Altkommunisten, die in Ortsparteileitungen dominierten, »rebellierten« gegen die »Linie«. So spielte diese Opposition der Altkommunisten etwa in Leipzig eine Rolle. Dort wurden sogar aus der Partei ausgeschlossene Personen noch zu den Wahlen in den Vorständen vorgeschlagen.[94] Andererseits war die Fluktuation im Funktionärkorps aber wiederum eine Folge der Säuberung der SED von »unzuverlässigen« Funktionären.

Das Hauptproblem der DDR-Staats- und SED-Parteifüh-

---

[91] So Matern in Neuer Weg, Heft 5, März 1950, S. 15.
[92] Neues Deutschland Nr. 32 vom 7. 2. 1952.
[93] Ministerium für gesamtdeutsche Fragen. Zweiter Aprilbericht (1952), S. 1 f., Staatsarchiv Bremen, Senatsregistratur R.10.121.
[94] Ebd., S. 2.

rung bestand darin, jede Wendung der sowjetischen Politik nachzuvollziehen, und zugleich alle Strukturen der DDR nach dem Vorbild der UdSSR und den ideologischen Vorstellungen des Marxismus-Leninismus umzugestalten. So war es typisch, daß Ulbricht nach dem XIX. Parteitag der KPdSU (dem letzten, dem Stalin seinen Stempel aufdrückte)[95] im November 1952 schrieb, was »Kritik und Selbstkritik« angehe, sei dieser Parteitag »eine Lektion für die SED«. Er forderte: »Um die Kampfkraft unserer Partei zu erhöhen, genügt es nicht, die Reden und Beschlüsse des XIX. Parteitages durchzulesen, sondern es ist erforderlich, die einzelnen Fragen durchzuarbeiten und dazu nicht nur die Reden und Beschlüsse zu benutzen, sondern auch die in unserer Presse veröffentlichten Diskussionsartikel vor dem Parteitag und die Diskussionsreden auf dem Parteitag.«[96]

Außerdem sollten solche Machtmechanismen gefunden und angewendet werden, die die Zustimmung der UdSSR und ihrer Besatzung fanden. Besatzungstruppen selbst kamen aber nur im Augenblick höchster Gefahr (wie etwa am 17. Juni 1953) direkt zum Einsatz. Ansonsten war es Aufgabe der SED selbst, ein Herrschaftssystem zu schaffen, das ihr Regime absicherte. Als Hebel dazu dienten:
– der eigene Parteiapparat (d. h. hauptamtliche Parteifunktionäre und deren ehrenamtliche Helfer),
– der Staatsapparat (Regierung, Verwaltung, Justiz, politische Polizei, Armee, Massenmedien, Bildungssystem) sowie
– die Massenorganisationen und andere Parteien, die als »Transmissionsriemen« die Verbindung zu allen Bevölkerungsschichten halten und diese im Sinne der SED beeinflussen und anleiten sollten.

Zur Herrschaftssicherung wandte die SED drei Methoden an, die sie von der UdSSR Stalins übernommen hatte.

Erstens: Terror. Gegner des Systems wurden niedergehalten. Der Staatssicherheitsdienst und die Justiz richteten sich gegen eine Minderheit, die aktiv eine Änderung des Regimes anstrebte. Dabei hielt eher »potentieller als virtueller Terror«[97] die Gesellschaft in Schach. Während der Säuberungen hatte die An-

---

[95] Vgl. XIX. Parteitag der KPdSU (B). 5. bis 14. Oktober 1952. Neue Welt 7 (1952) Heft 22 (158); Wolfgang Leonhard, Kreml ohne Stalin. Köln 1959, S. 67 ff.
[96] Neuer Weg, Nr. 22, November 1952, S. 3.
[97] Ernst Richert, Das zweite Deutschland. Ein Staat, der nicht sein darf. Gütersloh 1964, S. 104.

drohung von Gewalt allerdings auch Auswirkungen auf die innere Disziplinierung der SED.

Zweitens: Neutralisierung. Bereits bis 1953 praktizierte man diese Methode, mit der »unpolitische« Menschen, die weder Gegner noch Anhänger des Systems waren, bei allmählicher Verbesserung ihres Lebensstandards und einem Mindestmaß an persönlichem Freiraum passiv gehalten werden sollten.

Drittens: Ideologie. Sie fungierte als Bindeglied der herrschenden Eliten, durch Bewußtseinsbildung sollten zugleich neue Anhänger gewonnen werden. Die Ideologie diente der Führung – neben der Anleitung des politischen und sozialen Handelns – als Rechtfertigungs- und Verschleierungsinstrument.

Von 1949 bis 1953 bestand das Hauptproblem darin, die letzteren Methoden flexibler anzuwenden. Die SED-Führung konnte bis 1952 davon ausgehen, daß ihre Macht in der DDR unter dem Schutz der UdSSR im Innern kaum noch angreifbar sein werde. Doch als im Frühjahr 1952 Bewegung in die Deutschlandpolitik kam, zeigte sich, daß die sowjetische Außenpolitik keineswegs nur die Herrschaftssicherung der deutschen Kommunisten im Auge hatte. Am 10. März 1952 schickte die Sowjetunion eine Note, die bekannte »Stalin-Note«, an die Westmächte, in der sie vorschlug, »unverzüglich die Frage eines Friedensvertrages mit Deutschland zu erwägen«. Die Sowjetregierung unterbreitete den drei Westmächten den Entwurf eines Friedensvertrages mit Deutschland, der mit einer gesamtdeutschen Regierung abgeschlossen werden sollte. Im Entwurf hieß es:

»Politische Leitsätze
1. Deutschland wird als einheitlicher Staat wiederhergestellt. Damit wird der Spaltung Deutschlands ein Ende gemacht, und das geeinte Deutschland gewinnt die Möglichkeit, sich als unabhängiger, demokratischer, friedliebender Staat zu entwickeln.
2. Sämtliche Streitkräfte der Besatzungsmächte müssen spätestens ein Jahr nach Inkrafttreten des Friedensvertrages mit Deutschland abgezogen werden. Gleichzeitig werden sämtliche ausländischen Militärstützpunkte auf dem Territorium Deutschlands liquidiert.
3. Dem deutschen Volk müssen die demokratischen Rechte gewährleistet sein, damit alle unter deutscher Rechtssprechung stehenden Personen ohne Unterschied der Rasse, des Ge-

schlechts, der Sprache oder der Religion die Menschenrechte und die Grundfreiheiten genießen, einschließlich der Redefreiheit, der Pressefreiheit, des Rechts der freien Religionsausübung, der Freiheit der politischen Überzeugung und der Versammlungsfreiheit ...
7. Deutschland verpflichtet sich, keinerlei Koalitionen oder Militärbündnisse einzugehen, die sich gegen irgendeinen Staat richten, der mit seinen Streitkräften am Krieg gegen Deutschland teilgenommen hat ...

Militärische Leitsätze

1. Es wird Deutschland gestattet sein, eigene nationale Streitkräfte (Land-, Luft- und Seestreitkräfte) zu besitzen, die für die Verteidigung des Landes notwendig sind.«[98]

Am 13. März 1952 stellte sich die Regierung Grotewohl, die seit längerer Zeit unter der Parole: »Deutsche an einen Tisch« operierte, hinter die Vorschläge Stalins. Bedeutungsvoll wurden diese sowjetischen Vorstellungen, als sich Moskau am 9. April 1952 ausdrücklich mit der Abhaltung freier Wahlen in Deutschland einverstanden erklärte. Allerdings lehnte die UdSSR die Kontrolle der Wahl durch eine UN-Kommission ab, erklärte sich aber mit der Kontrolle durch eine Viermächtekommission einverstanden.[99]

Bis heute ist der Streit in Politik und Wissenschaft im Gange, wie ernst die Stalin-Note zu bewerten ist und ob eine Chance vertan wurde, weil das sowjetische Angebot nicht genügend ausgelotet wurde.[100] Für die Geschichte der DDR blieb diese Note mit ihren Vorschlägen eine Marginalie: Die DDR-Führung hatte kaum Einfluß auf diesen Vorgang, es war eine Frage zwischen der UdSSR und den Westmächten, in die die Bundesrepublik wegen ihres Verfassungsziels der Einheit einerseits und des Beitritts zum westlichen Paktsystem andererseits stark involviert war. Nur ernsthafte Verhandlungen oder gar Erfolge hätten die

---

[98] Freundschaft DDR–UdSSR. Dokumente und Materialien. Berlin (Ost) 1965, S. 123 f.
[99] Die DDR-Regierung stellte sich im Mai 1952 hinter die neue Note der Sowjetunion und bejahte freie Wahlen.
[100] Vgl. dazu die zusammenfassende Beurteilung bei Gerhard Wettig, Die sowjetische Deutschland-Note vom 10. März 1952. Deutschland Archiv 15 (1982), S. 130 ff. Vgl. auch Hermann Graml, Die Legende von der verpaßten Gelegenheit. Zur sowjetischen Notenkampagne des Jahres 1952. Vierteljahrshefte für Zeitgeschichte 29 (1981), S. 307 ff. Demgegenüber Rolf Steininger, Deutsche Geschichte 1945–1961. Darstellung und Dokumente in zwei Bänden. Bd. 2. Frankfurt a. M. 1983, S. 409 ff.

DDR betroffen, und zwar existentiell – sie wäre dann wohl als kurzlebiger Staat wieder von der Bildfläche verschwunden. Aber auch dies setzt voraus, daß die UdSSR damals ein Aufgeben der DDR überhaupt in Erwägung zog. In der realen Situation von 1952 mußte diese Annahme jedenfalls für die DDR lediglich eine theoretische Bedrohung darstellen, wenige Jahre später bestand eine solche Gefahr für sie überhaupt nicht mehr.

Die neue Linie des »Aufbaus des Sozialismus« von 1952 erforderte in der DDR auch Veränderungen im Staatsapparat. Die DDR-Regierung löste Ende Juli 1952 die bisherigen fünf Länder auf und schuf stattdessen 14 Bezirke. Damit wurden die letzten Reste von Föderalismus, Selbstverwaltung und Landestradition beseitigt. Bezirkstag und Bezirksrat bildeten nun die obersten Organe der mittleren Verwaltungsebene. In den Bezirkstagen saßen 60–90 Abgeordnete, die ihre Arbeit in »Ständigen Kommissionen« (Haushalt, örtliche Industrie, Gesundheit usw.) leisteten. Der Rat des Bezirks war zugleich Verwaltungsorgan und vollziehende Gewalt. Die Leitungsfunktion übte der Sekretär des Rates aus, dieser war in allen Bezirken Mitglied der SED. Die Verwaltungsreform brachte nicht nur eine Zentralisierung, sie vereinfachte darüberhinaus auch die Anleitung und Kontrolle des Staatsapparates durch die SED.

Die SED übertrug sowohl ihr Organisationsprinzip des »demokratischen Zentralismus« auf den Staatsapparat als auch ihre »Kaderprinzipien«. Bereits Ende 1951 waren vom Ministerium des Innern (Hauptabteilung Personal) Richtlinien zur Führung von Personalakten ergangen, die dem System der SED entsprachen. Es gab auch Richtlinien zur »Führung von Nomenklaturakten«: »Für jeden Angestellten, dessen Einstellung, Umgruppierung, Versetzung und Entlassung auf Grund der personalpolitischen Richtlinien der vorherigen Einwilligung einer übergeordneten Dienststelle bedarf (Nomenklatur), wird bei der Personalabteilung dieser übergeordneten Dienststelle (Nomenklaturstelle) eine Nomenklaturakte geführt ... Die Entwicklung der zur Nomenklatur gehörenden Angestellten ist sowohl von der Personalabteilung der Arbeitsstelle des Betreffenden als auch von der Personalabteilung der Nomenklaturstelle besonders sorgfältig zu beobachten. Daher wird über sie bei der Nomenklaturstelle neben der Nomenklaturakte eine Nomenklaturkarte, die zugleich als Personalentwicklungskarte dient, geführt, auf der Eintragungen unabhängig von der bei der Personalabteilung der Arbeitsstelle des Beschäftigten geführten Personalentwicklungskarte zu machen sind.«[101] Den Nomenklaturakten sollten auch Abschriften des Personalbogens, des Lebenslaufs sowie Beurteilungen beigegeben werden. Die sowjetische Methode der Nomenklatur, der Verantwortlichkeit der jeweils übergeordneten Instanz für die »Kader«, deren Einsatz, Aufstieg usw. war damit auch im Staatsapparat der DDR verbindlich.

Beim »Aufbau des Sozialismus« entwickelte die Staatspartei auch eine neue schulpolitische Konzeption. Der Beschluß des Politbüros vom 29. Juli 1952 »Zur Erhöhung des wissenschaftlichen Niveaus des Unterrichts und zur Verbesserung der Parteiarbeit an den allgemeinbildenden Schulen«[102] stellte neue Anforderungen an die Pädagogen. Nach dem Willen der SED sollten die Jugendlichen zu »allseitig entwickelten Persönlichkeiten« erzogen werden, die »fähig und bereit sind, den Sozialismus aufzubauen«; sie sollten sich »die Grundlagen der Wissenschaft und der Produktion aneignen«. Die nunmehr geforderte »führende Rolle der Partei« an der Schule hatte die »Einheit von Bildung und Erziehung« auf der Grundlage des Marxismus-Leninismus zum Ziel. Neben ihrem Bemühen, diese Prinzipien in der Schulpolitik durchzusetzen, rückte die SED Ende 1955 dann das Problem der polytechnischen Erziehung in den Vordergrund.

Eine ähnliche Tendenz zeigte sich im Hochschulwesen. Im Januar 1951 hatte das ZK der SED Maßnahmen zur Veränderung des Hochschulwesens beschlossen und damit eine Hochschulreform eingeleitet. Die Partei kritisierte »das Zurückbleiben unserer Hochschulen«, sie forderte einen unversöhnlichen Kampf »gegen alle reaktionären Ideologien, gegen den bürgerlichen Objektivismus, den Kosmopolitismus und Sozialdemokratismus zu entfalten« und »die Ergebnisse der Sowjetwissenschaft« zu vermitteln.[103] Zur einheitlichen Leitung aller Universitäten wurde das Staatssekretariat für Hochschulwesen geschaffen, im Februar 1951 das Zehnmonate-Studienjahr mit genauen Studien- und Stoffplänen eingeführt. Das gesellschaftswissenschaftliche Grundstudium, in dessen Mittelpunkt die

---

[101] Deutsche Demokratische Republik. Ministerium des Innern, Hauptabteilung Personal. Richtlinien zur Führung von Personalakten (1. 12. 1951). AdSD (Ostbüro) 0344 I.

[102] Karl-Heinz Günther und Gottfried Uhlig, Geschichte der Schule in der DDR 1945–1971. Berlin (Ost) 1974, S. 108 ff.

[103] Forum, Berlin (Ost), Nr. 4 vom 15. Februar 1951.

SED-Ideologie stand, wurde Pflichtfach für alle, der russische Sprachunterricht obligatorisch. Gleichzeitig baute die DDR das Hochschulwesen aus. 1953 und 1954 entstanden zusätzlich zu den 21 bestehenden Hochschulen (sechs Universitäten und 15 wissenschaftlich-technische Hochschulen) 25 neue Lehrstätten, darunter drei medizinische Akademien, sechs pädagogische Institute, je eine Hochschule für Elektrotechnik, Finanzen, Schwermaschinenbau usw. Von 1951 bis 1954 stieg die Zahl der Studenten von 28000 auf 57500; daneben absolvierten viele Jugendliche ein Fernstudium. Der Anteil der Arbeiter- und Bauernkinder unter den Studierenden wuchs (1954 = 53 Prozent). Für die Bildung brachte die DDR enorme Mittel auf; sie erstrebte aber zugleich, die ideologische Erziehung zu vertiefen.

Neben der Wissenschaft gab die SED auch in Kultur und Kunst den Ton an. Seit 1950 versteifte sich die Haltung der Partei gegenüber der modernen Kunst, die als formalistisch und destruktiv verdammt wurde. Der III. Parteitag der SED verurteilte die »volksfeindlichen Theorien des Kosmopolitismus« ebenso wie den »bürgerlichen Objektivismus« und beschimpfte sie als »amerikanische Kulturbarbarei«.[104] Dies führte zu Konflikten mit zahlreichen Künstlern. Unter diesen Umständen war es grotesk, wenn der Präsident des Kulturbundes, der Dichter Johannes R. Becher (von 1954 bis zu seinem Tod 1958 dann Minister für Kultur) 1950 schrieb, nie seien »Kunst und Bildung so verbunden mit der Macht« gewesen wie in der DDR, der Gegensatz von Geist und Macht gehe der »Lösung entgegen«.[105] Im März 1951 verlangte das ZK der SED in seiner Entschließung »Der Kampf gegen den Formalismus in Kunst und Literatur, für eine fortschrittliche deutsche Kultur«[106] eine »realistische Kunst« und die Orientierung an der Sowjetunion, die die »fortschrittlichste Kultur der Welt« geschaffen habe.

Als »formalistisch« wurden Maler wie z. B. Horst Strempel[107]

---

[104] Dokumente der Sozialistischen Einheitspartei Deutschlands, Bd. III. Berlin (Ost) 1952, S. 118.

[105] Johannes R. Becher, Auf andere Art so große Hoffnung. Tagebuch 1950. Berlin (Ost) 1951, S. 195 (Eintragung 30. März). Interessant im Tagebuch u. a. auch die Eintragung vom 24. Januar 1950: »Erfahre soeben den Tod von Orwell. Aufgenommen wie die Nachricht vom Tode eines Menschheitsfeindes«. (S. 62).

[106] Neuer Weg, Heft 7/8, 1951, Beilage. Junge Welt, Nr. 32 vom 27. 4. 1951. Wiederabgedruckt in Dokumente der SED, Bd. III, S. 431 ff.

[107] Ein Wandgemälde von Strempel im Bahnhof Friedrichstraße wurde entfernt. Das dreiteilige Fresko »Trümmer weg, baut auf!« war 1948 noch sehr gelobt worden. Vgl. Neue Berliner Illustrierte, 2. Dezemberheft 1948, S. 6 f.

und Max Lingner abgestempelt, der »Bauhaus«-Stil der Architektur verdammt und stattdessen der »Zuckerbäcker«-Stil gepriesen, auch Oper und Schauspiel wurden kritisiert. Den »Sozialistischen Realismus« auch in der Filmkunst durchzusetzen forderte das SED-Politbüro im Juli 1952.[108]

Dies führte auch zu einer Änderung der Literaturpolitik. Nach 1945 wurden in der sowjetischen Besatzungszone zunächst – wie in ganz Deutschland – jene Bücher wieder aufgelegt, die während der Hitler-Diktatur verboten waren. Vor allem die russische und sowjetische Literatur, darunter beispielsweise die Werke von Gorki, Majakowski oder Scholochow, fanden weite Verbreitung. Auch in den folgenden Jahren erschienen nicht nur die Arbeiten kommunistischer Schriftsteller wie Anna Seghers, Erich Weinert oder Willi Bredel, sondern ebenso die von Pazifisten wie Arnold Zweig. Aber auch die Schriften des Amerikaners Upton Sinclair (diese freilich nur bis zu seinem Bruch mit der »fortschrittlichen Bewegung« der USA), von Egon Erwin Kisch oder von Carl Sternheim wurden Ende der vierziger Jahre in großen Auflagen gedruckt. Schließlich gab Alfred Kantorowicz Anfang der fünfziger Jahre die Ausgewählten Werke in Einzelausgaben von Heinrich Mann heraus, ebenso erschienen die Bücher von Leonhard Frank oder Lion Feuchtwanger. Hier zeigte sich, daß die DDR der Bundesrepublik in der Verbreitung antifaschistischer Literatur weit voraus war; diese wurde im Westen erst viel später von breiteren Kreisen »entdeckt«. Der Kalte Krieg führte in der Bundesrepublik sogar dazu, den größten damals lebenden deutschen Dichter, Bert Brecht, mit dem Nazi-Schreiber Horst Wessel gleichzusetzen und die Aufführung seiner Stücke zu verhindern. So konnte sich die DDR in dieser Frage als der fortschrittlichere deutsche Staat präsentieren. Im erwähnten ZK-Beschluß vom März 1951 hieß es, die DDR habe Leistungen erreicht, »auf die alle fortschrittlichen Deutschen mit Recht stolz sind«. Dazu »gehören die Werke der Schriftsteller und Dichter Arnold Zweig, Johannes R. Becher, Bertolt Brecht, Anna Seghers, Bernhard Kellermann, Friedrich Wolf und Willi Bredel, Erich Weinert, Hans Marchwitza, Bodo Uhse, Stephan Hermlin, Kurt Bartel (Kuba), Alfred Kantorowicz, die während der Emigration oder nach 1945 geschrieben und in den letzten Jahren veröffentlicht wurden. Diese Werke haben an der Bewußt-

---

[108] Dokumente der SED, Bd. IV, S. 84.

seinsänderung des deutschen Volkes einen bedeutenden Anteil.«[109]

Gleichzeitig unternahm die DDR große Anstrengungen zur Pflege des Kulturerbes. Das bewiesen sowohl Publikationen von Institutionen und Verlagen, Feierlichkeiten zu Ehren von Beethoven, Herder und Schiller in den Jahren 1952 bis 1955, als auch Wiederaufbauarbeiten an der Berliner Staatsoper, am Zwinger und der Hofkirche in Dresden. Entsprechend der damaligen sowjetischen Kulturpolitik waren das »humanistische Erbe« zu verteidigen, Modernität und Kosmopolitismus aber abzulehnen und zu verfolgen. Druck und Führungsanspruch der SED in Kultur und Kunst nahmen merklich zu. Im Juli 1953 wurde Paul Wandel (geb. 1905) Sekretär des ZK und verantwortlich für Kultur. Er hatte 1932/33 die Leninschule in Moskau besucht und war anschließend Mitarbeiter der Komintern. Von 1946 bis 1949 war er Präsident der Zentralverwaltung für Volksbildung, dann bis 1952 Volksbildungsminister, danach ZK-Sekretär. 1957 wurde er als Ulbricht-Gegner abgelöst. Wandel war von 1958 bis 1961 Botschafter in Peking und wurde dann zur »Liga für Völkerfreundschaft« abgeschoben. Er stellte im Juli 1955 klar: »Auch für die Genossen Künstler gelten die Beschlüsse unserer Partei.«[110]

Neben der Reglementierung von Kultur und Kunst versuchte die SED, neue Moralkategorien zu entwickeln. Diese sollten vor allem die Jugend davon überzeugen, daß persönliche und gesellschaftliche Interessen identisch seien. Die neue Moral indessen definierte ZK-Sekretär Otto Schön recht simpel: Sittlich war danach alles, »was zur Errichtung der Grundlagen des Sozialismus in der DDR beiträgt«, und entsprechend »unsittlich und unmoralisch« alle Versuche, »den sozialistischen Aufbau zu hemmen«.[111]

Die Anstrengungen der SED, ihre Vorstellungen rigoros in allen Lebensbereichen durchzusetzen, provozierten ständig neue Konflikte mit den verschiedensten Bevölkerungskreisen. So verhärtete sich z. B. 1952/53 auch die Haltung von Staat und Partei gegenüber den Kirchen (da in der DDR damals 80 Prozent der Bevölkerung evangelisch waren, hauptsächlich gegenüber der Evangelischen Kirche). Von Januar bis April 1953 ver-

[109] Vgl. Anm. 106.
[110] Neues Deutschland, Nr. 172 vom 26. 7. 1955.
[111] Einheit 10 (1955) Heft 10, S. 988.

haftete der SSD etwa 50 Geistliche, Laienhelfer und Diakone. Die »Junge Gemeinde« der Evangelischen Kirche war heftigen Angriffen ausgesetzt, 300 Oberschüler wurden wegen ihrer Zugehörigkeit zu dieser Vereinigung von der Schule relegiert. Im April wandten sich die evangelischen Bischöfe in scharfer Form gegen die Verfolgung der Kirche.

»Der Druck, der in Glaubens- und Gewissensfragen auf Glieder der Evangelischen Kirche innerhalb der Deutschen Demokratischen Republik ausgeübt wird, droht untragbar zu werden. Uns ist bekanntgeworden, daß gegen die Glieder der Jungen Gemeinde mit besonderer Härte vorgegangen wird und welche Mittel dabei angewendet werden ... Wir wissen von anderen noch schwereren Fällen, in denen ein unverantwortlicher Druck auf junge Menschen ausgeübt worden ist mit dem Ziel, das Rückgrat ihrer Gesinnung und ihres Glaubens zu brechen. Wir erklären, daß wir kein Wort von den Angriffen glauben, die in der ›Jungen Welt‹, dem Organ des Zentralrates der FDJ, gegen die Junge Gemeinde erhoben sind. Wir kennen diese jungen Christen und wissen, daß es nicht wahr ist, daß sie die Junge Gemeinde zu einer Terrorgruppe zur Sabotage der Wiedervereinigung Deutschlands machen wollten. Terror, Verrat und Sabotage gehören nicht zu den Mitteln christlicher Wirksamkeit. Uns ist weiterhin bekanntgeworden, daß Verhaftungen vorgenommen werden, ohne daß den Beschuldigten der Grund ihrer Verhaftung mitgeteilt oder den Angehörigen der Aufenthaltsort der Verhafteten bekanntgegeben wird. Wir wissen von unbegreiflich hohen Strafen in Fällen, die das allgemeine Rechtsempfinden der gesamten zivilisierten Welt völlig anders beurteilen würde. Wir erklären, daß wir diese Methode der Rechtspraxis wie auch des Vorgehens gegen junge Menschen als unmenschlich empfinden. Wer die Einheit Deutschlands will, darf mit Deutschen nicht so umgehen.«[112]

Erst mit dem »Neuen Kurs« 1953 endet der direkte Kampf von SED und Staat gegen die Kirchen.

---

[112] Neue Zürcher Zeitung, Nr. 933 vom 22. 4. 1953.

Der »Neue Kurs«

Das Kopieren des stalinistischen Modells der Sowjetunion, der sogenannte »Aufbau des Sozialismus«, verursachte eine Krise der DDR. Im Frühjahr 1953 zeigten sich die Folgen in einer dramatischen Verschlechterung der Lebenslage der Bevölkerung, die Mangelwirtschaft wurde permanent. Die katastrophale Lage war so deutlich, daß sich auch westdeutsche Politiker damit befaßten. Auf einer Sitzung des Parteivorstandes der SPD am 1. April 1953 sagte Herbert Wehner, daß in der DDR derzeit die wichtigsten Lebensmittel »nicht einmal zur Hälfte vorhanden« wären. Ein Berliner Vertreter erwartete, daß man »mit einer Verstärkung des Flüchtlingsstromes rechnen« müsse.[113]

Die im Herbst 1952 forcierte Entwicklung der Schwerindustrie war – wie die DDR-Geschichtsschreibung später feststellte – »fehlerhaft«; sie verringerte das Wachstum der Konsumgüterindustrie, »das wirkte sich negativ auf die Lebenslage der Werktätigen aus und rief Unzufriedenheit hervor«.[114] Anfang 1953 freilich hatte sich die SED noch selbst vorgegaukelt, ein »Aufbaufieber« habe die Menschen in der DDR erfaßt, die einem »herrlichen Ziel entgegen« gingen.[115] Die Realität war anders. Durch rigorose Steuern wurden die Mittelschichten Repressalien unterworfen, die Großbauern verfolgt, der Kirchenkampf verstärkt, in der Wirtschaft Fachkräfte als »Saboteure« denunziert. So mußte der Unwille gegen das Regime wachsen.

Das Nachahmen der sowjetischen Methoden ging einher mit einem (heute von der DDR allerdings totgeschwiegenen) Personenkult um Stalin. Hier einige Stilblüten, die in keinem DDR-Geschichtsbuch zu finden sind: Zu seinem 70. Geburtstag am 21. Dezember 1949 schrieb der Parteivorstand der SED dem »teuren Freund Josef Wissarionowitsch«:

»Wir begrüßen Sie, Genosse Stalin, als den großen Fortsetzer und Vollender der unsterblichen Werke von Marx, Engels und Lenin.

Wir begrüßen Sie, Genosse Stalin, als den tiefgründigen Forscher und kühnen Denker, der den Marxismus-Leninismus in seiner Reinheit verteidigt und durch neue Erkenntnisse berei-

---

[113] Vermerk über die PV-Sitzung am 1. 4. 1953, S. 5. Staatsarchiv Bremen, NL Adolf Ehlers, 7. 144, Bd. 11 (Willy Brandt).
[114] Heinz Heitzer, DDR. Geschichtlicher Überblick. Berlin (Ost) 1979, S. 111.
[115] Neues Deutschland, Nr. 17 vom 21. 1. 1953.

chert und entwickelt hat. Wir begrüßen Sie, Genosse Stalin, als den proletarischen Führer, der zusammen mit dem genialen Lenin die bolschewistische Partei, die erste Partei von neuem Typus, geschmiedet hat.

Wir begrüßen Sie, Genosse Stalin, als den weisen Staatslenker der Union der Sozialistischen Sowjetrepubliken, der den Sowjetvölkern den Sieg des Sozialismus gesichert hat und sie jetzt auf dem Weg zum Kommunismus vorwärtsführt.

Wir begrüßen Sie, Genosse Stalin, als den anerkannten Führer der Weltfriedensfront, auf den sich heute die Hoffnungen und Wünsche der friedliebenden Menschen aller Länder richten.

Wir begrüßen Sie, Genosse Stalin, als den großen Lehrer der deutschen Arbeiterbewegung und den besten Freund des deutschen Volkes.«[116]

Ein Jahr später gab das ZK der SED eigens »Losungen« zum 71. Geburtstag Stalins heraus, in denen es u. a. hieß: »Lang lebe Genosse Stalin, der Führer und weise Lehrer aller Werktätigen! Es lebe Stalin, der Bannerträger im Kampf um den Frieden der Welt! Gruß und Dank dem Genossen Stalin, dem besten Freund und Helfer des deutschen Volkes!«[117]

Im Oktober 1952 ließ sich die SED vernehmen, es sei ein großes Glück für die Welt, »daß an der Spitze der KPdSU Genosse Stalin, der geniale Lehrer und Führer, arbeitet, der das Sowjetvolk von Sieg zu Sieg führt und der fortschrittlichen Menschheit den Weg zu einem glücklichen Leben weist«.[118]

Zu Stalins 72. Geburtstag schrieb das SED-Zentralorgan ›Neues Deutschland‹: »Wenn also die Frage gestellt ist: woher dieses Maß an Liebe und Verehrung für Josef Wissarionowitsch Stalin? So lautet die Antwort: weil sein Genius die gesamte Menschheit auf die breite, lichte Bahn des erfolgreichen Kampfes für ein Leben in Wohlstand und Frieden führt.«[119] Noch am 22. Februar 1953 schrieb das ZK der SED: »Lang lebe der geniale Feldherr Generalissimus Stalin!«[120]

---

[116] Neues Deutschland, Nr. 298 vom 21. 12. 1949 und Sonderausgabe vom 21. 12. 1949. Vgl. auch Dokumente der SED, Bd. II, S. 407ff.
[117] Neues Deutschland, Nr. 287 vom 8. 12. 1950. Vgl. auch Dokumente der SED, Bd. III, S. 290f.
[118] Neues Deutschland, Nr. 249 vom 22. 10. 1952. Vgl. auch Dokumente der SED, Bd. IV, S. 173.
[119] Neues Deutschland, Nr. 300 vom 21. 12. 1952.
[120] Neues Deutschland, Nr. 45 vom 22. 2. 1953.

Stalins Arbeiten über die Sprachwissenschaft und sein Werk ›Ökonomische Probleme des Sozialismus in der UdSSR‹ (1952) wurden nicht nur emphatisch begrüßt, sondern mußten von allen Wissenschaftsbereichen in Artikeln, Arbeiten usw. als »vorbildlich« gepriesen werden. Der Romanist Werner Krauß nannte Stalins Artikel einen »Wendepunkt in der Sprachwissenschaft«.[121] SED-Ideologe Oelßner zog »einige Lehren aus der neuen genialen Arbeit J. W. Stalins für unsere Arbeit« und erklärte, »warum unsere Epoche die Stalinsche Epoche genannt wird«.[122]

Der Tod Stalins am 5. März 1953 schockierte die SED-Spitze, sie war desorientiert und vermochte nicht einzuschätzen, welchen Weg seine Nachfolger einschlagen würden. Von seiner Trauersitzung schickte das ZK der SED der KPdSU ein Telegramm, in dem es hieß, mit Stalin sei »der große Wissenschaftler des Marxismus-Leninismus, der weise Führer der Werktätigen im Kampf um den Sozialismus, der geniale Feldherr des Großen Vaterländischen Krieges des Sowjetvolkes, der überragende Kämpfer für die Erhaltung und Festigung des Friedens in der Welt dahingegangen«. Das ZK verkündete, Stalins »Lebenswerk« werde auf »Jahrhunderte« das Weltgeschehen beeinflussen. Zugleich beteuerte die SED, sie werde »der siegreichen Lehre J. W. Stalins stets die Treue wahren«.[123] Drei Jahre später war davon freilich keine Rede mehr.

Ulbricht selbst bekundete zum Tode Stalins: »Der größte Mensch unserer Epoche ist dahingeschieden«, er behauptete, die »Werktätigen« der DDR seien »von tiefem Schmerz ergriffen angesichts des Dahinscheidens unseres weisen Lehrers, unseres Vaters«.[124] Die Mehrheit der »Werktätigen« bewegten indes andere Empfindungen, sie erhofften nach Stalins Tod eine Liberalisierung und eine Verbesserung ihrer Lebenslage.

Durch den Tod Stalins geriet die SED in eine kritische Situation. In der Sowjetunion hatte, zusammen mit Malenkow und Molotow, Berija die Nachfolge des Diktators angetreten. Dieser aber entwickelte nun (auf der Grundlage der erwähnten Stalin-Note vom März 1952) Pläne, die auf Wiedervereinigung

---

[121] Tägliche Rundschau, Nr. 151 (1769) vom 1. 7. 1950.
[122] Neues Deutschland, Nr. 284 vom 3. 12. und Nr. 300 vom 21. 12. 1952.
[123] Neues Deutschland, Nr. 56 vom 7. 3. 1953. Vgl. auch Dokumente der SED, Bd. IV, S. 296 ff.
[124] Einheit 8 (1953) Sonderheft, S. 358 und 362.

und Neutralisierung Deutschlands hinausliefen und die auch die SED-Herrschaft gefährdeten.

Die neue Moskauer Führung verlangte von der DDR nicht nur eine konziliantere Haltung in der deutschen Frage, sondern ebenso schwerwiegend die Revision des forcierten Kurses beim »Aufbau des Sozialismus«. Innerhalb der SED-Spitze drängten die vom sowjetischen Sicherheitschef Berija gestützten Wilhelm Zaisser und Rudolf Herrnstadt auf eine Ablösung Walter Ulbrichts und eine flexiblere Parteilinie. Sie fanden im Politbüro Zustimmung von Anton Ackermann, Hans Jendretzky und Elli Schmidt, aber auch von Heinrich Rau. In dieser heiklen Situation beschloß das Politbüro der SED am 9. Juni 1953, zwei Monate nach Stalins Tod, den »Neuen Kurs«, den ein Beschluß des Ministerrats am 11. Juni konkretisierte. Partei- und Staatsführung räumten ein, »in der Vergangenheit eine Reihe von Fehlern« begangen zu haben. Genannt wurde u. a. die Neuregelung der Lebensmittelkartenversorgung. »Die Interessen solcher Bevölkerungsteile wie der Einzelbauern, der Einzelhändler, der Handwerker, der Intelligenz wurden vernachlässigt. Bei der Durchführung der erwähnten Verordnungen und Anordnungen sind außerdem ernste Fehler in den Bezirken, Kreisen und Orten begangen worden. Eine Folge war, daß zahlreiche Personen die Republik verlassen haben. Das Politbüro hat bei seinen Beschlüssen das große Ziel der Herstellung der Einheit Deutschlands im Auge, welches von beiden Seiten Maßnahmen erfordert, die die Annäherung der beiden Teile Deutschlands konkret erleichtern.«[125]

Das Politbüro sprach sich für Korrekturen am Fünfjahrplan aus; der Aufbau der Schwerindustrie sollte verlangsamt und eine Verbesserung der Lebenshaltung erreicht werden. Kredite für Handwerk, privaten Handel und Industrie wurden versprochen. »Wenn Geschäftseigentümer, die in letzter Zeit ihre Geschäfte geschlossen oder abgegeben haben, den Wunsch äußern, diese wieder zu eröffnen, so ist diesem Wunsche unverzüglich Rechnung zu tragen. Außerdem soll die HO zur besseren Versorgung der Bevölkerung sofort Agenturverträge mit dem privaten Einzelhandel abschließen. Das Politbüro schlägt ferner vor, daß die Verordnungen über die Übernahme devastierter landwirtschaftlicher Betriebe aufgehoben werden und die Einsetzung von Treuhändern wegen Nichterfüllung der Abliefe-

---

[125] Dokumente der SED, Bd. IV, S. 428 ff.

rungspflichten oder wegen Steuerrückständen untersagt wird. Die Bauern, die im Zusammenhang mit Schwierigkeiten in der Weiterführung ihrer Wirtschaft ihre Höfe verlassen haben und nach Westberlin oder Westdeutschland geflüchtet sind (Kleinbauern, Mittelbauern, Großbauern), sollen die Möglichkeit erhalten, auf ihre Bauernhöfe zurückzukehren.«[126]

Zwangsmaßnahmen gegen Bauern, Selbständige und die Intelligenz wurden weitgehend zurückgenommen, ebenso Preissteigerungen, die den Unmut der Bevölkerung provoziert hatten. Verbesserung der Lebenslage durch stärkere Berücksichtigung des Konsumgütersektors, Förderungsmaßnahmen für die Mittelschichten, größere Rechtssicherheit und Bemühungen um die Annäherung beider deutscher Staaten wurden in Aussicht gestellt. Auch der Kampf gegen die »Junge Gemeinde« und die Evangelische Kirche sollte aufhören, relegierte Oberschüler durften wieder an ihre Schulen zurückkehren. Durch alle diese Zugeständnisse des »Neuen Kurses« hoffte die DDR-Führung, die Mißstimmung der Bevölkerung auffangen zu können. Doch dazu war es bereits zu spät.

Der Aufstand vom 17. Juni 1953

In erster Linie war es der Arbeiterschaft zu verdanken, daß es – ähnlich wie in Westdeutschland – nach Kriegszerstörungen und Demontagen möglich war, die Volkswirtschaft in der sowjetischen Besatzungszone und dann in der DDR wieder aufzubauen. Doch während mit großer Energie, erstaunlichem Aufbauwillen und unter unsäglichen Mühen die Schwerindustrie in Gang gebracht und erweitert wurde, gab es bei der Konsumgüterindustrie weniger Erfolge. So blieb der Lebensstandard der Arbeiterfamilien (gerade auch im Vergleich mit dem der Wirtschaftsfunktionäre oder der »Intelligenz«) bescheiden. Natürlich bestimmten nicht nur Löhne und Preise die Lebensbedingungen. Die Arbeiter sahen in Polikliniken, Kulturhäusern, Erholungsheimen, Feriendienst des FDGB, Kindergärten und Kinderhorten, Krankenversicherung ohne Karenzzeit, gleichem Lohn für Frauen, Studienmöglichkeiten usw. sehr wohl echte Fortschritte, die aber die Misere der Lebenshaltung nicht aufwiegen konnten.

---

[126] Ebd., S. 429.

Das Fehlen jeder echten Mitbestimmung in Politik und Wirtschaft machte die Arbeiter auch skeptisch gegenüber den Behauptungen, die DDR sei ein Arbeiterstaat. Die große Mehrheit der Bevölkerung und gerade auch der Arbeiterschaft stand der Übertragung des sowjetischen Gesellschaftsmodells ablehnend gegenüber. Zwischen SED und Arbeitern bestand kaum ein Konsens. Die Arbeiter vermißten aber auch eine gewerkschaftliche Vertretung. Betriebsräte gab es seit 1948 nicht mehr, der FDGB ordnete sich als Massenorganisation der SED vor allem den Beschlüssen von Partei und Staat unter und hatte sich so auch den Massen entfremdet.

Zu größeren Differenzen zwischen Arbeiterschaft und Staat kam es schon 1951 wegen der Betriebskollektivverträge. Die Entlohnung sollte nunmehr – ebenso wie in der Sowjetunion – durch einen Betriebskollektivvertrag zwischen Betriebsleitung und BGL geregelt werden. Betriebsleitung der VEB wie Betriebsgewerkschaftsleitung waren aber von der SED und dem Staat abhängig, so daß bei den »Vereinbarungen« zwischen diesen Partnern in erster Linie die Wirtschaftspolitik der SED und ihre Planziele berücksichtigt wurden und erst in zweiter Linie die Interessen der Arbeiter. Über die Kollektivverträge schrieb das ZK der SED am 9. April 1951: »In den Rahmenkollektivverträgen für die einzelnen Industrien wird ausgegangen von den Produktionsaufgaben in der betreffenden Industrie, der Anwendung der neuen Arbeitsmethoden und der damit verbundenen Festsetzung der Löhne und Gehälter entsprechend dem Leistungsprinzip.«[127] Die Betriebsangehörigen widersetzten sich, und es dauerte oft Monate, bis Verträge abgeschlossen werden konnten. Ständige Auseinandersetzungen in den Betrieben verursachten überdies die Arbeitsnormen. Vor allem der FDGB versuchte, die Normen zugunsten der »volkseigenen« Betriebe nach oben zu korrigieren. Das aber bedeutete Lohnsenkungen, so daß selbst das SED-Zentralorgan ›Neues Deutschland‹ im April 1952 schrieb: »Nicht nur viele Arbeiter, sondern auch Wirtschafts- und Gewerkschaftsfunktionäre bis hinauf in die Zentralvorstände der Industriegewerkschaften sind heute der Auffassung, technisch begründete Arbeitsnormen würden mit der unausgesprochenen Absicht eingeführt, zu einer Senkung des Nominallohnes zu kommen.«[128] Das Be-

---

[127] Zur ökonomischen Politik der SED, S. 105.
[128] Neues Deutschland, Nr. 81 vom 8. 4. 1953.

triebsklima verschlechterte sich unter diesen Umständen, die Arbeiter gerieten in immer stärkeren Gegensatz zu »ihrem Arbeiterstaat«. Die Situation verschärfte sich, als das ZK der SED am 13./14. Mai 1953 forderte, die Normen um mindestens 10 Prozent anzuheben und die Regierung dies dann am 28. Mai anordnete.

Der »Neue Kurs« machte allen Kreisen Zugeständnisse – nur nicht der Arbeiterschaft. Die Normerhöhungen wurden nicht zurückgenommen. Am 14. Juni 1953 wandte sich das SED-Zentralorgan ›Neues Deutschland‹, dessen Chefredakteur damals Herrnstadt war, gegen die »Holzhammer«-Methoden bei den Normerhöhungen, die »nicht diktatorisch und administrativ« verwirklicht werden dürften.[129] Doch zwei Tage später erschien im FDGB-Organ ›Tribüne‹ ein Artikel von Otto Lehmann, einem führenden SED-Gewerkschafter. Er rechtfertigte die Beschlüsse vom 28. Mai über die Normerhöhung und forderte deren strikte Durchführung. »Dieser Artikel löste die Demonstrationen der Bauarbeiter von der Stalinallee in Berlin aus.« Er wurde, wie der stellvertretende Ministerpräsident der DDR, Otto Nuschke (CDU), in einem Rundfunk-Interview mit dem RIAS zugab, »der Zünder ... für die Erregungswelle«.[130]

Der langangestaute Unwillen der Arbeiterschaft, die plötzliche und unvorbereitete Schwenkung des Politbüros der SED zum »Neuen Kurs«, die Verwirrungen im SED-Funktionärkorps und das Problem der Normerhöhung waren der Ausgangspunkt für die Geschehnisse am 17. Juni. Über den Aufstand vom 17. Juni 1953 gibt es inzwischen detaillierte Untersuchungen,[131] hier sollen deshalb die Ereignisse nur skizziert werden.

[129] Neues Deutschland, Nr. 137 vom 14. 6. 1953.
[130] Arnulf Baring, Der 17. Juni 1953. Köln, Berlin 1965, S. 49 (Neuaufl. Köln 1983).
[131] Vgl. neben Baring u. a.: Ilse Spittmann und Karl Wilhelm Fricke (Hrsg.), 17. Juni 1953. Arbeiteraufstand in der DDR. Köln 1982; Der Volksaufstand vom 17. Juni 1953. Denkschrift über den Juni-Aufstand in der Sowjetischen Besatzungszone und Ostberlin. Bonn 1953 (Faksimilierter Nachdruck, Bonn o. J.); Der 17. Juni 1953. Ursachen, Ablauf und Folgen des Aufstandes in Ost-Berlin und der DDR. Hrsg. v. Regionalen Pädagogischen Zentrum des Landes Rheinland-Pfalz. Bad Kreuznach 1983. Vgl. auch den Literaturüberblick v. Klaus Kellermann, Der 17. Juni 1953. Das Ereignis und die Probleme seiner zeitgeschichtlichen Einordnung und Wertung. Geschichte in Wissenschaft und Unterricht 34 (1983) S. 373 ff.

Auf der Renommier-Baustelle Ost-Berlins, der Stalinallee, war die Empörung der Bauarbeiter groß, als sie aufgrund der neuen Normen im Juni bei ihren Löhnen erhebliche Einbußen hinnehmen mußten. Sie schickten eine Resolution an Ministerpräsident Grotewohl und forderten die Rücknahme der Normerhöhungen, denn der »Neue Kurs« habe »nur den Kapitalisten, nicht aber den Arbeitern etwas gebracht«.[132]

Am Vormittag des 16. Juni formierte sich dann auf der Baustelle Block 40 der Stalinallee ein Demonstrationszug. Unter dem Transparent »Wir fordern Herabsetzung der Normen!« begannen 300 Bauarbeiter mit ihrem Marsch. Sie gingen zunächst zu den übrigen Baustellen der Stalinallee, und bald bewegte sich ein Zug von 2000 Streikenden zum FDGB-Bundesvorstand in der Wallstraße. Da das Gewerkschaftshaus verschlossen war, marschierte der Demonstrationszug weiter zum Haus der Ministerien in der Leipziger Straße. Die Erregung der auf 10000 Menschen angewachsenen Menge stieg vor dem ebenfalls verschlossenen Haus der Ministerien rasch. Der Minister für Industrie, Fritz Selbmann, der als einziger der SED-Führer den Mut hatte, zu den Arbeitern hinauszugehen und zu ihnen zu sprechen, wurde niedergeschrien. Die führerlosen Massen verlangten bald den Rücktritt der Regierung, aus dem Protestmarsch erwuchs ein Aufstand.

Am 17. Juni bestimmten Arbeiterdemonstrationen das Bild der Berliner Straßen. 12000 Hennigsdorfer Stahlarbeiter und 16000 Arbeiter der Reichsbahnbauunion Velten zogen von der DDR durch die im französischen Sektor gelegenen Arbeiterbezirke Reinickendorf und Wedding nach Ost-Berlin. 20000 streikende Bauarbeiter sammelten sich am Strausberger Platz. Im Laufe des Vormittags traten die Arbeiter der wichtigsten Großbetriebe Ost-Berlins wie AEG, Kabelwerk Oberspree, Bergmann-Borsig, Transformatorenwerk Treptow, Kraftwerk Klingenberg usw. in den Ausstand. Ab 11 Uhr war der S-Bahn-Verkehr stillgelegt, und ab 12 Uhr ruhte der gesamte Verkehr. Eine Massenkundgebung von 15000 Hennigsdorfer und Ostberliner Metallarbeitern im »Walter-Ulbricht-Stadion« bildete einen Höhepunkt des Protestes.

Das Dramatische der Situation geht aus vielen Beschreibungen hervor. Fritz Schenk, damals Mitarbeiter von Planungschef

---

[132] pro und contra. Diskussionsblätter für demokratischen Sozialismus. Berlin (West), Nr. 7, Juli 1953.

Bruno Leuschner, berichtet: »Wir gingen von der Seite her an die Fenster heran und schauten vorsichtig auf die Straße. Links staute sich die Menge bis über den Potsdamer Platz hinaus. Rechts konnten wir bis zur Friedrichstraße sehen, die Menge stand bis dorthin aneinandergedrängt. Gegenüber dem Regierungsgebäude, auf der linken Seite der Wilhelmstraße, standen Tausende auf den noch immer nicht abgeräumten Trümmern. Von dort her wurden immer noch Steine geschleudert. Unmittelbar vor dem Haus hatten Volkspolizisten eine dreifache Kette gebildet, um die drängenden Massen von den Toren zurückzuhalten. Noch konnten sie den etwa 50×50 Meter großen Vorplatz verteidigen. Dahinter stand ein Teil der Regierungsbeamten, die am Morgen zu der Gegendemonstration aufgerufen worden waren; andere waren von den Streikenden nach dem Potsdamer Platz zu abgedrängt worden. Die Masse der Demonstranten verhielt sich ziemlich diszipliniert. Die Vorderen schrien auf die Volkspolizisten ein und versuchten, sie auf ihre Seite zu ziehen. ›Schämt ihr euch nicht‹, hörte ich einen Hünen mit Bärenstimme brüllen, ›diese Strolche auch noch zu verteidigen? Das will eine Arbeiterregierung sein, die sich vor uns verschanzt? Werft die Russenuniform weg und macht mit uns mit!‹«[133]

Heinz Brandt, damals Sekretär der Berliner SED, hat das so erlebt: »Am Morgen des 17. Juni stand Ostberlin, stand die DDR im Zeichen der Volkserhebung. Es kam zu tumultartigen Szenen in den Straßen Ostberlins. Ich sah, wie Funktionärsautos umgeworfen, Transparente und Losungen, auch Parteiabzeichen abgerissen und verbrannt wurden ... Als ich morgens zu dem mir zugeteilten volkseigenen Großbetrieb Bergmann-Borsig in Berlin-Wilhelmsruh kam, wurde dort keine Hand gerührt. Die Arbeiter diskutierten am Arbeitsplatz und führten in den Hallen kleine Versammlungen durch. Vertrauensleute nahmen von Abteilung zu Abteilung miteinander Verbindung auf, um eine Versammlung der gesamten Belegschaft herbeizuführen ... Zum Ausschußvorsitzenden wurde ein älterer, erfahrener sozialdemokratischer Arbeiter gewählt. In der Diskussion, die der Wahl des Betriebsausschusses folgte, sprachen etwa zwanzig Arbeiter. Das war eine elementare, leidenschaftliche Auseinandersetzung, eine historische Abrechnung mit dem SED-Regime. All das, was sich bisher gestaut hatte, nie offen in

---

[133] Fritz Schenk, Mein doppeltes Vaterland. Würzburg 1981, S. 67.

Versammlungen ausgesprochen worden war, brach sich jetzt Bahn. Aus eigenem Erleben, in der drastischen, ungekünstelten Sprache des erregten Menschen, der von seinen persönlichen Erfahrungen ausgeht, wurden zahllose empörende Beispiele von Rechtswillkür angeführt. Namen von Arbeitskollegen aus dem Betrieb wurden genannt, die verhaftet, verurteilt, mißhandelt worden waren, deren Angehörige nichts mehr von ihnen gehört hatten: Es wurde eine Entschließung angenommen, die den gewählten Arbeiterausschuß bevollmächtigte, die wirtschaftlichen und politischen Interessen der Belegschaft zu vertreten und sich mit ähnlichen Ausschüssen in anderen Betrieben in Verbindung zu setzen. Als politisches Hauptziel wurde die Wiedervereinigung Deutschlands durch freie demokratische Wahlen gefordert. Am Schluß der Versammlung sprang ein Arbeiter auf das Podium und forderte die Belegschaft auf, sich mittags am Betriebstor zu versammeln, um in das Stadtzentrum zu demonstrieren – überall wären bereits derartige Streikdemonstrationen im Gange. Der Demonstrationszug kam nicht weit. Um 13 Uhr war der Ausnahmezustand eingetreten. General Dibrowa, der sowjetische Stadtkommandant, hatte ihn verhängt. Unmittelbar darauf kämmten sowjetische Truppen die Straßen durch. Die Bergmann-Borsig-Demonstration wurde aufgelöst, die ›Rädelsführer‹ – darunter der sozialdemokratische Vorsitzende des soeben gewählten Betriebsausschusses – verhaftet. Welch glorreiche Aktion der Sowjet(Räte)macht gegen die Räte.«[134]

Um 13 Uhr verkündete der sowjetische Stadtkommandant Generalmajor Dibrowa den Ausnahmezustand. Sowjetische Panzer rückten im Zentrum Berlins ein. Dagegen konnten die unbewaffneten Aufständischen nichts ausrichten. Im Laufe des Nachmittags leerten sich die Straßen. Ab 21 Uhr war Ausgangssperre, und es zog allmählich Ruhe ein.

Doch am 17. Juni entwickelte sich der Protest von Berlin aus rasch zum Arbeiteraufstand in der gesamten DDR. Insgesamt kam es in mehr als 250 Orten der DDR zu Streiks und Demonstrationen. Zwar beteiligten sich insgesamt nur knapp zehn Prozent der Arbeitnehmer der DDR, aber es waren doch die wichtigsten Zentren, in denen gestreikt wurde; so neben Berlin im mitteldeutschen Industriegebiet, im Magdeburger Raum und

---

[134] Heinz Brandt, Ein Traum, der nicht entführbar ist. München 1967, S. 240 f. (Neuaufl. Berlin-West 1977).

den Gebieten Jena, Gera, Brandenburg und Görlitz. Die diszipliniert und geschlossen aufmarschierenden Arbeiter der Großbetriebe (Leuna, Buna, Wolfen, Hennigsdorf) waren das Rückgrat der Erhebung. In Berlin kam es zu Zusammenstößen zwischen Demonstranten und Polizei, auch zu Ausschreitungen und Einzelaktionen.

DDR-Regierung und SED-Führung erwiesen sich als ohnmächtig, die sowjetischen Stadtkommandanten verkündeten den Ausnahmezustand und ließen gegen die Demonstranten Panzer auffahren, mit deren Hilfe der Aufstand niedergeschlagen wurde. In der DDR kam es am 18. Juni noch zu Demonstrationen, in Halle-Merseburg (Hochburg der KPD in der Weimarer Republik) und Magdeburg (einer früheren SPD-Hochburg) übernahmen Streikkomitees der Arbeiter zeitweise die Macht. Gefangene wurden befreit und Ziele des Aufstandes formuliert. Die Demonstrationen hatten mit wirtschaftlichen Forderungen begonnen, bald prägten aber politische Parolen den Aufstand, so u. a. der Ruf nach freien Wahlen. Es kam zur Radikalisierung der Bewegung.

Wo die Arbeiter die Führung behielten, verliefen die »Ereignisse diszipliniert und besonnen«, nur wo dies nicht gelang, »ereigneten sich Ausschreitungen, Gewalttätigkeiten usw.«.[135] Entgegen den Behauptungen der SED-Propaganda war der Aufstand spontan und keineswegs »vom Westen« gesteuert oder gar organisiert. Dies geht aus allen Berichten hervor, so auch von Hans Lützendorf, der die Ereignisse im mitteldeutschen Industrierevier erlebte: »Da war zunächst die erstaunliche Disziplin, die überall gewahrt wurde. Ältere Arbeiter bremsten junge Heißsporne mit dem mahnenden Hinweis, dies sei eine rein deutsche Angelegenheit, man solle die Russen draußen lassen. Und tatsächlich fiel gegenüber der Besatzungsmacht bis zum späten Nachmittag kein böses Wort. Alle wünschten, diese würden einsehen, daß die SED abgewirtschaftet hatte und andere Männer die Regierung in Ostberlin bilden müßten. Von diesen erhoffte man sich eine positive Einstellung zur Frage der deutschen Einheit. Sieht man einmal von den Parteilokalen ab, so wurde nirgendwo, weder in den Betrieben noch in den HO- oder Konsumgeschäften, eine Scheibe eingeschlagen, geschwei-

---

[135] Klaus Ewert und Thorsten Quest, Die Kämpfe der Arbeiterschaft in den volkseigenen Betrieben während und nach dem 17. Juni. In: Spittmann/Fricke, 17. Juni 1953, S. 35.

ge denn geplündert. Im Gegenteil, die spontan gewählten Streikkomitees wiesen Kollegen an, in den Betrieben zu bleiben und den Fortgang der Produktion zu sichern. Weder in den Leuna-Werken noch in den Buna-Werken gab es später Schäden an den Maschinen und Einrichtungen wegen mangelnder Aufsicht oder Bedienung. Undenkbar wäre es gewesen, daß in diesen Stunden Unbekannte die Leitung der Demonstrationen hätten übernehmen können. Die Streikleiter und Redner waren alle ohne Ausnahme besonnene, ältere Kollegen, die durch Zuruf ausgewählt wurden, ohnehin das Vertrauen ihrer Mitarbeiter besaßen, und sich plötzlich in den einzelnen Streikleitungen wiederfanden. Die später von der SED verbreitete Parole von den Saboteuren und Agenten, die aus dem Westen kommend in die DDR eingeschleust worden seien, um die Werktätigen aufzuputschen, stieß in den großen Betrieben nur auf verächtliche Ablehnung. Die dabei gewesen waren, wußten es besser.«[136]

Der Aufstand wurde im wesentlichen von sowjetischen Truppen mit Gewalt unterdrückt. Die Zahl der Opfer blieb ungewiß. Der Minister für Staatssicherheit, Zaisser, teilte mit, vier Volkspolizisten, zwei unbeteiligte Zivilpersonen und 19 Demonstranten seien ums Leben gekommen. Nach anderen Berichten sollen über 200 Demonstranten und über 100 Volkspolizisten getötet worden sein.

Für die DDR hatte der Aufstand weitgehende Konsequenzen. Die Behauptung vom »Arbeiterstaat« und von der »Arbeiterpartei« SED war durch den Aufstand der Arbeiter als Legende enthüllt worden, eine wichtige Legitimation der Herrschaft war damit erschüttert.

Dabei war es geradezu grotesk, daß der Arbeiteraufstand im Jahr 1953 stattfand, einem Jahr, das die SED zum »Karl-Marx-Jahr« erklärt hatte.[137] Denn es war die Vorstellung von Marx, die Emanzipation der Arbeiterklasse könne nur das Werk der Arbeiter selbst sein,[138] die nun auf die SED zurückschlug.

Eine der Folgen des Aufstands war auch, daß Ulbricht, gegen den sich der Volkszorn am 17. Juni hauptsächlich gerichtet hat-

---

[136] Zitiert in Karl Wilhelm Fricke, Der Arbeiteraufstand. Zeitzeugen und Zeitdokumente zum 17. Juni 1953. Hrsg. v. Deutschlandfunk. Köln 1984, S. 25.
[137] Im Aufruf des ZK der SED zum Karl-Marx-Jahr am 1. Januar 1953 hieß es: »Möge das Karl-Marx-Jahr dazu dienen, das deutsche Volk auf dem Wege rascher vorwärts zu führen, den ihm sein größter Sohn gewiesen hat«. Dokumente der SED, Bd. IV, S. 227.
[138] Vgl. Karl Marx/Friedrich Engels, Werke, Bd. 16. Berlin (Ost) 1962, S. 14.

te, in seinem Amt blieb. Nach anfänglichem Zögern setzte sich in Moskau die Meinung durch, man könne Ulbricht nicht opfern, da dies als Schwäche ausgelegt werde und zu neuen Forderungen führen würde. »Auch das ist die Tragik des 17. Juni: durch den Arbeiteraufstand ist Ulbricht nicht gestürzt, sondern vor dem drohenden Sturz gerettet worden.«[139] Die Herrschaftsverhältnisse, die der Aufstand überwinden wollte, waren im Gegenteil zementiert worden.

Das Absurde der Situation hat Bert Brecht, der dem Aufstand skeptisch gegenüberstand, in seinem Gedicht ›Die Lösung‹[140] zum Ausdruck gebracht:

    Nach dem Aufstand des 17. Juni
    Ließ der Sekretär des Schriftstellerverbands
    In der Stalinallee Flugblätter verteilen
    Auf denen zu lesen war, daß das Volk
    Das Vertrauen der Regierung verscherzt habe
    Und es nur durch verdoppelte Arbeit
    Zurückerobern könne. Wäre es da
    Nicht doch einfacher, die Regierung
    Löste das Volk auf und
    Wählte ein anderes?

---

[139] Carola Stern, Ulbricht. Eine politische Biographie. Köln, Berlin 1963, S. 182.
[140] Vgl. dazu Heinrich Mohr, Der 17. Juni als Thema der Literatur in der DDR. In: Spittmann/Fricke, 17. Juni, S. 87 ff., bes. S. 90.

4. Kapitel
Der Ausbau des neuen Systems 1953–1961

»Tauwetter« in der DDR?

Die durch Stalins Tod im März 1953 und den Arbeiteraufstand vom Juni 1953 entstandene Krise zwang die SED zu flexibleren Herrschaftsmethoden. Allerdings versuchte die SED-Führung gleichzeitig, die Grundstrukturen ihres stalinistischen Systems in der DDR zu konservieren.

Nach dem Arbeiteraufstand vom 17. Juni 1953 wurden der DDR-Bevölkerung Reformen versprochen, der Neue Kurs sollte fortgesetzt werden. Bereits am 21. Juni verurteilte eine ZK-Tagung den Aufstand als »faschistische Provokation gegen die DDR«, die angeblich von »Adenauer, Ollenhauer, Kaiser und Reuter« angezettelt worden war. Allerdings bekannte das ZK in einer dürftigen Selbstkritik auch: »Wenn Massen von Arbeitern die Partei nicht verstehen, ist die Partei schuld, nicht die Arbeiter.«[1] Die Führung sah sich veranlaßt, den Arbeitern eine Reihe von Zugeständnissen zu machen, die Lohnrückstufungen vom Januar 1953 wurden zurückgenommen, die Löhne und die Mindestrenten erhöht.

Gleichzeitig mit diesen Zugeständnissen verschärfte die Partei- und Staatsführung ihre Maßnahmen gegen oppositionelle Kräfte und vor allem gegen die Wortführer des 17. Juni. Es erfolgten zahlreiche neue Verhaftungen und Verurteilungen aus politischen Gründen. Selbst der Justizminister Fechner (SED) wurde am 16. Juli abgesetzt und festgenommen. Er hatte in einem Zeitungsinterview mit ›Neues Deutschland‹ am 30. Juni von unrechtmäßigen Verhaftungen gesprochen und am 2. Juli in der gleichen Zeitung in einer »Berichtigung« darauf hingewiesen, daß das Streikrecht der Arbeiter »verfassungsmäßig garantiert« sei.

Die 15. Tagung des ZK der SED vom 24. bis 26. Juli 1953 offenbarte die Zwiespältigkeit des Neuen Kurses. Grotewohl erklärte zum Hauptinhalt des Neuen Kurses die »rasche Verbesserung der Lebenslage der Arbeiterklasse und der gesamten

---

[1] Dokumente der Sozialistischen Einheitspartei Deutschlands. Bd. IV. Berlin (Ost) 1954, S. 441.

werktätigen Bevölkerung der DDR«. Die im Volkswirtschaftsplan 1953 festgelegte Produktion der Schwerindustrie sollte um 1,4 Mrd. Mark gesenkt, dagegen die Produktion von Konsumgütern und Nahrungsmitteln um 950 Millionen Mark erhöht werden. Darüber hinaus war beabsichtigt, für die Jahre 1954 und 1955 jeweils mindestens 2 Mrd. Mark weniger für Investitionen auszugeben als im Fünfjahrplan vorgesehen. Diese Mittel sollten nun ebenfalls der Konsumgüterindustrie und der Landwirtschaft zugute kommen.

Den Staatsapparat verpflichtete Grotewohl zur »strengen Einhaltung der demokratischen Gesetzlichkeit«. Gegenüber Wissenschaft und Kunst gelte es, »mit der unfruchtbaren, kleinlichen Bevormundung und Beengung Schluß« zu machen. Zugleich forderte Grotewohl aber auch, die SED müsse aus der »Büßerstimmung« heraus, diese überwinden, denn »Selbstkritik heißt nicht Selbstmord«.[2]

Den Neuen Kurs und die von Grotewohl erläuterten Beschlüsse bejahte auch Ulbricht. Obwohl er der Hauptverantwortliche für die Entscheidungen von 1952 war, erklärte er nun, »viele Genossen« hätten versucht, »all das auf unseren Boden zu übertragen«, was die UdSSR erreicht habe und damit einen »Abschnitt der historischen Entwicklung überspringen« wollen. In seinem (damals geheimgehaltenen) Schlußwort griff Ulbricht vor allem seine Gegenspieler Zaisser und Herrnstadt an, die nicht nur ihn, sondern auch Matern absetzen wollten. Ulbricht wandte sich aber auch gegen Heinrich Rau, dem er vorwarf, »geschwankt« zu haben. Über weitere Hintergründe der Differenzen in der Führung sagte Ulbricht auch: »In der Kommission hat Zaisser vorgeschlagen, daß der Genosse Herrnstadt der 1. Sekretär des ZK wird, der nicht nur sozusagen die parteiorganisatorischen Arbeiten erledigt, sondern auch die politische Führung in die Hand nimmt. Aber nicht nur das! Zur gleichen Zeit stand auch die Frage der Rolle des Genossen Zaisser. Hier wurde richtig gesagt, daß Genosse Zaisser der Meinung war, er müsse sich von der Arbeit im Ministerium für Staatssicherheit etwas zurückziehen, weil er wichtige Funktionen in der Parteiführung übernehmen müsse. Was ist da gewe-

---

[2] Das 15. Plenum des Zentralkomitees der SED vom 24. bis 26. Juli 1953. Parteiinternes Material. Nur für den persönlichen Gebrauch bestimmt. Hrsg. v. ZK der SED. AdsD (Ostbüro), 0303 I, S. 6. Der Neue Kurs und die Aufgaben der Partei. 15. Tagung des ZK der SED vom 24. bis 26. Juli 1953. Hrsg. v. Parteivorstand der KPD. Hamburg o. J. (1953). S. 9.

sen? Man sprach über die Frage, daß man im Innenministerium einheitlich die Kräfte zusammenfassen will. Das wäre an sich ganz gut gewesen. Genosse Zaisser hat die Besprechungen über diese Frage mit zwei [sowjetischen] Offizieren geführt. Genosse Grotewohl und ich haben von diesen Besprechungen nichts gewußt. Wir waren nicht etwa prinzipiell gegen dieses Innenministerium, sondern uns hat nur eines interessiert: Wie kommt es, daß diese Besprechungen geführt werden, ohne daß man vorher mit uns spricht? Und Genosse Zaisser hat geantwortet: Zuerst mußte ich mit den anderen Stellen alles vereinbaren, und dann wäre ich ins Politbüro gekommen.«[3]

Die Form der Auseinandersetzung wird hier ebenso klar wie die Tatsache, daß sowjetische Stellen auch personalpolitische Entscheidungen mittrugen. Ulbricht warf Zaisser vor, die beiden sowjetischen Offiziere, mit denen er verhandelt habe, seien »Sonderbeauftragte von Berija« gewesen. Solche Interna durften nicht in die Öffentlichkeit dringen, daher wurde vor allem über den Neuen Kurs berichtet.

Die vom ZK angenommene Resolution stellte fest: »Das Wesen des Neuen Kurses besteht darin, in der nächsten Zeit eine ernsthafte Verbesserung der wirtschaftlichen Lage und der politischen Verhältnisse in der Deutschen Demokratischen Republik zu erreichen und auf dieser Grundlage die Lebenshaltung der Arbeiterklasse und aller Werktätigen bedeutend zu heben.«[4] Ungeachtet ihrer Selbstkritik beharrte die SED allerdings auf der These: »Die Generallinie der Partei war und bleibt richtig.«

Die Erklärung der 15. ZK-Tagung machte deutlich, daß die SED-Führung nicht daran dachte, ihre prinzipielle Linie der Stalinisierung aufzugeben. Auf einer Sitzung des Politbüros mit den 1. Bezirkssekretären der SED am 28. August 1953 berichtete Grotewohl über eine Reise nach Moskau. Er gab zu verstehen, daß die SED-Spitze in Übereinstimmung mit den sowjetischen Führern den »Aufbau des Sozialismus« in der DDR »nicht verlangsamen« wolle.[5] Ihre Politik versuchte sie einerseits mit Druck und Drohungen, andererseits mit Zugeständnissen durchzusetzen.

Am 4. August 1953 forderte das ZK der SED die Bevölkerung

---

[3] Das in den Medien nicht veröffentlichte Schlußwort Ulbrichts in: Das 15. Plenum. AdsD, ebd., S. 105 ff. (Das Schlußwort ist auch in: Der Neue Kurs, ebd., nicht abgedruckt).
[4] Der Neue Kurs, S. 95.
[5] AdsD (Ostbüro), 0303.

auf, »feindliche Agentennester« in Betrieben zu »entlarven«.[6] Die SED rief dazu auf, »die faschistische Untergrundorganisation in den Betrieben und Arbeitsstellen« zu zerschlagen und »die Provokateure aus den Betrieben« zu entfernen. Der Staatssicherheitsdienst arbeitete auf Hochtouren. Durch eine Amnestie erfolgte jedoch kurze Zeit später die Freilassung von fast 3000 Menschen aus sowjetischen und DDR-Haftanstalten.

Am 24. Oktober 1953 senkte die Regierung die Preise für Lebens- und Genußmittel, die unabhängig von Kartenzuteilungen in den staatlichen HO-Geschäften frei zu kaufen waren. 12 000 Warenposten wurden um 10 bis 25 Prozent billiger. Nunmehr kostete z. B. ein Kilo Kalbfleisch 16,20 Mark, ein Kilo Schmalz 15 Mark, ein Liter Vollmilch 1,60 Mark, ein Liter Speiseöl 12,20 Mark, ein Kilo Margarine 7 Mark usw. Unverändert blieben die Preise für Zucker, Butter und Brot. Darüber hinaus beschloß die Regierung auch, die Finanzierung von Abzahlungsgeschäften beim Kauf von Kraftwagen, Möbeln, Radioapparaten usw. zu erleichtern.

Die Preissenkungen beruhten – wie Grotewohl erklärte – auf der »großzügigen Hilfe der Sowjetunion«. Tatsächlich hatte sich die Regierung der UdSSR bereiterklärt, ab 1. Januar 1954 auf alle Reparationen zu verzichten. Die Besatzungskosten wurden auf 5 Prozent des Staatshaushaltes der DDR begrenzt. Allerdings sicherten Handelsverträge der Sowjetunion Warenlieferungen aus der DDR zu Preisen, die unter denen des Weltmarktes lagen. Auch die restlichen 33 SAG-Betriebe (darunter die Leuna-Werke, das frühere Krupp-Gruson-Werk, die chemischen Werke Buna, die Filmfabrik Agfa Wolfen) wurden an die DDR übergeben und damit zu volkseigenen Betrieben.[7]

Immerhin brachten die Maßnahmen des Neuen Kurses eine relative Verbesserung der Lebenslage der DDR-Bewohner. Trotzdem waren die Verhältnisse für viele noch immer unerträglich: 1953 verließen über 331 000 Bürger die DDR, 1954 waren es 184 000 und 1955 252 000. In erster Linie flüchteten diejenigen, die von der SED besonders umworben wurden oder deren Interessen sie angeblich vertrat: Jugendliche, Bauern und Arbeiter.

Dennoch war nach der Niederschlagung des Aufstands vom 17. Juni sowohl in der SED-Führung als auch bei der Bevölke-

---

[6] Dokumente der SED, Bd. IV, S. 482.
[7] Neues Deutschland, Nr. 1 vom 1. 1. 1954.

rung ein Lernschock zu registrieren. Die SED bemühte sich mittelfristig um ein langsameres Transformationstempo. Durch Verbesserungen im ökonomischen Bereich, Steigerung der Kaufkraft und erhöhtes Konsumgüter-Angebot gelang es, die Abwanderungszahlen aus der DDR zu senken. 1960 aber war die Anpassungsfähigkeit der SED-Führung offensichtlich erschöpft. Sie ging wieder auf Konfrontationskurs, der mit dem Bau der Mauer im August 1961 seinen Höhepunkt und einen zeitweiligen Abschluß fand. Für die Bevölkerung der DDR bedeutete der 17. Juni 1953 die Erfahrung, daß der Versuch einer gewaltsamen Veränderung des politischen Systems unter den bestehenden Machtverhältnissen keine Aussicht auf Erfolg hatte. Die Arbeiterschaft entwickelte daher in der Folgezeit neue Formen der Opposition. Zwar kam es immer wieder auch zu vereinzelten Protestaktionen, vorherrschend ist aber bis heute der Versuch, wirtschaftliche und soziale Konflikte auf innerbetrieblicher oder gewerkschaftlicher Ebene auszutragen. Von herausragender Bedeutung sind in diesem Zusammenhang die Arbeitsbrigaden, die kleinen Gruppen von zehn bis zwölf Arbeitern, in denen passive Resistenz gegen Planvorgaben, Normentreiberei und Arbeitshetze ihren Platz haben kann.[8]

In der Partei selbst stärkte der Aufstand, der Ulbricht stürzen sollte, die Position des SED-Führers. Die sowjetische Leitung verhinderte nun Experimente: nicht Ulbricht, sondern seine Gegner Zaisser und Herrnstadt wurden aus der Führungsspitze ausgeschlossen. Nachdem es Ulbricht bereits im Mai 1953 gelungen war, seinen stärksten Gegenspieler Franz Dahlem aller Funktionen zu entheben, verdrängte die 15. ZK-Tagung im Juli 1953 auch Zaisser und Herrnstadt aus ihren Positionen. Im Januar 1954 schloß das ZK beide auch aus der Partei aus und entfernte Ackermann, Jendretzky und Elli Schmidt aus dem ZK. Die Auseinandersetzungen in der Parteispitze richteten sich nicht mehr gegen frühere Sozialdemokraten (die längst ausgeschaltet waren), sondern es handelte sich um eine typische Konfrontation kommunistischer Führer im Rahmen stalinistischer Gruppenkämpfe. An der Basis regte sich allerdings noch immer Widerstand ehemaliger Sozialdemokraten in der SED. Auf der 16. Tagung des ZK im September 1953 berichtete Ulbricht, in Meuselwitz hätten ehemalige SPD-Mitglieder eine ei-

---

[8] Vgl. Hermann Weber und Manfred Koch, Opposition in der DDR. In: DDR. Redaktion: Hans-Georg Wehling. Stuttgart 1983, S. 135 ff.

gene Fraktion in der SED gefordert; er verlangte, die Partei müsse »solche Agenten des Feindes aus ihren Reihen« jagen.[9]

Die Auseinandersetzungen in der SED-Führung betrafen nicht nur die politische Linie (Ulbricht vertrat den harten Kurs), sie spiegelten auch Gegensätze in der sowjetischen Spitze wider (Innenminister Berija, der Zaisser und Herrnstadt unterstützt hatte, wurde Ende Juni 1953 abgesetzt, im Dezember erschossen). Von Bedeutung waren aber ebenso persönliche Rivalitäten der SED-Führer um die Macht.

Eine umfassende Reinigung des gesamten Parteiapparates folgte in den nächsten Monaten. Von den 1952 gewählten Mitgliedern der SED-Bezirksleitungen schieden bis 1954 über 60 Prozent aus, von den 1. und 2. Kreissekretären sogar über 70 Prozent.[10]

Doch nicht nur im Parteiapparat wurden Säuberungen vorgenommen. Der 17. Juni hatte gezeigt, wie weit die SED noch von ihrem Ziel, »Partei neuen Typus« zu werden, entfernt war. Eine Säuberungsaktion in der Partei von Juli bis Oktober 1953 sollte den Zustand der SED ändern. Untersuchungskommissionen mußten in persönlicher Aussprache mit jedem einzelnen Parteimitglied dessen politische Einstellung ergründen. Parteiausschluß, Parteistrafen oder Zurückversetzung in den Kandidatenstand waren als Maßregelung vorgesehen. Ein großer Teil der ausgeschlossenen oder in den Kandidatenstand zurückgestuften Funktionäre gehörte vor 1933 der KPD an, so z. B. in 5 Kreisen Ost-Berlins 68 Prozent der Ausgeschlossenen oder Zurückgestuften, in Halle 71 Prozent, in Leipzig 59 Prozent, in Magdeburg 52 Prozent, in Chemnitz 46 Prozent. Im Durchschnitt waren fast ein Drittel aller Gemaßregelten vor 1933 Mitglieder der KPD gewesen.[11] Da die SED-Führung mit den alten kommunistischen Funktionären besonders große Schwierigkeiten hatte, stützte sie sich noch mehr auf die jüngere Generation. Mit Hilfe einer gründlichen Parteischulung wollte sie diese Kreise »prinzipienfest« machen und durch ideologische Bearbeitung und Verbreitung des sogenannten Marxismus-Leninismus einen festen und zuverlässigen Funktionärsstamm schaffen.

[9] AdsD (Ostbüro), 0303 II.
[10] Vgl. Martin Jänicke, Der dritte Weg. Die antistalinistische Opposition gegen Ulbricht seit 1953. Köln 1964, S. 38f.
[11] SBZ-Archiv (Köln), Nr. 20 vom 20. 10. 1953, S. 306.

Im September 1953 mußte das SED-Politbüro feststellen, daß von den damals 1,2 Millionen Mitgliedern ein großer Teil »keine politische Ausbildung und Parteistählung« habe, viele passiv seien, sozialdemokratische Ansichten verträten und sogar »feindliche Elemente« in der SED wirkten.[12] 150000 bis 200000 »Parteiaktivisten« sollten Schwung in die SED bringen. Damit schwanden die Reste innerparteilicher Demokratie weiter, denn die hauptamtlichen Funktionäre von Partei, Staat und Massenorganisationen, die diese Aktivs bildeten, wurden zum Rückgrat der Partei. In einem Beschluß des Politbüros der SED vom 24. November 1953 wurde nochmals ausdrücklich betont, daß die Auswahl der Mitglieder des Parteiaktivs »durch die jeweils verantwortliche Leitung und deren Apparat« zu erfolgen habe und nicht durch Mitgliederversammlungen.[13] Da die SED die Umwandlung der Gesellschaft in dieser Periode eher mit Repressionen als durch Kooperation mit der Bevölkerung zu erreichen suchte, spielten die Parteiaktivs im Sinne der Führung eine durchaus positive Rolle. Doch war durch den Einsatz von Parteiaktivs das Statut praktisch außer Kraft gesetzt und der »demokratische Zentralismus« noch stärker instrumentalisiert. Mit ihrer Funktion als Staatspartei änderte sich auch die Zusammensetzung der SED. Während im Mai 1947 noch 47,9 Prozent der Mitglieder Arbeiter waren, ging dieser Anteil auf 39,1 Prozent im Jahre 1954 zurück.

Auf dem IV. Parteitag (30. März bis 6. April 1954) ließ die SED erkennen, daß der Neue Kurs beendet war und sie das »Tauwetter« in der Sowjetunion nur teilweise mitmachen wollte. Ulbricht hielt an der harten Linie fest; er behauptete, die DDR sei »nunmehr zur Schaffung der Grundlagen des Sozialismus übergegangen«.

Nach wie vor bekannte sich die SED-Führung zum Modell und zur Hegemonie der Sowjetunion im Ostblock. Die Anpassung der Strukturen der DDR an die der UdSSR sollte weitergehen. Daher trat der Parteitag für eine Kollektivierung der Landwirtschaft ein, die freilich erst später forciert wurde. Die DDR mußte ebenso wie die Sowjetunion die schrittweise Abkehr von Stalin und von bestimmten stalinistischen Herrschaftsmethoden (Terror, Macht der Geheimpolizei, Personenkult) vornehmen, doch versuchte sie, die Entstalinisierung zu

---

[12] Dokumente der SED, Bd. IV, S. 509.
[13] Ebd., S. 535.

verzögern. Vor den 1779 Delegierten der 1,4 Millionen SED-Mitglieder ließ Ulbricht auf dem IV. Parteitag der SED freilich nun nicht mehr Stalin, sondern das sowjetische »Zentralkomitee mit den Genossen Malenkow, Molotow und Chruschtschow an der Spitze« hochleben.[14]

Die vorgesehenen Veränderungen am Statut der SED erläuterte Karl Schirdewan. In der Präambel des neuen Statuts hieß es: »Die SED ist die Partei der deutschen Arbeiterklasse, ihr bewußter und organisierter Vortrupp. Sie vereinigt in ihren Reihen Angehörige der Arbeiterklasse, der werktätigen Bauernschaft und der schaffenden Intelligenz. Die Partei läßt sich in ihrer gesamten Tätigkeit vom Marxismus-Leninismus leiten. Die Partei ist die führende Kraft aller Organisationen der Arbeiterklasse und der Werktätigen, der gesellschaftlichen und staatlichen Organisationen und führt erfolgreich den Aufbau des Sozialismus. Sie arbeitet ständig an der Festigung und Entwicklung der Staatsmacht der Arbeiter und Bauern.«[15] Diese Aussage war eine ideologische Verklärung der Realität, denn die SED war in erster Linie ein Organ zum weiteren Ausbau der Macht der Parteiführung und zur Herrschaftssicherung. Der Anspruch, revolutionäre Partei und Teil der Arbeiterbewegung zu sein, diente ebenfalls diesem Zweck. Daher wurde weiter erklärt, die SED verkörpere in sich die »besten revolutionären Traditionen der mehr als hundertjährigen Geschichte der deutschen Arbeiterklasse ... und die Erfahrungen des Kampfes des Spartakusbundes und der KPD unter Führung Karl Liebknechts, Rosa Luxemburgs und Ernst Thälmanns«.

In Wirklichkeit dokumentierte das Statut die weitere Angleichung der SED an die KPdSU. Der Absatz 1 des neuen Statuts z. B. (»Die Parteimitglieder, ihre Pflichten und Rechte«) war fast wörtlich dem Statut der KPdSU entnommen. Auch die Aufnahme in die Partei wurde erschwert, das Mindestalter für den Eintritt von 16 auf 18 Jahre erhöht; Kandidaten sollten vor

---

[14] Protokoll der Verhandlungen des IV. Parteitages der Sozialistischen Einheitspartei Deutschlands. 30. März bis 6. April 1954. Berlin (Ost) 1954. Bd. 1, S. 193.
[15] Dokumente der Sozialistischen Einheitspartei Deutschlands. Bd. V. Berlin (Ost) 1956, S. 90. Schirdewan hatte auf der 14. Tagung des ZK im September 1953 bekanntgegeben, daß in Berlin nur 23 Prozent und in Leipzig 42 Prozent der SED-Mitglieder Arbeiter in der »Produktion« waren. Vgl. Karl Schirdewan, Die Vorbereitung des IV. Parteitages und die Wahl der leitenden Organe der Partei. Berlin (Ost) 1953, S. 15 f.

allem aus den Kreisen der Arbeiter und Genossenschaftsbauern geworben werden.

Entsprechend der neuen Richtlinie der Sowjetunion schuf nun auch die SED eine »kollektive Führung«. In das neue Politbüro wurden Friedrich Ebert, Otto Grotewohl, Hermann Matern, Fred Oelßner, Wilhelm Pieck, Heinrich Rau, Karl Schirdewan, Willi Stoph und Walter Ulbricht als Mitglieder und Erich Honecker, Bruno Leuschner, Erich Mückenberger, Alfred Neumann und Herbert Warnke als Kandidaten gewählt. Erster Sekretär des ZK wurde Walter Ulbricht.[16] Der »zweite Mann« der SED war nun Karl Schirdewan (geb. 1907), Transportarbeiter und seit 1925 in der KPD, seit 1927 hauptamtlicher Sekretär. 1934 als Mitglied des ZK des Kommunistischen Jugendverbandes verhaftet, war er bis 1945 im Zuchthaus und KZ. Nach 1945 Mitarbeiter des ZK der KPD bzw. PV der SED, wurde er Ende 1952 Mitglied des ZK und des Sekretariats und 1953 des Politbüro. Im Februar 1958 aller Funktionen enthoben, leitete er bis 1965 das Staatliche Archiv in Potsdam und ist seither »Veteran«.

Auch Willi Stoph (geb. 1914), Maurer, seit 1931 in der KPD, war nun in die Spitzenführung vorgestoßen. Er war im Zweiten Weltkrieg Soldat (zuletzt Stabsgefreiter). Nach 1945 mit Funktionen im Apparat der KPD/SED betraut, wurde er 1952 (bis 1955) Innenminister und 1953 ins Politbüro berufen. 1956 bis 1960 Verteidigungsminister, rückte er 1962 zum Stellvertreter Grotewohls auf und wurde nach dessen Tod 1964 Vorsitzender des Ministerrats. Diese Funktion übt er (mit Unterbrechung von 1973 bis 1976, als er Vorsitzender des Staatsrats war) auch gegenwärtig aus.

Einstimmig beschloß der IV. Parteitag »Grundsätze der deutschen Arbeiterklasse, der werktätigen Bauern, der Intelligenz und aller anderen friedliebenden Deutschen für die Lösung der Lebensfrage der deutschen Nation«, in denen es u. a. hieß: »Die Wiedervereinigung Deutschlands kann nur erfolgen, wenn die Deutschen selbst gemeinsam dafür kämpfen. Die Wiedervereinigung Deutschlands kann nur auf demokratischem Wege erfolgen. Darum ist und bleibt das höchste Gebot unserer Zeit: Deutsche an einen Tisch!«[17]

---

[16] Neues Deutschland, Nr. 83 vom 8. 4. 1954.
[17] Neues Deutschland, Nr. 82 vom 7. 4. 1954. – Protokoll IV. Parteitag, Bd. 2, S. 1099.

Der Strukturwandel der DDR ging weiter. Bei den am 17. Oktober 1954 stattfindenden Wahlen für die Volkskammer und die Bezirkstage war es nun schon das gewohnte Bild: auch für diese Abstimmung existierte eine Einheitsliste, 98,4 Prozent Abstimmende und 99,45 Prozent Ja-Stimmen wurden registriert. Die Wahl erfolgte fast nirgends mehr geheim, sie war bloße Akklamation. Von den 400 Abgeordneten der vorherigen Legislaturperiode wurden lediglich 180 wieder als Kandidaten nominiert und »gewählt«. Von den Volkskammerabgeordneten des Jahres 1950 hatte der SSD inzwischen acht verhaftet (Dertinger, CDU, Erben, Hamann, Hedermann, Kielblock, Lekscas und Zipper, alle LDP, sowie Zeuge, SED), 17 Abgeordnete waren in die Bundesrepublik geflüchtet, 44 hatten während der Legislaturperiode auf Druck der SED und der Besatzungsmacht ihr Mandat niederlegen müssen. Auch drei Staatssekretäre der Regierung waren geflüchtet (Wilhelm Bachem, CDU, 1951; Hans Wermünd, LDP, 1953 und Dr. Leo Zuckermann, SED, Staatssekretär in der Präsidialkanzlei Piecks, 1952).[18]

Die Ohnmacht der Volkskammer und die Macht der SED-Führung traten immer offener zutage. Am 19. November 1954 gab Otto Grotewohl die Bildung der neuen Regierung, des »Ministerrats«, bekannt. Ministerpräsident blieb Grotewohl, Stellvertreter waren Walter Ulbricht, Willi Stoph, Heinrich Rau (alle SED) sowie Otto Nuschke (CDU), Dr. Hans Loch (LDP), Dr. Lothar Bolz (NDP) und Paul Scholz (DBD). Vorsitzender der Staatlichen Plankommission wurde Bruno Leuschner. Außerdem gehörten weitere 21 Personen zum Ministerrat. Die wichtigsten Posten besetzten wieder SED-Funktionäre: Schwerindustrie (Fritz Selbmann), Volksbildung (Fritz Lange), Kultur (Johannes R. Becher), Justiz (Hilde Benjamin), Außenminister blieb Lothar Bolz (NDP). Die meisten Minister waren für wirtschaftliche Ressorts verantwortlich, da das Wirtschaftssystem immer mehr vom Staat dirigiert wurde.[19] Die Vorherrschaft der SED zeigte sich auch wieder in der Zusammensetzung der neuen Regierung: Von 28 Ministern gehörten 20 der Einheitspartei an, von den 13 Mitgliedern des Präsidiums des

---

[18] AdsD (Ostbüro), 0480 B/1. Von 17 geflüchteten Abgeordneten der Volkskammer gehörten sieben der CDU, sechs der LDP, zwei der SED und je einer der DBD und der NDPD an, außerdem flüchteten 16 Landtagsabgeordnete. Informationsbüro West: Wieviele Politiker flüchteten? Berlin (West), 2. 9. 1954.
[19] Der Anteil des Staatssektors in der Industrie betrug 1955 bereits 82 Prozent.

Ministerrats neun. Fünf der Regierungsmitglieder waren gleichzeitig im Politbüro der SED, 11 im ZK der Einheitspartei. Diese Personalunion ist ein Indiz dafür, wie weit die SED ihre Absicht verwirklicht hatte, den Staats- und Verwaltungsapparat der DDR nach sowjetischem Muster umfassend anzuleiten, zu beherrschen und zu kontrollieren. Neben die Personalunion, d. h. die gleichzeitige Ausübung von Funktionen in der Partei- und Staatsführung (die auf allen Ebenen von oben nach unten zu beobachten war), traten die Reglementierung des Staatsapparats durch die SED-Grundorganisationen und Parteigruppen bei allen Instanzen des Staates sowie direkte Anweisungen der Parteileitungen. Die SED dominierte auch im Staat unverhohlen.

Die Souveränität der DDR

Vom 25. Januar bis 18. Februar 1954 tagten im ehemaligen Kontrollratsgebäude in West-Berlin die Außenminister der USA, Großbritanniens, Frankreichs und der UdSSR. Die Konferenz konnte zwar zum Korea- und Vietnam-Problem Beschlüsse fassen, doch in der deutschen Frage kam es zu keiner Einigung. Nach dem Scheitern der Versuche von 1952/53, eine gesamtdeutsche Regelung zu finden, konnte das nicht überraschen. Nach der Unterzeichnung des EVG-Vertrages durch die Bundesrepublik hatte die DDR ihre West-Grenze abgeriegelt, im Mai 1952 errichtete sie eine 5 km breite Sperrzone entlang der Demarkationslinie.

Die Möglichkeit einer Übereinkunft zwischen den Alliierten schien sich erneut nach Stalins Tod anzubahnen. Churchills Vorschlag vom 11. Mai 1953, auf einer Viermächtekonferenz einen Garantievertrag für ein freies, geeintes Deutschland auszuhandeln, fand in Moskau Beachtung. In der SED kursierten daraufhin sogar Gerüchte, die Partei müsse bereit sein, in die Opposition oder gar in die Illegalität zu gehen. Alle damaligen Erwägungen wurden durch den Sturz Berijas und die neue Politik nach dem 17. Juni 1953 in der DDR blockiert, aber auch durch die Haltung des Westens. Churchills Plan wurde nicht zuletzt durch die Politik Adenauers torpediert.[20]

[20] Das zeigen die jetzt der Öffentlichkeit zugänglichen Akten. Vgl. dazu Joseph Foschepoth, Wie Adenauer Churchill austrickste. Die Zeit, Nr. 19 vom 4. 5. 1984.

Schließlich beharrten die Westmächte auf der Außenministerkonferenz in Berlin im Januar/Februar 1954 darauf, daß freie Wahlen am Anfang des Wiedervereinigungsprozesses stehen müßten; sie wollten Deutschland die Beteiligung an Bündnissen freistellen. Der sowjetische Außenminister Molotow verlangte dagegen zunächst die Errichtung einer gesamtdeutschen provisorischen Regierung, außerdem wandte sich die UdSSR gegen eine Einbeziehung Gesamtdeutschlands in ein (westliches) Bündnis. Nach dem Mißlingen dieser Konferenz erhielt die DDR im März 1954 »erweiterte Souveränitätsrechte«. Sie sollte nun »nach eigenem Ermessen über ihre inneren und äußeren Angelegenheiten« bestimmen können. Jedoch behielt sich die Sowjetunion diejenigen Funktionen vor, die »mit der Gewährleistung der Sicherheit in Zusammenhang stehen und sich aus den Verpflichtungen ergeben, die der UdSSR aus den Viermächteabkommen erwachsen«.

Die Überwachung der Tätigkeit der staatlichen Organe der DDR durch den Hohen Kommissar der UdSSR wurde aufgehoben. »In Übereinstimmung damit werden die Funktionen des Hohen Kommissars der UdSSR in Deutschland auf den Kreis der Fragen beschränkt, die mit der obengenannten Gewährleistung der Sicherheit und mit der Aufrechterhaltung der entsprechenden Verbindungen mit den Vertretern der Besatzungsbehörden der USA, Großbritanniens und Frankreichs in den Fragen gesamtdeutschen Charakters in Zusammenhang stehen und die sich aus den vereinbarten Beschlüssen der vier Mächte über Deutschland ergeben.«[21] Die absolute Abhängigkeit der DDR von der sowjetischen Besatzungsmacht kann seither als beendet gelten. Im Mai 1955 gehörte die DDR bereits zu den Unterzeichnerstaaten des »Warschauer Paktes«, sie wurde nach Aufstellung der Nationalen Volksarmee 1956 auch gleichberechtigter militärischer Verbündeter im Warschauer Pakt.

Die Genfer Gipfelkonferenz der vier Großmächte (Juli 1955) brachte zwar eine internationale Entspannung, aber keine Fortschritte in der Deutschland-Frage. Immerhin gaben die vier Regierungschefs ihren Außenministern am 23. Juli die Direktive, im Oktober 1955 zusammenzutreten, und sie verkündeten: »Die Regierungschefs, die ihre gemeinsame Verantwortung für die Lösung der deutschen Frage und für die Wiedervereinigung Deutschlands anerkennen, sind übereingekommen, daß die Lö-

---

[21] Dokumentation der Zeit, Berlin (Ost), vom 15. 4. 1954, S. 4491 ff.

sung der deutschen Frage und die Wiedervereinigung Deutschlands durch freie Wahlen in Übereinstimmung mit den nationalen Interessen des deutschen Volkes und den Interessen der europäischen Sicherheit verwirklicht werden soll.«[22] Bei ihrer Rückreise nach Moskau machten die sowjetischen Führer Bulganin und Chruschtschow im Juli 1955 in Ost-Berlin Station. Hier entwickelten sie erstmals dezidiert die »Zwei-Staaten-Theorie« und stellten klar, daß die Sowjetunion eine Wiedervereinigung Deutschlands nur unter Wahrung der »sozialistischen Errungenschaften« der DDR akzeptieren könne.[23] In einem Kommuniqué über die Zusammenkunft von Bulganin, Chruschtschow und Sowjet-Botschafter Puschkin einerseits und den DDR- bzw. SED-Führern Grotewohl, Matern, Nuschke, Loch, Scholz, Dr. Bolz, Ebert, Oelßner und Schirdewan (Ulbricht fehlte, ohne daß ein Grund dafür angegeben wurde) andererseits am 27. Juli 1955, bekräftigten zwar beide Seiten »ihr unabänderliches Streben nach der Wiedervereinigung Deutschlands auf friedlicher und demokratischer Grundlage«, aber es wurde zugleich behauptet: »Der Erreichung dieses Ziels würde am besten die Schaffung eines Systems der kollektiven Sicherheit in Europa unter gleichberechtigter Beteiligung zunächst beider Teile Deutschlands und dann des vereinigten Deutschlands dienen. Dieser Weg der Lösung der deutschen Frage berücksichtigt die realen Bedingungen des Bestehens zweier deutscher Staaten: der Deutschen Demokratischen Republik und der Deutschen Bundesrepublik, die verschiedene wirtschaftliche und gesellschaftliche Ordnungen haben ... Beide Seiten gehen davon aus, daß die Lösung der deutschen Frage ohne die Beteiligung der Deutschen selbst, ohne die Annäherung zwischen der Deutschen Demokratischen Republik und der Deutschen Bundesrepublik unmöglich ist.«[24]

Diese Zwei-Staaten-Theorie hatte Chruschtschow erstmals klar auf einer Massenkundgebung am 26. Juli 1955 auf dem Ostberliner Marx-Engels-Platz (dem früheren Lustgarten) ausgesprochen. Chruschtschow sagte, die deutsche Frage könne auf zwei Wegen gelöst werden. Der Weg des Westens führe über die Remilitarisierung zur Wiederherstellung eines revanchistischen Deutschland, das eine Gefahr für den Frieden der

[22] Neues Deutschland, Nr. 171 vom 24. 7. 1955.
[23] Das ging besonders aus Chruschtschows Rede am 26. Juli in Berlin hervor. Vgl. Neues Deutschland, Nr. 173 vom 27. 7. 1955.
[24] Neues Deutschland, Nr. 174 vom 28. 7. 1955.

Welt bedeute. Die Ratifizierung der Pariser Verträge und die Wiederaufrüstung der Bundesrepublik seien beschleunigt worden, um mit der Sowjetunion aus einer »Position der Stärke« heraus zu verhandeln. Schon jetzt sei klar, daß diese Politik gescheitert sei. Die Sowjetunion schlage den Weg einer friedlichen Wiedervereinigung vor, wobei die Deutschen die deutsche Frage durch Verhandlungen selbst lösen sollten. Der beste Weg dazu seien Kontakte zwischen Bonn und Ost-Berlin. Chruschtschow betonte, daß man die DDR nicht opfern werde und daß die DDR nicht auf ihre »politischen und sozialen Errungenschaften« verzichten könne. »Man kann die deutsche Frage nicht auf Kosten der Interessen der Deutschen Demokratischen Republik lösen. Wir sind davon überzeugt, daß die Werktätigen der Deutschen Demokratischen Republik sich nicht mit einem Standpunkt einverstanden erklären können, der nur die Interessen der westlichen Ländergruppierungen zuungunsten der Interessen der Deutschen Demokratischen Republik berücksichtigt.«[25] Die Rede Chruschtschows und das Kommuniqué markierten einen Wendepunkt in der Deutschland-Frage.

Die Zwei-Staaten-Theorie und das Festhalten an den »sozialistischen Errungenschaften« bedeuteten eine Absage an die Hoffnung, gesamtdeutsche freie Wahlen könnten am Beginn einer Wiedervereinigung stehen, und man könne der UdSSR die DDR »abkaufen«. Dagegen wurde nun die wirtschaftliche und politische Integration der DDR in den Ostblock forciert und damit ging zugleich eine Aufwertung des andern deutschen Staates einher. Er war aus einer Besatzungszone und einem Ausbeutungsobjekt zu einem Partner der Sowjetunion geworden, blieb aber dennoch nach wie vor von Moskau abhängig. Im September 1955 wurde diese Realität auch juristisch fixiert. Eine Konferenz in Moskau (17.–20. September 1955) endete mit dem Abschluß des »Vertrags über die Beziehungen zwischen der DDR und der UdSSR«, der die völlige Souveränität der DDR garantieren sollte.

Die Sowjetunion löste ihre Hohe Kommission in Ost-Berlin auf. Die Kontrolle des Verkehrs der Alliierten nach West-Berlin blieb allerdings ausdrücklich der Sowjetunion vorbehalten, die Viermächtevereinbarungen über Berlin wurden also von der UdSSR weiterhin anerkannt.[26]

---

[25] Neues Deutschland, Nr. 173 vom 27. und Nr. 174 vom 28. 7. 1955.
[26] Neues Deutschland, Nr. 221 vom 21. 9. 1955.

Durch die Übergabe der Souveränität an die DDR wurden zwar alle Beschlüsse des Kontrollrats von 1945 bis 1948 außer Kraft gesetzt, zugleich aber vereinbart, daß Sowjettruppen weiterhin in der DDR stationiert blieben.

Eine erste Folge nach der Zuerkennung der Souveränität Ende 1955 war, daß die bisher versteckte Aufrüstung der DDR nun öffentlich betrieben wurde. Am 18. Januar 1956 verabschiedete die Volkskammer das Gesetz über die Schaffung der Nationalen Volksarmee (NVA) und des Ministeriums für Verteidigung. Mit der Kasernierten Volkspolizei (KVP) existierten bereits militärische Einheiten, und so konnte der Aufbau der NVA sehr rasch erfolgen. Am 28. Januar 1956 beschloß, wie erwähnt, der Politische Beratende Ausschuß der Warschauer Vertragsstaaten, die NVA in die Streitkräfte des Warschauer Paktes aufzunehmen, womit die DDR auch militärisch voll in den Ostblock integriert war. Dennoch gelten für sie einige Sonderregelungen, die sich daraus ergeben, daß sich die Sowjetunion alle »Deutschland als Ganzes« betreffenden Rechte vorbehalten hat. Die NVA ist als einzige Armee des Warschauer Paktes auch in Friedenszeiten vollständig dem Vereinten Oberkommando unterstellt, sie verfügt über keinen eigenen Generalstab. Mit der »prinzipiellen Orientierung auf die Sowjetarmee« wurde die NVA – so die spätere DDR-Geschichtsschreibung – von Anfang an als »sozialistische Koalitionsarmee« entwickelt.[27]

Zehn Jahre nach Kriegsende war die Spaltung Deutschlands zementiert. Bei immer größeren Bevölkerungsgruppen in der DDR machte sich ein resigniertes Anpassen an die bestehenden Verhältnisse bemerkbar. Doch auch zu Beginn des zweiten Jahrzehnts der kommunistischen Herrschaft war die Lage der DDR keineswegs stabil, sie blieb weiterhin von der Sicherung durch sowjetische Truppen abhängig.

Angepaßte Strukturen

In den Jahren seit der Kapitulation des Deutschen Reiches hatten sich die Strukturen in der DDR durch immer größere Angleichung an die UdSSR erheblich gewandelt. Den Gegensatz

---

[27] Geschichte der Deutschen Demokratischen Republik. Von einem Autorenkollektiv unter Leitung von Rolf Badstübner. Berlin (Ost) 1981, S. 182.

zwischen den beiden deutschen Staaten machten nicht nur unterschiedliche Herrschaftssysteme deutlich, sondern auch verschiedene Wirtschafts- und Sozialstrukturen. In der Industrie der DDR nahm der Anteil der »Volkseigenen Betriebe«, also des Staatssektors, ständig zu. 1955 gab es 5700 Staatsbetriebe mit 2,2 Millionen Beschäftigten, die mehr als 87 Prozent der industriellen Bruttoproduktion herstellten.[28]

Zwar existierten 1955 noch über 13000 Privatbetriebe, doch diese hatten weniger als eine halbe Million Beschäftigte und produzierten knapp 15 Prozent der Bruttoproduktion. 1955 befanden sich die Energiequellen ganz in der Hand des Staates. In der »volkseigenen« Grundstoff- und metallverarbeitenden Industrie arbeiteten 90 Prozent der Beschäftigten, die 90 Prozent des Bruttoprodukts erzeugten. In der Leicht- und Lebensmittelindustrie war dagegen nur ein Viertel der Betriebe staatseigen, doch auch in diesen waren zwei Drittel der Beschäftigten und 70 Prozent der Produktion konzentriert. 1955 umfaßte der staatliche Sektor alle wichtigen Produktionszweige und die entscheidenden Großbetriebe. Damit waren die »Kommandohöhen« der Wirtschaft in die Hände des von der SED befehligten Staates übergegangen.[29]

Ebenso wie in der Industrie errichtete die Führung systematisch auch in allen anderen Wirtschaftszweigen eine neue Eigentumsordnung. So ging der Großhandel fast völlig auf den Staat über, und auch im Einzelhandel änderte sich die Struktur: Während 1950 der private Einzelhandel noch 55 Prozent des Umsatzes erzielte (Staatshandel 25 Prozent und Genossenschaften 20 Prozent), sank dieser Anteil bis 1955 auf weniger als ein Drittel (Staatshandel etwas über ein Drittel, Genossenschaftshandel ein Drittel).

Das Handwerk arbeitete bis 1955 im wesentlichen noch auf privater Grundlage. In der Landwirtschaft dagegen hatte 1952 ebenfalls eine Strukturveränderung begonnen, da die SED die Schaffung von Landwirtschaftlichen Produktionsgenossenschaften begünstigte. Ihre Zahl stieg von 1900 LPGs mit 37000 Mitgliedern und 200000 ha Land im Jahre 1952 auf 6000 LPGs

---

[28] Heinz Heitzer, DDR. Geschichtlicher Überblick. Berlin (Ost) 1979, S. 122.
[29] Die Zahlen sind verschiedenen DDR-Quellen entnommen, wobei dort die Zahlenangaben nicht immer identisch sind. Vgl. z. B. die Statistischen Jahrbücher von 1955, 1956, 1958, 1965 und 1974. Vgl. auch K. H. Schöneburg, R. Mand, H. Leichtfuß, K. Urban, Vom Werden unseres Staates. Bd. 1, Berlin (Ost) 1966, S. 310 ff. und Bd. 2 Berlin (Ost) 1968, S. 476 ff.

mit 200 000 Mitgliedern und 1,2 Millionen ha Land (d. h. 18 Prozent der landwirtschaftlichen Nutzfläche) bis zum Jahre 1955. Seit 1945 gab es staatliche Güter, die 1955 fast 5 Prozent des Bodens besaßen; so wurde auch in der Landwirtschaft das Privateigentum zurückgedrängt, 27 Prozent der Produktion wurden bereits vom »sozialistischen Sektor« erzeugt.[30] Die 1949 geschaffenen Maschinen-Ausleih-Stationen (MAS) waren eine weitere staatliche Bastion auf dem Land. 1955 gab es davon 600, inzwischen Maschinen-Traktoren-Stationen (MTS) genannt, von deren Maschinenpark (über 31 000 Traktoren, 28 000 Pflüge usw.) Einzelbauern wie LPG, die die Maschinen ausleihen mußten, abhängig waren.

Der erste Fünfjahrplan, der 1955 endete, konnte unter großen Anstrengungen in einigen Bereichen erfüllt werden. Die Industrieproduktion war zwar verdoppelt worden, die Arbeitsproduktivität aber statt der geplanten 60 Prozent nur um 54 Prozent gewachsen. Der Lebensstandard der Bevölkerung hatte sich leicht verbessert, allerdings bestätigt selbst die DDR-Geschichtsschreibung: »Doch mangelte es an hochwertigen Gebrauchsgütern, an denen großer Bedarf bestand. In der Versorgung der Bevölkerung traten wiederholt Engpässe auf. Großer Mangel herrschte an Wohnraum.«[31]

Beim Vergleich mit der Bundesrepublik schnitt die DRR weiterhin sehr schlecht ab. Da die Bevölkerung der DDR auf die Bundesrepublik fixiert war, blieben die Argumente der SED-Führung von den »Errungenschaften« ihres Staates oder der »sozialistischen Eigentumsform« weithin ohne zustimmendes Echo.

Zudem gab es ständig Preiserhöhungen, obwohl die Führung in ihrer Agitation gerade die angeblich stabilen Preise immer wieder als positiv herausstellte. Auf der 25. Tagung des ZK der SED im Oktober 1955 bestätigte ZK-Mitglied Alois Pisnik, »daß tatsächlich eine Preiserhöhung« bei vielen Artikeln festzustellen sei, und zwar ungerechtfertigt.[32] Doch auch noch zwei

---

[30] Heitzer, DDR, S. 122. Zu den Zahlen vgl. Anm. 29.
[31] Ebd., S. 143.
[32] Aus dem Wortprotokoll der 25. Tagung des Zentralkomitees der SED vom 24.–27. Oktober 1955. O. O. u. J. (Berlin-Ost, 1955), Faksimiledruck des Ministeriums für Gesamtdeutsche Fragen, Bonn (mit neuen Seitenzahlen), S. 78. Eine Kopie des Protokolls befindet sich u. a. im »Arbeitsbereich Geschichte und Politik der DDR« an der Universität Mannheim und im Staatsarchiv Bremen, Senatsregistratur R. 1.0. Nr. 194.

Jahre später, auf der 33. Tagung des ZK der SED im Oktober 1957, mußte der für Propaganda zuständige Sekretär des ZK Albert Norden feststellen: »Es hat in der Tat eine sehr weitreichende Preiserhöhung stattgefunden.« Dabei sei die Qualität oft nicht besser, sondern sogar schlechter geworden. Norden warf den Ministerien vor, diese wüßten gar nicht, daß die Bevölkerung über den Mangel diskutiere.[33] Der angegriffene Minister Albert Dressel gab den Mangel zu, machte aber die Industrie verantwortlich, wo die Meinung vorherrsche, »daß wir um der Produktion willen produzieren«. Auch er bestätigte: »Es gibt bei uns Preiserhöhungen noch und noch.«[34] Freilich wehrte Dressel die Kritik an seinem Ministerium für Handel und Versorgung ab und gab der Preiskommission der Regierung und der Industrie die Schuld dafür. Die Gegensätze zwischen den verschiedenen Institutionen, der Wirrwarr von Verantwortlichkeiten und die bürokratische Handhabung der Macht wurden auf solchen internen Tagungen deutlich sichtbar. Die Behauptung vom Volkseigentum in der Wirtschaft sollte die Wirklichkeit des DDR-Alltags vertuschen.

Seit den fünfziger Jahren unterscheidet die DDR in der gesamten Wirtschaft drei grundsätzliche Formen des Eigentums: 1. Staatseigentum (sogenannter sozialistischer oder volkseigener Sektor), 2. Genossenschaftseigentum und 3. Privateigentum. Das Staatseigentum in Industrie und Handel stieg bis 1955 sehr stark an, ebenso wuchs das Genossenschaftseigentum in der Landwirtschaft. In bestimmten Bereichen (Handwerk, Landwirtschaft, Konsumgüterindustrie) bestand noch immer ein relativ großer Anteil an Privateigentum.

Die DDR blieb ein industriell entwickeltes Land, in dem über 40 Prozent der Arbeiter und Angestellten in der Industrie arbeiteten. Als Folge der veränderten Eigentumsformen kam es außer zu neuen Besitzverhältnissen auch zu einer neuen Sozialstruktur. Die Zahl der Beschäftigten wuchs: Während es 1949 7 Millionen Berufstätige gab, waren es 1955 8,2 Millionen. Es erfolgte eine soziale Umschichtung: 1950 gab es 4 Millionen Arbeiter, 1,7 Millionen Angestellte, außerdem 1,1 Millionen Selbstständige und 1 Million mithelfende Familienangehörige

---

[33] Aus dem Wortprotokoll der 33. Tagung des Zentralkomitees der SED vom 16. bis 19. Oktober 1957. O. O. u. J. (Berlin-Ost 1957), fotomechanische Wiedergabe der parteiinternen Drucksache, S. 105 (149). Kopie des Protokolls in Staatsarchiv Bremen, Senatsregistratur R. 1.0. 210.
[34] Ebd., S. 127 (171).

(darunter 1,4 Millionen Landwirte und Angehörige). 1955 weisen die Statistiken 6,5 Millionen Arbeiter und Angestellte aus (es gab von da an keine getrennte Aufzählung mehr), d. h. 78 Prozent aller Berufstätigen, außerdem 1 Million Einzelbauern (12 Prozent), 300 000 private Handwerker, 150 000 private Einzelhändler, 190 000 LPG-Bauern und 35 000 Freiberufler. Die Selbständigen insgesamt waren auf 900 000, die mithelfenden Familienangehörigen auf 650 000 zurückgegangen.[35]

Von der (zuungunsten der Selbständigen) steigenden Zahl der Arbeiter und Angestellten, waren im Jahre 1955 68 Prozent beim Staat beschäftigt. Der in Industriegesellschaften generell zu beobachtende Trend, die Verringerung der Zahl der Selbständigen und das Anwachsen der Zahl der Lohnabhängigen, führte in der veränderten Gesellschaft der DDR zur direkten Abhängigkeit der Mehrheit der Beschäftigten vom Arbeitgeber Staat. Die neue soziale Schichtung in der DDR näherte sich damit allmählich den sowjetischen Verhältnissen an, war aber noch nicht identisch.

Förderung der Jugend galt als wesentliches Ziel von Staat und Partei. Die Gewinnung und Integration junger Menschen sollte dazu dienen, die dringend erforderliche Stabilität von Gesellschaft und Staat zu erreichen. Bereits im März 1950 hatte die DDR das Volljährigkeitsalter auf 18 Jahre gesenkt, Jugendlichen wurden wichtige Positionen in Partei, Staat und Wirtschaft übertragen, die DDR präsentierte sich als Staat der Jugend.

Die unterschiedlichen Strukturen in Ost- und Westdeutschland bewirkten ein Auseinanderleben der beiden deutschen Staaten. Die SED wollte dies freilich zunächst noch nicht eingestehen. Unter Berufung auf Ulbricht sagte Chefideologe Fred Oelßner im März 1955: »Aus der Tatsache der Spaltung Deutschlands ergibt sich für die DDR eine relativ längere Übergangsperiode [zum Sozialismus, H. W.] als in den Volksrepubliken, ein längeres Nebeneinanderbestehen der verschiedenen Wirtschaftsformen. Denn die gesamte ökonomische Politik muß in der DDR stets unter Berücksichtigung ihrer Bedeutung für die ganze Nation durchgeführt werden.«[36] In der Realität

---

[35] Vgl. Anm. 29, insbesondere: Statistisches Jahrbuch der DDR 1956. Berlin (Ost) 1957, S. 166.
[36] Fred Oelßner, Die Übergangsperiode vom Kapitalismus zum Sozialismus in der Deutschen Demokratischen Republik (Vortrag vom 11. 3. 1955). Berlin (Ost) 1955, S. 20.

trieb die DDR allerdings die Veränderungen der Strukturen ohne Beachtung der »deutschen Frage« voran, so wie umgekehrt die Politik in der Bundesrepbulik die gesamtdeutsche Komponente nur am Rande berücksichtigte.

Auch Gesetzgebung und Rechtsprechung rückten immer weiter auseinander. Zwar blieben in der DDR (wie in der Bundesrepublik) noch die alten familienrechtlichen Gesetze des BGB in Kraft; alle der Gleichberechtigung der Frau widersprechenden Gesetze und Bestimmungen waren in der DDR bereits durch die Verfassung von 1949 aufgehoben worden. Nach dem Grundsatz »Gleicher Lohn für gleiche Leistung« wurde im September 1950 mit dem »Gesetz zum Schutze von Mutter und Kind und über die Rechte der Frau« ein weiterer Schritt zur Emanzipation der Frau getan. 1954 unterbreitete das Justizministerium der Öffentlichkeit den Entwurf eines neuen Familiengesetzbuches, das allerdings damals noch nicht verabschiedet wurde. Das Recht insgesamt war bereits in dieser Phase eindeutig der Politik untergeordnet, es war Instrument zum Ausbau und zur Sicherung der Macht der SED. Bei der Bekämpfung aller wirklichen und vermeintlichen Gegner durch Staatssicherheitsdienst und Gerichte zeigte sich drastisch, daß auch in diesem Bereich die stalinistischen Methoden der UdSSR kopiert wurden.[37] Da in der Sowjetunion nach dem Tod Stalins gerade die Frage der »Gesetzlichkeit« eine große Rolle spielte, geriet die DDR bei der »Entstalinisierung« in neue Schwierigkeiten.

Die Lage 1955 in der Sicht des ZK

Zehn Jahre nach Kriegsende hatte die SED ihre Herrschaft in der DDR mit Hilfe der Sowjetunion festigen können, doch war es ihr keineswegs gelungen, die Zustimmung der Bevölkerung und damit eine solide Basis ihrer Macht zu erreichen. Radikale Strukturänderungen hatten kein florierendes System hervorgebracht, sondern eine krisenhafte Gesellschaft. So blieb die SED weiterhin isoliert, denn die große Mehrzahl der Bürger in der DDR war nach wie vor auf die Entwicklung in der Bundesrepublik fixiert.

Dabei war die soziale Umschichtung in diesen zehn Jahren

---

[37] Vgl. dazu Karl Wilhelm Fricke, Politik und Justiz in der DDR. Zur Geschichte der politischen Verfolgung 1945–1958. Köln 1979, S. 319 ff.

enorm. Durch Bodenreform, Industriereform usw. waren Tausende aus dem Besitzbürgertum enteignet worden und zumeist geflüchtet. Durch diese rigorose Enteignung war auch der »Mittelstand« dezimiert. Vor allem die Entnazifizierung hatte eine Auswechslung von einer halben Million Funktionsträger bewirkt. In die Führungspositionen waren neue Personen eingerückt, die meist aus den bisher unterprivilegierten Kreisen kamen. Auch das Bildungsprivileg war gebrochen, durch »Arbeiter- und Bauernfakultäten« wurde neuen Schichten der Aufstieg ermöglicht. Da in der Bundesrepublik diese gesellschaftliche Umwälzung nicht oder nur in geringem Maße stattfand, die alten Besitzverhältnisse gerade auch durch die Währungsreform und das »Wirtschaftswunder« mit seiner ökonomischen Restauration konserviert wurden, lag auch hier ein tiefer Grund für die Spaltung Deutschlands.

Das DDR-System wiederum fand trotz der gewaltigen sozialen Umschichtungen keine genügend breite Zustimmung der Bevölkerung. Das war wohl auch darauf zurückzuführen, daß die Umwälzung keine revolutionäre, eigene Tat war, sondern von außen, von der Besatzungsmacht bestimmt wurde. Viel wichtiger für den fehlenden Konsens war die Übernahme der politischen Strukturen der stalinistischen Diktatur, die keinerlei Mitbestimmung zuließen und die Menschen abstießen; darunter selbst viele soziale Aufsteiger. Die Führung erkannte durchaus die Schwierigkeiten, war aber außerstande, diese zu überwinden. Während auf Parteitagen oder Konferenzen nur vage Selbstkritik oder Kritik an unteren Instanzen geübt und optimistische Zukunftserwartungen verbreitet wurden, diskutierten zahlenmäßig kleinere Machtorgane, etwa das ZK, die wirklichen Probleme. Da die SED-Führung alle Medien beherrschte, drangen freilich nur »geschönte« Ausschnitte dieser Debatten an die Öffentlichkeit. Von den Wortprotokollen der ZK-Sitzungen gelangten nur einige wenige in den Westen,[38] aber gerade aus ihnen ist der interne Meinungsbildungsprozeß deutlich

---

[38] Diejenigen vom 15. Plenum 1953 (s. Anm. 2), vom 25. Plenum 1955 (s. Anm. 32) und vom 33. Plenum 1957 (s. Anm. 33). Auszüge wurden veröffentlicht von der 25. Tagung in Beilage zur Wochenzeitung Das Parlament, Nr. B XII vom 21. 3. 1956 und von der 33. Tagung in Beilage zur Wochenzeitung Das Parlament, B IL vom 18. 12. 1957. Diese beiden Wortprotokolle wurden vom Bundesminister für Gesamtdeutsche Fragen als Faksimile-Nachdruck in einer kleinen Auflage an staatliche Stellen verschickt. Vgl. den Brief des Ministeriums vom 3. März 1958 in Staatsarchiv Bremen, Senatsregistratur, R. 1.0. 210.

abzulesen. Dazu gehört z. B. das Protokoll der 25. Tagung des ZK vom 24. bis 27. Oktober 1955. Das Dokument beweist einerseits, daß die damals veröffentlichten Referate und Teile der Diskussion[39] das Bild der Tagung nicht korrekt wiedergeben, womit zugleich das Dilemma fehlender Quellen für die Erforschung der DDR besonders drastisch zutage tritt. Andererseits wird daraus ersichtlich, daß das ZK Komplexe wie Bürokratismus, Schwächen der Wirtschaft und oppositionelle Stimmungen in der Bevölkerung durchaus registrierte und debattierte. Freilich war das ZK zu dieser Zeit lediglich Akklamations- und Diskussionsorgan,[40] die politischen Entscheidungen traf das Politbüro und dessen Sekretariat.

Auf der 25. Tagung referierten Walter Ulbricht, Otto Grotewohl und Karl Schirdewan.[41] Diese Zusammenkunft diente der Vorbereitung der 3. Parteikonferenz der SED und legte deren Linie fest. Die Tagung faßte einen Beschluß über »Die neue Lage und die Politik der SED«. Darin wurde eine Annäherung beider deutscher Staaten sowie ein Vertrag über kollektive Sicherheit in Europa gefordert. Zugleich wurde die DDR als der »rechtmäßige Staat, der seine Legitimation aus dem Willen und der Kraft des Volkes hat«, deklariert. Zur Verbesserung der Arbeit der Staatsorgane sollte die »Überzentralisation« abgestellt werden, in der Wirtschaft sollten »Modernisierung, Mechanisierung, Automatisierung« Fortschritte bringen. Die SED feierte sich im »Beschluß« selbst, da sie »auf der Grundlage der Lehre von Marx, Engels, Lenin und Stalin« die »Arbeiter- und Bauernmacht geschaffen« habe.[42]

Ulbricht stellte (in seinem damals veröffentlichten Referat) die Effizienz der Wirtschaft in den Mittelpunkt. In der Diskussion wurden indes vor allem die Schwächen der Wirtschaft angesprochen. Planungschef Bruno Leuschner bemängelte, daß

---

[39] Vgl. z. B. Neues Deutschland, Nr. 251 vom 26. 10. 1955 bis Nr. 273 vom 22. 11. 1955 (25. Plenum) sowie Nr. 248 vom 19. 10. 1957 bis Nr. 252 vom 24. 10. 1957 (33. Plenum).

[40] Vgl. zur Problematik: Peter Christian Ludz, Parteielite im Wandel. Funktionsaufbau, Sozialstruktur und Ideologie der SED-Führung. Eine empirisch-systematische Untersuchung. Köln, Opladen 1968, S. 93 ff.

[41] Vgl. Neues Deutschland, Nr. 255 vom 30. 10. und Nr. 256 vom 1. 11. 1955 (Ulbricht), Nr. 258 vom 3. 11. 1955 (Grotewohl) und Nr. 263 vom 9. 11. 1955 (Schirdewan). Vgl. auch: Karl Schirdewan, Die Wahlordnung der SED zur Vorbereitung der III. Parteikonferenz 1956. Referat auf der 25. Tagung des ZK der SED, 24.–27. Oktober 1955. Berlin (Ost) 1955.

[42] Dokumente der SED, Bd. V, S. 445 ff.

der Anteil der Schwerindustrie an der Gesamtproduktion merklich zurückging. Entgegen allen offiziellen Erfolgsmeldungen gab Leuschner aber auch offen zu: »Genossen, was ist das für eine Ideologie? Die Produktion wird niedrig gehalten, aber die Investitionen werden erhöht. Die Beschlüsse des Politbüro und der Regierung werden mißachtet und andere Planvorschläge eingereicht als festgelegt wurden. Wir müssen uns von dieser Stelle aus gegen eine solche Ideologie verwahren und mehr Disziplin von den verantwortlichen Genossen in den Ministerien fordern.« Leuschner berichtete, auch die Räte der Bezirke hätten die »Kontrollziffern, mit denen sie vorher einverstanden waren, nicht eingehalten«.[43]

Einzelne Delegierte legten gravierende Schwächen der Industrie bloß. So wurde kritisiert, daß die Versorgung mit metallurgischen Erzeugnissen »schlecht und unbefriedigend« sei und wegen Mangel an Reparaturmaterialien in der chemischen Industrie »lebenswichtige Reparaturen jahrelang aufgeschoben werden müssen«.[44] Selbmann verwies darauf, daß durch die Haltung der Produktionsverwaltungen die Einführung neuer Techniken gebremst werde und wandte sich gegen Leuschner und Wittkowski, die fehlende Investitionen als »Frage der Ideologie« abtun wollten.[45] Grete Wittkowski hatte freilich angemerkt, daß das zu geringe Bauvolumen große Schwierigkeiten bringen werde. Doch über konkrete Lösungen der Probleme verlautete wenig. Vereinzelt wurden Forderungen nach mehr Selbständigkeit der Betriebe erhoben, die nur Oelßner in einem Zwischenruf aufgriff, er wollte die »Verantwortung der Werkleiter verstärkt« wissen.[46]

Immer wieder wurden Fakten vorgebracht, die den straffen Zentralismus und Bürokratismus als wesentliches Übel benannten. Doch 1955 wurden alle hier erwähnten Beispiele nicht veröffentlicht. Hingegen brachte ›Neues Deutschland‹ damals die Rede von Hermann Matern, in der er die Probleme zusammenfassend darlegte: »Wir haben schon öfter gesprochen über Erscheinungen des Bürokratismus und der Überzentralisation auf vielen Gebieten. Diese schädlichen Tatsachen gibt es in der Partei, im Staatsapparat, in der Industrie, in der Landwirtschaft

---

[43] Wortprotokoll 25. Tagung, S. 86 ff. (140 ff.).
[44] So Schirmer, ebd., S. 93 (147).
[45] Selbmann, ebd., S. 103 f. (157 f.).
[46] Oelßner, ebd., S. 46 (100).

und im Handel. Es wurden schon bisher öfter gute Maßnahmen besprochen und beschlossen. Sie brachten aber keine Besserung, weil sie wahrscheinlich irgendwo in der Durchführung steckenblieben. Mir scheint, daß in dieser Hinsicht sich der Zustand auf manchen Gebieten verschlechtert hat. Dadurch wird die Eigeninitiative und Verantwortungsfreudigkeit erstickt. Nicht wenige Schwierigkeiten haben ihre Ursachen mit im Bürokratismus und in der Überzentralisierung. Partei-, Staats- und Wirtschaftsfunktionäre weichen vor Schwierigkeiten zurück – treffen keine Entscheidungen, weil sie sich nicht voll verantwortlich fühlen, oder sie warten auf Anweisungen von oben und auf fertige Rezepte zur Lösung aller Fragen. Unsere Verordnungs- und Durchführungs-Verordnungs-Produktion fördert die Unselbständigkeit der Organe in den Bezirken, Kreisen und in den Orten, weil sie versucht, auf alle Fragen, Möglichkeiten und Zufälligkeiten eine erschöpfende Antwort zu geben.«[47]

Obwohl auch die Rede von Innenminister Maron veröffentlicht wurde, fehlten in ›Neues Deutschland‹ doch z. B. folgende aufschlußreiche Passagen: »Es vergeht buchstäblich kein Tag, an dem nicht bei mir oder beim Staatssekretariat ein Brief eines Ministers oder auch der Zentralen Kommission für Staatliche Kontrolle eingeht mit dem Hinweis, daß auf diesem oder jenem Fachgebiet, in diesem oder jenem Bezirk oder Kreis erhebliche Mängel und Schwächen festgestellt wurden und daß das Staatssekretariat oder das Ministerium des Innern doch für die Beseitigung dieser Mängel sorgen solle. Sehr beliebt ist besonders die Forderung, daß bessere Kader gerade für das zur Diskussion stehende Gebiet gefunden und eingesetzt werden müssen, als wenn das Ministerium des Innern eine Großbäckerei wäre, wo man die Kader im Handumdrehen backt oder als wenn es nur an dem bösen Willen eines solchen Vorsitzenden eines Bezirksrates läge, der sich seine guten Kader auf Eis legt.«[48]

Auch das von Maron konkret angesprochene Verhältnis eines Ministers zu Bezirksräten fehlte in der veröffentlichten Fassung der Rede: »Wie es zum Beispiel nicht gemacht werden darf und wie man einen Fehler oder ein unrichtiges Verhalten eines oder

---

[47] Neues Deutschland, Nr. 267 vom 13. 11. 1955. Vgl. Wortprotokoll 25. Tagung, S. 8 ff. (62 ff.).
[48] Wortprotokoll, ebd., S. 56 (110). Neues Deutschland, Nr. 270 vom 19. 11. 1955.

einiger Vorsitzender von Räten der Bezirke nicht mit noch unrichtigerem Vorgehen beantworten soll, daß man nicht auf einen Schelm anderthalbe setzen soll, das demonstrierte in den letzten Tagen der Minister für Arbeit, Genosse Macher. Dieser Genosse Macher befindet sich augenblicklich gleichzeitig mit zwei Bezirken in einem Zustand offener Feindseligkeiten. Mit Neubrandenburg und dem Bezirk Magdeburg hat er die diplomatischen Beziehungen abgebrochen (Heiterkeit).«[49]

Fred Oelßner brachte zahlreiche Beispiele für den Wahnwitz des Bürokratismus und zeigte, wie die Gesetze oft Flexibilität verhinderten. Diese Rede erschien in ›Neues Deutschland‹ gekürzt. Unter »stürmischer Heiterkeit« der Tagung (die vom SED-Organ freilich nicht registriert wurde) sagte er, einer Dorfgenossenschaft werde seit Jahren der Kauf eines Motorrads verweigert, das 2500 Mark koste, der Vorstand habe es nun privat gekauft und vermiete es an die Genossenschaft.[50] Andere konkrete Fälle, die Oelßner nannte, wurden damals geheimgehalten, so z. B. der folgende Auszug aus dem Protokoll: »Die Hauptursache für die gegenwärtig schlechte Besetzung dieser Abteilungen liegt in der unsinnigen Diskrepanz zwischen der Bezahlung der Staatsfunktionäre und der Wirtschaftsfunktionäre. Genosse Grotewohl hat schon angeführt, daß der Leiter der HO im Kreise doppelt soviel bekommt, wie der Leiter der Abteilung für Handel und Versorgung beim Kreisrat, obwohl dieser den ersteren anleiten soll. Wozu diese Verhältnisse führen, will ich an zwei Beispielen erläutern. Der HO-Direktor im Kreise Artern, Schnieper, wurde wegen unmoralischen Lebenswandels seines Postens enthoben und als Leiter der Abteilung Handel und Versorgung beim Rat des Kreises eingesetzt. (Heiterkeit.) Jetzt ist er auch dort herausgeflogen. Der Leiter des Handelsvorstandes der Konsumgenossenschaft im Kreisverband Köthen, Kugler, wurde ebenfalls wegen unmoralischen Verhaltens nicht wiedergewählt und dann als Leiter der Abteilung Handel und Versorgung beim Rat des Kreises angestellt. Solcher Beispiele gibt es viele. Die starken und guten Leute sitzen bei der HO und beim Konsum. Nun könnte man die Sache ja sehr einfach regeln und den HO-Direktor mitsamt seinem Gehalt beim Rat des Kreises einsetzen. Aber das geht deshalb nicht, weil dann der Leiter der Abteilung Handel und

---

[49] Wortprotokoll, ebd., S. 57 (111).
[50] Neues Deutschland, Nr. 269 vom 16. 11. 1955. Wortprotokoll, S. 11 ff. (65).

Versorgung ein höheres Gehalt bekommen würde als der Vorsitzende des Rates des Kreises (Heiterkeit).«[51]

Auch ein für den DDR-Alltag wohl typisches Beispiel, das Oelßner brachte, wurde damals nicht publiziert: »Es gibt eine, sicher berechtigte Bestimmung, daß nicht mehr als 50.– DM bar ausgegeben werden dürfen. Dem Kommunalen Großhandel in Halle passierte es, daß ein Lastkraftwagen auf dem Wege nach Magdeburg einen Achsenschenkelbruch erlitt. Der Fahrer ging in den nächsten Ort, fand auch ein Ersatzteil, ließ den Schaden beheben und setzte seine Fahrt fort. Kostenpunkt 70.– DM, die ihm anstandslos erstattet wurden. Als aber nach einiger Zeit eine Revision stattfand, entdeckte man die ungesetzlichen 70.– DM Barausgaben und bestrafte den Leiter des Kommunalen Großhandels mit 50.– DM. (Heiterkeit). Er hätte nach Gesetzesvorschrift den Wagen abschleppen lassen, in einer volkseigenen Werkstatt reparieren und dann die Rechnung durch Überweisung begleichen müssen. Abgesehen vom Zeitverlust hätte das zwar 300.– bis 400.– DM gekostet, aber es wäre gesetzlich gewesen und der Leiter wäre nicht bestraft worden (Erneute Heiterkeit).« Ein weiteres bürokratisches »Glanzstück« wurde vom 1. Sekretär der BL Cottbus, Albert Stief, erzählt (und damals ebenfalls geheimgehalten); es war die Mitteilung, daß der Vorsitzende des Rats eines Bezirks sich persönlich an den Minister wenden mußte, wenn er für seinen Apparat ein Fahrrad kaufen wollte. Dies wurde ergänzt mit folgendem Bericht: »Für das Klubhaus in Forst brauchen wir für die Jugendgruppe eine Baßgeige. Nebenan im Geschäft steht eine Baßgeige zum Verkauf. Aber dieses Klubhaus ist ein gesellschaftlicher Träger, und das Ergebnis ist, sie konnten die Baßgeige nicht in dem Laden kaufen, sie mußten sich an den Genossen Minister wenden, um die Freigabe zum Kauf der Baßgeige durch das Großhandelskontor in Klingenthal zu erhalten. Ich denke, daß man auch solche Verfügungen aufheben muß. Sonst kann der Genosse Wach niemals seine Aufgaben als Minister für Handel und Versorgung lösen.«[52]

ZK-Mitglieder kritisierten, daß die Mitarbeiter des Staatsapparates »vor lauter Sitzungen überhaupt nicht zur produktiven Arbeit kommen«. Durch den Zentralismus fungierten die Mitarbeiter praktisch als »Verfügungsbearbeiter«, deren persönli-

---

[51] Wortprotokoll, ebd., S. 12 (66).
[52] Ebd., S. 12 (66).

che Verantwortung »mangelhaft entwickelt« war.[53] Selbst Minister Erich Apel berichtete, daß er in den 5½ Monaten seiner Ministerzeit sich überhaupt nicht mit Grundsatzproblemen oder Perspektivfragen beschäftigen konnte, weil er sich auf die »Erfüllung des Plans, die Aufholung der Exportrückstände« konzentrieren mußte.[54] Unter solchen Umständen sahen auch ZK-Mitglieder, daß sich »viele Menschen in ihrer abfälligen Meinung über die Fähigkeiten verantwortlicher Staatsfunktionäre durchaus bestätigt finden«.[55]

Die bemerkenswerteste Rede hielt das Politbüromitglied Alfred Neumann; auch sie blieb damals geheim. Er stellte fest, daß auf der ZK-Tagung »doch die Spitzen der Macht versammelt« seien. Aber: »Wer ändert? Das ZK stellte Fragen, ein Jahr vergeht, aber wer verändert? Es bleibt alles beim Alten.« Damit legte er in der Tat ein Hauptproblem der Führung offen, die immer wieder die gleichen Fragen ansprach, aber über Jahre und Jahrzehnte hinweg kaum etwas bewegte. Bürokratie bedeutet eben mehr als nur bürokratisches Verwalten, die hierarchische Macht des Apparates war und ist die eigentliche Herrschaft der Bürokratie, die Flexibilität fürchtet, weil dies ihre Hegemonie gefährden könnte.

Neumann mokierte sich auch darüber, daß das ZK die angeführten schlimmen Beispiele mit großem Gelächter quittierte: »Ich stelle eine andere Frage. In der Diskussion haben viele Genossen gesprochen, auch solche, die – möchte ich sagen – eine ganze Portion Macht verkörpern und in den Händen halten. Worüber ist wenig gesprochen worden? Warum der Apparat nicht in der Lage war, die Durchführung der Beschlüsse zu gewährleisten. Es gibt interessante Berichte über alle möglichen Anekdoten unseres Bürokratismus. Ich könnte hier genauso lachen wie alle anderen. Aber es ist mir viel zu ernst. Warum wird das nicht geändert? Ist das Sache des Witzblattes oder lachen wir über unsere Unfähigkeit? Ich frage: Ist das der Stil, mit dem wir unsere Delegiertenkonferenzen in Vorbereitung der 3. Parteikonferenz vorbereiten wollen? Es reden auch Sekretäre in der Diskussion. Warum sprechen sie aber nicht, wie sie die Beschlüsse des 23. und 24. Plenums durchgeführt haben?«[56] Damit verwies ein Führungsmitglied auf die Stimmung

---

[53] Kästner, ebd., S. 113 (167).
[54] Wortprotokoll, S. 101 (155).
[55] Maron, ebd., S. 58 (112).
[56] Wortprotokoll, S. 98 (152).

im – nach dem Statut – höchsten Organ der SED. Das Gelächter über Probleme, für die man verantwortlich war, ist in der Tat entlarvend. Hierin zeigt sich sowohl die Ohnmacht als auch die Konzeptionslosigkeit des SED-Spitzengremiums. Schließlich war es die Bevölkerung, die unter den angeführten Beispielen des Bürokratismus zu leiden hatte. So gestand Oelßner ein, daß der Handel »bisher nicht einmal die Versorgung der Bevölkerung mit den vorhandenen Nahrungsgütern reibungslos sichern« konnte.[57] Grotesk war freilich, daß er dies auf »ungenügendes politisches Bewußtsein« und »mangelnde Schulung« zurückführte. Auf der ZK-Sitzung wurde der Ernst der Lage dargelegt, so etwa wenn ZK-Mitglied Hans Warnke sagte, daß bei der Fleischversorgung die DDR »seit Monaten von der Hand in den Mund« lebe (was ebenfalls unveröffentlicht blieb).[58]

Entgegen den offiziell verkündeten zweckoptimistischen Behauptungen vom ständigen Fortschritt der DDR wurden so im ZK eindringlich die schwerwiegenden Probleme angesprochen. Das galt ebenso für den Zustand der SED selbst. Auch hierzu wurden damals aus der Rede von Hermann Matern Hinweise publiziert, so etwa die Passage, früher habe ein »anderes, kämpferisches Verhältnis der Mitglieder untereinander geherrscht«. Matern bemängelte: »Wenn heute in einer Kneipe ein besoffenes Parteimitglied den größten Unfug quatscht (in ›Neues Deutschland‹ las es sich freilich so: »Wenn heute ein Parteimitglied den größten Unfug redet«), und die Partei diskreditiert, dann sitzen Genossen dabei, die das gar nicht interessiert.« Daß Matern ebenso vom »Untertanengeist« redete, der offenbar in der SED herrschte, wurde aber nicht veröffentlicht.[59]

Auch die Rede von Max Sens, Kandidat des ZK und in der Finanzabteilung des ZK tätig, blieb geheim. Er zeigte anhand von Einzelheiten über den wahren Zustand der Partei, daß die vielbeschworene monolithische Einheit der »Kampfpartei« neuen Typus teilweise nur auf dem Papier stand. So hatte die SED-Kreisleitung Berlin-Mitte über 5000 Grundbücher, also Kopien der Mitgliedsbücher, die die Leitung verwaltete, »bei denen dem Apparat der Kreisleitung nicht bekannt ist, wo diese Mitglieder arbeiten oder wo sie wohnen«. In Weimar gab es 715 Grundbücher von Lehrgangsteilnehmern, die sich nicht ab-

---

[57] Ebd., S. 11 (65) (dies wurde auch in Neues Deutschland, Nr. 269 vom 16. 11. 1955, veröffentlicht).
[58] Wortprotokoll, S. 95 (149).
[59] Ebd., S. 11 (65). Neues Deutschland, Nr. 267 vom 13. 11. 1955.

gemeldet hatten. In vier Berliner Kreisen lagen sogar 500 Parteimitgliedsbücher, »von denen niemand weiß, aus welchem Grund sie eigentlich in die Kreisleitung geraten sind«. Nach den Belegen von Sens existierten solche Erscheinungen in allen Kreisen. Es gab auch Beitragsverweigerung; so wurden in Wernigerode drei »Parteifeinde«, die diese organisiert hatten, ausgeschlossen. Umgekehrt versuchte der bürokratische Apparat aus Bequemlichkeit und damit die Abrechnung stimmte, »Parteifeinde« zu erfinden. »Unklare Fälle« (allein im September 1955 47000!) wurden als »Parteiverfahren« deklariert, was nach Sens im Klartext bedeutete: »Einige Kreise formulieren die Ausschlußbegründung einfach mit Bereinigung der Statistik. In einem Schreiben der Kreisleitung Wilmersdorf an die ZPKK heißt es, nachdem man schildert, daß man den Genossen bei der Kassierung nicht angetroffen hat: ›Wir schließen den Genossen hierdurch aus der Partei aus, damit die Statistik unseres Kreises entlastet wird.‹ (Heiterkeit). Auf diese Weise geraten wir in eine solche Lage, daß durch die gesamte Partei Zehntausende von Menschen, die seit 1951, 1952 und 1953 aus der Partei ausgeschieden sind, jetzt als Parteifeinde ausgeschlossen werden, obgleich es sich in der Mehrheit um loyale Bürger der Deutschen Demokratischen Republik handelt.« So wurden von März bis September 1955 im Bezirk Halle 3000 Mitglieder ausgeschlossen, schwebende Verfahren gab es 3400. »Man kann sich also ausrechnen, welche phantastische Zahl diese Ausschlüsse allein im Bezirk Halle erreichen wird, wenn man auf diese Weise weiterarbeitet.«[60]

Da aber Ausschluß aus der SED gleichbedeutend mit Verlust eines qualifizierten Arbeitsplatzes und nicht selten Ursache für Verfolgung war, wird durch diesen Bericht überdeutlich, daß gerade der perfektionierte Bürokratismus, den die SED von oben bis unten praktizierte, zur Destabilisierung des Systems beitrug. Selbst Ulbricht machte in einem Zwischenruf das »Administrieren« des Apparats für Mängel der Partei verantwortlich.[61] In der propagandistischen Arbeit wiederum wurde von Hanna Wolf, Leiterin der SED-Parteihochschule »Karl Marx«, der »Dogmatismus« als »Hauptmangel« ausgemacht. Gerade sie berief sich freilich auf Stalin.[62]

---

[60] Wortprotokoll, S. 18 (72).
[61] Ebd., S. 52 (106).
[62] Ebd., S. 80 f. (134 f.). Stalin wurde nur noch von Karl Moltmann (ehemaliger Sozialdemokrat) genannt, vgl. S. 75 (129).

Ebenfalls angesprochen – aber nicht publiziert – wurde der zu große Umfang des hauptamtlichen Apparats. Dabei wurden vereinzelte Zahlen genannt. So sagte Arbeitsminister Macher auf einen Zwischenruf Ulbrichts hin, daß er 300 Mitarbeiter im Ministerium habe, was nach Ulbricht »noch viel zuviel« war.[63] Allein in der Stadt Magdeburg gab es »nicht weniger als 220 hauptamtliche FDJ-Funktionäre« – was laut Protokoll »Bewegung« selbst im ZK verursachte.[64]

Schließlich war auch im ZK klar, daß die FDJ trotz ihres riesigen hauptamtlichen Apparats die Jugend nicht gewonnen hatte. Albert Norden führte aus: »Wir lasen in einem Rundschreiben der FDJ, daß die Jugend für das Wandern gewonnen werden muß. Das ist doch lächerlich. Man braucht die Jugend doch nicht für das Wandern zu gewinnen, die wandert ohne uns. Das ist das Schlechte. Der Zentralrat hat die Dinge nicht in der Hand.«[65] Kein Wunder, daß dem ZK mitgeteilt werden mußte, daß die FDJ 1955 nur bei 61 Prozent ihrer Mitglieder Beitrag kassierte; doch auch die Gesellschaft für deutsch-sowjetische Freundschaft hatte kein besseres Ergebnis aufzuweisen.[66]

Zahlreiche Details dieser Art wurden auf der ZK-Tagung bekanntgemacht, interne Probleme diskutiert, die nicht in die Öffentlichkeit gelangten. Der Trend der Politik, die Strategie und Taktik der Partei sind natürlich aus den publizierten Reden der Parteiführer und ausgewählten Diskussionsbeiträgen abzulesen, schließlich mußte und muß das Politbüro seinen nachgeordneten Institutionen auch über die Medien die politische Linie vermitteln. Doch die zum Teil erschreckenden, manchmal die ZK-Tagung freilich auch nur amüsierenden Fehlleistungen der SED-Politik blieben zu einem großen Teil geheim und werden daher hier beispielhaft vorgestellt.

Aus Ulbrichts Schlußwort (damals ebenfalls nicht publiziert) geht hervor, wie sich dieser verantwortliche Parteiführer aus der Affäre zog. Ulbricht empfahl seinen Funktionären, die Parteientschließungen »gründlich« durchzuarbeiten; er erklärte, Preiserhöhungen seien »absolut unzulässig« und die »Überzentralisation« sei zu »überwinden«. Wieder einmal machte er »ideologische Zurückgebliebenheit« für alle Fehler verantwort-

---

[63] Wortprotokoll, S. 118 (172).
[64] Ebd., S. 105 (159).
[65] Wortprotokoll, S. 106 (160).
[66] Fritz Gäbler, ebd., S. 107 (161).

lich. Es blieb fast nur bei solchen Allgemeinplätzen. Doch an einer Stelle wurde Ulbricht konkret: »Genosse Maron hat hier darauf hingewiesen, daß in seinem Ministerium die Struktur nicht in Ordnung ist. Er hat Recht. Genosse Grotewohl hat das in seinem Referat auch schon angedeutet. Die Kritik des Genossen Maron ist richtig. Wir haben in dieser Beziehung einen Rückschritt. Früher hatten wir eine richtige Struktur. Da wurden die örtlichen Organe systematisch geleitet und kontrolliert. Es gab eine straffe Leitung und eine strenge Kontrolle von der Partei aus. Das hat bei uns nachgelassen. Die Kontrolle durch die Partei ist auch nicht mehr in Ordnung. Also muß man jetzt korrigieren.«[67] Das Patentrezept Ulbrichts zur Bekämpfung des »Überzentralismus« lautete also »straffe Leitung«, Zentralisation und strenge Kontrolle – durch die Partei. So mußten sich die SED und die DDR nach dem Willen ihres führenden Mannes letzlich weiterhin im Kreise drehen.

Die 3. Parteikonferenz der SED 1956

Auf ihrem XX. Parteitag im Februar 1956 distanzierte sich die KPdSU von Stalin und einigen seiner Herrschaftsmethoden. Das bewirkte eine tiefe Zäsur in der Entwicklung des Weltkommunismus. Die »Entstalinisierung«, die zu einer Angelegenheit aller kommunistischen Parteien und kommunistisch regierten Staaten wurde, nahm in den einzelnen Ländern einen sehr unterschiedlichen Verlauf. In Ungarn z. B. steigerte sich die Empörung des Volkes 1956 bis zur Revolution, in Polen erfolgte eine weitgehende Auswechselung der Führungskräfte, auf der anderen Seite verweigerte Albanien die Verdammung Stalins. In der SED, die seit Jahren völlig auf Stalin eingeschworen war, führte die Verurteilung des Personenkults durch Chruschtschow zu einer allgemeinen Verwirrung.

Die Abkehr der Sowjetführer von Stalin traf die SED unvorbereitet. Noch am Eröffnungstag des Kongresses, am 14. Februar, hieß es im Leitartikel des SED-Zentralorgans ›Neues Deutschland‹, der XX. Parteitag werde »das vor einem Jahrzehnt von Stalin gesetzte Fernziel«, die kapitalistischen Länder in der Pro-Kopf-Produktion zu überholen, zur Hauptaufgabe erklären. Die von Ulbricht unterschriebene Grußbotschaft des

---

[67] Wortprotokoll, S. 125 (179).

ZK der SED an den sowjetischen Parteitag endete noch mit der bis dahin üblichen Losung: »Es lebe die unbesiegbare Lehre von Marx, Engels, Lenin und Stalin«.[68] Zur gleichen Zeit, da auf dem XX. Parteitag Mikojan und die Sowjethistorikerin Pankratowa den ›Kurzen Lehrgang – Geschichte der KPdSU (B)‹ als stalinistische Geschichtslegende angriffen und Mikojan von »Geschichtsgeschreibsel« sprach, erschien im theoretischen Organ des ZK der SED ›Einheit‹ eine Lobpreisung dieses Machwerks, die KPdSU wurde als »Partei Lenins und Stalins« charakterisiert,[69] – ja, die SED führte noch »theoretische Beratungen« über dieses Geschichtsbuch durch.[70] Die (vom ZK der SED für Parteifunktionäre herausgegebene) Zeitschrift ›Neuer Weg‹ widmete in ihrer Februarnummer dem XX. Parteitag einen von Ulbricht inspirierten redaktionellen Artikel, dessen Ausgangspunkt und Leitlinie ausgerechnet eine Rede Stalins bildete. Die SED-Führung glaubte noch: »Stalin, das ist die Stimme der Kommunistischen Partei«, sie hob hervor, Stalin habe die KPdSU »bereichert«, und sie wußte über den Parteitag der KPdSU nichts Besseres zu sagen, als daß er »zehn Jahre nach dieser großen Rede Stalins« stattfinde.[71] Während Mikojan auf dem XX. Parteitag erklärte, die letzten Werke Stalins (vor allem ›Ökonomische Probleme des Sozialismus in der UdSSR‹) seien fehlerhaft und müßten »kritisch revidiert« werden,[72] hatte ›Neuer Weg‹ Stalins letzte Schrift noch »eine große Hilfe für die KPdSU« genannt. Die Berliner SED veranstaltete am 20. Februar in ihrer »Abenduniversität des Marxismus-Leninismus« ein Seminar über dieses Stalinsche »Grundgesetz des Sozialismus«. Bis zum XX. Parteitag war die SED eben der Meinung: »Durch den Tod J. W. Stalins im März 1953 erlitten die KPdSU und die ganze internationale Arbeiterbewegung einen schweren Verlust. Allen Feinden zum Trotz, die in dieser Situation versuchten, die Partei zu desorientieren, schloß sich die Partei fest um ihr Zentralkomitee zusammen.«[73]

Vom Verlauf des XX. Parteitags wurde die SED verunsichert,

---

[68] Neues Deutschland, Nr. 38 vom 14. 2. 1956.
[69] Diskussionsreden auf dem XX. Parteitag der KPdSU. 14.–25. Februar 1956. Berlin (Ost) 1956, S. 120f., 364ff. Einheit 11 (1956) Heft 2, S. 180.
[70] Neues Deutschland, Nr. 44 vom 21. 2. 1956.
[71] Neuer Weg, Nr. 3 (1956), S. 130ff.
[72] Diskussionsreden auf dem XX. Parteitag, S. 117. Neues Deutschland, Nr. 43 vom 19. 2. 1956.
[73] Neuer Weg, Nr. 3 (1956), S. 134.

es zeigte sich, daß sie desorientiert war; sie erkannte erst spät, daß eine Wende der kommunistischen Politik eingesetzt hatte. Chruschtschow und die Führer der KPdSU bekannten sich auf dem Parteitag zu vier, z. T. neuen Thesen des Kommunismus: 1. Kriege sind vermeidbar; 2. die friedliche Koexistenz zwischen Ost und West ist für einen langen Zeitraum Ziel der KPdSU; 3. der »Aufbau des Sozialismus« geht auf »unterschiedlichem Wege« entsprechend den nationalen Besonderheiten in den einzelnen Ländern vor sich; 4. auch ein friedlicher, parlamentarischer »Weg zum Sozialismus« ist möglich und nicht nur die Revolution; oder, wie Mikojan es ausdrückte, »es besteht für einzelne Länder durchaus die Möglichkeit eines friedlichen Übergangs zum Sozialismus«.[74]

Diese Prinzipien, von den Leninisten früher als »sozialdemokratisch« abgelehnt, waren aber weit weniger sensationell als die Verurteilung Stalins und seines Regimes. In den Sitzungen des Parteitages hatten Mikojan, Chruschtschow und Suslow bereits die »schädlichen Folgen« des Personenkults angegriffen, Mikojan bezeichnete einige von Stalin liquidierte Kommunisten als »zu Unrecht zu Volksfeinden gestempelt« und rehabilitierte sie damit. Suslow betonte, der Personenkult »untergrub die innerparteiliche Demokratie«.[75] Doch das war nur der Prolog zu Chruschtschows Geheimrede, in der er Stalin beschuldigte, er habe die Macht mißbraucht, mit Willkür und Massenterror geherrscht, die alten Bolschewiki liquidieren lassen, im Zweiten Weltkrieg versagt und ganze Völkerschaften deportieren lassen. Chruschtschow zieh Stalin des Größenwahns und forderte: »Genossen! Wir müssen den Persönlichkeitskult entschlossen abschaffen, ein für allemal; wir müssen die entsprechenden Konsequenzen ziehen, und zwar sowohl hinsichtlich der ideologisch-theoretischen als auch der praktischen Arbeit ... Drittens müssen wir den leninistischen Grundsätzen, der sowjetisch-sozialistischen Demokratie, wie sie in der Verfassung niedergelegt sind, wieder volle Geltung verschaffen und die Willkür einzelner Personen bekämpfen, die ihre Macht mißbrauchen.«[76]

---

[74] Diskussionsreden auf dem XX. Parteitag, S. 107. Neues Deutschland, Nr. 43 vom 19. 2. 1956.

[75] Diskussionsreden auf dem XX. Parteitag, S. 75,.121.

[76] Der Wortlaut der Rede Chruschtschows gegen Stalin vor dem XX. Parteikongreß in Moskau. Stuttgarter Zeitung vom 16. Juni 1956, S. 48.

Ulbricht erkannte die Brisanz des XX. Parteitages. In seiner Begrüßungsrede paßte er sich sofort den neuen Aussagen der Sowjetführer an; er erklärte, die »Arbeiter- und Bauernmacht« in der DDR sei »auf friedlichem Wege« geschaffen worden, und berief sich nicht mehr auf Stalin, sondern mehrmals auf den »Genossen Nikita Sergejewitsch Chruschtschow«. Ulbricht sagte zwar, er wolle »schließen mit den Worten der Grußbotschaft des Zentralkomitees der SED«, doch endete er nicht mehr mit »Marx, Engels, Lenin und Stalin« – wie es dort hieß –, sondern rief aus: »Es lebe der Marxismus-Leninismus«.[77]

Sofort nach dem XX. Parteitag versuchte die SED-Führung ihren Mitgliedern erste »Lehren« zu vermitteln. Der Leitartikel ›Lenin wies den Weg‹ in ›Neues Deutschland‹ vom 26. Februar richtete sich vor allem gegen die Trotzkisten, gegen Bucharin und andere Stalin-Kontrahenten, denen die Parteizeitung vorwarf, den »Weg des offenen Verrats« gegangen zu sein. Auch wenn die SED zur »Vermeidung jedweden Personenkults« aufrief und »jede Schablone« bei der Arbeit verwarf, wurde doch klar, daß die Ulbricht-Führung bremsen wollte. Das brachte Verwirrungen in die Reihen der SED. Der Geheimbericht Chruschtschows, der vor allen Parteimitgliedern verlesen wurde, vergrößerte die Unruhe. Durch eine schroffe Wendung der ideologischen Linie versuchte Ulbricht die Situation zu retten. Am 4. März schrieb er in ›Neues Deutschland‹ – entgegen allen seinen früheren Aussagen – Stalin sei kein »Klassiker« des Marxismus. So einfach war freilich die stalinistische Vergangenheit der SED nicht zu bewältigen, auch wenn sich die Parteiführung bemühte, rasch über die »Fehler-Diskussion« hinwegzukommen.

Entsprechend stellte die 3. Parteikonferenz der SED vom 24. bis 30. März 1956 Wirtschaftsprobleme in den Mittelpunkt ihrer Beratungen. Die Frage der Entstalinisierung wurde nur am Rande erwähnt, obwohl mit der Abkehr von Stalin das Weltbild der deutschen Kommunisten erschüttert worden war. Einigen Schriftstellern sollen die »Fehler des Genossen Stalin« und die Enthüllungen so zu »Herzen gegangen« sein, daß sie »mit Selbstmordgedanken umgingen«.[78] Doch dies war auf der Konferenz kein Thema. Nur Karl Schirdewan, der »zweite Mann« der SED-Führung, ging auf die Entstalinisierung ein:

---

[77] Neues Deutschland, Nr. 41 vom 17. 2. 1956.
[78] Wortprotokoll der 33. Tagung, S. 114.

»Es muß gesagt werden, daß die Korrektur der Fehler und Irrtümer Stalins, die Weiterentwicklung der marxistischen Erkenntnisse über Fragen unserer heutigen Entwicklung von den Lehren und Erfahrungen des Leninismus aus erfolgte ... Was die Würdigung Stalins anbelangt, so müssen wir unsere bisherigen Anschauungen einer Revision unterziehen ... in den letzten fünfzehn Jahren seiner leitenden Arbeit sind Fehler und Irrtümer in seinem Wirken aufgetreten, durch die der Sache des Sozialismus Schaden entstanden ist.«[79]

Schirdewan hatte bereits bei der Vorbereitung der Parteikonferenz auf der 25. Tagung des ZK (24.–27. Oktober 1955) im Gegensatz zu Ulbricht Stalin nicht mehr erwähnt und gefordert, stärker die »ideologischen Streitschriften Lenins« heranzuziehen und das »Lernen« von der UdSSR nicht schematisch vorzunehmen.[80] Lediglich Willi Bredel, Schriftsteller und Mitglied des ZK, bis 1945 Emigrant in der UdSSR, zog aus dem XX. Parteitag eigene Schlußfolgerungen und bestätigte auf der Parteikonferenz auch als einziger, daß es »durch die auf dem XX. Parteitag der KPdSU aufgeworfenen Probleme nicht wenige und keine unbedeutenden Auseinandersetzungen in unserer Partei und mit unseren Werktätigen gab«. Bredels Ausführungen widerspiegelten die Stimmung in der SED. Er übte auch vorsichtig Kritik an Ulbricht: »Wenn unsere jungen Genossen Stalin Seite für Seite und Wort für Wort in sich aufgenommen haben, ist das dann ihre, und zwar ihre alleinige Schuld? Ist es nicht auch und vor allem unsere Schuld, die der älteren Generation? Das Parteistudium ist doch so, wie Genosse Ulbricht es geschildert hat, kritiklos viele Jahre durchgeführt worden. Wir sollten, so meine ich, jetzt weniger die jungen Genossen dafür auslachen, sondern etwas mehr Selbstkritik üben.«[81]

Bredel ging so weit, die bisherige SED-Schulung als »geistige Massenübungen« einzuschätzen; er hoffe, daß die Zeit, in der »Dogmatiker und Scholastiker den Reichtum der Schaffensmöglichkeiten einengten«, nun vorbei sei. Mit seiner Kritik stieß der Altkommunist Bredel auf taube Ohren. Die Mitglieder des Politbüros der SED wiesen alle »Angriffe«, insbesondere

---

[79] Protokoll der Verhandlungen der 3. Parteikonferenz der Sozialistischen Einheitspartei Deutschlands. Vom 24. März bis 30. März 1956. Berlin (Ost) 1956. Bd. 1, S. 311 ff. Neues Deutschland, Nr. 74 vom 26. 3. 1956.

[80] Schirdewan, Die Wahlordnung, S. 21.

[81] Protokoll, Bd. 1, S. 542 ff.

gegen Walter Ulbricht, zurück. Der Vorsitzende der Zentralen Partei-Kontrollkommission, Hermann Matern, verlangte, als Antwort auf die »Verleumdungen« gegen Ulbricht »noch fester, noch geschlossener« hinter dem ZK zu stehen.[82]

Der »neue Geist« war nur zu spüren, als bei der Verlesung eines von Tito unterzeichneten Grußtelegrammes der jugoslawischen Kommunisten »stürmischer Beifall durch die Halle brauste«.[83] Die meisten der 83 Diskussionsredner beschäftigten sich ausschließlich mit Wirtschaftsfragen. In seinem Referat ›Der 2. Fünfjahrplan und der Aufbau des Sozialismus in der DDR‹ hatte Ulbricht die Planziele für die weitere Wirtschaftsentwicklung bekanntgegeben.

Die 3. Parteikonferenz beschloß eine »Direktive« für den 2. Fünfjahrplan. Sie plante von 1956 bis 1960 die industrielle Bruttoproduktion um mindestens 55 Prozent zu steigern (Grundstoffindustrie und Maschinenbau um über 60 Prozent, Konsumgüterproduktion um 40 Prozent; die Arbeitsproduktivität sollte um 50 Prozent anwachsen). Die SED verkündete die Parole »Modernisierung, Mechanisierung, Automatisierung«. Den 2. Fünfjahrplan proklamierte sie zum »Beginn einer neuen industriellen Umwälzung auf der Basis der Ausnutzung von Kernenergie, des weiteren Ausbaus der Schwerindustrie und der ununterbrochenen Entwicklung des technischen Fortschritts«.[84]

Der Arbeiterschaft versprach die Partei eine Erhöhung des Reallohnes um 30 Prozent. Der 2. Fünfjahrplan sollte (also bis 1960!) in der Industrie den 7-Stunden-Arbeitstag und in bestimmten Industriezweigen »die 40-Stunden-Woche ohne Lohneinbußen« bringen.[85] Als Voraussetzung zur Erreichung dieser Ziele (die bekanntlich nicht verwirklicht wurden) nannte die SED allerdings eine entsprechende Erhöhung der Arbeitsproduktivität. Mit dem wirtschaftlichen Aufbau sollte ein weiteres Anwachsen des »sozialistischen Sektors« in der Wirtschaft einhergehen. Die Sozialisierung der Wirtschaft wurde zunächst nur schrittweise weitergetrieben. Größere Privatbetriebe bekamen eine 50prozentige und höhere staatliche Beteiligungen angeboten (nach dem Vorbild der chinesischen Kommunisten),

---

[82] Protokoll, Bd. 2, S. 988.
[83] Neues Deutschland, Nr. 74 vom 26. 3. 1956.
[84] Protokoll, Bd. 2, S. 1026 ff.
[85] Neues Deutschland, Nr. 75 vom 27. 3. 1956.

um zu einer »friedlichen Umwandlung« des Privateigentums in staatliches Eigentum zu gelangen. In den folgenden Jahren vermehrte sich so die Zahl der halbstaatlichen Unternehmen sehr rasch. Ende 1956 gab es 144 halbstaatliche Industriebetriebe mit 14 000, Ende 1966 5512 mit 344 602 Arbeitnehmern; ihr Anteil an der industriellen Bruttoproduktion stieg im gleichen Zeitraum von 0,3 auf 10 Prozent.[86]

Wie üblich befaßten sich die Delegierten der Parteikonferenz mit allen Bereichen der Wirtschaft. In gewohnter Weise wurde dabei das sowjetische Vorbild beschworen, dessen Nachahmung bis in die Einzelheiten ging: Da Chruschtschow in der Sowjetunion den Maisanbau propagierte, verlangte der Delegierte Professor Oberdorf, auch in der DDR sei »dem Mais größere Beachtung« zu schenken. Er verkündete, daß »zu Ehren« der 3. Parteikonferenz ein ›Handbuch des Maisanbaus‹ vorbereitet werde.[87] In seiner Schlußansprache bekannte Grotewohl unumwunden, die DDR sei »ein untrennbarer Bestandteil des großen von der Sowjetunion geführten Lagers des Friedens, der Demokratie und des Sozialismus«.[88]

Die Parteikonferenz prophezeite nicht nur eine Verbesserung des Lebensstandards der Bevölkerung, sie beschloß auch »Maßnahmen zur breiteren Entfaltung der Demokratie in der DDR«. Sie schlug vor, den örtlichen Volksvertretungen mehr Rechte zu gewähren, örtlich wichtige Fragen sollten dort auch selbständig entschieden werden.

Im September 1956 beriet die Volkskammer in erster Lesung ein »Gesetz über die örtlichen Organe der Staatsmacht«, das den Gemeinden, Kreisen und Bezirken größere Selbstverwaltungsrechte und Vollmachten bringen sollte. Die Abgeordneten dieser Gremien seien frei zu wählen und die Durchführung staatlicher Anordnungen sei zu kontrollieren. Die Diskussionen bestätigten, daß »die demokratische Gesetzlichkeit verletzt« worden war und der Staatsapparat wenig »Achtung vor gewählten Organen« gezeigt hatte. Um diese Praktiken künftig zu verhindern, verabschiedete die Volkskammer am 17. Januar 1957 das »Gesetz über die örtlichen Organe der Staatsmacht«. Das Gesetz wurde nur teilweise befolgt, da auch auf den unte-

---

[86] Statistisches Jahrbuch der Deutschen Demokratischen Republik. 11. Jg. 1966. Berlin (Ost) 1967, S. 133; dass. 12. Jg. 1967, S. 37 und 113.
[87] Protokoll, Bd. 1, S. 344.
[88] Ebd., Bd. 2, S. 1017.

ren Ebenen weiterhin der Parteiapparat und nicht die Volksvertretung bestimmte. So gab das ZK-Mitglied Alois Pisnik auf der 33. Tagung des ZK im Oktober 1957 freimütig zu, daß es in der DDR nach wie vor »primitives Administrieren, primitives Verwalten« gebe.[89] Solche Eingeständnisse wurden freilich nur hinter verschlossenen Türen gemacht.

Wie in der Sowjetunion spielte das Problem der Rechtssicherheit auch in der DDR eine große Rolle. Die SED mußte zugeben, daß in der Vergangenheit zahlreiche Strafurteile »in ihrem Strafmaß zu hoch« gewesen seien. Auch das Recht der Verteidigung vor Gericht sollte erweitert werden. »Mit allem Nachdruck« verkündete die SED, daß »mit Funktionären, die die Gesetze verletzen, streng verfahren wird«.[90] Viele frühere Urteile wurden überprüft, im Juni 1956 über 11 000 Personen begnadigt und bis Oktober 1956 insgesamt rund 21 000 Häftlinge freigelassen. Unter ihnen befanden sich auch ehemalige hohe Staatsfunktionäre wie Justizminister Max Fechner, Staatssekretär Paul Baender und der frühere LDP-Vorsitzende Karl Hamann.

Nach der 3. Parteikonferenz rehabilitierte die SED auch einige Ulbricht-Gegner. Die 28. Tagung des ZK der SED (27.–29. Juli 1956) beschloß: »Die Parteistrafe für den Genossen Franz Dahlem wurde aufgehoben und Genosse Dahlem rehabilitiert. Die Parteistrafen für die Genossen Ackermann, Jendretzky und Elli Schmidt wurden aufgehoben. Das Zentralkomitee stellt nach Prüfung der Angelegenheit Paul Merker fest, daß die ihm zur Last gelegten Anschuldigungen in der Hauptsache politischer Natur sind, die eine strafrechtliche Verfolgung nicht rechtfertigen.«[91]

Trotz dieser Rehabilitierung erhielten die genannten SED-Führer ihren alten Einfluß nie mehr zurück. Es war auch charakteristisch für den politischen Stil innerhalb der SED, daß sie weder Wilhelm Zaisser und Rudolf Herrnstadt, die Kontrahenten Ulbrichts aus dem Jahre 1953, noch Paul Merker politisch rehabilitierte. Die zusammen mit Merker ausgeschlossenen Funktionäre Kreikemeyer, Lex Ende, Leo Bauer usw. erwähnte die SED ebensowenig wie die seinerzeit durch den Staatssicherheitsdienst verhafteten westdeutschen KPD-Führer Kurt Mül-

---

[89] Wortprotokoll 33. Tagung, S. 55.
[90] Neuer Weg, Nr. 5 (1966), S. 279.
[91] Neues Deutschland, Nr. 181 vom 31. 7. 1956.

ler und Fritz Sperling. Alle Fäden der Führung blieben weiterhin in der Hand Ulbrichts, der das Strafrecht auch ferner instrumentell eingesetzt wissen wollte. Auf der 33. Tagung des ZK im Oktober 1957 erklärte er, in der Führung säßen keine »Fetischisten der Strafe«, vielmehr sei das Strafrecht »Instrument« zum Schutz der DDR-Ordnung. Als Staatsverbrecher zu verfolgen seien diejenigen, »die sich bewußt außerhalb unseres Staates« stellten.[92] Daß die Änderung des Strafrechts keine Demokratisierung des Systems bringen sollte, machte Justizminister Hilde Benjamin auf der gleichen Tagung deutlich, als sie mitteilte, man denke »nicht [an] irgendwelche Maßnahmen einer Liberalisierung unseres Strafrechts«.[93]

Ausschaltung der Opposition

1956 und 1957 häuften sich die Angriffe gegen den Stalinismus und seinen bisherigen Hauptvertreter Ulbricht in der SED. Unter dem Einfluß der antistalinistischen Revolte in Polen und vor allem des ungarischen Aufstands im Herbst 1956 rebellierten auch die Intellektuellen in der DDR gegen die Apparatherrschaft. Viele überzeugte stalinistische Intellektuelle traf die Abkehr von Stalin wie ein Schock, sie suchten nun nach neuen Idealen. Die Arbeiter blieben – im Gegensatz zu 1953 – relativ passiv. Ihnen gegenüber hatte die Führung geschickter als 1953 taktiert: Im Juni 1956 erfolgten Preissenkungen für Industriewaren, Förderungsmaßnahmen für den Wohnungsbau wurden beschlossen, in der Maschinenbauindustrie die 45-Stunden-Woche eingeführt und den Arbeitern eine Mitbestimmung in Form von »Arbeiterkomitees« versprochen (die allerdings bereits 1958 ihre Tätigkeit wieder einstellen mußten). Damit gelang es, die Arbeiterschaft von offenem Widerstand abzuhalten. Dagegen war die ideologische Opposition der Partei- und Hochschulintelligenz der DDR um so gravierender. Einem Großteil der Intellektuellen bot die Entstalinisierung Anlaß zum Widerstand gegen die diktatorischen Führungsmethoden des Apparats. Ulbricht selbst hatte im Juni 1956 den »wissenschaftlichen Meinungsstreit« empfohlen,[94] doch vor allem an den Universitäten gingen die Diskussionen weit über den von der SED ge-

[92] Wortprotokoll 33. Tagung, S. 37f.
[93] Ebd., S. 89.
[94] Neues Deutschland, Nr. 147 vom 21. 6. 1956.

setzten Rahmen hinaus. Deshalb bemühte sich die Parteiführung rasch, die Diskussionen zu bremsen und erklärte im August 1956: »Auf dem XX. Parteitag der KPdSU war die Behandlung des Personenkultes keineswegs die Hauptfrage.«[95]

Indessen gingen die Debatten an den Hochschulen weiter. Breiter Konsens bestand zwischen SED-Wissenschaftlern und Studenten über folgende Forderungen: Recht auf freie Diskussion ohne Furcht vor Zwangsmaßnahmen, Beendigung der Einmischung des SED-Apparats in Fragen der Wissenschaft, Reinigung des Marxismus von stalinistischen Verfälschungen, Beseitigung der Vorherrschaft des dialektischen Materialismus über die Fachwissenschaften. Prominenteste Vertreter des »philosophischen Revisionismus« waren die Professoren Robert Havemann, Wolfgang Harich und der Leipziger Ordinarius für Philosophie, Ernst Bloch, Autor des ›Prinzips Hoffnung‹, neben Heidegger und Jaspers die dritte große Figur der zeitgenössischen deutschen Philosophie. Angesichts massiver Angriffe der SED (»Verführer der Jugend«) stellte Bloch 1957 seine Vorlesungen ein und ging 1961 in die Bundesrepublik. Er schrieb in einem Brief an den Präsidenten der Akademie der Wissenschaften: »In den ersten Jahren meiner Universitätstätigkeit erfreute ich mich ungehindert der Freiheit des Wortes, der Schrift und der Lehre. In den letzten Jahren hat sich diese Situation zunehmend geändert. Ich wurde in Isolierung getrieben, hatte keine Möglichkeit zu lehren, der Kontakt mit Studenten wurde unterbrochen, meine besten Schüler wurden verfolgt, bestraft, die Möglichkeit für publizistisches Wirken wurde unterbunden, ich konnte in keiner Zeitschrift veröffentlichen, und der Aufbau-Verlag in Berlin kam seinen vertraglichen Verpflichtungen meinen Werken gegenüber nicht nach. So entstand die Tendenz, mich in Schweigen zu begraben.«[96] Ähnlich reagierte zwei Jahre später der bekannte Literaturhistoriker Hans Mayer, der die »böswillige und bösgläubige« Kampagne gegen ihn als Grund seiner Flucht angab und sich auch von Wilhelm Girnus nicht in die DDR zurückholen ließ.[97]

»Revisionistische« Strömungen gab es auch in den Wirt-

---

[95] Junge Welt vom 8. 8. 1956.

[96] Brief von Ernst Bloch an den Präsidenten der Akademie der Wissenschaften in Berlin vom September 1961. Vgl. Hermann Weber, Kleine Geschichte der DDR. Köln 1980, S. 91.

[97] Hans Mayer, Ein Deutscher auf Widerruf. Erinnerungen II. Frankfurt a. M. 1984, S. 270f.

schaftswissenschaften. Hier forderten vor allem Professor Fritz Behrens, Direktor der Staatlichen Zentralverwaltung für Statistik, und sein Oberassistent am Institut für Wirtschaftswissenschaften, Arne Benary, unter Hinweis auf das jugoslawische Selbstverwaltungsmodell die Dezentralisierung und Demokratisierung des Wirtschaftssystems. Allen diesen Reformbestrebungen erteilte Ulbricht auf dem 30. ZK-Plenum im Januar 1957 eine barsche Absage.

Bei der jüngeren Generation hinterließ die ideologische Beeinflussung bereits deutliche Spuren. Trotz aller Kritik schienen beträchtliche Teile der Jugend auf dem Boden der kommunistischen Ordnung zu stehen, wobei freilich die Mehrzahl der Jugendlichen politisch wohl eher indifferent blieb.[98] Aber gerade unter den geschulten Anhängern des Regimes entstanden aus dem offensichtlichen Widerspruch zwischen der Theorie mit dem Ziel einer »klassenlosen Gesellschaft« und der Praxis der politischen Diktatur und der sozialen Ungleichheit oppositionelle Stimmungen. Und vor allem die »marxistische« Erziehung der Partei- und Hochschulintelligenz bildete die Grundlage der Kritik.

Durch das veränderte Bildungssystem waren vor allem Arbeiterkinder gefördert worden, und in Schule und Universität hatte zugleich eine starke ideologische Indoktrination eingesetzt. Breite Kreise der Jugend fingen an, in marxistischen Kategorien zu denken. Die junge Generation wurde ebenso wie die Parteikader in Wertvorstellungen erzogen, die implizierten, der Kampf gegen Ausbeutung und Unterdrückung, der Einsatz für die Befreiung der Arbeiterklasse und für die revolutionäre Bewegung seien ebenso erstrebenswerte Taten wie die Solidarität mit den Unterdrückten. Die großen Revolutionäre wurden als nachahmenswerte Vorbilder herausgestellt – angefangen von Spartakus, der den historischen Sklavenaufstand in Rom leitete, über Thomas Münzer im Bauernkrieg, Babeuf in der französischen Revolution, bis hin zu Marx und Lenin. Mit der Verbreitung des marxistischen Geschichtsbildes wollte die Führung der SED ihre Position stärken, wollte sie beweisen, daß die Partei Fortführerin aller progressiven Tendenzen der Geschichte und vor allem der Arbeiterbewegung war. Doch mit diesem Traditionsbild rückte der Kampf der Arbeiterbewegung für soziale Gerechtigkeit wie für Emanzipation und Freiheit in den Mittel-

---

[98] Vgl. Ernst Richert, Sozialistische Universität. Berlin (West) 1967, S. 347f.

punkt der ideologischen Erziehung, was schwerwiegende Folgen hatte.

Schließlich sah der Alltag der DDR völlig anders aus als die Ideale der Theorie: Ausbeutung und Unterdrückung existierten weiterhin, ebenso Lüge und Karrierismus, für die Jugend bestanden damit also genügend Anlässe zum Revoltieren. Die Tatsache, daß die Wirklichkeit der DDR so wenig den revolutionären Lehren entsprach, mußte den Idealismus vieler Anhänger des Systems erschüttern. Zwar war dies vermutlich nur die Reaktion einer Minderheit, denn viele reagierten mit Konformismus oder Zynismus auf die Realität, dennoch waren die Auswirkungen beträchtlich. Gleich ihren Vorbildern wollten die in Opposition geratenen »Marxisten« die Praxis ändern und ihren (d. h. aber auch den offiziell verkündeten) Idealen anpassen. So mehrten sich 1956 und 1957 in der jüngeren Generation die Stimmen, die unter Berufung auf Marx eine demokratische Entwicklung forderten, wohl nicht zuletzt deshalb, weil viele aus dem sozialen Milieu der Arbeiterschaft stammten, wo die Widersprüche besonders drastisch zutage traten.

Daraus entstand die Opposition des »dritten Weges« als ideologische Konzeption, und zwar unabhängig (und vermutlich ohne genaue Kenntnis) der früheren innerkommunistischen Opposition. Diese neue Opposition, antistalinistisch, aber nicht antikommunistisch, lehnte den Kapitalismus ebenso ab wie die Herrschaftsstrukturen der DDR. Statt dessen wollte sie durch Reformen und Demokratisierung einen »menschlichen Sozialismus« schaffen. Resultat »marxistischer« Erziehung in der DDR waren also nicht nur treue Anhänger des Systems, sondern auch marxistische Rebellen, die selbst innerhalb der SED wirkten.

Insgesamt war die Vorstellung des »dritten Weges« alles andere als konkret und anschaulich, sie war auf eine verbale Kritik an den bestehenden Zuständen reduziert. Dennoch stellten diese Diskussionen für die SED-Führung ein Alarmsignal dar, konnte doch die oppositionelle kommunistische Grundkonzeption für das System gefährlich werden, wie etwa ähnlich beginnende Entwicklungen in Ungarn und Polen zeigten. Aus der Vielschichtigkeit der oppositionellen Strömungen erwuchs freilich keine geschlossene Theorie, auch waren Folgerichtigkeit und Konsequenz der wissenschaftlichen Diskussion sehr unterschiedlich. Nicht zuletzt das politische Klima und die Maßnahmen des Staatssicherheitsdienstes veranlaßten viele dieser Kritiker, rasch wieder zurückzustecken.

Die Harich-Gruppe

Dennoch gab es eine Gruppe, die versuchte, ein Gesamtkonzept der Opposition des »dritten Weges« zu schaffen – die Harich-Gruppe. Für die antistalinistische Opposition hatte Wolfgang Harich 1956/57 eine »wesentliche integrative Bedeutung«.[99] Harich, 1921 geboren, war seit 1945 in der kommunistischen Bewegung. Als Philosophie-Professor, Chefredakteur der ›Deutschen Zeitschrift für Philosophie‹ und Lektor des Aufbau-Verlages besaß er wichtige Funktionen innerhalb der Parteiintelligenz und war ein führender SED-Ideologe. Das Ergebnis längerer Diskussionen im Aufbau-Verlag zwischen Harich, dem Redaktionssekretär der ›Deutschen Zeitschrift für Philosophie‹, Manfred Hertwig,[100] dem Leiter des Aufbau-Verlages, Walter Janka (Altkommunist und Spanienkämpfer), dem Chefredakteur der Kulturzeitschrift ›Sonntag‹, Heinz Zöger,[101] und dessen Stellvertreter Gustav Just waren Grundzüge einer oppositionellen Konzeption. Diese bildeten später die politische ›Plattform‹ der Gruppe. Die ökonomische Analyse lieferte Bernhard Steinberger, Mitarbeiter der Akademie der Wissenschaften, der bereits 1949 bis 1955 als »Titoist« wegen angeblichen »Verdachts der Spionage« in der UdSSR inhaftiert gewesen war, im Juli 1956 aber rehabilitiert und wieder in die SED aufgenommen wurde. Die Gruppe (mit der später noch der Mitarbeiter des Berliner Rundfunks Richard Wolf verurteilt wurde) versuchte, Kontakte zu prominenten Gegnern Ulbrichts wie Franz Dahlem, oder kommunistischen Führern wie Paul Wandel und Fred Oelßner aufzunehmen und trat mit dem ehemaligen Politbüromitglied Paul Merker in Verbindung.

In der ›Plattform‹ hieß es, die Gruppe habe »nicht die Absicht, einen Bruch mit der Kommunistischen Partei herbeizuführen«,[102] dennoch wurde erwogen, einen »Bund der Kom-

---

[99] Jänicke, Der dritte Weg, S. 156. Dort auch Hinweise zu weiteren Gruppen von Studenten, Prozessen usw.

[100] Vgl. Manfred Hertwig, Deformationen. Die Rebellion der Intellektuellen in der DDR. In: Reinhard Crusius und Manfred Wilke, Entstalinisierung. Der XX. Parteitag der KPdSU und seine Folgen. Frankfurt a. M. 1977, S. 477 ff.

[101] Vgl. Heinz Zöger, Die politischen Hintergründe des Harich-Prozesses. SBZ-Archiv 11 (1960), Nr. 13, S. 198 ff.

[102] Die ›Plattform‹ der Harich-Gruppe ist abgedruckt in: SBZ-Archiv 8 (1957) Nr. 6, S. 72 ff. Günther Hillmann, Selbstkritik des Kommunismus. Texte der Opposition. Reinbek 1967, S. 189 ff. Hermann Weber (Hrsg.), Der deutsche Kommunismus. Dokumente. Köln, Berlin 1963, S. 598 ff.

munisten« oder eine »SED-Opposition« zu organisieren.[103] Da in der DDR keine Möglichkeit bestand, die Ideen des »dritten Weges« offen zu propagieren, gab es Überlegungen, die Ziele der Gruppe von der Bundesrepublik oder von Polen aus (wo die Entstalinisierung damals zügig voranzukommen schien) zu verbreiten. Harich reiste dazu in die Bundesrepublik und nach Polen, er nahm in West-Berlin auch Kontakte zur SPD auf. Andererseits hoffte die Gruppe, in der Umbruchstimmung nach dem XX. Parteitag der KPdSU sei es möglich, ihre Vorstellungen in der SED selbst zu vertreten. Harich trug dem damaligen Botschafter der Sowjetunion in der DDR, Puschkin, die Grundzüge seines Reformprogramms vor und führte sogar ein Gespräch mit Ulbricht. Die Parteigruppe im Aufbau-Verlag forderte Harich auf, seine Ideen in einem Artikel zusammenzufassen, den die Parteigruppe diskutieren wollte. Manfred Hertwig berichtete darüber später:

»Harich schrieb also seine Reformvorschläge nieder. Bevor er sie im Aufbau-Verlag vorlegen wollte, wünschte er sie mit mir und dem Wirtschaftswissenschaftler Bernhard Steinberger, den Harich durch mich kennengelernt hatte, zu diskutieren. Am 22. November trafen wir drei uns in Harichs Wohnung. Wir hatten uns zusammengesetzt, um im Auftrage einer Parteigruppe legal niedergeschriebene Reformvorschläge zu erörtern. Dieser 22. November verwandelte sich dann in der Anklage und im Urteil in einen Tag der Verschwörung ... Welches waren die Hauptgedanken, die wir diskutierten? Wir hielten folgende Probleme für unmittelbar lösungsbedürftig: Ablösung derjenigen Mitglieder der Parteiführung und des Staatsapparates, die hauptverantwortlich waren für die konsequente Übertragung des Stalinkurses auf die DDR; Herstellung der innerparteilichen Demokratie; Umwandlung der Volkskammer in ein demokratisches Parlament; Wiederherstellung der Rechtssicherheit; Auflösung des Staatssicherheitsdienstes; Demokratisierung des kulturellen Lebens; Dezentralisierung der Leitung der Wirtschaft, Auflösung überflüssiger Ministerien, Übergang zu einer allgemeinen Perspektivplanung; Neuorientierung der Mittelstandspolitik; Einstellung jeder Zwangskollektivierung. Nach dem Vortrag dieser Hauptgedanken durch Wolfgang Ha-

---

[103] Vgl. die Auszüge aus dem Urteil gegen die »staatsfeindliche Harich-Gruppe« bei Karl Wilhelm Fricke, Warten auf Gerechtigkeit. Kommunistische Säuberungen und Rehabilitierungen. Köln 1971, S. 243.

rich, denen Steinberger und ich zustimmten, sprachen wir völlig frei in Form einer unverbindlichen Unterhaltung über mögliche zukünftige politische Entwicklungen in der DDR und in ganz Deutschland und über Fragen unseres Verhaltens gegenüber diesen Entwicklungen. Daraus konstruierte dann der SSD die verschiedenen in der Anklageschrift auftauchenden Aufstandspläne unserer Gruppe. Tatsächlich schätzten wir die Situation am 22. November so ein, daß eine legale Opposition gegen Ulbricht möglich wäre, ohne mit dem SSD in Konflikt zu geraten. Erst einige Tage später, nachdem Molotow zum Minister für Staatskontrolle aufgestiegen war, revidierten wir unsere Einschätzung.«[104]

Die rasch erarbeitete ›Plattform‹ konnte unter diesen Umständen nur kursorisch die wichtigsten politischen Vorstellungen des »dritten Weges« zusammenfassend erläutern und daher nicht ohne Widersprüche sein. Politische und auch philosophische Positionen Harichs (die er bereits vorher veröffentlicht hatte und die er später weiterentwickelte)[105] gingen in die ›Plattform‹ ein, doch sie artikulierte auch jenen »Revisionismus« (wie die SED-Führung es nannte), der – wenn auch nur als gefühlsmäßige Stimmung – in der Parteiintelligenz weit verbreitet war.

Den Standort der Harich-Gruppe als innerparteiliche Opposition formulierte die ›Plattform‹: »Wir wollen unsere Konzeption vom besonderen deutschen Weg zum Sozialismus und unsere Plattform eines vom Stalinismus befreiten Marxismus-Leninismus vollkommen legal in der Partei und in der DDR diskutieren und verwirklichen ... aber wir greifen auch zur Methode der Fraktionsbildung und der Konspiration, wenn uns der stalinistische Apparat dazu zwingt.«

Die theoretisch-ideologischen Konzeptionen wurden folgendermaßen definiert: »Im Osten Europas sind Wirtschaftsstrukturen entstanden, die bei einer radikalen Reform und Überwindung ihrer Entartung geeignet sind, in den östlichen Ländern den Sozialismus eher zu verwirklichen, als dies in den westeuropäischen Ländern mit ihren überwiegenden kapitalistischen

---

[104] Hertwig, Deformationen, S. 482.
[105] Vgl. dazu Peter Christian Ludz, Freiheitsphilosophie oder aufgeklärter Dogmatismus? In: Leopold Labedz (Hrsg.), Der Revisionismus. Köln, Berlin 1965, S. 384 ff. Wolfgang Harich, Zur Krise der revolutionären Ungeduld. Basel 1971. Ders., Kommunismus ohne Wachstum? Reinbek 1975.

Wirtschaftsstrukturen möglich sein wird. Eine radikal entstalinisierte östliche Wirtschaftsstruktur in der UdSSR und in den Volksdemokratien wird im Verlaufe der weiteren Entwicklung den kapitalistischen Westen allmählich beeinflussen. Gleichzeitig wird der Westen den Osten mit demokratischen und freiheitlichen Ideen und Auffassungen beeinflussen und den Osten zwingen, sein totalitäres und despotisches politisches System Schritt für Schritt abzubauen ... Wir wollen die Partei von innen reformieren. Wir wollen auf den Positionen des Marxismus-Leninismus bleiben. Wir wollen aber weg vom Stalinismus.«[106]

An der »Tatsache«, daß die UdSSR der »erste sozialistische Staat der Welt« sei, konnte nach den Aussagen der ›Plattform‹ »auch der Stalinismus nichts ändern«. Freilich wurde dem »sowjetischen Sozialismus« der Vorbildcharakter abgesprochen, da er in »seiner heutigen Form« eher »ein Hemmnis für eine weitere sozialistische Entwicklung der UdSSR geworden« sei. An konkreten Reformen in der DDR nannte die ›Plattform‹ der Harich-Gruppe dann die Beseitigung der Herrschaft des bürokratischen Apparats über die Parteimitglieder, den Ausschluß der Stalinisten aus der SED, die Herstellung von Rechtssicherheit, die Auflösung des Staatssicherheitsdienstes und der Geheimjustiz, Gewinnbeteiligung der Arbeiter in den Betrieben und Beendigung der Zwangskollektivierung der Landwirtschaft. Auch die Souveränität des Parlaments und Wahlen mit mehreren Kandidaten nach polnischem Vorbild – wobei allerdings »die reformierte SED an der Spitze« bleiben sollte – gehörten zu den Forderungen. Der Weg zur Wiedervereinigung Deutschlands führte nach Ansicht der Harich-Gruppe über gesamtdeutsche freie Wahlen, als deren Ergebnis sie eine Mehrheit der SPD erwartete, die von der SED zu respektieren sei. Ihre Perspektive war eine einheitliche gesamtdeutsche Arbeiterbewegung.

Die Harich-Konzeption wird hier deswegen so ausführlich vorgestellt, weil sie – trotz vieler Widersprüche – in ihren Grundzügen die Hauptforderungen der internen kommunistischen Opposition der DDR in den fünfziger Jahren zeigt, zugleich aber auch, weil solche Vorstellungen eines »dritten Weges« jenseits von offiziellem Parteikommunismus und Kapitalismus auch später in der DDR immer wieder auftauchten, und

[106] Vgl. Anm. 102.

nicht zuletzt, weil die SED schon damals mit den gleichen repressiven Methoden antwortete wie in all den späteren Jahren.[107]

Die Ideen der Harich-Gruppe entsprachen den Wünschen und Vorstellungen vieler Intellektueller in der SED, zeigten die Tendenz einer teils offenen, teils latenten Oppositionsströmung, waren aber auch Reflexion der Unzufriedenheit breiter Schichten, vor allem der Arbeiter, mit dem Herrschaftssystem der DDR.

Dem SED-Apparat schien die Harich-Gruppe besonders gefährlich. Im März 1957 wurden Wolfgang Harich, Bernhard Steinberger und Manfred Hertwig, im Juli 1957 Walter Janka, Heinz Zöger, Gustav Just und Richard Wolf zu hohen Zuchthausstrafen verurteilt. Die oppositionellen kommunistischen Funktionäre mußten für lange Jahre hinter Zuchthausmauern.

Im Dezember 1957 schließlich verschärfte die Volkskammer das Strafgesetzbuch und schuf damit weitere neue Straftatsbestände zur Verfolgung politischer Gegner. Konnten bisher politische Vergehen nur nach Artikel 6 der Verfassung belangt werden, so definierte das neue Gesetz[108] Staatsverrat, Spionage und Sammlung von Nachrichten als Verbrechen. Die Verbindung zu »anderen Staaten und deren Vertretern oder Gruppen, die einen Kampf gegen die Arbeiter- und Bauernmacht führen«, d. h. faktisch jegliche Verbindung zu nichtkommunistischen Organisationen, wurde nun mit Gefängnis bis zu drei Jahren bedroht. Auf Grund von Paragraphen über »staatsgefährdende Propaganda und Hetze« sowie »Staatsverleumdung« konnte das Erzählen von politischen Witzen ebenso verfolgt werden wie z. B. die »Verleitung zum Verlassen der DDR«. Für schwere Fälle von Staatsverrat, Spionage und Diversion wurde sogar die Todesstrafe eingeführt.

---

[107] Beim ersten Prozeß (7.–9. März 1957) erhielten Harich zehn Jahre, Steinberger vier Jahre und Hertwig zwei Jahre Zuchthaus. Beim zweiten Prozeß (23.–26. 7. 1957) wurden Janka zu fünf, Just zu vier, Wolf zu drei und Zöger zu zweieinhalb Jahren Zuchthaus verurteilt.
[108] Vgl. den Text in: Ernst Deuerlein (Hrsg.), DDR. Geschichte und Bestandsaufnahme. München 1966, S. 191 ff.

Schirdewan scheitert – Ulbricht setzt sich durch

Wie schon früher spiegelte sich die Krise des Systems 1956/57 in Auseinandersetzungen in der SED-Führungsspitze wider. Erneut gelang es Ulbricht – wie 1949 gegen die Gruppe um Paul Merker und 1953 gegen die Opposition von Zaisser und Herrnstadt – mit Hilfe der Sowjetführung (Chruschtschow erlaubte nach dem ungarischen Desaster keine Experimente mehr) seinen harten Kurs durchzusetzen.

Die Opposition um Karl Schirdewan (Mitglied des Politbüro und Sekretär des ZK für Kaderfragen), Ernst Wollweber (Minister für Staatssicherheit) und Gerhart Ziller (Sekretär des ZK für Wirtschaft) verlangte dagegen, den Kurs der Entstalinisierung fortzusetzen. So trat die Gruppe um Schirdewan ein »für eine Verlangsamung des Tempos des sozialistischen Aufbaus«; sie war bereit, durch Zugeständnisse der Entspannung auch in Deutschland den Weg zu ebnen. Fred Oelßner (Mitglied des Politbüros) und Fritz Selbmann (Stellvertreter des Ministerpräsidenten) hielten Ulbrichts Wirtschaftspolitik für falsch und unterstützten deshalb die Opposition. Über die Hintergründe berichtete der damalige Berliner SED-Sekretär Heinz Brandt: »Es steht außer Zweifel, daß eine kurze Zeit lang Nikita Chruschtschow damit einverstanden war, ja erstrebte, daß Karl Schirdewan zum Ersten Sekretär der SED aufrücke und ein neues Pol-Büro etabliere. Damals sah er in Schirdewan den deutschen Gomulka und sagte ihm seine Unterstützung zu: ›Aber vorsichtig, vorsichtig, vorsichtig, bei euch gibt es so viele duraki (Dummköpfe).‹ Solange die wohlwollende Billigung Chruschtschows vorlag, sympathisierten auch Otto Grotewohl, Fritz Selbmann, Franz Dahlem, Fred Oelßner, Gerhart Ziller, Kurt Hager und eine Reihe weiterer hoher und höchster Parteiführer mehr oder weniger weitgehend mit Schirdewans Plänen. Als aber Chruschtschow nach dem Ungarn-Debakel in wachsende Schwierigkeiten geriet – wurde ihm doch vorgeworfen, mit seiner Geheimrede, seiner Tauwetter-Politik die Auflösungserscheinungen im bisher ›monolithischen‹ Ostblock ausgelöst zu haben –, sah er sich gezwungen, die Schirdewan-Wollweber-Fronde fallenzulassen. Walter Ulbricht schwang sich wieder fest in den Sattel und ging zum rücksichtslosen Gegenangriff über. Schirdewan und seine Getreuen blieben als ›Parteifeinde‹ auf der Strecke.«[109] Für Ulbricht, der unnachgiebig blieb, war

[109] Heinz Brandt, Ein Traum, der nicht entführbar ist. München 1967, S. 326 ff. (Neuaufl. Berlin [West] 1977).

die »wichtigste Lehre, die wir aus den ungarischen Ereignissen ziehen müssen: es gibt keinen dritten Weg«.[110]

Von der 30. Tagung des ZK der SED (30. Januar–1. Februar 1957) wurde die Entscheidung der DDR, sich zum Bestandteil des »sozialistischen Lagers« zu erklären, als unwiderruflich bezeichnet, Reformen wurden abgelehnt. Damit war Schirdewans Position entscheidend erschüttert, auch wenn er zu seinem 50. Geburtstag am 14. Mai 1957 noch öffentlich gefeiert wurde.[111] Nachdem sich die dogmatischen Kräfte auf einer kommunistischen Weltkonferenz Mitte November 1957 durchsetzten und den »Revisionismus« zum »Hauptfeind« erklärt hatten, konnte auch Ulbricht seine Gegner in der SED ausschalten.[112]

Die 33. Tagung des ZK (16.–19. Oktober 1957) signalisierte bereits Ulbrichts Abrechnung mit seinen Kontrahenten.[113] Fritz Selbmann verteidigte seine Wirtschaftskonzeption und eine größere Selbständigkeit der Volkseigenen Betriebe. Auf einen Einwand Ulbrichts antwortete er unerschrocken: »Jetzt sind wir im Stadium der Diskussion, Walter. Ich sage hier meine Meinung. Vielleicht kann man es auch anders machen, aber das Problem ist wirklich nicht ganz einfach.«[114] Der alte Gegensatz zwischen dem Moskau-Emigranten Ulbricht und Selbmann, der 12 Jahre in Hitlers Zuchthäusern inhaftiert war, brach wieder auf. Fritz Selbmann (1899–1975), von Beruf Bergarbeiter, war 1922 der KPD beigetreten und seit 1925 Parteisekretär. Er leitete von 1931 bis 1933 den Bezirk Sachsen der KPD und war 1932 MdR. 1933 bis 1945 inhaftiert, wurde er 1946 Wirtschaftsminister in Sachsen und war von 1949 bis 1955 Industrieminister der DDR, von 1956 bis 1958 stellvertretender Vorsitzender des Ministerrates. 1958 wurde er wegen »Managertums« kritisiert und verlor seine wichtigen Positionen. Auf der 33. ZK-Tagung 1957 brachte Karl Mewis, ein Gefolgsmann Ulbrichts, gegen Selbmann die für Kommunisten schwerste Beschuldigung vor; dieser habe nämlich gesagt: »Für uns kommt das nicht in Frage, was jetzt in der Sowjetunion gemacht wird.«[115]

---

[110] Neues Deutschland, Nr. 310 vom 30. 12. 1956.
[111] So wünschte ihm die FDJ-Führung »Erfolg für Deine weitere verantwortungsvolle Tätigkeit«. Junge Welt vom 14. 5. 1957.
[112] Vgl. Neues Deutschland, Nr. 276 vom 22. 11. 1957.
[113] Vgl. Wortprotokoll der 33. Tagung.
[114] Ebd., S. 65.
[115] Ebd., S. 73.

Auf der Tagung übte Paul Wandel, Sekretär des ZK für Kultur und Erziehung, Selbstkritik an seiner »weichen« Haltung. Er wurde trotzdem abgesetzt. Auch Kurt Hager, ebenfalls Sekretär des ZK, nahm selbstkritisch zu seinen »Fehlern« Stellung. Dennoch warf ihm Paul Verner vor, das ZK könne nicht vergessen, daß er 1956 die Meinung vertreten habe, »daß der polnische Oktober« auch »wichtige politische Lehren für uns« vermittelt hätte.[116] Doch bemerkte Ulbricht in seinem Schlußwort, Hager habe offen gesprochen, »aber andere haben nicht darüber gesprochen«. Damit war Hagers Position gerettet, denn Ulbricht zielte auf höhere Funktionäre, wenn er darauf hinwies, daß auch Genossen im »zentralen Apparat« Sympathien für die polnische Entwicklung gehabt hätten. Die »Schwankungen« sollten »später« besprochen werden.[117]

Die 35. ZK-Sitzung im Februar 1958 zog dann diesen Schlußstrich, sie maßregelte die Schirdewan-Opposition. Schirdewan und Wollweber wurden aus dem ZK ausgeschlossen, Oelßner aus dem Politbüro entfernt; Ziller hatte im Dezember 1957 Selbstmord begangen. Die SED-Mitgliedschaft, die über die Auseinandersetzungen hinter den Kulissen eineinhalb Jahre lang keinerlei Informationen erhalten hatte, mußte nun die Schirdewan-Gruppe verdammen, jedoch ohne deren politische Auffassungen konkret zu kennen. Ein Brief des ZK an alle Grundorganisationen verurteilte die »opportunistische Politik der fraktionellen Gruppe Schirdewan, Wollweber und andere«. Er enthüllte aber zugleich »opportunistische Einstellungen« in der Schul- und Kulturpolitik. Dafür wurde Paul Wandel verantwortlich gemacht, der ebenfalls seinen Posten als ZK-Sekretär verloren hatte. »Revisionistische Erscheinungen« in den Gewerkschaften wurden ebenfalls kritisiert.[118]

Von März bis Juni 1958 waren überall widerstrebende Funktionäre durch Neuwahlen abgelöst und fast ein Drittel der hauptamtlichen Funktionäre in den SED-Bezirksleitungen ausgewechselt worden. Die SED des Kreises Berlin-Pankow mußte sogar ihre Delegiertenkonferenz wiederholen. Auf der Tagung im April 1958 war der 1. Kreissekretär Steigerwald wiederge-

---

[116] Wortprotokoll, ebd., S. 124.
[117] Ebd., S. 134ff.
[118] Das ZK der SED richtet an alle Grundorganisationen folgenden Brief: Über Fragen des 35. Plenums des ZK. Parteiinternes Material. O. O. u. J. (Berlin-Ost, 1958), S. 6ff.

wählt worden. Die SED-Führung warf ihm jedoch eine »revisionistische und opportunistische Auffassung« vor. Die Delegiertenkonferenz mußte im Juni erneut zusammentreten und Steigerwald nun wieder abwählen.[119]

Diese Praktiken demonstrieren, daß die innere Struktur der SED unverändert am stalinistischen Schema ausgerichtet blieb. Auch zehn Jahre nach Bildung der »Partei neuen Typus« waren Machtkonzentration bei der Führungsspitze, dem Politbüro, und der hierarchische Aufbau der Partei die Kennzeichen der SED. Mit dieser starren Organisationsstruktur glaubte die Führung, nun auch die aktuellen Probleme von Wirtschaft und Gesellschaft am besten lösen zu können.

Seine Spitzenposition als Erster Sekretär des Zentralkomitees der SED behielt Ulbricht nun unangefochten bis 1971. Der V. Parteitag im Juli 1958 sollte die Weichen für die geplante »Vollendung« des sozialistischen Aufbaus stellen. Nach Ulbrichts Worten bestand die ökonomische Hauptaufgabe der DDR darin, »bis 1961...den Pro-Kopf-Verbrauch Westdeutschlands bei den Nahrungsmitteln und den wichtigsten industriellen Konsumgütern zu erreichen und zu übertreffen«.[120] Diese Zielsetzung war völlig irreal, sie konnte bis heute nicht erreicht werden. Die SED-Führung versuchte, die Bevölkerung durch ideologische Indoktrinierung zu mobilisieren. Doch auch die von Ulbricht verkündeten »zehn Gebote der neuen sozialistischen Sittlichkeit« waren kein Anreiz für die erwünschte rasche Produktionssteigerung. Ulbrichts »Moralgesetze« forderten unter anderem Verbundenheit mit den sozialistischen Ländern, Verteidigung der »Arbeiter- und Bauernmacht«, Schutz des Volkseigentums und Verbesserung der Arbeitsleistung, stellten aber auch den Grundsatz auf: »Du sollst sauber und anständig leben und Deine Familie achten.«[121] Diese »Lebensweisheiten«, die einen Führungsanspruch der Partei reflektierten, blieben bei der DDR-Bevölkerung, die weitgehend auf »den Westen« fixiert war, ohne merkliche Resonanz.

Der V. Parteitag wählte wieder eine neue Führungsspitze, das ZK erweiterte das Politbüro, dem nunmehr Ebert, Grotewohl, Honecker, Leuschner, Matern, Mückenberger, Neumann,

---

[119] Neuer Weg, Nr. 14 (1958), S. 1118 ff.
[120] Protokoll der Verhandlungen des V. Parteitages der Sozialistischen Einheitspartei Deutschlands. 10. bis 16. Juli 1958. Berlin (Ost) 1958, Bd. 1, S. 70.
[121] Ebd., S. 160 f.

Norden, Pieck, Rau, Stoph, Ulbricht und Warnke als Mitglieder und Edith Baumann, Luise Ermisch, Fröhlich, Hager, Kurella, Mewis, Pisnik und Verner als Kandidaten angehörten.

Damit war auch Erich Honecker (geb. 1912) in die oberste Parteiführung aufgerückt. Der gelernte Dachdecker war seit 1929 in der KPD. Als Mitglied des illegalen ZK des Kommunistischen Jugendverbandes wurde er 1935 verhaftet und 1937 zu zehn Jahren Haft verurteilt. Bis zur Befreiung 1945 mußte er im Zuchthaus Brandenburg bleiben. Von 1946 bis 1955 Vorsitzender der FDJ, dann zur Schulung in der UdSSR, wurde er (seit 1950 Kandidat) 1958 Mitglied des Politbüro und Sekretär des ZK und bald »zweiter Mann« der SED. 1971 löste er Ulbricht als Ersten Sekretär des ZK der SED ab und ist seit 1976 Generalsekretär und Vorsitzender des Staatsrates.

Die Einheit Deutschlands wurde von der Parteiführung weiterhin in den Mittelpunkt ihrer Agitation gestellt, und sie versuchte, gesamtdeutsche Gespräche zu erreichen. Ulbricht hatte bereits im Januar 1957 den Vorschlag unterbreitet, nun einen Staatenbund, eine Konföderation beider deutscher Staaten zu schaffen. Organ der Konföderation sollte nach Ulbrichts Vorstellung ein gesamtdeutscher Rat sein, paritätisch aus Vertretern beider deutscher Staaten zusammengesetzt. Die Idee stammte aus einer Unterhaltung, die der Finanzminister der Bundesrepublik, Schäffer, im Oktober 1956 mit dem sowjetischen Botschafter in Ost-Berlin, Puschkin, geführt hatte. Schäffer, der mit Wissen von Bundeskanzler Adenauer nach Ost-Berlin gereist war, führte ein weiteres Gespräch mit dem NDP-Abgeordneten Rühle im März 1957, das jedoch ohne Ergebnis blieb.[122] Zwar war es zu ersten Kontakten gekommen, doch die Bundesregierung lehnte Anfang 1958 neue Angebote Ulbrichts zu einem »erweiterten Konföderationsplan« brüsk ab und forderte sofortige freie Wahlen. Rückblickend ist die starre Haltung der Bundesregierung 1956/57 (ähnlich wie 1952) oft als falsch bezeichnet worden, denn freie Wahlen konnten doch nur am Ende und nicht am Anfang eines Prozesses der Wiedervereinigung stehen. Die irrige Auffassung, eine »Politik der Stärke« werde den Osten zum Einlenken zwingen, war damals im Westen weit verbreitet, dadurch wurde in der Bundesrepublik die Lage nicht realistisch eingeschätzt.

---

[122] Neues Deutschland, Nr. 283 vom 25. 11. 1958.

Konsolidierung 1958/1959

In den Jahren 1958 und 1959 sah es so aus, als gelänge es der SED, breite Kreise der DDR-Bevölkerung politisch zu neutralisieren. Während die SED-Führung einerseits gegen intellektuelle und innerparteiliche Oppositionelle mit großer Härte vorging, versuchte sie andererseits durch eine konsumfreundlichere Wirtschaftspolitik und mehr Rücksicht auf die persönlichen Bedürfnisse und Wünsche der Menschen, ein allgemein entspannteres Klima zu schaffen. So sanken die Flüchtlingszahlen 1958, und es schien, daß sich viele Menschen mit den Verhältnissen in der DDR abfanden und begannen, sich einzurichten; eine gewisse Stabilisierung des Systems war nicht zu übersehen. Befragungen von DDR-Flüchtlingen ergaben, daß die Arbeiterschaft in Erholungsheimen, Kurhäusern oder Polikliniken »Errungenschaften« erblickte, für die Mehrheit hatten sich die Verhältnisse in den DDR-Betrieben inzwischen erträglicher entwickelt. Selbst von den geflüchteten Arbeitern befürworteten nur 40 Prozent eine Reprivatisierung des Staatseigentums; die Einstellung zum DDR-System war also differenzierter geworden.[123] Die politische Diktatur mit ihrer Hierarchie war für sie nicht mehr das ganze System: Für viele Menschen zählten inzwischen berufliche Aufstiegsmöglichkeiten in verschiedene Bereiche und die Existenz persönlicher Freiräume. Die Klischeevorstellung, eine Handvoll fanatischer Kommunisten unterdrücke eine konsequent antikommunistische, dem Westen verschworene Bevölkerung, entsprach nicht mehr der Realität. Die Mehrheit identifizierte sich zwar nicht mit dem DDR-System, doch begann sie, sich mit ihm zu arrangieren.

Im Jahr 1957 stieg die Industrieproduktion um 8 Prozent, im ersten Halbjahr 1958 um 12 Prozent und 1959 schließlich nochmals um 12 Prozent. Vor allem die Konsumgüterindustrie machte beachtliche Fortschritte. Durch einen Währungsumtausch im Oktober 1957 schöpfte die Regierung den Geldüberhang ab. Endlich verschwanden im Mai 1958 auch in der DDR die Lebensmittelkarten, die Rationierung für Fleisch, Fett und Zucker wurde aufgehoben. Dies war allerdings mit Preiserhöhungen verbunden; die neuen Preise lagen zwischen den überhöhten HO-Preisen und den niedrigen Preisen für bewirtschaf-

---

[123] Vgl. die Zahlen und ihre Auswertung in: Hermann Weber, Von der SBZ zur DDR 1945–1968. Hannover 1968, S. 137f.

tete Waren. Lohnerhöhungen sollten einen Ausgleich bringen, die staatlich gestützten niedrigen Brot- und Kartoffelpreise wurden nicht angetastet. Obwohl der Lebensstandard in der DDR hinter dem der Bundesrepublik erheblich zurückblieb, waren 1957 bis 1959 deutliche Verbesserungen in der Lebenshaltung zu registrieren.[124]

Durch diese günstige Entwicklung ließ sich die SED zu überzogenen Wirtschaftsplänen verleiten. Bis zum Jahre 1961 wollte sie die Bundesrepublik Deutschland »einholen und überholen«. Ulbricht machte diese vom V. Parteitag beschlossene Zielsetzung zur »ökonomischen Hauptaufgabe« und wie bei den meisten politischen Strategien gab es auch hier einen gesamtdeutschen Aspekt: die »Hauptaufgabe, Westdeutschland in bezug auf den durchschnittlichen Pro-Kopf-Verbrauch der Bevölkerung an wichtigsten Gütern zu übertreffen« sollte auch »die Überlegenheit der sozialistischen Gesellschaftsordnung« beweisen und »die friedliebenden Kräfte in Westdeutschland in ihrem Kampf gegen die Atomrüstung und gegen die militaristisch-klerikale Herrschaft anspornen«.[125] Obwohl die DDR 1959 mit ihrer Industrieproduktion auf dem neunten Platz in der Welt rangierte, war das Ziel, die BRD zu überholen, völlig irreal. Der Vorsprung der Bundesrepublik von rund 25 Prozent im Konsum und 30 Prozent in der Produktion wäre in so kurzer Zeit selbst bei reibungslosem Funktionieren der DDR-Wirtschaft nicht aufzuholen gewesen; statt dessen verschärfte der harte Kurs von 1960 und 1961 die ökonomischen Komplikationen, die sich seit 1959 abzeichneten. Die DDR gestand später: »In den folgenden Jahren zeigte es sich jedoch, daß erhebliche Schwierigkeiten bei der gemeinsamen Lösung der neuen Probleme auftraten, die die technische Revolution an die Entwicklung in den sozialistischen Staaten und die Vertiefung ihrer Zusammenarbeit stellte. Die Zuwachsraten der industriellen Produktion gingen zeitweilig zurück.«[126]

1959 mußte der Fünfjahrplan abgebrochen und durch einen neuen Siebenjahrplan (1959–1965) ersetzt werden. Die SED

---

[124] 1957 wuchs die Konsumgüter-Industrie beträchtlich, z. B. Bekleidung um ein Drittel. 1958 stieg die Industrieproduktion um über 10 Prozent. Vgl. Neues Deutschland, Nr. 188 vom 8. 8. 1958. Weitere Zahlen bei Weber, SBZ, S. 125 ff.

[125] So Walter Ulbricht in einem Artikel: Des deutschen Volkes Weg und Ziel. Einheit 14 (1959) Heft 9, S. 1241 f.

[126] Stefan Doernberg, Kurze Geschichte der DDR. 2. Aufl. Berlin (Ost) 1965, S. 348.

konnte die Notwendigkeiten einer modernen Wirtschaft nicht meistern. Inzwischen bestätigt selbst die DDR-Geschichtsschreibung, daß von 1956 bis 1965 die Wirtschaft faktisch nur »operativ durch Jahrespläne geleitet« wurde.[127] Die Partei dachte damals jedoch, mit dem Siebenjahrplan werde es ihr gelingen, den Sozialismus zu erreichen und das wirtschaftliche Dilemma zu überwinden.

Im Februar 1958 hatte die SED eine umfassende Reform der Wirtschaftsverwaltung eingeleitet. Ein großer Teil der Industrieministerien war in die Staatliche Plankommission überführt worden. Planung und Exekutive, früher getrennt, waren nun vereinheitlicht. Allerdings blieben einige Ministerien (Landwirtschaft, Außenhandel, Verkehr, Finanzen) weiterhin außerhalb der Plankommission, doch auch sie waren mit der Plankommission koordiniert. Vorsitzender der Staatlichen Plankommission blieb Bruno Leuschner, seine Stellvertreter waren Kurt Gregor, August Duschek, Fritz Selbmann, Walter Hieke und Dr. Grete Wittkowski (alle SED). Die bezirklichen und örtlichen Räte erhielten mehr Selbständigkeit, zugleich sollte nun auch die Vereinigung Volkseigener Betriebe (VVB), eine Dachorganisation der VEB, enger mit den örtlichen Organen zusammenarbeiten. In den Betrieben wurde die Stellung der Gewerkschaften verstärkt, sie regelten die Sozialangelegenheiten, ohne daß damit eine Mitbestimmung in betrieblichen Fragen verknüpft war. Diese Voraussetzungen bildeten die Grundlage für den Siebenjahrplan. Der Fünfjahrplan, der eigentlich bis Ende 1960 noch hätte in Kraft bleiben müssen, wurde Makulatur.

Der neue Siebenjahrplan – obwohl erst im Oktober beschlossen, sollte er von Anfang 1959 bis Ende 1965 gelten – wurde laut offizieller Version angenommen, um die »ökonomische Hauptaufgabe« zu erfüllen, d. h. die westdeutsche Pro-Kopf-Produktion bis Ende 1961 zu erreichen. Ulbricht erklärte dazu im August 1959: »Die Wahrheit ist doch die: Die DDR wird bis 1961 auf allen wichtigen Gebieten der Versorgung der Bevölkerung mit Lebensmitteln und Konsumgütern Westdeutschland einholen und zum Teil übertreffen. Obwohl grundsätzlich die Überlegenheit der sozialistischen Gesellschaftsordnung über das kapitalistische System in Westdeutschland schon jetzt bewiesen ist, wird diese Überlegenheit in den nächsten Jahren auf

---

[127] Autorenkollektiv Badstübner, Geschichte der DDR, S. 207.

allen Gebieten bewiesen und der Sozialismus durch die Vollendung des Siebenjahrplanes zum Siege geführt.«[128] Tatsächlich war es zum Übergang auf einen Siebenjahrplan vor allem wegen der Koordinierung mit der Sowjetunion und dem Ostblock gekommen. Die Sowjetunion hatte auf dem XXI. Parteitag der KPdSU im Januar 1959 einen Siebenjahrplan bis 1965 beschlossen. Chruschtschow behauptete großsprecherisch, im Jahre 1966 werde die Industrieproduktion »der sozialistischen Staaten« größer sein als die aller kapitalistischen Länder.[129]

Eine Angleichung der DDR-Wirtschaft an die sowjetische Planung mußte erfolgen, weil die UdSSR der größte Außenhandelspartner der DDR war, die »kontinuierliche Versorgung mit sowjetischen Rohstoffen, Materialien und anderen wichtigen Erzeugnissen eine entscheidende Voraussetzung für die Entwicklung der Volkswirtschaft in der DDR darstellte«,[130] nicht zuletzt aber, weil die Sowjetunion die DDR-Wirtschaft in ihre Planperspektive einbezogen hatte. Allerdings konnte auch der Siebenjahrplan, ebenso wie der letzte Fünfjahrplan, nicht zu Ende geführt werden: er wurde bereits im November 1962 abgebrochen. Der Siebenjahrplan stellte der Wirtschaft weitgehende Aufgaben. Neben dem utopischen Ziel, bis 1961 die Bundesrepublik einzuholen, beabsichtigte die DDR bis 1965, ihre Arbeitsproduktivität um 85 Prozent zu steigern und vor allem die Energie-Wirtschaft, die chemische Industrie und die Elektrotechnik rasch voran zubringen. Beim Vergleich einiger Planziffern mit dem 1965 tatsächlich erreichten Stand der Wirtschaft, ergibt sich freilich ein anderes Bild (vgl. die Tabelle auf der nächsten Seite).[131]

In den Jahren, in denen der Siebenjahrplan hätte verwirklicht werden sollen, wurde also in den meisten Bereichen das vorgegebene Plansoll nicht erfüllt. Allerdings nahm die Wirtschaft einen beträchtlichen Aufschwung, und manche Branchen kamen nahe an die ursprüngliche Zielsetzung heran. Die chemische Industrie, im mitteldeutschen Industriegebiet traditionell stark vertreten, war entsprechend einem Programm vom November 1958 vorrangig zu fördern, die Losung »Chemie gibt

---

[128] Neues Deutschland, Nr. 229 vom 21. 8. 1959.
[129] Neues Deutschland, Nr. 28 vom 28. 1. 1959.
[130] Doernberg, Kurze Geschichte, S. 374.
[131] Neues Deutschland, Nr. 271 vom 2. 10. 1959. Statistisches Jahrbuch 1966, S. 25 ff.

	Stand 1958	Ziel des Siebenjahrplans für 1965	tatsächlich erreicht 1965
Rohbraunkohle	215 Mill. to	278 Mill. to	251 Mill. to
Elektroenergie	37 Mrd. kwh	63 Mrd. kwh	53 Mrd. kwh
Roheisen	1,7 Mill. to	2,1 Mill. to	2,3 Mill. to
Rohstahl	3,0 Mill. to	4,6 Mill. to	3,9 Mill. to
Pkw	38 000 Stück	108 000 Stück	102 000 Stück
Motorräder	81 000 Stück	115 000 Stück	63 000 Stück
Fernsehgeräte	180 000 Stück	760 000 Stück	536 000 Stück
Kühlschränke	51 000 Stück	371 000 Stück	364 000 Stück
Waschmaschinen	49 800 Stück	212 000 Stück	289 000 Stück
Rindvieh je 100 ha	64 Stück	78 Stück	75 Stück
Schweine je 100 ha	116 Stück	135 Stück	139 Stück
Getreide je ha	25,2 dz	30,5 dz	29,2 dz
Kartoffeln je ha	161 dz	245 dz	177 dz
Zuckerrüben je ha	312 dz	385 dz	263 dz
Außenhandelsumsatz	14 Mrd. DM	25 Mrd. DM	24,3 Mrd. DM

Brot, Wohlstand und Schönheit« sollte dieses Ziel popularisieren. Für den Ostblock besaß die DDR als zweitgrößte Industriemacht nach der UdSSR ein gestiegenes wirtschaftliches Gewicht. Die Einbeziehung des Industriepotentials der DDR in den Ostblock erhöhte dessen wirtschaftliche Effizienz, daher wurde sowohl die ökonomische Kooperation als auch die Arbeitsteilung zwischen der DDR und den anderen RGW-Ländern forciert.

Gefestigtes Parteiensystem

Inzwischen war das Parteiensystem der DDR konsolidiert; die übrigen Parteien und Massenorganisationen praktizierten ihre Transmissionsrolle widerspruchslos, freilich ohne dabei sehr erfolgreich zu sein. Es war typisch für die Haltung der anderen Parteien, daß sie sich nach dem V. Parteitag der SED 1958 in Treuebekundungen zur Führungspartei fast überschlugen. Im Organ der Bauernpartei ›Bauern Echo‹ berichtete ein Kreisvorsitzender der DBD, wie er »den V. Parteitag der SED auswerten« wolle. Die ›Liberal-Demokratische Zeitung‹ hob hervor, daß es »eine großartige Aufgabe für alle Handwerker und Unternehmer, für alle Händler und Bauern ist, ihr ganzes Können und Wissen für die Verwirklichung der hohen und zutiefst humanen ökonomischen Zielsetzung des V. Parteitages der SED einzusetzen«.[132] Die LDPD führte eigens eine Konferenz ihrer Parteibeauftragten durch, die sich mit den Problemen beschäftigte, »die der V. Parteitag der SED aufgeworfen« hatte. Die CDU erklärte die SED zur »berufenen und befugten Trägerin der großen fortschrittlichen Ideen unserer Zeit«, ihr Hauptvorstand (nicht etwa eine Grundeinheit der SED) deklarierte sogar: »Alle demokratischen Kräfte, die an der Sicherheit eines dauerhaften Friedens und an der Schaffung einer sozial gerechten Gesellschaftsordnung interessiert sind, haben sich im Kampf für die Verwirklichung dieser hohen Ziele um die Arbeiterklasse und ihre Partei [also die SED] geschart. Ihr gebührt die von allen anderen Parteien und Massenorganisationen unseres Staates anerkannte führende Rolle im Aufbau des Sozialismus.«[133] Solche Bekenntnisse wurden zu einem ständigen Ritual, immer wieder bestätigten CDU, LDPD, DBD und NDPD der SED ihre Führungsrolle und begrüßten die Politik der Einheitspartei. Entsprechend dieser Unterordnung waren die anderen Parteien stets bemüht, die ihnen zugewiesenen Aufgaben zu erfüllen. Die LDPD hatte bereits auf ihrem 7. Parteitag im Juli 1957 den privaten Unternehmern die Zustimmung zu einer Beteiligung des Staates an ihren Werken und deren Umwandlung in halbstaatliche Betriebe empfohlen. Bis Oktober 1959 unterzeichneten über 700 Mitglieder der LDPD Verträge über die Aufnahme staatlicher Beteiligungen an ihren »privatkapitalistischen« Betrieben.[134] Der LDP-Politiker und Präsident der Volkskammer, Johannes Dieckmann, sagte 1958, es könne zwar nur eine marxistisch-leninistische Partei in der DDR geben, die SED, aber er riet auch den LDP-Mitgliedern, sie sollten die »Grundfragen des Marxismus-Leninismus« studieren.[135]

Der 9. Parteitag der CDU (1958) beschloß, der christlichen Bevölkerung den »Aufbau des Sozialismus« nahezubringen. Nach dem Tod von Nuschke (Dezember 1957) war die Partei noch stärker ins Fahrwasser der SED geraten. August Bach wurde neuer Vorsitzender. Bach (1897–1966) wurde nach dem

---

[132] Zit. in Neues Deutschland, Nr. 175 vom 24. 7. 1958.
[133] Dokumente der CDU. Bd. II. Berlin (Ost) 1958, S. 53.
[134] DDR. Werden und Wachsen. Berlin (Ost) 1974, S. 340.
[135] Johannes Dieckmann, Dokumente, Reden, Aufsätze. Gesammelt von Manfred Bogisch. Berlin (Ost) 1982, S. 164.

Studium Verlagsleiter. 1945 war er Mitbegründer der CDU in Thüringen und von 1950 bis 1952 deren Vorsitzender. Seit 1952 Mitglied des Hauptvorstandes der CDU, wirkte er an deren Anpassung mit, die er als Vorsitzender ab 1958 bis zu seinem Tod weiterbetrieb. Die gleiche Linie vertrat der Generalsekretär der Partei, Gerald Götting (geb. 1923). Götting war nach Gymnasiumsbesuch und Wehrdienst 1946 als Student der CDU beigetreten, in der FDJ aktiv und schon 1949 als Generalsekretär der CDU in eine hohe Funktion gekommen. Von 1958 bis 1963 leitete er die CDU-Fraktion der Volkskammer, 1966 wurde er Nachfolger Bachs als Parteivorsitzender und übt diese Funktion heute noch aus.

Die Bauernpartei bekannte in ihren »Politischen Grundsätzen« vom September 1959, sie wolle unter der »führenden Rolle« der SED auf dem Lande aktiv sein. Tatsächlich war die DBD bei der Umgestaltung der Landwirtschaft Ende der fünfziger Jahre ein wichtiger Faktor; z. B. gingen 1959 ganze Ortsgruppen der DBD geschlossen in die LPG und bis Ende 1959 traten über 22 000 Mitglieder dieser Partei in die LPG ein.

LDPD und NDPD kümmerten sich entsprechend ihrer Aufgabenstellung um die Produktionsgenossenschaften des Handwerks (PGH), ihre Mitglieder und Anhänger traten den von der SED protegierten PGH bei. Bei der Anpassung an die SED ging die NDPD so weit, in ihren Mitgliederschulungen den dialektischen Materialismus zu lehren.

Der 10. Parteitag der CDU 1960 verankerte schließlich die Unterordnung unter die SED verbindlich in der Satzung der Partei: »Die Mitglieder der CDU erkennen die Arbeiterklasse und ihre Partei als berufene Führerin unserer Nation an und setzen ihre ganze Kraft für die Stärkung und Festigung der DDR ein.«[136] Der 8. Parteitag der LDPD im Juli 1960 in Weimar orientierte sich am SED-Parteitag. Das ›Dokument des 8. Parteitages‹ bejahte den »entfalteten Aufbau des Sozialismus« und anerkannte die »führende Rolle« der SED: »Die LDPD ist eine demokratische Partei, die sich zu den humanistischen und revolutionär-demokratischen Traditionen des Bürgertums bekennt und die ihnen entsprechenden, in der Geschichte des Kultur- und Geisteslebens geprägten Ideale auf einer neuen gesellschaftlichen Grundlage verwirklichen hilft. Die LDPD ist ein fester Bestandteil der Kräfte, die sich in der Nationalen

---

[136] Dokumente der CDU. Bd. IV Berlin (Ost) 1962, S. 130f.

Front des demokratischen Deutschland vereinigt haben und unter Führung der Arbeiterklasse und ihrer Partei für die glückliche Zukunft des ganzen deutschen Volkes kämpfen.«[137] Zum Vorsitzenden der LDPD wurde Dr. Hans Loch gewählt, nach dessen Tod übernahm wenige Tage später Max Suhrbier die Parteiführung, Generalsekretär blieb Manfred Gerlach (geb. 1928). Gerlach trat 1945 als Justizangestellter der LDPD bei, war von 1949 bis 1959 im Zentralrat der FDJ und von 1952 bis 1954 stellvertretender Oberbürgermeister von Leipzig, 1954 wurde er Generalsekretär der LDPD, 1967 (bis heute) deren Vorsitzender.

Konsolidierung des Parteiensystems hieß: Herrschaft der SED über die anderen Parteien, die von diesen auch noch öffentlich akzeptiert wurde. Dadurch wurden auch die vier Parteien wie die Massenorganisationen zu ausführenden Organen degradiert. Während dieses Prozesses schmolz der Mitgliederbestand der übrigen Parteien erheblich zusammen: Die CDU, die im Dezember 1947 218 000 Mitglieder zählte, ging auf 170 000 im Jahre 1951 und schließlich 1960 auf etwa 70 000 zurück. Die LDPD hatte Ende 1948 197 000 Mitglieder, sie schrumpfte 1951 auf 155 000 und 1960 weiter auf 70 000. Dagegen erreichte die NDPD 1950 41 000 und 1951 100 000, die DBD zählte Ende 1949 50 000 und 1951 60 000 Mitglieder.[138]

Da sich die Bedeutung der vier Parteien im Parteiensystem reduzierte, wies die SED den Massenorganisationen wichtigere Funktionen zu. Ihr Hauptaugenmerk richtete sich dabei auf die FDJ, die Nachwuchsorganisation der Partei. Die 16. Tagung des Zentralrates der FDJ im April 1957 erklärte die FDJ zur sozialistischen Jugendorganisation der DDR. In den Mittelpunkt der Arbeit des Jugendverbandes rückte nun die Erziehung der Jugend zu einer »sozialistischen Weltanschauung«. Allerdings gab es dagegen auch in der FDJ Widerstand. Die 17. Tagung des Zentralrates im September 1957 verkündete ein neues Hochschulprogramm, das die Mitspracherechte des Jugendverbandes an den Universitäten verstärkte. Dies war die Antwort auf das Verlangen von Studenten nach einer eigenen

[137] Zwanzig Jahre Liberal-Demokratische Partei Deutschlands. Berlin (Ost) 1965, S. 220 ff.
[138] Vgl. die Zahlen bis 1951 in Christel Dowidat, Zur Veränderung der Mitgliederstrukturen von Parteien und Massenorganisationen in der SBZ/DDR. In: Hermann Weber (Hrsg.), Parteiensystem zwischen Demokratie und Volksdemokratie. Köln 1982, S. 513.

Organisation, das der Sekretär des Zentralrats, Horst Schröder, eine Propagierung von seiten der »Feinde« nannte. Schröder sagte: »Noch offensichtlicher wird das, wenn man in diesen Vorschlägen die Forderung nach ›Unabhängigkeit‹ von der Sozialistischen Einheitspartei Deutschlands und der Freien Deutschen Jugend entdeckt. Diese ›Unabhängigkeit‹ kann nur im Sinne einer gegen die Partei der Arbeiterklasse, gegen den einheitlichen Jugendverband und gegen den Arbeiter- und Bauernstaat gerichteten Politik verstanden werden. Hier tritt der ganze konterrevolutionäre Inhalt offen zutage. Diesen Spekulationen, deren Verfechter wir aus unseren Reihen entfernen, setzen wir die Stärkung der Einheit der Jugend und die Festigung der Freien Deutschen Jugend an den Universitäten und Hochschulen und vor allem den festen Zusammenschluß um die führende Partei unseres Volkes, die SED entgegen.« Der 1. Sekretär der FDJ, Karl Namokel, stellte vor allem die »Freundschaft« zum Komsomol, der Jugendorganisation der UdSSR heraus.[139] Außerdem wandte sich die FDJ verstärkt militärischen Problemen, sowohl der Arbeit in der Armee wie der vormilitärischen Ausbildung zu.

Das VI. Parlament der FDJ im Mai 1959, das Horst Schumann zum 1. Sekretär des Zentralrates wählte, lenkte die Aktivitäten auf zwei weitere Bereiche. Schwerpunkte des »sozialistischen Aufbaus« waren als »Jugendprojekte« zu übernehmen, also wirtschaftliche Aufgaben direkt in die Tätigkeiten des Verbandes einzubeziehen. Außerdem sollte die FDJ ihrer eigentlichen Funktion als Jugendorganisation Rechnung tragen und sich vermehrt um die Freizeitgestaltung kümmern. Allerdings kam es dabei neben den von der FDJ organisierten Treffen von Künstlern und »jungen Talenten« hauptsächlich darauf an, die »schädlichen« Einflüsse des Westens auf die Jugend zu bekämpfen. Das VI. Parlament beschloß auch ein neues Statut, das die FDJ als »sozialistische Massenorganisation der Jugend« charakterisierte, die sich von den »richtungweisenden Beschlüssen der SED leiten« läßt.[140]

Die Förderung des Sports erschien der DDR-Führung als eine Möglichkeit, dem Interesse der Jugend an westlicher Musik, Mode und Freizeitgestaltung entgegenzuwirken. Die schon seit langem aktiven Betriebssportgemeinschaften und der Mas-

[139] Junge Welt, Nr. 219 vom 18. 9. 1957, Beilage, S. 14.
[140] Junge Generation, Heft 11 (1959), S. 75.

sensport wurden vom Staat unterstützt und gefördert (bereits 1956 zählten die Sportgemeinschaften über eine Million Mitglieder), um damit eine Basis für den Spitzensport zu schaffen. Die Sportorganisation, der Deutsche Turn- und Sportbund (DTSB), eine Dachorganisation aller Sportverbände, kümmerte sich um den Betriebssport und forcierte die allgemeine Entwicklung des Sports erheblich. Es wurde offen zugegeben, daß der Sport zugleich der vormilitärischen Ertüchtigung zu dienen habe. Speziell dafür war 1952 eine weitere Massenorganisation, die Gesellschaft für Sport und Technik (GST), ins Leben gerufen worden. Auf ihrem 1. Kongreß im September 1956 stellte sie sich die Aufgabe, »durch körperliche Ertüchtigung, sportliche und technische Ausbildung der Werktätigen die Verteidigungsfähigkeit der DDR zu erhöhen«.[141]

Da die SED der Wirtschaft eine immer größere Bedeutung beimaß, spielte der FDGB mit seinen 5,7 Millionen Mitgliedern (1958) eine entscheidende Rolle. Nach den Vorstellungen der SED sollten die Gewerkschaften Schulen der sozialistischen Erziehung zur Erfüllung der Wirtschaftspläne werden. Der 5. Kongreß des FDGB im Oktober 1959 nannte die Erziehung der Werktätigen zur »sozialistischen Arbeit« als Aufgabe der Gewerkschaft; es galt, die Teilnahme der Arbeitsbrigaden am »sozialistischen Wettbewerb« zu vergrößern. Wie alle Massenorganisationen der SED erfüllte der FDGB damit seine spezielle Transmissionsfunktion, die Politik der SED in seine Zielgruppe, d. h. die Arbeitnehmerschaft, zu tragen.

Zur Förderung enger Kontakte zur Sowjetunion hatte die SED bereits 1947 eine eigene Organisation gegründet; die »Gesellschaft für deutsch-sowjetische Freundschaft« (DSF) zählte 1958 3,3 Millionen Mitglieder. Ihr damaliger 6. Kongreß verlangte vor allem die Durchsetzung »sowjetischer Neuerermethoden« in Betrieben der DDR und den weiteren Ausbau der Freundschaft zur UdSSR. Nach den schrecklichen Erfahrungen des Zweiten Weltkrieges bestand bei der DDR-Bevölkerung sicherlich die Bereitschaft, auch mit der Sowjetunion gute Beziehungen zu pflegen. Indessen hatten die Rolle der UdSSR als Besatzungsmacht und die rigorose Übertragung ihres Systems auf die DDR bewirkt, daß dort eine breite antisowjetische Stimmung entstanden war, gegen die auch die DSF nur schwer angehen konnte.

[141] Geschichte der deutschen Arbeiterbewegung. Chronik. Bd. 3. Berlin (Ost) 1967, S. 517.

Daß sich das politische Regime der DDR im Kern nicht verändert hatte, bewiesen die Wahlkampagne und die Wahl zur Volkskammer am 16. November 1958. In den Diskussionen tauchte immer wieder die Frage auf, warum es in der DDR keine Opposition gebe. Die Antwort der SED war ebenso unlogisch wie unverblümt: »Eine Opposition in der DDR könnte doch nur gegen die Politik unserer Regierung gerichtet sein. Sie müßte sich also gegen die Einführung der 45-Stunden-Woche ... gegen unsere niedrigen Mieten, gegen die Stabilität unserer Preise ... gegen die hohen Ausgaben für Wissenschaft und Kultur und gegen unsere Friedenspolitik richten. Sie müßte sich gegen die Einheit der Arbeiterklasse, gegen unseren Arbeiter- und Bauernstaat richten. Sie müßte für den Einsatz von Faschisten und Militaristen in hohe Machtpositionen, für den NATO-Kriegspakt und für die Vorbereitung eines Atomkrieges sein. Solche Opposition zu dulden wäre verbrecherisch.«[142] Diese Argumentation zeigte, daß die SED fortfuhr, jegliche Opposition gegen ihren Kurs (und erst recht ihre Herrschaft) als staatsfeindlich und verbrecherisch zu kriminalisieren und zu verfolgen.

Die Wahlen selbst erbrachten wie üblich 99,8 Prozent Zustimmung für die Einheitskandidaten. Der neue Ministerrat, im Dezember 1958 vereidigt, wurde wieder von Grotewohl geleitet, Ulbricht blieb sein erster Stellvertreter. Im verkleinerten Ministerrat (neun Ministerien waren im Februar 1958 aufgelöst worden) lagen die wichtigsten der 23 Ministerien wieder in der Hand der SED, so Inneres (Maron), Staatssicherheit (Mielke), Justiz (Benjamin) und Kultur (Abusch).

Nachdem Ulbricht bereits im Oktober 1958 neue Grundsätze der SED-Schulpolitik gefordert hatte, beschloß das ZK im Januar 1959 Thesen zur »sozialistischen Umgestaltung des Schulwesens«. Sie bildeten die Grundlage für ein entsprechendes Gesetz der Volkskammer vom Dezember 1959. Darin waren Fächer wie Werkunterricht und Unterricht in der Produktion vorgesehen. Um den Schülern die wichtigsten naturwissenschaftlichen Kenntnisse zu vermitteln, wurden Stoffgebiete der modernen Wissenschaft in den Unterrichtsplan einbezogen. Der Aufbau der obligatorischen »allgemeinbildenden zehnklassigen polytechnischen Oberschule«, wie die Schule nun hieß, sollte bis

---

[142] Neues Deutschland, Nr. 116 vom 17. 5. 1957. Vgl. auch die Argumentation von Joachim Herrmann. In: Weber, Kleine Geschichte, S. 98.

1964 abgeschlossen sein. Damit der Ablauf der »technischen Revolution« bereits den Schülern verständlich werde, mußten die Fächer Naturwissenschaften, Mathematik, Technik und Wirtschaftsfragen 70 Prozent des Lehrstoffes umfassen. Außerdem wurde die ideologische Erziehung intensiviert. Noch bestehende einklassige Zwergschulen wurden geschlossen.[143]

Die »sozialistische Schule« sollte ihre Fortsetzung in der »sozialistischen Universität« finden. Die 3. Hochschulkonferenz der SED (28. Februar–2. März 1958) hatte die Weichen für die Entwicklung der Hochschulen zu sozialistischen Bildungsstätten gestellt. Danach mußte die Wissenschaft eng mit der Praxis in Industrie und Landwirtschaft verbunden werden, und die Studenten waren zu hochqualifizierten Fachleuten und »bewußten Sozialisten« zu erziehen. Das gesamte Bildungssystem hatte den Auftrag, einerseits das technisch-naturwissenschaftliche Studium zu verstärken, um einen hohen Standard bei den Ausgebildeten zu erreichen, andererseits die ideologische Schulung zu forcieren. Damit konnte (nach späterer DDR-Sicht) »die Vorherrschaft der Ideen des Marxismus-Leninismus erkämpft« werden.[144] Durch diese gezielten Maßnahmen glaubte die DDR-Führung sowohl Anschluß an das »Weltniveau« der Forschung zu finden, als auch staatstreue Bürger zu erziehen. Bereits die Bildung eines »Forschungsrates« im August 1957 hatte vor allem die wissenschaftlich-technische Entwicklung koordinieren sollen, und hatte überdies gezeigt, daß der Wissenschaft immer größere Bedeutung beigemessen wurde.

Differenzen zwischen Sachverstand und »Parteilichkeit« führten indessen zu neuen Schwierigkeiten, nicht zuletzt, weil der Akademisierungsgrad der Bevölkerung der DDR rasch stieg. Bereits 1958 bestanden 46 Universitäten und Hochschulen. Gegenüber 1951 hatte sich die Studentenzahl verdoppelt.[145] 1959/60 gab es neben 100 000 Hochschulstudenten (darunter 25 Prozent Frauen, Bundesrepublik damals 28 Prozent Frauen) 128 000 Fachschulstudenten, d. h., über 20 Prozent der jüngeren Jahrgänge genossen eine akademische Ausbildung.[146]

---

[143] Heitzer, DDR, S. 134. Die letzten Zwergschulen wurden 1959 geschlossen. Vgl. auch: Für Dich, Nr. 15 (1984), S. 18.
[144] Grundriß der deutschen Geschichte (Klassenkampf, Tradition, Sozialismus). 2. Aufl. Berlin (Ost) 1979, S. 677.
[145] DDR. Werden und Wachsen, S. 351.
[146] Bericht der Bundesregierung und Materialien zur Lage der Nation 1971. Bonn 1971, Tabelle A 125.

Vorrang der Ideologie

Die Führer der SED haben in den Jahren des gesellschaftlichen Umbruchs seit 1945 die verschiedensten Ziele anvisiert, stets mit jener Schwerpunktbildung, die für die kommunistische Strategie seit jeher charakteristisch war. Zuerst waren es die Probleme der »antifaschistisch-demokratischen« Umgestaltung, ab 1952 die verschiedenen Aufgaben des »Übergangs zum Sozialismus«. Bereits um die Jahreswende 1956/57 rückte ein neuer Aspekt in den Vordergrund – und zwar nicht allein in der DDR, sondern auch in allen mit der Sowjetunion verbundenen Staaten des »sozialistischen Lagers«: die Umformung des Bewußtseins der Menschen, die Beeinflussung ihrer Gedanken und Gefühle im Sinne der »sozialistischen« Ideologie.

Die Verbreitung der »Ideologie der Arbeiterklasse«, der »wissenschaftlichen Weltanschauung« des Marxismus-Leninismus, speziell auch des dialektischen Materialismus, wurde von der gemeinsamen Beratung der kommunistischen und Arbeiterparteien in Moskau (November 1957) zum »entscheidenden Kettenglied« erklärt, welches man ergreifen muß, um die ganze Kette in die Hand zu bekommen. Das ZK der SED hat dann auf seiner 34. Plenarsitzung im November 1957 diese Losung sofort übernommen.

In den Beschlüssen der »gesellschaftlichen Organisationen« (Blockparteien, Gewerkschaften, FDJ u. a.) ertönte das Echo, und der V. Parteitag der SED 1958 gab eine erneute Bestätigung und Begründung dieses Schrittes: »Der V. Parteitag hat klar unterstrichen, daß die Vollendung des sozialistischen Aufbaus in der DDR in hohem Maße von der weiteren Erhöhung des sozialistischen Bewußtseins der Menschen abhängt. Die sozialistische Erziehung der Menschen ist der Schlüssel, um die nächsten ökonomischen und politischen Aufgaben zu lösen.«[147] Die Begründung sah etwa so aus: Durch die Arbeit mehrerer Jahre wurden in der DDR die Voraussetzungen für den Aufbau des Sozialismus geschaffen, d. h. jene sozial-ökonomisch-politischen Verhältnisse, die dort als Garantie des Sozialismus bezeichnet werden: Volkseigene Industrie, Fortschritte in der Schaffung landwirtschaftlicher Produktionsgenossenschaften, »führende Rolle der Arbeiterklasse« und ihrer Partei im gesellschaftlichen Leben usw. Hinter diesen realen Veränderungen

---

[147] Neuer Weg, Nr. 16 (1958), S. 1218.

blieb jedoch das Bewußtsein, das Denken und Fühlen großer Teile des Volkes zurück.

Ein Nachweis über das Ausmaß jener Kreise, deren Vorstellungen mit den neuen Verhältnissen nicht im Einklang standen, fand sich in den Verlautbarungen der SED nicht; ebensowenig eine ehrliche Analyse der Ursachen, die zahlreiche Menschen davon abhielten, ihr Denken und Urteilen mit den Institutionen des SED-Staates in Übereinstimmung zu bringen. Es schien den SED-Ideologen eine »natürliche« Eigenschaft des menschlichen Bewußtseins zu sein, hinter den Neuerungen im realen Leben herzuhinken. Gründe zu besonderer Beunruhigung – etwa daß die Politik der DDR auf einem falschen Kurs sein könnte – wurden nicht genannt. Der Weg zur Harmonie zwischen der Staatsraison und dem Denken der Menschen führte über eine breite Offensive ideologischer Propaganda. Es fehlten greifbare materielle Erfolge, die die Überlegenheit des »neuen Lebens« gegenüber der Bundesrepublik beweisen könnten. Darum sollte – gleichsam mit einem Blick in die Zukunft durch das Fernrohr der Ideologie – die Gegenwart verklärt und die Überlegenheit des »Sozialismus« mit theoretischen Formeln bewiesen werden. Aufgabe des dialektischen und historischen Materialismus war es dabei, nachzuweisen, daß die DDR Ergebnis der Gesetzmäßigkeit der Geschichte war und das Neue sich aufgrund objektiver Weltgesetze mit einer schicksalhaften Unabwendbarkeit durchsetze. Walter Ulbricht erklärte dazu auf dem V. Parteitag: »Bei der Bildung des sozialistischen Bewußtseins ist die Aneignung des dialektischen Materialismus vor allem aus zwei Gründen erforderlich: 1. weil der dialektische Materialismus die einzig wissenschaftliche Weltanschauung vermittelt und damit das Rüstzeug gibt, den Sozialismus praktisch aufzubauen, 2. weil er die theoretische Grundlage der sozialistischen Ethik und Moral darstellt.«[148]

Um ihre weitgesteckten Wirtschaftsziele zu erreichen, hatte die SED-Führung zwar dann 1959 dem »ökonomischen Denken« wieder mehr Raum gegeben und ihre ideologischen Ansprüche etwas zurückgestellt, 1960 aber wurde die »ideologische Offensive« der Zeit von 1956 bis 1958 wieder fortgesetzt. Ihre Vorstellungen versuchte die SED in allen Bereichen von Gesellschaft und Kultur durchzusetzen. Bereits 1957 und 1958 hatte die Partei eine Diskussion über Ethik und Moral eingelei-

---

[148] Protokoll V. Parteitag, Bd. 1, S. 157.

tet. Dabei ging es ihr in erster Linie um die Frage der Arbeitsmoral, die sie »als eine Sache der Ehre und des Ruhms« feierte.

Die »neue sozialistische Arbeitsmoral« sollte »im Kampf gegen unsittliches egoistisches Denken und Streben« wachsen und sich besonders gegen »Bummelanten« richten, die die Planerfüllung hemmten.[149] Die persönlichen Interessen der Werktätigen sollten mit den gesellschaftlichen Interessen übereinstimmen, allerdings galten »die gesellschaftlichen Interessen« als »bestimmende Seite«.[150] Zur »moralischen Pflicht des Staatsbürgers« deklarierte es die SED auch, daß er die »sozialistische Gesellschaft durch Anzeige des Verbrechens« zu schützen habe. Die Nichtanzeige von »Spionen, Agenten und Saboteuren« war danach »moralisch-politisch verwerflich«.[151] Die SED-Genossen wurden ermahnt, Vorbild zu sein. Ebenso wurde zur gesunden Lebensführung aufgerufen, da die Jugend »dem Genußgift Nikotin arg verfallen« sei.[152]

Bewegten sich die Moral-Diskussionen noch im theoretischen Raum, so führte die »sozialistische Revolution« in der Kultur zu ernsteren Auseinandersetzungen. Nach Auffassung der SED sollte die Kultur »mit ihren Mitteln dazu beitragen, den arbeitenden Menschen zur sozialistischen Persönlichkeit, zum gebildeten, wissenden, vielseitig interessierten Menschen zu erziehen, der seinen Platz in der Gesellschaft bewußt auszufüllen vermag und aktiv mitarbeitet an der Leitung und Lenkung des Staates und der Wirtschaft«.[153]

Die Partei rief die Werktätigen auf, die »Höhen der Kultur zu erstürmen«, die Künstler wurden verpflichtet, die »Kluft zwischen Kunst und Leben« zu überwinden. Auf einer »Kulturkonferenz« der SED im Oktober 1957 richtete Alexander Abusch den Hauptstoß gegen die »Dekadenz«. Der »sozialistische Realismus« sowjetischer Prägung sollte nicht Fernziel, sondern Gegenwartsaufgabe sein. Alfred Kurella forderte eine »sozialistische deutsche Kultur«.[154] Besonders erbittert war der für Kultur zuständige ZK-Sekretär Kurt Hager darüber, daß die Künstler der DDR (und große Teile der Bevölkerung) alles, was aus dem Westen kam, für besser hielten und übernahmen. Hager nannte

---

[149] Tribüne vom 19. 11. 1957.
[150] Neues Deutschland, Nr. 112 vom 12. 5. 1957.
[151] Neues Deutschland, Nr. 22 vom 25. 1. 1958 (Beilage).
[152] Sonntag vom 18. 8. 1957.
[153] Doernberg, Kurze Geschichte, S. 378.
[154] Neues Deutschland, Nr. 251 vom 23. und Nr. 252 vom 24. 10. 1957.

dies auf der 33. ZK-Sitzung im Oktober 1957 eine »unkritische Haltung gegenüber der westlichen Afterkultur und ihren verschiedenen dekadenten Modeströmungen« und erklärte, für »uns sind Kunst und Literatur unentbehrliche Waffen«.[155] Diese Versuche der Instrumentalisierung der Kunst mußten freilich auf den Widerstand der Künstler stoßen. In den Mittelpunkt der SED-Kulturpolitik wurde nun der sogenannte »Bitterfelder Weg« gerückt. Das bedeutete, mit der Losung »Greif zur Feder, Kumpel« einer Bitterfelder Autorenkonferenz vom April 1959 tatsächliche und vermeintliche Talente aus der Arbeiterschaft für Literatur und Malerei zu mobilisieren. Der »sozialistische Realismus« galt als allein verbindliche Kunstrichtung, die »führende Rolle der Partei in allen kulturellen Bereichen« als Axiom.[156]

Während sich in der bildenden Kunst Monotonie und Verödung verbreiteten, fanden DDR-Schriftsteller auch internationale Anerkennung, so z. B. Bruno Apitz mit ›Nackt unter Wölfen‹ (1958), Dieter Noll mit ›Die Abenteuer des Werner Holt‹ (1960) und Karl-Heinz Jakobs mit ›Beschreibung eines Sommers‹ (1961). Jüngere Lyriker, die 1956 mit modernen Formen und gesellschaftskritischen Aussagen hervorgetreten waren (Heinz Kahlau, Günter Kunert, Armin Müller, Peter Jokostra u. a.), wurden allerdings gemaßregelt, der Schriftsteller Erich Loest 1958 ins Zuchthaus gesperrt. Jokostra flüchtete in die Bundesrepublik. Der bekannte Schriftsteller Uwe Johnson (›Mutmaßungen über Jakob‹) übersiedelte 1959 nach West-Berlin. Auch Theater, Film und selbst Zeitschriften blieben nicht von parteilicher Kritik verschont. Fehlender »Klassenstandpunkt« und »Dekadenz« waren die häufigsten Vorwürfe, und sie waren nicht dazu angetan, ein Klima für ein freies und kreatives Schaffen zu ermöglichen.

Die Zeitschrift ›Neue Deutsche Literatur‹ wurde angegriffen, weil sie »nicht richtungweisend auf die sozialistische Gegenwarts-Thematik orientiert«.[157] Doch konnten dort die bedeutenden Lyriker Johannes Bobrowski (1961: ›Sarmatische Zeit‹, 1962: ›Schattenland Ströme‹) und Peter Huchel ihre Arbeiten veröffentlichen.

---

[155] Wortprotokoll 33. Sitzung, S. 97f. (141f.).
[156] Rückblickend schreibt die DDR-Historiographie: »Die Kulturkonferenz des ZK der SED im Oktober 1957 orientierte auf die Stärkung der führenden Rolle der Partei in allen kulturellen Bereichen.« Autorenkollektiv Badstübner, Geschichte der DDR, S. 192.
[157] Neues Deutschland, Nr. 247 vom 18. 10. 1957.

Die Theater in der DDR sollten »sozialistische Spielpläne« realisieren. Doch wurde darunter nicht verstanden, nur sozialistische Autoren zu bringen. »Auf unseren Bühnen genießen die Klassiker der Weltliteratur genauso Heimrecht wie die Werke fortschrittlicher bürgerlicher Autoren.« Als »notwendige Aufgabe« galt auch für Komponisten und Musizierende die Schaffung einer »sozialistischen Musikkultur«, vor allem wurden mehr zeitgenössische Opern gefordert. Für die Opernspielpläne 1958/59 wurde befürwortet, den klassischen Meistern »den ihnen gebührenden Platz« einzuräumen, die Oper von Wagner bis Strauß sollte »etwas zurückverwiesen« werden. Die SED rügte, »daß der Kreis der neuen sowjetischen und aus den Volksdemokratien stammenden Werke« seit Jahren kaum erweitert worden sei.[158]

Auch die Illustrierten wurden heftig kritisiert. Der Dresdener Illustrierten ›Zeit im Bild‹ wurde vorgeworfen, ihr fehle »der Klassenstandpunkt«. Den Einwand, eine Illustrierte müsse vom Kapitalismus lernen und den Leser ansprechen, wies man zurück als »Einfluß bürgerlicher Dekadenz auf die Redaktionsarbeit« und erklärte: »Das Neue aufzuspüren, die weltweiten Veränderungen journalistisch einzufangen, das können nur wissensreiche, marxistisch-leninistisch gebildete, geistig hochstehende Menschen.«[159]

Die Kommission für Fragen der Kultur beim Politbüro der SED empfahl der DDR-Filmgesellschaft DEFA im Juli 1958, eine »sozialistische Filmkunst« zu entwickeln durch »zielstrebige Planung und Gestaltung von Themen, die den Kampf der deutschen Arbeiterklasse und ihrer revolutionären Partei in Vergangenheit und Gegenwart ... zum Inhalt haben«. Außerdem sollte das »neue Antlitz« der Arbeiter- und Bauernjugend und der werktätigen Frau künstlerisch gestaltet werden. 1959 stellte die DEFA 27 Spielfilme her, wobei auch der Humor »eingeplant« war, 1960 wurden 28 Spielfilme und 15 Fernsehfilme gedreht.[160]

Die SED wetterte gegen die »Anbetung westlichen Schunds« in der Tanz- und Unterhaltungsmusik, doch war es weniger die Qualität westlicher Schlager, die den Zorn der Partei hervorrief, als vielmehr die Tatsache, daß zuviel Westvaluta an die

---

[158] Ebd.
[159] Neues Deutschland, Nr. 254 vom 26. 10. 1957.
[160] Neues Deutschland, Nr. 3 vom 3. 1. 1960.

westdeutsche Verwertungsgesellschaft für Komponistenrechte GEMA zu zahlen waren. Z. B. führten die staatlichen HO-Gaststätten 87 Prozent der Tantiemen, Konsumgaststätten 71 Prozent und Privatgaststätten 77 Prozent an die GEMA ab. Es wurde gefordert »in der Tanz- und Unterhaltungsmusik den Westanteil auf 40 Prozent zu senken«.[161]

Am 19. Januar 1960 wurde beim Politbüro des ZK der SED eine spezielle ideologische Kommission geschaffen, bei der alle Fäden zusammenliefen. Diese Kommission erarbeitete die Direktiven für Kultur und Ideologie. Sie beschloß, das in der Sowjetunion zusammengestellte Lehrbuch ›Grundlagen des Marxismus-Leninismus‹ ins Deutsche zu übertragen, das dann in der SED-Schulung eine wichtige Rolle spielte. Auch hier war die SED bereit, die sowjetischen Veränderungen am Marxismus-Leninismus stillschweigend und kritiklos zu übernehmen.[162]

Kollektivierung der Landwirtschaft

Als die Sowjetunion Ende 1958 in der Deutschland- und Berlinfrage wieder aktiv wurde, versuchte sie – wie vorher der Westen – eine irreale »Politik der Stärke«. Die UdSSR fühlte sich überlegen, war sie doch bereits seit 1953 im Besitz der Wasserstoffbombe, und der Start des »Sputnik« im Oktober 1957 bewies nun den erfolgreichen Vorsprung ihrer Raketentechnik. Chruschtschow glaubte offenbar, den sowjetischen Machtbereich erweitern zu können. So forderte er im November 1958 in ultimativer Form den Status einer »freien und entmilitarisierten Stadt« für West-Berlin und innerhalb eines halben Jahres den Abzug der Westmächte aus Berlin. Die Krise konnte von der Außenministerkonferenz der Großmächte in Genf von Mai bis August 1959 wieder entschärft werden. An ihr nahmen erstmals auch Delegationen aus der Bundesrepublik und der DDR als Berater teil. Die DDR-Führung sah darin einen ersten Schritt zur internationalen Anerkennung ihres Staates.

Durch forcierte Kollektivierung der Landwirtschaft wurde jedoch die Konsolidierung des Staates im Innern merklich gebremst. Entstanden von 1955 bis 1957 nur 544 LPG, so waren

[161] Neues Deutschland, Nr. 279 vom 26. 11. 1957.
[162] Neues Deutschland, Nr. 212 vom 3. 8. 1960 Einheit 15 (1960) Heft 8, S. 1317 ff.

es allein im Jahre 1958 fast 3000.[163] Schon auf der 33. ZK-Sitzung im Oktober 1957 hatte Ulbricht erklärt, der »Aufbau des Sozialismus auf dem Lande« sei eine »große revolutionäre Umwälzung«.[164] Damit war die Linie für die rasche Schaffung von LPGs vorgegeben, auch wenn ZK-Mitglied Kurt Seibt meinte, es müßte möglich sein, bis 1960 die Mehrheit der Einzelbauern »freiwillig« in die LPG zu bringen.[165] Zwar versicherte die SED noch im Juli 1959, beim Beitritt zu den LPG bleibe die »Freiwilligkeit Gesetz«, doch in der Praxis wurde der Zusammenschluß nun mit allem Nachdruck vorangetrieben. Die von der SED in die Dörfer entsandten Agitationstrupps sollten die Bauern durch Nötigung und Drohungen zum »freiwilligen« Eintritt in die LPG veranlassen, widerstrebende Landwirte wurden im November und Dezember 1959 sogar vom SSD verhaftet. Ulbricht selbst nannte 1959 das »Jahr der Wende«; er meinte damit weniger die ökonomischen Erfolge (Wachstum der Industrieproduktion um 12 Prozent), sondern erklärte: »Die sozialistische Umwandlung der Landwirtschaft erstreckt sich bereits auf ganze Dörfer und Kreise. Im Kreis Eilenburg haben bereits alle Bauern den Weg der genossenschaftlichen Produktion beschritten, und in einer ganzen Reihe Kreise, wie Querfurt, Nebra und Gräfenhainichen, gibt es nur noch in einzelnen Dörfern einige wenige Einzelbauern. Insgesamt haben wir jetzt etwa 250 vollgenossenschaftliche Dörfer und rund 1000 Dörfer, wo die LPG über 80 Prozent der landwirtschaftlichen Nutzfläche der Gemeinde bewirtschaften.«[166]

In den ersten drei Monaten des Jahres 1960 traten über 500 000 Bauern und Bäuerinnen den bereits bestehenden oder neugegründeten LPGs bei. Der Alltag der Bauern wurde nun noch stärker von Druck und Repression bestimmt. Der für die Situation typische Bericht des Bauern Karl Schäpsmeier aus einem 800 Einwohner zählenden Dorf im Kreis Waren in Mecklenburg mag die Zustände illustrieren: »Im Jahre 1953 wurde bereits eine LPG vom Typ III gegründet. Auf Grund der Sozialisierung der Landwirtschaft kamen im März 1960 zwei LPG vom Typ I hinzu. Ich besaß dort eine Landwirtschaft von 30 ha. Am 3. März 1960 setzte in unserem Dorf der Druck der Parteifunktionäre ein, alle noch selbständigen Bauern zu kollektivie-

---

[163] Heitzer, DDR, S. 137.
[164] Wortprotokoll 33. Tagung, S. 25.
[165] Ebd., S. 49.
[166] Neues Deutschland, Nr. 1 vom 1. 1. 1960. Tribüne, Nr. 1 vom 2. 1. 1960.

ren. Erschienen waren 16 Mann. Es handelte sich um Funktionäre der Partei, des Staatsapparates und verschiedener VEBetriebe. Ich wurde am 4. März 1960 zum ersten Mal zum Bürgermeister Sch., 40 Jahre, SED, bestellt und dort aufgefordert der LPG beizutreten. Ich lehnte zunächst ab. Den weiteren Aufforderungen zum Eintritt in die LPG leistete ich Widerstand. Am 6. März 1960 wurde ich durch Parteifunktionäre, die zu mir ins Haus kamen, zu einer Bauernversammlung bestellt. Es wurde versucht, alle Bauern zum Eintritt in die LPG zu überreden. Die Versammlung verlief ergebnislos und es wurde den anwesenden Bauern erklärt, daß man am nächsten Tage jeden der selbständigen Bauern wieder zum Eintritt in die LPG auffordern würde. Als ich zur Gemeindeverwaltung bestellt wurde, ging ich nicht hin. Für den 9. März war wieder eine Versammlung angesetzt. Auf Bitten anderer Bauern ging ich mit. Es blieb mir dann keine andere Möglichkeit mehr als unter Druck zu unterschreiben... Ich konnte nun nicht mehr länger diese Zustände in der LPG ertragen und setzte mich mit meiner gesamten Familie nach West-Berlin ab.«[167]

In den Beitrittserklärungen zur LPG aber wurde vom »freiwilligen« Eintritt gesprochen oder gar den Landwirten zur Unterschrift folgendes vorgelegt: »Beitrittserklärung. Getragen von dem Bewußtsein, meinen Beitrag für die Erhaltung des Friedens und damit für das Glück unserer Kinder zu leisten, erkläre ich mich durch Unterschrift bereit, in die bestehende LPG ›Ernst Thälmann‹ Typ III in Ziltendorf einzutreten.«[168] Ließen sich Bauern aber auf Diskussionen ein, so erging es ihnen wie einem Müller aus dem Kreis Cottbus, der mit 18 Monaten Gefängnis bestraft wurde, weil er erklärt hatte, die Maßnahmen der DDR würden »von einer fremden Macht diktiert« und die Regierung sei schuld am niedrigen Lebensstandard, »weil sie alles Geld für die Funktionäre ausgibt«.[169]

Während Funktionäre und »Aufsteiger« in der DDR sich zunehmend dem neuen System zugehörig fühlten und ein nicht unbeträchtlicher Teil der Bevölkerung »neutralisiert« werden konnte, und sich anzupassen versuchte, machten die harten Maßnahmen von 1959 und 1960 erneut zahlreiche Menschen zu

---

[167] Bericht vom 5. Mai 1960, Kopie im Privatarchiv Hermann Weber.
[168] Abschrift im Privatarchiv Hermann Weber, dort eine Reihe ähnlicher »Erklärungen«.
[169] Kopie der Abschrift der Anklage (L 131/58, Bezirksgericht Cottbus) und weitere Unterlagen dazu im Privatarchiv Weber.

Gegnern der DDR. Die Gefahr, wegen »staatsfeindlicher Umtriebe« inhaftiert zu werden, ließ vor allem vielen Landwirten nur die Alternative, entweder in die LPG einzutreten oder in den Westen zu flüchten. Die Entwicklung der Kollektivierung zeigt folgendes Bild:[170]

Stichtag	Zahl der LPG	Landwirtschaftliche Nutzfläche der LPG 1000 ha	= % der DDR
31. 12. 1952	1906	218,0	3,3
31. 12. 1953	4691	754,3	11,6
31. 12. 1954	5120	931,4	14,3
15. 11. 1955	6047	1279,2	19,7
31. 12. 1956	6281	1500,7	23,2
31. 12. 1957	6691	1631,9	25,2
31. 12. 1958	9637	2386,0	37,0
30. 11. 1959	10132	2794,3	43,5
31. 12. 1959	10465	2896,9	45,1
31. 5. 1960	19345	5384,3	83,6
31. 12. 1960	19261	5420,5	84,2

Die Struktur auf dem Lande war radikal verändert worden: Während es fast keine Einzelbauern mehr gab, bewirtschafteten nun die über 19 000 LPG knapp 85 Prozent der landwirtschaftlichen Nutzfläche (6 Prozent besaßen die volkseigenen Güter). 1961 erzeugte der »sozialistische Sektor« (Staat und Genossenschaften) 90 Prozent der landwirtschaftlichen Bruttoproduktion.

Wie in der Landwirtschaft trieb die SED 1960 auch im Handwerk die Umwandlung voran. Wurden 1958 noch 93 Prozent des Produkts von privaten Handwerkern erwirtschaftet, so sank der Anteil bis 1961 auf 65 Prozent, ein Drittel schufen nun die Produktionsgenossenschaften des Handwerks. Im Einzelhandel verringerte sich der private Sektor auf unter 10 Prozent.

Der Vergleich mit anderen Volksdemokratien zeigt, daß die DDR 1961/62 eine weitgehend ähnliche Struktur aufwies. In der Industrie war der Staatssektor mit einem Anteil von 88,4 Prozent nur wenig geringer als in Albanien, Bulgarien, Po-

---

[170] SBZ von A bis Z. Ein Taschen- und Nachschlagebuch über die Sowjetische Besatzungszone. Hrsg. v. Bundesministerium für gesamtdeutsche Fragen. 10. überarb. und erw. Aufl. Bonn 1966, S. 370.

len oder Rumänien (jeweils 99 Prozent), in der CSSR (100 Prozent) oder Ungarn (97 Prozent). In der Landwirtschaft gehörten 93 Prozent der Nutzfläche der DDR zum »sozialistischen« Sektor, sie lag zwischen Bulgarien (99 Prozent), Ungarn (95 Prozent), Rumänien (94 Prozent) sowie CSSR (89 Prozent), Albanien (87 Prozent) und Polen (13 Prozent). Im Großhandel gab es in der DDR wie in allen anderen volksdemokratischen Staaten nur den staatlichen Bereich, beim Einzelhandel kam die DDR mit 78 Prozent auf den letzten Platz.[171] Freilich lag die DDR mit einem Anteil der Industrie am Nationaleinkommen von fast 65 Prozent zusammen mit der CSSR (62 Prozent) als Industrienation vor den anderen kommunistisch regierten Ländern (Ungarn 56, Polen 48, Bulgarien 46, Rumänien 45 und Albanien 37 Prozent).[172]

Neue Krise

Auch im Staatsapparat der DDR wurden Strukturveränderungen vorgenommen. Im Februar 1960 verabschiedete die Volkskammer das Gesetz über den »Nationalen Verteidigungsrat«; dessen Vorsitz übernahm Walter Ulbricht, der damit seine Kompetenzen bedeutend erweitern konnte. Der Präsident der DDR, Wilhelm Pieck, starb am 7. September 1960. Auf Vorschlag der SED wurde nun das Amt des Präsidenten abgeschafft, statt dessen ein Staatsrat gebildet. Die Funktionen des DDR-Staatsrates gleichen denen des Präsidiums des Obersten Sowjet in der UdSSR, nur die Stellung des Vorsitzenden in der DDR war stärker herausgehoben. Der Staatsrat erhielt zugleich legislative und exekutive Aufgaben. Die am 8. September 1960 geänderten Artikel 101 bis 106 der Verfassung sahen unter anderem vor:

»101) Der Staatsrat der Republik wird von der Volkskammer auf die Dauer von vier Jahren gewählt ...

102) Der Staatsrat der Republik besteht aus dem Vorsitzenden, sechs Stellvertretern des Vorsitzenden, 16 Mitgliedern und dem Sekretär ...

---

[171] Geschichte der sozialistischen Gemeinschaft. Herausbildung und Entwicklung des realen Sozialismus von 1917 bis zur Gegenwart. Autorenkollektiv unter Leitung von Ernstgert Kalbe. Berlin (Ost) 1981, S. 228.
[172] Ebd., S. 230.

106) der Staatsrat der Republik schreibt die Wahlen zur Volkskammer aus und beruft die erste Tagung der Volkskammer nach der Neuwahl ein; kann eine allgemeine Volksbefragung vornehmen; ratifiziert und kündigt internationale Verträge der Deutschen Demokratischen Republik; ernennt die bevollmächtigten Vertreter der Deutschen Demokratischen Republik in anderen Staaten und beruft sie ab; nimmt Beglaubigungs- und Abberufungsschreiben der bei ihm akkreditierten diplomatischen Vertreter anderer Staaten entgegen; gibt allgemein verbindliche Auslegung der Gesetze; erläßt Beschlüsse mit Gesetzeskraft.«

Walter Ulbricht wurde Vorsitzender des Staatsrates. Da er außerdem die Funktionen des Ersten Sekretärs des ZK der SED und des Vorsitzenden des Verteidigungsrates innehatte, konzentrierten sich in seiner Hand alle entscheidenden Machtpositionen. Stellvertreter des Staatsratsvorsitzenden wurden Ministerpräsident Otto Grotewohl, Volkskammerpräsident Johannes Dieckmann (LDPD), Heinrich Homann (NDPD), Hans Rietz (DBD) und die Generalsekretäre der LDPD und der CDU, Manfred Gerlach und Gerald Götting. Neben Partei- und Staatsfunktionären fungierten auch Arbeiter, Bauern und Angehörige der Intelligenz als Mitglieder des Staatsrates. Die wichtige Stellung des Sekretärs des Staatsrates erhielt Ulbrichts Vertrauter Otto Gotsche.

In der SED bestimmten nur noch Ulbrichts Parteigänger, alle widerstrebenden Kräfte waren entmachtet und entfernt worden. Zwischen 1958 und 1961 wurden 105 Spitzenfunktionäre der 15 SED-Bezirksleitungen abgesetzt, darunter sieben 1. Sekretäre und 16 weitere Sekretäre. Besonders viele Degradierungen gab es in den Bezirken Dresden (16), Halle (10) und Cottbus (10).[173] Je mehr die unpopulären Maßnahmen von 1960 und 1961 den Haß weiter Bevölkerungskreise auf die Person Ulbrichts lenkten, desto mehr versuchten seine Anhänger, ihn zu preisen. So wuchs parallel zu Ulbrichts Machtanstieg auch ein neuer Personenkult um den Staats- und SED-Führer, der sich bereits an seinem 65. Geburtstag 1958 deutlich zeigte. Er wurde gelobt als »Vorbild der Prinzipienfestigkeit«, und in Versen von Johannes R. Becher hieß es über Ulbricht:

»Geliebt bist Du vom Volk, vom Volk geehrt:
Seht, welch ein Leben, wahrhaft lebenswert,

---

[173] Jänicke, Der dritte Weg, S. 185.

Das seine Kraft an alle weitergibt –
Geehrt bist Du vom Volk, vom Volk geliebt.«[174]

Die Bevölkerung bewegten andere Sorgen. Neue Unruhe unter der Arbeiterschaft schuf das im April 1961 von der Volkskammer verabschiedete ›Gesetzbuch der Arbeit‹,[175] das bereits bestehende arbeitsrechtliche Bestimmungen zusammenfaßte und ergänzte. Nochmals verbriefte das Gesetzbuch das »Recht auf Arbeit«, gleichen Lohn für gleiche Leistung und einige andere Rechte der Arbeiter, erwähnte aber das damals noch in der Verfassung verankerte Streikrecht nicht mehr. Das Arbeitsgesetzbuch ließ auch keinen Zweifel an dem vordringlichen Auftrag des Arbeitsrechts: der »Verwirklichung des ökonomischen Grundgesetzes des Sozialismus« zu dienen. Daher war das Arbeitsgesetzbuch primär an der Produktionserfüllung der Betriebe orientiert und erst sekundär an den Rechten der Arbeiterschaft. Scharfe Verfügungen über die »sozialistische Arbeitsdisziplin« oder die Machtfülle der Betriebsleiter gegenüber den Arbeitern stießen bei der Arbeitnehmerschaft auf Kritik und Ablehnung. Das Arbeitsgesetzbuch legalisierte auch die seit 1953 in den volkseigenen Betrieben bestehenden Konfliktkommissionen, die nun nicht mehr nur Entscheidungen über Arbeitsstreitigkeiten im Betrieb treffen, sondern auch strafwürdige Handlungen von geringer Bedeutung aburteilen durften. Solche Ansätze waren beispielhaft für das Bestreben der SED, Staat und Justiz von Bagatellfällen zu entlasten, gleichzeitig mit neuen institutionellen Einrichtungen vom direkten administrativen Druck wegzukommen und wirksamere Methoden der Integration zu finden.

Auf wirtschaftlichem Gebiet gestand der Stellvertretende Ministerpräsident Stoph im Juni 1961 ein, »daß es zur Zeit bei der Versorgung mit Fleisch, Milch und Butter eine Reihe Schwierigkeiten gibt«. Er kritisierte, daß viele LPG ihre landwirtschaftlichen Nutzflächen nicht bestellten und so auch den Plan nicht erfüllten. Die Ursache für diese Krise der Landwirtschaft, die Zwangskollektivierung, nannte Stoph nicht beim Namen.[176]

Doch nicht nur in der Landwirtschaft, auch in der Industrie führte der harte Kurs der SED zu Rückschlägen. Während 1959 noch ein Zuwachs von rund 7,2 Milliarden Mark gegenüber

---

[174] Neues Deutschland, Nr. 153 vom 30. 6. 1958.
[175] Das Gesetzbuch der Arbeit wurde 1963 und 1966 novelliert und ergänzt, in den Grundlagen blieb es unverändert.
[176] Neues Deutschland, Nr. 162 vom 14. 6. 1961.

dem Vorjahr erzielt wurde, betrug der Zuwachs 1960 5,4 Milliarden Mark und 1961 sogar nur 4,4 Milliarden Mark. Es kam auch wieder zu Arbeitsniederlegungen (z. B. in Erfurt). Für die SED war dies »organisierte Feindarbeit«, konnte es doch nach Ansicht der Parteiführung »für Streiks in unseren Betrieben keinen Raum geben«.[177]

In der Mitteilung über den Stand der Volkswirtschaft im 1. Quartal 1961 bestätigte der Ministerrat, daß erhebliche »Planrückstände« aufgetreten waren. Grund dafür war neben der Massenflucht eine Umstrukturierung der Wirtschaft, die sogenannte »Störfreimachung« vom Westen. Wegen des Passierscheinzwangs für alle Westdeutschen, die den Ostsektor von Berlin betreten wollten, hatte die Bundesregierung im September 1960 das Interzonen-Handelsabkommen gekündigt. Um den Interzonenverkehr nach Berlin nicht zu gefährden, annullierte die Bundesregierung zwar im Dezember 1960 ihre Kündigung wieder, aber nun wollte sich die DDR aus der wirtschaftlichen Verklammerung mit der Bundesrepublik lösen, um die Gefahr von Produktions-Störungen zu vermeiden.

Mauerbau 1961

Wirtschaftliche Schwierigkeiten, die Kollektivierung der Landwirtschaft, ein härterer politischer Kurs der SED und die Berlin-Drohungen Chruschtschows – das alles führte 1960/61 zu einer allgemeinen Krise des anderen deutschen Staates. Die Flüchtlingszahlen wuchsen 1961 zu einer Lawine (allein im Juli 1961: 30 000). Die Verbraucher reagierten kritisch, da sich die Versorgungslage rapide verschlechterte. Die SED-Führung diskutierte im Juli 1961 über die Versorgungsengpässe. Zwar hatte die Sowjetunion der DDR einen außerordentlichen Kredit von 2 Milliarden Mark zugesagt und wollte zusätzlich außer Maschinen und technischen Ausrüstungen auch Fleisch, Butter, Fische, Öl usw. an die DDR liefern, doch die Krise blieb permanent.

Ende 1960 war es auch zu neuen Spannungen zwischen Staat

---

[177] Beratung des Politbüros mit den 1. Sekretären der Bezirks- und Kreisleitungen und den Vorsitzenden der Räte der Bezirke und Kreise (23./24. Mai 1960). Hrsg. vom Büro des Politbüros. Als parteiinternes Material gedruckt, S. 19, Kopie im Privatarchiv Hermann Weber. Vgl. auch Doernberg, Kurze Geschichte, S. 418.

und Kirche gekommen. In einem »Wort an die Gemeinden« rief die Evangelische Kirche die mitteldeutschen Christen auf, trotz ihrer Bedrängnis auszuhalten und nicht den Weg der Flucht zu gehen. Die SED wandte sich gegen diese »scheinheilige Erklärung«, sie warf der Kirche Heuchelei und »eine grobe Einmischung in die Angelegenheiten unseres Staates« vor. Die 1958 vereinbarte »gemeinsame Erklärung« zwischen Kirchenführung und der Regierung wurde als »bedroht« bezeichnet.[178]

Da die Wirtschaftskrise weiter um sich griff, versuchte die SED durch administrative Maßnahmen Änderung zu schaffen. Auf Vorschlag der 13. Tagung des ZK der SED (3./4. Juli 1961) erhielten zwei »harte«, »erprobte« Stalinisten wichtige Wirtschaftsfunktionen: Alfred Neumann wurde Vorsitzender des Volkswirtschaftsrates und Karl Mewis Vorsitzender der Staatlichen Plankommission als Nachfolger Leuschners. Allerdings berief die Tagung zugleich den Wirtschaftsreformer Erich Apel zum Kandidaten des Politbüros und Sekretär des ZK. Alfred Neumann (geb. 1909), Tischler, trat 1929 der KPD bei. Er emigrierte 1934 und nahm am Spanischen Bürgerkrieg teil. 1941 kehrte er freiwillig nach Deutschland zurück und mußte bis 1945 ins Zuchthaus. Seit 1946 SED-Funktionär, war er von 1953 bis 1957 1. Sekretär der Berliner SED, seit 1958 Mitglied des Politbüro, von 1957 bis 1961 Sekretär des ZK und seit 1968 Stellvertreter des Regierungschefs.

Karl Mewis (geb. 1907), Schlosser, trat 1924 der KPD bei und war seit 1929 hauptamtlicher Funktionär. Er absolvierte von 1932 bis 1934 die Leninschule in Moskau, ging dann in den Widerstand und in die Emigration. Seit 1946 SED-Sekretär, war er u. a. von 1952 bis 1961 1. Sekretär der Bezirksleitung Rostock, von 1961 bis 1963 Vorsitzender der Staatlichen Plankommission, dann abgesetzt und bis 1968 Botschafter in Polen, seither »Parteiveteran«.

Die neuen Wirtschaftsführer machten die »Grenzgänger« für die Misere verantwortlich, um den Zorn der Bevölkerung auf diese Kreise zu lenken. Die 53 000 Bewohner aus Ost-Berlin und den Randgemeinden, die noch in West-Berlin arbeiteten, wurden Repressalien ausgesetzt. Die SED behauptete, durch die Grenzgänger würden jährlich Produktionsverluste von einer Milliarde entstehen. Nunmehr wurden die Grenzgänger registriert, mußten ihre Miete in Westmark bezahlen, durften kei-

---

[178] Neues Deutschland, Nr. 335 vom 4. 12. 1960.

ne hochwertigen Konsumgüter erwerben und dergleichen mehr.

Die Flüchtlingslawine kam auch ins Rollen, weil sowohl Ost-Berlin als auch Moskau im Sommer 1961 den Friedensvertrag für »unaufschiebbar« erklärten und eine Friedensregelung »noch in diesem Jahr« ankündigten. Bei vielen Menschen entstand so die Meinung, eine Reise nach West-Berlin werde bald nicht mehr möglich sein. Sie entschlossen sich überstürzt zur Flucht. Möglicherweise trug auch die westdeutsche Massenpresse mit reißerischen Schlagzeilen über Flüchtlingszahlen und Fluchtberichten dazu bei, den Flüchtlingsstrom zu einer Flut anschwellen zu lassen. Hinzu kam, daß die SED auf dem Lande versuchte, die LPGs Typ III in Typ I umzuwandeln, d. h. von LPGs mit nur genossenschaftlicher Bewirtschaftung des Ackerlandes, aber individuellem Eigentum an Vieh, Maschinen und Geräten, zu LPGs überzugehen, in denen auch Vieh, Maschinen und Geräte Kollektiveigentum waren.[179]

Die internationalen Spannungen schienen nach dem Chruschtschow-Besuch in den USA im September 1959 abgeklungen. Die DDR-Führung erwartete nach dem »Geist von Camp David« auch eine neue Entwicklung in Deutschland: »Deshalb ist es okay, daß bei der Unterredung in Camp David auch die Deutschlandfrage einschließlich der Frage des Friedensvertrages mit Deutschland diskutiert wurde. Der realistische Standpunkt der Sowjetunion setzt sich auch in dieser Frage durch, die Welt beginnt zu erkennen: Da es nun einmal kein einheitliches Deutschland gibt, so bleibt keine andere Wahl, als den Friedensvertrag mit den beiden bestehenden deutschen Staaten abzuschließen, denn das Fehlen eines Friedensvertrages ist gefährlich für den Frieden der Welt.« Vor allem aber hoffte die SED auf »eine Lösung des Berlinproblems«.[180] Umgekehrt war damals die Bundesregierung – etwa Außenminister von Brentano – gegen jede Änderung und vertrat im Oktober 1959 die Meinung, »in Berlin bleibe es am besten wie es sei«.[181]

Doch nach dem Abschuß eines US-Aufklärungsflugzeuges über der UdSSR im Mai 1960 nahmen die Spannungen wieder erheblich zu. Obwohl die Pariser Gipfelkonferenz im Mai 1960

---

[179] Neues Deutschland, Nr. 204 vom 26. 7. 1961.
[180] Neues Deutschland, Nr. 268 vom 29. 9. 1959 (Leitartikel).
[181] So die Niederschrift eines Bremer Beamten über ein Gespräch mit von Brentano. Staatsarchiv Bremen, NL Adolf Ehlers, 7, 144, 4.

wegen dieses Zwischenfalls scheiterte, wiegelte Chruschtschow bei einem Besuch in Ost-Berlin ab: Er war nicht bereit, den Forderungen der SED-Führung nach einer raschen und gewaltsamen Lösung des West-Berlin-Problems nachzugeben. Anfang Juni 1961 trafen der neue US-Präsident J. F. Kennedy und Chruschtschow in Wien zusammen, gleichzeitig verstärkte die UdSSR ihren Druck auf West-Berlin. Die SED kündigte eine Regelung »noch in diesem Jahr« an,[182] denn sie dachte, mit sowjetischer Hilfe den Luftverkehr und damit West-Berlin in die Hand bekommen zu können. Doch inzwischen war wohl auch der Sowjet-Führung klar geworden, daß ihr die militärische Überlegenheit fehlte.

Der Konflikt mit der Volksrepublik China zwang Chruschtschow zu einer Korrektur seiner Politik. Die Konferenz von 81 kommunistischen und Arbeiterparteien in Moskau im November 1960 hatte den Bruch im Weltkommunismus signalisiert, da es »zu prinzipiellen Meinungsverschiedenheiten in Grundfragen der internationalen Entwicklung und der Strategie und Taktik der revolutionären Arbeiterbewegung mit den Vertretern der Kommunistischen Partei Chinas« gekommen war,[183] wie die SED später zugab. 1960 aber war Ulbricht bestrebt, die Differenzen zu leugnen, er sprach von Spekulationen des »Klassengegners«, der sich »verrechnet« habe und sich »in Zukunft noch mehr verrechnen« werde.[184] Damit war der Streit im Weltkommunismus nicht zu beseitigen, der die UdSSR zu einer Kursänderung in Europa veranlaßte. Da Präsident Kennedy am 25. Juli 1961 klarstellte, für die USA seien sowohl die Anwesenheit westlicher Truppen als auch der Zugang nach Berlin unverzichtbar, steuerte die UdSSR auf eine Abriegelung Ost-Berlins zu, die die Interessen der USA nicht direkt berührte.

Die DDR-Führung steigerte inzwischen durch ihre harte Politik die Massenflucht. Die Gerichte hielten sich an Ulbrichts These, »Wachsamkeit und Härte gegenüber den Feinden unserer Entwicklung tragen entscheidend zur Sicherung und Festigung des sozialistischen Aufbaus bei«.[185] Gegen angebliche »Menschenhändler« wurden immer schwerere Strafen ausgesprochen. Die Regierung reagierte nervös und wandte sich ge-

---

[182] Neues Deutschland, Nr. 160 vom 12. und Nr. 164 vom 16. 6. 1961.
[183] Geschichte der Sozialistischen Einheitspartei Deutschlands. Abriß. Berlin (Ost) 1978, S. 409.
[184] Neues Deutschland, Nr. 349 vom 18. 12. 1960.
[185] Neues Deutschland, Nr. 39 vom 8. 2. 1961.

gen »verbrecherische Abwerbungsaktionen«,[186] gegen die Fluchtbewegung. Die nach mißglückter Flucht Festgenommenen wurden streng bestraft, doch konnte die Haltung der Justiz den Flüchtlingsstrom nicht aufhalten, sondern steigerte ihn eher. Allein im August 1961 flüchteten 47 000 Menschen. In Prozessen gegen sogenannte »Kopfjäger« wurden die Urteile immer drakonischer; am 2. August erhielten angebliche Abwerber 12- und 15jährige Zuchthausstrafen.[187]

Seit 1949 waren über 2,6 Millionen Menschen aus der DDR geflohen:[188]

1949 ab September	129 245
1950	197 788
1951	165 648
1952	182 393
1953	331 390
1954	184 198
1955	252 870
1956	279 189
1957	261 622
1958	204 092
1959	143 917
1960	199 188
1961 (1. 1.–15. 8.)	159 730
	2 691 270

Da die meisten der qualifizierten DDR-Flüchtlinge im arbeitsfähigen Alter standen (50 Prozent waren Jugendliche unter 25 Jahren), hatte der Flüchtlingsstrom verheerende Auswirkungen auf Wirtschaft und Gesellschaft der DDR. Es waren keinerlei Anzeichen zu erkennen, daß die DDR durch menschliche Erleichterungen, ein Nachlassen des politischen Drucks oder Verbesserungen der Lebenslage die Fluchtbewegung aufzufangen suchte (ähnlich wie von 1957 bis 1959). Wahrscheinlich war es dazu Mitte 1961 auch bereits zu spät. Um ein Ausbluten ihres Staates zu verhindern, entschloß sich die DDR-Führung zur Abriegelung der West-Grenzen.

[186] Neues Deutschland, Nr. 208 vom 30. 7. 1961.
[187] Neues Deutschland, Nr. 213 vom 4. 8. 1961.
[188] Die Flucht aus der Sowjetzone und die Sperrmaßnahmen des kommunistischen Regimes vom 13. August 1961. Hrsg. v. Bundesministerium für Gesamtdeutsche Fragen. Bonn, Berlin 1961, S. 15.

Noch im März 1961 hatte sich Ulbricht auf einer Tagung des Warschauer Paktes mit seinen Plänen, eine Stacheldrahtbarriere um West-Berlin zu errichten, nicht durchsetzen können. Der ungarische KP-Chef Kadar und der rumänische KP-Führer Gheorghiu-Dej wandten sich scharf gegen diese Überlegungen und Chruschtschow verweigerte die Zustimmung.[189] Daraufhin entwickelte die DDR Alternativkonzeptionen:
»1. Die Radikallösung: Sperrung der Luftwege,
2. Mauerbau, gegebenenfalls Zurückverlegung um einige hundert Meter, falls die Westmächte es erzwingen,
3. Schließen des Ringes um Groß-Berlin, d. h. Abriegelung der DDR unter Ausklammerung ihrer Hauptstadt als Teil der Viermächte-Stadt.«[190]

Daraufhin berieten vom 3. bis 5. August 1961 die 1. Sekretäre der kommunistischen Parteien der Warschauer-Vertrags-Staaten in Moskau. Diese Konferenz stimmte jetzt – entsprechend den sowjetischen Vorstellungen – der Lösung »Mauerbau« zu. Nun schlugen die Regierungen der »Teilnehmerstaaten des Warschauer-Vertrages« der Regierung der DDR offiziell vor, »eine verläßliche Bewachung und wirksame Kontrolle« der »Grenze« um West-Berlin einzuführen, was daraufhin formal der DDR-Ministerrat beschloß.[191] In der Nacht vom 12. zum 13. August 1961 versperrten Volkspolizei und NVA die quer durch Berlin verlaufende Sektorengrenze mit Stacheldrahtverhauen und Steinwällen, in den folgenden Tagen wurde eine Mauer errichtet. Die Bevölkerung konnte nicht mehr nach West-Berlin, die DDR war abgeriegelt.

---

[189] Jürgen Rühle und Gunter Holzweißig, 13. August 1961. Die Mauer von Berlin. Hrsg. v. Ilse Spittmann. Köln 1981, S. 14.
[190] Ebd., S. 16. Dies wurde dem Autor auch von Prof. Wolfgang Seiffert, früher Berlin (Ost), jetzt Kiel, bestätigt.
[191] Staats- und Rechtsgeschichte der DDR. Grundriß. Berlin (Ost) 1983, S. 168 f.

5. Kapitel
Die Festigung der DDR 1961–1965

Die Zäsur von 1961

Die Periode von 1961 bis 1965 brachte erste Ansätze einer ökonomischen Stabilisierung der DDR. Infolge der Entstalinisierung einerseits, die nach dem XXII. Parteitag der KPdSU 1961 unter Chruschtschows Führung forciert und nun auch in der DDR nachvollzogen wurde sowie durch Anpassung an die Sachzwänge einer modernen Industriegesellschaft andererseits wandelten sich die Herrschaftsmethoden in der DDR beträchtlich: Vom Terror verlagerten sie sich immer mehr auf die Neutralisierung und Manipulierung der Massen. Bei stärkerer Beachtung der Wünsche und Forderungen der Bevölkerung rückte nun als neues Ziel die Modernisierung und Rationalisierung des ökonomischen Systems, also die Effizienz der Wirtschaft, in den Mittelpunkt der Arbeit von Partei und Staat. In dieser Phase entstand in der DDR eine »sozialistische« Leistungs- und Konsumgesellschaft, mit vielen konservativen Merkmalen.

Nach dem Modell Sowjetunion war die DDR bis 1961 grundlegend umgestaltet, ihre Strukturen radikal verändert worden. Durch den Mauerbau, der das Land vom Westen abriegelte, gelangte die DDR-Führung in gleiche Positionen wie andere kommunistische Regierungen: Die Bevölkerung mußte sich mit dem Regime arrangieren. Doch die Führung, die sich bis dahin bemühte, vor allem ihre ideologischen Konzeptionen durchzusetzen, mußte nun stärker die »Sachzwänge« berücksichtigen und, da die Wirtschaft Priorität hatte, vor allem ökonomischen Erfordernissen Rechnung tragen.

Das Jahr 1961 war so die einschneidende Zäsur der DDR-Entwicklung. Bestimmten bis dahin ideologische Normen und programmatische Zielsetzungen (Umgestaltung der DDR nach dem sowjetischen Modell) die Politik der Führung, so wirkte nunmehr die veränderte gesellschaftliche Realität stärker auf sie zurück und prägte die Politik in einem »konservativ« gewordenen System.

Das Jahr 1961 mit dem Mauerbau war auch für die deutsche Spaltung ein tiefer Einschnitt. Die durch westliche »Sonntagsreden« immer wieder genährte Hoffnung vieler Menschen, die

Wiedervereinigung sei mehr oder weniger schnell zu verwirklichen, wenn der Westen nur eine Politik der Härte praktiziere und die »Zone« nicht anerkenne, brach wie ein Kartenhaus zusammen. Nach anfänglicher ohnmächtiger Wut und Empörung über den Mauerbau und die Zurückhaltung der Westalliierten bahnte sich eine realistischere Einstellung zur DDR an.

Dabei wurden auch die prinzipiellen Gegensätze deutlich, die in den fünfziger Jahren zwischen den beiden deutschen Staaten entstanden waren. In der DDR hatte sich die stalinistische Diktatur herausgebildet, zugleich ein Wirtschafts- und Gesellschaftssystem, das an die solidarischen Ideen der Arbeiterbewegung anknüpfen wollte. Dies wurde nicht nur durch die Diktatur verzerrt, sondern auch durch bürokratische Ineffizienz, schwere Lasten der Vergangenheit (Reparationen usw.) sowie die ungünstigere Ausgangslage gebremst. Die Fixierung der Bevölkerung auf die Bundesrepublik und die Abwanderung der Flüchtlinge in den Westen waren die Folge.

Die Bundesrepublik mit ihrer freiheitlichen parlamentarischen Demokratie, aber vor allem das »Wirtschaftswunder« zog die Menschen an. Doch in den fünfziger Jahren hatte sich in der BRD eine andere Ordnung etabliert. Im Zeichen des Kalten Krieges (»Alle Wege des Sozialismus führen nach Moskau« lautete z. B. ein CDU-Wahlslogan) waren soziale und solidarische Züge der Gesellschaft verpönt, kam es zu einer »Ellbogengesellschaft«, die vor allem im geistig-kulturellen Bereich auch spießige Züge trug. Nachdem der antifaschistische Konsens schon in den vierziger Jahren zerbrochen war, gab es keine wirkliche Auseinandersetzung mit den Hitler-Jahren und damit auch keine Bewältigung der NS-Geschichte. Im Rahmen der Wiederaufrüstung und des Kalten Krieges kamen im Gegenteil bedenkliche Zeichen der »braunen« Vergangenheit zutage, oft ein nahtloses Anknüpfen an den »alten« Antikommunismus. Nach den Hungerjahren führte die Faszination des gelungenen Wiederaufbaus, der wirtschaftlichen Erfolge, von denen alle profitierten, auch zu politischer Trägheit, ja Resignation, die Demokratie wurde eher passiv hingenommen, Ansätze zum Obrigkeitsstaat waren nicht zu übersehen. Da viele kritische Menschen aus der DDR flüchteten, verringerte sich auch dort das oppositionelle Potential. Mit »deutscher Gründlichkeit« wurde im Osten der Stalinismus übertragen und im Westen der Antikommunismus zur Staatsdoktrin gemacht. Der Untertanengeist erwies sich als recht langlebig (insofern war der Aufstand vom

17. Juni 1953 die große Ausnahme) und wurde von beiden Führungen bewußt ausgenutzt.

Das in der Tat abschreckende Beispiel der DDR diente den herrschenden Kreisen der Bundesrepublik als ein Instrument, um die eigene Gesellschaft in ausgefahrenen Bahnen zu halten. Die restaurativen Tendenzen in der Bundesrepublik wiederum waren für die Machthaber der DDR ideologische Propagandawaffe, um wenigstens ihre eigene Elite zusammenzuhalten. Die Eskalation war ebenso unübersehbar wie die Tabus auf beiden Seiten.

Die sechziger Jahre brachten hier Veränderungen. In der Bundesrepublik machten politische und kulturelle Bewegungen deutlich, daß in einer lebendigen Demokratie pluralistische Strömungen notwendig sind. Die DDR ihrerseits mußte wegen der Entstalinisierung in der Sowjetunion nach flexibleren Formen der Machterhaltung suchen. Da kritische Menschen nach dem Bau der Mauer nicht mehr einfach das Land verlassen konnten, sammelte sich dort erneut eine potentielle Opposition.

Zunächst ermöglichte es der Bau der Mauer zahlreichen SED-Funktionären, die Menschen, die nun nicht mehr aus der DDR fliehen konnten, zu schikanieren. Die Regierung erließ eine Verordnung über Aufenthaltsbeschränkungen, nach der auch Einweisung in Arbeitslager erfolgen konnte. Bummelanten und Staatsfeinden wurde schonungsloser Kampf angesagt. In einem damals typischen Flugblatt hieß es:

»Haupttagesordnungspunkt: Abrechnung mit der Erzbummelantin Helga Siegemund, geb. am 10. 7. 1936. Die Geduld der Kollegen der Nachbehandlung II war am Ende. Sie forderten: Übergabe der Kollegin Helga Siegemund an den Staatsanwalt zur Festlegung von wirksameren Erziehungsmaßnahmen. Seit dem 3. Februar dieses Jahres arbeitete Helga Siegemund in dieser Abteilung. Verzeihung, das war ein falscher Zungenschlag, denn Helga Siegemund arbeitete selten ... 23 Tage fehlte sie seit Februar unentschuldigt – 16 Tage war sie ›unpäßlich‹ und feierte krank – Viele ungezählte Stunden kam sie zu spät zur Arbeit. Das konnte natürlich die Abteilungsleitung und die Gewerkschaft nicht so hinnehmen. Die Siegemund erhielt wegen fortgesetzter Arbeitsbummelei Verweise, Verwarnungen, strenge Verwarnungen. Alle diese Erziehungsmaßnahmen fruchteten nicht. Darum dulden die Brigaden der Nachbehandlung II nicht länger, daß dieses arbeitsscheue Subjekt noch länger in ihrer

Mitte ist. So wie Helga Siegemund wird es allen jenen gehen, die glauben, in unserem sozialistischen Betrieb, die Arbeit wann und wie es ihnen paßt verrichten zu können ... Das sollten sich auch ganz besonders die Kollegin Herta Kmitkowski, Nachbehandlung II, die Kollegin Ella Schulz und die Kollegen Arno Köppen und Manfred Werner aus der Spinnerei I merken. Auch sie sind in diesem Jahr schon mehrere Tage unentschuldigt der Arbeit ferngeblieben, haben gebummelt, während ihre Kollegen ihre Arbeit mitverrichten mußten. Jeder Bummelant wird seine gerechte Erziehung erhalten, das fordert unsere sozialistische Gesellschaft und die vor uns stehenden großen Aufgaben. Kommission Agitation und Propaganda.«[1]

In vielen Gegenden der DDR gingen übereifrige Funktionäre nach dem Bau der Mauer daran, Bürger zu verfolgen. Das FDJ-Organ ›Junge Welt‹ berichtete von einem Zwischenfall an der Oberschule Schkopau, bei dem die FDJ-Gruppe einen »Abweichler« entlarvte: »Anfangs glaubten die FDJler der Gruppe, Peter Kluch könne nur nicht richtig denken, als er gegen die Maßnahmen vom 13. August auftrat ... Doch die FDJler seiner Grundeinheit stehen fest an der Seite Walter Ulbrichts und lassen sich durch den Achtgroschenjungen Kluch nicht aus dem Gleichgewicht bringen. Feinde gehören nicht in unseren Jugendverband und auch nicht in unsere Klasse, erklärten sie, schlossen Kluch aus der FDJ aus und ließen ihn durch FDJ-Ordnungsgruppen unseren Staatsorganen übergeben.«[2]

SED-Zeitungen propagierten die Schlägermethoden noch. Unter der Überschrift »Schlagkräftig« hieß es in der ›Leipziger Volkszeitung‹: »Dieser oder jener mag in den letzten Tagen bezweifelt haben, ob es richtig ist, wenn Feinde unserer Republik ergriffen und verprügelt werden.« Das Blatt schrieb weiter, den Feinden müsse man aber »mit der Faust begreiflich« machen, um was es gehe. Und die ›Sächsische Zeitung‹: »Da hilft nur die Faust aufs Schandmaul ... seine Faust, die gewohnt ist, den Zimmermannshammer zu führen, unterstrich mit nachhaltiger Wirkung im Gesicht des Provokateurs diese Worte.«[3] Unter der Überschrift »Bitte schön, kommt hervor, wenn ihr tanzen wollt« berichtete das Leipziger SED-Blatt hämisch, wie ein

---

[1] Kopie des Flugblattes im Privatarchiv Weber.
[2] Junge Welt vom 11. 10. 1961.
[3] Leipziger Volkszeitung vom 23. 8. 1961 und Sächsische Zeitung vom 21. 8. 1961.

Arbeiter, der sich gegen die Mauer in Berlin geäußert hatte, so geschlagen wurde, daß er in ein Krankenhaus eingeliefert werden mußte. »Er tanzte von Faust zu Faust, erst konnte er noch gehen, dann [d. h. als er völlig zusammengeschlagen war] durfte er im Auto fahren, aber in sicherer Begleitung.«[4]

Wie die »harte Linie« den Alltag der DDR-Bürger prägte, zeigen viele solcher Beispiele. Ein Flugblatt, angeblich von »der Belegschaft« eines Großbetriebes unterschrieben, hetzte gegen einen Brigadier, der »sein Ohr ständig am RIAS« hatte und »unseren Genossen Walter Ulbricht verleumdete«. Er wurde verprügelt (»packten Arbeiterhände zu«) und verhaftet »und hat nun 4 Monate Zeit darüber nachzudenken, wo es hinführt, wenn man sich vor den Karren des Klassenfeindes spannt«.[5] Diese Angriffe gegen namentlich genannte Personen sollten eine Atmosphäre der Angst erzeugen und politische Forderungen ersticken. So wurden in Rathenow Arbeiter angeprangert, die »freie Wahlen« gefordert hatten.[6]

Am 20. September 1961 verkündete die Volkskammer das »Gesetz zur Verteidigung der DDR«, das dem Staatsrat und damit vor allem dessen Vorsitzenden Walter Ulbricht nahezu uneingeschränkte Notstandsrechte einräumte. Daß es sich dabei nicht um Notstandsgesetze für einen eventuellen Kriegsfall handelte, machte Verteidigungsminister Heinz Hoffmann deutlich. Er erklärte bei der Verabschiedung des »Gesetzes zur Verteidigung der DDR«: »Im vorliegenden Gesetzentwurf sind alle jene grundlegenden Bestimmungen niedergelegt, die es uns ermöglichen, sowohl in Friedenszeiten wie auch im Verteidigungsfalle die erforderlichen Maßnahmen zum Schutze unseres Vaterlandes durchführen zu können.«[7]

Der Terror hielt nicht lange an, sondern verebbte bis zum Jahresende. Im Oktober 1961 wandten sich die 1. Sekretäre der SED-Bezirksleitungen von Dresden und Leipzig, Krolikowski und Fröhlich, gegen Holzhammer-Politik, Sektierertum und Überspitzungen. Die Politik der »harten Faust« wurde abgeblasen.

Das war – wie so oft – eine Konsequenz aus der Entwicklung der UdSSR. Dort leitete Chruschtschow auf dem XXII. Partei-

---

[4] Leipziger Volkszeitung vom 19. 8. 1961.
[5] Flugblatt im Privatarchiv Weber.
[6] Flugblatt, hrsg. vom Aktionskomitee der Nationalen Front Rathenow, im Privatarchiv Weber.
[7] Neues Deutschland, Nr. 261 vom 21. 9. 1961.

tag der KPdSU im Oktober 1961 eine neue Phase der Entstalinisierung ein, und die Ulbricht-Führung sah sich gezwungen, dem sowjetischen Kurs zu folgen. Dabei hatte die SED-Spitze wohl im Gegenteil erwartet, daß der Trend zu einer Re-Stalinisierung gehe; sie hatte Stalin im Dezember 1959, an seinem 80. Geburtstag, gelobt, den »Genossen Stalin« als guten Freund des deutschen Volkes bezeichnet und ihm »große Verdienste für den Sozialismus« bestätigt.[8] Die Beratung der kommunistischen Parteien vom November 1960 in Moskau schien der SED zunächst recht zu geben: Der Revisionismus wurde weiterhin zur »Hauptgefahr« erklärt.[9] In einer Entschließung solidarisierte sich die SED mit der Moskauer Konferenz. Noch auf dem IV. Parteitag der albanischen Kommunisten im Februar 1961 in Tirana sprach Hermann Axen als Vertreter der SED von den »bankrotten Ideen« der »jugoslawischen Revisionisten«.[10]

Der XXII. Parteitag der KPdSU überraschte die SED mit einem verschärften Kampf gegen den Dogmatismus. Für die SED-Führung war es besonders peinlich, daß die von ihr noch 1959 gefeierten albanischen Kommunisten als Abweichler gebrandmarkt wurden. Mikojan stellte fest, »daß Enver Hodscha und Mehmet Schehu in ihrer Partei schon lange Zustände und Methoden, die mit dem Marxismus-Leninismus unvereinbar sind, eingeführt haben«.[11] Der XXII. Parteitag übte harte Kritik an Stalin und seinen Praktiken. Chruschtschow nahm in seinem Schlußwort noch einmal in aller Öffentlichkeit zu den Folgen des Personenkults Stellung, entlarvte den Terror und rehabilitierte wichtige Partei- und Armeeführer, die in den Stalinschen Säuberungen umgekommen waren. Er schlug sogar vor, »in Moskau ein Denkmal zum Andenken an die Genossen, die Opfer der Willkür geworden sind«, zu errichten.[12] Die Leiche Stalins wurde aus dem Lenin-Mausoleum entfernt.

Die SED schloß sich wieder einmal der sowjetischen Politik an. Sie begann mit rein äußerlichen Anpassungen: Nach Stalin benannte Straßen und Plätze, Fabriken und Institute wurden umgetauft; in Ost-Berlin verschwand über Nacht das riesige

[8] Neues Deutschland, Nr. 351 vom 21. 12. 1959.
[9] Vgl. Kommunistische Grundsatzerklärungen 1957–1971. Eingel. und hrsg. v. Fritz Schenk. Köln 1972, S. 86 ff. Einheit 15 (1960), Heft 12, S. 1795 ff.
[10] Neues Deutschland, Nr. 50 vom 19. 2. 1961.
[11] Neues Deutschland, Nr. 291 vom 22. 10. 1961.
[12] Die Presse der Sowjetunion, Nr. 136 vom 12. 11. 1961, S. 3028 ff. Neues Deutschland, Nr. 298 vom 29. 10. 1961.

Stalin-Denkmal. Die Entstalinisierung in der Sowjetunion billigte die SED uneingeschränkt. Ulbricht selbst verurteilte nun den Personenkult um Stalin und die »unter Führung Stalins begangenen Fehler und Verbrechen«,[13] er versprach sogar, »feste Garantien gegen eine Wiederholung solcher Fehler« zu schaffen. Damit war die SED endgültig auf eine konsequente Entstalinisierung festgelegt.

Das 14. Plenum des ZK der SED vom 23. bis 26. November 1961, auf dessen Tagesordnung zwar ausdrücklich der XXII. Parteitag der KPdSU und die »Aufgaben« in der DDR standen, drängte die Abrechnung mit Stalin in den Hintergrund. Wieder einmal wurden vor allem die wirtschaftlichen Probleme behandelt. Ulbricht benutzte die Gelegenheit, nochmals seinen Widersacher Schirdewan als »Revisionisten« anzugreifen. Nur einige Funktionäre gingen auf der Tagung direkt auf Chruschtschows Verurteilung Stalins ein. So sagte der Leiter des Büros des Politbüro, Otto Schön: »Solche Menschen wie Stalin, Molotow und Kaganowitsch gehörten für mich zur Leninschen Garde, waren Inbegriff des Bolschewiks. Um so erschütternder war es, erleben zu müssen, daß ihre späteren Handlungen in keiner Weise mit ihren Worten und Erklärungen im Einklang standen, ganz zu schweigen von ihren gegen die Partei gerichteten Maßnahmen, denen Tausende guter Kommunisten zum Opfer fielen. Aber Erschütterung hin – Erschütterung her, es war richtig und absolut notwendig, schonungslos mit ihnen abzurechnen, weil das die Garantie schafft, daß sich das niemals mehr wiederholt.«[14]

Solche klare Distanzierung war auf dem ZK-Plenum die Ausnahme. Paul Verner sprach nur davon, daß ihn die »Folgen des Personenkults ... sehr schmerzlich berührten«,[15] andere drückten sich noch verschwommener aus. Um so eindeutiger wurde die »Hetze« gegen Ulbricht zurückgewiesen; Gerhard Grüneberg forderte z. B., daß sich »alle geschlossen hinter den Genossen Ulbricht stellen« sollten. Erich Honecker hob das »Verdienst« Ulbrichts hervor, immer rechtzeitig »die neuen Probleme unseres Kampfes« gesehen zu haben, und für Hanna Wolf,

---

[13] Neues Deutschland, Nr. 327 vom 28. 11. 1961.

[14] Diskussion zum Bericht des Genossen Walter Ulbricht über den XXII. Parteitag der KPdSU und die Aufgaben in der Deutschen Demokratischen Republik, 14. Tagung des ZK der SED, 23. bis 26. November 1961. Berlin (Ost) 1961, S. 30.

[15] Ebd., S. 106.

Direktorin der Parteihochschule, war Ulbricht gar »das Synonym der Partei«.[16] Zwar berichtete ein ZK-Mitglied von der »Basis«, es gebe dort Meinungsverschiedenheiten darüber, warum nochmals der »Personenkult« diskutiert werde, so »schlecht war doch der Genosse Stalin gar nicht«. Vereinzelt würde auch umgekehrt gesagt, »diejenigen, die am 17. Juni 1953 Stalinbilder zerstört haben, hatten ja dann recht!«, doch seien dann eben die »Dokumente« des XXII. Parteitags zu wenig bekannt.[17] Kurt Hager, Kandidat des Politbüro und Sekretär des ZK, wendete die Kritik ins Positive: »Welch ein Glück für die weitere Entwicklung in der Sowjetunion und der internationalen Arbeiterbewegung, daß die KPdSU unter Führung ihres Zentralkomitees, mit Nikita Sergejewitsch Chruschtschow an der Spitze, entschlossen und schonungslos die Fehler und Verbrechen Stalins aufdeckte und sich von diesem Leninschen Kurs auch nicht durch die parteifeindliche, konservative und dogmatische Gruppe Molotow, Kaganowitsch, Malenkow und andere, die der XXII. Parteitag eindeutig verurteilt, abhalten ließ.«[18]

Solche Ausführungen zeigen, daß die SED-Führung auch 1961 gar keine andere Wahl hatte, als die Linie der Sowjetführer bedingungslos zu akzeptieren. So wurde denn auch von Hermann Axen der »Revisionismus« der italienischen Kommunisten angegriffen und von Otto Winzer die albanischen »Dogmatiker«.[19]

Die Politik der SED war – in der Selbstbeweihräucherung des ZK – hingegen »selbst in der Periode des Personenkults um Stalin« immer richtig und an den »Leninschen Parteinormen« orientiert gewesen.[20] Entsprechend wurde vom ZK auch Schirdewan für Fehler verantwortlich gemacht, und der Minister für Staatssicherheit, Erich Mielke, verwies auf »Untersuchungen« gegen »festgenommene Spionage- und Agentengruppen«, wobei er namentlich den aus West-Berlin entführten ehemaligen Berliner SED-Funktionär Heinz Brandt sowie den verhafteten Altkommunisten Karl Raddatz erwähnte.[21] Die SED-Führung

---

[16] Ebd., S. 61, 138, 326.
[17] Baumgart, ebd., S. 120 f.
[18] Ebd., S. 274.
[19] Ebd., S. 268 f., 288.
[20] So Paul Verner, ebd., S. 108.
[21] Ebd., S. 307 f. Raddatz (1904–1970), als Widerstandskämpfer gegen das NS-Regime inhaftiert, dann Generalsekretär der VVN, wurde 1962 zu sieben Jahren Zuchthaus verurteilt. Heinz Brandt wurde im Juni 1961 als Redakteur der Ge-

blieb also in den Schablonen ihrer bisherigen Politik, ein Lernprozeß war nicht erkennbar.

Stabilisierungsversuche

In ihrer Agitation hob die SED auch das Programm des »Aufbau des Kommunismus« hervor, das der XXII. Parteitag der KPdSU proklamiert hatte. Danach sollte in der ersten Phase (1961–1970) die Sowjetunion die USA »in der Pro-Kopf-Produktion überflügeln« und »als Ergebnis des zweiten Jahrzehnts (1971–1980) die materiell-technische Basis des Kommunismus« errichten.[22] Ein »Überfluß an materiellen und kulturellen Gütern für die gesamte Bevölkerung« wurde bis 1980 versprochen, ja sogar »das Prinzip der Verteilung nach den Bedürfnissen« in Aussicht gestellt. Es wurden nicht nur ausreichende Nahrungsmittel und Massenbedarfsgüter zugesagt, sondern für das zweite Jahrzehnt (also 1971 – 1980) auch die »unentgeltliche Benutzung kommunaler Verkehrsmittel«, kürzere Arbeitszeit als die 35-Stunden-Woche und »unentgeltliches Gaststättenessen«. Diese Versprechungen, die nicht nur nicht eingelöst, sondern heute auch totgeschwiegen werden, wollte auch die SED popularisieren. Vor FDJ-Funktionären faßte Otto Schön die Programmziele der KPdSU zusammen: »Im Programm sind die Zahlen dafür aufgeführt, was zur Schaffung der materiell-technischen Grundlagen des Kommunismus notwendig ist. Indem das verwirklicht wird, entsteht der größte gesellschaftliche Reichtum in der Sowjetunion. Die Sowjetunion wird das Land mit der produktivsten und kürzesten Arbeitszeit in der ganzen Welt, das Land mit dem höchsten Reallohn des arbeitenden Menschen, das Land mit dem längsten Urlaub für die Menschen, das Land mit der kostenlosen Benutzung der kommunalen öffentlichen Verkehrsmittel, der kommunalen Dienstleistungen, wie Gas, Wasser, Heizung usw., mit kostenloser ärztlicher Versorgung, mit unentgeltlicher Benutzung der Wohnung, ohne Erziehungskosten für die Kinder, für die Eltern, die

---

werkschafts-Zeitung ›Metall‹ aus West-Berlin verschleppt, zu 13 Jahren Zuchthaus verurteilt und 1964 aufgrund der Proteste im Westen entlassen. Vgl. sein Buch: Ein Traum, der nicht entführbar ist. Mein Weg zwischen Ost und West. München 1967 (Neuaufl. Berlin 1977).

[22] Die Presse der Sowjetunion, Nr. 143 vom 21. 11. 1961, S. 3243.

Gesellschaft übernimmt auch die Lieferung der Schulkleidung – mit einem unvorstellbaren hohen Lebensstandard.«[23]

Die Propaganda verfehlte ihre Wirkung – vermutlich haben schon damals die meisten DDR-Bürger den Prophezeiungen nicht geglaubt, sie waren stärker an der Entwicklung und dem Lebensstandard der Bundesrepublik orientiert als an den irrealen Prognosen der KPdSU, die nach Chruschtschows Absetzung in der Versenkung verschwanden und heute als reine Ideologie erscheinen müssen. Im Alltag der DDR sollte daher der XXII. Parteitag der KPdSU in erster Linie »Lehrbuch« für die »Werktätigen der DDR« für höhere Arbeitsleistungen und sollte Übererfüllung der Pläne im »Produktionsaufgebot« die »Lehre« des sowjetischen Parteitags sein.[24]

Unter diesen Umständen konnte Ulbricht seine Haltung bestätigt sehen. Doch dessen neuerliches Umschwenken rief in unteren Parteieinheiten immer wieder heftige Kritik hervor. Die Parteiführung mußte sich mehrfach mit der »Hetze gegen den Genossen Walter Ulbricht« befassen.[25] Die 9. Tagung des Zentralrates der FDJ im Dezember 1961 bekannte sich zu Ulbricht, »den unerschrockenen Kämpfer für den Sieg des Sozialismus, für das Glück der deutschen Nation und ihrer Jugend«. Der FDJ-Vorsitzende Schumann betonte, die Jugendorganisation stehe fest zur Partei »und zu Walter Ulbricht«; der machte der FDJ vor allem ein verbessertes Studium des Marxismus-Leninismus zur Aufgabe.[26] Egon Krenz, Sekretär des Zentralrats für Hochschulwesen und heute Mitglied des Politbüro der SED, verlangte nicht nur, den Marxismus-Leninismus »zur Grundlage unseres Handelns zu machen«, sondern auch, die »Erfahrungen der Sowjetwissenschaft zu nutzen und die russische Sprache so zu lernen, daß alle Studenten die Sprache der Erbauer des Kommunismus beherrschen«.[27]

Um Ulbrichts Herrschaft abzusichern, stellte die SED ihren Ersten Sekretär als einen engen Freund Chruschtschows

---

[23] Otto Schön, Der XXII. Parteitag der KPdSU – die 14. Tagung des ZK der SED und die sich daraus ergebenden Aufgaben für den Sieg des Sozialismus in der DDR. (Vortrag am 4. 1. 1962 vor den 1. Sekretären der Kreisleitungen der FDJ) Beilage zur Zeitschrift Junge Generation. Berlin o. J. (1962)., S. 11.
[24] Das Volk. Organ der BL Erfurt des SED, Nr. 263 vom 4. 11. 1961.
[25] Neues Deutschland, Nr. 312 vom 12. 11. 1961.
[26] Junge Welt vom 27. und vom 28. 12. 1961.
[27] Junge Generation, Nr. 7, April 1962, S. 16.

vor, in den Medien erschien nunmehr Ulbricht stets neben Chruschtschow. Tatsächlich bemühte sich Ulbricht, Chruschtschows Politik auf die DDR zu übertragen. Allerdings ging Ulbricht dabei bereits 1961 auf vorsichtige Distanz zum »Modell« Sowjetunion. So sagte er auf einer Rede in Leipzig im Dezember 1961, die Führung habe keineswegs die Absicht, »die Sowjetunion zu kopieren«.[28] Und im Februar 1962 erklärte er in einem Interview mit dem Parteiorgan ›Neues Deutschland‹, die deutschen Kommunisten hätten schon 1945 einen eigenen Weg ausgearbeitet, der »den deutschen Entwicklungsbedingungen« entsprach. »Man kann nicht sagen, daß wir irgendwelche Maßnahmen anderer sozialistischer und volksdemokratischer Länder unbesehen und ohne Rücksicht auf die spezifische deutsche Situation übernommen hätten. Wir lassen uns leiten von den Grundsätzen der marxistisch-leninistischen Lehre und wenden sie auf unsere deutschen Entwicklungsbedingungen an.«[29] Ulbricht griff hier indirekt auf die These vom »besonderen deutschen Weg zum Sozialismus« (den ja gerade er bei der Stalinisierung der SED verworfen hatte) zurück, um eine selbständige SED-Politik zu demonstrieren. Freilich blieben dies Anfang der sechziger Jahre noch sporadische Äußerungen, erst 1967/68 trat Ulbricht ausdrücklich mit der These der Eigenständigkeit der DDR an die Öffentlichkeit.

Die Partei zeigte sich bereit, den Terror zugunsten von Neutralisierung und ideologischer Überzeugungsarbeit einzuschränken. Der Erfolg einer Neutralisierung der Bevölkerung war weitgehend vom Lebensstandard abhängig. Deshalb widmete die SED ihre ganze Kraft der Wirtschaftsentwicklung; sie experimentierte auch mit neuen Leitungsformen, um Verbesserungen zu erzielen. Den Bewohnern der DDR blieb nach dem Mauerbau keine andere Wahl, als sich mit dem Regime zu arrangieren. Das erleichterte es der DDR-Führung, ihr Ziel zu erreichen: Viele Menschen versuchten, das Beste aus ihrer Lage zu machen; sie waren bestrebt, durch größere Leistungen ihr Lebensniveau zu erhöhen und Aufstiegschancen zu erhalten, sie mußten sich einrichten. Diese Haltung bewirkte eine positive Entwicklung, die dadurch möglich werdenden materiellen Ver-

---

[28] Rede in Leipzig am 8. 12. 1961. In: Walter Ulbricht, Zur Geschichte der deutschen Arbeiterbewegung. Aus Reden und Aufsätzen. Bd. X. Berlin (Ost) 1966, S. 277.
[29] Neues Deutschland, Nr. 62 vom 21. 2. 1962.

besserungen wiederum bauten oppositionelle Stimmungen ab, so daß sich die Beziehungen zwischen der Führung und der Bevölkerung allmählich versachlichten.

Darüber hinaus versuchte die SED neue Anhänger zu gewinnen. Dabei sollten ihr ideologische Kampagnen helfen, in deren Mittelpunkt sie nationale Traditionen und die Geschichte der Arbeiterbewegung stellte. Im März 1962 verabschiedete die Nationale Front das sogenannte ›Nationale Dokument‹, das nach Ulbrichts Worten davon ausging, »daß die deutsche Nation heute in zwei Staaten gespalten ist, die sich auf dem Boden Deutschlands feindlich gegenüberstehen, ein Zustand, den wir nicht wünschen und der nicht anhalten darf«.[30]

Nach Aussage des Dokuments war der gefährlichste Feind des deutschen Volkes immer die kleine herrschende Schicht gewesen, die das Volk ausbeutete und Deutschland in Kriege verwickelte. Durch das Versagen der Bourgeoisie habe die Arbeiterbewegung das Recht auf die Führung der Nation erworben. Die Wiedervereinigung Deutschlands sei an den Sieg des Sozialismus in der DDR und die Überwindung des Militarismus und Imperialismus in der Bundesrepublik gebunden. Die DDR stelle sich auf eine lange Periode friedlicher Koexistenz in Deutschland ein. Diese sollte durch »eine deutsche Konföderation« gewährleistet werden. »Die Konförderation würde ein Maximum der Verständigung über alle wirtschaftlichen und rechtlichen und kulturellen Fragen, über internationale und nationale Fragen ermöglichen, jede Gefahr eines bewaffneten Konfliktes ausschalten und eine weitere Vertiefung des Grabens zwischen den beiden deutschen Staaten verhindern. Wir meinen, daß alle Deutschen in Ost und West daran interessiert sein sollten. Natürlich ist eine solche Konföderation nicht für die Ewigkeit gedacht. Sie hätte die Zeit zu überbrücken, in der es zwei deutsche Staaten gibt. Sie würde also mit der Wiedervereinigung Deutschlands erlöschen. Besonders wichtig wäre es, im Rahmen einer solchen Konföderation den Frieden für das deutsche Volk in der ganzen Übergangsperiode zu sichern.«[31] Abrüstung, Verbot von Kernwaffen auf deutschem Boden sowie »die Neutralität der deutschen Staaten« seien dann möglich. Die Konföderation sei mehr als »ein Zustand, in dem lediglich nicht geschossen« werde. Auch »Westberlin, das auf dem Territorium

[30] Neues Deutschland, Nr. 86 vom 27. 3. 1962.
[31] Ebd.

der DDR« liege, »würde als entmilitarisierte freie und neutrale Stadt an einer deutschen Konföderation teilnehmen können«.[32]

Solche Pläne hatten bei der damaligen weltpolitischen Lage und dem gespannten Verhältnis beider deutscher Staaten keine Realisierungschancen, ja sie bildeten nicht einmal eine Diskussionsgrundlage, da die Bundesrepublik am Alleinvertretungsanspruch festhielt und keine Gespräche mit der DDR-Regierung geführt wurden. So beschränkte sich die Funktion des ›Nationalen Dokuments‹ auf die Mobilisierung im Innern, die SED veranstaltete darüber eine »Volksaussprache«.

Frauen in der Männergesellschaft

Eine »Volksaussprache« hatte die SED auch zu einem anderen Dokument organisiert, das einen Tag vor Weihnachten 1961 vom Politbüro der SED veröffentlicht wurde: das Kommuniqué ›Die Frau – der Frieden und der Sozialismus‹.[33] Die Partei ging davon aus, daß die ökonomischen Probleme nur zu bewältigen seien, wenn alle Kräfte, vor allem aber auch die Frauen und Mädchen herangezogen würden. Durch die neue Kampagne sollte »die Frau beim Aufbau des Sozialismus mehr als bisher zur Geltung kommen«. Der SED genügte die bisherige Mitarbeit der Frauen nicht, obwohl sie in der Gesellschaft, hauptsächlich aber in der Wirtschaft, eine wesentliche Rolle spielten. Das Kommuniqué bestätigte, daß 64,8 Prozent aller arbeitsfähigen Frauen von 16 bis 60 Jahren berufstätig waren. Im September 1961 waren 3,5 Millionen, d. h. 43,9 Prozent der Gesamtbeschäftigten Frauen, die in allen Wirtschaftszweigen arbeiteten. Am meisten verbreitet war die Frauenarbeit in der Industrie. In der Textilherstellung dominierten die weiblichen Arbeitskräfte mit 72 Prozent. Der Anteil der Frauen nahm auch in den nicht typisch »weiblichen« Berufszweigen zu; so gab es in der Berufsgruppe Chemiewerker 26 Prozent Frauen. Von der Gesamtzahl der Produktionsarbeiter waren in der Textilindustrie 70 Prozent, in der Konfektion 90 Prozent, in der Chemie

---

[32] Ebd. Vgl. auch Stephan Thomas (Hrsg.), Das Programm der SED. Das erste Programm der SED. Das vierte Statut der SED. Das Nationale Dokument. Köln 1963, S. 134ff.
[33] Neues Deutschland, Nr. 352 vom 23. 12. 1961.

34 Prozent und in der Metallurgie 13 Prozent Frauen. Fast 3 Millionen berufstätige Frauen waren gewerkschaftlich organisiert.

Beinahe 70 Prozent der arbeitsfähigen Frauen waren bereits in den Arbeitsprozeß einbezogen, das Reservoir war also nicht mehr allzu groß. Deshalb galt die Hauptsorge der SED der Qualifizierung der Frauen und Mädchen. Das Kommuniqué hob hervor, daß die »Fähigkeiten und Leistungen der Frauen ungenügend für ihre eigene Entwicklung und für den gesellschaftlichen Fortschritt genutzt werden«. Die Arbeitsproduktivität der Frauen, die häufig keine Berufsausbildung besaßen, war geringer als die ihrer männlichen Kollegen, die zumeist einen Beruf erlernt hatten. Da die Wirtschaft mehr technisch ausgebildete Fachkräfte benötigte, war die SED bestrebt, die Berufsausbildung der Arbeiterinnen zu verbessern und darüber hinaus mehr Frauen für das technische Studium zu interessieren.

Zwar waren 28 Prozent aller Studierenden Frauen, doch die Verteilung auf die einzelnen Fachrichtungen war sehr unterschiedlich. An den Universitäten waren etwa 43 Prozent Studentinnen immatrikuliert, an Pädagogischen Hochschulen 49 Prozent, an Medizinischen Akademien 54 Prozent, in der Fachrichtung Pharmazie 71 Prozent, an Technischen Hochschulen knapp 6 Prozent, in der Fachrichtung Elektrotechnik kaum 3 Prozent.[34] In den sechziger Jahren gab es dann auf dem Gebiet der Frauenqualifizierung nicht unbeträchtliche Fortschritte.

Das Kommuniqué übertrug neben den Frauenausschüssen in den Betrieben auch dem Demokratischen Frauenbund wichtige Aufgaben. Die Frauenorganisation sollte die langjährigen Bemühungen der DDR-Führung forcieren, Frauen zur Mitarbeit in Staat und Wirtschaft zu gewinnen. Die 5. Tagung des DFD-Bundesvorstandes beschloß im Januar 1962, »das Gespräch« mit den Frauen zu suchen, um die wirtschaftliche Sparsamkeit zu fördern und die Bildungsarbeit unter den Frauen zu intensivieren. Sein Hauptaugenmerk richtete der Frauenbund auf die rund 30 Prozent nicht berufstätiger Frauen im arbeitsfähigen Alter. Sie wurden aufgerufen, in den auf Initiative des DFD entstandenen »Hausfrauenbrigaden« mitzuarbeiten.[35] Diese

---

[34] Neues Deutschland, Nr. 41 vom 10. 2. 1962.
[35] Vgl. dazu Gerda Weber, Frauen als letzte Reserve. SBZ-Archiv 13 (1962) Nr. 10, S. 154 ff.

Brigaden wurden ein fester Bestandteil der DDR-Wirtschaft. Der DFD hatte auch über den Rahmen seiner 1,3 Millionen Mitglieder hinaus auf die Frauen der DDR einzuwirken. So fand im Juni 1964 erstmals ein »Frauenkongreß« der DDR statt, auf dem von den über 1100 Teilnehmerinnen nur 643 Delegierte des DFD waren. Der zweite Frauenkongreß 1969 wurde nicht nur vom DFD, sondern auch vom FDGB und der Nationalen Front einberufen. Seine Hauptforderungen waren Erleichterungen für die berufstätige Frau, Ausbau der Dienstleistungseinrichtungen, Modernisierung des Handelsnetzes, Erweiterung der Schulspeisung usw. Eine besondere Rolle bei der Beeinflussung der Frauen und Mädchen der DDR spielten die 1967 entstandenen »Frauen-Akademien«, die in Vortragsreihen politische, kulturelle oder auch hauswirtschaftliche Themen abhandelten. Der DFD griff die Probleme der Frauen auf, versuchte also die Interessen seiner Mitglieder zu vertreten, wirkte aber vor allem als Massenorganisation der SED, d. h., er wollte die Frauen stärker in den Wirtschaftsprozeß einbeziehen und sie für das DDR-System gewinnen.

Im politischen und gesellschaftlichen Alltag der DDR zeigte sich allerdings, daß die Mitwirkungsmöglichkeiten der Frauen minimal waren. Ihr Einfluß ließ sich mit einer Pyramide vergleichen: In unteren Funktionen spielten die Frauen eine beachtliche Rolle, in mittleren Positionen waren sie noch ausreichend repräsentiert, an der Spitze jedoch kaum vertreten. In den sechziger Jahren (bis heute) war keine Frau Vollmitglied des Politbüros, Anfang der sechziger Jahre gab es lediglich zwei weibliche Minister, Hilde Benjamin und Margarete Wittkowski, Ende der sechziger Jahre (und auch heute) sogar nur noch einen, Margot Honecker. Margot Honecker, geb. Feist (geb. 1927), trat 1945 als Stenotypistin der KPD bei und war von 1949 bis 1953 Sekretär des Zentralrats der FDJ und Vorsitzende der »Jungen Pioniere«. 1953 heiratete sie Erich Honecker (nach dessen Scheidung von Edith Baumann), 1958 wurde sie Stellvertreter, seit 1963 ist sie Minister für Volksbildung und Mitglied des ZK der SED. Trotz aller Rechtsnormen, politischer Thesen und Qualifizierungsmaßnahmen für die Frauen blieb die DDR weiterhin eine ausgesprochene Männergesellschaft.[36]

---

[36] Vgl. dazu Gabriele Gast, Die politische Rolle der Frau in der DDR. Düsseldorf 1973. Gisela Helwig, Zwischen Familie und Beruf. Die Stellung der Frau in beiden deutschen Staaten. Köln 1974.

Traditionspflege

Auch ein drittes Dokument beschäftigte mehrmals die Spitzenführung der SED: Eine Kommission unter Vorsitz Ulbrichts verfaßte einen ›Grundriß der Geschichte der deutschen Arbeiterbewegung‹, der erstmals auf der 16. Tagung des ZK der SED im Juli 1962, beraten wurde. In den folgenden Monaten diskutierte die SED über den ›Grundriß‹, den die 2. ZK-Tagung im April 1963 endgültig billigte.

Mit der Verdammung Stalins war das »große Vorbild« bei der Erziehung der Jugend ausgefallen, und diese Lücke konnten auch philosophische Theorien nicht ausfüllen. So erschien es der SED-Führung ratsam, nun ein neues Legitimationsinstrument einzusetzen: die Tradition der deutschen Arbeiterbewegung. Deren Führer – August Bebel ebenso wie Rosa Luxemburg und Karl Liebknecht – wurden der jungen Generation als Ideale vorgestellt, sie sollten die geistige Anziehungskraft der SED erhöhen. Die Historiker erhielten einen politischen Auftrag, dessen Axiom lautete, »daß sich die Geschichtswissenschaft in der gesamten Arbeit jederzeit von den politischen Erfordernissen des gegenwärtigen Kampfes leiten läßt und daher von den Beschlüssen der Partei ausgehen muß«.[37]

Dieser Direktive entsprechend war der ›Grundriß‹ noch ganz im stalinistischen Geist abgefaßt: Die Geschichtswissenschaft diente in erster Linie der Untermauerung politischer Anliegen, sie hatte daher nicht unbekannte Fakten zu erforschen, sondern vorgefaßte politische Meinungen zu bestätigen. Die sogenannte Parteilichkeit der Geschichtsschreibung war das Prinzip, die eigene Vergangenheit durch einseitige Auswahl und Schwerpunktverlagerung zu glorifizieren. Die stalinistische Geschichtsschreibung ging weit über diese Parteilichkeit hinaus, indem sie unbequeme oder der Verherrlichung der Partei abträgliche Materialien nicht nur verschwieg, sondern sogar plump fälschte; so wurden in Neuauflagen von Dokumenten nicht nur wichtige Passagen unterschlagen, sondern auch Namen und Tatsachen aus Faksimiles weggeätzt oder Bilder retuschiert. Besonders auffallend war die Eliminierung von Namen. »Parteifeinde« oder »Agenten«, d. h. alle Personen, die irgendwann mit der Partei in Konflikt gerieten, wurden zu »Unpersonen«, ihre Rollen aus der Geschichte »getilgt«.

---

[37] Einheit 17 (1962) Sonderheft, S. 100.

Eine wichtige Aufgabe des ›Grundriß‹ war es auch, den Personenkult um Ulbricht zu forcieren, der dann zu Ulbrichts 70. Geburtstag am 30. Juni 1963 jedes erträgliche Maß überstieg. Das Organ des ZK »Für Fragen der Parteiarbeit«, die Zeitschrift ›Neuer Weg‹, verbreitete die typische, stalinistische Losung: »Uns allen zum Nutzen – Walter Ulbricht zu Ehren – am 30. Juni planschuldenfrei«. Das SED-Zentralorgan ›Neues Deutschland‹ wandelte diesen sinnigen Leitspruch nach Chruschtschows Besuch noch ab: »Uns allen zum Nutzen – Walter Ulbricht zu Ehren – Nikita Chruschtschow zur Freude«.[38] Die Stellung Ulbrichts in Partei und Staat war fester denn je, seine Führungsposition durch die Sowjetunion abgesichert. In den Grußbotschaften wurde Ulbricht nicht nur als »Staatsmann neuen Typus« vorgestellt, es hieß auch, er sei »geläutert im Tiegel der Arbeiterbewegung«.[39] Hier schloß sich der Kreis: Die Geschichte der Arbeiterbewegung mußte herhalten, den Personenkult um Ulbricht zu rechtfertigen.

Der ›Grundriß‹ diente außerdem als Exposé für eine umfassende ›Geschichte der deutschen Arbeiterbewegung‹. Dieses Werk in acht Bänden (mit mehr als 5000 Seiten, Hunderten von Bildtafeln und 1000 Dokumenten) erschien dann zum 20. Jahrestag der Gründung der SED im April 1966.[40] Nun bildete die achtbändige ›Geschichte‹ die Grundlage der SED-Parteischulung. Bis 1967 wurden (mit Sonderausgaben) über eine Million Exemplare gedruckt. Auch bei diesen acht Bänden gingen die SED-Historiker voreingenommen an die Geschichte der deutschen Arbeiterbewegung heran, ihre Untersuchung hatte die von der Partei aufgestellten Dogmen zu belegen. Nach wie vor wurden historische Gegebenheiten durch die ideologische Brille und damit verzerrt gesehen, noch immer diente die Geschichtswissenschaft weitgehend der Untermauerung politischer Anliegen. Die sogenannte Parteilichkeit war beibehalten worden.

Allerdings begann sich die DDR-Geschichtswissenschaft mit diesem achtbändigen Werk vom Stalinismus zu lösen; die plumpen Fälschungen, die primitiven stalinistischen Methoden wurden aufgegeben. Das war eine bemerkenswerte Wende der SED-Geschichtsschreibung. Natürlich sollte auch die jetzt objektivere Betrachtung die politische Position der Partei stärken.

---

[38] Neuer Weg 18 (1963) Nr. 12, S. 557. Neues Deutschland, Nr. 174 vom 28. 6. 1963.

[39] Neues Deutschland, Nr. 165 vom 19. 6. 1963, Beilage.

[40] Geschichte der deutschen Arbeiterbewegung. Bd. 1–8. Berlin (Ost) 1966.

Im Selbstverständnis der SED führte eine gerade Linie von Marx und Engels über Bebel, Liebknecht und Luxemburg bis zu Thälmann und schließlich Ulbricht. Weiterhin versuchte die SED, den »wissenschaftlichen Nachweis« zu erbringen, »daß die SED, daß die DDR ... das gesetzmäßige, historisch notwendige Ergebnis der geschichtlichen Entwicklung der letzten 120 Jahre ist«.[41] Damit sollte das aktuelle Ziel der SED, der »Sozialismus«, historisch legitimiert werden. Die Geschichtsbetrachtung wurde so Teil der Ideologie.

Die SED erklärte den Marxismus-Leninismus zur herrschenden Ideologie der DDR und definierte ihn folgendermaßen: »Der Marxismus-Leninismus ist die Lehre von den allgemeinen Entwicklungsgesetzen der Natur, der Gesellschaft und des menschlichen Denkens, eine wissenschaftliche Weltanschauung, ein in sich geschlossenes, harmonisches System philosophischer, ökonomischer, sozialer und politischer Anschauungen.«[42] Zielsetzung der SED waren die klassenlose Gesellschaft und der »neue Mensch«. Mit Hilfe einer exakten Strategie und Taktik der Revolution sollten diese Ziele verwirklicht werden. Die Geschichte wurde, im Sinne von Marx, als Geschichte von Klassenkämpfen gedeutet, in deren Entwicklung sich im Weltmaßstab Kapitalismus und »Sozialismus« gegenüberstehen. Um den Imperialismus (zu dem sich nach kommunistischer Lehre der Kapitalismus im 20. Jahrhundert entwickelte) zu überwinden, müssen die Arbeiter unter Führung der marxistisch-leninistischen Partei die politische Macht erobern und den Sozialismus aufbauen. Nach dieser Sicht hatte in der DDR in den sechziger Jahren bereits »das Zeitalter des Sozialismus begonnen«.[43]

Die Definition des Begriffes Sozialismus, der im SED-Programm einen breiten Raum einnahm, wurde 1970 von der SED konkretisiert. Sozialismus wurde nunmehr gesehen als »die Verwirklichung der führenden Rolle der revolutionären Partei der Arbeiterklasse im gesamten gesellschaftlichen Leben«. Sozialismus bedeutete danach Herrschaft der Arbeiterklasse, gesellschaftliches Eigentum an den wichtigsten Produktionsmit-

---

[41] Neuer Weg 21 (1966) Nr. 4, S. 205f.
[42] Programm der SED von 1963. Vgl. dazu Hermann Weber, Die Sozialistische Einheitspartei Deutschlands 1946 bis 1971. Hannover 1971, S. 108. Vgl. auch Thomas, Das Programm, S. 28 ff. Vgl. auch unten, Anm. 46.
[43] Weber, Die Sozialistische Einheitspartei Deutschlands, S. 94 ff. Thomas, Das Programm, S. 28.

teln, Planung und Leitung der Produktion, »das feste Bündnis, die enge Freundschaft mit der Sowjetunion«, die »Anerkennung der historischen Tatsache, daß die Sowjetunion zum Grundmodell der sozialistischen Gesellschaft wurde«, schließlich sozialistische Lebensweise, neue Arbeitsdisziplin.[44]

Eine solche Charakterisierung des Sozialismus reduzierte ihn zwar auf das sowjetische Modell, traf aber eher auf die Realität der DRR zu als die ursprünglichen Vorstellungen von Marx über den Sozialismus als einen universellen Humanismus. Die programmatischen Aussagen der SED verdeutlichen, daß die Ideologie auch nach 1961 die bestehenden Gesellschafts- und Machtverhältnisse rechtfertigen, festigen und verschleiern sollte; außerdem diente die Ideologie als Integrationsfaktor, mit dem durch »unerschütterliche Hoffnung auf den Sieg«[45] die optimistische Bejahung des Systems erreicht werden sollte.

Mit dem Ausbau der Wirtschaft in der DDR und mit der Entwicklung der modernen Industriegesellschaft zeigte sich freilich in der Praxis, daß die Ideologie viele Probleme der Gesellschaft nicht lösen konnte und daß auch die DDR auf zahlreichen Gebieten ähnliche Aufgaben zu bewältigen hatte wie andere Industrieländer.

Der VI. Parteitag der SED

Vom 15. bis 21. Januar 1963 tagte in Ost-Berlin der VI. Parteitag der SED, die inzwischen über 1,5 Millionen Mitglieder zählte. Als Gäste waren Abordnungen von 70 kommunistischen Parteien, darunter eine KPdSU-Delegation unter Führung von N. S. Chruschtschow, zum Parteitag gekommen. Das Hauptreferat hielt wiederum Walter Ulbricht, der als unbestrittener Führer von Partei und Staat auftreten konnte. Höhepunkt des Parteitages war die Annahme eines Parteiprogramms der SED. Es war das erste Programm, das sich die Partei gab (die ›Grundsätze und Ziele‹ von 1946 galten inzwischen als »überholt«). Sich selbst definierte die Staatspartei der DDR als »die Partei des Sozialismus. Sie ist die Partei der Arbeiterklasse und des

---

[44] Günther Hoppe, Lenin und die Theorie des wissenschaftlichen Sozialismus. Geschichtsunterricht und Staatsbürgerkunde 12 (1970) Nr. 12, S. 1058f.

[45] G. Heyden und A. Pietschmann, Die deutsche Frage. Berlin (Ost) 1965, S. 166.

ganzen werktätigen Volkes ... Sie ist eine marxistisch-leninistische Kampfpartei.«[46]

In der Einleitung des Programms berief sich die SED auf Marx und Lenin und erläuterte den Sozialismus, den die DDR angeblich verwirklicht. Die drei Teile »Weg und Ziel«, »Der umfassende Aufbau des Sozialismus« und »Der Kommunismus – die Zukunft der Menschheit« wiederholten wesentliche Thesen des sowjetischen Parteiprogramms vom Oktober 1961. Das Programm machte den »umfassenden Aufbau des Sozialismus« im Rahmen des sozialistischen Weltsystems zur Aufgabe der DDR. Es gelte vor allem, Produktion und Arbeitsproduktivität zu steigern, »sozialistische Beziehungen« zwischen den Menschen zu schaffen, Bildung und Kultur zum Besitz aller Werktätigen zu machen. Die SED betonte in ihrem Programm, daß sie unverrückbar an ihrem Ziel der »Wiederherstellung der nationalen Einheit Deutschlands« festhalten und »dem unerträglichen feindseligen Gegenüberstehen von zwei deutschen Staaten ein Ende bereiten« wolle.[47]

Außer dem neuen Programm, das Ulbricht erläuterte, beschloß der VI. Parteitag auch ein neues Organisations-Statut, das Erich Honecker begründete und das weitgehend eine Kopie des Parteistatuts der KPdSU war.[48] Schwerpunkt der Beratungen des Parteitages waren wiederum Wirtschaftsfragen. Die Anwesenheit von Chruschtschow, Gomulka, Schiwkow und anderen kommunistischen Parteiführern auf dem VI. Parteitag machte die Konferenz auch zu einem Forum der Auseinandersetzungen im Weltkommunismus. So schrien die SED-Delegierten den Vertreter der KP Chinas, Wu Hsiu-tjüan, nieder, und die SED maßte sich an, die Chinesen zu »belehren«, wie Revolutionen zu führen seien. Angeblich provozierte die SED-Führung die Attacke gegen die chinesischen Parteitagsgäste, um die jugoslawischen Kommunisten vor chinesischen Angriffen zu schützen. Doch gerade die Jugoslawen waren früher von den Ulbricht-Anhängern als »Tito-Faschisten« diffamiert worden.[49]

Vertreter mehrerer kommunistischer Parteien, die sich hinter

---

[46] Protokoll der Verhandlungen des VI. Parteitages der Sozialistischen Einheitspartei Deutschlands. 15.–21. Januar 1963. Berlin (Ost) 1963, Bd. 4, S. 297 ff.

[47] Ebd., S. 330 f.

[48] Vgl. Protokoll, ebd., Bd. 2, S. 153 ff., Bd. 4, S. 406 ff. Thomas, Das Programm, S. 110 ff.

[49] Vgl. dazu oben, Kap. 2. Anm. 325.

China stellten (Indonesien, Burma, Malaya, Thailand), erhielten auf dem Parteitag nicht das Wort, sie konnten ihre Erklärungen nur schriftlich abgeben. Auch der Gast aus Nord-Korea wandte sich gegen die »einseitige Kritik an der KP Chinas«. Die KP Chinas beurteilte den SED-Parteitag als »kritischen Wendepunkt«: »Dieser Parteitag der SED stellt für die Kommunisten der ganzen Welt eine schwerwiegende Frage, nämlich ob die Reihen der internationalen kommunistischen Bewegung geschlossen bleiben sollen oder nicht.«[50] Am 14. Juni 1963 schlug die KP Chinas mit ihren berühmten 25 Punkten schließlich eine neue Generallinie der kommunistischen Weltbewegung vor.[51] Seit diesem Zeitpunkt ist der Weltkommunismus in zwei feindliche Flügel gespalten. Die SED warf den chinesischen Kommunisten weiterhin »unfruchtbaren Dogmatismus« vor und hielt »unerschütterlich daran fest, daß die KPdSU die Avantgarde der kommunistischen Weltbewegung ist«.[52] Doch auch innerhalb der SED gab es Anzeichen für einen »chinesischen Flügel«. Die SED hatte sich erstmals im Juli 1960 gegen »chinesische« Tendenzen in ihren Reihen gewandt. Als der Altkommunist und ehemalige Botschafter in Warschau, Stefan Heymann, in einem Artikel behauptete: »Imperialisten sind Papiertiger«, wies die SED diese Mao-Thesen als »demobilisierend« zurück. Gerüchtweise verlautete 1963 sogar, Paul Verner und Paul Fröhlich seien über den Kurswechsel Chruschtschows in der Deutschland- und Berlin-Frage enttäuscht, sie würden Ulbrichts Einschwenken mißbilligen und mit China sympathisieren. Durch geschicktes Taktieren gelang es Ulbricht jedoch, alle wichtigen Fäden in der Hand zu behalten.

Der VI. Parteitag bestätigte eine neue Parteiführung, das ZK wurde von 111 auf 121 Mitglieder und von 44 auf 60 Kandidaten erweitert. Das ZK bestimmte als Mitglieder des Politbüros Ebert, Fröhlich, Grotewohl, Hager, Honecker, Leuschner, Matern, Mückenberger, Neumann, Norden, Stoph, Ulbricht, Verner und Warnke und als Kandidaten Apel, Axen, Bartsch, Ewald, Grüneberg, Jarowinsky, Mittag, Margarete Müller und Sindermann. Fünf der bisherigen Kandidaten des Politbüros

---

[50] Schließen wir uns auf der Grundlage der beiden Moskauer Erklärungen zusammen. Peking 1963, S. 8f.

[51] Abgedruckt in: Hermann Weber, Konflikte im Weltkommunismus. München 1964, S. 100f.

[52] Neues Deutschland, Nr. 196 vom 20. 7. 1963.

wurden nicht wiedergewählt (Edith Baumann, Luise Ermisch, Alfred Kurella, Karl Mewis und Alois Pisnik). Bereits kurz nach dem Parteitag wurde Prof. Karl-Heinz Bartsch seiner Funktion wieder enthoben; er hatte seine Mitgliedschaft in der SS verschwiegen.[53]

In das oberste Führungsgremium der DDR waren erstmals neben alte bekannte Apparatfunktionäre jüngere Fachleute und Wirtschafter aufgerückt (Apel, Jarowinsky, Mittag). Ihre Wahl unterstrich, welche Bedeutung die SED ökonomischen Problemen beimaß, sie signalisierte aber auch eine veränderte Kaderpolitik. Erich Apel (1917–1965) wurde 1939 Ingenieur, war dann bis 1945 Soldat und von 1946 bis 1952 Oberingenieur in der Sowjetunion. Er wurde nach Rückkehr in die DDR 1952 Mitglied der SED, war von 1953 bis 1955 Stellvertreter und von 1955 bis 1958 Minister für Schwermaschinenbau. Von 1958 bis 1961 leitete er die Wirtschaftskommission beim Politbüro der SED, 1960 promovierte er zum Dr. rer. oec. Von 1961 bis 1963 war er Sekretär des ZK und ab 1963 Vorsitzender der Staatlichen Plankommission und Kandidat des Politbüro. Als einer der Initiatoren des »Neuen Ökonomischen Systems der Planung und Leitung« soll er in Widerspruch zur sowjetischen Politik geraten sein; im Dezember 1965 verübte er Selbstmord.

Günter Mittag (geb. 1926) war Eisenbahner und ist seit 1946 in der SED. 1951 wurde er Mitarbeiter des ZK, promovierte 1958, war 1963 Kandidat und seit 1966 Mitglied des Politbüros; er wurde nach Apel wichtigster Wirtschaftsführer, war von 1966 bis 1973 Sekretär des ZK, von 1973 bis 1976 1. Stellvertreter des Vorsitzenden des Ministerrates und ist seit 1976 wieder Sekretär des ZK für Wirtschaftsfragen.

Gleichzeitig rückte aber mit Kurt Hager (geb. 1912) ein Ideologe neu als Mitglied ins Politbüro auf. Hager war seit 1930 in der KPD; er kam 1945 aus der englischen Emigration zurück, wurde Leiter der Abteilung Parteischulung des Parteivorstandes und 1952 Leiter der Abteilung Wissenschaft des ZK der SED. 1955 wurde er Sekretär des ZK und gehörte seit 1959 als Kandidat dem Politbüro an, seither ist er Mitglied der Spitzenführung.

---

[53] »Genosse Karl-Heinz Bartsch wurde auf Beschluß des ZK aus dem ZK ausgeschlossen, weil er seine Zugehörigkeit zur Waffen-SS verschwiegen hat.« Die »weitere Untersuchung« sollte die Parteikontrollkommission vornehmen, jedoch verlautete darüber nichts mehr. Protokoll VI. Parteitag, Bd. 2, S. 495.

Auch der zeitweilige »2. Mann« der SED, Paul Verner (geb. 1911), kam 1963 als Mitglied ins Politbüro. Der gelernte Metallarbeiter kam 1945 aus dem schwedischen Exil, wurde 1946 Mitbegründer der FDJ und (als Konkurrent Honeckers) Jugendsekretär der SED. Seit 1950 Mitglied des ZK, leitete er zeitweise die »Westarbeit« der SED. Von 1959 bis 1971 war er 1. Sekretär der Berliner SED, danach war er bis 1984 Sekretär für Sicherheitsfragen.

Der Führungsanspruch der SED war umfassend; sie leitete nach eigener Aussage »das gesamte gesellschaftliche Leben der Republik und ist für den gesamten Komplex der politischen, ideologischen, wissenschaftlichen, technischen, ökonomischen und kulturellen Arbeit verantwortlich«.[54] Gerade bei der »Verwirklichung der Beschlüsse des VI. Parteitags«, so die DDR heute, wuchsen ihre Befugnisse im Staat. Ihre Beschlüsse wurden »unmittelbare Arbeitsgrundlage der Staatsorgane«. Die SED-Führung bestimmte die Grundfragen der Außenpolitik und »beauftragte die Regierung, sie zu verwirklichen«. »Auch in den Volksvertretungen verstärkte die Partei ihren Einfluß, indem sie bewährte und angesehene Genossen als Abgeordnete gewann und die Tätigkeit der Parteigruppen aktivierte. Im Staatsapparat nahmen die Grundorganisationen der SED stärkeren Einfluß auf die Qualifizierung der staatlichen Leitung und setzten sich für eine Arbeitsweise ein, die sich auf die Mitarbeit der Bürger stützte. Der Beschluß des Politbüros ›Für eine neue Qualität der politisch-ideologischen Arbeit mit den Menschen‹ vom Februar 1965 orientierte die Grundorganisationen und Mitgliederversammlungen darauf, überall eine Atmosphäre kritischer Diskussion und der Parteierziehung zu schaffen.«[55] Die Kontrolle sollte vor allem durch die im Mai 1963 geschaffene »Arbeiter-und-Bauern-Inspektion« (ABI) verstärkt werden.

Die »führende Rolle« der Partei, also die Hegemonie der SED, wurde ausgebaut und als »Aufbau des Sozialismus« propagiert. Wie zuvor die Parteitage der regierenden kommunistischen Parteien der Sowjetunion (1961), später Polens (1964) und Rumäniens (1965) ihren Ländern, so setzte der Parteitag der SED 1963 der DDR als »strategisches« Ziel den »umfassen-

---

[54] Horst Dohlus, Der demokratische Zentralismus – Grundprinzip der Führungstätigkeit der SED bei der Verwirklichung der Beschlüsse des Zentralkomitees. Berlin (Ost) 1965, S. 6.

[55] Staats- und Rechtsgeschichte der DDR. Grundriß. Berlin (Ost) 1983, S. 177.

den Aufbau des Sozialismus«.[56] Die Koordination zwischen den einzelnen Ländern des RGW sollte verbessert werden, doch ging die DDR mit einer Wirtschaftsreform voran.

Das neue ökonomische System

Die SED initiierte und beschloß eine Änderung der Wirtschaftspolitik. Ulbricht hatte auf dem VI. Parteitag 1963 erkennen lassen, daß die SED grundsätzliche Reformen des bisherigen Wirtschaftssystems anstrebe. Zwar hatte die Wirtschaftsorganisation ständig Umstellungen erfahren, aber die zentrale Planung und Lenkung der Industrie war nie angetastet worden. Die Krise in der Wirtschaft (die industrielle Zuwachsrate war zwischen 1959 und 1961 von 12 Prozent auf 6 Prozent gesunken) und Diskussionen über Veränderungen der ökonomischen Struktur in der Sowjetunion veranlaßten die SED, nach neuen Methoden zu suchen. Sie hoffte, vor allem durch eine stärkere »materielle Interessiertheit« weiterzukommen und die Arbeitsproduktivität erhöhen zu können. Dazu erklärte Ulbricht auf dem VI. Parteitag:

»Man soll nicht glauben, daß es angängig wäre, die aus einer falschen Behandlung der materiellen Interessiertheit der Menschen entstehenden Mängel durch Appelle an die Moral und das ideologische Bewußtsein zu überbrücken. In der sozialistischen Gesellschaft bilden die materiellen Interessen und die ideellen Faktoren eine untrennbare Einheit ... Hinsichtlich der VVB und der volkseigenen Betriebe besteht das entscheidende Problem vor allem in der uneingeschränkten Anwendung der wirtschaftlichen Rechnungsführung und ihrer entschiedenen Festigung ... In der Diskussion wurde vielfach gefordert, dem Gewinn im System der sozialistischen Wirtschaftsführung und bei der materiellen Interessiertheit eine größere Bedeutung beizumessen, als dies bisher der Fall war. Das ist richtig.«[57]

Bei der Vorbereitung der Reform des Wirtschaftssystems spielten auch die Verpflichtungen der DDR im RGW eine Rolle. Die Ersten Sekretäre der kommunistischen Parteien der

---

[56] Geschichte der sozialistischen Gemeinschaft. Herausbildung und Entwicklung des realen Sozialismus von 1917 bis zur Gegenwart. Autorenkollektiv unter Leitung von Ernstgert Kalbe. Berlin (Ost) 1981, S. 364.
[57] Protokoll VI. Parteitag, Bd. 1, S. 100, 102, 107.

RGW-Staaten hatten sich im Juni 1962 in Moskau getroffen, um Vorschläge zur Kooperation ihrer Wirtschaft zu besprechen. Ulbricht begrüßte und unterstützte die Idee, »schrittweise einen einheitlichen Wirtschaftsorganismus der Staaten des RGW und später der Staaten des ganzen sozialistischen Weltsystems zu schaffen«.[58]

Bei der Reformierung des Wirtschaftssystems ergriff die DDR die Initiative. Im Juni 1963 verkündete das Präsidium des Ministerrates das »Neue Ökonomische System der Planung und Leitung« (NÖSPL), mit dem die wirtschaftliche Misere überwunden werden sollte. Ulbricht selbst begründete und beschrieb das neue ökonomische System: Die Staatliche Plankommission sollte für jeweils fünf bis sieben Jahre den Perspektivplan ausarbeiten und nach Beratungen mit den unteren Organen entsprechende Jahrespläne erstellen. Einen wichtigen Platz im neuen Planungs- und Leitungssystem nahmen die 82 Vereinigungen Volkseigener Betriebe (VVB) als Konzernspitzen der VEB ein, die auf der Grundlage der zentralen Planung den jeweiligen Industriezweig anleiteten. Durch größere Selbstverwaltung der VVB und eine »Arbeitermitverantwortung« sollten sämtliche Leistungsreserven mobilisiert und Initiativen geweckt werden. Selbständigkeit der Betriebe in der Material- und Kreditbeschaffung, Aktivitäten im Außen- und Binnenhandel sowie größere Vollmachten in den Fragen des Preises und des Absatzes sollten das System flexibler gestalten. Kernpunkt des NÖSPL war das »System der ökonomischen Hebel«. Diese »Hebel«, nämlich Selbstkosten, Preis, Gewinn, Kredit, Löhne und Prämien waren so aufeinander abzustimmen, daß sie ein einheitliches System bildeten. Im Mittelpunkt standen dabei die »materielle Interessiertheit« des einzelnen Arbeiters und des Betriebes, der »Gewinn«, dieser »kapitalistische« Anreiz, sollte zu höheren Leistungen anspornen.[59]

Auf einer Wirtschaftskonferenz des ZK der SED und des Ministerrates im Juni 1963 forderte Erich Apel, nun müßten die Menschen mit dem NÖSPL vertraut gemacht und dafür ge-

---

[58] Neues Deutschland, Nr. 168 vom 21. 6. 1962. Vgl. zur Entwicklung des RGW und den Krisen den Bericht von Wolfgang Seiffert, Kann der Ostblock überleben? Der Comecon und die Krise des sozialistischen Weltsystems. Bergisch-Gladbach 1983.

[59] Protokoll VI. Parteitag, Bd. 1, S. 107 ff. Handbuch der DDR. Berlin (Ost) o. J. (1964), S. 383 ff.

wonnen werden. Eine Industriepreisreform im April 1964 sollte das System effektiver machen. Tatsächlich führte das NÖSPL zu einer Verbesserung der wirtschaftlichen Lage. Schon 1964 stieg die Arbeitsproduktivität um 7 (1965 um 6) Prozent, das Nationaleinkommen wuchs 1964 und 1965 um 5 Prozent.[60]

Der Lebensstandard stieg, wie die Ausstattung mit langlebigen Gebrauchsgütern zeigte: Im Jahre 1966 besaßen von 100 Haushalten in der DDR 9 einen Pkw (1955: 0,2), 54 ein Fernsehgerät (1955: 1), 32 eine Waschmaschine (1955: 0,5) und 31 einen Kühlschrank (1955: 0,4).[61] Die Lebenshaltungskosten waren aber 1966 immer noch höher als in der Bundesrepublik Deutschland: Während eine vierköpfige Arbeiterfamilie in der Bundesrepublik für Ernährung monatlich 285 Mark ausgab, mußte sie in der DDR 321 Mark aufwenden, für Bekleidung und Hausrat waren die Kosten in der DDR fast doppelt so hoch, nur die Miete war niedriger als in der Bundesrepublik. Da die Löhne der Bundesrepublik erheblich über denen der DDR lagen, blieb der Abstand in der Lebenshaltung beider deutscher Staaten bestehen.

Die DDR war nach der Sowjetunion die zweite Industriemacht des RGW, und auch in der Weltproduktion nahm sie einen beachtlichen Platz ein, aber noch immer hatte sie keine klare Konzeption zur Bewältigung der Aufgaben ihrer Volkswirtschaft erarbeitet. Die ökonomische Politik der SED schwankte weiter zwischen Reformansätzen der Wirtschaftsfachleute und absoluter Dominanz des Parteiapparats. Die immer engere wirtschaftliche Verflechtung mit der Sowjetunion hatte schwerwiegende Folgen für die DDR, denn sie mußte auch in der Wirtschaftspolitik vollständig das System der UdSSR übernehmen. Erich Apel, im Politbüro der SED für Wirtschaftsfragen verantwortlich, verübte Ende 1965 Selbstmord, vermutlich weil er befürchtet hatte, das von ihm entwickelte neue ökonomische System sei gefährdet. Die tatsächliche Entwicklung Ende der sechziger Jahre ließ erkennen, wie berechtigt solche Vermutungen gewesen waren. Da die SED-Spitze feststellen mußte, daß mit dem NÖSPL auf die Dauer ihre Führungsposition gefährdet war, leitete die Partei Ende 1965 eine »zweite Etappe« ein. Das »Neue Ökonomische System«,

---

[60] Geschichte der DDR. Autorenkollektiv unter Leitung von Rolf Badstübner. Berlin (Ost) 1981, S. 255.
[61] Vgl. Statistisches Jahrbuch der DDR 1974. Berlin (Ost) 1974, S. 334 ff.

wie es nunmehr hieß, war durch Anwachsen der zentralistischen Tendenzen gekennzeichnet.

Ausbau von Staat und Gesellschaft

Bereits im Januar 1962 hatte die Volkskammer die allgemeine Wehrpflicht in der DDR beschlossen. Die Stärke der NVA von 90 000 Mann sollte zwar nicht erhöht, aber die Kampfkraft verbessert werden. Da die Schwierigkeiten bei der Freiwilligenwerbung für die NVA zunahmen, sollte die Wehrpflicht dazu beitragen, das Potential der Armee zu vergrößern. Außerdem konnten dadurch »qualifizierte Kräfte« eingezogen werden, die bei der bisherigen »Freiwilligenwerbung« nicht immer zu gewinnen waren. Schließlich sollte die Einberufung Wehrpflichtiger auch helfen, die bei der Bevölkerung vorhandene Ablehnung der Uniformträger zu überwinden. Ein ausgedehnter politischer Unterricht in der Armee ermöglichte es überdies, die ideologische Beeinflussung der Jugend fortzusetzen. Die Stärke der Armee sollte vor allem durch bessere Ausrüstung und gründlichere Ausbildung der Kader gesichert werden. Die Militärakademie der NVA verabschiedete nach vierjährigem Studium im September 1962 die ersten Absolventen als Diplom-Militärwissenschaftler.

Beispiel für die Truppenausbildung war das Herbstmanöver »Oktobersturm« im Oktober 1965 in Thüringen, an dem sich Truppen der DDR, der UdSSR, Polens und der ČSSR beteiligten. Im Manöverbericht hieß es bemerkenswerterweise: »Die Manöverleitung geht von der Annahme aus, daß Bundeswehrverbände die DDR überfallen. Wiederholte Durchbruchsversuche schlagen fehl. Am 21. 10. kommt es zum Gegenstoß, gleichzeitig werden im Rücken des Feindes Fallschirmjäger und Luftlandetruppen abgesetzt. In bedrängter Position bringt der Gegner am 22. 10. atomare Sprengkörper zum Einsatz. Truppen der Warschauer Vertragsstaaten antworten mit Kernwaffen mächtigerer Kaliber in größerer Zahl, danach treten Panzer und Mot.-Schützen zur Offensive an und vernichten den Aggressor auf seinem eigenen Territorium. Sie werden indirekt durch demokratische Kräfte Westdeutschlands unterstützt, die u. a. die Zerstörung von Brücken verhindern.« Das Manöver »Oktobersturm« wurde damals als »das größte Manöver in der Geschichte Deutschlands« bezeichnet.[62] Da die Sowjetunion mehrfach den militärischen Schutz der DDR garantiert hatte, kamen der Armee nicht zuletzt innenpolitische Aufgaben zu: Sie war und ist ein Machtinstrument der Führung. Die SED sicherte sich ihren Hegemonieanspruch gegenüber der NVA. So war es gewiß kein Zufall, daß Ulbricht in einer Rede vor Absolventen der Militärakademie als wichtigste Charaktereigenschaft des Offiziers die »Treue zur Partei« nannte. Eine gute »Erziehung zur Wehrmoral« beruhe vor allem auf der »hervorragenden theoretischen und praktischen Leistung« Walter Ulbrichts, wie es damals hieß.[63]

Die 1962 fälligen Wahlen zur Volkskammer wurden um ein Jahr verschoben und fanden erst im Oktober 1963 statt. Wie inzwischen üblich, geschah die Abstimmung meist nicht mehr geheim, sondern offen, und so erreichten die Kandidaten der Einheitsliste 99,95 Prozent Ja-Stimmen. In der Volkskammer war die Stärke der Fraktionen verändert, die Anzahl der SED-Mandate vergrößert worden: Die SED stellte statt 100 nunmehr 110 Abgeordnete, CDU, LDPD, NDPD und DBD hatten weiterhin jeweils 45 Abgeordnete, der FDGB entsandte 60 statt bisher 45 Parlamentarier, die FDJ bekam 35 statt 25, der DFD 30 statt 25, der Kulturbund 19 statt 15 Abgeordnete. Da die Mandatsträger der Massenorganisationen fast ausschließlich der SED angehörten, verstärkte sich dadurch deren Gewicht, außerdem bedeutete die Veränderung eine Aufwertung der Massenorganisationen gegenüber den vier Parteien.

Dennoch sahen auch die nichtkommunistischen Parteien in den Wahlen einen »Sieg«. Das Präsidium des Hauptvorstandes der CDU erklärte, das Wahlergebnis habe die »politisch-moralische Einheit unserer Bevölkerung« gezeigt, die Christen könnten in der DDR ihre »politische und geistige Heimat sehen«.[64]

Der SED war es beim »Wahlkampf« vor allem um die Aktivierung der Bevölkerung gegangen. Ulbricht hatte die »Stärkung unserer Republik« zum »Sinn der Volkswahlen 1963« er-

---

[62] Was war wann? Deutscher Geschichtskalender 1965. Berlin (Ost) 1966, S. 215. Neues Deutschland, Nr. 292 vom 23. Oktober 1965.

[63] Neues Deutschland, Nr. 92 vom 2. 4. 1966; vgl. auch Volksarmee. Organ des Ministeriums für Nationale Verteidigung. Berlin (Ost), vom 28. 6. 1958: »Die Hauptquelle aller Erfolge in der Nationalen Volksarmee ist die Führung durch die Partei.«

[64] Neue Zeit, Nr. 254 vom 30. 10. 1963.

klärt. Nach seiner Darstellung war die »Hauptaufgabe«, nämlich den Frieden zu sichern, nur zu lösen, »wenn die DDR ihre Überlegenheit gegenüber Westdeutschland beweist«.[65]

Die Volkskammer bestimmte den Staatsrat, dessen Vorsitzender wieder Walter Ulbricht wurde. Im November 1963 stellte Grotewohl sein neues Kabinett vor, dem 30 Minister angehörten. Die wichtigsten Veränderungen waren, daß Maron als Innenminister von Dickel abgelöst und Margot Honecker Volksbildungsminister wurde. Am 21. September 1964 starb der Vorsitzende des Ministerrates, Otto Grotewohl. Nachfolger des ehemaligen Mitbegründers der SED und DDR-Regierungschefs wurde Willi Stoph.

Aus Anlaß des 15. Jahrestages der Gründung der DDR am 7. Oktober 1964 verkündete die DDR eine Amnestie für kriminelle und politische Häftlinge. Staatsrat und Volkskammer hatten sich mehrfach mit der Rechtspflege beschäftigt. Bereits 1961 waren die Befugnisse der Konfliktkommission erweitert worden,[66] sie konnte nun auch bei geringfügigen Verletzungen der Strafgesetze entscheiden. 1964 erhielten die Richter ein gewisses Maß an Unabhängigkeit; da inzwischen alle wesentlichen Positionen in der Justiz mit SED-Mitgliedern besetzt waren, konnte die Partei weitgehend auf eine direkte Einwirkung des Parteiapparats auf die Gerichte verzichten. Dem Obersten Gericht wurde die Leitung der Rechtsprechung aller Gerichte übertragen. Nunmehr sollte die gesamte Rechtsprechung den »sozialistischen Beziehungen« der Bürger zu Staat und Gesellschaft und zueinander dienen und die Staats- und Wirtschaftsordnung schützen. Die Staatsanwaltschaft hatte sich auf den Schutz der Volkswirtschaft, des sozialistischen Eigentums sowie die Wahrung der »Rechte der Bürger« zu konzentrieren.[67]

Im April 1965 legte das DDR-Justizministerium auch den Entwurf eines neuen Familiengesetzbuches (FGB) vor, das im Dezember 1965 angenommen wurde. Danach sollte die Familie

---

[65] Neues Deutschland, Nr. 248 vom 10. 9. 1963.

[66] Vgl. dazu Rosemarie Schwindt, Demokratie und Zentralismus bei der Mitwirkung der DDR-Bevölkerung in der Strafjustiz. Meisenheim am Glan 1979. S. 7 ff. Vgl. zum Recht allgemein Georg Brunner, Einführung in das Recht der DDR. 2. Aufl. München 1979. Friedrich-Christian Schröder, Das Strafrecht des realen Sozialismus. Opladen 1983.

[67] Neues Deutschland, Nr. 106 vom 18. und Nr. 107 vom 19. 4. 1963. Neue Justiz (1963) Nr. 11. Vgl. auch Anm. 66.

stärker als bisher vom Staat geschützt werden und die Gleichberechtigung von Mann und Frau Grundlage ehelicher Gemeinschaft sein. Im Gegensatz zum BGB traten vermögensrechtliche Probleme in den Hintergrund, die »sozialistische Familie« war Ziel des FGB.[68] Dem entsprach die Praxis nicht immer. In der DDR wurden jährlich etwa 150000 Ehen geschlossen (1962 9,8 Eheschließungen pro 1000 Einwohner, Bundesrepublik 8,8 pro 1000). Die Zahl der Ehescheidungen war recht hoch, sie belief sich 1963 auf über 24000, 1966 auf knapp 28000; auf sechs Eheschließungen kam in der DDR 1963 eine Scheidung (Bundesrepublik: elf zu eins). Durch gesetzliche Verfügungen richtete die DDR staatliche Eheberatungsstellen ein, die Rat und Hilfe bei Ehekonflikten geben sollten. Viele Familienprobleme waren jedoch gesellschaftlich bedingt. Die arbeitenden Frauen verlangten ein größeres Maß an Gleichberechtigung, blieben aber andererseits durch Beruf und herkömmliche Arbeitsteilung in der Familie doppelt belastet. Da der Dienstleistungsbereich in der DDR unterentwickelt war, standen die Frauen auch hier vor großen Schwierigkeiten.

Jugend und Bildungssystem

Eine wesentliche Aufgabe ihrer Gesellschaftspolitik sah die SED darin, das Verhältnis zwischen Staat und Jugend zu verbessern. Auf der 12. Tagung des Zentralrates der FDJ im Dezember 1962 wandte sich deren 1. Sekretär Schumann gegen die Absicht, aus den Jugendlichen »spießbürgerliche Musterknaben« zu machen. Er versprach außerdem, die FDJ wolle dazu beitragen, daß auch in der DDR talentierte Schriftsteller (wie z.B. Jewtuschenko in der UdSSR) gefördert würden.[69] Vor überfüllten Auditorien konnten 1963 kritische Dichter wie Wolf Biermann, Heinz Kahlau, Armin Müller und Paul Wiens unter großer Begeisterung aus ihren Werken vorlesen. In Ost-Berlin fanden öffentliche »Streitgespräche« statt, an denen Hunderte von Jugendlichen teilnahmen und »heiße Eisen« diskutierten. Die Forderung der Jugend nach moderner Tanzmusik fand Gehör, sogar der FDJ-Chef Schumann tanzte den vorher verbotenen Modetanz Twist.

[68] Vgl. dazu Gerda Weber, Das Familiengesetz der SBZ. Bonn 1966.
[69] Junge Welt vom 10. 1. 1963.

Doch diese Ansätze einer Liberalisierung machten die Problematik der DDR bei der Jugenderziehung deutlich. SED und FDJ waren bemüht, ihren ideologischen Anspruch durchzusetzen und gleichzeitig ihre Führung abzusichern. Die ideologische Norm verlangte, »sozialistisches Bewußtsein« in die Jugend hineinzutragen, sie zu politisieren und durch Indoktrination zu »neuen Menschen« zu erziehen. Diese Absichten stießen auf den Widerstand vieler junger Leute, denen die verpönten »westlichen Lebensgewohnheiten« zusagten, die Liberalität verlangten, für Jazz und Beat schwärmten, »Nietenhosen« und lange Haare trugen.

Zeigte sich die SED nachgiebig und ließ die Jugend einfach gewähren, so festigte sie damit zwar ihre Herrschaft, da der Widerstand der Jugend neutralisiert wurde, doch blieb dann der ideologische Anspruch unerfüllt. Daher schwankten die SED und ihre Jugendorganisation FDJ zwischen dem Versuch, die Jugend ideologisch zu indoktrinieren und damit auch Opposition in Kauf zu nehmen, und einer flexibleren Haltung, die die eigene Herrschaft stabilisierte. Die Funktionäre standen vor einem Dilemma. Jugendliche, die Twist-Tanzabende besuchten, versäumten Schulungsvorträge, sie dachten aber andererseits auch kaum daran, politische Opposition zu betreiben. Während der Entstalinisierung war die SED bereit, den ideologischen Anspruch zeitweise zurückzustellen, um auf diese Weise das System zu konsolidieren.

Im Vordergrund der Politik stand 1963 die Erhaltung und Festigung der DDR; man räumte der Jugend mehr Selbständigkeit ein. Im September 1963 veröffentlichte das Politbüro der SED ein Kommuniqué zu Jugendfragen, das der Jugend mehr Verantwortung zugestand. Die SED versicherte, sie wolle die Jugend weder gängeln noch ihre Entwicklung dem Selbstlauf überlassen. Das Kommuniqué nahm Stellung zu Fragen der Literatur, des Sports und des Tanzes (»Welchen Takt die Jugend wählt, ist ihr überlassen: Hauptsache, sie bleibt taktvoll!«). Auch das Thema Liebe wurde angesprochen: »Verbote, Prüderie, Heimlichtuerei und Bestrafung können diese Probleme nicht lösen. Sozialistisch ist, jungen Menschen zum Lebensglück zu verhelfen und nicht Tragödien zu schaffen. Die Eltern, Lehrer und Erzieher sollten mit der Jugend auch über die Fragen dieses Lebensbereiches sprechen, damit negative soziale Folgen frühzeitiger Bindungen vermieden werden können. Jede echte Liebe zweier junger Menschen verdient ehrliche Anerkennung. Wir wollen echte, tiefe, saubere, menschliche Beziehungen und keine klösterliche Moral.«[70]

Ulbricht betonte, das Jugendkommuniqué des Politbüro strahle »wirklich einen freudigen Optimismus aus«, und er rief »die ganze Jugend zu frisch-fröhlichem Wettstreit« auf. Zum Abschluß einer langen Diskussion über das Jugendkommuniqué erklärte die SED-Führung, die Jugend verdiene Vertrauen, sie gehöre »zu unserer großen Familie«.[71] Die FDJ bemühte sich auch wieder um junge Christen. Die Teilnehmer einer »Aussprache junger Christen« konstatierten: »Wir jungen Christen haben die gleichen Rechte und Pflichten wie alle anderen jungen Menschen.«[72] Die Parteiführung wandte sich »gegen sektiererisches Verhalten von Parteimitgliedern gegenüber Mitgliedern kleinbürgerlicher Parteien, gegenüber Jugendlichen, religiös gebundenen Menschen und Bauern«.

Die Losung »Die Republik braucht alle, alle brauchen die Republik« zeigte, daß ein neues Verhältnis zwischen Partei und Bevölkerung angestrebt wurde.[73] Gesellschaftswissenschaftler und Propagandisten wurden gerügt, weil ihre Artikel oder Lektionen »vertrocknet« wirkten. Doch mußte die SED selbst eingestehen, daß dies »vielleicht auf Grund mancher schlechten Erfahrung in der Vergangenheit« geschehe; bei vielen sei »die Besorgnis noch immer nicht überwunden, einmal danebenzutreten und Kritik einzuheimsen, die natürlich unangenehm ist«.[74]

Auf kulturellem Gebiet wurden nach 1962 die Fesseln etwas gelockert, den kulturellen Bedürfnissen wurde mehr Rechnung getragen. 1965 erschienen in der DDR über 5 300 Buchtitel mit einer Gesamtauflage von 96 Millionen, darunter eine große Anzahl westlicher Lizenzausgaben, z. B. von Peter Weiß, Max Frisch, Ingeborg Bachmann, Nelly Sachs, Carl Zuckmayer, aber auch von Walt Whitmann, Tennessee Williams, Ernest Hemingway, Anthologien amerikanischer Kurzprosa usw.[75] Allerdings war die Nachfrage nach guten Büchern, vor allem auch nach Literatur aus dem Westen, immer noch weit größer als das

---

[70] Junge Welt vom 21. 9. 1963.
[71] Junge Welt vom 27. 9. und vom 21. 12. 1963.
[72] Junge Welt vom 1. 10. 1963.
[73] Neues Deutschland, Nr. 301 vom 2. 11. 1963.
[74] Neues Deutschland, Nr. 301 vom 2. und Nr. 304 vom 5. 11. 1963.
[75] Die Welt vom 7. 9. 1966.

Angebot, während Propagandaliteratur in riesigen Auflagen erschien.

Die flexiblere Politik, eine Widerspiegelung der komplexer gewordenen Probleme, sollte auf allen Gebieten praktiziert werden. Dazu gehörte auch der weitere Ausbau und die Effektivität des Bildungssystems. Eine 1963 gegründete Kommission registrierte eine Reihe von Schwächen des Bildungssystems, die die DDR-Führung alarmierten. Nach dem Bericht der Kommission waren viele Schüler nicht in der Lage, mit dem erworbenen Wissen selbständig zu arbeiten. Dabei wurden gerade auf den Gebieten, die für die SED Vorrang hatten, Mängel konstatiert. Die mathematischen und naturwissenschaftlichen Kenntnisse waren unzureichend und die politisch-ideologische Erziehung wenig wirksam. Hier sollte eine Neuordnung des Bildungswesens Abhilfe schaffen.

Im Februar 1965 beschloß die Volkskammer das »Gesetz über das einheitliche sozialistische Bildungssystem«, das allen Bürgern das gleiche Recht auf Bildung garantierte. Bildungsziel war die »sozialistische Persönlichkeit«. Als Bestandteile des einheitlichen Bildungssystems galten: die Einrichtungen der Vorschulerziehung, die zehnklassige allgemeinbildende polytechnische Oberschule, die Möglichkeiten zur Berufsausbildung, die zur Hochschulreife führenden Bildungsinstitutionen, die Ingenieur- und Fachschulen, die Hochschulen und Universitäten sowie das Angebot zur Aus- und Weiterbildung der Erwachsenen. Das Gesetz schrieb die »Einheit von Bildung und Erziehung« vor, Schüler und Studenten waren »zur Liebe zur DDR und zum Stolz auf die Errungenschaften des Sozialismus zu erziehen, um bereit zu sein, alle Kräfte der Gesellschaft zur Verfügung zu stellen, den sozialistischen Staat zu stärken und zu verteidigen«.[76] Die polytechnische Ausbildung sollte weiter entwickelt werden. 1964/65 wurden neue, präzisierte Lehrpläne eingeführt und das Niveau des gesamten Mathematik-Unterrichts angehoben. Anhand der ab 1964 obligatorischen Lehrpläne für den Staatsbürgerkunde-Unterricht in den Klassen 9 bis 12 waren die Schüler systematisch mit dem Marxismus-Leninismus vertraut zu machen.

Das neue Bildungssystem zeigte Erfolg. Gingen 1951/52 nur 16 Prozent der Schüler länger als acht Jahre zur Schule, so waren es 1959/60 bereits 65 Prozent, und 1965/66 besuchten 72

---

[76] Neues Deutschland, Nr. 57 vom 26. 2. 1965.

Prozent der Kinder die neunte Klasse einer allgemeinbildenden polytechnischen Oberschule. 1964/65 nahmen über 720000 Schüler der Klassen 7 bis 10 am Unterricht in der Produktion teil.[77] Die Intensivierung des Sportunterrichts an den Schulen brachte in den sechziger Jahren sichtbare Ergebnisse. Der Breitensport wurde forciert, 1963 gab es über 9 Millionen Teilnehmer an Sportfesten in Betrieben, Gemeinden und Wohngebieten. Eine »Spartakiadebewegung« förderte die sportliche Betätigung von Kindern und Jugendlichen. Auf dieser Grundlage kam der Spitzensport voran, dem die DDR-Führung selbstverständlich auch politische Bedeutung beimaß. Bei der Olympiade in Tokio 1964 trat zwar noch eine gesamtdeutsche Mannschaft auf, doch konnten die DDR-Sportler bereits hier große Siege erringen (23 Medaillen). Im Oktober 1965 beschloß das Internationale Olympische Komitee, daß die DDR in Zukunft eine eigene Mannschaft zu den Spielen entsenden konnte. Bei der Olympiade in Mexiko 1968 belegte die DDR hinter den USA und der UdSSR den dritten Platz in der prestigewirksamen Nationenwertung – ein Erfolg der zielbewußten DDR-Sportförderung.[78]

Nach der Ankündigung Ulbrichts im Dezember 1965, ab April 1966 werde (für jede zweite Woche) die 5-Tage-Arbeitswoche kommen, beschäftigte sich die Führung auch mit Freizeitproblemen. Ulbricht erklärte, was die SED unter »niveauvoller« Beschäftigung verstand: »Erwachsenenqualifizierung, die Verbreitung und Vertiefung der Neuererbewegung, die Teilnahme an der Planung und Leitung der Betriebe und des öffentlichen Lebens, die Aufnahme und Verarbeitung von Informationen, die Beschäftigung mit Kunst und Literatur sowie die regelmäßige Betätigung auf dem Gebiet der Körperkultur und des Sports«.[79] Der Alltag in der DDR unterschied sich jedoch beträchtlich von dieser Norm.

Eine soziologische Untersuchung über das Freizeitverhalten am Wochenende in der DDR ergab folgendes Bild: 68 Prozent

---

[77] Neues Deutschland, Nr. 153 vom 6. 6. 1966. Vgl. auch Statistisches Jahrbuch 1974, S. 353.

[78] Vgl. dazu Horst Ueberhorst (Hrsg.), Geschichte der Leibesübungen. Band 3/2, Berlin, München 1982, S. 885ff. Willi Knecht, Das Medaillenkollektiv. Fakten, Dokumente, Kommentare zum Sport in der DDR. Berlin (West) 1978. Gunter Holzweißig, Diplomatie im Trainingsanzug. Sport als politisches Instrument der DDR. München 1981.

[79] Neues Deutschland, Nr. 347 vom 18. 12. 1965.

der Befragten erklärten das Fernsehen zur liebsten Freizeitbeschäftigung, 50 Prozent nutzten die Zeit vor allem für Spaziergänge, ebensoviele stellten die Hausarbeit an die erste Stelle, 47 Prozent lasen mehr Zeitungen und Zeitschriften, 42 Prozent Bücher, 35 Prozent beschäftigten sich vor allem mit den Kindern. Weit abgeschlagen, noch hinter den Tanzveranstaltungen (17 Prozent), lag die »gesellschaftliche Tätigkeit« mit nur 16 Prozent.[80] Offensichtlich unterschieden sich die Aktivitäten in der Freizeit wenig von denen in anderen Industriestaaten. Der Wunsch des einzelnen nach eigener freier Gestaltung seiner Freizeit behauptete sich trotz aller Einflußnahmen von Partei und Massenorganisationen, das Freizeitverhalten war so vielfältig wie in anderen Ländern auch. Die Mehrheit dachte wohl wie jener Transportarbeiter, der sagte: »Freier Sonnabend? Erst mal rankommen lassen. Beschäftigung findet sich dann schon. Ausruhen und sich erholen ist ja schließlich auch keine vertane Zeit.«[81]

Im Juni 1965 verabschiedete die Volkskammer ein neues Wahlgesetz für die Kommunalwahlen, das dem Wähler gestattete, unter den Kandidaten der Einheitsliste auszuwählen. Nur diejenigen, die mehr als 50 Prozent Stimmen erhielten, waren danach gewählt. Um ihre Macht nicht zu gefährden, baute die SED genügend Sicherungen in das Wahlgesetz ein. Die festgelegte Reihenfolge der Kandidaten blieb ungeachtet der erreichten Stimmenzahl bestehen, und die »offene Stimmabgabe« machte die theoretischen Möglichkeiten ohnehin illusorisch. Auch die Anzahl der den Parteien zugestandenen Sitze blieb vom Abstimmungsergebnis unberührt.

Bei den Wahlen zu den Kreistagen und Stadtverordnetenversammlungen am 10. Oktober 1965 meldete der Wahlleiter, 186 107 Abgeordnete seien gewählt und nur zwei Kandidaten abgelehnt worden, er gab aber nicht bekannt, wo die beiden Kandidaten durchgefallen waren.[82] Auch wenn die Praxis faktisch unverändert blieb, zeigte das Wahlgesetz auf der untersten Ebene ansatzweise die Chance einer Abkehr von der starren politischen Diktatur.

---

[80] Schweriner Volkszeitung vom 8./9. April 1967; abgedruckt in: Pressespiegel der Sowjetzone. Hrsg.: v. Ministerium für Gesamtdeutsche Fragen. Berlin (West), Nr. 14, 1966.

[81] Für Dich, Berlin (Ost), Nr. 14, 1966, S. 27.

[82] Neues Deutschland, Nr. 281 vom 12. und Nr. 284 vom 15. 10. 1965.

Außenpolitische Schritte

Der außenpolitische Einfluß der DDR, vor allem in den Entwicklungsländern, wuchs mit ihrer Wirtschaftskraft. Durch die radikal antiimperialistische Haltung stieg zugleich das Ansehen des zweiten deutschen Staates in der Dritten Welt. Die moralische Unterstützung des Kampfes der Algerier gegen Frankreich oder Protest-Kampagnen gegen die Ermordung Lumumbas (Februar 1961) erweckten bei vielen progressiven Politikern dieser Länder Sympathien für die DDR. Auch die »antizionistische« Politik der DDR, ihre Attacken gegen Israel waren zielgerichtet: trotz der Erfahrungen der deutschen Geschichte wollte die DDR damit bei den arabischen Staaten Anklang finden.

In der ersten Hälfte der sechziger Jahre blieb die DDR dennoch international isoliert, auch gab es in der Deutschland- und Berlin-Frage für sie keine Fortschritte. Die DDR hatte ihre Strategie ändern müssen, da sich die Haltung der UdSSR gegenüber den USA gewandelt hatte. Noch im Herbst 1961 war die DDR-Führung vor dem XXII. Parteitag der KPdSU davon ausgegangen: »Der XXII. Parteitag der KPdSU wird unserem Kampf für den Abschluß des deutschen Friedensvertrages und damit verbunden die Lösung der Westberlinfrage neue starke Impulse geben. Die besten Vertreter der Arbeiterschaft in aller Welt, die in Moskau versammelt sind, werden erneut bestätigen und bekräftigen: Der Friedensvertrag, der den Militaristen den bisher schwersten Schlag versetzen wird, ist unaufschiebbar. Er kommt noch in diesem Jahr.«[83]

Das war eine Fehleinschätzung. Die DDR war daher in den folgenden Jahren zu vorsichtigerem Taktieren gezwungen. Dies besonders, da sich auch ihre These von der militärischen Überlegenheit der Sowjetunion nicht halten ließ. Noch im November 1961 war es für die DDR ganz selbstverständlich: »Die Sowjetunion ist Jahre voraus. Doch die militärische Überlegenheit muß erhalten werden.«[84] Die Kuba-Krise vom Oktober 1962 und das Einlenken Chruschtschows zwangen auch hier zu einem Umdenken. Im Dezember 1962 sagte Ulbricht in Leipzig: »Selbstverständlich führen wir den politischen Kampf um die friedliche Regelung der deutschen Frage, um den Friedens-

---

[83] Thüringer Neueste Nachrichten (NDPD), Nr. 240 vom 13. 10. 1961.
[84] Das Volk, Nr. 272 vom 15. 11. 1961.

vertrag und um die Lösung der Westberlin-Frage weiter. Aber in der Tat haben jetzt die ökonomischen Aufgaben den Vorrang. Die Voraussetzung für die friedliche Lösung der deutschen Frage ist die ökonomische Stärkung der DDR und die Lösung der Aufgaben, die in der Periode des umfassenden Aufbaus des Sozialismus gestellt sind.«

Die Sowjetunion selbst blieb 1962 in der Frage der »Wiedervereinigung« Deutschlands bei ihrer ambivalenten Haltung. So wandte sich im Juli 1962 der ehemalige sowjetische Botschafter in Bonn und stellvertretende Außenminister W. A. Sorin in einem Gespräch gegen den Vorwurf des damaligen FDP-Vorsitzenden Erich Mende, die UdSSR verhindere Gespräche über die Wiedervereinigung; dies sei falsch, denn die Bundesregierung wolle keine Gespräche. »Wir sind bereit, mit der Bundesregierung zu verhandeln über alle Fragen, die sich aus der Lage Deutschlands ergeben. Ich wiederhole, Herr Mende, über alle Fragen! Aber die Bundesregierung ist zu solchen Verhandlungen nicht bereit, sie will mit uns boxen. Boxen kann die kleine Bundesrepublik nicht mit der Sowjetunion, deren Repräsentant ich hier in Bonn bin.«[85]

Tatsächlich kam es aber der Sowjetunion zu dieser Zeit in erster Linie auf eine Stärkung der DDR an, deren außenpolitisches Gewicht sie vergrößern wollte. Die DDR konnte im Februar 1965 einen ersten außenpolitischen Erfolg erzielen: bei einem Staatsbesuch in Ägypten wurde Walter Ulbricht mit allen für ein Staatsoberhaupt üblichen Ehren empfangen. Die Ostberliner Beziehungen zu Ägypten waren seit Jahren relativ eng. Bereits 1955 hatte Heinrich Rau Kairo besucht, seither war der Handel zwischen beiden Ländern auf der Basis dreijähriger Verträge abgewickelt worden. Ulbricht traf mit den Mitgliedern seiner Delegation (unter ihnen seine Frau Lotte und Außenminister Lothar Bolz) an Bord des Fahrgastschiffes »Völkerfreundschaft« am 24. Februar im Hafen von Alexandria ein. Am 25. und 28. Februar fanden sich Ulbricht und Ägyptens Staatspräsident Nasser zu längeren Gesprächen zusammen, und am 1. März unterzeichneten sie eine »Gemeinsame Erklärung«. Beide Staatsmänner hatten Einigkeit »über die Entwicklung der Freundschaft und Zusammenarbeit zwischen der Deutschen Demokratischen Republik und der Vereinigten Arabischen Re-

---

[85] Brief Erich Mendes an Marie-Elisabeth Lüders vom 26. 7. 1962. BA Koblenz, NL Lüders 273.

publik« erzielt. Nasser bescheinigte der DDR eine »konsequente antiimperialistische Politik« und bestätigte deren Standpunkt, »daß die Frage der deutschen Einheit Sache des deutschen Volkes ist«.[86] Außenminister Bolz unterzeichnete in Kairo drei Abkommen über wissenschaftlich-technische Beziehungen, über wirtschaftliche und kulturelle Zusammenarbeit.

Weitere außenpolitische Pluspunkte konnte Ulbricht im Sommer 1965 sammeln. Das Verhältnis zu Jugoslawien verbesserte sich und vom 8. bis 13. Juni 1965 weilte Staatschef Tito in der DDR. Die Zahl der Staaten, mit denen die DDR im Jahre 1965 Beziehungen irgendwelcher Art unterhielt, war recht groß. Diplomatische Vertretungen auf Botschafterebene hatte die DDR zwar erst mit den 12 Ländern des »sozialistischen Lagers« (darunter seit Januar 1963 mit der Republik Kuba). Am 20. Februar 1964 hatte auch die »Volksrepublik« Sansibar dem DDR-Botschafter Fritsch das Agrément erteilt.

Durch Generalkonsulate war die DDR in Burma, Ceylon, Irak, Indonesien, Jemen, Kambodscha und der Vereinigten Arabischen Republik (Ägypten), durch ein Konsulat in Syrien präsent. Offizielle Handelsvertretungen, großenteils mit konsularischen Rechten, unterhielt die DDR außerdem noch in Algerien, Finnland, Guinea, Indien, Libanon, Mali, Marokko, Sudan, Tunesien und Zypern. Die Kammer für Außenhandel oder die Staatsbank hatten Vertretungen in Belgien, Brasilien, Dänemark, Frankreich, Großbritannien, Island, Italien, Kolumbien, Niederlande, Norwegen, Österreich, Schweden und der Türkei. Überdies war die DDR inzwischen Mitglied in einer Vielzahl internationaler Organisationen und Verbände.[87] Die außenpolitischen Teilerfolge stärkten die Position Ulbrichts sowohl in der DDR als auch im Ostblock.

Bis 1966 hielt die DDR an ihrer Politik »gesamtdeutscher Gespräche« und der Forderung nach »Einheit Deutschlands« fest, während die deutsche Teilung weiter zementiert wurde. Immerhin waren es bedeutende Fortschritte, daß nach Verhandlungen im Dezember 1963 erstmals ein Passierscheinabkommen vereinbart wurde, das an Weihnachten 1963 mehr als 1,2 Millionen Westberlinern nach zweieinhalb Jahren wieder den Besuch ihrer Verwandten in Ost-Berlin gestattete, und daß ab November 1964 die Grenzen der DDR für Rentner geöffnet

---

[86] Neues Deutschland, Nr. 61 vom 2. 3. 1965.
[87] Handbuch der DDR, S. 817 f.

wurden, die zu ihren Angehörigen in die Bundesrepublik fahren durften.

Andere Möglichkeiten blieben ungenutzt. Im April 1964 hatte Ulbricht die Bereitschaft Ost-Berlins verkündet, Presseorgane der Bundesrepublik wie ›Die Zeit‹ oder die ›Süddeutsche Zeitung‹ in der DDR zum Verkauf zuzulassen, wenn in der Bundesrepublik das SED-Organ ›Neues Deutschland‹ öffentlich verkauft werden könnte. Ein zur Vorbereitung des Zeitungsaustausches vom SED-Zentralorgan ›Neues Deutschland‹ angeregter Artikeltausch mit der Hamburger ›Zeit‹ wurde bereits nach dem ersten gegenseitigen Abdruck von ›Neues Deutschland‹ wieder abgebrochen. Die Bundesregierung lehnte das Angebot zum Zeitungsaustausch mit dem Hinweis ab, das KPD-Verbot und die Gesetze über Staatsgefährdung ließen keinen Austausch zu. Nach heftigen Diskussionen in der Öffentlichkeit gegen diese engstirnige und unliberale Haltung stimmte Bonn schließlich zu, doch der Zeitungsaustausch kam nicht mehr zustande. (In der Bundesrepublik ist der Bezug von DDR-Publikationen seit 1968, nachdem die Staatsschutzgesetzgebung durch die Große Koalition geändert wurde, freigegeben. Der freie Bezug von westlichen Presseerzeugnissen ist in der DDR nach wie vor verboten).

Im Mai 1964 sandte Ulbricht einen Brief an Bundeskanzler Erhard. Darin schlug er vor, beide deutsche Staaten sollten an der Überwindung der Teilung arbeiten. Ulbricht appellierte an Erhard, die gescheiterte »Adenauer-Politik« aufzugeben, und empfahl: schrittweise Abrüstung in beiden deutschen Staaten sowie die Bildung eines »Deutschen Rates«, der sich paritätisch aus Vertretern der Volkskammer und des Bundestages zusammensetzen sollte. Als Ziel nannte er ein »einheitliches friedliebendes Deutschland«.[88] Ulbrichts Brief ging ungeöffnet nach Ost-Berlin zurück. Trotz Erleichterungen durch Passierscheine und Rentnerreisen vertiefte sich die Spaltung. Die politischen, wirtschaftlichen und kulturellen Verhältnisse in beiden Teilen Deutschlands wurden immer unterschiedlicher.

Am 12. Juni 1964 schlossen die UdSSR und die DDR einen Vertrag über Freundschaft, gegenseitigen Beistand und Zusammenarbeit. Als Grundlage der Beziehungen galt der »sozialistische Internationalismus«, was die unbeschränkte Hegemonie Moskaus bedeutete. Dennoch erweiterte sich der Spielraum der

---

[88] Neues Deutschland, Nr. 145 vom 28. 5. 1964.

DDR. Der Sturz Chruschtschows im Oktober 1964 schockierte die DDR-Führung zunächst. Ulbricht, der zum Schluß besonders eng mit Chruschtschow – der Person und der Politik – kooperiert hatte, verweigerte diesmal sogar die sofortige kompromißlose Zustimmung zum Moskauer Vorgehen. Doch rasch zeigte sich, daß die Absetzung Chruschtschows die Position der DDR-Führung im Ostblock weiter konsolidierte. War die DDR nach der Verdammung Stalins aus dem Satellitendasein herausgetreten, so gelangte sie nunmehr zu einer gewissen faktischen Selbständigkeit ihrer Innen- und Außenpolitik. In der Stalin-Ära, wo jeder politische Schritt von Moskau diktiert wurde, fungierte die DDR-Regierung als reiner Befehlsempfänger der UdSSR. Das änderte sich schrittweise unter Chruschtschow und seinen Nachfolgern. Ihnen genügte es, die große Linie der Politik zu bestimmen, Einzelheiten und Ausführungen jedoch der DDR bzw. der SED-Führung selbst zu überlassen. Im November 1965 besuchte Chruschtschows Nachfolger L. I. Breschnew die DDR. Die SED war ganz auf seine Linie eingeschwenkt. Ein im Dezember 1965 abgeschlossenes langfristiges Handelsabkommen mit der UdSSR (für den Zeitraum 1966 bis 1970) demonstrierte, daß die DDR nicht nur politisch, sondern auch wirtschaftlich fest in den Ostblock integriert war.

6. Kapitel
Ulbrichts Modellversuche 1966–1970

Rückschläge in der Reformpolitik

Vom 15. bis 18. Dezember 1965 tagte das 11. Plenum des ZK der SED, auf dem Ulbricht die »zweite Etappe« des Neuen Ökonomischen Systems proklamierte. Das signalisierte einerseits neue Schwächen der DDR-Wirtschaft, andererseits eine Rückkehr zum Zentralismus und zur Vorherrschaft der Partei in der Wirtschaft. Die Verhärtung des SED-Kurses war durch einen Eklat bereits vor der ZK-Tagung offensichtlich geworden. Am 3. Dezember hatte das Mitglied der Partei- und Staatsführung Erich Apel Selbstmord verübt. Vermutlich befürchtete er, das am gleichen Tag abgeschlossene langfristige Handelsabkommen zwischen der DDR und der UdSSR werde die DDR-Wirtschaft einseitig binden und das von ihm inspirierte ökonomische System in Frage stellen. Die DDR-Führung ehrte Apel durch ein Staatsbegräbnis, doch sein Freitod hatte das Dilemma der liberalen Kräfte in der SED blitzartig beleuchtet.

Typische Rückschläge in der Reformpolitik zeigte der von Erich Honecker erstattete Bericht des Politbüros, der vor allem ideologische und kulturpolitische Fragen behandelte. Die SED kritisierte »schädliche Tendenzen« in Filmen, Fernsehsendungen, Theaterstücken und literarischen Arbeiten, die durch »Darstellung angeblicher Fehler Skeptizismus und Unmoral verbreiten«. Vor allem der Lyriker Wolf Biermann, der Schriftsteller Stefan Heym und Professor Robert Havemann wurden scharf angegriffen. Havemann (1910–1982) war Chemiker, trat 1932 der KPD bei und wurde 1943 als Widerstandskämpfer zum Tode verurteilt, überlebte aber im Zuchthaus Brandenburg. Er war bis 1964 Professor an der Humboldt-Universität, von 1950 bis 1963 Abgeordneter der Volkskammer. Er hatte 1959 den Nationalpreis der DDR erhalten, stand aber seit 1956 in Opposition zur SED-Politik und wurde Wortführer der demokratisch-kommunistischen Opposition der DDR.

Honecker appellierte auf der ZK-Tagung an eine Art gesundes Volksempfinden, als er eine »saubere Leinwand« forderte, da die DDR ein »sauberer Staat« sei. »In ihr gibt es unverrückbare Maßstäbe der Ethik und Moral, für Anstand und gute

Sitte. Unsere Partei tritt entschieden gegen die von den Imperialisten betriebene Propaganda der Unmoral auf, die das Ziel verfolgt, dem Sozialismus Schaden zuzufügen. Dabei befinden wir uns in voller Übereinstimmung mit der Bevölkerung der DDR und der überwiegenden Mehrheit der Menschen in Westdeutschland.«[1] Übertroffen wurde er noch vom Leipziger Bezirkssekretär Fröhlich, der die Volkswut gegen »Gammler« mobilisierte und jeden »Skeptizismus« verdammte.

Auf der ZK-Tagung wurde vor allem der Stellvertreter des Ministers für Kultur, Günter Witt, attackiert, der die Herstellung kritischer Filme zugelassen hatte. Besonders scharf verurteilt wurden die Filme ›Das Kaninchen bin ich‹ und ›Denk bloß nicht, ich heule‹. Die Diskussion offenbarte zugleich die Praktiken der Zensur in der DDR, hier ein Ausschnitt:

»*Kurt Hager:* Genosse Witt, du wußtest doch, daß das Buch von Biehler ›Das Kaninchen bin ich‹ nicht zugelassen wurde.

Walter Ulbricht: Vom Ministerium wurde das Buch nicht zugelassen.

Kurt Hager: Das Buch wurde von der Hauptverwaltung Verlage und Buchwesen des Ministeriums nicht zugelassen.

Alexander Abusch: Das war praktisch ein verbotenes Buch.

Kurt Hager: Uns ist noch immer unverständlich, weshalb dann trotzdem der Film, der sich auf dieses Buch stützt, gedreht worden ist. Das ist immer noch nicht klar.

Witt: Es gab über diese Frage eine Diskussion. Das hängt mit dieser Fehleinschätzung zusammen, von der ich eben gesprochen habe. Es handelt sich nicht um ein Buch, sondern um ein Manuskript, das von der Hauptverwaltung Verlage abgelehnt worden war. Ich las das Drehbuch und dazu die politische Konzeption. Es gab Aussprachen. Ich glaubte richtig zu handeln und von diesem falschen und nicht möglichen Manuskript für den Roman schrittweise zu einem möglichen Film zu gelangen.«[2]

Die Schriftstellerin Christa Wolf (damals noch ZK-Mitglied, jedoch vom VII. Parteitag nicht wiedergewählt!) versuchte, ihre Kollegen zu verteidigen, die vielleicht schlechte, aber keine »feindlichen« Filme gedreht hätten. Sie wurde von Paul Verner zurechtgewiesen: »Genossin Christa Wolf sagte, der Film

---

[1] Erich Honecker, Bericht des Politbüros an die 11. Tagung des Zentralkomitees der SED. 15.–18. 12. 1965. Berlin (Ost) 1966, S. 56.
[2] Neues Deutschland, Nr. 348 vom 19. 12. 1965.

›Denk bloß nicht, ich heule‹ ist schlecht. Nein, dieser Film ist nicht nur schlecht; schlechte Filme haben wir manchmal in den Kinos, und nicht selten ist das eine Geschmacksache. Die hier gezeigten Filme sind politisch falsch, schädlich und bedeuten im Grunde genommen einen Angriff auf unsere Gesellschaft in der DDR.«[3]

Hatte der VI. Parteitag der SED im Januar 1963 (trotz Kritik an Peter Hacks und Stephan Hermlin) noch eine »kritische literarische Welle initiiert«[4] mit Werken wie ›Ole Bienkopp‹ (von Erwin Strittmatter), ›Der geteilte Himmel‹ (Christa Wolf), ›Die Aula‹ (Hermann Kant), ›Spur der Steine‹ (Erik Neutsch), so wurde nun die kulturpolitische Lockerung während der Politik des »Neuen Ökonomischen Systems« wieder zurückgenommen. Der Schriftstellerverband übte Selbstkritik. Robert Havemann war die besondere Zielscheibe der Stalinisten, da er die ideologische Opposition von 1956 fortgesetzt hatte. Er wurde am 7. Januar 1966 als Leiter der Arbeitsstelle für Fotochemie in Berlin-Adlershof entlassen und im Frühjahr 1966 aus der Liste der Mitglieder der Akademie der Wissenschaften gestrichen.

Die Liberalisierungsperiode 1963 bis 1965 schien verstrichen, ohne daß der Westen sie genützt hätte. Drastisch stellte der westdeutsche Publizist Kai Hermann zum vorläufigen Sieg der Stalinisten in der SED fest: »Heute vergießen selbst die Springer-Blätter Krokodilstränen über den tragischen Tod des ›Patrioten‹ Erich Apel – nach dem Motto: Ein toter Kommunist ist ein guter Deutscher. Was aber wäre geschehen, wenn man auf die Politik des lebenden Apel eingegangen wäre? Wenn Bonn durch langfristige Kredite die DDR-Wirtschaft mehr an die Bundesrepublik gebunden hätte? Wenn es den ostdeutschen Handel auch mit den übrigen Westmächten großzügig sich hätte entwickeln lassen? Wenn Apel also bei seinen Bemühungen um eine stärkere Anlehnung an den Westen Erfolge statt Pleiten aufzuweisen gehabt hätte? Wenn die sogenannten Liberalisierungstendenzen in der DDR registriert, analysiert und mit eigenem Entgegenkommen beantwortet worden wären, ehe sich Honecker, Verner, Kurella und Fröhlich die Macht zurückerobern konnten? Eine solche Politik, weil sie bis zu einem gewissen Grade die Stabilisierung des DDR-Systems bewirkt haben würde, hätte immerhin die Spaltung um einiges erträglicher ma-

[3] Neues Deutschland, Nr. 349 vom 20. 12. 1965.
[4] Vgl. Volker Gransow, Kulturpolitik in der DDR. Berlin (West) 1975, S. 95.

chen können – vor allem für die Deutschen jenseits der Mauer. Statt dessen haben im abgelaufenen Jahr die Grabenkämpfer auf beiden Seiten, die Altkommunisten drüben und die Alt-Antikommunisten hüben, politisch zusammengewirkt – gegen die ›Aufweicher‹, ›Koexistenzler‹, und ›Intellektuellen‹. Die Übriggebliebenen des Kalten Krieges haben sich die Karten trefflich zugespielt – jene, die an der Mauer wehrlose Menschen erschießen lassen, und jene, welche die ›blutende Wunde‹ der Teilung offenhalten wollen.«[5]

Die ideologische Wende brachte nicht nur eine Verödung des kulturellen Lebens, sie traf auch Wissenschaft und Technik. Bis 1965 hatte die SED ihre Technokraten angehalten, sich mit den Ergebnissen der westlichen Wissenschaft und Forschung vertraut zu machen, nun wurde dieses Lernen als »Westdrall« verurteilt, und es war verpönt, »einseitig nach Westdeutschland, den USA oder Japan zu schielen«.[6] Da die DDR jedoch in allen Sektoren der Wirtschaft das »Weltniveau« erreichen sollte und daher von einer Anpassung an den internationalen Standard in Wissenschaft und Technik abhängig war, ließ sich ein solcher ideologischer Rückfall in die fünfziger Jahre nicht durchhalten.

Eine Rückkehr zu den alten stalinistischen Praktiken schien nicht mehr opportun, die SED experimentierte statt dessen mit verschiedenen Methoden zur Sicherung ihrer Herrschaft. In der »sozialistischen« Leistungsgesellschaft der DDR geriet in den folgenden Jahren fachliches Wissen in starke Konkurrenz zum Dogmatismus, es kam zu Konflikten zwischen der geforderten »Parteilichkeit« und den Sachzwängen, die sich als Widersprüchlichkeit im Führungsstil niederschlugen.

Politik der Abgrenzung

Am 11. Februar 1966 schrieb die SED-Führung an die Delegierten des bevorstehenden Dortmunder SPD-Parteitages einen »Offenen Brief«, in dem es hieß: »Wir geben offen zu, daß die SED allein die Deutschlandfrage auch nicht lösen kann. Aber die beiden größten Parteien Deutschlands könnten gemeinsam den entscheidenden Beitrag zur Lösung der Deutschlandfrage leisten, wenn sie wenigstens ein Mindestmaß an Annäherung

[5] Kai Hermann in Die Zeit vom 31. 12. 1965.
[6] Neues Deutschland, Nr. 101 vom 13. 4. 1967.

und Übereinstimmung in den Fragen des Friedens und an Zusammenarbeit bei der Überwindung der Spaltung fänden.«[7] Das war nichts Neues, denn in den letzten Jahren hatte das ZK der SED über ein Dutzend solcher Briefe an die SPD und an die Gewerkschaften der Bundesrepublik gerichtet. Während jedoch früher solche Schreiben von den Adressaten ignoriert wurden, reagierte die SPD diesmal. Am 18. März 1966 berieten die SPD-Führungsgremien den SED-Brief und verabschiedeten eine »Offene Antwort«; das sozialdemokratische Organ ›Vorwärts‹ veröffentlichte beide Dokumente in vollem Wortlaut.

Die SPD stellte fest: »In den Grundfragen der Demokratie kann es zwischen Vertretern der SPD und der SED keine gemeinsamen Aussprachen geben, weil es die erklärte Politik der SED ist, die freiheitliche demokratische Grundordnung durch eine monopolistische Parteiherrschaft zu ersetzen.« Immerhin schlug die Sozialdemokratie vor, eine »offene Aussprache aller Parteien in allen Teilen Deutschlands einzuleiten«. Dazu richtete sie sieben Fragen an die SED. Die SPD fragte 1., wie denn in Deutschland unbefangen diskutiert werden könne, wenn auf Menschen geschossen werde, die von Deutschland nach Deutschland wollen. Außerdem sollte ihr die SED mitteilen, ob sie bereit sei, 2. allen Bürgern der DDR den Besuch der Bundesrepublik zu erlauben, 3. das Leben der Menschen im gespaltenen Deutschland zu erleichtern, 4. ihre feindselige Haltung gegenüber West-Berlin aufzugeben, 5. eine freimütige Diskussion in beiden Teilen Deutschlands mitzumachen, 6. das Spielen mit dem Krieg aufzugeben und 7. sich für praktische Erleichterungen im geteilten Deutschland einzusetzen.[8]

Die SED-Führung wurde von der SPD-Antwort wohl überrascht, und vermutlich gab es sofort Auseinandersetzungen über die weitere Taktik. Am 26. März reagierte die SED mit einem zweiten »Offenen Brief«. Sie schlug vor, daß zunächst auf einer SPD-Veranstaltung in Essen auch SED-Vertreter reden. Der Parteivorstand der SPD griff die Vorschläge auf und schlug seinerseits Veranstaltungen in Chemnitz (Karl-Marx-Stadt) und Hannover vor.[9]

Vertreter der SPD und der SED trafen im April und Mai 1966

---

[7] Neues Deutschland, Nr. 42 vom 11. 2. 1966.
[8] Vorwärts, Bonn, vom 23. 3. 1966.
[9] Vgl. die Daten der Diskussion in: Hermann Weber, Von der SBZ zur DDR 1945–1968. Hannover 1968, S. 188 ff.

mehrmals zusammen und legten die Veranstaltungstermine fest. Freilich gab es erste Rückzieher; so ließ die SED Erklärungen von Blockparteien verbreiten, in denen die »völkerrechtswidrigen Anmaßungen des Bonner Staates« gerügt und für die »Sprecher der SED in Westdeutschland volle Freiheit und persönliche Sicherheit« gefordert wurden.[10] Nun versuchte die SED jedoch, das Gespräch zu vermeiden. Nach immer heftigeren Angriffen gegen die SPD nahm die SED-Führung Ende Juni 1966 das vom Bundestag verabschiedete »Gesetz über freies Geleit« zum Vorwand, um den Redneraustausch abzusagen. Offenbar war die SED-Führung von dem Echo, das die angekündigte Diskussion in der DDR gefunden hatte, schockiert. Die Parteispitze selbst scheute wohl kaum die Auseinandersetzung, schreckte aber vor der Wirkung zurück, die eine öffentliche Diskussion über die deutsche Frage auf die Bevölkerung der DDR haben konnte. Die SED-Führung mußte erkennen, wie wenig sie über die Stimmung der Bürger der DDR – auch ihrer eigenen Parteimitglieder – wußte. So wich sie dem Dialog aus, der in der DDR neue Hoffnungen auf eine Änderung des Systems – die nach dem 13. August 1961 begraben schienen – hätte wecken können.

Mit der Bildung der Großen Koalition Ende 1966 in Bonn änderte die SED ihre Konzeption in der Deutschlandfrage. Solange frühere Bundesregierungen eine starre und gegen die DDR gerichtete Politik betrieben hatten, war die SED als Vertreterin der Entspannungspolitik aufgetreten. Die beweglichere Ostpolitik der Großen Koalition und vor allem die realistische und flexible Deutschlandpolitik der nachfolgenden sozial-liberalen Koalition brachten die SED in Schwierigkeiten. Die Partei war nicht an Dialogen interessiert, die auf die DDR übergreifen konnten. Die DDR war seit Mai 1967 in der Defensive. Die neue Ostpolitik der Regierung Kiesinger-Brandt, die auf eine Verbesserung des Verhältnisses zu den osteuropäischen Staaten und eine Entkrampfung in Deutschland zielte, stieß auf den erbitterten Widerstand der SED-Führung, die – nicht ganz zu Unrecht – vermutete, Bonn wolle sie isolieren. Vor allem gegenüber der SPD wurden immer härtere Töne angeschlagen. Am 25. Januar 1967 führte das Zentralorgan ›Neues Deutschland‹ die Sprachregelung »SP« für SPD ein. Die Streichung Deutschlands aus dem Namen westdeutscher Parteien war nur eine der

---

[10] Der Morgen, Nr. 118 vom 22. 5. 1966.

agitatorischen Leistungen der SED. Die Partei bemühte sich, vor allem den Beweis zu erbringen, daß es keine Wiedervereinigung mehr geben könne. In Leitartikeln und Leserbriefen wurde die Parole kolportiert, eine Vereinigung mit dem »Mittelalter«, nämlich der Bundesrepublik, komme gar nicht in Frage. Dabei boten Beispiele von Rechtsextremismus oder Treffen ehemaliger Nazis in der Bundesrepublik der DDR-Argumentation eine wichtige Hilfe, die sonst fehlende Glaubwürdigkeit zu erhalten. Beispielsweise hatte die ›Neue Zeit‹ der Ost-CDU schon im Mai 1966 geschrieben: »Am 21. Mai wollen sie (HIAG) im Münchner Bürgerbräukeller ein SS-Treffen veranstalten. Unseligen Angedenkens an die ›Stadt der Bewegung‹, wo ihr Scharlatan Hitler seine Brandrede in diesem Keller hielt, wollen sie wieder ihre Haßgesänge ertönen lassen. Und was sagt das bayerische Innenministerium dazu? Es gäbe keine ›Rechtsgrundlage‹ für ein Verbot des SS-Treffens. Aber nicht nur, daß sich die schwarze Pest wieder zusammenrottet, aus Trier wird gemeldet, daß die HIAG zusammen mit der Stadtverwaltung in Pirmasens ein Denkmal zu ›Ehren‹ der Waffen-SS errichten will. Dieser schwarze Spuk muß verschwinden, wenn auch in Westdeutschland die Demokratie siegen soll.«[11] Seitenlang brachten die SED-Zeitungen im Januar 1967 Erklärungen von »Bürgern unserer Republik«, nach denen »eine Vereinigung zwischen unserem sozialistischen Vaterland und der vom Monopolkapitalismus beherrschten Bundesrepublik unmöglich« sei.[12] Die SED, die früher die Losung »Deutsche an einen Tisch« propagiert hatte, verlangte nun von ihren Funktionären, jeden Besucher aus der Bundesrepublik, der eine gegensätzliche Meinung äußere, als »Provokateur« auszuweisen.

Das im Dezember 1965 eingerichtete »Staatssekretariat für gesamtdeutsche Fragen« in Ost-Berlin wurde im Februar 1967 umbenannt in »Staatssekretariat für westdeutsche Fragen«. Staatssekretär Joachim Herrmann behauptete, durch die Schuld der »Bonner Regierung einschließlich der sozialdemokratischen Minister« seien »Begriffe wie ›gesamtdeutsch‹ ihres Inhalts entleert und gegenstandslos geworden«. Normale Beziehungen zwischen beiden deutschen Staaten seien zur Zeit nicht möglich.[13] Ein Staatsbürgerschaftsgesetz, das die Volkskammer am 20. Februar 1967 annahm, sollte die Eigenstaatlichkeit der DDR

---

[11] Neue Zeit, Nr. 110 vom 12. 5. 1966.
[12] Vgl. Neues Deutschland, Nr. 24 vom 24. 1. bis Nr. 30 vom 30. 1. 1967.
[13] Neues Deutschland, Nr. 34 vom 3. 2. 1967.

noch einmal unterstreichen und den Willen der Führung bekräftigen, keine Wiedervereinigung zu dulden. Nach dem Gesetz ist »Staatsbürger der DDR«, wer

»a) zum Zeitpunkt der Gründung der DDR deutscher Staatsangehöriger war, in der DDR seinen Wohnsitz oder ständigen Aufenthalt hatte und die Staatsbürgerschaft der DDR seitdem nicht verloren hat;
b) zum Zeitpunkt der Gründung der DDR deutscher Staatsangehöriger war, seinen Wohnsitz oder ständigen Aufenthalt außerhalb der DDR hatte, danach keine andere Staatsbürgerschaft erworben hat und entsprechend seinem Willen durch Registrierung bei einem dafür zuständigen Organ der DDR als Bürger der DDR geführt wird;
c) nach den geltenden Bestimmungen die Staatsbürgerschaft der DDR erworben und sie seitdem nicht verloren hat.«[14]

Ein Bote überbrachte am 11. Mai 1967 in Bonn Bundeskanzler Georg Kiesinger einen Brief des Vorsitzenden des Ministerrates, Willi Stoph, mit dem Vorschlag direkter Verhandlungen. Entgegen allen früheren Gepflogenheiten wurde das Schreiben angenommen. Am 13. Juni 1967 erklärte sich Kiesinger in seiner Antwort generell mit Gesprächen von Beauftragten einverstanden.[15] Damit hatte die Bundesregierung die faktische Existenz der DDR erstmals anerkannt und sich von selbstauferlegten Fesseln befreit; nun konnte sie aktiv werden. Im März 1968 lehnte Ulbricht jedoch die von Bundeskanzler Kiesinger vorgeschlagene Verständigung über praktische Fragen im geteilten Deutschland ab.

Da die SED sich gegen jedes gesamtdeutsche Bewußtsein wandte (nach ihrer Ansicht gab es keine deutsche Wissenschaft mehr, keine deutsche Literatur usw.), mußte sie erneut in einen Konflikt mit der Institution geraten, die als eine der letzten gesamtdeutschen Brücken galt, mit der Evangelischen Kirche. Die Kirche war durchaus bereit, den Anspruch des DDR-Staates gegenüber seinen Bürgern anzuerkennen, sie wollte sich aber nicht von ihren gesamtdeutschen Anliegen abbringen lassen.

Die Ablehnung gesamtdeutscher Perspektiven mußte in der Kirche auf Widerstand stoßen. Auf der Synode der EKD in Fürstenwalde im April 1967 trat der evangelische Bischof Wil-

---

[14] Neues Deutschland, Nr. 52 vom 21. 2. 1967.
[15] Vgl. Neues Deutschland, Nr. 129 vom 12. 5. 1967. Das Parlament vom 21. 6. 1967.

helm Krummacher aus Greifswald nachdrücklich für die Einheit der Kirche ein, er bejahte das Ziel der deutschen Einheit. Er führte aus: »Wir würden als Kirche der Reformation an unserer ökumenischen Verantwortung schuldig werden, wenn wir auf die Gemeinschaft, auch auf die institutionelle und sichtbare Gemeinschaft der Evangelischen Kirche in Deutschland, lediglich aus säkularen und tagespolitischen Gründen verzichten würden.«[16] Krummacher setzte sich damit heftigen Angriffen der SED aus.

Die SED nahm das 900jährige Jubiläum der Wartburg zum Anlaß, um noch einmal zu unterstreichen, daß nur die DDR Lehren aus der deutschen Geschichte gezogen habe. Nur in der DDR, »wo die Fahne des siegreichen Sozialismus weht, ist die deutsche Zukunft in festen Händen«.[17]

Nach der Aufnahme diplomatischer Beziehungen zwischen der Bundesrepublik und der Volksrepublik Rumänien am 31. Januar 1967 verstärkte die DDR ihre außenpolitischen Aktivitäten. Mit Hilfe der Sowjetunion versuchte Ost-Berlin, die anderen sozialistischen Staaten davon abzuhalten, dem rumänischen Schritt zu folgen. Die SED kritisierte die Rumänen: »Wenn der Außenminister der sozialistischen Republik Rumänien nicht bereit war, bei den Verhandlungen die Alleinvertretungsanmaßung zurückzuweisen und eindeutig zu erklären, daß unter den Bedingungen der Alleinvertretungsanmaßung und anderer revanchistischer Forderungen die Voraussetzungen für diplomatische Beziehungen noch nicht gegeben sind, so ist das bedauerlich.«[18] Rumänien wies den Einmischungsversuch prompt zurück: »Ist dem Autor des Artikels im ›Neuen Deutschland‹ etwa unbekannt, daß die Außenpolitik eines sozialistischen Staates von dessen Partei und Regierung festgelegt wird und daß diese für ihre Tätigkeit nur vor dem Volke, vor der Nation Rechenschaft ablegen? Der Versuch der Zeitung, sich zum Mentor der Außenpolitik eines anderen Staates aufzuwerfen und die Einmischung in die inneren Angelegenheiten eines anderen Landes dienen den Beziehungen der Freundschaft und Zusammenarbeit zwischen den sozialistischen Ländern nicht, sondern schaden ihnen nur.«[19]

[16] Die Welt vom 4. 4. 1967.
[17] Neues Deutschland, Nr. 85 vom 28. 3. 1967.
[18] Neues Deutschland, Nr. 34 vom 3. 2. 1967.
[19] Neuer Weg, Bukarest, vom 5. 2. 1967; abgedruckt in SBZ-Archiv 18 (1967) Nr. 5, S. 76.

Mehr Erfolg hatte die DDR-Außenpolitik in Polen, der CSSR und Ungarn. Am 15. März 1967 schloß die DDR-Führung mit Polen einen »Vertrag über Freundschaft, Zusammenarbeit und gegenseitigen Beistand« ab, am 17. März einen fast gleichlautenden Vertrag mit der Tschechoslowakei, am 18. Mai auch mit Ungarn und am 7. September 1967 mit Bulgarien.[20]

Der VII. Parteitag der SED

Vom 17. bis 22. April 1967 trat in Ost-Berlin der VII. Parteitag der SED zusammen, in dessen Mittelpunkt Wirtschaftsfragen standen; Walter Ulbricht, Erich Honecker und Willi Stoph waren die Referenten des Politbüros. Fast die Hälfte der Ausführungen Ulbrichts, das ganze Referat Stophs und zwei Drittel aller Diskussionen galten ökonomischen Problemen, vor allem der Fortsetzung des Neuen Ökonomischen Systems und der Wirtschaftsprognose bis 1970. Für diesen Zeitraum wurde ein jährliches durchschnittliches Wachstum der Industrieproduktion um 6 Prozent und des Nationaleinkommens um 5 Prozent erwartet. 1966 war die Industrieproduktion um 6,5 Prozent, die Arbeitsproduktivität in der Industrie um 6 Prozent gestiegen. Die Investitionen konnten um 7 Prozent, das Nationaleinkommen um 4 Prozent gesteigert werden. Zwar meldete die Zentralverwaltung für Statistik auch eine Zunahme des staatlichen Aufkommens tierischer Erzeugnisse um fast 6 Prozent, aber die Zahl der Kühe blieb z. B. mit 2,19 Millionen Stück beinahe auf dem Stand von 1960.[21] Obwohl die Landwirtschaft zurückblieb, stieg der Lebensstandard.

Der VII. Parteitag verkündete eine Weiterentwicklung des Neuen Ökonomischen Systems, das bereits in den vergangenen Jahren zur Erholung der Wirtschaft beigetragen hatte. Nunmehr sollte der Übergang von der Befehlswirtschaft der Nachkriegszeit zu einer differenzierteren Planwirtschaft weitergeführt werden. Regierung und Plankommission wollten mehr als in der Vergangenheit nur noch die Grundsatzentscheidungen treffen und die Rahmenpläne aufstellen, während die Ausarbeitung der zahlreichen Einzelpläne in der Eigenverantwortlich-

---

[20] Neues Deutschland, Nr. 75 vom 16. 3., Nr. 77 vom 18. 3. und Nr. 135 vom 19. 5. 1967.

[21] Neues Deutschland, Nr. 19 vom 19. 1. 1967.

keit der Betriebsleitungen und der Industrievereinigungen (VVB) liegen sollte. Die abgeschlossene Industriepreisreform bot einen Überblick über die tatsächlichen Produktionskosten und ermöglichte eine realistische Planung. Ulbricht hatte bei der Vorbereitung des Parteitages zugegeben, daß das Neue Ökonomische System auch Schwierigkeiten gebracht habe. Er bestätigte, die Industriepreisreform habe Unruhe in der Bevölkerung verursacht, da einige Werkleitungen bei unveränderten Selbstkosten versuchten, »die Preise ihrer Waren hochzudrücken«. Er versicherte, die vom Staat gezahlten Subventionen »bleiben für die Bevölkerung nach wie vor wirksam, und deshalb wird es keine Preiserhöhungen für diese Waren geben«.[22] Das waren ebensolche Versprechungen, wie sie schon 12 Jahre zuvor auf dem 25. ZK-Plenum gegeben wurden, aber nicht gehalten werden konnten.

Ulbricht erwähnte auch eine andere Schwierigkeit der Wirtschaft: »Heute hielt mich hier in Leuna ein Arbeiter an. Er sagte: Genosse Ulbricht, die Sache geht so nicht weiter. Wir können nicht kontinuierlich arbeiten. Uns fehlen bestimmte Materialien, die die Zuliefererbetriebe nicht bzw. unregelmäßig liefern. Der Arbeiter hatte vollständig recht; denn es geht ja auf Kosten seines Lohnes, wenn er nicht kontinuierlich arbeiten kann.« Ulbricht verlangte deshalb, die Kooperationsbeziehungen in Ordnung zu bringen.[23]

Ende 1966 startete die SED eine neue wirtschaftliche Kampagne mit den Worten des Meisters Gerhard Kast: »Unser Betrieb darf nicht mehr auf Kosten anderer leben. Ich sage das, weil ich mich dafür verantwortlich fühle, daß unser Betrieb der Volkswirtschaft und uns allen künftig Gewinn bringt.«[24] Dem damals 32 Jahre alten Meister des Funkwerkes Köpenick, seit 1959 Mitglied der SED (vom VII. Parteitag dann ins ZK gewählt), war eine ähnliche Rolle zugedacht wie früher einmal Hennecke. Während Hennecke die Aktivistenbewegung ins Leben rief, sollte durch Gerhard Kast eine Bewegung für die Rentabilität der einzelnen Betriebe initiiert werden. Junge Männer wie Kast gab es viele. Sie kritisierten Mängel der Wirtschaft, weil sie selbst zur Führungselite der DDR zählten. Die »Kast-Bewegung« sollte damals dem Unmut über Planungs- und Or-

---

[22] Neues Deutschland, Nr. 314 vom 14. 11. 1966.
[23] Ebd.
[24] Neues Deutschland, Nr. 331 vom 2. 12. 1966.

ganisationsfehler, Materialmangel und Leerlauf am Arbeitsplatz Ausdruck geben. Auch die Jugendorganisation FDJ war in die Kampagne für »Erzeugnisse mit Weltniveau« eingespannt, wobei sie mit »Messen der Meister von Morgen« an die Öffentlichkeit trat. Es gab zahlreiche solcher Kampagnen, eine z. B. für niedrigere Produktionskosten, zu deren Ziel der damalige 1. Sekretär der Bezirksleitung Halle der SED und Kandidat des Politbüro, Horst Sindermann, sagte: »Jede gute Grundorganisation der FDJ muß bestrebt sein, mit aller Energie der Produktivkraft Wissenschaft in ihrem Betrieb, in ihrem Entwicklungsbereich die entscheidende Rolle einzuräumen.«[25]

Eine immer wiederkehrende Kampagne war die der Vorbereitung eines SED-Parteitags. Vor dem VII. Parteitag sah das z. B. so aus: Während der Berichtsversammlungen der Grundorganisationen sprachen 580 989 Parteigenossen, d. h. über ein Drittel der Mitgliedschaft in der Diskussion. Auf den 292 Kreisdelegiertenkonferenzen ergriffen 5740 Funktionäre das Wort. An den Diskussionen der 15 Bezirksdelegiertenkonferenzen beteiligten sich 417 Redner. Das Organ des ZK ›Neues Deutschland‹ veröffentlichte 192 Seiten zur Parteidebatte, und in den 14 Bezirkszeitungen der SED erschienen 1700 Seiten zu dieser Problematik.[26]

Auch die anderen Parteien und die Massenorganisationen versicherten dem Parteitag ihre Unterstützung. Der FDGB versprach, »allen Kolleginnen und Kollegen zu helfen, immer tiefer in die ökonomischen Gesetze des Sozialismus einzudringen«. Die LDP betonte, die DDR sei der Bundesrepublik »in der Tat um eine ganze geschichtliche Epoche voraus«; und die DBD gelobte, »unter Führung der Sozialistischen Einheitspartei Deutschlands« weiterzukämpfen. Der NDP-Vorsitzende Bolz berichtete, auf den Bezirksparteitagen der NDP sei in den letzten Wochen »oft von zusätzlichen Leistungen zu Ehren des VII. Parteitages der Sozialistischen Einheitspartei Deutschlands die Rede« gewesen.[27] Zur Vorbereitung des Parteitages gab es eine große Anzahl von Fachkonferenzen, die sich vor allem mit Wirtschaftsfragen (Rentabilität, Arbeitsteilung, Rationalisierung usw.) beschäftigten. Doch die Kampagnen beschränkten sich nicht auf die Parteien und die Massenorganisationen, auch

---

[25] Junge Welt, Nr. 5 vom 6. 1. 1967.
[26] Neues Deutschland, Nr. 104 vom 16. 4. 1967.
[27] Ebd.

Pfarrer Prof. Dr. Kehnscherper schrieb: »Wir [Christen] sind aufgerufen, den VII. Parteitag der SED vorzubereiten.«[28]

Die Vorbereitung des Parteikongresses signalisierte aber auch erhebliche Unterschiede zwischen dem VI. Parteitag 1963 und dem VII. Parteitag 1967. Während der VI. Parteitag im Zeichen des »umfassenden Aufbaues des Sozialismus« stand, war die »gesellschaftliche Entwicklung in der DDR bis zur Vollendung des Sozialismus« Thema des VII. Parteitags. Innenpolitisch wollte der VI. Parteitag ein »Nationalbewußtsein« der DDR demonstrieren, die Bevölkerung sollte davon überzeugt werden, daß die DDR »ihr Staat« sei. Die zentrale Parole des VII. Parteitages lautete: »Alles für die DDR, unser sozialistisches Vaterland«. Die DDR-Bewohner hatten nunmehr vor allem das Unabänderliche ihres Staates zu erkennen; immer öfter tauchte auch bereits der Begriff *sozialistische* Deutsche Demokratische Republik auf.

Auf wirtschaftspolitischem Gebiet war der VI. Parteitag Ausgangspunkt des Neuen Ökonomischen Systems, der VII. Parteikongreß veränderte diese Wirtschaftsform und paßte sie den neuen Gegebenheiten an. Während vor dem VI. Parteitag zahlreiche personelle Veränderungen auf Bezirksebene erfolgten, eine Reihe Erster Bezirkssekretäre ausgewechselt wurde, gab es bei der Vorbereitung des VII. Parteitages wenige Umbesetzungen, alle Ersten Sekretäre wurden wiedergewählt.

Der VI. Parteitag hatte in der Deutschlandpolitik die Verstärkung des »gesamtdeutschen Gesprächs« verlangt und die Konföderationspläne propagiert, der VII. Parteitag dagegen erwähnte das gesamtdeutsche Gespräch nicht mehr, jede Wiedervereinigung unter den bestehenden Bedingungen wurde abgelehnt, die Bundesrepublik für »konföderationsunwürdig« erklärt. Nach den Plänen des VII. Parteitages sollte die DDR zum »entwickelten gesellschaftlichen System des Sozialismus« gestaltet werden. Dabei hob die SED-Führung vor allem die Bedeutung und den Vorrang der Wissenschaft hervor. Zugleich proklamierte Ulbricht auf dem Parteitag die (1971 wieder verworfene) »sozialistische Menschengemeinschaft« der DDR.

Die Wahlen zur Spitzenführung auf dem VII. Parteitag ergaben im Politbüro kaum Veränderungen. Anstelle der verstorbenen Mitglieder Grotewohl und Leuschner waren Grüneberg und Mittag schon vorher von Kandidaten zu Mitgliedern aufge-

[28] Neues Deutschland, Nr. 326 vom 27. 11. 1966.

rückt, nun wurde auch Sindermann Vollmitglied. Alle bisherigen Kandidaten (außer Apel, der inzwischen Selbstmord begangen hatte) wurden wiedergewählt, neu hinzu kamen die jüngeren Wirtschaftsfachleute Walter Halbritter und Günther Kleiber. Das Nachrücken junger Kräfte mit wissenschaftlicher Ausbildung in die oberste Führungsspitze unter Ulbricht ließ einen generellen Trend dieser Periode erkennen: Er signalisierte den Beginn einer Transformation der SED von einer bürokratischen Apparatpartei in eine Staatspartei mit neuem Führungsstil und veränderter Zusammensetzung. Insgesamt war der VII. Parteitag ein Kongreß der Konsolidierung.

In der Erklärung der Bundesregierung aus Anlaß des VII. Parteitages der SED wurde noch einmal betont: »Die Bundesregierung will Entspannung auch zwischen beiden Teilen Deutschlands ... Es ist die Aufgabe aller in Deutschland lebenden und politisch handelnden Menschen, zu prüfen: was kann – ungeachtet der zwischen beiden Teilen Deutschlands bestehenden prinzipiellen Gegensätze – praktisch getan werden, um die Not der Spaltung unseres Volkes zu erleichtern und dadurch die Voraussetzungen für eine Entspannung innerhalb Deutschlands zu schaffen.« Die Bundesregierung schlug normalisierten Reiseverkehr, Passierscheinregelung in Berlin, Erleichterung des Zahlungsverkehrs, aber auch Maßnahmen zur verstärkten wirtschaftlichen und verkehrspolitischen Zusammenarbeit sowie Rahmenvereinbarungen für den wissenschaftlichen, technischen und kulturellen Austausch vor. Die Bundesregierung erklärte sich bereit, »auch andere Vorschläge zu prüfen«.

Der Parteivorstand der SPD wandte sich mit einem »Offenen Brief« an die Delegierten des VII. Parteitages. Er bedauerte, daß der Redneraustausch seinerzeit durch die Absage der SED unmöglich gemacht worden war; die SPD halte eine »umfassende Diskussion« auch heute noch für nützlich. Zu den Vorschlägen, die Walter Ulbricht in seiner Neujahrsansprache als »unvermeidliche Schritte, die zuallererst gegangen werden müssen«, bezeichnet hatte, sagte die SPD, es gebe sachliche Berührungspunkte, »freilich mit diesem grundlegenden Unterschied: Wir gehen davon aus, daß keine Seite der anderen unzumutbare Vorbedingungen stellt. Diese Grundhaltung allein kann eine innerdeutsche und europäische Entspannung herbeiführen.«[29]

Der VII. Parteitag der SED machte auch die weitere Spaltung

---

[29] Vorwärts vom 20. 4. 1967.

im Weltkommunismus sichtbar. Die auf dem VI. Parteikongreß noch anwesenden Delegationen der Kommunisten aus China, Albanien, Kuba, Burma, Thailand, Malaya und Indonesien fehlten nun. Dagegen kamen 1967 erstmals Vertreter afrikanischer nationalistischer, nichtkommunistischer Parteien aus Ägypten, Syrien, Guinea, Senegal, Kongo-Brazzaville, Portugiesisch-Guinea.

Über die Entwicklung der SED gab es folgende offizielle Zahlen: »Die Partei zählte am 31. Dezember 1966 insgesamt 1 769 912 Mitglieder und Kandidaten. Damit erhöhte sie ihren Mitgliederbestand um 9,9 Prozent. Seit dem VI. Parteitag wurden 153 262 Arbeiter in die Partei aufgenommen, das sind 62,4 Prozent der Gesamtaufnahmen.«[30] Von den knapp 1,8 Millionen Mitgliedern, die der VII. Parteitag registrierte, waren 45 Prozent Arbeiter, 16 Prozent Angestellte und 12 Prozent Angehörige der Intelligenz. Im Vergleich zu ihrem Anteil an der Gesamtbevölkerung waren Arbeiter und Angestellte (80 Prozent der Bevölkerung) in der SED erheblich unter-, die Intelligenz (7 Prozent der Bevölkerung) überrepräsentiert. Ende 1957 freilich hatte der Anteil der Arbeiter nur 33,8 Prozent betragen, damals waren 42,3 Prozent »Angestellte und Angehörige der Intelligenz« gewesen. Mit Werbekampagnen hatte die Partei versucht, ihre soziale Zusammensetzung zu ändern und vermehrt Arbeiter zu gewinnen. In den sechziger Jahren verdoppelte sich dennoch die Zahl der SED-Mitglieder mit Hochschulabschluß, nahezu 20 Prozent hatten eine Hoch- oder Fachschule absolviert. Auch junge Menschen konnte die SED gewinnen: 20 Prozent ihrer Mitglieder waren unter 30 Jahre alt (gegenüber 15 Prozent bei der Gesamtbevölkerung), allerdings blieben die Frauen (54 Prozent der Bevölkerung) mit nur 26 Prozent (1954: 20, Ende 1957: 23,5 Prozent) in der SED weit unterrepräsentiert. Nur noch 6,9 Prozent der Mitglieder waren bereits vor 1933 in der SPD oder KPD organisiert gewesen.[31]

Solche Unterschiede zwischen den Strukturen der SED und der Gesamtbevölkerung sind jedoch nicht so aussagekräftig wie die wenigen Mitteilungen über die Zusammensetzung der Par-

---

[30] Protokoll der Verhandlungen des VII. Parteitages der Sozialistischen Einheitspartei Deutschlands. 17. bis 22. April 1967. Berlin (Ost) 1967, Bd. 4, S. 226 f.
[31] Ebd., S. 226 f. und Neues Deutschland, Nr. 108 vom 20. 4. 1967. Vgl. auch Bericht des Zentralkomitees an den V. Parteitag der SED. Hrsg. vom ZK der SED. O. O. u. J. (Berlin 1958), S. 152.

teileitungen. 1970 berichtete Honecker,[32] daß 70 Prozent der Mitglieder der Bezirksleitungen und 51 Prozent der Kreisleitungsfunktionäre und selbst 31 Prozent der Leitungsmitglieder in den Grundorganisationen eine Hoch- oder Fachschulbildung besaßen. Bei den hauptamtlichen Funktionären war der Anteil noch höher: »95,2 Prozent der Sekretäre der Kreisleitungen haben einen Hoch- oder Fachhochschulabschluß«. Trat ein Wandel der SED und der Einfluß der neuen Eliten in der Zusammensetzung der Partei deutlich zutage, so verharrte sie bei ihrem Aufbau und bei ihrer Struktur auch in den sechziger Jahren doch noch weitgehend auf stalinistischen Prinzipien.

Weiterhin war die Partei vom Apparat, d. h. von den hauptamtlichen Funktionären beherrscht. In der hierarchisch aufgebauten SED lag die Macht beim Politbüro, beim Sekretariat und bei dem in Abteilungen gegliederten »Apparat des ZK« in Ost-Berlin. Über Machtfülle und Methoden dieser Parteispitze liegen einige offizielle SED-Hinweise vor.[33] Unumwunden wurde berichtet, daß das Politbüro »alle Grundsatzfragen« entscheidet, das Sekretariat die »Auswahl der Kader« vornimmt und der Apparat »die Durchführung der Beschlüsse und Weisungen der Parteiführung durch ein umfassendes System der Kontrolle der Tätigkeit der nachgeordneten Parteiorgane, der Parteiorganisationen ... der Staatsmacht sowie der zentralen Leitungen der Massenorganisationen« sichert. Zugleich überwachen die Abteilungen des ZK-Apparates aber auch »die Verteilung der Parteikräfte, um die führende Rolle der Partei allseitig« zu garantieren. Über die Rolle dieses Apparats, über dessen Abteilungen, schrieb Otto Schön, damaliger Leiter des Büro des Politbüro ganz offen: »Der Apparat sichert die Durchführung der Beschlüsse und Weisungen der Parteiführung durch ein umfassendes System der Kontrolle der Tätigkeit der nachgeordneten Parteiorgane, der Parteiorganisationen, der zentralen staatlichen Organe und Institutionen, der Staatsmacht sowie der zentralen Leitungen der Massenorganisationen. Der Apparat studiert und kontrolliert die Führungstätigkeit der leitenden Parteiorgane in den Bezirken und Kreisen auf der Grundlage der

---

[32] Erich Honecker, Die Verwirklichung der Leninschen Lehre von der führenden Rolle der Partei durch die SED in der DDR. Berlin (Ost) 1970, S. 71 ff.
[33] Horst Dohlus, Der demokratische Zentralismus – Grundprinzip der Führungstätigkeit der SED bei der Verwirklichung der Beschlüsse des Zentralkomitees. Berlin (Ost) 1965. Otto Schön, Die höchsten Organe der Sozialistischen Einheitspartei Deutschlands. 2. überarb. u. erw. Aufl. Berlin (Ost) 1965.

Beschlüsse ... Die Abteilungen erarbeiten für die Parteiführung die heranreifenden neuen Probleme. Dazu ist erforderlich, daß sie die Lage auf ihrem Arbeitsgebiet genau kennen, daß sie das Wesentliche vom Unwesentlichen unterscheiden, Analysen ausarbeiten, die Parteiführung über die wichtigsten Ereignisse, Vorkommnisse, Festlegungen und Schlußfolgerungen schnell und gründlich informieren. Die Abteilungen fördern die Entwicklung einer selbständigen, verantwortlichen Tätigkeit der leitenden Parteiorgane, der staatlichen und wirtschaftlichen Organe und der Massenorganisationen auf der Grundlage der Beschlüsse der Partei und orientieren sie zielstrebig auf die Lösung der Hauptaufgaben.«[34] Auch andere Organe des Politbüro und des Sekretariats sollten diese Aufgaben erfüllen helfen, so das »Büro des Politbüro«, das vor allem die technische Kleinarbeit des Politbüro und die Überwachung der Beschlüsse organisierte.

Dieser Apparat herrschte (und herrscht) über Partei und Gesellschaft in der DDR. Der Bewältigung seiner umfangreichen Aufgaben dienten feste Arbeitsprinzipien. Als wichtigste Methode galt die »Rolle der Beschlüsse«, d. h., von der Führung gefaßte Beschlüsse hatten von oben bis unten Gesetzescharakter, ihre Erfüllung wurde streng überwacht. »Kritik und Selbstkritik« war ein weiteres Mittel zur Disziplinierung, mit ihm sollte aber auch bürokratischer Verknöcherung entgegengewirkt werden. Allerdings war Kritik nicht an den Beschlüssen selbst, sondern nur an ihrer Durchführung gestattet. Genaue Berichterstattung und »Verbindung zu den Massen« sollten die Führung gründlich informieren, um eine rasche Reaktion auf die Massenstimmung zu ermöglichen. Schließlich galt für die Funktionäre die Arbeitsmethode nach dem Prinzip des »Kettengliedes«, d. h., unter den vielen Aufträgen war diejenige als die wichtigste Aufgabe zu erkennen und herauszugreifen, mit der die gesamte Arbeit vorangetrieben werden konnte. Das Politbüro (das an jedem Dienstag zusammentrat) richtete sich ebenso nach einem konkreten Arbeitsplan wie das Sekretariat (das sich fast täglich versammelte) und wie alle nachgeordneten Instanzen – auch daran hat sich bis heute nichts geändert.

Da die SED als Führungsorgan der DDR einen totalen Leitungsanspruch erhob, hatte eine geschlossene und zentralisierte Parteiorganisation höchste Priorität. Der straffe hierarchische

[34] Schön, ebd., S. 34 f.

Zentralismus war und ist daher das dominierende Prinzip der Parteistruktur der SED und der Organisationsstruktur der DDR überhaupt. Diesen straffen Zentralismus sollte – laut Statut – die Wahl aller Parteiorgane mildern. Tatsächlich wurde jedoch weiterhin die stalinistische Methode praktiziert, nach der der jeweils übergeordnete Apparat die Funktionäre der unteren Ebene benannte und einsetzte. Die übergeordneten Leitungen überprüften die Kandidaten für die Vorstände und Sekretariate, gaben Direktiven für die zu wählenden Kandidaten und nahmen über ihre Instrukteure unmittelbaren Einfluß auf die Wahlen. Eine Auswahl zwischen mehreren Kandidaten konnten die Delegierten in der Regel nicht treffen. Allein in den Betriebsparteiorganisationen, also auf der untersten Ebene, war ein minimales Mitbestimmungsrecht entstanden, weil nur so die vielfältigen Aufgaben durchzuführen waren.

Eine besonders wichtige Rolle wurde nun den Massenorganisationen übertragen, denn mit diesen war der SED »ein vielfach abgestuftes, aufeinander abgestimmtes Instrumentarium von sozialen Zwängen, Anreizen, Mobilisierungs- und Überzeugungsmöglichkeiten an die Hand gegeben«.[35] Doch zwischen ihrer Aufgabe, die Politik der SED in die bei ihr organisierte Bevölkerungsgruppe zu tragen, und ihrer ursprünglichen Funktion, die jeweiligen Interessen der zahlreichen Mitglieder durchzusetzen, existierte ein Spannungsverhältnis, das zu Reibungsverlusten und ständigen Schwierigkeiten in den Organisationen führte.

Am deutlichsten trat dieser Widerspruch im FDGB hervor, der als Massenorganisation der SED eine »Staatsgewerkschaft« war, die vor allem die Ziele der Staatswirtschaft mit zu erfüllen hatte. Bei der Vertretung der Interessen seiner über 6 Millionen Mitglieder hatte der FDGB die sozialen Belange, den Arbeitsschutz und die Rechte der Arbeiter im Betrieb wirkungsvoll zu verteidigen und geriet dabei ständig in einen Konflikt. War der FDGB in den fünfziger Jahren fast nur für die Planerfüllung und die Durchsetzung der Staatsinteressen tätig gewesen, so rückten in den sechziger Jahren mit der neuen Politik der SED auch die Belange der Mitglieder stärker ins Blickfeld.[36]

---

[35] Hartmut Zimmermann, Der FDGB als Massenorganisation und seine Aufgaben bei der Erfüllung der betrieblichen Wirtschaftspläne. In: Peter Ch. Ludz (Hrsg.), Soziologie in der DDR. Sonderheft der Kölner Zeitschrift für Soziologie und Sozialpsychologie. Köln-Opladen 1964, S. 121.

[36] Vgl. Wolfgang Biermann, Demokratisierung in der DDR? Köln 1978.

Nach Einführung des Neuen Ökonomischen Systems in der DDR wuchs die Bedeutung des FDGB auch in der Wirtschaft. Die Mitwirkung der Gewerkschaften in der Wirtschaft stärkte ihre Position und ermöglichte ein entschiedeneres Eintreten für die Arbeiter. Der 7. FDGB-Kongreß im Mai 1968 unterstrich die Rolle des FDGB als Vertreter der Arbeiter im Betrieb, dennoch blieben seinem Einsatz für die Interessen der Mitglieder Grenzen gesetzt. Durch Personalunion lagen alle wichtigen Positionen in der Gewerkschaft in den Händen von SED-Funktionären (der FDGB-Vorsitzende Warnke gehörte dem Politbüro der SED an). Da aber die SED von ihren Mitgliedern verlangte, entsprechend der Parteidisziplin und den Statuten, in jeder Funktion zuerst für die Partei zu wirken, konnten sich auch die FDGB-Funktionäre erst in zweiter Linie als »Gewerkschafter« verstehen. Das mußte in der Praxis zu unsicherem Verhalten führen, standen die Funktionäre der Massenorganisationen doch einerseits unter dem Druck ihrer Basis und andererseits unter dem Zwang der Parteidisziplin. Daraus resultierten nicht selten Differenzen, die die Probleme der Apparatherrschaft erkennen ließen: Trotz Dominanz der SED kam es in und zwischen den verschiedenen Organisationen des politischen Systems zu ständigen Reibereien.

Die Verfassung von 1968

Unwille und Opposition der Bevölkerung der DDR gegen ihr gesellschaftliches und politisches System entzündeten sich immer wieder an zwei Tatbeständen: am relativ niedrigen Lebensstandard und an der Vorenthaltung politischer und persönlicher Freiheiten. Die SED-Führung bemühte sich mit neuen Methoden in der Wirtschaft den Lebensstandard anzuheben. Gegen das Freiheitsstreben aber wurden (außer einigen Zugeständnissen in gewissen Perioden) weiterhin die Machtmittel des Staates eingesetzt. Diese wollte die DDR-Führung 1968 durch ein neues Strafgesetzbuch und eine neue Verfassung rechtlich umfassender abstützen.

Bereits im Januar 1967 hatte Justizminister Hilde Benjamin ein neues Strafgesetzbuch angekündigt, das am 12. Januar 1968 verabschiedet wurde. Mit diesem Gesetz hatte die DDR die deutsche Rechtseinheit beendet. Hervorgehoben wurde, daß es nicht Ziel des Staates sei, zu strafen, sondern Verbrechen zu verhindern. Tatsächlich ließen eine Reihe neuer Bestimmungen und der Wegfall mancher überlebter Paragraphen einen fortschrittlichen Geist erkennen.

Das politische Strafrecht aber wurde verschärft und ausgeweitet. Schon die Präambel des Strafgesetzbuches bezeichnete die »allseitige Stärkung« der DDR als die entscheidende Aufgabe; angestrebt werde der »systematische Aufbau des sozialistischen Rechts als Instrument der staatlichen Leitung der Gesellschaft«, wobei das Strafrecht den »Schutz der sozialistischen Staats- und Gesellschaftsordnung« zu gewährleisten habe. Obwohl auch die »Rechte des Bürgers« betont und bestimmte überholte Methoden der Stalin-Ära verworfen wurden (so ist die »Rückwirkung und die analoge Anwendung von Gesetzen zuungunsten des Betroffenen nicht zulässig«),[37] blieb auch mit dem neuen Gesetz das drakonische politische Strafrecht in der DDR erhalten. Für zahlreiche politische Tatbestände wurden weiterhin lange Freiheitsstrafen oder sogar die Todesstrafe angedroht. Die Neutralisierung der Bevölkerung galt zwar als wichtigste Herrschaftsmethode, dennoch hielt sich die Führung Möglichkeiten für Repressionen offen, ja sie baute die dafür vorhandenen Instrumente sogar aus. Andererseits war die DDR-Führung bestrebt, allzu krasse Gegensätze zwischen Normen und Realitäten abzubauen.

Diesem Ziel diente die Ablösung der alten durch eine neue, »sozialistische« Verfassung im Jahre 1968. Nach Veröffentlichung des Entwurfs im Februar 1968 gab es dazu eine »Volksaussprache«. In über 750 000 Veranstaltungen wurden neben Zustimmung auch Änderungswünsche vorgebracht. Abweichend vom Entwurf wies der endgültige Text dann einige Veränderungen auf, z. B. wurden die Grundrechte der Glaubens- und Gewissensfreiheit und des religiösen Bekenntnisses ebenso in die neue Verfassung eingefügt wie die Immunität der Volkskammerabgeordneten. Die Regierung legte der Bevölkerung schließlich am 6. April 1968 die Verfassung zum Volksentscheid vor. 94,5 Prozent der Wahlberechtigten stimmten für die neue Verfassung (in Ost-Berlin 90,9 und im Bezirk Cottbus 93,4 Prozent), damit war bei diesem ersten Volksentscheid in der Geschichte der DDR die Zahl derjenigen, die sich nicht an der

---

[37] Neues Deutschland, Nr. 13 vom 13. 1. 1968.

Abstimmung beteiligten oder den Entwurf der Regierung ablehnten, höher als bei früheren Volkskammerwahlen.[38]

In der neuen Verfassung[39] waren die Machtverhältnisse weitaus klarer definiert als in der alten, die immer deutlicher im Widerspruch zur Realität gestanden hatte. Artikel 1 sicherte den Führungsanspruch der SED auch verfassungsrechtlich ab; darin hieß es, die DDR, als »sozialistischer Staat deutscher Nation«, verwirkliche unter Führung der Arbeiterklasse »und ihrer marxistisch-leninistischen Partei«, also der SED, »den Sozialismus«. Etwas verbrämt wurde damit die SED-Herrschaft als Faktum bestätigt. Die DDR-Geschichtsschreibung sagt dazu: »Die führende Rolle der Arbeiterklasse und der SED ... wurden fixiert.«[40] Im offiziellen Verfassungskommentar von Klaus Sorgenicht (Abteilungsleiter des ZK der SED und Mitglied des Staatsrats) wurde dies im Jahr 1969 so interpretiert: »Die Verwirklichung der führenden Rolle der Arbeiterklasse erfordert, daß an ihrer Spitze die marxistisch-leninistische Partei steht. Diese Partei ist in der DDR die SED. Sie befähigt die Arbeiterklasse, ihre geschichtliche Mission bei der Gestaltung des entwickelten gesellschaftlichen Systems des Sozialismus zu erfüllen. Sie ist der bewußte und organisierte Vortrupp der deutschen Arbeiterklasse. Die SED ist mit der fortgeschrittensten Wissenschaft, mit der Lehre des Marxismus-Leninismus ausgerüstet, wendet diese Lehre schöpferisch entsprechend den historischen Bedingungen an und bereichert sie mit den Erfahrungen des Kampfes für die Errichtung und Entwicklung der sozialistischen Gesellschaft in der DDR. Sie verkörpert die Einheit von revolutionärer Theorie und revolutionärer Praxis.«[41]

Während dieses Eingeständnis die tatsächlichen Machtverhältnisse in der DDR offenlegte, verschleierten andere Verfassungsartikel die Wirklichkeit. So Art. 19, der die Freiheit der Persönlichkeit und die Freiheit von Unterdrückung und wirtschaftlicher Ausbeutung garantiert, Art. 20, der Gewissens-

---

[38] Auch die späteren Wahlen erbrachten offiziell immer mehr als die knapp 95 Prozent des Volksentscheids.
[39] Vgl. die Verfassung mit dem offiziellen Kommentar: Klaus Sorgenicht, Wolfgang Weichelt u. a. (Hrsg.), Verfassung der Deutschen Demokratischen Republik. Dokumente. Kommentar. Bd. 1 und 2. Berlin (Ost) 1969. Vgl. auch Siegfried Mampel, Die sozialistische Verfassung der DDR. Text und Kommentar. Frankfurt a. M. 1972.
[40] Heinz Heitzer, DDR. Geschichtlicher Überblick. Berlin (Ost) 1979, S. 111.
[41] Sorgenicht, Verfassung, S. 226 f.

und Glaubensfreiheit gewährleistet oder Art. 27, in dem »die Freiheit der Presse, des Rundfunks und des Fernsehens« zugestanden wird. Doch die Herrschaftsform der SED wurde auch in der neuen Verfassung nicht konkretisiert, vielmehr bestimmte Art. 48: »Die Volkskammer ist das oberste staatliche Machtorgan der DDR ... Die Volkskammer ist das einzige verfassungs- und gesetzgebende Organ der DDR. Niemand kann ihre Rechte einschränken.« Die Entscheidungen traf indes weiterhin nicht die Volkskammer, sondern nach wie vor die Parteispitze. Auch die Verfassung von 1968 (Art. 54) legte fest, daß die Abgeordneten »vom Volk auf die Dauer von 4 [später 5] Jahren in freier, allgemeiner, gleicher und geheimer Wahl« zu bestimmen seien. Die weiterhin praktizierten »offenen Abstimmungen« bedeuteten also einen ganz klaren Bruch der Verfassung, da sie »geheime« Wahl vorschrieb.

Dennoch war die Verfassung, anders als die erste von 1949, mehr den Realitäten in der DDR angepaßt. Im Gegensatz zur ersten Verfassung – die sich noch an Weimar und den Konstitutionen Westeuropas orientierte – glich die Verfassung von 1968 der Stalinschen Verfassung von 1936 und der Verfassung der CSSR von 1960. Aber gerade die Entwicklung im »Prager Frühling« machte deutlich, daß die geschriebene Konstitution eines kommunistisch regierten Landes keineswegs das politische Leben fixiert. Leerformeln der Verfassung können mit unterschiedlichem politischen Inhalt gefüllt werden, ausschlaggebend ist allein die Position der kommunistischen Partei und ihrer Führung. 1968 zeigten die Auseinandersetzungen zwischen der Ulbricht-Führung und der Dubcek-Führung den Unterschied zwischen dem bürokratisch-diktatorischen Kommunismus in der DDR und einer demokratischen Variante in der CSSR.

Die DDR und der »Prager Frühling«

Von Anfang an hatte die SED den neuen Prager Kurs attackiert. Diese kommunistische Führung der CSSR unter Dubcek konnte sich auf die Mehrheit des Volkes stützen, indem sie sich mit dem Verlangen der Bevölkerung nach Freiheit identifizierte und deshalb Vertrauen fand. Das registrierte die SED mit »tiefem Bedauern«, für sie war der demokratische Weg in Prag eine »Preisgabe der Positionen des Sozialismus zugunsten der Konterrevolution«.[42] Solche Kritik blieb allerdings auch in der DDR nicht unwidersprochen. Vor allem Robert Havemann trat für einen demokratischen Kommunismus ein und wurde damit in der DDR zum Sprecher dieser neuen Richtung, ohne jedoch direkt politisch wirksam sein zu können. Havemann schrieb im Mai 1968 in einer Prager Zeitschrift: »Entscheidend für die Demokratie ist die demokratische Kontrolle der Regierung von unten. Dies bedeutet das Recht der Opposition, sowohl in der Öffentlichkeit, in Presse, Funk und Fernsehen, wie auch im Parlament und den Volksvertretungen, dessen Mitglieder durch freie und geheime Wahlen bestimmt sind. Dies bedeutet auch die Unabhängigkeit der Richter und die Einrichtung von Verwaltungsgerichten, vor denen der Bürger gegen behördliche Willkür Klage erheben kann. Demokratie bedeutet eben, daß das Regieren schwerer und das Regiertwerden leichter gemacht wird. Beides ist sehr nützlich.«[43]

In solchen Thesen der demokratischen Kommunisten sahen die bürokratischen Führer der SED ebenso wie die Moskauer Spitze eine große Gefahr für ihre Politik. Die rechtswidrige Invasion der sowjetischen Armee und von Truppen aus der DDR, aus Polen, Ungarn und Bulgarien am 20./21. August 1968 in die CSSR war in erster Linie als Schlag gegen die neue Form des Kommunismus gedacht.

Mit der Beteiligung an der Intervention in der CSSR im August 1968 setzte sich die DDR-Führung ins Unrecht; sie hatte sich trotz der Erinnerungen an den deutschen Überfall von 1938 nicht gescheut, deutsche Truppen zur Okkupation in die Tschechoslowakei einmarschieren zu lassen. So wurde der Staatsapparat der DDR, bisher nur zum Schutz des Herrschaftssystems im Inneren eingesetzt, erstmals in den sechziger Jahren auch nach außen gerichtet.

Allerdings ließen die grundsätzlichen Differenzen zwischen DDR und CSSR auch zwei gegensätzliche Modelle kommunistischer Regierungssysteme in zwei europäischen Industriestaaten erkennen. Die Entwicklung der CSSR zwischen Januar und August 1968 zeigte erstmals Ansätze grundsätzlich neuer Formen, die sich von den bürokratischen Strukturen der DDR unterschieden. Im Selbstverständnis der tschechoslowakischen Reformkommunisten wurde die neue Ära der CSSR durch fol-

---

[42] Neues Deutschland, Nr. 203 vom 24. 7. 1968.
[43] Deutschland Archiv 1 (1968), S. 328 ff.

gende Tatsachen charakterisiert: »Neue Auffassung der Rolle der Kommunistischen Partei, die zwar auf ihre führende Stellung nicht verzichtet, sie aber erstreben will durch Gewinnung des Vertrauens und durch konkrete politische Taten, die die Gesellschaft in Teilung der Macht und ehrenhafter Partnerschaft mit den auf dem Boden des Sozialismus stehenden politischen Parteien und Organisationen führen will; Änderungen in den leitenden Funktionen: im Amt des Präsidenten der Republik, in der Regierung und in vielen weiteren Organen und Organisationen; Beginn einer konsequenten Rehabilitierung aller zu Unrecht betroffene Bürger; ... Grundsätzliche Änderung in der Stellung der Vertretungskörperschaften, die aufhören, bloße ›Transmissionshebel‹ zu sein und zu eigentlichen Machtzentren werden.«[44]

1968 bestanden demnach in fundamentalen Fragen zwischen den Kommunisten der CSSR und der DDR erhebliche Gegensätze. Die DDR-Führer behaupteten, in der DDR ein »System des vollendeten Sozialismus« zu errichten. Sie erklärten, die Theorie des Marxismus-Leninismus zu verwirklichen und dem »proletarischen Internationalismus« verpflichtet zu sein. Mit dieser ideologischen Floskel wurde die Abhängigkeit von der Sowjetunion und deren »Vorbild« des Kommunismus gerechtfertigt. Insbesondere aber wurde mit der These von der »führenden Rolle« der SED die bürokratische Diktatur der deutschen Kommunisten verteidigt.

In der CSSR kam es der kommunistischen Führung aber vor allem auf die Demokratisierung des Regimes an und auf die Abkehr vom sowjetischen Modell (unter der Losung eines tschechoslowakischen Sozialismus). Wichtigstes Problem für beide Richtungen war die Frage, welche Rolle und Funktion die Kommunistische Partei zu übernehmen habe. Auf dem VII. Parteitag der SED im April 1967 hatte das Politbüromitglied Erich Honecker die stalinistische These von der Partei als der »Führerin« des Volkes beim Aufbau des Sozialismus wiederholt: »Auf der Grundlage des Marxismus-Leninismus, des Parteiprogramms, des Statuts und der neuesten Erkenntnisse der Wissenschaften werden ... Strategie und Taktik ausgearbeitet und durch zielstrebige Organisierung und Koordinierung aller Parteikräfte, aller staatlichen und gesellschaftlichen Organisa-

---

[44] CSSR. Der Weg zum demokratischen Sozialismus. Tatsachen zu den Ereignissen von Januar bis Mai 1968. Prag 1968, S. 5.

tionen einheitlich verwirklicht.«[45] Demgegenüber erklärte die KPC in ihrem Aktionsprogramm von 1968 zur »führenden Rolle« der Partei, diese könne nicht darin bestehen, »die Arbeit des Staates, die Arbeit wirtschaftlicher und gesellschaftlicher Körperschaften zu übernehmen«. Das Monopol, die »Macht in der Hand der Parteiorgane« wurde abgelehnt. »Die Kommunistische Partei stützt sich auf die freiwillige Unterstützung durch die Menschen. Sie verwirklicht ihre führende Rolle nicht dadurch, daß sie die Gesellschaft beherrscht, sondern dadurch, daß sie der freien, fortschrittlichen und sozialistischen Entwicklung am fortschrittlichsten dient.«[46]

Joseph Smrkowsky, der energischste Verfechter des Reformkommunismus in der CSSR, hatte bereits am 2. Februar 1968 die radikale Trennung von Partei und Staat und eine Machtverschiebung zugunsten des Parlaments verlangt. Die Ansätze der tschechoslowakischen Entwicklung zeigten, daß sich eine solche Trennung der Partei von der staatlichen und wirtschaftlichen Administration abzeichnete und die Partei versuchte, lediglich eine geistige Führungsrolle zu übernehmen.

Gleichzeitig wurden unterschiedliche Vorstellungen über das innerparteiliche System offensichtlich. Formal bekannte sich auch die SED zur innerparteilichen Demokratie (demokratischer Zentralismus), doch blieb sie bei der stalinistischen Kaderpolitik, die dem Apparat alle Macht gibt und die Mitgliedschaft zur Komparserie degradiert. Erich Honecker erklärte auf dem VII. SED-Parteitag: »Die Arbeit mit den Kadern ist eine wichtige Führungsaufgabe. Sie ist darauf gerichtet, den Einsatz fähiger, der Sache der Arbeiterklasse und ihrer Partei treu ergebener Menschen in Führungsfunktionen auf allen Gebieten zu sichern.«[47] Statt dessen betonte das Aktionsprogramm der KPC die Notwendigkeit einer echten innerparteilichen Demokratie, die gerade kaderpolitische Konsequenzen habe: »Die Entscheidungen über alle wichtigen Fragen und die Kaderbesetzung von Funktionen muß nach demokratischen Regeln behandelt werden und durch geheime Abstimmung erfolgen.«[48]

Während es den Reformkommunisten der CSSR besonders

---

[45] Protokoll VII. Parteitag, Bd. 2, S. 14 f.
[46] F. Röll und G. Rosenberger, CSSR 1962–1968. Dokumentation und Kritik. München 1968, S. XI f. Volkszeitung, Prag, vom 19. 4. 1968 (Aktionsprogramm).
[47] Protokoll VII. Parteitag, Bd. 2, S. 31.
[48] Volkszeitung, Prag, vom 19. 4. 1968.

darauf ankam, die Mehrheit der Bevölkerung für ihre Linie zu gewinnen, (was sie ja erreichten) und innerhalb der Partei freie Auseinandersetzungen über politische Probleme und demokratische Willensbildung zu ermöglichen, hielt die SED an der Vorstellung fest, die Partei müsse durch eine zentralistische Machtpolitik allein bestimmen, und innerhalb der Partei könne bei straffem Zentralismus nur der Wille der Führung entscheidend sein.

Entsprechend dieser konträren Grundkonzeption von der Aufgabe der Partei war auch die Haltung von SED und KPC zu fast allen politischen Fragen unterschiedlich: die SED bejahte die Hegemonie der sowjetischen Kommunisten in der Weltbewegung, die KPC forderte Gleichberechtigung und Selbständigkeit aller Parteien; die SED wollte der Bevölkerung weiterhin keine Informationsfreiheit zugestehen, die KPC gewährte die Pressefreiheit, und im Sommer 1968 besaß die CSSR eine freie Presse; während in der DDR die Partei alle Bereiche des Lebens bestimmte, wollte die KPC eine Gewaltenteilung erreichen und eine rechtsstaatliche Ordnung verwirklichen; die Freizügigkeit, die in der DDR fehlte, wurde in der CSSR praktiziert; schließlich sollte in der CSSR durch Wirtschaftsreformen (die es auch in der DDR gab) nicht nur der Lebensstandard verbessert, sondern auch den Arbeitern und ihren Gewerkschaften mehr Rechte eingeräumt werden.

Schon eine Skizzierung der beiden Modelle zeigt also, daß in der DDR weiterhin die bürokratisch-diktatorische Form des Kommunismus herrschte (und herrscht), während es durch die Reformen in der CSSR zu Ansätzen eines demokratischen Kommunismus kam, die nur durch die ausländische Intervention wieder rückgängig zu machen waren. Das Jahr 1968 bewies dennoch, daß eine Verbindung des Kommunismus mit demokratischen Formen der Politik möglich ist, so wie schon in den fünfziger Jahren das jugoslawische Beispiel eine Verflechtung von Kommunismus und Wirtschaftsdemokratie (Arbeiterselbstverwaltung) sowie kulturelle Freiheit aufgezeigt hatte. Die Vorstellung, der Kommunismus sei ein monolithischer Block, ist seither ebenso überholt wie die Meinung, die kommunistische Bewegung sei keinerlei Veränderungen unterworfen und ihr einziges Ziel sei das Streben nach Weltrevolution. Erst die Kenntnis des kommunistischen Wandlungsprozesses sowie Einblicke in den kommunistischen Polyzentrismus machen eine Analyse des Kommunismus möglich. Dies gilt gerade auch für die DDR, die sich seit 1968 immer nachdrücklicher als Teil des »sozialistischen Lagers« bezeichnete.

Versuche zur Eigenständigkeit der DDR

Die relative Stabilisierung der DDR und ihre wirtschaftlich starke Position im Ostblock hatten wachsendes Selbstbewußtsein bei der Führungsspitze und insbesondere bei Ulbricht zur Folge. Das spiegelte sich zunächst in der Ideologie wider. Unter Ulbricht begann die SED 1967, ihre geistige Eigenständigkeit herauszustellen und wies sich sogar als Vorbild für andere kommunistische Parteien aus. Auf einer wissenschaftlichen Tagung anläßlich des 150. Geburtstages von Karl Marx im Mai 1968 in Ost-Berlin befürwortete Ulbricht eine »prognostische« Politik. Er definierte auch den »Systemcharakter des Sozialismus« und kam zu dem Schluß: »Das ökonomische System des Sozialismus in der DDR ist, historisch gesehen, die volle Einstellung einer hochindustriellen Gesellschaft auf die inneren Vorzüge und Triebkräfte der sozialistischen Produktionsweise und auf die Dynamik der wissenschaftlich-technischen Revolution.«[49]

Damit erweiterte Ulbricht eine These, die er bereits 1967 auf einer Veranstaltung zum 100. Jahrestag des Erscheinens des Marxschen ›Kapital‹ aufgestellt hatte. Er hatte erklärt, der »Sozialismus« sei nicht mehr – wie bei Marx oder Lenin – eine kurze Übergangsphase zum Kommunismus, zur »klassenlosen Gesellschaft«, sondern »eine relativ selbständige sozialökonomische Formation in der historischen Epoche des Übergangs vom Kapitalismus zum Kommunismus im Weltmaßstab«.[50] Aus diesem Grund betrachtete Ulbricht auch Geld, Preis, Gewinn, Profitstreben – von den Kommunisten immer als notwendiges und abzulehnendes Übel nur während einer kurzen Übergangsperiode geduldet – aus einem »positiven Blickwinkel«: »Früher war es üblich, besonders ausgehend von Marx' Bemerkungen zum Gothaer Programm, den Sozialismus nur als Übergangsphase anzusehen, in der sich die Gesellschaft von den ›Muttermalen‹ des Kapitalismus frei machen und die materiellen und geistigen Voraussetzungen für die zweite Phase des Kom-

---

[49] Walter Ulbricht, Die Bedeutung und die Lebenskraft der Lehre von Karl Marx für unsere Zeit. Berlin (Ost) 1968, S. 39.
[50] Neues Deutschland, Nr. 252 vom 13. 9. 1967.

munismus schaffen muß. Es wurde wenig beachtet, daß der Sozialismus sich auf seiner eigenen Grundlage entwickelt. Die Bürde der kapitalistischen Vergangenheit erschwerte diese Einsicht. Deshalb wurden häufig die Kategorien der sozialistischen Ökonomik, die formal den Kategorien der kapitalistischen Ökonomik ähnlich sind (Geld, Preis, Gewinn und andere), als unvermeidliches ›Übel‹ betrachtet, deren Wirksamkeit überwunden werden muß. Natürlich umfaßt der Aufbau des Sozialismus den Kampf gegen die Überreste des Kapitalismus, ist er verbunden mit der Überwindung der materiellen und geistigen Folgen des Kapitalismus. Doch diese Prozesse sehen wir unter dem positiven Blickwinkel des Wichtigsten, des Wesentlichen und Bestimmenden für die neue Gesellschaftsordnung: Der Sozialismus wird im Arbeiter-und-Bauern-Staat auf der Grundlage eines qualitativ neuen Typus der Produktionsverhältnisse errichtet.«[51]

Ulbrichts Revision des herkömmlichen Marxismus-Leninismus prägte die theoretischen Diskussionen der DDR in den Jahren 1968/69. Kein Wunder, daß der (inzwischen verstorbene) SED-Parteiführer Werner Lamberz Ulbricht an dessen 75. Geburtstag gar als den »größten lebenden deutschen Marxisten-Leninisten« feierte.[52] Doch Ulbrichts Korrektur am Marxismus bedeutete zunächst nur eine pragmatische Ideologisierung: Die angestrebte klassenlose kommunistische Gesellschaft lag immer noch in nebelhafter Ferne, deshalb wurde der gegenwärtige Zustand »Sozialismus« genannt und als eigenständige und langdauernde Gesellschaftsform interpretiert. Diese ideologische Losung verschleierte jedoch weit mehr. Die UdSSR begründet ihren Führungsanspruch unter anderem mit der Behauptung, sie habe seit 1936 den »Sozialismus« verwirklicht, sei bereits auf dem Weg zum Kommunismus und damit also den anderen »sozialistischen Ländern« um eine ganze Epoche voraus. Ulbricht dagegen definierte den Sozialismus als langdauernde eigenständige »Formation«, historisch gleichbedeutend mit Feudalismus oder Kapitalismus, folglich befanden sich DDR und Sowjetunion auf gleicher Entwicklungsstufe. Hinter dieser Interpretation versteckte sich die Forderung nach mehr Selbstständigkeit für die SED-Führung.

---

[51] Walter Ulbricht, Zum ökonomischen System des Sozialismus in der DDR. Bd. 2. Berlin (Ost) 1968, S. 530.
[52] Einheit 23 (1968) Heft 6, S. 660.

So erhob die SED Ende der sechziger Jahre ihrerseits einen Führungsanspruch gegenüber anderen kommunistischen Parteien. Die DDR sollte zum Vorbild für Industrieländer werden, womit sie sich deutlich von der früheren völligen Anpassung an das sowjetische Modell löste. Danach habe erst die SED bewiesen, »daß der Marxismus-Leninismus auch für industriell hochentwickelte Länder volle Gültigkeit hat«. Sie mußte nach dieser Version »erstmalig den Sozialismus unter den Bedingungen eines industriell hochentwickelten und dazu von den Imperialisten gespaltenen Landes aufbauen ... Die SED betrat in dieser Beziehung Neuland.«[53] Diese Anmaßung und die indirekte Distanzierung vom sowjetischen Vorbild blieben nicht ohne Folgen.

Zugleich versuchte die SED-Führung die innere Ordnung der DDR wenigstens mit ideologischen Thesen zu harmonisieren. Ulbricht selbst propagierte die – später als falsch verworfene – »sozialistische Menschengemeinschaft«, die er in einer Rede im März 1969 so beschrieb: »Die sozialistische Menschengemeinschaft, die wir Schritt um Schritt verwirklichen, geht weit über das alte humanistische Ideal hinaus. Sie bedeutet nicht nur Hilfsbereitschaft, Güte, Brüderlichkeit, Liebe zu den Mitmenschen. Sie umfaßt sowohl die Entwicklung der einzelnen zu sozialistischen Persönlichkeiten als auch der vielen zur sozialistischen Gemeinschaft im Prozeß der gemeinsamen Arbeit, des Lernens, der Teilnahme an der Planung und Leitung der gesellschaftlichen Entwicklung, besonders auch in der Arbeit der Nationalen Front und an einem vielfältigen, inhaltsreichen und kulturvollen Leben. In der Welt hat sich herumgesprochen, daß das ›deutsche Wunder‹, das sich in unserer Republik ereignet hat, nicht einfach ein ›Wirtschaftswunder‹ ist, sondern vor allem in der großen Wandlung der Menschen besteht. Aber noch sind wir bei weitem nicht am Ende des Weges zur sozialistischen Menschengemeinschaft.«[54]

In der Industriegesellschaft der DDR räumte die SED-Führung der Wissenschaft einen überragenden Einfluß ein und versuchte darüber hinaus, in der Partei selbst wissenschaftliche Leitungsmethoden durchzusetzen. Die Partei war bemüht, wie

---

[53] Politisches Grundwissen. Hrsg. v. d. Parteihochschule »Karl Marx« beim ZK der SED. Berlin (Ost) 1970, S. 620.

[54] Das System der sozialistischen Gesellschafts- und Staatsordnung in der Deutschen Demokratischen Republik. Dokumente. Berlin (Ost) 1969, S. 245.

Honecker 1970 erklärte, die Verantwortung der Leitungen auf jeder Ebene exakt abzugrenzen, um zu erreichen, daß die Beschlüsse des ZK in jedem Bereich »eigenverantwortlich, konsequent und mit hoher Effektivität« realisiert würden. An der Macht des Apparates änderte sich damit zwar nichts, aber an den Techniken der Führungsmethoden. Nun würden »neue Methoden der Information und der Bewußtseinsanalyse, die elektronische Datenverarbeitung angewandt und die Kybernetik, Pädagogik, Psychologie und Soziologie in der Parteiarbeit genutzt«.[55] Ein parteieigenes Institut für Meinungsforschung erhielt den Auftrag, der SED die Vorstellungen der Bevölkerung schneller und genauer zu vermitteln, damit sie Fehlentscheidungen vermeiden und korrigieren sowie systemimmanente Reformen leichter durchführen könne.

Geprägt wurde der neue Führungsstil der SED von den Sachzwängen einer Wirtschaft, die effektiv arbeiten sollte; aber daraus entwickelten sich auch Schwierigkeiten. Die SED verstand sich selbst als »wissenschaftliche Partei«, sie behauptete: »Die Kunst der Führung durch das ZK, das Politbüro und den Ersten Sekretär der SED bestand dabei darin, die historisch herangereiften neuen Aufgaben rechtzeitig erkannt und ... eine exakte wissenschaftliche Analyse der Lage gegeben zu haben.«[56] Nur sie könne auf Grund ihrer marxistischen Ideologie »alle gesellschaftlichen Prozesse komplex leiten«.[57] Die Kompetenz, auf die sich die Parteiführung Ulbrichts immer nachdrücklicher berief, geriet allmählich in Gegensatz zu diesem Dogmatismus. Darüber hinaus gab es Veränderungen im Führungskorps: Jüngere Fachleute lösten etliche Funktionäre der älteren Generation, die sogenannten »Apparatschiks« ab, die nur über den Parteiapparat aufgestiegen waren.

Das Dilemma der SED bestand darin, als führende Staatspartei die komplizierten Fragen einer modernen Industriegesellschaft bewältigen zu müssen, d. h. die Effektivität der Wirtschaft ständig zu steigern, aber gleichzeitig ihre politische Macht auszubauen und alle Bereiche der Gesellschaft weiter unter Kontrolle zu halten. Die Problemlösung ergab sich für die SED unter Ulbricht aus der Anwendung neuer wissenschaftlicher Methoden in allen Gesellschaftsbereichen und in der Partei

---

[55] Honecker, Die Verwirklichung, S. 78.
[56] Heinz Hümmler, Die Partei. Berlin (Ost) 1967, S. 44, 53.
[57] Politisches Grundwissen, S. 624.

selbst. Sie erstrebte dabei auch eine gewisse politische und ideologische Unabhängigkeit von der Sowjetunion. Die SED veränderte die Zusammensetzung ihres Funktionärskorps, und sie verbesserte ihre Leitungsmethoden durch die Anwendung wissenschaftlicher Mechanismen.

Der Anspruch der Partei, alle Lebensbereiche zu bestimmen, blieb ebenso unangetastet wie die generelle Praxis einer zentralistischen und diktatorischen politischen Herrschaftsstruktur sowohl im Gesamtsystem als auch innerhalb der SED. Mit immer neuen »Forschungen« versuchte die SED-Führung dieser Gegensätze »wissenschaftlich« Herr zu werden. Die Führung erwartete, die »Wissenschaft« könne Techniken liefern, die das politische System flexibler gestalteten, ohne dabei die Macht der Partei einzuschränken. Das ging z. B. so weit, daß eine »Forschungsgemeinschaft Sozialistische Menschenführung« Überlegungen für eine »wirksame kommunalpolitische Öffentlichkeitsarbeit« anstellte, freilich ohne das eigentliche Problem der DDR – nämlich die Ausschaltung der Bürger beim politischen Meinungs- und Willensbildungsprozeß – überhaupt zu erwähnen. Die Ergebnisse waren entsprechend nichtssagend, etwa über »die Rolle der Massenmedien bei der Verbesserung der kommunalpolitischen Öffentlichkeitsarbeit« oder blieben Allgemeinplätze von »gesellschaftlicher Mitgestaltung«, also inhaltsleere Floskeln.[58]

Geprägt wurde die DDR mehr denn je von Walter Ulbricht; er personifizierte bei allen Veränderungen die Kontinuität der SED-Politik. Seine Führung war über 25 Jahre Symbol der Stabilität der Parteileitung. Obwohl die SED von ihrer »kollektiven Führung« sprach, war gerade in den sechziger Jahren Ulbrichts Autorität tonangebend in Partei und Staat. Mit seinen Funktionen als Erster Sekretär der SED, als Staatsratsvorsitzender und als Vorsitzender des Nationalen Verteidigungsrates konzentrierte sich bei ihm eine unglaubliche Machtfülle. Nicht zuletzt daraus entstand die weitverbreitete Legende, in diese Spitzenstellung sei er durch staatsmännisches Können gelangt. Doch seinen Aufstieg begann Ulbricht als Vertrauensmann Stalins in Deutschland. Solange die Sowjetunion weitgehend die Politik der DDR und der SED bestimmte, bestand seine »Größe« darin, sich allen Wendungen der Politik Stalins (und später

---

[58] Sozialistische Demokratie. Organ des Staatsrates und des Ministerrates der DDR. Nr. 32 vom 7. 8. 1970.

Chruschtschows) rasch anzupassen. Erst in den sechziger Jahren konnte sich Ulbricht als pragmatischer Politiker und Staatsmann erweisen. Seine Rolle wuchs mit der Bedeutung der SED, deren Ansehen sich mit der Stabilisierung der DDR verbesserte. Doch schließlich überschätzte Ulbricht die Funktion der DDR als Juniorpartner der UdSSR, indem er zu eigenmächtig handelte und damit die sowjetische Politik störte.

Der Weg in eine neue Krise

Ab 1967 ergaben sich in der DDR neue wirtschaftliche Schwierigkeiten und Engpässe. Beim Ausbau der Wirtschaft und bei der Entwicklung zur modernen Industriegesellschaft hatte sich gezeigt, daß die Ideologie viele Probleme der Gesellschaft nicht lösen konnte, sondern diese oft sogar behinderte. Auf zahlreichen Gebieten mußte die DDR ähnliche Aufgaben bewältigen wie andere Industriestaaten auch.

Erschwerend wirkte sich in der DDR der Arbeitskräftemangel aus. »Auf 100 Personen im arbeitsfähigen Alter kamen 1966 72,5 im nichtarbeitsfähigen Alter. 1939 hatte dieses Verhältnis 100 zu 48,1, 1955 100 zu 56,4 und 1960 100 zu 63,0 betragen. In der zweiten Hälfte der sechziger Jahre hatte die DDR die schlechteste Arbeitskräftebilanz aller Industrieländer.«[59] Die DDR-Wirtschaft hatte zudem nach dem Krieg nicht nur die Reparationen verkraften müssen, sondern erlitt durch die Fluchtbewegung einen Verlust an Arbeitskräften, der nach Ulbrichts Angaben die DDR weitere 30 Milliarden kostete.[60] Für die Sicherung des Herrschaftssystems blieb aber die Wirtschaftsentwicklung ebenso entscheidend wie die ideologische Zielsetzung, deshalb mußte die SED alle Kraft auf die Ökonomie verwenden. Doch hierbei entstanden neue Komplikationen zwischen ideologischem Dogmatismus einerseits und Ulbrichts überhöhter wirtschaftlicher Planung andererseits.

Es gelang aber, die Gesamtproduktion insgesamt erheblich zu steigern und damit auch den Lebensstandard der Bevölkerung zu heben. In der Schwerindustrie gab es ein kontinuierliches Wachstum; so stieg von 1961 bis 1970 die Produktion von Rohstahl von 3,8 Millionen t auf 5 Millionen t (1950: 1,2 Millio-

[59] Heitzer, DDR, S. 169.
[60] Neues Deutschland, Nr. 83 vom 24. 3. 1962.

nen t), Elektroenergie von 42000 auf 67000 GWh (1950: 19000). Langsam wuchs auch die Pkw-Produktion (1961: 64000, 1970: 126000). Langlebige Konsumgüter wurden 1970 weitaus mehr hergestellt als 1961, so z. B. 380000 Kühlschränke statt 166000, 254000 Waschmaschinen statt 132000; die Produktion von Fernsehgeräten blieb konstant. Hier wie bei anderen Gebrauchsgütern war der Höchstausstoß in den Jahren 1966/67 zu registrieren, danach stagnierte die Produktion. 1970 besaßen von 100 Haushalten 15 einen Pkw (1966 = 9), 69 einen Fernsehempfänger (1966 = 54), 53 eine elektrische Waschmaschine (1966 = 32) und 56 einen Kühlschrank (1966 = 31).[61]

Bei den 20-Jahr-Feiern zur DDR-Gründung im Jahre 1969 konnten die SED-Führer berichten, daß ihr Staat mit 17 Millionen Einwohnern eine größere Industrieproduktion aufzuweisen habe als das Deutsche Reich von 1936 mit einer Bevölkerung von 60 Millionen. Die DDR berief sich wieder einmal auf die Geschichte, um ihre Macht zu legitimieren: »Die DDR ist der durch die vielhundertjährige Geschichte unseres Volkes legitimierte deutsche Staat des Friedens und der Freiheit, der Menschlichkeit und sozialen Gerechtigkeit. In der DDR werden alle großen, progressiven Ideen, die das deutsche Volk je hervorgebracht hat, wird das Vermächtnis aller Kämpfe um ein Reich des Friedens und der sozialen Sicherheit, der Menschenwürde und der Brüderlichkeit erfüllt. Verwirklicht wird das Kampfziel der revolutionären deutschen Arbeiterbewegung, das Deutschlands größte Söhne, Karl Marx und Friedrich Engels, vor 120 Jahren im ›Kommunistischen Manifest‹ proklamierten. Wofür die Scharen des Thomas Münzer im großen deutschen Bauernkrieg in die Schlacht zogen, was deutsche Aufklärer und Humanisten an Ideengebäuden errichteten, wofür die Volksmassen 1813 und 1848 stritten, wofür die deutsche Arbeiterklasse unter August Bebel, Wilhelm Liebknecht, Rosa Luxemburg, Karl Liebknecht und Ernst Thälmann – während des Sozialistengesetzes – in der Novemberrevolution und in der Weimarer Republik – kämpfte, wofür Kommunisten, Sozialdemokraten, Christen und bürgerliche Patrioten im antifaschistischen Widerstand Kerker und Tod, Folter und Emigration auf sich nahmen ... das alles ist Wirklichkeit geworden in der Deutschen Demokratischen Republik.«[62]

[61] Vgl. Statistisches Jahrbuch der DDR 1974. Berlin (Ost) 1974, S. 334f.
[62] 20 Jahre DDR. Thesen des Komitees zum 20. Jahrestag der DDR. Sozialistische Demokratie (Beilage) vom 24. 1. 1969.

Die Schattenseiten der Entwicklung waren 1970 dennoch nicht zu übersehen. Die Wirtschaftspolitik pendelte weiterhin zwischen Reformen und absolutem Führungsanspruch der Partei. Die Bindung an die Sowjetunion führte die DDR in neue Abhängigkeiten, denn sie hatte sich auch am ökonomischen System der UdSSR zu orientieren. Die KPdSU bemühte sich, alle Selbständigkeitsbestrebungen der kommunistischen Parteien und vor allem der kommunistisch regierten Staaten zu unterbinden. Dabei hatte sie auf der Internationalen Beratung kommunistischer Parteien im Juni 1969 wenig Erfolg. Die SED-Führung unter Ulbricht legte zwar ein »Bekenntnis zur KPdSU und ihrer welthistorischen Pionierrolle«[63] ab, versuchte aber dennoch, ihre eigenen Interessen gerade in der Deutschlandfrage durchzusetzen.

Hier hatte inzwischen der internationale Entspannungsprozeß Bewegung gebracht. Die sozial-liberale Koalition unter Bundeskanzler Brandt erklärte erstmals, eine Verbesserung der Lage Deutschlands und die Sicherung des Friedens könne nicht an der DDR vorbei erreicht werden. Ulbricht und die SED-Spitze waren durch den Bonner Regierungswechsel und die neue Ostpolitik verwirrt. Die sozial-liberale Politik bot der DDR die Chance, ihre außenpolitische Isolierung zu überwinden und als Staat mit gesicherten Grenzen anerkannt zu werden. Zugleich bestand die Gefahr, daß die neue Ostpolitik die innere Stabilität bedrohte: Durch Hoffnungen auf eine Demokratisierung oder gar Wiedervereinigung konnte von den Bürgern, die sich seit 1961 mit den Verhältnissen arrangierten, wieder Unruhe in das System kommen. Die SED-Führung verlegte sich auf eine Politik der Maximalforderung, sie verlangte »völkerrechtliche Beziehungen« zwischen beiden deutschen Staaten. Damit änderte Ulbricht auch seine bisherige deutschlandpolitische Position. Die Linie, Verhandlungen erst nach völkerrechtlicher Anerkennung zuzustimmen, wurde von den anderen kommunistischen Regierungen, sogar von Moskau, unterlaufen. »Die Ursache eines solchen Verrats stand schnell für Ulbricht fest: Illusionen über die ›Rolle des Sozialdemokratismus‹ in der Politik. Viel früher noch als für die SPD wurde es für die SED notwendig, das grundsätzliche Verhältnis zwischen Sozialdemokratie und Kommunismus erneut zu klären.«[64]

[63] Grundriß der deutschen Geschichte (Klassenkampf, Tradition, Sozialismus). 2. Aufl. Berlin (Ost) 1979, S. 765.
[64] Carola Stern in Der Spiegel, Nr. 20 vom 10. 5. 1971, S. 49.

Ulbricht selbst versuchte noch zu bremsen, doch kam die SED an gesamtdeutschen Gesprächen, die sie selbst so lange und lautstark gefordert hatte, nicht mehr vorbei.

Höhepunkt der direkten Kontakte war das Gespräch zwischen Bundeskanzler Brandt und dem DDR-Regierungschef Stoph in Erfurt im März 1970. Doch die Ovationen von DDR-Bürgern in Erfurt für Willy Brandt sowie das Echo in der DDR verunsicherten die DDR-Führung. Um jeder Unruhe in ihrem Machtbereich vorzubeugen, erklärte die SED, der Status quo sei nicht zu ändern, die DDR sei ein eigener Nationalstaat. Daher verlangte Stoph bei der zweiten Begegnung mit Brandt in Kassel im Mai 1970 die völkerrechtliche Anerkennung der DDR; »innerdeutsche« Beziehungen sollte es nicht mehr geben. Scharfe Attacken der SED gegen die Bundesregierung und die Sozialdemokratie sollten die Entspannungspolitiker zermürben, doch diese ließen sich nicht beirren und führten die »Entkrampfung« weiter. Bundeskanzler Brandt hatte in Kassel in 20 Punkten dargelegt, daß die Friedenspolitik der Bundesrepublik Deutschland auf Gleichberechtigung und Unverletzbarkeit der Grenzen zielte, der Zusammenhalt der Nation aber sollte gewahrt werden.

Nach erfolgreichen Verhandlungen zwischen der Regierung Brandt, der UdSSR und Polen sowie dem Abschluß der Verträge mit Moskau und Warschau (August bzw. Dezember 1970) wurde es für die SED immer schwieriger, ihre Behauptungen vom »Revanchismus« der Bundesrepublik anzubringen, und sie verlor damit auch im Inneren ein wichtiges Argument für ihr »Feindbild«. Mit der These, die Bundesregierung wolle sich die DDR einverleiben, von außen drohe die Gefahr eines neuen Faschismus, hatte die DDR-Führung auch kritische Kommunisten und nichtkommunistische Antifaschisten jahrelang bei der Stange gehalten. Die starre Haltung früherer Bundesregierungen hatte gut in die Klischeevorstellungen Ulbrichts gepaßt, die neue Ostpolitik beendete diese Periode.[65] Durch Störungen des Berlin-Verkehrs versuchte die DDR weiterhin ihre starke Position zu beweisen. Ulbricht wollte vermutlich auch die Berlin-Verhandlungen der Vier Mächte torpedieren. Doch nun erwies

---

[65] Vgl. zur Deutschlandpolitik: Günther Schmid, Entscheidung in Bonn. Die Entstehung der Ost- und Deutschlandpolitik 1969/1970. 2. Aufl. Köln 1979, sowie die inzwischen zahlreich erschienenen Dokumentationen.

es sich abermals, daß die UdSSR nach wie vor die Richtlinien der Politik der DDR bestimmte.

Schwierigkeiten in der Wirtschaft versuchte die SED mit Hilfe der Wissenschaft zu überwinden. Ulbricht forderte, es komme darauf an, »Leistungen zu vollbringen, die das Höchstniveau mitbestimmen, die die technische Entwicklung in der Welt vorantreiben«.[66] Eine neue Losung: »Überholen ohne einzuholen«, ersetzte die gescheiterte Parole von 1959 vom »Einholen und überholen«. Als Beitrag zur Verwirklichung der wissenschaftlichen Pläne galt die 3. Hochschulreform, die nach einem Beschluß des Staatsrates vom April 1969 weiterzuführen war. »Die 3. Hochschulreform hat das Ziel, alle Voraussetzungen zu schaffen, um die Studenten zu leistungsfähigen Fachleuten und Sozialisten mit fester marxistisch-leninistischer Weltanschauung herauszubilden und zu erziehen.«[67] Durch die Reform sollte das Forschungspotential konzentriert, Lehre und Studium stärker an der Praxis orientiert und forschungsbezogen sein. Noch war die SED-Führung davon überzeugt, daß der Anteil der Personen mit Hoch- und Fachschulbildung rasch gesteigert werden müsse; so wuchs auch die Zahl der »Hoch- und Fachschulkader pro Tausend der Berufstätigen von 86 im Jahre 1965 auf 113 im Jahre 1970«.[68]

Doch die DDR ging mit schwierigen Problemen in die siebziger Jahre. Es war ihr in den sechziger Jahren nicht gelungen, den Anschluß an den Lebensstandard in der Bundesrepublik zu erreichen, vielmehr hatte sich der Abstand zwischen beiden deutschen Staaten weiter zu Ungunsten der DDR vergrößert.[69] Im Dezember 1970 zog die 14. Tagung des ZK der SED die Bilanz dieser Entwicklung und des Fünfjahrplanes von 1966 bis 1970. Die Industrieproduktion war jährlich um über sechs Prozent gewachsen, vor allem Elektrotechnik, Petrochemie und Landmaschinenbau waren vorangekommen, doch wesentliche Ziele des Fünfjahrplanes konnten nicht erreicht werden: »Das betraf unter anderem die Energiewirtschaft, die Zuliefererindustrie, insbesondere die Gießereiproduktion und das Bauwe-

[66] Walter Ulbricht, Die weitere Gestaltung des gesellschaftlichen Systems des Sozialismus. Berlin (Ost) 1969, S. 25.
[67] Stefan Doernberg, Kurze Geschichte der DDR. 4. durchges. und erg. Aufl. Berlin (Ost) 1969, S. 623.
[68] DDR. Werden und Wachsen. Berlin (Ost) 1974, S. 510.
[69] Vgl. dazu: Materialien zum Bericht zur Lage der Nation 1971. Bonn 1971, S. 125.

sen.«[70] Gerade die Prognosen für 1969 und 1970 wurden nicht erfüllt; die Arbeitsproduktivität blieb um die Hälfte unter dem Soll und die Parteiführung mußte Mangelerscheinungen bei der Versorgung der Bevölkerung eingestehen.

Nur die Landwirtschaft konnte sich allmählich von den Rückschlägen der Kollektivierung erholen. 1966 und 1968 hatten »Bauernkongresse« beschlossen, die Kooperationsbeziehungen der einzelnen LPG zu forcieren. Dadurch kam es allerdings Ende der sechziger Jahre in einigen Bereichen der landwirtschaftlichen Erzeugung wieder zu Ausfällen.[71]

Neue Komplikationen in Industrie und Landwirtschaft veranlaßten die Führung, die Planziele für 1971 erheblich zu reduzieren. Erstmals wurden geringere Investitionen eingeplant als im Vorjahr. Gleichzeitig wollte die SED unter Ulbricht durch eine neue Zentralisierung des ökonomischen Sektors der Probleme Herr werden, die der Volkswirtschaft aus der eigenen falschen Politik entstanden waren. Rückblickend bestätigte die DDR-Geschichtswissenschaft später, »in der Volkswirtschaft machten sich einige Disproportionen störend bemerkbar«, es gab »eine gewisse Überschätzung der Möglichkeiten der DDR«.[72] »All dies komplizierte die wirtschaftliche Situation, führte zu Schwierigkeiten in der Versorgung und hemmte die Aktivität der Werktätigen.«[73] Außerdem hatte die DDR aber auch Probleme bei der »Erfüllung ihrer internationalen Verpflichtungen«,[74] d. h. Export-Rückstände gegenüber der Sowjetunion. Damit gab es genügend Gründe für eine Absetzung Ulbrichts.

[70] DDR. Werden und Wachsen, S. 510.
[71] Ebd., S. 485.
[72] Geschichte der Sozialistischen Einheitspartei Deutschlands. Abriß. Berlin (Ost) 1978, S. 544f.
[73] Heitzer, DDR, S. 207.
[74] DDR. Werden und Wachsen, S. 511.

7. Kapitel
Anpassung an die UdSSR 1971-1975

Die Ablösung Walter Ulbrichts im Mai 1971 bildete einen tiefen Einschnitt in der Entwicklung der DDR. Unter ihrem neuen Ersten Sekretär (seit 1976 Generalsekretär) Erich Honecker wurden von der SED sowohl die Führungsrolle der UdSSR als auch das sowjetische Modell wieder als absolut verbindlich anerkannt. Dies bedeutete zwar keine Wiederholung der völligen Abhängigkeit der fünfziger Jahre, doch ordnete sich die DDR nun wieder der allgemeinen Strategie und Taktik der Sowjetunion unter. Die zunehmenden Schwierigkeiten mit der selbstbewußter auftretenden Arbeiterschaft in kommunistisch regierten Staaten (die polnischen Unruhen von 1970 waren ein drastisches Beispiel) veranlaßten die DDR-Machthaber, auch die inneren Führungsmethoden zu verändern. Der Arbeitsstil wurde unter Honecker sachlicher, die sozialen Belange der unteren Einkommensschichten wurden durch Sozialmaßnahmen stärker berücksichtigt. Ansätze einer Partizipation von unten – zur Lösung der komplizierter werdenden Probleme – brachten keine Einschränkung der »führenden Rolle« der SED, ganz im Gegenteil: Die Partei baute ihre dominierende Stellung in Politik, Gesellschaft und Wirtschaft weiter aus. Alle Bereiche des öffentlichen Lebens waren straffer zu reglementieren und genauer zu kontrollieren, freilich mit flexibleren Methoden.

Ulbrichts Ablösung und der VIII. Parteitag

In Moskau fand vom 30. März bis 9. April 1971 der XXIV. Parteitag der KPdSU statt. Das Politbüro der SED erklärte dazu am 15. April, die »Leitsätze« des KPdSU-Kongresses seien »von allgemeingültiger theoretischer und politischer Bedeutung für unsere SED«.[1] Kurze Zeit später, am 3. Mai 1971, trat das ZK der SED zu seiner 16. Tagung zusammen. Für die Öffentlichkeit völlig überraschend bat Ulbricht dieses Gremium, ihn aus »Altersgründen« von der Funktion des Ersten Sekretärs des ZK der SED zu entbinden. Mit seiner Rücktrittserklärung empfahl er zugleich, »Genossen Erich Honecker zum Ersten Sekre-

[1] Neues Deutschland, Nr. 104 vom 16. 4. 1971.

tär des Zentralkomitees zu wählen«. Ulbricht berichtete dem ZK, sein Antrag sei zuvor »im Politbüro gründlich beraten« worden.² Außerdem verwies er darauf, daß »es in den Jahrzehnten meines Wirkens gelungen ist, eine feste, einheitlich geschlossene und wirklich kollektive Führung der Partei zu schaffen«.

In gewohnter Einstimmigkeit billigte das ZK die einschneidende Maßnahme. In »Ehrung seiner Verdienste« wurde Ulbricht das (im Statut nicht vorgesehene und nach Ulbrichts Tod auch nicht wieder besetzte) Amt eines »Vorsitzenden der SED« übertragen.³ Ulbrichts Ablösung und die Wahl Honeckers zu dessen Nachfolger brachten nicht allein eine wichtige personelle Veränderung an der Führungsspitze der DDR-Staatspartei, sie signalisierte darüberhinaus eine strategische Neuorientierung.

Das zeigte vor allem der VIII. Parteitag der SED, der vom 15. bis 19. Juni 1971 in Ost-Berlin stattfand. Die über 2000 Delegierten vertraten 1,9 Millionen Mitglieder und Kandidaten. Erstmals war Ulbricht nicht anwesend, seine Eröffnungsansprache wurde von Hermann Axen verlesen. Axen (geb. 1916), trat 1932 dem KJVD bei, wurde 1933 zu drei Jahren Zuchthaus verurteilt und emigrierte anschließend. 1946 Mitbegründer der FDJ wurde er Sekretär des Zentralrates und kam 1950 ins ZK der SED. Axen war von 1956 bis 1966 Chefredakteur des ›Neuen Deutschland‹. Seit 1966 ist er Sekretär des ZK für internationale Verbindungen, seit Dezember 1970 Mitglied des Politbüro. Erich Honecker, vom Kongreß als neuer Parteiführer umjubelt, erstattete den Bericht des ZK. In deutlicher Abgrenzung gegenüber früheren überzogenen Plänen und bombastischen Forderungen verwies er auf realistischere Ziele, denn das Wirtschaftssystem könne »allzuviele außerplanmäßige Wunder« nicht verkraften.⁴ Auf dem Parteitag stellte Honecker der SED als neue »Hauptaufgabe« die »weitere Erhöhung des materiellen und kulturellen Lebensniveaus des Volkes auf der Grundlage eines hohen Entwicklungstempos der sozialistischen Produktion, der Erhöhung der Effektivität, des wissenschaftlich-technischen Fortschritts und des Wachstums der Arbeitsproduktivität«.⁵ Diese Hauptaufgabe verknüpfte Honecker mit der

² Neues Deutschland, Nr. 122 vom 4. 5. 1971.
³ Ebd.
⁴ Protokoll der Verhandlungen des VIII. Parteitages der Sozialistischen Einheitspartei Deutschlands. 15. bis 19. Juni 1971. Berlin (Ost) 1971, Bd. 1, S. 61.
⁵ Ebd., S. 61f.

generellen Zielsetzung der Partei: »Wir kennen nur ein Ziel, das die gesamte Politik unserer Partei durchdringt: alles zu tun für das Wohl des Menschen, für das Glück des Volkes, für die Interessen der Arbeiterklasse und aller Werktätigen. Das ist der Sinn des Sozialismus. Dafür kämpfen und arbeiten wir.«[6] Der Parteitag bezeichnete die »Intensivierung der Produktion als Hauptweg der weiteren Entwicklung der sozialistischen Volkswirtschaft«.[7] Das erfordere die »Überwindung alter Methoden und Gewohnheiten« in der Wirtschaft.[8]

Das vom VIII. Parteitag gewählte neue ZK bestimmte wiederum die Parteispitze, das Politbüro. Hier gab es wenig Veränderungen; Werner Krolikowski und Werner Lamberz (seit Dezember 1970 Kandidaten) rückten zu Vollmitgliedern auf, SSD-Chef Erich Mielke und Harry Tisch wurden Kandidaten des Politbüro. Die starke Betonung des »Wohls der Menschen« als Ziel der SED und die nach dem VIII. Parteitag zu beobachtende konkrete Verbesserung der Lebenslage ließen erkennen, daß sich die Partei nun unter Honeckers Führung durch die gezielte Interessenvertretung des »kleinen Mannes« von der Ulbricht-Periode abheben wollte. Das Engagement der SED für die sozial Schwachen konnte dennoch nicht verdecken, daß die Hauptfunktion der DDR-Staatspartei in der Ausübung der Herrschaft bestand, daß sie vorrangig ein Machtinstrument war. An der politischen Allgewalt der SED änderte sich unter Honecker ebensowenig wie an der sozialen Privilegierung der herrschenden Oberschicht. Die neue Elite der DDR wollte das System in seinen bisherigen »bewährten« Grundzügen erhalten, aber auch durch Reformen effektiver gestalten. Die Veränderungen galt es dann ideologisch abzusichern.

Nach eigenen Aussagen der SED ist mit dem VIII. Parteitag eine »neue gesellschaftliche Etappe eingeleitet« worden.[9] Am Anfang der Honecker-Ära wurde der Parteitag stets als »besonders wichtige Zäsur in der Geschichte der DDR« hervorgehoben.[10] Bewußt wurde die Ulbricht-Periode verdrängt, alle Veränderungen nach dessen Abgang stark betont und dadurch die Politik der Honecker-Führung überpointiert und demonstrativ

---

[6] Ebd., S. 34.
[7] Heinz Heitzer, DDR. Geschichtlicher Überblick. Berlin (Ost) 1979, S. 212.
[8] Grundriß der deutschen Geschichte. (Klassenkampf, Tradition, Sozialismus, 2. Aufl.). Berlin (Ost) 1979, S. 786.
[9] Neues Deutschland, Nr. 131 vom 13. 5. 1974.
[10] Staat und Recht 23 (1974) Heft 7, S. 1083.

als etwas Neues herausgestellt. Das Zurückdrängen der Ulbricht-Ära im Geschichtsbewußtsein sollte unangenehme Seiten der eigenen Geschichte in Vergessenheit geraten lassen, vor allem die stalinistische Diktatur in den fünfziger Jahren und die Distanzierung vom Modell der UdSSR Ende der sechziger Jahre. Doch auch Ulbricht selbst wurde aus der Geschichte »verdrängt«. Während sein Name z. B. in der ersten Auflage des ideologischen Standardwerkes ›Politisches Grundwissen‹ 1970 noch rund hundertmal erwähnt wurde, erschien er in der 2. Auflage von 1972 nicht ein einziges Mal.[11] Dabei waren in den vergangenen 26 Jahren die DDR und insbesondere die SED gerade von Walter Ulbricht mehr als von jeder anderen Person geprägt worden.

Der Wechsel an der SED-Spitze machte deutlich, daß die DDR als Juniorpartner der Sowjetunion nur beschränkte Möglichkeiten für eine selbständige Politik besitzt. Ulbrichts Ablösung signalisierte aber nicht nur, daß die Führungsrolle der UdSSR und das sowjetische Modell von der DDR wieder als absolut verbindlich anerkannt werden mußten, mit ihr leiteten die neuen Machthaber auch eine verbesserte Sozial- und Wirtschaftspolitik sowie eine liberalere Haltung gegenüber Künstlern und Intellektuellen ein, mit der sie die Kluft zwischen Bevölkerung und Führung überbrücken wollten.

Veränderungen in der Partei

Die in der Verfassung der DDR verankerte Führungsrolle der SED wurde von den Nachfolgern Ulbrichts verstärkt hervorgehoben; sie betonten sogar, diese führende Rolle müsse kontinuierlich ausgebaut werden. Honecker erklärte 1974: »Bei der Gestaltung der entwickelten sozialistischen Gesellschaft in der DDR wächst die führende Rolle der Partei. Es ist heute schon so, daß kein Problem von Bedeutung ohne die tatkräftige politisch-ideologische und organisatorische Arbeit unserer Partei gelöst werden kann. Zur wachsenden Rolle unserer Partei im gesellschaftlichen Leben gibt es keine Alternative.«[12]

Wie zu Ulbrichts Zeiten machte also die SED auch unter

---

[11] Vgl. Karl Wilhelm Fricke, Wird Ulbricht zur Unperson? Deutschland Archiv 6 (1973), S. 234.
[12] Neuer Weg 29 (1974) Nr. 5, S. 199.

Honecker keinen Hehl daraus, daß sie als Staatspartei das gesamte gesellschaftliche Leben der DDR zu bestimmen habe. Für sie blieb es ein Axiom, daß der (von Honecker besonders hervorgehobene) »Führungsanspruch der Arbeiterklasse« in der DDR nur dann zu realisieren ist, wenn darunter »implizite die führende Rolle der marxistisch-leninistischen Partei verstanden wird«.[13] Ganz klar wurde gesagt: »Die Arbeiterklasse führt die sozialistische Gesellschaft primär durch ihre marxistisch-leninistische Partei.« Und an anderer Stelle hieß es: »Kernstück der politischen Organisation ist die politische Organisiertheit der Arbeiterklasse. Die Arbeiterklasse realisiert ihre Führungsfunktion innerhalb des Systems der politischen Organisation vor allem und hauptsächlich durch die marxistisch-leninistische Partei. Die Partei organisiert und inspiriert die Volksmassen, sie lenkt die gesellschaftlichen und staatlichen Organisationen, sie koordiniert deren Tätigkeit, und sie gewährleistet die den Interessen der Arbeiterklasse und der übrigen Werktätigen entsprechende wissenschaftliche Leitung der Gesellschaft. Die politische Führung der sozialistischen Gesellschaft durch die Partei ist die entscheidende Bedingung für die Entfaltung des Schöpfertums der Werktätigen zur Lösung aller Aufgaben des sozialistischen Aufbaus. Die Partei stellt die höchste Form der politischen Organisiertheit der Werktätigen, den bewußten und organisierten Vortrupp der Arbeiterklasse dar. Ihre Existenz, ihr Wirken, ihre Weiterentwicklung und ihre wachsende Rolle im Prozeß der Entwicklung und Vollendung der sozialistischen Gesellschaft ist deshalb eine grundlegende Gesetzmäßigkeit des Systems der politischen Organisation im Sozialismus.«[14]

Nach dem VIII. Parteitag der SED 1971 versuchte die Honecker-Führung, die wirksamsten Herrschaftsmechanismen zur Erhaltung des Systems und der »führenden Rolle« der Partei zu finden. Voraussetzung blieb eine geschlossene und schlagkräftige Parteiorganisation, entscheidend war der innere Zustand der Partei. Straffe Parteidisziplin (»eiserne Disziplin«[15]) und hierarchischer Zentralismus engten den »demokratischen Zentralismus« auch nach 1971 ein. In der SED-Spitze selbst setzte sich

---

[13] Geschichtsunterricht und Staatsbürgerkunde 14 (1972) Heft 8, S. 675.
[14] Kurt Schneider u. a., Arbeiterklasse, Partei, Bündnispolitik (Probleme des wissenschaftlichen Kommunismus). Berlin (Ost) 1973, S. 28 ff., 47.
[15] Politisches Grundwissen. 2. überarb. Aufl. Berlin (Ost) 1972, S. 540 f.

nunmehr die Vorstellung vom Primat der Politik gegenüber technokratischen Tendenzen durch. Das widerspiegelte sich in der Parteiführung selbst. Während in den sechziger Jahren die neu aufrückenden Kandidaten des Politbüro und die neuen ZK-Mitglieder zunehmend Fachleute (vor allem Wirtschaftler) waren, zeichnete sich unter Honecker ein neuer Trend ab: Die Technokraten wurden zurückgedrängt, ins Politbüro kam eine Reihe junger Parteiführer, die eine typische Apparatkarriere durchlaufen hatten und vor allem politische Aufgaben lösen sollten.

Die Nachwuchspolitiker (und früheren Mitarbeiter Honeckers in der FDJ) Werner Felfe, Joachim Herrmann, Ingeburg Lange und Konrad Naumann (sowie Planungschef Gerhard Schürer) wurden Kandidaten des Politbüro. Der von Ulbricht als Kandidat ins Politbüro geholte Technokrat Walter Halbritter schied aus dem Gremium aus. Außerdem rückte auf der 10. Tagung des ZK im Oktober 1973 Verteidigungsminister Heinz Hoffmann als Mitglied ins Politbüro auf. Hoffmann (geb. 1910) war von Beruf Maschinenschlosser. Er trat 1930 in die KPD ein und leistete in Mannheim Widerstandsarbeit gegen Hitler. Von 1935 bis 1937 war er Offizier im Spanischen Bürgerkrieg, er kam verwundet in die Sowjetunion. 1946 Mitarbeiter beim ZK der KPD, wurde er 1950 Kandidat und 1952 Mitglied des ZK. Von 1950 bis 1955 war er Chef der Kasernierten Volkspolizei und absolvierte dann eine Generalstabsakademie in der UdSSR. Von 1956 bis 1960 Stellvertretender Minister und seit 1960 Minister für nationale Verteidigung.

Auch die Sozialstruktur der SED-Mitglieder hatte sich zwischen 1966 und 1976 geändert: Der Anteil der Arbeiter stieg von 45 auf 56 Prozent, der der »Intelligenz« von 16 auf 20 Prozent, dagegen sank der Anteil der Angestellten von 16 auf 12 Prozent und der der Bauern von 6,4 auf 5,2 Prozent.[16] Diese Zahlen dokumentieren das Bemühen der Parteiführung, auch in der sozialen Zusammensetzung der herkömmlichen Vorstellung von einer »Arbeiterpartei« zu entsprechen. Das änderte allerdings nichts am Trend bei den hauptamtlichen Funktionären: Fachleute mit Hoch- oder Fachschulabschluß dominierten zunehmend. Ihr allumfassender Führungsanspruch zwang die SED-Spitze zur weiteren Versachlichung ihrer Methoden und

---

[16] Einheit 31 (1976) Heft 7, S. 816. Neues Deutschland, Nr. 119 vom 19. 5. 1976.

damit zur besseren fachlichen Qualifikation ihrer Mitarbeiter. So blieb der straffe Zentralismus praktizierbar.

Ihr innerparteiliches Regime und die zentralistische Willensbildung kann die SED-Führung mit drei verschiedenen Prinzipien durchsetzen. An erster Stelle stand und steht die freiwillige Disziplin, die Ein- und Unterordnung der Mitglieder und vor allem der Funktionäre. Diese sollte nach 1971 gestärkt werden. Die SED, so hieß es, sei ein »freiwilliger Kampfbund Gleichgesinnter«.[17] Ein begrenztes Mitspracherecht der Mitglieder und der Basis sollte das »Vertrauen der Genossen untereinander, ihr Zusammengehörigkeitsgefühl, ihre Gemeinsamkeit im Denken und Handeln« fördern.[18] Nicht von ungefähr betonte Honekker, daß die Kraft der SED in der »Aktivität ihrer Grundorganisationen« liege;[19] damit rückten politische »Kleinarbeit« und »Überzeugungsarbeit« in den Mittelpunkt ihrer Tätigkeit. Eine intensivere ideologische Schulung sollte den Glauben vertiefen, die politischen Ziele seien nur mit einer »geschlossenen Kampfpartei« zu erreichen, was wiederum unbedingte Parteidisziplin voraussetzt.

Wo die freiwillige Unterordnung unter diese hierarchische Gestaltung der Politik nicht erfolgte, verfügte die Führung auch über Repressionsmittel, um sie durchzusetzen. Da jeder Widerspruch gegen die von der Führung bestimmte Linie als Abweichung galt (und gilt), die von der Parteikontrollkommission zu ahnden ist, war eine Opposition (und erst recht eine organisierte Fraktion) in der SED weiterhin unmöglich. Kritiker wie etwa Robert Havemann wurden aus der SED ausgeschlossen. In der DDR-Staatspartei war kein Platz für die These Havemanns, »daß wir in der DDR – wie auch in den anderen Ländern des Warschauer Paktes – den entscheidenden zweiten Schritt der sozialistischen Revolution noch vor uns haben, den Schritt in die freie sozialistische Demokratie, den unsere tschechoslowakischen Freunde im Jahre 1968 schon unternommen hatten«.[20]

Solche Vorstellungen des demokratischen Kommunismus wurden vermutlich von manchem Parteimitglied geteilt, und bestimmt hatten sie eine Basis in der Bevölkerung. Doch die

---

[17] Einheit 29 (1974) Heft 2, S. 132f.
[18] Ebd., S. 132.
[19] Protokoll VIII. Parteitag, Bd. 1, S. 106.
[20] Robert Havemann, Ich bin ein Freund der DDR und überzeugter Sozialist. Die Zeit, Nr. 20 vom 11. 5. 1973.

Parteiführung unter Honecker hielt jeden Ansatz eines demokratischen Kommunismus in der Partei für gefährlich, und dies gerade weil sich die SED sowohl gegen die »Entideologisierung« der technisch-wissenschaftlichen Revolution als auch gegen die »Technokraten« wandte und sich auf die Arbeiterklasse berief. Um die absolute Einheitlichkeit der Partei zu bewahren, ging die Führung daher gegen jede kritische Meinung vor.

Das zweite Prinzip des zentralistischen Parteiaufbaus war und ist die Macht des hauptamtlichen Apparats, der sich hierarchisch gliedert. Er wählte die Kader aus, setzte sie ein und ab und bereitete »Wahlen« vor. Neben der Personalpolitik dirigierte der Parteiapparat mit seinen Beschlüssen, Direktiven und Anweisungen das gesamte Parteileben und die Aktivität der Partei. Auch die zahlreichen Instrukteure und Parteiorganisatoren, die einzeln oder in Brigaden die Organisation im Auftrag der Führung anleiteten, sicherten die strikte Durchführung der einheitlichen Politik. Typisch für den Parteiapparat ist sein Zentralismus. Die Führung (Politbüro, Sekretariat, zentraler Parteiapparat) legt fest, welche Probleme sie selbst behandelt oder entscheidet und welche Fragen an untere Organe (Bezirke, Kreise, Grundeinheiten) delegiert werden. Nach wie vor galt und gilt, daß der Parteiaufbau »ohne Zentralismus, ohne disziplinierte Unterordnung der örtlichen Leitung und Organe unter das Zentralkomitee« unmöglich ist.[21] Untere Organe haben nicht über Beschlüsse, Direktiven und Anweisungen der Führung zu befinden (und schon gar nicht über die politische Linie), sondern lediglich über deren Realisierung. Freilich bedarf auch der straffste Zentralismus einer gewissen »Rückkopplung«; bei ihren Entscheidungen mußte die Führung Stimmungen, Möglichkeiten und Arbeitsweise der Basis berücksichtigen. Daher bemühte sich die SED, im »gesamten Ablauf der Führungs- und Leitungsprozesse in der Partei«, von der »Analyse über die Prognose und die Beschlußfassung bis zu ihrer Durchführung« wissenschaftlich fundierte Leitungsmethoden anzuwenden.[22] Das setzte aber entsprechend qualifizierte und ausgewählte Funktionäre voraus.

Auswahl und Heranbildung der Kader sind gleichermaßen

---

[21] Horst Dohlus, Der demokratische Zentralismus – Grundprinzip der Führungstätigkeit der SED bei der Verwirklichung der Beschlüsse des Zentralkomitees. Berlin (Ost) 1965, S. 15.

[22] Erich Honecker, Die Verwirklichung der Leninschen Lehre von der führenden Rolle der Partei durch die SED in der DDR. Berlin (Ost) 1970, S. 78.

die dritte Absicherung der innerparteilichen Strukturen, eine Garantie für die Geschlossenheit der SED. Gerade die Kaderauswahl beweist, daß nach wie vor nicht die »Wahlen« auf den jeweiligen Parteiebenen über die Struktur entschieden, sondern die Auswahl und Kaderplanung durch die übergeordneten Apparate. Diese ermittelten (und ermitteln) den »Kaderbedarf«, und zwar »langfristig und vorausschauend«, damit »zum richtigen Zeitpunkt die erforderlichen Kader aus der Arbeiterklasse mit den notwendigen Kenntnissen, Fähigkeiten und Erfahrungen in der Parteiarbeit als Kaderreserve zur Verfügung stehen«. Dazu wurde konkret erklärt: »Für die planmäßige Heranbildung der Nachwuchskader haben sich Entwicklungspläne für einen Zeitraum von vier bis acht Jahren als nützlich erwiesen. Sie beinhalten die mit den Kadern abgestimmten Maßnahmen für ihre Einbeziehung in die Führungstätigkeit, für ihre Erprobung in der Praxis und für die Delegierungen zu den Bildungsstätten der Partei bzw. an Hoch- und Fachschulen. Mit diesen Plänen werden die vorgesehenen Entwicklungswege der Kader überschau- und kontrollierbar gestaltet. Sie fördern gleichzeitig aber auch die Eigeninitiative der Genossen, um das festgelegte Ziel zu erreichen.«[23]

Kader-»Entwicklungspläne« und die »Nomenklatur« der Kader bei den übergeordneten Leitungen ermöglichen der Führung eine »langfristige und zielstrebige Kaderentwicklung«.[24] Ausgesucht werden die Kader nach »Qualifikationsmerkmalen«, zu denen u. a. gehören: politische und fachliche Kenntnisse sowie Fähigkeiten, Ausbildung, praktische Erfahrung, persönliche Eigenschaften (»politisch-ideologische Haltung, moralisches Verhalten, persönliches Auftreten«).[25] Diese Maßnahmen boten der Führung die Gewähr, daß nur derart qualifizierte und ergebene Mitglieder in Funktionen kamen, die sowohl die innerparteiliche Stabilität, als auch die »führende Rolle« der SED im Gesamtsystem der DDR sichern.

Die drei Prinzipien freiwillige Disziplin, Macht des Apparats und Kaderauswahl waren auch nach 1971 Voraussetzung für eine funktionsfähige Parteistruktur. So konnte die Spitzenfüh-

---

[23] Neuer Weg 28 (1973) Nr. 12, S. 567f.
[24] Walter Assmann und Günther Liebe, Kaderarbeit als Voraussetzung qualifizierter staatlicher Arbeit. Berlin (Ost) 1972, S. 79.
[25] Günther Liebe, Entwicklung von Nachwuchskadern für die örtlichen Staatsorgane. Berlin (Ost) 1973, S. 41. Zur Kaderpolitik vgl. auch Gert-Joachim Glaeßner, Herrschaft durch Kader. Opladen 1977.

rung, Politbüro und Sekretariat des ZK, ihre Herrschaft stabilisieren. Auch wenn nun die freiwillige Unterordnung verstärkt betont wurde, blieben doch weiterhin die Macht des Apparats und die Kaderauswahl entscheidend für den hierarchischen Aufbau, der die SED als kommunistische Partei sowjetischen Typs ausweist und ein Relikt des Stalinismus darstellt.

Über ihre Organisation und Sozialstruktur Ende 1972 gab die SED folgende Daten bekannt: »Am 31. 12. 1972 zählte die SED 1 902 809 Mitglieder und 47 612 Kandidaten. Unsere Partei ist nach dem Territorial- und Produktionsprinzip aufgebaut. Es bestehen: 15 Bezirksparteiorganisationen, 262 Stadt-, Stadtbezirks- und Kreisparteiorganisationen mit mehr als 54 000 Grundorganisationen. Von den Mitgliedern unserer Partei sind 56,6 Prozent Arbeiter, 5,7 Prozent Genossenschaftsbauern, 17,9 Prozent Angehörige der Intelligenz, 12,8 Prozent Angestellte. 29,4 Prozent der Mitglieder und Kandidaten sind Frauen. 79,5 Prozent der 1972 in die Partei aufgenommenen Kandidaten sind Arbeiter. Fast die Hälfte aller Mitglieder und Kandidaten sind unter 40 Jahre. Große Aufmerksamkeit widmet die SED der Aus- und Weiterbildung ihrer Kader. 24,7 Prozent der Mitglieder und Kandidaten besitzen eine abgeschlossene Hoch- bzw. Fachschulbildung. Bereits Ende 1970 verfügten 95,3 Prozent der Mitglieder der Sekretariate der Kreisleitungen und 80 Prozent der Parteisekretäre der Großbetriebe über einen Hoch- bzw. Fachschulabschluß. Eine Parteischule (ab 3 Monate, einschließlich Kreis- und Betriebsschule des Marxismus-Leninismus) besuchten von den Mitgliedern unserer Partei insgesamt 18,4 Prozent, von den Leitungsmitgliedern 35,4 Prozent, von den Parteisekretären 51,6 Prozent und von den Parteisekretären der Großbetriebe 90 Prozent. An den Schulen und Instituten der Partei studieren jährlich 100 000 Genossinnen und Genossen. Ein entscheidendes Instrument der politischen Führung der Gesellschaft durch die Partei und der Verbindung zwischen Partei und Volk ist die Parteipresse: Tageszeitung ›Neues Deutschland‹ – Organ des ZK der SED, Auflage 1 Million Exemplare; Tageszeitung ›Neue Deutsche Bauernzeitung‹ – Organ des ZK der SED, Auflage 185 000 Exemplare; ›Einheit‹ – Zeitschrift für Theorie und Praxis des wissenschaftlichen Sozialismus – Zeitschrift des ZK der SED, Auflage 210 000 Exemplare; ›Neuer Weg‹ – Organ des ZK der SED für Fragen des Parteilebens, Auflage 195 000 Exemplare; Bezirkszeitungen, die als Organe der Bezirksleitungen der SED in den Bezirken mit einer

Auflagenhöhe von insgesamt 3,9 Millionen Exemplaren erscheinen.«[26]

Nach wie vor waren Arbeiter und Angestellte sowie Frauen gegenüber der Gesamtbevölkerung unterrepräsentiert, »Intelligenz« überrepräsentiert. Der Bildungsstand erhöhte sich stetig, vor allem die ideologische Ausbildung an den Parteischulen wurde vorangetrieben.

Wichtigstes Bindeglied der Partei blieb die Ideologie, der Marxismus-Leninismus. Das Kerndogma der SED beruhte auch nach 1971 unverändert auf der Behauptung, daß sie den Marxismus-Leninismus in der Praxis anwende, ihre Politik deshalb wissenschaftlich begründet sei, und die Partei daher »immer recht« habe. Wie stark dabei die Geschichte zur Untermauerung dieses Anspruchs herangezogen wurde, zeigte ein Interview, das Ernst Diehl, Direktor des Instituts für Marxismus-Leninismus und Mitglied des ZK der SED, 1974 gab. Der Redakteur sagte: »Mir erzählte vor kurzem ein Geschichtslehrer, einer seiner besten Schüler habe ihm einmal vorwurfsvoll die Frage gestellt, ob denn die Kommunisten in der Geschichte tatsächlich immer recht gehabt hätten.« Diehls Antwort: »Tatsächlich hatten und haben sie, wie sich zeigt, in den großen historischen Abläufen immer recht, weil ihr Kampf den objektiven Gesetzmäßigkeiten entspricht und weil sie ja auch die einzigen waren und sind, die eine wissenschaftliche Weltanschauung haben.«[27]

Aus dieser These leitete die Partei ihren absoluten Führungsanspruch in Staat und Gesellschaft ab. Somit behielt die Ideologie auch unter Honeckers Leitung überragende Bedeutung: Der Marxismus-Leninismus sowjetischer Auslegung bestimmt die Normen des Verhaltens, dient der Anleitung des sozialen und politischen Handelns und soll durch Bewußtseinsbildung die Integration der Führungselite erreichen. Die wesentliche Funktion der Ideologie ist die Verschleierung und Rechtfertigung der bestehenden Machtverhältnisse. Daher wurde die »ideologische Arbeit« von Honecker 1973 zum »Hauptinhalt der Tätigkeit unserer Partei« erklärt.[28] Doch schon 1972 hatte der »Chefideo-

---

[26] Einheit 28 (1973) Heft 10, S. 1189.

[27] Prof. Dr. Ernst Diehl, Mitglied des ZK der SED, Direktor des Instituts für Marxismus-Leninismus, Ohne Geschichte – ohne Gedächtnis. Forum. Organ des Zentralrats der FDJ, Nr. 19, 1. Oktoberheft 1974, S. 9.

[28] Honecker vor den 1. Sekretären der SED-Kreisleitungen. Neuer Weg 28 (1973) Nr. 22, S. 1009f.

loge« der SED, Kurt Hager, wesentliche Veränderungen der Ideologie-Inhalte gegenüber der Ulbricht-Ära zusammengefaßt. Verworfen wurde der »früher recht oft verwendete Begriff der sozialistischen Menschengemeinschaft«, da er »die tatsächlich noch vorhandenen Klassenunterschiede verwischt und den tatsächlich erreichten Stand der Annäherung der Klassen und Schichten überschätzt. Er verwischt die führende Rolle der Arbeiterklasse, die Notwendigkeit eines festen Bündnisses mit den Genossenschaftsbauern, der Intelligenz und den anderen Werktätigen und die Existenz verschiedener kapitalistischer Überreste. Dieser Begriff wird dem komplizierten, widersprüchlichen und langwierigen Entwicklungsprozeß der sozialistischen gesellschaftlichen Beziehungen nicht gerecht.«[29]

Ebenso erklärte Hager die Ulbrichtsche Definition der DDR als »entwickeltes gesellschaftliches System« für falsch. »Das gegenwärtige Entwicklungsstadium der sozialistischen Länder wird von der marxistisch-leninistischen Theorie der Sowjetunion und der anderen sozialistischen Länder zutreffend und übereinstimmend als ›entwickelte sozialistische Gesellschaft‹ bezeichnet. Wir befinden uns also in vollem Einklang mit den kollektiven Erkenntnissen der KPdSU und der anderen Bruderparteien der sozialistischen Länder. Damit wird erneut der allgemeingültige Charakter der marxistisch-leninistischen Theorie unterstrichen. Wir können andererseits auch die Tatsache nicht übersehen, daß die Bezeichnung ›entwickeltes gesellschaftliches System des Sozialismus‹ in der Praxis besonders auf dem Gebiet der Ökonomie oft dazu führte, daß der klare Sinn und Inhalt unserer Politik schließlich unter einem Wust von aus der Systemtheorie entlehnten Begriffen verschwand. In manchen Publikationen wurde mit dem Systembegriff Mißbrauch betrieben.«

Schließlich sagte Hager zur Hauptthese von Ulbricht: »Im Lichte dieser Feststellungen über die kommunistische Gesellschaftsformation ist die These vom Sozialismus als relativ selbständige Gesellschaftsformation nicht haltbar. Diese These verwischt die Tatsache, daß der Sozialismus die erste, niedere Phase der kommunistischen Gesellschaftsformation ist. Sie verwischt ferner die – am Beispiel der Sowjetunion historisch bewiesene – Tatsache, daß die entwickelte sozialistische Gesell-

---

[29] Kurt Hager, Zur Theorie und Politik des Sozialismus. Reden und Aufsätze. Berlin (Ost) 1972, S. 173.

schaft auf der Grundlage der Entwicklung der sozialistischen Produktionsverhältnisse und ihrer materiell-technischen Basis allmählich in die kommunistische Gesellschaft hinüberwächst. Die Theorie vom Sozialismus als relativ selbständiger Gesellschaftsformation läßt sich also nicht mit der marxistisch-leninistischen Theorie des Übergangs vom Sozialismus zum Kommunismus in Übereinstimmung bringen. Da Sozialismus und Kommunismus zwei Phasen einer einheitlichen, von der Arbeiterklasse und allen Werktätigen unter Führung der Partei geschaffenen Gesellschaftsformation darstellen und eine gemeinsame sozialökonomische Grundlage haben, kann der Übergang von der niederen zur höheren Phase nur auf dem Wege der allmählichen Herausbildung und Entwicklung von Keimen des Kommunismus, nur durch die volle Entfaltung des Sozialismus erfolgen.«[30] Die Zurückweisung der ideologischen Revision der Ulbricht-Ära (die damals natürlich auch Hager mitgemacht hatte) bedeutete nicht nur die Anpassung an die Sowjetideologie, sondern auch die erneute absolute Anerkennung der sowjetischen Hegemonie.

Parteiensystem und Staat

Um ihre Herrschaft zu stabilisieren, griff die SED nach 1971 auch verstärkt auf das Parteiensystem, d. h. die vier »nichtkommunistischen Parteien« – wie sie nun genannt wurden – und die Massenorganisationen zurück. Diese Parteien konstatierten sogar, etwa die CDU auf ihrem 13. Parteitag 1972, das »Anwachsen« der führenden Rolle der SED;[31] es wurde allgemein von der »wachsenden Führungsrolle der SED« gegenüber den übrigen Parteien gesprochen.[32] Nach Darstellungen aus der DDR hatten die vier Parteien nun ihren »festen Platz in der sozialistischen Gesellschaft.« Ihre Mitglieder mußten zwei »Grundsatzanforderungen« genügen: der »vollen Anerkennung des Führungsanspruchs der Arbeiterklasse und der SED« und dem »entschiedenen Bekenntnis zur Sowjetunion«.[33] Alle Parteien

---

[30] Ebd., S. 175 ff.
[31] Neues Deutschland, Nr. 283 vom 12. 10. 1972.
[32] Deutsche Außenpolitik 19 (1974) Heft 1, S. 80.
[33] Ebd., S. 80.

waren inzwischen nach dem Prinzip des demokratischen Zentralismus aufgebaut, sie sollten weiterhin Transmissionen in spezielle Bevölkerungskreise sein. Die CDU z. B. sollte erreichen, daß die »Bürger christlichen Glaubens« für »den Sozialismus in der DDR aktiv tätig werden«. Da die CDU uneingeschränkt die Führungsrolle der SED bejahte, also auch die Haltung des von der atheistischen SED gelenkten Staates zur Religion, konnte sie diesem Anspruch kaum gerecht werden. Obwohl die CDU rund 100 000 Mitglieder zählte (LDPD: 70 000, DBD: 90 000, NDPD: 80 000),[34] blieb sie – wie die übrigen Parteien – im politischen System ohne wesentlichen Einfluß, ihre Funktion als Integrationsfaktor war gering.

Demgegenüber wuchsen die Aufgaben der Massenorganisationen, vor allem des FDGB, seit Honeckers Amtsübernahme. Der 8. Gewerkschaftskongreß im Juni 1972 betonte nochmals, daß dem FDGB, in dem »fast die ganze Arbeiterklasse organisiert ist, eine immer größere Bedeutung zukommt«[35] (der FDGB zählte inzwischen rund 8 Millionen Mitglieder, d. h. über 95 Prozent der Arbeitnehmer). Der Kongreß ging auf die Rolle des FDGB als Interessenvertreter der Arbeiter ein, veränderte die Satzung entsprechend und nannte als »Ziel der Arbeit der Gewerkschaften« die »weitere Erhöhung des materiellen und kulturellen Lebensniveaus«.[36]

Erneut zeigte sich das Spannungsverhältnis zwischen der Funktion als Interessenvertretung der Arbeiter und den Verpflichtungen einer »Massenorganisation« der SED; doch auch in der Ära nach Ulbricht blieb der FDGB in erster Linie ein Instrument der SED. Trotz der Aufwertung des FDGB besaßen (und besitzen) die Arbeiter in der DDR weiterhin keine echte Interessenvertretung, keine unabhängigen Gewerkschaften. Der FDGB-Vorsitzende Harry Tisch (im April 1975, nach dem Tod von Herbert Warnke, von der SED in diese Funktion delegiert) gelobte auf dem IX. Parteitag der SED im Mai 1976, die Gewerkschaften der DDR würden einen »starken ökonomi-

---

[34] Horizont 8 (1975) Heft 20, S. 16. Ende der siebziger Jahre gehörten nach einer anderen Darstellung der CDU 115 000 Mitglieder an, der DBD 95 000, der LDPD 75 000 und der NDPD nur 40 000. Vgl. Beiträge zum marxistisch-leninistischen Grundlagenstudium für Hoch- und Fachschullehrer. Leipzig 19 (1980) Heft 2, S. 3.
[35] Protokoll des 8. FDGB-Kongresses. 26. bis 30. Juni 1972 in Berlin – Hauptstadt der DDR. Berlin (Ost) 1972, S. 14.
[36] Ebd., S. 290.

schen Leistungsanstieg« mit allen Kräften unterstützen als »treue Kampfgefährten der Partei«.[37] Harry Tisch (geb. 1927) gelernter Bauschlosser, war 1945 der KPD beigetreten und wurde 1948 hauptamtlicher FDGB-Funktionär. Nach dem Studium an der SED-Parteihochschule von 1953 bis 1955 war er bis 1959 Sekretär für Wirtschaft bei der Bezirksleitung Rostock der SED, anschließend bis 1961 Vorsitzender des Rates des Bezirks Rostock. Von 1961 bis 1975 leitete er als 1. Sekretär die Bezirksleitung Rostock der SED, wurde 1963 Mitglied des ZK, 1971 Kandidat und 1975 Mitglied des Politbüro der SED.

In einer ähnlich schwierigen Doppelrolle wie der FDGB befanden (und befinden) sich auch die übrigen Massenorganisationen. Die FDJ, die die Jugendpolitik der SED als »Helfer und Reserve der Partei« verwirklichen soll, mußte sich in ihrer Arbeit stets um jugendgemäße Formen bemühen. Die X. Weltfestspiele der Jugend und Studenten (Juli/August 1973) in Ost-Berlin zeigten ein wachsendes Selbstbewußtsein der jungen Generation, die vom Jugendverband und der Partei nicht gegängelt werden wollte. Die Jugend in der DDR war offensichtlich zunehmend weniger bereit, sich wesentlich mit der Ausführung von »oben« getroffener Entscheidungen zu begnügen, sondern verlangte – zumindest in Teilen – nach Freiräumen für die Gestaltung des eigenen Lebens und nach effektiveren Formen der Mitbestimmung. Auf diese Entwicklungen hat die SED-Führung bis heute keine diese Probleme lösenden Antworten gefunden. Die SED hat es aber inzwischen aufgegeben, die Jugend bis ins Kleinste zu reglementieren, ihr vorschreiben zu wollen, welcher Haarschnitt und welche Tänze »fortschrittlich« sind und welche nicht. Honecker forderte, die jungen Menschen »nicht so sehr nach Äußerlichkeiten«, sondern nach ihrer Grundhaltung zu beurteilen.[38]

Die führende Rolle der Partei sollte nicht nur von der Spitze her gewährleistet sein, sondern genauso von den Parteiorganisationen auf allen Ebenen praktiziert werden. Den Parteigruppen in allen Institutionen, mit denen (neben Personalunion und direkter Anweisung) die SED stets ihre Herrschaft auszuüben wußte, wurde weiterhin bestimmender Einfluß auf die Admini-

---

[37] Neues Deutschland, Nr. 121 vom 21. 5. 1976.
[38] Erich Honecker, Die Jugend der DDR und die Aufgaben unserer Zeit. Berlin (Ost) 1972, S. 33.

stration und die Volksvertretung eingeräumt, die Staatsfunktionäre blieben in erster Linie der SED verpflichtet.

Nach den Wahlen im November 1971 (mit 98,48 Prozent Wahlbeteiligung und 99,85 Prozent Ja-Stimmen) berief die neue Volkskammer wiederum Walter Ulbricht zum Vorsitzenden des Staatsrates und Willi Stoph zum Vorsitzenden des Ministerrates. Von den 38 Ministern wurden Horst Sindermann und Alfred Neumann als erste Stellvertreter Stophs herausgehoben.

Im Oktober 1972 verabschiedete die Volkskammer das Gesetz über den Ministerrat der DDR, das die Rechte dieses Gremiums und der Ministerien erweiterte. Auf Kosten des Staatsrates, der seine bisherige Kompetenz als das eigentlich politische Staatsorgan verlor (womit eine weitere Ausschaltung Ulbrichts erfolgte), war nun der Ministerrat nicht nur für die Wirtschafts- und Kulturpolitik zuständig, er hatte auch die staatliche Innen- und Außenpolitik zu leiten, selbstverständlich bei Personalunion unter Führung der SED. Im Juli 1973 verstärkte die Volkskammer auch die Rechte der örtlichen Volksvertretungen und Organe, zentrale Stellen sollten damit entlastet und regionale Probleme bereits auf unteren Ebenen entschieden werden.

Nach dem Tode Ulbrichts (1. August 1973) wählte die Volkskammer am 3. Oktober 1973 Willi Stoph zum Vorsitzenden des Staatsrates, seine Nachfolge als Regierungschef trat am gleichen Tag Horst Sindermann an. Die Bedeutung des Staates für die Weiterentwicklung der DDR-Gesellschaft wurde nach 1971 mehr und mehr betont.

Im Oktober 1974 wurde die DDR-Verfassung von 1968 in entscheidenden Punkten geändert, zum 25. Jahrestag der Staatsgründung sollte sie »in volle Übereinstimmung mit der Wirklichkeit« gebracht werden.[39] Tatsächlich bedeutete die Verfassungsänderung eine Angleichung an die Politik seit Ulbrichts Absetzung. Alle Hinweise auf Deutschland und eine Wiedervereinigung sowie auf die deutsche Nation wurden ausgemerzt.

Schon 1972 und 1973 hatten viele gesellschaftliche Institutionen und Organisationen die Kennzeichnungen »Deutschland« bzw. »Deutsch« in ihren Namen durch »DDR« ersetzen müssen, z. B. die Deutsche Akademie der Wissenschaften, die nun »Akademie der Wissenschaften der DDR« heißt, oder die Nationale Front des demokratischen Deutschland, die sich seither »Nationale Front der DDR« nennt. Der Deutschlandsender

---

[39] Neues Deutschland, Nr. 272 vom 2. 10. 1974.

wurde in »Radio DDR« umbenannt. Bei den Parteinamen allerdings wurde der Begriff »Deutschland« beibehalten, auch bei den Massenorganisationen wie FDGB oder FDJ. Ebenso heißt das Zentralorgan der SED weiter ›Neues Deutschland‹, und die DDR nennt sich weiterhin »Deutsche Demokratische Republik«. Die SED wollte mit diesen Änderungen die Abgrenzung gegenüber der Bundesrepublik verstärkt demonstrieren, um bei der Bevölkerung jede Hoffnung auf eine Annäherung zu ersticken. Zugleich verriet die neue Sprachregelung freilich auch die Überzeugung der SED-Führung, daß auf längere Sicht ein kommunistisches Gesamtdeutschland unerreichbar ist.

Trotz Neufassung des Art. 1 änderte sich an der in der Verfassung festgeschriebenen Führungsrolle der SED nichts. 1968 lautete der Artikel 1: »Die Deutsche Demokratische Republik ist ein sozialistischer Staat deutscher Nation. Sie ist die politische Organisation der Werktätigen in Stadt und Land, die gemeinsam unter Führung der Arbeiterklasse und ihrer marxistisch-leninistischen Partei den Sozialismus verwirklichen.« Nach den Änderungen von 1974 heißt es nun: »Die Deutsche Demokratische Republik ist ein sozialistischer Staat der Arbeiter und Bauern. Sie ist die politische Organisation der Werktätigen in Stadt und Land unter Führung der Arbeiterklasse und ihrer marxistisch-leninistischen Partei.« Das Bekenntnis zur Sowjetunion wurde neu formuliert; nach Art. 6 ist die DDR nun »für immer und unwiderruflich mit der Union der Sozialistischen Sowjetrepubliken verbündet«. Der Aufbau des Staates, wie in der Verfassung formal festgelegt, wurde beibehalten; lediglich die Legislaturperioden der Volkskammer und des Staatsrates wurden von vier auf fünf Jahre verlängert, die bereits vollzogene Aufwertung des Ministerrates nun auch in die Verfassung eingefügt.

Die in der Verfassung der DDR verankerte »Führungsrolle« der SED gegenüber dem Staat wurde verstärkt hervorgehoben. Dabei zeichnete sich die Staatstätigkeit durch eine sachlichere Arbeitsweise aus. Schon 1972 hieß es, dieser vom VIII. SED-Parteitag »geförderte« Arbeitsstil zeige sich »in der realen Einschätzung der Lage, dem sachlichen und konsequenten Herangehen an die Lösung der gestellten Aufgaben und in der engen Volksverbundenheit«.[40]

Der DDR-Staat ist in der Sicht der Parteiführung, »die um-

---

[40] Die staatliche Leitung noch enger mit der Masseninitiative verbinden. Materialien der 6. Tagung der Volkskammer. 16. 10. 1972. Berlin (Ost) 1972, S. 27.

fassende Form der politischen Organisiertheit und das Hauptinstrument« der SED.[41] Partei, Staat und gesellschaftliche Organisationen sind danach »Bindeglieder des einheitlichen, sozialistischen Systems«. Diese den staatlichen Organen zugestandene Teilverantwortung in politischen, sozialen, ökonomischen und kulturellen Fragen sollte »zur Festigung der Verbindung der marxistisch-leninistischen Partei mit den Massen« beitragen. Immer komplizierter werdende Probleme der Anleitung des ökonomischen, politischen und gesellschaftlichen Systems der DDR veranlaßten die SED-Führung, zu komplexeren Methoden überzugehen, sie delegierte Macht und Aufgaben in streng begrenztem Maße an andere Institutionen, in erster Linie an den Staatsapparat. Doch die politischen Entscheidungen werden weiterhin unter der Zuständigkeit der Richtlinienkompetenz und Kontrollfunktion der SED getroffen.

Stabilisierung und Effizienz des Staates hieß für die SED-Führung auch Festigung und Modernisierung der Armee. »Dank der Hilfe der Sowjetunion« erhielten die »Teilstreitkräfte der NVA neue Waffensysteme und moderne Technik«. Ebenso wurden Bewaffnung und Ausrüstung der paramilitärischen »Kampfgruppen« 1972/73 »bedeutend verbessert«.[42]

Auch das Recht sollte verstärkt zur Stabilisierung des Systems beitragen und »der Rechtsmechanismus tatsächlich den entscheidenden Leitungsmechanismus« darstellen. Gleichzeitig hieß es aber, die »grundlegende Tätigkeit zur Leitung der Gesellschaft« bestehe in der »Ausarbeitung und Durchführung der Parteibeschlüsse«.[43]

Mit Hilfe des Staatsapparates und des Rechtssystems gedachte die Führung, die Bevölkerung besser und schneller in das System der DDR zu integrieren. Die »Partizipation« nach 1971 diente dabei als eine wichtige Methode. Die 200 000 gewählten Abgeordneten der Volksvertretungen wurden ebenso in die unterschiedlichsten Formen der Mitwirkung einbezogen wie die knapp eine halbe Million Bürger, die in Ständigen Kommissionen und Aktivs der örtlichen Volksvertretungen arbeiteten,[44]

---

[41] Staat und Recht 22 (1972) Heft 10/11, S. 1637 ff. Vgl. auch Schneider, Arbeiterklasse, S. 30.

[42] Grundriß der deutschen Geschichte, S. 808.

[43] Uwe-Jens Heuer, Gesellschaftliche Gesetze und politische Organisationen. Berlin (Ost) 1974, S. 138.

[44] Zu den Ständigen Kommissionen vgl. das Interview mit Günter Wirth, Mitglied des Hauptvorstandes der CDU und Vorsitzender der Ständigen Kom-

die 100 000 Schöffen und Mitglieder von Schiedskommissionen, die 200 000 Mitglieder in Kommissionen und Komitees der Arbeiter- und Bauerninspektion oder die fast 700 000 Bürger in Elternbeiräten und Elternaktivs. Mit einer Vielzahl solcher Einrichtungen sollten engere Kontakte zum Staat vor allem bei denen hergestellt werden, die sich trotz aller Kritik als Bürger ihres Staates DDR fühlten. Durch intensive Mitbeteiligung von unten sollte das System zukünftig flexibler funktionieren. Dies alles bedeutete freilich nicht die geringste Einschränkung der Macht der SED, die nicht nur die politische Linie weiterhin allein bestimmte, sondern auch deren exakte Durchführung kontrollierte.

Viele Indizien weisen überdies daraufhin, daß die soziale Anbindung breiterer Kreise nicht zu der gewünschten Integration führte. Ein Teil der DDR-Bevölkerung war und ist offensichtlich nach wie vor gegen das System eingestellt, die Machtmittel des Staates werden so weiterhin gegen oppositionelle Regungen eingesetzt. Da die Führung im allgemeinen der Bevölkerung nur die Wahl zwischen voller Bejahung oder strikter Verneinung des Regimes läßt, ist das DDR-System nicht flexibel genug, bei Schwierigkeiten ohne Erschütterungen oder ohne Zwangsmaßnahmen zu reagieren. Havemanns Forderung nach Zulassung unabhängiger Oppositionsparteien oder einer Zeitung, die »von den Staatsorganen unabhängig ist und öffentlich an allen politischen und wirtschaftlichen Vorgängen Kritik übt«,[45] blieb zwar bei der restriktiven Haltung der SED-Spitze ohne jede Chance, ließ aber die Richtung der Reformen erkennen, die den Staat DDR stabiler und die Führung sicherer machen könnten.

Diesen Weg wollte die SED-Führung nicht gehen; statt dessen waren verschiedene andere Maßnahmen typisch für ihr Verhalten, wie zum Beispiel im Dezember 1971 die Fristenlösung beim Schwangerschaftsabbruch. »Das Politbüro des Zentralkomitees der SED und der Ministerrat der DDR beschlossen, daß zu folgender Frage eine gesetzliche Regelung ausgearbeitet werden soll: Bis zum Ablauf von drei Monaten kann die Frau selbst entscheiden, ob sie ihre Schwangerschaft unterbrechen möchte.

---

mission Kultur in Ost-Berlin, in: Probleme des Friedens und des Sozialismus. Zeitschrift der kommunistischen und Arbeiterparteien für Theorie und Information, Prag, 27. Jg. Nr. 4, April 1984, S. 515 ff.

[45] Frankfurter Rundschau vom 9. August 1976.

Nach Ablauf des dritten Monats ist eine Unterbrechung der Schwangerschaft nur dann zugelassen, wenn das Leben der Mutter in Gefahr ist oder wenn andere schwerwiegende Umstände vorliegen.«[46] Die Volkskammer nahm das entsprechende Gesetz im März 1972 an, wobei erstmals in der Geschichte des DDR-Parlaments einige Abgeordnete (der CDU) gegen die Vorlage der Regierung stimmten. Lange Jahre war das Thema Fristenlösung (nach heftigen Debatten um den Paragraphen 218 in der Zeit nach 1945) in der DDR tabu. Die Diskussionen in der Bundesrepublik veranlaßten Ost-Berlin, überraschend schnell zu handeln. Auf ähnliche Weise antwortete die SED mit der 3. Hochschulreform auf die Studentenrevolte im Westen und mit einer verbesserten Sozialpolitik ab 1971 auf die polnischen Arbeiterunruhen von 1970.

Daraus ist abzulesen, daß die SED-Führung sich über die tatsächliche Haltung und Stimmung der DDR-Bevölkerung keineswegs immer klar war. Um »übergreifende« Diskussionen oder gar Unruhen abzufangen, entschied sie in den genannten Fällen zügig und präzise. Diese Beispiele demonstrieren zugleich Schwäche und Stärke der DDR. Einerseits hat die Führung Schwierigkeiten, in ihrem undemokratischen System die Einstellung »unten« richtig und rasch zu erfahren und zu erkennen, andererseits verfügt sie über Möglichkeiten, unmittelbar und zentralistisch notwendige Entscheidungen zu treffen.

Probleme in Gesellschaft und Wirtschaft

Die DDR-Regierung glich 1972 die Eigentumsformen der Wirtschaft weiter an die der UdSSR an. Überführt in Staatseigentum wurden im ersten Halbjahr 1972 Betriebe mit staatlicher Beteiligung (halbstaatliche Betriebe) und ebenso private Betriebe im Industrie- und Baubereich sowie industriell arbeitende Produktionsgenossenschaften des Handwerks. Vor allem die LDP propagierte diese »freiwillige« Umwandlung, ein Beispiel für den Auftrag der »verbündeten« Parteien der SED. Damit entstanden 11 300 neue »Volkseigene Betriebe« mit 585 000 Arbeitern; die in den Staatsbetrieben erzeugte industrielle Warenproduktion wuchs von 1971 bis 1972 von 82 Prozent auf

---

[46] Dokumente der Sozialistischen Einheitspartei Deutschlands. Bd. XIII. Berlin (Ost) 1974, S. 363.

über 99 Prozent. Seit der Umgestaltung der DDR bis Anfang der sechziger Jahre war das nach offizieller Lesart »eine der wichtigsten Veränderungen in der sozialökonomischen Basis der DDR«, die »Produktionsverhältnisse wurden gefestigt«.[47]

Die SED charakterisierte die DDR als eine »Klassengesellschaft neuen Typs«, in der »unter Führung der Arbeiterklasse freundschaftlich miteinander verbundene Klassen und Schichten existieren«, antagonistische Widersprüche also aufgehoben sind.[48] Damit verwarf sie die von Ulbricht proklamierte »sozialistische Menschengemeinschaft«, vertuschte aber zugleich die tatsächlich vorhandenen Gegensätze und sozialen Schichtungen, die realen Konflikte zwischen der arbeitenden Bevölkerung und den herrschenden Eliten.

Nach offiziellen Angaben bestand folgende sozialökonomische Struktur der Berufstätigen:[49]

	1955 Prozent	1970 Prozent
Berufstätige (einschließlich Lehrlinge)	100	100
Arbeiter und Angestellte (einschließlich Lehrlinge)	78,4	84,5
Mitglieder von Produktionsgenossenschaften*	2,4	12,3
darunter		
LPG	2,3	8,7
PGH	0,0	3,1
Komplementäre und Kommissionshändler	–	0,5
Übrige Berufstätige**	19,3	2,8
darunter:		
Einzelbauern und private Gärtner	12,6	0,1
Private Handwerker	3,9	1,7
Private Groß- und Einzelhändler	1,8	0,3
Freiberuflich Tätige	0,4	0,2

* einschließlich Mitglieder von Rechtsanwaltskollegien
** einschließlich mithelfende Familienangehörige

Zwar zeigt die Tabelle eindrucksvoll die Veränderungen von 1955 bis 1970, aber sie verschleiert die soziale Schichtung mehr

---

[47] DDR. Werden und Wachsen. Berlin (Ost) 1974, S. 534. Heitzer, DDR, S. 219.
[48] Vgl. Politisches Grundwissen, S. 117.
[49] Ebd., S. 117.

als sie sie offenlegt; die herrschenden Funktionäre sind einfach den »Arbeitern und Angestellten« zugeordnet.

In die Positionen der neuen DDR-Eliten (Parteiapparat, Wirtschaftsführung, Staatsapparat usw.) waren inzwischen vor allem jüngere Funktionäre aufgestiegen. Der Leistungsdruck wuchs und die Notwendigkeit von Wissen und Bildung bestand auf allen Ebenen. Komplikationen in der industriellen Entwicklung gab es auch über 1971 hinaus.

Von den insgesamt 7,8 Millionen Berufstätigen arbeiteten 3 Millionen (also 37 Prozent) in der Industrie, davon 99,7 Prozent in den Staatsbetrieben. In Handwerk und Gewerbe waren noch eine halbe Million Menschen beschäftigt (130 000 Mitglieder von PGH, 322 000 Berufstätige in 105 000 privaten Handwerksbetrieben und 55 000 im privaten Einzelhandel). In der Landwirtschaft, wo durch Zusammenlegung von LPGs zu Kooperativen Abteilungen Pflanzenproduktion (KAP) neue Großbetriebe entstanden, die bereits zwei Drittel der landwirtschaftlichen Nutzfläche bearbeiteten, ging die Zahl der Berufstätigen weiter zurück (1950: 2,2 Millionen, 1965: 1,1 Millionen, 1974: 850 000). In der gesamten Volkswirtschaft stieg gleichzeitig der Anteil der Beschäftigten mit einem Hoch- oder Fachschulabschluß, er betrug 1974 bereits 875 000 = 11,1 Prozent. Der Anteil der »Hochschulkader« vermehrte sich von 4,3 Prozent im Jahre 1971 auf 5,5 Prozent im Jahre 1975, die Hälfte davon war in kulturellen oder sozialen Einrichtungen beschäftigt. Im gleichen Zeitraum stieg die Zahl der Facharbeiter um über 750 000 (von 42,6 auf 49,5 Prozent der Gesamtbeschäftigten; auch von den Frauen hatten bereits 42 Prozent eine abgeschlossene Berufsausbildung), gleichzeitig ging die Zahl der ungelernten Arbeiter um über 400 000 zurück (von 42,3 auf 32,9 Prozent).[50]

Die Leistungsgesellschaft der DDR war auch zu einer »Laufbahngesellschaft« geworden mit »ausgeprägtem Streben nach Aufstiegspositionen« und einem in »bestimmten Berufsbildern institutionalisiertem Sozialprestige«.[51] Diese Ergebnisse von Bildung und Ausbildung wurden durch den Arbeitskräfteman-

---

[50] Statistisches Taschenbuch der DDR 1975. Berlin (Ost) 1975, S. 32 ff. und 76 ff. Neues Deutschland, Nr. 182 vom 2. August 1976. Junge Welt vom 28. August 1975. Tribüne vom 12. August 1975. Einheit 31 (1976) Heft 8, S. 862.
[51] Peter Christian Ludz, Politische Ziele der SED und gesellschaftlicher Wandel in der DDR. In: Gleitze, Ludz, Merkel, Pleyer, Thalheim, Die DDR nach 25 Jahren. Berlin (West) 1975, S. 73.

gel der DDR noch potenziert. So wurde beklagt, daß »verschiedene gesellschaftlich notwendige Berufe ... weniger Wertschätzung genießen als andere. Das betrifft zum Beispiel Facharbeiter für Tief- und Straßenbau, Zerspanungsfacharbeiter und verschiedene Berufe der Dienstleistungen und des Handwerks«.[52] Die ungünstige Altersstruktur (die Zahl der Personen im erwerbsfähigen Alter sank von 64 Prozent im Jahre 1950 auf 58 Prozent im Jahre 1973) komplizierte die Situation. Da die Bevölkerungszahl stagnierte, der Anteil der berufstätigen Frauen mit 86 Prozent einer der höchsten der Welt und damit das Reservoir an Arbeitskräften ausgeschöpft war, ergab sich auch daraus die dringende Notwendigkeit für Rationalisierung und Verwissenschaftlichung.

Während in der Ulbricht-Phase zunächst Terror, später materielle Leistungsanreize die gesellschaftliche Entwicklung voranbringen sollten, griff die Parteiführung nach 1971 zu subtileren Methoden, um die Differenzen zu überbrücken. Die Sozialpolitik spielte dabei eine ebenso wichtige Rolle wie die wirtschaftliche Effizienz, die der »wissenschaftlich-technische Fortschritt« bringen sollte. Intensiviert wurde auch die ideologische Beeinflussung, um zu einer positiven Integration der Gesellschaft zu gelangen.

Bis Mitte der siebziger Jahre war eine Anhebung des Lebensniveaus der Bevölkerung der DDR zu registrieren, der Mehrzahl der Bürger ging es besser als fünf Jahre zuvor. Die DDR-Führung konnte es als Erfolg verbuchen, daß es trotz der Weltwirtschafts- und Rohstoffkrise keine Arbeitslosen, dagegen stabile Preise für Grundnahrungsmittel gab; das monatliche Durchschnittseinkommen stieg von 755 Mark (1970) auf 860 Mark (1974). Doch nach wie vor bestanden große Schwierigkeiten in der DDR-Wirtschaft, und so war der Abstand zur Bundesrepublik eher größer als geringer geworden. Dennoch hatte die DDR seit längerem den höchsten Lebensstandard im gesamten Ostblock; die Entwicklung der Industrie war in den letzten 25 Jahren, vor allem aber in der Periode von 1961 bis 1968 und in der Phase von 1971 bis 1975 erheblich vorangekommen.

Insgesamt hatte sich die industrielle Produktion (Stand 1974) seit 1950 versiebenfacht, seit 1961 mehr als verdoppelt und war seit 1970 um fast 30 Prozent gesteigert worden. Zwischen 1970

[52] Einheit 31 (1976) Heft 1, S. 70.

und 1974 stieg die Produktion von Rohstahl von 5 Millionen t auf 6,1 Millionen t (1950: 1,2 Millionen t), bei Elektroenergie von 67000 TWh auf 80000 (1950: 19000 TWh), bei Pkws von 126000 auf 155000, bei Kühlschränken von 380000 auf 488000. Entsprechend war der Bestand an Gebrauchsgütern erheblich angewachsen; auf je 100 DDR-Haushalte kamen 1975 26 Pkw (1970: 15), 82 Fernsehempfänger (1970: 69), 86 Kühlschränke (1970: 56) und 73 elektrische Waschmaschinen (1970: 53).[53]

Diese günstige Bilanz läßt erkennen, daß es der DDR-Führung im allgemeinen gelungen war, ein funktionierendes Wirtschaftssystem aufzubauen. Nach der wirtschaftlichen Krisensituation von 1969/70 erfolgte ein neuer Aufschwung. Die DDR bemühte sich, von den hochtrabenden Phrasen und überzogenen Plänen, von der Überbeanspruchung der Kapazitäten wegzukommen und Disproportionen in der wirtschaftlichen Planung und Leitung abzubauen. 1972 erklärte Honecker, die »noch aus der Zeit vor dem VIII. Parteitag herrührenden Disproportionen sind nur schrittweise und im Verlauf mehrerer Jahre zu überwinden«.[54]

Zugleich erprobte die Führung neue Formen der Anleitung des ökonomischen Systems, die faktisch »in entscheidenden Fragen der Planung und Leitung der Wirtschaft eine Rückkehr zur zentralen administrativen Wirtschaftssteuerung« bedeuteten.[55] Dabei sollte Wachstum vor allem durch Intensivierung und Rationalisierung erreicht und durch eine Erweiterung der Konsumgüterindustrie die Lage der Bevölkerung verbessert werden.

Zentraler Punkt bei diesen Anstrengungen war die Orientierung auf den total vernachlässigten Wohnungsbau. Mit Hilfe eines Wohnungsbauprogramms sollten von 1971 bis 1975 500000 und bis 1980 700000 bis 800000 Wohnungen errichtet oder modernisiert werden. Ein »sozialpolitisches Programm« bildete die Konkretisierung der seit 1971 verkündeten »Einheit von Wirtschafts- und Sozialpolitik«. Im April 1972 beschlossen die Führungen von SED und FDGB gemeinsam mit dem Mini-

---

[53] Statistisches Taschenbuch 1975, S. 52 ff. Neues Deutschland, Nr. 17 vom 20. 1. 1976.
[54] Erich Honecker, Unter dem Banner des Internationalismus. Berlin (Ost) 1972, S. 336 f.
[55] Vgl. Phasen der Wirtschaftspolitik nach 1963. In: DDR-Handbuch. Hrsg. v. Peter Christian Ludz unter Mitwirkung von Johannes Kuppe. 2. Aufl. Köln 1979, S. 801 ff.

sterrat grundlegende sozialpolitische Maßnahmen. Renten und Leistungen der Sozialfürsorge für über drei Millionen Menschen wurden erhöht, Vergünstigungen für berufstätige Mütter eingeführt, für zahlreiche Arbeitnehmer stiegen die Löhne. Im September 1973 wurde das »sozialpolitische Programm« durch Verfügungen im Gesundheitswesen ergänzt.

Das seit 1965 bestehende »einheitliche sozialistische Bildungssystem« wurde den »gesellschaftlichen Erfordernissen« angepaßt. Die Zahl der Schüler, die von der 8. in die 9. Klasse der allgemeinbildenden polytechnischen Oberschule wechselten, wuchs von 85 Prozent 1970 auf über 90 Prozent im Jahre 1973. Neben die allgemeine Bildung (Ausbildung von Wissen und Können) trat nun vorrangig die »kommunistische Erziehung«, damit bereits früh die Grundüberzeugungen des DDR-konformen Staatsbürgers eingeübt werden konnten. Nach dem VIII. Parteitag wurde der Erziehung und Betreuung der Kinder im Vorschulalter erhöhte Aufmerksamkeit gewidmet; so konnten 1975 eine Million Kinder in die staatlichen Einrichtungen der Vorschulerziehung aufgenommen werden, 81 von 100 Kindern im Alter von 3 bis 6 Jahren besuchten einen Kindergarten. Demgegenüber wurde die bisherige starke Forcierung der Hochschulausbildung merklich gebremst. Die Zahl der Studenten an Hochschulen ging von 154 000 im Jahre 1972 auf 136 000 im Jahre 1974 zurück, die der Fachschulstudenten von 176 000 auf 154 000; auf 10 000 Bürger kamen 1974 noch 80 Hochschulstudenten (Bundesrepublik: 1972: 101).[56]

Im Januar 1974 beschloß die Volkskammer ein neues (drittes) Jugendgesetz. Während das erste Jugendgesetz von 1950 die Integration der Jugend in die DDR fördern sollte, galt das zweite von 1964 ihrer Einbeziehung in den sozialistischen Aufbau. Das dritte Jugendgesetz nun hatte vorrangig die ideologische Beeinflussung der Jugend, die Erziehung zum »neuen Menschen«, aber auch die Erhöhung der Wehrbereitschaft zum Ziel. Die Rolle der FDJ bei der Realisierung dieser Aufgaben wurde ganz besonders herausgestellt, aber auch Eltern und Erzieher wurden angehalten, die Kinder zu »sozialistischen Menschen« heranzubilden; die Jugend selbst war aufgefordert, »sich den Marxismus-Leninismus, die wissenschaftliche Weltanschauung der Arbeiterklasse, anzueignen«.[57]

---

[56] Statistisches Taschenbuch 1975, S. 137 ff.
[57] Neues Deutschland, Nr. 29 vom 29. 1. 1974 und Nr. 33 vom 2. 2. 1974.

Wurde die Ideologisierung im Erziehungssystem nach 1971 noch vorangetrieben, so zeichnete sich in der Kultur- und Kunstpolitik der SED nach Ulbricht trotz des weiteren Bekenntnisses zum »Sozialistischen Realismus« eine leichte Entspannung ab, wurde bürokratische Engstirnigkeit durch eine flexiblere Haltung ersetzt. Auf dem VIII. Parteitag forderte die SED die Künstler in der DDR zum schöpferischen Meinungsstreit auf und auch das Streben nach neuen Formen und die Abkehr vom bisherigen starr an der Sowjetunion orientierten »Sozialistischen Realismus« waren nun nicht mehr verpönt. Schließlich präzisierten die 6. Tagung des ZK der SED im Juli 1972 und die 9. Tagung im Mai 1973 die Haltung der Staatspartei zur Kunst. Honecker betonte, die gesellschaftliche Entwicklung lege »ein weites Feld für schöpferisches Künstlertum frei, das sich von festen sozialistischen Positionen aus an den verschiedensten Themen, in den verschiedensten Ausdrucksweisen entfalten kann«. Das Spektrum in Literatur, bildender Kunst und Musik, im Theater-, Film- und Fernsehschaffen könne »breiter und farbiger« sein, Kritik dürfe allerdings nur von festen sozialistischen Positionen aus geführt werden.[58]

Im Zuge der neuen Kulturpolitik konnten endlich vorher verbotene Werke erscheinen und früher verfemte Künstler wieder an die Öffentlichkeit treten. Die Chance einer vielfältigen Auslegung des »Sozialistischen Realismus« steigerte die Qualität vieler Kunstwerke.

Anpassung an die UdSSR und Abgrenzung vom Westen

Nach Ulbrichts Ablösung verkündete die DDR-Führung mit immer zunehmender Lautstärke ihr Bekenntnis zur »führenden Rolle« der Sowjetunion und zum Modell des »realen Sozialismus« in der UdSSR. Honecker erklärte, das gute Verhältnis der SED zur KPdSU sei der »entscheidende Grundpfeiler ihrer gesamten Politik«, die Freundschaft zur UdSSR ein »Lebensbedürfnis«.[59]

Wie eng die Beziehungen der DDR zur Sowjetunion unter

---

[58] Erich Honecker, Aus dem Bericht des Politbüros an die 9. Tagung des ZK der SED. Berlin (Ost) 1973, S. 62 f.
[59] Erich Honecker, Antwort auf aktuelle Fragen. Zwei Interviews. Berlin (Ost) 1971, S. 13.

Honecker wurden, zeigte der neue Freundschafts- und Beistandsvertrag, den Breschnew und Honecker am 7. Oktober 1975 unterzeichneten. Der auf 25 Jahre abgeschlossene Pakt sah die verstärkte Zusammenarbeit auf allen Gebieten, insbesondere der Wirtschaft vor. Die DDR selbst schätzte den Vertrag so ein: »Er umfaßt alle wesentlichen Seiten der beiderseitigen Beziehungen und gewährleistet die sichere Perspektive der DDR auf den Bahnen des Sozialismus und Kommunismus. Der Vertrag hat die weitere Annäherung der sozialistischen Staaten und Nationen zum Ziel.«[60] Tatsächlich geriet die DDR durch dieses Abkommen rechtlich in noch größere Abhängigkeit von der Sowjetunion. Die von der SED selbst gewünschte »Integration« in den Ostblock führte daher auch zu erheblichen Problemen für die Entwicklung des zweiten deutschen Staates.

Zwar brachte die wirtschaftliche Einbindung in den RGW der DDR fast eine Verdoppelung ihres Außenhandelsumsatzes mit den anderen Ostblock-Staaten zwischen 1970 und 1975. Der Warenaustausch der DDR mit der UdSSR stieg von 1971 bis 1975 um 50 Prozent.[61] Doch offenbar wurde in der DDR auch darüber diskutiert, ob es denn »bei der sozialistischen ökonomischen Integration Gewinner und Verlierer« gebe. Die SED argumentierte, im »sozialistischen« Lager sei eben nicht unbedingt »der größte Partner« – also die UdSSR – auch allein der »Gewinner«.[62] Ob solche Behauptungen von der Bevölkerung und den Wirtschaftsfunktionären abgenommen wurden, bleibt zweifelhaft.

Der weiteren Integration der DDR in das »sozialistische Lager« unter Führung der UdSSR diente auch die Absage an die deutsche Nation. Die DDR deklarierte sich zur »sozialistischen Nation«. In der Hauptsache richteten sich diese Bestrebungen, die bei Teilen der Bevölkerung der DDR noch manchen Widerspruch hervorriefen, jedoch gegen die Bundesrepublik. Nach 1971 war es immerhin gelungen, die Beziehungen zwischen beiden deutschen Staaten durch Verträge zu regeln, doch in ihrer Koexistenzpolitik schwankte die DDR. Zwar erklärte sie, die »friedliche Koexistenz« sei ein »strategisches Prinzip« sozialistischer Außenpolitik (und nicht etwa bloße Taktik), sie verwies

---

[60] Heitzer, DDR, S. 238.
[61] Ebd., S. 234.
[62] Forum, Nr. 7, 1. Aprilheft 1975, S. 4.

aber zugleich auf die »Härte und Kompliziertheit des Kampfes um die Verwirklichung der Politik der friedlichen Koexistenz«.[63]

Zwischen dem DDR-Vertreter Michael Kohl und dem Staatssekretär im Bundeskanzleramt Egon Bahr hatte Ende 1970 der Meinungsaustausch über die Regelung der deutschen Frage begonnen. Nach Ulbrichts Ablösung und der Unterzeichnung des Berlin-Abkommens durch die Botschafter der Vier Mächte (USA, UdSSR, Großbritannien und Frankreich) im September 1971 konnte im Dezember 1971 das Transitabkommen zwischen der Bundesrepublik und der DDR vereinbart werden. Ihm folgte im Mai 1972 der Verkehrsvertrag zwischen beiden deutschen Staaten. Im Juni 1972 begannen erneute Verhandlungen, die im Dezember 1972 mit dem Vertrag über die Grundlagen der Beziehungen zwischen der Bundesrepublik Deutschland und der DDR abgeschlossen werden konnten.

Dieser Grundlagenvertrag bestand aus dem Vertragstext und einer Reihe ebenso verbindlicher Vereinbarungen und Zusagen in Form von Protokoll-Vermerken und Briefwechseln. In der Präambel war festgehalten, man wolle »einen Beitrag zur Entspannung und Sicherheit in Europa leisten«.[64] Da die »Souveränität aller Staaten in Europa in ihren gegenwärtigen Grenzen« grundlegende Bedingung für den Frieden sei, wollten sich beide deutsche Staaten jeder Androhung oder Anwendung von Gewalt enthalten. Unbeschadet ihrer unterschiedlichen Auffassungen, etwa zur nationalen Frage, sollten »zum Wohle der Menschen in den beiden deutschen Staaten ... normale gutnachbarliche Beziehungen zueinander auf der Grundlage der Gleichberechtigung« entwickelt werden (Art. 1). Damit hatte die DDR ein entscheidendes Ziel ihrer Politik erreicht, ihre Souveränität und ihre Grenzen waren anerkannt. Klar wurde dies in Art. 6 ausgedrückt: »Die Bundesrepublik Deutschland und die Deutsche Demokratische Republik gehen von dem Grundsatz aus, daß die Hoheitsgewalt jedes der beiden Staaten sich auf sein Staatsgebiet beschränkt. Sie respektieren die Unabhängigkeit und Selbständigkeit jedes der beiden Staaten in seinen inneren und äußeren Angelegenheiten.«

---

[63] Deutsche Außenpolitik 19 (1974) Heft 1, S. 25f.
[64] Vgl. Der Grundlagenvertrag. Vertrag über die Grundlagen der Beziehungen zwischen der Bundesrepublik Deutschland und der Deutschen Demokratischen Republik. Seminarmaterial des Gesamtdeutschen Instituts. Bonn 1973, S. 3.

Dies war allerdings keine völkerrechtliche Festlegung beider Staaten als »Ausland«, entsprechend dem DDR-Wunsch, denn die Bundesregierung schrieb erklärend: »Im Zusammenhang mit der heutigen Unterzeichnung des Vertrages über die Grundlagen der Beziehungen zwischen der Bundesrepublik Deutschland und der Deutschen Demokratischen Republik beehrt sich die Regierung der Bundesrepublik Deutschland festzustellen, daß dieser Vertrag nicht im Widerspruch zu dem politischen Ziel der Bundesrepublik Deutschland steht, auf einen Zustand des Friedens in Europa hinzuwirken, in dem das deutsche Volk in freier Selbstbestimmung seine Einheit wiedererlangt.«[65] Ebenso wurde klargestellt: »Staatsangehörigkeitsfragen sind durch den Vertrag nicht geregelt worden.«

Der Grundlagenvertrag war ein Kompromiß beider Seiten und wurde daher auch unterschiedlich gewertet. Die DDR (die ursprünglich ihre völkerrechtliche Anerkennung durch die Bundesrepublik gefordert hatte und dann nachgeben mußte) strebte nach internationaler Aufwertung, aber durch Abgrenzung von der Bundesrepublik gedachte sie ihre innere Stabilität zu sichern. Der Bundesrepublik kam es mit ihrer Politik der kleinen Schritte auf den Zusammenhalt der Nation und auf die Sicherung des Friedens in Europa an.

Nun erst waren für die DDR-Außenpolitik Erfolge möglich. Zwar hatte die DDR im Mai 1970 mit Algerien und im März 1971 mit Chile diplomatische Beziehungen aufgenommen, doch war es ihr in der Ära Ulbricht insgesamt nicht gelungen, die außenpolitische Isolierung zu durchbrechen. Im Oktober 1972 vereinbarten auch die DDR und Indien diplomatische Beziehungen. Mit dem Abschluß des Grundlagenvertrags zwischen der Bundesrepublik Deutschland und der DDR im Dezember 1972 änderte sich die außenpolitische Situation grundlegend. Da Bonn nunmehr seinen Widerstand gegen die internationale Aufwertung der DDR aufgab, gelang Ost-Berlin der Durchbruch. Bereits im Dezember 1972 konnte die DDR mit 20 Staaten Diplomaten austauschen (u. a. Iran, Schweden, Schweiz, Österreich) und unterhielt damit Beziehungen zu 58 Ländern in allen Erdteilen. Allerdings zeigte sich hier auch eine durchaus pragmatische Haltung der SED. Nachdem Spanien im Januar 1973 die DDR anerkannt hatte, scheute sich das SED-Zentralorgan ›Neues Deutschland‹ nicht, einen freundlichen Bericht

[65] Ebd., S. 4.

über das faschistische Spanien abzudrucken, selbst Staatschef Franco wurde (mit Bild!) völlig unkritisch vorgestellt.[66] Bereits zuvor, bei der Anerkennung der DDR durch Indonesien, hatte ›Neues Deutschland‹ von den »Erfolgen Indonesiens« unter Staatspräsident Suharto berichtet, die dortigen Massaker an Kommunisten aber nicht einmal erwähnt.[67] Im Januar 1973 kamen Beziehungen zu weiteren 13 Staaten hinzu (u. a. Italien, Niederlande, Finnland). Mit der völkerrechtlichen Anerkennung der DDR durch insgesamt 123 Regierungen in aller Welt bis 1978 war für die DDR die wichtigste Phase ihrer Außenpolitik erfolgreich abgeschlossen.[68]

Auch in internationale Organisationen konnte die DDR einziehen, 1972 wurde sie Mitglied der UNESCO und 1973 der verschiedenen Unterorganisationen der UN. Am 18. September 1973 wurde die DDR als 133. Staat auch in die Weltorganisation aufgenommen. Im September 1974 vereinbarte die DDR diplomatische Beziehungen mit den USA; sie war nun in Ost und West anerkannt. Allerdings sollte nicht übersehen werden, daß die DDR seinerzeit auch ohne den Grundlagenvertrag internationale Anerkennung gefunden hätte; sie war dazu bereits vor 1972 auf dem besten Wege, die Verträge beschleunigten aber diese Entwicklung. Da auch die Außenpolitik der DDR von der SED (natürlich in Übereinstimmung mit der UdSSR) bestimmt wurde, sah die Staatspartei das als ihren Erfolg. Zur Deutschlandpolitik sagte Honecker 1974, alles in allem sei man »in der Normalisierung der Beziehungen« zwischen DDR und Bundesrepublik schon ein »größeres Stück vorangekommen«, als mancher im Westen wahrhaben wolle. Die Basis für »vernünftige und normale Beziehungen« sei mit dem Grundlagenvertrag geschaffen, eine Reihe von Folgeverträgen habe ihren »Nutzen längst erwiesen«.[69]

Die DDR beteiligte sich an der Konferenz über Sicherheit

---

[66] Vgl. Neues Deutschland, Nr. 13 vom 13. 1. 1973.

[67] Neues Deutschland, Nr. 355 vom 23. 12. 1972.

[68] Vgl. zur Außenpolitik Hans-Adolf Jacobsen, Gert Leptin, Ulrich Scheuner und Eberhard Schulz (Hrsg.), Drei Jahrzehnte Außenpolitik der DDR. Bestimmungsfaktoren, Instrumente, Aktionsfelder. München, Wien 1979. Anita Dasbach-Mallinckrodt, Wer macht die Außenpolitik der DDR? Apparat, Methode, Ziele. Düsseldorf 1972. Außenpolitik der DDR für Sozialismus und Frieden. Berlin (Ost) 1974. Geschichte der Außenpolitik der DDR. Abriß. Berlin (Ost) 1968. Geschichte der Außenpolitik der DDR. Abriß. Berlin (Ost), 1984.

[69] Erich Honecker, Interview mit dem DKP-Organ Unsere Zeit vom 29. 5. 1974.

und Zusammenarbeit in Europa (KSZE) und unterzeichnete im August 1975 deren Schlußakte. Die Teilnahme Erich Honeckers an der Gipfelkonferenz in Helsinki vom 30. Juli bis 1. August 1975 waren für die DDR Bestätigung ihrer Souveränität im Rahmen des Warschauer Paktes und ein Höhepunkt ihrer außenpolitischen Aktivitäten. Schließlich hieß es in der Schlußakte: »Die Teilnehmerstaaten werden gegenseitig ihre souveräne Gleichheit und Individualität sowie alle ihrer Souveränität innewohnenden und von ihr umschlossenen Rechte achten, einschließlich insbesondere des Rechtes eines jeden Staates auf rechtliche Gleichheit, auf territoriale Integrität sowie auf Freiheit und politische Unabhängigkeit. Sie werden ebenfalls das Recht jedes anderen Teilnehmerstaates achten, sein politisches, soziales, wirtschaftliches und kulturelles System frei zu wählen und zu entwickeln sowie sein Recht, seine Gesetze und Verordnungen zu bestimmen.«[70] Zugleich verpflichtete sich die DDR damit aber auch zur Achtung der Menschenrechte: »Die Teilnehmerstaaten werden die Menschenrechte und Grundfreiheiten, einschließlich der Gedanken-, Gewissens-, Religions- oder Überzeugungsfreiheit für alle ohne Unterschied der Rasse, des Geschlechts, der Sprache oder der Religion achten. Sie werden die wirksame Ausübung der zivilen, politischen, wirtschaftlichen, sozialen, kulturellen sowie der anderen Rechte und Freiheiten, die sich alle aus der dem Menschen innewohnenden Würde ergeben und für seine freie und volle Entfaltung wesentlich sind, fördern und ermutigen.«

Daher waren auch die innenpolitischen Auswirkungen der KSZE-Schlußakte für die DDR groß. Zahlreiche Bürger erhoben nun unter ausdrücklicher Berufung auf das Helsinki-Dokument die Forderung nach Gewährleistung der Menschenrechte und insbesondere des Rechtes auf Freizügigkeit. Die rigorose »Abgrenzungs«-Politik konnte die Bevölkerung nicht gegenüber dem Westen immunisieren. Daraus erwuchsen neue Probleme: Die DDR als Staat will Verbindung mit dem Westen und braucht diese vor allem zur wirtschaftlichen Entwicklung, sie praktiziert aber gleichzeitig die politische und ideologische Abgrenzung, um inneren Schwierigkeiten begegnen zu können. Daraus resultieren ihre Schwankungen zwischen »harter« und »weicher« Politik.

---

[70] Die KSZE. Konferenz über Sicherheit und Zusammenarbeit in Europa. Seminarmaterial des Gesamtdeutschen Instituts. Bonn o. J. (1983), S. 4 f.

Auch die Bundesrepublik kam durch die Verträge in ihrer Zielsetzung voran. Der Reiseverkehr aus der Bundesrepublik in die DDR verdreifachte sich von 1969 bis 1975; während 1969 nur wenige Westberliner in die DDR oder Ost-Berlin einreisen durften, waren es 1975 über 3,5 Millionen. Ebenso konnten 1975 außer den Rentnern 40 000 Bürger der DDR in dringenden Familienangelegenheiten in die Bundesrepublik fahren, die Familienzusammenführung stieg von 541 Personen im Jahr 1970 auf 5499 Personen im Jahr 1975. Das waren nicht nur Erleichterungen für die Menschen im geteilten Deutschland, sondern ebenso wichtige Schritte für die Erhaltung der Einheit der Nation, die das Auseinanderleben bremsten. Freilich zeigte sich, daß die Kenntnisse der Bundesbürger über den anderen deutschen Staat bedenklich gering waren. Im Januar 1976 stellte das Institut für Demoskopie in Allensbach bei einer Umfrage für die informative ZDF-Sendung ›Kennzeichen D‹ fest, daß »viel Unkenntnis, wenig Wissen und mindestens ein schwerwiegender Irrtum« das Bild der Bundesbürger von der DDR prägen.[71] Nur 10 Prozent wußten die Einwohnerzahl der DDR (17 Millionen) zutreffend zu nennen, während sie 10 Jahre vorher immerhin noch 18 Prozent kannten. Nach wie vor glaubte jeder zweite Bundesbürger, in der DDR gebe es nur eine politische Partei, 30 Prozent wußten, daß neben der SED noch andere Parteien existieren. 41 Prozent meinten auch, daß man dort keine privaten Lebensmittelgeschäfte mehr habe, während es nur 27 Prozent bekannt war, daß es diese noch gibt. Zwar wußten 1976 53 Prozent, daß in der DDR die Rationierung durch Lebensmittelkarten nicht mehr besteht, (1965: 26 Prozent), aber 8 Prozent waren immer noch der irrigen Meinung, man müsse im anderen Deutschland mit Lebensmittelkarten einkaufen. Der schwerwiegende Irrtum: »Im Durchschnitt glauben die Bundesbürger, daß 60 Prozent der erwachsenen DDR Bewohner den Mitgliedsausweis der SED in der Tasche tragen. Schon 1967 wurde diese Zahl maßlos überschätzt. Damals vermuteten die Bundesbürger bei jedem zweiten DDR-Bürger (51 Prozen) die Zugehörigkeit zur SED. In Wirklichkeit

---

[71] Bundesbürger geben Auskunft über die DDR. Dokumentation zu einer Sendung der Redaktion ›Kennzeichen D‹ des Zweiten Deutschen Fernsehens vom 13. Januar 1976 um 21.15 Uhr; ›allensbacher berichte‹. Institut für Demoskopie Allensbach. 1976, Nr. 2. S. 1.

sind nur 15 Prozent der erwachsenen DDR-Bevölkerung SED-Mitglied.«[72]

Diese Umfrage vom Dezember 1975 belegte nicht nur die große Unkenntnis der Bundesbürger über die Realität der DDR, sondern auch ein geringes Interesse, woraus auch eine falsche politische Bewertung des anderen deutschen Staates folgen mußte. Die Deutschlandpolitik war gefordert, der Bevölkerung der Bundesrepublik die Probleme und die Tatsachen über die DDR nahezubringen.

8. Kapitel
Krisenhafte Entwicklung 1976–1980

Obwohl es der DDR gelang, unter die zehn größten Industriestaaten zu kommen, den höchsten Lebensstandard aller kommunistisch regierten Staaten zu erreichen, und obwohl sich das Leben vieler DDR-Bürger spürbar besserte, stieg die Unzufriedenheit. Die von Honecker geweckten Hoffnungen erfüllten sich auch in der Phase von 1976 bis 1980 nicht, Erwartungen und Realität klafften weiterhin auseinander. Schließlich stagnierte der Lebensstandard in der Zeit von 1977 bis 1979 (die internationale Rohstoffkrise machte sich auch in der DDR bemerkbar). Eine neue Krise wurde aber nicht nur durch die ökonomischen Schwierigkeiten ausgelöst. Der Ausbürgerung Wolf Biermanns, die das Ende der liberalen Kulturpolitik in der DDR signalisierte, folgten dort Ende 1976 neue Unruhen unter Künstlern, Intellektuellen und Jugendlichen. Verschärfte Spannungen gingen ebenso aus von den Ideen des Eurokommunismus (Unabhängigkeit von Moskau und Demokratisierung kommunistisch regierter Staaten), die auch in die DDR hineinwirkten. Die Entspannungspolitik nach der KSZE in Helsinki ermutigte zahlreiche DDR-Bürger, vermehrt ihre Menschenrechte und Ausreisemöglichkeiten zu fordern. In der Periode von 1976 bis 1980 erwies sich die DDR wie bisher als ein Staat, dessen Stabilität weder auf breitem Konsens mit seinen Bürgern beruht noch auf reibungslosem Funktionieren seiner Mechanismen, sondern auf den – von der Sowjetunion garantierten – Machtmitteln gegenüber einer skeptischer werdenden Bevölkerung.

Der IX. Parteitag der SED

Vom 18. bis 22. Mai 1976 trat in Ost-Berlin der IX. Parteitag der SED zusammen. Die rund 2500 Delegierten, Vertreter von 2 Millionen Mitgliedern und Kandidaten, billigten einstimmig ein neues Parteiprogramm, ein neues Statut und die Direktive für den Fünfjahrplan bis 1980. Während der VIII. Parteitag mit der Ablösung Ulbrichts und dem neuen Kurs Honeckers eine wichtige Zäsur der SED-Entwicklung brachte, faßte der IX. Parteitag keine spektakulären Beschlüsse. Eine wirkliche Diskussion fand nicht statt, die Politik Erich Honeckers wurde ausdrücklich bestätigt; Honecker erhielt den Titel eines Generalsekretärs, seine Position als Parteiführer war deutlich gefestigt.

Der Parteitag unterstrich die »Einheit von Wirtschafts- und Sozialpolitik«, was im Klartext hieß, die Bevölkerung soll teilhaben an den Fortschritten der Wirtschaft, aber die sozialen Verbesserungen sind abhängig von der Steigerung der Produktivität. Dazu versprach Regierungschef Horst Sindermann weiterhin stabile Preise der wichtigsten Konsumgüter.

Nach offiziellen Angaben waren zum Zeitpunkt des IX. Parteitages von den 2 Millionen Mitgliedern und Kandidaten der SED 20 Prozent »Angehörige der Intelligenz«, was auch bedeutete: »Jeder dritte Hoch- oder Fachschulkader in der DDR ist Mitglied bzw. Kandidat der SED.«[1] Das vom Parteitag berufene ZK war von 135 Mitgliedern und 34 Kandidaten auf 145 Mitglieder (Durchschnittsalter: 55 Jahre) und 57 Kandidaten erweitert worden. Auch das Politbüro wurde von 16 auf 19 Mitglieder (und neun Kandidaten) vergrößert. Vom Kandidaten zum Mitglied des Politbüro rückte Erich Mielke (geb. 1907) auf. Seit 1925 Mitglied der KPD, war er Teilnehmer am Spanischen Bürgerkrieg und bis 1945 in der UdSSR. Er war von 1950 bis 1957 Staatssekretär und ist seit 1957 Minister für Staatssicherheit. Mitglieder des Politbüro wurden auch Werner Felfe und Konrad Naumann (geb. 1928). Naumann wurde 1945 Mitglied der KPD, seit 1948 unter Honecker hauptamtlicher FDJ-Funktionär, von 1957 bis 1964 Sekretär des Zentralrats der FDJ, seit 1964 Sekretär der Berliner SED, die er seit 1971 als 1. Sekretär leitet.

Das ZK wählte zu Mitgliedern des Politbüros: Hermann Axen, Friedrich Ebert, Werner Felfe, Gerhard Grüneberg, Kurt Hager, Heinz Hoffmann, Erich Honecker, Werner Krolikowski, Werner Lamberz, Erich Mielke, Günter Mittag, Erich Mückenberger, Konrad Naumann, Alfred Neumann, Albert Norden, Horst Sindermann, Willi Stoph, Harry Tisch und Paul Verner. Zu Kandidaten des Politbüros wurden gewählt: Horst Dohlus, Joachim Herrmann, Werner Jarowinsky, Günther Kleiber, Egon Krenz, Ingeburg Lange, Margarete Müller, Gerhard Schürer und Werner Walde. Es ist bemerkenswert, daß

---

[1] Protokoll der Verhandlungen des IX. Parteitages der Sozialistischen Einheitspartei Deutschlands. 18. bis 22. Mai 1976. Berlin (Ost) 1976, Bd. 1, S. 136. Einheit 31 (1976) Heft 7, S. 816.

unter den 202 Mitgliedern und Kandidaten des ZK der »Arbeiterpartei«, die der IX. Parteitag wählte, nur ein einziger echter Arbeiter saß, die Bohrerin Irene Tamme, ansonsten aber die verschiedenen Gruppen der herrschenden Eliten (darunter allein acht Betriebsdirektoren!) die Führung bildeten. Nachdem Lamberz im März 1978 tödlich verunglückte, rückte Herrmann im Mai 1978 als Mitglied ins Politbüro auf; nach dem Tode Eberts im Dezember 1979 wurde im Mai 1980 Dohlus Vollmitglied. Joachim Herrmann (geb. 1928) trat 1946 der SED bei, war von 1949 bis 1960 zunächst Stellvertretender und dann Chefredakteur des FDJ-Organs ›Junge Welt‹, von 1952 bis 1962 Mitglied des Zentralrats der FDJ und enger Mitarbeiter Honeckers. Von 1962 bis 1965 leitete er die ›Berliner Zeitung‹, von 1965 bis 1971 war er als Staatssekretär für gesamtdeutsche bzw. westdeutsche Fragen in der DDR-Regierung. 1967 Kandidat und seit 1971 Mitglied des ZK der SED, übernahm er 1971 (bis 1978) die Chefredaktion des SED-Zentralorgans ›Neues Deutschland‹. Seit 1976 ist er Sekretär des ZK der SED, 1973 wurde er Kandidat und dann 1978 Mitglied des Politbüros. Horst Dohlus (geb. 1925), von Beruf Friseur, kam als Soldat in westliche Kriegsgefangenschaft. Er trat 1946 der KPD bei und wurde 1948 Parteisekretär der SED. Dohlus studierte 1954/55 in der Sowjetunion und wurde 1963 Mitglied (seit 1950 Kandidat) des ZK der SED. Von 1958 bis 1960 war er 2. Sekretär der Bezirksleitung Cottbus, seit 1960 leitet er die wichtige Abteilung »Parteiorgane« im ZK der SED. Seit 1973 Sekretär des ZK, kam er 1976 als Kandidat ins Politbüro.

Das neue Parteiprogramm

Das vom IX. Parteitag beschlossene neue SED-Programm[2] ist gegenüber dem Programm von 1963 nüchterner und konkreter. Nach der Einleitung gliedert es sich in fünf Abschnitte; vorangestellt ist eine ideologische Betrachtung der aktuellen Weltsituation, im Hauptteil werden »die Gestaltung des entwickelten Sozialismus in der DDR« und die Ziele der SED in Wirtschaft, Staat, Wissenschaft, Bildung und Kultur thematisiert, der dritte

---

[2] Das Programm ist abgedruckt im Protokoll des IX. Parteitages, ebd., Bd. 2, S. 209 ff. Vgl. auch Programm und Statut der SED vom 22. Mai 1976. Mit einem einleitenden Kommentar von Karl Wilhelm Fricke. Köln 1976.

Teil behandelt außen- und militärpolitische Aufgaben, der vierte Teil die Rolle der SED, und der Schlußabschnitt definiert kurz den »Kommunismus – unser Ziel«. Die »führende Rolle« der SED, das heißt die Herrschaft der Staatspartei über alle Bereiche der Gesellschaft, ist der rote Faden im neuen Programm. Durch Verzicht auf die ausführliche Darstellung der DDR-Entwicklung, wie sie noch im Programm von 1963 enthalten war, konnte die Ulbricht-Ära verdrängt werden, wie auch Ulbrichts Name (er wurde im alten Programm noch neben Thälmann, Pieck u. a. erwähnt) verschwunden ist.

Das für die SED auch heute noch gültige Programm von 1976 ist weitgehend eine Festschreibung der Politik und Zielsetzung der Parteiführung nach Ulbricht. Aus dem Programm lassen sich die wesentlichen Änderungen der Positionen der DDR-Staatspartei in den siebziger Jahren ablesen, die auch für die achtziger Jahre verbindlich geblieben sind:

1. Die Führungsrolle der UdSSR wird vorbehaltlos anerkannt. Im Programm wird die »Allgemeingültigkeit« des sowjetischen Vorbildes hervorgehoben, die UdSSR als »Hauptkraft der sozialistischen Gemeinschaft« bezeichnet. Das Programm von 1963 sprach noch von den »Prinzipien der vollen Gleichberechtigung, der gegenseitigen Achtung, der Unabhängigkeit und Souveränität« der sozialistischen Länder. Entsprechend der Breschnew-Doktrin mußte die SED solche Prinzipien aus ihrem Programm streichen; nunmehr erklärt sie, die »sozialistische Staatengemeinschaft« sei »eng um die Sowjetunion zusammengeschlossen«, die DDR selbst ist laut Programm »fester Bestandteil der um die Sowjetunion gescharten Völkerfamilie«.
2. Die Mobilisierung der Partei für die Effektivität des DDR-Systems ist in den Mittelpunkt gerückt. Innerhalb der SED, des »freiwilligen Kampfbundes gleichgesinnter Kommunisten«, soll das durch Initiativen von unten, also durch Partizipation, erreicht werden. Der kommunistische Charakter der SED wird deutlicher denn je unterstrichen, die »kommunistische Solidarität« beschworen. Die Partei legt mit ihrem Programm fest, was zu tun ist, »wo immer ein Kommunist arbeitet und lebt«. Dabei wird selbstverständlich auch in diesem Partei-Programm der verfassungsrechtlich abgesicherte Führungsanspruch der SED, »deren Rolle im Leben der Gesellschaft unablässig wächst«, manifestiert.

3. Die weitere Verbesserung der Lebenslage blieb Ziel und Versprechen der SED an die Bevölkerung, vor allem an die unteren Schichten. Während im alten Programm noch der »gesellschaftliche Nutzen« vor das »persönliche Interesse« gestellt war, steht nun an der Spitze der »Einheit von Wirtschafts- und Sozialpolitik« die »Erhöhung des materiellen und kulturellen Lebensniveaus«, soll das »Leistungsprinzip mit der Minderung sozialer Unterschiede« verbunden werden. Das Programm verspricht konkret mehr Wohnungen, »stabile Versorgung mit Konsumgütern« und die 40-Stunden-Arbeitswoche. Zur Stabilität sollten also auch sozialpolitische Maßnahmen beitragen.
4. Diese Ziele sind nur zu erreichen, wenn die Wirtschaft effektiver arbeitet. Obwohl die SED in den letzten Jahren der Ideologie Vorrang einräumte und die Politik im Stellenwert vor die Ökonomie setzte, steht doch die Bewältigung ökonomischer Aufgaben im Zentrum der SED-Arbeit. Dabei gibt das Programm vor allem Rationalisierung, Rekonstruktion und Intensivierung der Produktion eine hohe Priorität, die schwülstigen Phrasen und überzogenen Pläne der Ulbricht-Ära waren passé.
5. Die Außenpolitik der SED zielte nach dem Programm auch in der Zukunft auf Sicherung des Friedens durch die Koexistenz. Da neben der Darstellung der politischen Konzeption das Festschreiben der Positionen typisch war, ist hier vor allem die Veränderung bei der »deutschen Frage« auffällig. Ein Hauptanliegen des Programms von 1963, die Einheit Deutschlands, ist gestrichen, ebenso ist die »Einheit der Nation« oder die »Konföderation« beider deutscher Staaten aus dem Programm getilgt. Nun wird die »sozialistische Nation« der DDR proklamiert, die mit der Bundesrepublik nur noch Beziehungen »friedlicher Koexistenz« anstrebt.

Auf dem Parteitag gab Honecker eine Definition des Begriffs Koexistenz. Danach umfaßt für Kommunisten Koexistenz sowohl »Frieden zwischen den sozialistischen und kapitalistischen Staaten«, als auch »vorteilhafte Zusammenarbeit«. Allerdings sagte Honecker: »Friedliche Koexistenz bedeutet weder die Aufrechterhaltung des sozialökonomischen Status quo noch eine ideologische Koexistenz.«[3] Mit anderen Worten, die SED

[3] Neues Deutschland, Nr. 119 vom 19. 5. 1976.

hofft, daß auch im Westen (und erst recht in der Dritten Welt) der bürokratisch-diktatorische Kommunismus Erfolge erzielt, und sie wird solche Bestrebungen stets unterstützen.

Das Programm der SED (und dessen Auslegung durch die Parteiführung) läßt theoretische Ziele und Ansprüche der DDR-Staatspartei erkennen, doch diese sind keineswegs immer mit ihrer Praxis identisch. Schon daraus ergibt sich, daß der Stellenwert des Programms für die Realpolitik der SED nicht überschätzt werden sollte. Bereits nach wenigen Jahren waren wesentliche Teile des Programms von 1963 für die Tagespolitik belanglos geworden. Schon 1967 distanzierte sich Ulbricht – wenn auch verklausuliert – vom sowjetischen Modell, womit er wichtige Aussagen des Programms revidierte. Mit der »Abgrenzungspolitik« der Jahre nach 1968 wurden dann bisherige programmatische Grundsätze der Deutschlandpolitik überholt. Die Kommunisten können eben keineswegs – wie sie behaupten und wie oft auch bei uns angenommen wird – ihre »wissenschaftlichen« Strategien und Taktiken und damit ihre Programmatik konsequent durchsetzen. Auch die SED ist oft weniger eine Partei planmäßiger Aktionen, sondern vielmehr eine Partei, die auf unvorhergesehene Ereignisse zu reagieren hat.

Wie in der Vergangenheit, so wird wohl auch in Zukunft die Politik der SED weniger von der »wissenschaftlichen Vorausschau« ihrer Führung – und damit ihrem Programm – geprägt sein, als von den sich verändernden Verhältnissen, unter denen die DDR-Staatspartei ihre Macht auch weiterhin aufrechterhalten will. Insofern enthielt das Programm weniger interessante Perspektiven, es ließ vielmehr die praktizierte Linie der SED erkennen. Allerdings spielt das Programm bei der Indoktrination der SED-Anhänger eine wesentliche Rolle. Die Ideologie, die seit 1971 wieder Vorrang hatte, wuchs auch in ihrer Bedeutung als Herrschaftsinstrument der Parteiführung. Der Beschluß des Politbüros der SED über die »Aufgaben und Gestaltung des Parteilehrjahres in den Jahren 1976–1981« vom 8. Juni 1976 rückte das »gründliche theoretische Verarbeiten des Parteiprogramms« in den Vordergrund der Schulung.[4] Die Schwerpunkte dieses langfristigen Schulungsprogramms sind von der SED konzentriert worden auf: Ziele der Partei, ihre Hauptaufgabe (Wirtschafts- und Sozialpolitik), führende Rolle der SED, »revolutionärer Weltprozeß« und »proletarischer Internatio-

---

[4] Neuer Weg, 31 (1976) Nr. 12, S. 529 ff.

nalismus«. Vor allem die Behandlung des »proletarischen Internationalismus«, also der sowjetischen Hegemonie, und der »revolutionäre Weltprozeß«, d. h. die Offensive des internationalen Kommunismus, wurden betont in die Parteischulung aufgenommen und zeigten, daß die SED ihre Mitglieder nicht nur auf innenpolitische Aufgaben orientieren wollte. Doch die Innenpolitik behielt Priorität, um die Macht der Partei zu erhalten und zu festigen.

Gerade in der Innenpolitik entstanden aber seit 1976 wieder Komplikationen für die SED-Führung. Die Forderungen und Wünsche der arbeitenden Menschen in der DDR, die seit drei Jahrzehnten unter größten Entbehrungen den insgesamt imponierenden Aufstieg der DDR-Wirtschaft erzielt hatten, waren unüberhörbar. So erwarteten viele vom IX. Parteitag der SED 1976 eine Verkürzung der Arbeitszeit von 43¾ auf 40 Stunden in der Woche, verlängerten Urlaub sowie eine Erhöhung der immer noch sehr niedrigen Renten und der Mindestlöhne. Diese Hoffnungen wurden genährt, als zwei Tage vor Beginn des Parteitages das SED-Organ ›Neues Deutschland‹ – entgegen früheren Gewohnheiten – »Anträge« an den Parteitag veröffentlichte, die genau diese Annahmen der Bevölkerung formulierten.[5] Auf dem Parteitag selbst wurde jedoch dazu nicht konkret Stellung genommen, die erwarteten Beschlüsse blieben aus.

Auf dem Parteitag dachte die Führung offenbar noch, den Bürgern weitere Belastungen zumuten zu können. Doch nach den enttäuschten und unmutigen Reaktionen der Bevölkerung gewährten Partei- und Staatsleitung bereits eine Woche nach dem Parteitag Teilzugeständnisse. Das ZK der SED, der Ministerrat und der Bundesvorstand des FDGB beschlossen gemeinsam, soziale Verbesserungen einzuleiten.[6] So wurden dann ab Oktober 1976 die Mindestlöhne angehoben; das bedeutete, eine Million Arbeiter, die vorher mit 350 bis 550 Mark brutto im Monat am niedrigsten bezahlt wurden, erhielten Lohnerhöhungen, der Mindestbruttolohn stieg von 350 auf 400 Mark. Ab Dezember 1976 wurden die Mindestrenten auf 230 Mark monatlich erhöht. Im Mai 1977 wurde für Schichtarbeiter die Arbeitszeit verkürzt, im Januar 1979 der Mindesturlaub verlängert. Diese überfälligen Maßnahmen enthüllten allerdings auch, wie niedrig der Lebensstandard breiter Kreise in der DDR noch

[5] Neues Deutschland, Nr. 117 vom 17. 5. 1976.
[6] Neues Deutschland, Nr. 128 vom 29./30. 5. 1976.

war. Die DDR-Führung wollte offensichtlich erst eine Steigerung der Produktivität erreichen, bevor sie die Lebenshaltung verbessern zu können glaubte.

Die SED als »führende Kraft«

Am 17. Oktober 1976 brachten die Wahlen zur Volkskammer das übliche Ergebnis: 99,86 Prozent der gültigen Stimmen wurden für den Wahlvorschlag der Nationalen Front abgegeben. Bei der konstituierenden Sitzung der Volkskammer am 29. Oktober 1976 kam es allerdings zu Veränderungen in der Führungsspitze: Der bisherige Vorsitzende des Ministerrates, Horst Sindermann, wurde zum Präsidenten der Volkskammer gewählt. Die Gründe dieser Degradierung wurden nicht genannt.

Zum Vorsitzenden des Staatsrats berief die Volkskammer Erich Honecker. Da er zugleich als Vorsitzender des Nationalen Verteidigungsrates bestätigt wurde, vereinigt der Generalsekretär der SED seit 1976, wie seinerzeit Ulbricht, die drei bedeutendsten Partei- und Staatsfunktionen in seiner Hand. Zum Vorsitzenden des Ministerrates wurde der bisherige Staatsratsvorsitzende Willi Stoph berufen, der damit das Amt wieder übernahm, das er schon früher lange Jahre verwaltet hatte. Erster Stellvertreter Stophs wurde Politbüromitglied Werner Krolikowski (geb. 1928). Seit 1946 Mitglied der SED, übte er seit 1950 verschiedene Funktionen im Parteiapparat aus. 1960 wurde er 1. Sekretär der Bezirksleitung Dresden und 1963 Mitglied des ZK. Im Juni 1971 zum Mitglied des Politbüro berufen, war er von 1973 bis 1976 Sekretär des ZK, ehe er in den Staatsapparat überwechselte.

Um die Führungsrolle der Partei abzusichern, bemühte sich die SED-Spitze nach dem IX. Parteitag 1976 wieder einmal, die Parteiorganisation zu festigen. Als ein wichtiges Instrument dazu diente, wie so oft, die ideologische Indoktrination. Neben der Schulung ihrer Kader und Mitglieder mußte die SED-Führung vor allem ihre »Massenarbeit« intensivieren, also die Bevölkerung agitatorisch beeinflussen. Eine Konferenz von 900 wichtigen Funktionären im Mai 1977 diente der Ausrichtung der Partei auf die »weiteren Aufgaben der politischen Massenarbeit«. Politbüromitglied Werner Lamberz erklärte: »Im Mittelpunkt steht die politisch-ideologische Arbeit, vor allem die Vermittlung unserer Weltanschauung an die gesamte Arbeiterklasse ... sowie die konkrete Argumentation zu jeder neuen praktischen Aufgabe, zu den wichtigen internationalen Vorgängen. Ihr Ziel ist die Organisierung und Mobilisierung der Werktätigen.«[7]

Die SED-Agitatoren sollten jedoch rasch die Wirkungslosigkeit ihrer »Massenarbeit« spüren. Offensichtlich griffen die Ideen des Eurokommunismus auch auf die DDR über und brachten Schwierigkeiten in der SED selbst. Schon auf dem IX. Parteitag der SED im Mai 1976 zeigten sich die Konflikte im Weltkommunismus, als sich der sowjetische Führer Suslow für das Prinzip des »proletarischen Internationalismus«, also die sowjetische Vorherrschaft aussprach, während die Vertreter der jugoslawischen und der rumänischen Kommunisten für die Selbständigkeit aller Parteien eintraten. Der Vertreter der KP Italiens stellte vor allem die »Werte der Freiheit und der sich daraus ergebenden Rechte« heraus und beschwor ein »pluralistisches und demokratisches System«.[8]

Die SED-Führung konnte zwar die Konferenz von 29 kommunistischen Parteien Europas in Ost-Berlin am 29./30. Juni 1976 als Erfolg buchen, doch gelang es ihr nicht, die abweichenden politischen Konzeptionen der westeuropäischen Kommunisten auch der eigenen Mitgliedschaft vorzuenthalten. Es fiel der Parteiführung wohl schwer, die Rede des spanischen KP-Führers Carrillo in den DDR-Medien zu veröffentlichen. Er hatte auf der Berliner Konferenz gesagt: »Jahrelang war Moskau ... unser Rom. Wir sprachen von der Großen Sozialistischen Oktoberrevolution, als wäre sie unsere Weihnacht. Das war unsere Kinderzeit. Heute sind wir erwachsen ... Wir verlieren immer mehr den Charakter einer Kirche ... Es besteht jedoch kein Zweifel daran, daß wir Kommunisten heute kein Führungszentrum haben, an keine internationale Disziplin gebunden sind«. Schließlich sprach sich Carrillo auch klar gegen »diktatorische Formen« und für »politischen und ideologischen Pluralismus, ohne Einparteiensystem« aus.[9]

Solche Vorstellungen des Eurokommunismus von Unabhängigkeit von der Sowjetunion und Freiheiten im Sozialismus wirkten auf die SED zurück. Signale dafür waren Rudolf Bah-

[7] Neues Deutschland, Nr. 124 vom 26. 5. 1977.
[8] Protokoll IX. Parteitag, Bd. 1, S. 378.
[9] Konferenz der kommunistischen und Arbeiterparteien Europas. Berlin, 29. und 30. Juni 1976. Dokumente und Reden. Berlin (Ost) 1976, S. 120 ff.

ros Buch ›Die Alternative‹ oder das Manifest einer sogenannten Gruppe »demokratischer Kommunisten«. Im Oktober 1976 berichtete Rolf Mainz, früher Cheflektor eines Leipziger Verlags und Sohn eines Altkommunisten, in der ›Zeit‹ über seine Erfahrungen mit Berufsverboten in der DDR. Er und sein Bruder wurden verhaftet, wegen »staatsfeindlicher Hetze« zu viereinhalb bzw. vier Jahren Freiheitsstrafe verurteilt und 1978 erneut vor Gericht gestellt.[10] In der Bundesrepublik hatte bereits im Februar 1976 die den albanischen Kommunisten nahestehende KPD/ML gemeldet, sie habe eine »Sektion DDR« gegründet. Das Organ dieser Partei ›Roter Morgen‹ erschien in den folgenden Jahren mit einer illegalen Ausgabe für die DDR.[11] 1982 wurden Vertreter dieser Gruppe wie Andreas Bortfeldt und Manfred Wilhelm von DDR-Gerichten zu hohen Zuchthausstrafen verurteilt.[12]

Großes Aufsehen erregte Rudolf Bahros Buch ›Die Alternative‹, das sich mit der bürokratischen Diktatur auseinandersetzte[13] und das 1977 nur im Westen erscheinen konnte. Bahro wurde im August 1977 sofort verhaftet. Trotz zahlreicher Solidaritätsbekundungen aus der Bundesrepublik, darunter von namhaften Schriftstellern wie Heinrich Böll,[14] lautete das Urteil gegen Bahro im Juni 1978 auf acht Jahre Zuchthaus (er konnte jedoch 1979 in die Bundesrepublik ausreisen). Auch Bahro kritisierte vor allem die »führende Rolle« der Partei: »Der Kern der Sache besteht in ihrer eigenen Bürokratisierung, die sie unfähig macht, sich von der Staatsmaschine, vom Etatismus zu distanzieren. Es gab noch nie eine Herrschaft, deren maßgebliche Repräsentanten sich wie bei uns ausgerechnet ›Büromitglieder‹ und ›Sekretäre‹ nannten. An diesen Bezeichnungen allein ließe sich schon die Überwältigung des lebendigen Parteikörpers durch seine Bürokratie ablesen. In der ›wachsenden Rolle des Staates‹, wie man das nennt, feiert der Parteiapparat vor allem die Bedingung seiner eigenen und unendlichen Repro-

---

[10] Vgl. Frankfurter Rundschau, Nr. 5 vom 6. 1. 1978.

[11] Vgl. Roter Morgen, Nr. 6 vom 7. 2. 1976: ›Gründungserklärung der Sektion DDR der KPD/ML‹. Vgl. auch die »Ausgaben DDR« des Roter Morgen von Mai 1979 bis Nr. 2, Mai 1980.

[12] Roter Morgen, Nr. 26 vom 2. 7. 1982.

[13] Rudolf Bahro, Die Alternative. Zur Kritik des real existierenden Sozialismus. Frankfurt a. M. 1977. Vgl. auch Ulf Wolter (Hrsg.), Antworten auf Bahros Herausforderung des realen Sozialismus. Berlin (West) 1978.

[14] Vgl. Frankfurter Rundschau, Nr. 5 vom 6. 1. 1978.

duktion. Es ist gerade die gegebene Existenzform der Partei selbst (nicht so sehr des Staates), die die Staatsvergottung notwendig macht. In den Parteiinstanzen bis hinauf zum ZK-Apparat, der in Wirklichkeit nur die ausgebreitete Totalität der Politbürofunktionen ist, findet man alle Zweige und Ebenen der staatlichen und sonstigen Bürokratie in komprimierter Form verdoppelt, ebenso wie zuvor schon ausnahmslos alle Zweige des gesellschaftlichen Lebens in der Apparatur der Regierung und der offiziellen ›gesellschaftlichen Organisationen‹ verdoppelt sind.«[15]

›Der Spiegel‹ publizierte im Januar 1978 das ›Manifest‹ einer demokratischen Opposition der SED, dessen Authentizität umstritten blieb.[16] Doch die Tendenz dieser Kritik war die aller anderen Oppositionellen: sie bestand in der Forderung nach Demokratisierung und Rechtsstaatlichkeit in der DDR. Die SED-Führung beschuldigte den ›Spiegel‹ der Fälschung und schloß das ›Spiegel‹-Büro in Ost-Berlin. Das wiederum veranlaßte die Bundesregierung und die Bonner Parteien zu scharfen Protesten.[17]

Mittelpunkt demokratisch-kommunistischer Opposition gegen die SED-Führung blieb Robert Havemann (der am 9. April 1982 starb). Er verstand sich als kritischer Kommunist, für den der Kapitalismus keine Alternative war, und als demokratischer Kommunist berief er sich auf Rosa Luxemburg und leitete aus ihren Thesen die Forderung nach einer freien sozialistischen Gesellschaft ab, »mit Pressefreiheit auch für Andersdenkende, Versammlungsfreiheit und Streikrecht, Freiheit des Glaubens, der Weltanschauung, des künstlerischen Schaffens, d. h. der Aufhebung jeglicher Einmischung oder Bevormundung in Kultur und Wissenschaft durch den Staat. Sozialismus bedeutet nicht kollektive Uniformierung, bedeutet nicht Aufhebung, sondern freie Entfaltung der breitesten Mannigfaltigkeit des menschlichen Lebens und Denkens. Sozialismus ist freier Pluralismus auf allen Gebieten des gesellschaftlichen Lebens.«[18] Für Havemann war die »Vollendung der sozialistischen Demokratie – also die Inkraftsetzung aller politischen Menschenrech-

---

[15] Rudolf Bahro. Eine Dokumentation. Frankfurt a. M. 1977, S. 32.
[16] Vgl. DDR. Das Manifest der Opposition. Eine Dokumentation. Fakten, Analysen, Berichte. München 1978.
[17] Vgl. Frankfurter Rundschau, Nr. 9 vom 11. 1. 1978.
[18] Robert Havemann, Berliner Schriften. München 1977, S. 187.

te – zu Punkt eins der Tagesordnung der Geschichte« geworden.[19] So bot auch Havemann ein Beispiel dafür, wie Grundpositionen eines demokratischen Kommunismus schrittweise theoretisch ausgebaut wurden.[20] Die SED reagierte mit ständigen Repressalien gegen Robert Havemann. Bei gleichzeitigen Auseinandersetzungen mit Künstlern und Intellektuellen mußte die SED-Führung erkennen, daß die oppositionellen Ideen gegen die Parteidiktatur tief verwurzelt waren. Um solchen latent vorhandenen Stimmungen zu begegnen und die eigene Legitimation zu erweitern, berief sich die SED-Spitze verstärkt auf die »Gesetzmäßigkeiten« der Geschichte. In seiner Ansprache zur Jahreswende 1978/1979 sagte Honecker: »Die Deutsche Demokratische Republik ist der Staat des sozialen Fortschritts, die Erbin alles Progressiven und Humanistischen in der Geschichte des deutschen Volkes. Sie hat ihre Gegenwart und Zukunft auf das brüderliche Bündnis mit der Sowjetunion und den anderen Staaten der sozialistischen Gemeinschaft gegründet.«[21] Das unterstreicht, daß das Geschichtsbild in der DDR bei der Legitimation der Macht der SED einen überragenden Platz einnimmt. Die Ideologie des Marxismus-Leninismus mit ihren Teilbereichen Philosophie, Politische Ökonomie und Wissenschaftlicher Kommunismus soll durch entsprechende Geschichtsbetrachtung, gerade auch der Entwicklung des deutschen Kommunismus und der DDR, abgesichert und ergänzt werden. Entsprechend ihrer Ideologie sieht die SED in der Geschichte einen objektiven, gesetzmäßigen Prozeß. Die Parteiführung nimmt für sich in Anspruch, kraft ihrer Ideologie die Kenntnis der allgemeinen Gesetzmäßigkeit zu besitzen, gleichzeitig behauptet sie, die Tradition der deutschen Arbeiterbewegung fortzusetzen. Beide Thesen sollen der Legitimation der Herrschaft der SED dienen.

Besonders deutlich wurde dies, als die SED 1978 ihre erste offizielle historische Selbstdarstellung vorlegte, die ›Geschichte der Sozialistischen Einheitspartei Deutschlands. Abriß‹. Dieser Band war gegenüber früheren Monographien zur Geschichte

[19] Jiri Pelikan und Manfred Wilke (Hrsg.), Menschenrechte. Ein Jahrbuch zu Osteuropa. Reinbek 1977, S. 476.
[20] Vgl. Hartmut Jäckel (Hrsg.), Ein Marxist in der DDR. Für Robert Havemann. München 1980.
[21] Neues Deutschland, Nr. 307 vom 30./31. 12. 1978.

inhaltlich ein Rückschritt und enthielt zahlreiche Legenden.[22] Doch Honecker nannte das Erscheinen des Buches ein »wichtiges Ereignis«, das Studium des Werkes sollte als »fester Bestandteil der Lehrpläne« im Parteilehrjahr die Funktionäre von der »historischen Mission« der SED überzeugen und den fehlenden Optimismus bringen. So wurde den SED-Agitatoren folgende Argumentation gegeben: »Das Erscheinen des Abrisses ›Geschichte der SED‹ ist ein wichtiges Ereignis im Leben unserer Partei. Wir verfügen damit über ein Werk, ›das für die politisch-ideologische und wissenschaftlich-theoretische Arbeit von außerordentlicher Bedeutung ist‹ (Erich Honecker) ... Das Wissen um die objektiven Gesetzmäßigkeiten der Geschichte, die Einsicht in die historischen Zusammenhänge und den jahrzehntelangen Kampf unserer Partei ist von hohem Nutzen für die Lösung unserer gegenwärtigen Aufgaben. Das Studium dient der theoretischen, der politisch-ideologischen wie praktischen Arbeit der Partei ... Das Studium der Parteigeschichte wird dazu beitragen, die Einheit und Geschlossenheit der Partei weiter zu festigen und ihre Kampfkraft zu stärken. Große Aufgaben erwachsen in diesem Zusammenhang den Parteiorganisationen insbesondere aus der Tatsache, daß ständig neue Generationen von Kommunisten und Arbeitern heranwachsen, die viele Bewährungen unserer Partei und unseres Volkes nicht selbst miterlebt haben. Ihnen die Erfahrungen und Lehren unserer Geschichte zu vermitteln, ist von großer Bedeutung.«[23]

Bei den Feiern zum 30. Gründungstag der DDR im Oktober 1979 wurde unter Hinweis auf die Kontinuität und Stabilität des Staates ebenfalls die Geschichte bemüht. Die Funktionäre sollten überzeugt werden von der »Richtigkeit unserer Sache, von der Überlegenheit des realen Sozialismus«, und in Auswertung des X. Parteitages erklärte die Führung, »Geschichtserkenntnisse sind wesentliche Quellen des sozialistischen Bewußtseins«.[24]

Um das politische System effektiver zu gestalten, bezog die SED die übrigen Parteien und die Massenorganisationen stärker

---

[22] Zu den Einzelheiten vgl. Hermann Weber, Parteigeschichte als parteiliche Geschichte. Zur Funktion und zum Inhalt der ›Geschichte der SED. Abriß‹. Deutschland Archiv 11 (1978), S. 1291 ff.
[23] Was und wie. Informationen, Argumente, Übersichten für den Agitator. Hrsg. v. ZK der SED, Abt. Agitation. Heft 5, 1978, S. 3 f.
[24] Einheit 34 (1979) Heft 12, S. 1236 und 36 (1981) Heft 6, S. 575.

in die Willensbildung ein, ohne freilich die Herrschaftsverhältnisse antasten zu lassen. Auch nach dem IX. Parteitag der SED zeigte sich die tatsächliche Macht im Parteiensystem wieder allzu deutlich. Alle vier nichtkommunistischen Parteien veranstalteten 1977 Parteitage, die sich die Beschlüsse des IX. Parteitags der SED wieder völlig zu eigen machten. Im März 1977 tagte der 12. Parteitag der LDPD in Weimar, der eine neue Satzung beschloß, Manfred Gerlach wieder zum Vorsitzenden wählte und für seine 75 000 Mitglieder die politische Leitlinie der SED verbindlich machte. Im April 1977 trat der 11. Parteitag der 85 000 Mitglieder zählenden NDPD in Leipzig zusammen und faßte ähnliche Beschlüsse, als Vorsitzender wurde Prof. Heinrich Homann wiedergewählt. Homann (geb. 1911) war nach dem Studium 1934 Berufsoffizier; 1943 in sowjetische Gefangenschaft geraten, wurde er Mitbegründer des Nationalkomitee »Freies Deutschland« und 1948 der NDPD. Von 1949 bis 1952 war er Geschäftsführer der Partei, von 1952 bis 1972 stellvertretender Parteivorsitzender. 1963 promovierte er zum Dr. phil. Seit 1972 ist Homann Vorsitzender der NDPD.

Im Mai 1977 tagte der 10. Parteitag der Bauernpartei (DBD) in Schwerin, der sich ebenfalls ganz am IX. Parteitag der SED orientierte. Der seit Gründung 1948 amtierende Vorsitzende Ernst Goldenbaum wurde in seiner Funktion bestätigt; die DBD zählte 92 000 Mitglieder (davon 26 Prozent Frauen). Schließlich trat im Oktober 1977 der 14. Parteitag der CDU in Dresden zusammen. Auch die Delegierten der mit 115 000 Mitgliedern stärksten der vier Blockparteien hielten sich an die Linie der SED, der Vorsitzende Gerald Götting wurde ebenfalls wiedergewählt.

Wie sehr diese Parteien trotz ihrer gleichförmigen Zustimmung zur SED-Politik (wie die Massenorganisationen) in ein Spannungsverhältnis zwischen ihren Aufgaben als Transmissionsorganisation der SED und den Vorstellungen ihrer Mitglieder kommen können, zeigte sich in der CDU. Die Einführung des Faches Wehrunterricht für Schüler der 9. und 10. Klassen im September 1978 traf auf harte Kritik der Kirchen. Die CDU, die sich als Partei oft an die Kirchen anzulehnen versuchte (ohne dabei allerdings viel Erfolg zu haben), geriet in Bedrängnis. Die CDU-Führung stellte sich klar hinter den Wehrunterricht und bekannte sich damit zum Kurs der SED. Doch an der Basis der Partei wurde wie von seiten der Kirche die Frage gestellt, ob der Wehrunterricht nicht doch zu Haß erziehe und damit für Christen nicht in Frage kommen dürfe.[25] Zu ähnlichen Schwierigkeiten kam es bei allen Blockparteien immer wieder.

Die SED versuchte daher, vor allem die Massenorganisationen zu stärken, in denen sie durch ihre Parteigruppen und durch Personalunion in den Entscheidungsgremien ihren Einfluß besser durchsetzen kann. Der 9. Kongreß des FDGB im Mai 1977 zeigte zwar wie üblich keinerlei Abweichungen von der Politik der SED, doch wurde die Bedeutung der Gewerkschaft dadurch unterstrichen, daß die Delegierten den Entwurf des neuen Arbeitsgesetzbuches verabschiedeten, der von der FDGB-Fraktion dann in der Volkskammer eingebracht und dort angenommen wurde. Der FDGB zählte 1979 8,7 Millionen Mitglieder, erfaßte also die Hälfte der Gesamtbevölkerung. Der FDGB und die übrigen »gesellschaftlichen Organisationen der Werktätigen« gelten daher als »fester Bestandteil der politischen Organisationen«, also auch des Parteiensystems. Sie sollten die »Heimstatt politischen Wirkens« für die Mehrheit der Bevölkerung sein.[26] Gleiches galt auch für die Gesellschaft für Deutsch-Sowjetische Freundschaft, deren 11. Kongreß im Mai 1978 tagte, und die 1979 5,5 Millionen Mitglieder zählte, sowie für den Kulturbund, dessen 9. Kongreß im September 1977 eine neue Satzung annahm und der 1979 220000 Mitglieder umfaßte, ebenso für die FDJ (1979: 2,3 Millionen Mitglieder) oder den DFD (1979: 1,4 Millionen Mitglieder).[27]

Repressive Kulturpolitik

Obwohl der Lebensstandard der Bevölkerung der DDR auch Mitte der siebziger Jahre weiter gestiegen war und wohl der höchste aller kommunistisch regierten Staaten blieb, vermehrten sich die Schwierigkeiten. Die Erwartungen der Bevölkerung waren inzwischen höhergeschraubt, sie wurden nicht erfüllt, und führten zur Unzufriedenheit. Diese wurde nicht nur durch wirtschaftliche Komplikationen genährt. Die innenpolitischen

---

[25] Vgl. dazu Clemens Richter, Aus christlicher Verantwortung? Die DDR-CDU zur Friedenserziehung und zum Wehrunterricht. Deutschland Archiv 12 (1979), S. 237.
[26] Staat und Recht 26 (1977) Heft 7, S. 690.
[27] Statistisches Jahrbuch der Deutschen Demokratischen Republik 1980. 25. Jg. Berlin (Ost) 1980, S. 397f.

Auswirkungen der KSZE-Schlußakte von 1975 – die ja auch Honecker unterzeichnet hatte – waren beträchtlich. Diskussionen über die Gewährung der Menschenrechte wurden auch in der DDR geführt. Die Zahl der Bürger, die Ausreiseanträge stellten und auf die DDR-Staatsbürgerschaft verzichten wollten, stieg sprunghaft an und zeigte das Dilemma des Systems. Durch neue Repressionen des Staates gegen kritische und opponierende Künstler wuchs die Krise. Bis 1976 hatte die SED-Führung eine flexible Kulturpolitik betrieben und damit auch Erfolge erzielt. Doch bereits im November 1976 zeigten sich neue Verhärtungen auf dem Kultursektor, die zu einem Exodus vor allem von Künstlern aus der DDR führten. Ausgelöst wurde der Konflikt durch die Ausbürgerung des Liedermachers Wolf Biermann während seiner (zunächst genehmigten) Vortragsreise nach Köln im November 1976. Dieser Vorgang und die im Jahre 1977 erfolgte Ausbürgerung des Schriftstellers Reiner Kunze signalisierten eine Wende der Kulturpolitik.

Prominente Schriftsteller und Künstler, die offen gegen die Ausbürgerung Biermanns protestiert hatten, wurden unter Druck gesetzt, weniger bekannte Künstler verhaftet und später in die Bundesrepublik abgeschoben. Der Beschluß des Politbüro vom November 1977 über die »politisch-ideologische Führung des geistig-kulturellen Lebens«,[28] schaffte allerdings keine Klarheit. Zunächst ging der harte Kurs gegen »Abweichler« weiter. 1977 wurden kritische Künstler wie die Schriftsteller Bernd Jentzsch, Sarah Kirsch, Jurek Becker, Hans-Joachim Schädlich, der Schauspieler Manfred Krug, der Komponist Thilo Medek aus der DDR-Staatsbürgerschaft entlassen oder erhielten längerfristige Ausreisegenehmigungen. Jüngere Schriftsteller und Liedermacher, die ebenfalls für eine Demokratisierung der DDR eintraten, wurden verhaftet und nach langen Verhören beim SSD[29] abgeschoben. Der Schriftsteller Jürgen Fuchs und die Liedermacher Christian Kunert und Gerulf Panach gaben zu ihrer Abschiebung im September 1977 eine Erklärung ab, die die Einstellung der jüngeren, oppositionellen Künstler wiedergab: »Wir sind nicht freiwillig nach West-Berlin gekommen. Über ein dreiviertel Jahr hinweg versuchten wir, den widerlichen Methoden der Staatssicherheit unsere feste

---

[28] Vgl. Peter Lübbe (Hrsg.), Dokumente zur Kunst-, Literatur- und Kulturpolitik der SED 1975–1980. Stuttgart 1984, S. 460 ff.
[29] Vgl. Jürgen Fuchs, Vernehmungsprotokolle. Reinbek 1978.

Absicht entgegenzusetzen, daß wir in der DDR leben wollen, um dort als Künstler mitzuhelfen, eine fortschrittliche, menschenwürdige Gesellschaft zu verwirklichen. Ich wiederhole: In der DDR zu leben und nicht im Gefängnis zugrunde zu gehen. Da wir weder bereit waren, unsere künstlerische Arbeit zu widerrufen und als ›Hetze im verschärften Falle‹ zu begreifen noch Gemeinheiten gegenüber unseren engsten Freunden zu begünstigen, wurde uns eine Haftstrafe bis zu zehn Jahren nachdrücklich versprochen. Wir sind froh, nicht mehr im Untersuchungsgefängnis zu sein, und wir danken allen in Ost und West, die sich mit uns solidarisierten. Gleichzeitig sind wir in großer Sorge um unseren Freund und Genossen Robert Havemann, weil wir die Abscheulichkeit und die Absicht des Geheimapparats, der unser Land beherrscht und noch fester in den Griff bekommen möchte, unverhüllt kennengelernt haben und der Ansicht sind, daß sein Leben bedroht ist. Ganz besonders deshalb, weil Robert Havemann den gegen ihn und seine Familie gerichteten hektischen und brutalen Schikanen gelassen und kompromißlos entgegentritt und sich keinem Psychoterror beugen wird.«[30]

Diese Praktiken wurden in den folgenden Jahren beibehalten; aus diesem Grund verließen prominente Schriftsteller (erwähnt seien nur Karl-Heinz Jakobs, Günter Kunert, Ericht Loest, Klaus Poche, Klaus Schlesinger, Rolf Schneider, Joachim Seyppel) bis 1981 die DDR ganz oder zeitweise. Andere, wie Stefan Heym, waren mehrfach Repressalien unterworfen; Christa Wolf und Stephan Hermlin beharrten teilweise auf ihren abweichenden Standpunkten. Die Jahre zwischen 1976 und 1980 machten deutlich: in der DDR existiert trotz aller gegenteiliger Beteuerungen der Honecker-Führung der Widerspruch zwischen Geist und Macht ebenso wie er für die Ulbricht-Periode typisch war. Hatte gerade die DDR-Literatur der siebziger Jahre »mit Recht den Ruf, vielfältiger und interessanter zu sein als die der vorangegangenen Jahrzehnte«,[31] so litt sie besonders unter dem Exodus vieler Schriftsteller. Die Rolle der Schriftsteller war und ist in der DDR bedeutender als die ihrer Kollegen im Westen. Das Meinungsmonopol der Führung oder die öde Presselandschaft, aber auch der Anspruch von Staat und Partei

---

[30] Bahro-Dokumentation, S. 107.
[31] P. U. Hohendahl und P. Herminghouse (Hrsg.), Literatur der DDR in den siebziger Jahren. Frankfurt a. M. 1983, S. 7.

an die Kulturschaffenden, gesellschaftlich relevante Probleme aufzugreifen, »politisierten« die Belletristik. Daher widerspiegelte die Literatur auch nonkonformistische Gedanken und sogar oppositionelle Stimmungen. Das rief wiederum Staat und Partei mit ideologischen Angriffen und Zensur auf den Plan. Somit enthüllte die verschärfte kulturpolitische Entwicklung am Ende der siebziger Jahre »ein charakteristisches Erscheinungsbild des staatlich organisierten Literaturbetriebs: Er agiert und reagiert auf Literatur mit seinem zentralistisch strukturierten Apparat nicht nur zu diesem Zeitpunkt, sondern mehr oder weniger immer – was von nicht wenigen als repressiv empfunden wurde. Eine lange Liste von emigrierten Schriftstellern von Theodor Plivier und Uwe Johnson bis Gerhard Zwerenz in den fünfziger Jahren, von Heinar Kipphardt über Hartmut Lange bis Christa Reinig in den sechziger Jahren und von Peter Huchel bis Wolf Biermann und der Auswanderungswelle danach in den siebziger Jahren belegt das am sichtbarsten und schmerzlichsten.«[32]

Während die Schikanen gegen Schriftsteller und Oppositionelle 1977 und 1978 intensiviert wurden, versuchte die Partei- und Staatsführung andererseits elastischer zu reagieren. Über den Entwurf des neuen SED-Programms von 1976 hatte sich die Evangelische Kirche sehr besorgt gezeigt. Die Kirchenleitungen brachten Bedenken bei der Regierung dagegen vor, daß der Marxismus-Leninismus als herrschende Ideologie bezeichnet wurde und damit die weltanschauliche Toleranz gefährdet schien: Da auch Hinweise auf die Trennung von Staat und Kirche sowie die Gewährleistung freier Religionsausübung im Entwurf fehlten, sah sich die Kirche veranlaßt, ihre Eigenständigkeit zu betonen.[33]

Nach einem Gespräch zwischen Honecker und der Evangelischen Kirchenleitung im März 1978 wurde indes der Kirche mehr Spielraum für ihre Aktivitäten gewährt. Die DDR-Führung war vor allem an Friedensinitiativen der Kirchen interessiert und unterstützte diese. Dabei kam es freilich – etwa wegen des Wehrkundeunterrichts an den Schulen – auch zu neuen Konflikten. Beispiel der Entkrampfung des Verhältnisses zwischen Staat und Kirche war die Einweihung eines Kirchenge-

---

[32] Hans-Jürgen Schmitt (Hrsg.), Die Literatur der DDR (Hansers Sozialgeschichte der deutschen Literatur, Bd. 11). München 1983, S. 46.
[33] Frankfurter Rundschau, Nr. 97 vom 26. 4. 1976.

bäudes in Eisenhüttenstadt im Mai 1981. Diese als »Stalinstadt« 1954 gegründete neue »sozialistische Stadt« sollte nach Auffassung der Parteiführung keinen Kirchenbau erhalten. Doch inzwischen mußte die SED ihre Vorstellung von der »absterbenden Kirche« revidieren und Zugeständnisse machen. Auch wenn nach den polnischen Ereignissen die SED seit 1980 wieder argwöhnisch ist und die Zensur der Kirchenpublikationen verschärfte, blieb sie doch weitgehend bei einer flexibleren Haltung.

Die 9. Tagung der Volkskammer im Juni 1979 zeigte andererseits, daß die Führung beabsichtigte, ihre Macht durch ein verschärftes Strafrecht abzusichern. Die Volkskammer änderte auf dieser Sitzung auch das Wahlrecht, nunmehr wurden unter Verletzung des Vier-Mächte-Status von Berlin auch die Volkskammer-Abgeordneten Ost-Berlins durch »Direktwahl« bestimmt. Ebenso wurde das 3. Strafrechtsänderungsgesetz beschlossen, das die Strafbestimmungen über »staatsfeindliche Hetze« erheblich erweiterte. Zu Recht forderte Robert Havemann von Politbüromitglied Kurt Hager: »Setzt den verfassungswidrigen Paragraphen 106 [staatsfeindliche Hetze] außer Kraft, weil er dazu dient, jede Ausübung des Rechts der freien Meinungsäußerung zu kriminalisieren.«[34] Noch krasser richtet sich die Neufassung des Paragraphen 219 gegen jede mögliche Opposition, weil damit auch für die Verbreitung von »Schriften, Manuskripten oder Materialien« von DDR-Bürgern im »Ausland« (also auch der Bundesrepublik) unter Umgehung der vorgeschriebenen Instanzen Strafen drohen.

Stagnation der Wirtschaft

An der DDR, als einem der rohstoffärmsten Länder, ging die internationale Rohstoffkrise ebensowenig spurlos vorbei wie die weltweite Wirtschaftskrise. Die Erhöhung der Rohstoffpreise von seiten der UdSSR brachte der DDR-Wirtschaft neue Schwierigkeiten. Sie ist zudem belastet durch die Hilfe (vor allem Militärhilfe!) an Länder der Dritten Welt. So mußte die DDR-Wirtschaft größte Anstrengungen unternehmen, um ihre Effektivität und Produktivität zu verbessern.

Auch wenn die DDR-Führung – wie üblich – am Ende der

---

[34] Frankfurter Rundschau vom 22. 6. 1976.

siebziger Jahre »große« Wirtschaftserfolge bilanzierte, konnte sie doch nur schwer verschleiern, daß es von 1977 bis 1979 zu krisenhaften Erscheinungen in der Volkswirtschaft der DDR gekommen war. So sagt auch die offizielle DDR-Statistik aus, daß das Nationaleinkommen in den Jahren von 1977 bis 1979 um weniger als 8 Prozent wuchs, während es von 1973 bis 1975 noch um über 12 Prozent gestiegen war. Bei Investitionen blieb das Wachstum von 1977 bis 1979 unter 4 Prozent, während es von 1975 bis 1977 noch 14 Prozent betrug.[35] Aus westlichen Berechnungen ergibt sich, daß das DDR-Nationaleinkommen 1977 um 5,2 Prozent, 1978 um 3,8 Prozent und 1979 um 4 Prozent (Durchschnitt 1970–1975: 5,4 Prozent) anstieg, die Industrieproduktion im Durchschnitt 1970 bis 1975 um 6,5 Prozent, 1977 und 1978 um 4,8 und 1979 um 5,3 Prozent wuchs.[36]

Die Lage und auch die Stimmung der Bevölkerung wurden nicht zuletzt vom Lebensstandard beeinflußt. Wegen der Fixierung der DDR-Bürger auf die Bundesrepublik war es deshalb besonders wichtig, daß sich bei der Lebenshaltung allzu große Unterschiede zwischen beiden deutschen Staaten allmählich abmilderten. Ein Preisvergleich zeigte freilich, vor allem bei industriellen Konsumgütern, daß die Relationen für die DDR im allgemeinen wesentlich ungünstiger ausfielen, auch wenn Gegenüberstellungen wegen der Qualitätsdifferenzen schwierig waren: »Unzweifelhaft ist jedoch die Zahl der Industriewaren, die bei gleicher Qualität in der DDR in Mark billiger sind als in der Bundesrepublik Deutschland in DM, sehr viel kleiner; die meisten sind teurer, z. T. erheblich teurer, vor allem, wenn man den Qualitätsfaktor (und damit auch die Lebens- und Nutzungsdauer des betreffenden Erzeugnisses) berücksichtigt. Extreme Unterschiede zeigten sich z. B. noch Anfang 1977 bei Feinstrumpfhosen für Damen, die in vergleichbarer Qualität in der Bundesrepublik etwa DM 3,50, in der DDR dagegen M 18.- kosteten. Im allgemeinen sind die administrierten Preise in der DDR umso höher, je mehr es sich um Waren des gehobenen Bedarfs handelt. Viele Dienstleistungen – z. B. Tarife der Nahverkehrsmittel, Garderobenreinigung, Leistungen der Friseure – sind in M billiger als in DM. Insgesamt ergibt sich jedoch auch

---

[35] Statistisches Jahrbuch 1980, S. 13 f.
[36] Vgl. Jochen Bethkenhagen u. a., Zur Wirtschaftslage im RGW. Deutschland Archiv 13 (1980), S. 922.

heute noch für den Gesamtaufwand eines durchschnittlichen Arbeitnehmerhaushalts unter der Voraussetzung westdeutscher Verbrauchsstruktur eine etwas höhere Kaufkraft der DM.«[37]

Hingegen war der Trend beim Pro-Kopf-Verbrauch von Nahrungs- und Genußmitteln etwas anders: So »lag der Pro-Kopf-Verbrauch in der Bundesrepublik noch im Wirtschaftsjahr 1966/67 bei Fleisch, Käse, Obst und Zucker erheblich über dem Stande der DDR, deren Durchschnittsverbrauch andererseits bei den billigen Massennahrungsmitteln Mehl, Nährmittel, Speisehülsenfrüchte und Kartoffeln, aber auch bei Fisch und Fischerzeugnissen sowie in geringem Ausmaß bei Nahrungsfetten (insgesamt) überwog. Im Wirtschaftsjahr 1975/76 haben sich die Verbrauchsverhältnisse in den beiden deutschen Staaten weiterhin angenähert, wenn auch die Unterschiede noch keineswegs ganz verschwunden sind. So ist nach wie vor der Pro-Kopf-Verbrauch bei Obst und Südfrüchten und Käse in der DDR erheblich geringer. Immerhin stieg der Verbrauch an Südfrüchten von 7,1 kg im Jahr 1960 auf 18,5 kg im Jahre 1975. Dem etwas niedrigeren Fleischkonsum steht ein mehr als doppelt so hoher Fischverbrauch gegenüber. Der Verbrauch an Nahrungsfetten insgesamt hat sich fast völlig ausgeglichen, nicht aber seine Zusammensetzung: die DDR-Bewohner verbrauchen fast doppelt soviel Butter wie die Einwohner der Bundesrepublik.«[38]

Das Angebot in der Bundesrepublik war weit abwechslungsreicher, und zudem verursachten die organisatorischen Schwächen des Handels in der DDR immer neue Klagen der Verbraucher. Das wachsende Dilemma der DDR-Wirtschaft Ende der siebziger Jahre mußte unter diesen Umständen auch wieder verstärkte Unzufriedenheit hervorrufen und so die Stabilität des Systems gefährden. Auch wenn das Wirtschaftswachstum im ersten Halbjahr 1980 wieder florierte – so stieg das Nationaleinkommen um 5 Prozent gegenüber nur 2 Prozent im ersten Halbjahr 1979, die industrielle Warenproduktion um 5,9 Prozent (1979 waren es nur 3,2 Prozent gewesen)[39] – war die Stagnation am Ende der siebziger Jahre doch ein Hemmnis.

---

[37] Karl C. Thalheim, Die wirtschaftliche Entwicklung der beiden Staaten in Deutschland. Tatsachen und Zahlen. Opladen 1978, S. 125 f.
[38] Ebd., S. 127.
[39] Doris Cornelsen, Gute Wirtschaftsbedingungen im ersten Halbjahr. Deutschland Archiv 13 (1980), S. 1062 ff.

Schließlich ist die DDR-Wirtschaft ohnehin ständig krisenanfällig, kommt mit der Verteilung der Güter nicht zurecht und leidet unter Mangel an Qualitätsprodukten. Sorgen bereitete der DDR seit Jahren auch die unausgeglichene Handelsbilanz; so soll die Nettoverschuldung gegenüber westlichen Banken Ende 1978 5 Milliarden Dollar betragen haben.[40] Die Steigerung der Rohstoffpreise belastet die DDR-Wirtschaft ebenfalls stark, auch wenn die Sowjetunion die Erhöhung der Weltmarktpreise nur mit Verzögerung von ihren Verbündeten verlangte. Die Abhängigkeit von sowjetischen Rohstoffen blieb für die DDR ebenfalls problematisch, da die UdSSR den Bedarf der DDR an Erdgas zu 100 Prozent, an Erdöl, Holz und Baumwolle zu 90 Prozent usw. deckt.[41]

Die DDR-Führung weiß, daß ihre politische Stabilität von Wirtschaftserfolgen abhängt, diese aber nur durch Kooperation mit den westlichen Industriestaaten, vor allem der Bundesrepublik, zu erreichen sind. Das setzt die Öffnung der Grenzen voraus, wodurch neue Ideen in die DDR gelangen und dort Hoffnung auf eine Änderung des Systems wecken. Um innere Schwierigkeiten zu vermeiden, erstrebt die Führung aber Abgrenzung, Isolierung vom Westen. Beides zugleich gibt es nicht, also bleibt es beim ständigen Zick-Zack-Kurs der Politik.

Allerdings zeigte gerade die Krise nach der sowjetischen Intervention Afghanistans im Dezember 1979, daß sich die Institutionalisierung des deutsch-deutschen Verhältnisses durch die Entspannungspolitik bewährte. Auch die DDR-Führung sah die Friedenssicherung in Europa als vorrangiges Ziel an und traf sich in diesem Bemühen mit der Bundesregierung.

Die Verschlechterung der Weltlage, die neue Spannung zwischen West und Ost führte freilich auch zur Verhärtung der Außenpolitik der DDR. Wie schon öfter in der Vergangenheit litten die innerdeutschen Beziehungen unter dem verschlechterten Klima zwischen der UdSSR und den USA. Die polnischen Veränderungen mit den Streiks vom Sommer 1980 und der Entstehung der unabhängigen Gewerkschaft »Solidarität« erschwerten die deutsch-deutsche Situation. Eine lange geplante

---

[40] Doris Cornelsen, Verstaatlichte Wirtschaft: System und Leistung. In: Eckhard Jesse (Hrsg.), Bundesrepublik Deutschland und Deutsche Demokratische Republik. Die beiden deutschen Staaten im Vergleich. Berlin (West) 1980, S. 254.
[41] Heinz Heitzer, DDR. Geschichtlicher Überblick. Berlin (Ost) 1979, S. 280f.

Reise in die DDR wurde deshalb vom damaligen Bundeskanzler Helmut Schmidt verschoben. Die Erhöhung des Zwangsumtausches durch die DDR wenige Tage nach den Bundestagswahlen von 1980 belastete die Beziehungen zwischen beiden deutschen Staaten erheblich. Ohne vorherige Konsultation der Bundesregierung hatte der DDR-Ministerrat am 9. Oktober 1980 die Verdoppelung des Devisen-Zwangsumtausches für Besucher aus dem Westen ab 13. Oktober angeordnet. Damit wollte die DDR den Besucherstrom aus der Bundesrepublik, eine Folge der innerdeutschen Verträge, eindämmen.

Bemerkenswert war nach jahrelanger Ablehnung jeglichen Gedankens einer Wiedervereinigung Honeckers These vom Februar 1981, daß sich bei einer »sozialistischen Umgestaltung« der Bundesrepublik »die Frage der Vereinigung beider deutscher Staaten vollkommen neu« stelle.[42] Diese Ausführungen wurden von den Parteifunktionären mit »starkem Beifall« aufgenommen, ein Indiz dafür, daß die nationale Idee in der DDR weiterhin präsent und die Honecker-Führung noch weit entfernt von ihrem Ziel ist, eine »sozialistische Nation« der DDR zu schaffen.

Die Furcht vor einem Übergreifen der polnischen Demokratisierungsbewegung beeinflußte alle Maßnahmen der DDR-Führung. Am 13. Oktober 1980 trieb Honecker in einer Rede vor Parteifunktionären in Gera die verbale Konfrontation auf die Spitze: Entgegen den Übereinkommen und abgeschlossenen Verträgen zwischen beiden deutschen Staaten forderte er nachdrücklich die Anerkennung einer DDR-Staatsbürgerschaft durch die Bundesregierung sowie die Aufwertung der Ständigen Vertretungen in Bonn und Ost-Berlin zu regulären diplomatischen Botschaften.[43] Doch was wie eine Wende der deutsch-deutschen Beziehungen aussah, wie eine neue »Eiszeit« anmutete, normalisierte sich in den folgenden Monaten wieder. Bis zu ihrem X. Parteitag 1981 versuchte die DDR-Führung, die Außen- und vor allem die Deutschlandpolitik wieder pragmatisch und flexibler zu gestalten und im Inneren eine größere Festigkeit zu erreichen.

---

[42] Neues Deutschland, Nr. 48 vom 26. 2. 1981.
[43] Neues Deutschland, Nr. 242 vom 14. 10. 1980.

9. Kapitel
Probleme der DDR 1981–1984

Der X. Parteitag der SED

Anfang der achtziger Jahre versuchte die DDR, ihre Wirtschaft wieder voranzubringen, die Instabilität des Systems zu überwinden, außenpolitische Erfolge zu erringen und ihre Beziehungen zur Bundesrepublik zu festigen. Neue Impulse für diese Bestrebungen sollte der X. Parteitag der SED geben, der vom 11. bis 16. April 1981 in Ost-Berlin stattfand. Er sollte die SED erneut als die »führende Kraft« der DDR präsentieren. Knapp 2700 Delegierte vertraten 2 172 110 SED-Mitglieder, darunter nach offizieller Angabe 57,6 Prozent Arbeiter.[1]

Der Kongreß bestätigte die Generallinie der Partei, die »Einheit von Wirtschafts- und Sozialpolitik« im Innern, die »Friedenspolitik« und das absolute Bekenntnis zur Sowjetunion nach außen sowie die verstärkte »führende Rolle« der SED in allen Bereichen der Gesellschaft. Im Mittelpunkt des Parteitages standen der Rechenschaftsbericht Erich Honeckers und das Referat von Willi Stoph zum neuen Fünfjahrplan. Bildete der VIII. Parteitag mit der Ablösung Ulbrichts eine Zäsur und beschloß der IX. Parteitag ein neues Parteiprogramm, so waren auf dem X. Parteitag ideologische und programmatische Fragen nur Randprobleme; es war ein Parteitag der Kontinuität.

Honecker behauptete in seinem Rechenschaftsbericht, die Bilanz der SED seit 1976 sei »positiv«.[2] Er versuchte vor allem wirtschaftliche Erfolge nachzuweisen und rief die Partei zur Geschlossenheit auf. Der Generalsekretär erklärte erneut die SED zur »führenden Kraft bei der Gestaltung der entwickelten sozialistischen Gesellschaft« und betonte: »Die ständige Erhöhung der führenden Rolle der Partei in allen Sphären der Gesellschaft ist eine objektive Notwendigkeit.« Die SED-Spitze gehe auch weiterhin davon aus, daß die »Kaderfrage« entscheidend ist. Deshalb will sie die »führende Rolle« der Partei vor allem dadurch absichern, daß sie treue »Kader heranbildet«,[3]

---

[1] Protokoll der Verhandlungen des X. Parteitages der Sozialistischen Einheitspartei Deutschlands. 11. bis 16. April 1981. Berlin (Ost) 1981, Bd. 1, S. 133.
[2] Ebd., S. 29.
[3] Ebd., S. 132, 138.

die sich auszeichnen durch Parteiergebenheit, bedingungsloses Bekenntnis zur Führung und zur KPdSU, Qualifizierung und ideologische Ausrichtung. Ganz im Sinne dieser Kaderauslese haben nunmehr über ein Drittel aller Parteimitglieder und Kandidaten eine Hoch- oder Fachschule absolviert. Nachdem die mittleren und oberen Funktionäre seit Jahren fast alle an Parteischulen ausgebildet wurden, ist dies auch bei den unteren Kadern weitgehend erreicht: von den 80 230 Parteisekretären der 78 677 Grundorganisationen der SED haben über 80 Prozent eine Parteischule von über einem Jahr besucht und 64,5 Prozent sind »Hochschul- bzw. Fachschulkader«.[4] Der Parteiauftrag dieser Kader wurde auf und nach dem X. Parteitag klar definiert. Wieder einmal unterstrich die Führung, daß – so Horst Dohlus – »das entscheidende Kampffeld des revolutionären Handelns der Partei und jedes Kommunisten die Wirtschaft ist und bleibt«. Um die »wissenschaftlich fundierte Strategie und Taktik« zu realisieren, sei »eine Erhöhung des Niveaus der Führungsarbeit« notwendig.[5]

Abermals wurde der SED-Parteitag auch Forum für die unterschiedlichen Auffassungen im Weltkommunismus. Vorsichtig brachten die Vertreter der jugoslawischen, rumänischen und italienischen Kommunisten ihre von der UdSSR abweichenden Standpunkte vor. So betonte der Leiter der jugoslawischen Delegation die unabhängige und »nichtpaktgebundene Außenpolitik« Jugoslawiens und verlangte die »Achtung der Prinzipien der Unabhängigkeit, Souveränität, der territorialen Integrität, der Nichteinmischung und der Nichtintervention«.[6] Der Vertreter der KP Italiens wurde noch deutlicher und sagte: »Was Afghanistan betrifft, haben wir unsere Positionen klar zum Ausdruck gebracht.«[7] Diese Kritik an der sowjetischen Intervention widersprach den Ansichten der SED, die stets die Politik der UdSSR gebilligt hatte.

Die SED blieb eben weiterhin auf den »Marxismus-Leninismus« sowjetischer Lesart festgelegt. Der damalige FDJ-Chef Egon Krenz sah denn auch in der »revolutionären Jugenderziehung« mit den Prinzipien des »Marxismus-Leninismus« die

---

[4] Neuer Weg 36 (1981) Nr. 7, S. 288a.
[5] Horst Dohlus, Die Beschlüsse werden zur Tat mit dem Volk, für das Volk. Neuer Weg 36 (1981) Nr. 9, S. 326.
[6] Protokoll X. Parteitag, Bd. 1, S. 227.
[7] Ebd., S. 306.

wichtigste Aufgabe der FDJ, an der »auch in Zukunft« festgehalten werden solle.[8] Krenz hatte dies, wie bereits erwähnt, schon 1961 gefordert. Durchschlagende Erfolge waren damit in diesen vergangenen 20 Jahren nicht erreicht worden. Solche Proklamationen zeigen deshalb das ständige Dilemma der DDR, deren Führung dogmatisch ist und sich daher bei den Problemlösungen kaum lernfähig zeigt, sondern immer wieder auf »altbewährte« Schablonen zurückgreift. Honecker selbst gab auf dem X. Parteitag »drei Hauptrichtungen« an, in der die Parteiarbeit »weiter zu qualifizieren« sei.[9] Erstens werde eine hohe Effektivität der Führung dort erreicht, »wo die Umsetzung der Beschlüsse des Zentralkomitees einheitlich und geschlossen bis in die Parteigruppen, in jedes Arbeitskollektiv gesichert ist«. Damit sollte erneut der straffe Zentralismus in der Partei unterstrichen werden. Jede Auflockerung des »demokratischen Zentralismus«, wie er etwa auf dem 9. Parteitag der Polnischen Vereinigten Arbeiterpartei im Juli 1981 zu erkennen war, ist für die SED-Führung unannehmbar, für sie gilt nur die »ideologische und organisatorische Einheit und Geschlossenheit«. Zweitens betonte auch Honecker, das entscheidende Kampffeld für die SED bleibe die Wirtschaft, die Parteiorgane müßten »einen hohen Leistungszuwachs sichern«. Durch die Effektivität der Wirtschaft soll die Bevölkerung neutralisiert und so die Herrschaft der SED stabilisiert werden. Drittens schließlich forderte der Generalsekretär ein »hohes Niveau« der Massenarbeit, um »die Festigung des politischen Bewußtseins der Werktätigen« zu erreichen. Die Partei soll sich also nicht abkapseln, sondern aktiv auf die Bevölkerung einwirken.

Diese keineswegs neuen Aufgaben wollte die SED mit einer fast unveränderten Führungsmannschaft lösen. In dem vom X. Parteitag gewählten ZK wurde die Zahl der Mitglieder um elf auf 156 erhöht, 126 bisherige ZK-Mitglieder wurden wiedergewählt, ein Zeichen für Kontinuität. Auffallend ist, daß verstärkt Mitarbeiter des SED-Apparats in das ZK aufrückten, die Machtfülle des Politbüros damit bestätigt wurde. Der Abstand zur Parteibasis aber hat sich vergrößert. »Das Zentralkomitee, das in den sechziger Jahren auch einmal ein Beratungsgremium war, ist wieder auf die Funktion des reinen Akklamationsor-

---

[8] Ebd., S. 267.
[9] Ebd., S. 137.

gans zurückgesunken. Im ZK kontrollieren sich die Entscheidungsträger nun weitgehend wieder selbst ... Unter kaderpolitischen Gesichtspunkten ist auf dem X. Parteitag die Anpassung der Spitzenorgane des SED-Herrschaftsapparates an die Erfordernisse der 80er Jahre verpaßt worden.«[10]

Die Spitzenführung der SED, das Politbüro und das Sekretariat, blieben nach dem X. Parteitag beinahe unverändert. Das Politbüro wurde verkleinert. Umfaßte es nach dem IX. Parteitag noch 19 Mitglieder und neun Kandidaten, so nach dem X. Parteitag nur noch 17 Mitglieder und acht Kandidaten. Für den am Vorabend des Parteitags verstorbenen Gerhard Grüneberg wurde kein Nachfolger gewählt, der langjährige ZK-Sekretär Albert Norden nicht wieder in dieses Gremium berufen (bemerkenswerterweise ohne ein Wort des Dankes auf dem Parteitag). Als neuer Kandidat kam in das Politbüro nur Günter Schabowski, Chefredakteur des SED-Zentralorgans ›Neues Deutschland‹.

Mitglieder des Politbüro waren 1981: Axen, Dohlus, Felfe, Hager, Herrmann, Hoffmann, Honecker, Krolikowski, Mielke, Mittag, Mückenberger, Naumann, Neumann, Sindermann, Stoph, Tisch, Verner; Kandidaten des Politbüro: Jarowinsky, Kleiber, Krenz, Ingeburg Lange, Margarete Müller, Schabowski, Schürer und Walde. Sekretäre des ZK waren: Axen, Dohlus, Felfe, Hager, Herrmann, Jarowinsky, Lange, Mittag und Verner; Generalsekretär der Partei blieb unangefochten Erich Honecker, dessen Wiederwahl der Parteitag 1981 mit minutenlangem Jubel begrüßte.

1983 stieg Egon Krenz (geb. 1937) zum Mitglied des Politbüro und Sekretär des ZK auf. Der jüngste der SED-Parteiführer gehört seit 1953 der FDJ und seit 1955 der SED an. Er studierte von 1953 bis 1957 am Institut für Lehrerausbildung in Putbus und war dann bis 1959 Soldat der NVA. Von 1961 bis 1964 war er als Sekretär des Zentralrats der FDJ für die Hochschularbeit verantwortlich, anschließend studierte er bis 1967 an der Parteihochschule der KPdSU in Moskau. 1971 übernahm er die Leitung der Pionierorganisation »Ernst Thälmann« und kam als Kandidat ins ZK der SED. 1973 wurde er 1. Sekretär des Zentralrats der FDJ und Mitglied des SED-ZK, 1976 Kandidat des Politbüros, im November 1983 rückte er zum Mitglied auf.

---

[10] Johannes Kuppe und Siegfried Kupper, Parteitag der Kontinuität. Deutschland Archiv 14 (1981), S. 717.

Zum Sekretär des ZK wurde schließlich auch das Politbüromitglied Werner Felfe (geb. 1928) berufen. Er trat 1945 der KPD bei und war ab 1946 SED-Funktionär. 1954 arbeitete er unter Honecker als 2. Sekretär des FDJ-Zentralrats. Seit 1963 Mitglied des ZK, studierte er von 1963 bis 1965 an der TU Dresden und war anschließend im ZK-Apparat tätig. 1966 ging er als Sekretär zur Bezirksleitung Halle, deren 1. Sekretär er von 1971 bis 1981 war; seit 1976 ist er Mitglied des Politbüro.

Mehr als zehn Jahre nach der Übernahme der Parteiführung versuchte Honecker – inzwischen durch Personenkult besonders hervorgehoben –, seine Politik der Herrschaft der Partei einerseits und der Modernisierung der Gesellschaft andererseits fortzusetzen. Die zentralistische Organisationsform der SED mit der Machtkonzentration bei der Spitze ist bis heute bestehen geblieben; doch die Versuche zur Modernisierung haben auch eine Eigendynamik. Das Streben nach Effektivität der Wirtschaft führte unter Ulbricht zu technokratischen Tendenzen und zur partiellen Distanzierung vom Sowjetmodell; schon früher brachten das verbesserte Bildungssystem und die ideologische Schulung die Opposition des »dritten Weges« hervor. Es ist möglich, daß die Versachlichung des Führungsstils, die Betonung der sozialen Verantwortung der Partei oder die Aufforderung nach Initiativen der Parteibasis ebenfalls unerwartete Ergebnisse zeitigen, z. B. mehr Selbstbewußtsein und soziale Forderungen der Arbeiterschaft oder das Streben nach echter politischer Mitwirkung von unten. Daraus könnten sich Ansätze zur Umwandlung der SED in eine »Reformpartei«, ihre Annäherung an den Reformkommunismus ergeben. Dies würde bedeuten, daß die SED ihren absoluten Führungsanspruch begrenzt, ihre Herrschaft über die Volksvertretungen und ihr Meinungsmonopol lockert, die sozialen Interessen der Arbeitnehmer stärker berücksichtigt und innerparteiliche Demokratie gewährt. Solche Wandlung ist in absehbarer Zeit nicht zu erwarten, und ist wohl nur als Transformationsprozeß denkbar. Doch sollte für die Zukunft der SED nicht übersehen werden, daß die Partei eben – wie in der Vergangenheit – auch von den Verhältnissen geprägt wird, selbst wenn sie sich gegen eine solche Entwicklung stemmt.

Obwohl der Fünfjahrplan bis 1980 nicht wie prognostiziert erfüllt werden konnte, setzte sich die SED auf ihrem X. Parteitag 1981 mit dem neuen Fünfjahrplan bis 1985 wieder sehr hohe Planziele. Während die CSSR und Ungarn aus den Erfahrungen

Lehren zogen und im Jahr durchschnittlich 3 Prozent Zuwachs erreichen wollten, während auch die UdSSR jährliches Wachstum des Nationalprodukts um 3,5 Prozent anstrebte, wollte die DDR 5,1 bis 5,4 Prozent erreichen, und dies, obwohl statt des Ziels von 5,0 Prozent im Fünfjahrplan 1976–1980 nur 3,9 Prozent erzielt wurden. Genauso stark sollte die industrielle Warenproduktion und die Arbeitsproduktivität der Industrie jährlich anwachsen. Angesichts der knappen Ressourcen und der Tatsache, daß die Investitionen seit 1976 ständig zurückgingen, bleibt eine Realisierung der Planung bis 1985 schwierig.[11]

Auf dem X. Parteitag stellte die SED »10 Punkte der ökonomischen Strategie« vor. Kurz zusammengefaßt besagen diese[12]: 1. langfristiges stabiles Wirtschaftswachstum, 2. bedeutende Steigerung der Arbeitsproduktivität, 3. bessere Verwertung von Roh- und Brennstoffen, 4. Verbesserung der Qualität der Produkte, 5. Erhöhung der Effektivität der Arbeit, 6. umfassende Rationalisierung und Modernisierung, 7. effektivster Einsatz der Investitionen, 8. Produktion von mehr und besseren Konsumgütern, 9. hohe Dynamik der Produktion, 10. erweiterte Reproduktion, um günstigere Außenhandelsvoraussetzungen schaffen zu können. Diese »Strategie« ist jedoch keineswegs so neu, wie behauptet wird.

Schwierigkeiten mit der Wirtschaft bleiben für die DDR wie wohl für die meisten Länder in den nächsten Jahren vorprogrammiert. Für die DDR-Bevölkerung dürfte es zudem schwer sein, sich damit abzufinden, daß die Förderung der Konsumgüterindustrie nur auf Platz acht des Katalogs zu finden ist. Immerhin hatten die sozialpolitischen Maßnahmen im Gefolge des IX. Parteitags von 1976 die Anhebung der Renten, die Verlängerung des Urlaubs, die Verkürzung der Wochenarbeitszeit und günstigere Regelungen für Mütter gebracht. Weitere sozialpolitische Verbesserungen wurden zunächst nicht angekündigt. Als »Kernstück der Sozialpolitik« wurde in der Direktive des neuen Fünfjahrplans das Wohnungsbauprogramm genannt.

---

[11] Zu den Einzelheiten vgl. ebd. S. 728 ff.
[12] Vgl. die Darstellung der 10 Punkte bei Hermann Axen, Kraftquell und Kompaß für den weiteren Vormarsch des Volkes. Zu den Ergebnissen des X. Parteitages der SED: Probleme des Friedens und des Sozialismus 24 (1981) Heft 7, S. 916 f.

Politisches System seit 1981

Wie wenig sich an den Grundsätzen des Staates in der Praxis änderte, bewies die Wahl zur Volkskammer am 14. Juni 1981. Nach der üblichen monatelangen Kampagne zur Wahl wurde diese zu einem »machtvollen Bekenntnis des Volkes zu unserem guten Kurs des Sozialismus und des Friedens«[13] hochstilisiert. Genau wie 1976 wurden wieder 99,86 Prozent der gültigen Stimmen für die Einheitslisten registriert. Gewählt wurden auch die Abgeordneten der Bezirkstage und der Ost-Berliner Stadtverordnetenversammlung. In der Volkskammer erhielt die Fraktion der SED wieder 127 Abgeordnete, die vier Blockparteien je 52, der FDGB 68, die FDJ 40, der DFD 35 und der Kulturbund 22 Sitze. Da fast alle Abgeordneten der Massenorganisationen der SED angehören, verfügt diese wie bisher über die Mehrheit in der Volkskammer und den anderen »gewählten« Vertretungsorganen. Die Volkskammer, nach der Verfassung »oberstes staatliches Machtorgan«, spielt ohnehin keine bedeutende Rolle. In der 7. Legislaturperiode von 1976 bis 1981 tagte sie z. B. lediglich dreizehnmal; sie blieb ein Akklamationsorgan.

In der neugebildeten Regierung gab es nur geringfügige Veränderungen. Die Staatsspitze blieb konstant: Parteichef Erich Honecker ist Vorsitzender des Staatsrates (und des Verteidigungsrates), Willi Stoph Vorsitzender des Ministerrates. Der Staatsrat wurde personell aufgewertet, so zog auch der damals »zweite Mann« der SED, Paul Verner, in den Staatsrat ein, ebenso Politbüromitglied Werner Felfe und (damals noch) Politbürokandidat Egon Krenz. Die Kontinuität bei den Organen des Staates zeigt ebenfalls, wie die Honecker-Führung versucht, die 1971 eingeleitete Politik möglichst nur in Nuancen verändert fortzusetzen.

Das politische System der DDR bleibt am Modell der Sowjetunion ausgerichtet. Der formal wesentliche Unterschied liegt im Parteiensystem: anstelle des reinen Einparteiensystems der UdSSR (das auch in Rumänien und Ungarn existiert) gibt es in der DDR fünf Parteien. Da jedoch die vier nichtkommunistischen Parteien im »sozialistischen Mehrparteiensystem« (wie es offiziell genannt wird) die Führungsrolle der SED anerkennen und in der Praxis die gleiche Transmissionsrolle spielen wie die

[13] Vgl. Neues Deutschland, Nr. 140 vom 15. 6. 1981.

Massenorganisationen, unterscheidet sich in der Realität das Parteiensystem der DDR nicht prinzipiell von dem der UdSSR. Die historische Entwicklung des Parteiensystems in der DDR beließ den vier Parteien CDU, LDPD, NDPD und DBD formal ein größeres Gewicht als ähnlichen Parteien in anderen kommunistisch regierten »Mehrparteiensystemen«, sie verfügen beispielsweise in den Parlamenten (Volkskammer, Bezirkstage) über mehr Sitze als die nichtkommunistischen Parteien in Polen oder der Tschechoslowakei. In der realen Politik ist ihr Einfluß jedoch ebenso gering. Die Parteitage von LDPD (April 1982), NDPD (April 1982), DBD (Mai 1982) und CDU (Oktober 1982) machten sich, wie schon in der Vergangenheit, die Beschlüsse der SED zu eigen. Der 13. Parteitag der LDPD fand vom 5. bis 7. April 1982 in Weimar statt. Vor den 1023 Delegierten erklärte der wiedergewählte Vorsitzende Manfred Gerlach, er sehe im »entwickelten Sozialismus langfristig eine solide Basis«. Die 82 000 LDPD-Mitglieder in 3000 Grundeinheiten waren zu 23 Prozent Handwerker und 18 Prozent Angehörige der Intelligenz.[14] Auf dem 12. Parteitag der NDPD vom 22. bis 24. April 1982 in Leipzig vertraten 1000 Delegierte 91 000 Mitglieder, auch hier wurde »Übereinstimmung« mit den vom X. Parteitag der SED formulierten Aufgaben und Zielen beschworen, Heinrich Homann erneut zum Vorsitzenden gewählt.[15]

Vom 5. bis 7. Mai 1982 tagte in Suhl der 11. Parteitag der Demokratischen Bauernpartei, der versicherte, die »historischen« Beschlüsse des X. Parteitags der SED seien »auch für alle Mitglieder der DBD das Kampfprogramm für die 80er Jahre«.[16] Anstelle des 83jährigen Ernst Goldenbaum, der die Partei seit ihrer Gründung führte, wurde Ernst Mecklenburg Vorsitzender. Mecklenburg (geb. 1927) war 1944 der NSDAP beigetreten und nach der Entlassung aus der Kriegsgefangenschaft »Neubauer« geworden. Er gehört seit 1950 der DBD an, für die er seit 1952 hauptamtliche Funktionen ausübt. Er war ab 1964 Sekretär des DBD-Vorstandes, promovierte 1967 nach einem

---

[14] Vgl. Karl Wilhelm Fricke, So liberal wie eigenständig. Der 13. Parteitag der LDPD in Weimar. Deutschland Archiv 15 (1982), S. 464 ff.
[15] Peter Joachim Lapp, Die NDPD – eine DDR-Partei ohne Zukunft? Anmerkungen zum 12. Parteitag der NDPD in Leipzig. Deutschland Archiv 15 (1982), S. 572 ff.
[16] Vgl. Hans-Dieter Schulz, Plant die SED noch größere Agrar-Einheiten? Deutschland Archiv 15 (1982), S. 710 ff.

Fernstudium und vertrat ab 1974 als 2. Vorsitzender die DBD. Die Mitgliedschaft der Bauernpartei war nach Mitteilungen des Parteitags auf 103 000 angewachsen.[17]

Als letzte Partei führte die CDU vom 13. bis 15. Oktober 1982 ihren 15. Parteitag in Dresden durch. Mit 125 103 Mitgliedern ist sie nach wie vor die größte und wichtigste der Blockparteien. Auch die CDU will »Anteil« an der Verwirklichung der Beschlüsse des X. SED-Parteitages nehmen.[18] Gerald Götting wurde erneut zum Vorsitzenden gewählt. Die CDU gliedert sich in über 5700 Grundeinheiten. Von ihren Mitgliedern arbeiten 20 000 als »hauptamtliche Staatsfunktionäre und als Abgeordnete«. Auch darin zeigt sich, wo wesentliche Betätigungsfelder der Blockparteien liegen.[19]

Offenbar im Zusammenhang mit den Kampagnen zum X. SED-Parteitag fragten DDR-Bürger nach der Selbständigkeit der anderen vier Parteien, da nach Meldungen der Medien der DDR auch die Blockparteien »in gemeinsamen Initiativen« den Parteitag vorbereiteten. Die in Frankfurt a. d. Oder erscheinende SED-Zeitung ›Neuer Tag‹ vom 5. Februar 1981 berichtete, Leser seien darüber »verwundert« gewesen, was CDU, LDPD, NDPD und DBD mit einem SED-Parteitag »zu schaffen« hätten. Das Blatt interviewte dazu den LDPD-Bezirksvorsitzenden Günter Steinhöfel, der diese Funktion seit 25 Jahren ausübt. Steinhöfel bestätigte, seine Partei stimme in den grundlegenden Fragen völlig mit der SED überein. Als wesentliche Unterschiede nannte er: »Wir sind keine marxistisch-leninistische Partei. Unsere Mitglieder, hervorgegangen aus mittelständischen und bürgerlichen Kreisen, unterscheiden sich von der Arbeiterklasse in ihrer Herkunft, in ihren Traditionen, in ihren Lebenserfahrungen. Die Struktur unserer Bezirksorganisation ist dafür kennzeichnend: 25 Prozent der Mitglieder sind Handwerker und Gewerbetreibende, 25 Prozent Angestellte aller Bereiche, 20 Prozent gehören der Intelligenz an, weitere 20 Prozent sind Nichtberufstätige, Rentner, LPG-Mitglieder. Die gei-

---

[17] Bernhard Wernet-Tietz, Bauernverband und Bauernpartei in der DDR. Die VdgB und die DBD 1945–1952. Köln 1984, S. 11.
[18] Gisela Schütze, Das neue Selbstbewußtsein reicht nicht aus. Die DDR-CDU auf ihrem 15. Parteitag in Dresden. Deutschland Archiv 15 (1982), S. 1248ff.
[19] Vgl. Siegfried Suckut, Die CDU in der DDR. Zu Funktion und Funktionswandel einer christlichen Partei im Sozialismus. DDR-Report, Bonn, Nr. 11, November 1982, S. 705.

stig-politischen Positionen der Liberaldemokraten sind also verschiedenartig.« Doch lege die LDPD Wert darauf, ein »verläßlicher Bündnispartner« der SED zu sein.[20] Hier wird deutlich, wie schwierig es für die Transmissionsparteien ist, wegen ihrer völligen Abhängigkeit von der SED im Parteiensystem der DDR ein eigenes Profil zu entwickeln.

Die SED versucht überdies, besonders die Massenorganisationen zu stärken, in denen sie durch ihre Parteigruppen und durch Personalunion in den Entscheidungsgremien ihren Einfluß noch besser durchsetzen kann. Große Aufmerksamkeit widmet die SED vor allem der FDJ, der Nachwuchsorganisation und »Kampfreserve« der Partei. Für die FDJ mit inzwischen 2,3 Millionen Mitgliedern bleibt es eine negative Erfahrung, daß sich in ihr vor allem diejenigen organisieren, die um ihrer Aufstiegschancen willen fast zwangsläufig beitreten müssen (Schüler und Studenten), während die Arbeiterjugend nur ein Viertel der Mitgliedschaft ausmacht. Da die FDJ vorrangig in der Wirtschaft aktiv werden soll, ist die Erhöhung des Organisationsgrades der Arbeiterjugend für sie von größter Bedeutung. Das 11. Parlament der FDJ, das vom 2. bis 5. Juni 1981 in Ost-Berlin tagte, orientierte sich bei allen Themen am vorangegangenen X. Parteitag der SED und richtete außerdem sein besonderes Augenmerk auf die jungen Arbeiter. Auffallend war auch, daß das FDJ-Parlament den Demokratisierungsprozeß in Polen offen angriff, während zuvor auf dem SED-Parteitag nur indirekte Kritik geübt wurde. Die Massenorganisationen dienen der SED also auch als Sprachrohr, wobei der FDJ als Jugendorganisation die Aufgabe forschen Vorgehens zufällt. Die Rolle der Massenorganisationen als Transmissionsorgane im DDR-System bleibt also weiterhin vielfältig.

»Übergang zum Kommunismus«

Auf dem X. Parteitag der SED im April 1981 hatte Honecker verkündet, in den achtziger Jahren werde die DDR die »entwickelte sozialistische Gesellschaft« gestalten und so die Voraussetzung »für den allmählichen Übergang zum Kommunis-

---

[20] Auszüge aus dem Interview in Neuer Tag sind abgedruckt in: Informationen. Hrsg. v. Bundesministerium für innerdeutsche Beziehungen, Nr. 6/1981, S. 6 sowie Tagesdienst des Informationsbüro West, Nr. 24 vom 13. 2. 1981.

mus« schaffen.[21] In der Theorie des Marxismus-Leninismus bedeutet Kommunismus die Existenz einer klassenlosen Gesellschaft, im Sinne von Marx und Lenin sogar das »Absterben« des Staates, der Partei und ähnlicher Machtinstrumente. Solche Bedingungen passen freilich nicht mehr in die heutige Ideologie und Praxis der SED, nach deren Thesen sogar eine weiter wachsende »führende Rolle« der Partei als »gesetzmäßig« bezeichnet wird.

Aber auch von einer »klassenlosen« Gesellschaft ist die DDR weit entfernt. Die offiziellen Darstellungen der sozial-ökonomischen Struktur der Berufstätigen verschleiern noch immer die tatsächliche soziale Schichtung. Doch Trends der weiteren Entwicklung sind durchaus erkennbar. Die Statistik z. B. weist für 1983 89,3 Prozent der Berufstätigen als Arbeiter und Angestellte aus, 6,6 Prozent als Mitglieder von LPGs und 1,8 Prozent als Mitglieder von Produktionsgenossenschaften des Handwerks. 1,2 Prozent der Berufstätigen sind private Handwerker und 0,8 Prozent »Sonstige« (darunter 0,1 Prozent freiberuflich Tätige).[22]

Der Anteil der Berufstätigen in der Industrie blieb unverändert (1975: 37 Prozent, 1982: 38 Prozent, 1983: 37,9 Prozent), er stieg leicht im »nichtproduzierenden Bereich« (1970: 17,5 Prozent, 1982: 20,5 Prozent, 1983: 20,7 Prozent), während sich die Zahl der Beschäftigten in der Landwirtschaft verringerte. Bei der Qualifikationsstruktur hält der Trend zu verbesserter Ausbildung an: der Anteil der »Hoch- und Fachschulkader« stieg von 11,7 Prozent (1971) auf 18,3 Prozent (1979), die Zahl der ungelernten Arbeiter sank weiter auf 21,3 Prozent.[23]

Interessanterweise verminderte sich aber die Anzahl der Studenten. Betrug die Zahl der Studierenden an Hochschulen 1971 noch 158 000, so waren es 1975 noch 136 000 und 1979 nur noch 129 000. 1981 pendelte sich die Zahl bei 130 000 ein (1983: 130 097). Der Anteil der Studenten an Hochschulen je 10 000 der Bevölkerung sank von 92 im Jahr 1971 auf 81 im Jahr 1975, weiter auf 77 im Jahr 1979 und lag 1983 bei 78. War das Verhältnis zwischen Bundesrepublik und DDR 1970 noch fast gleich,

---

[21] Protokoll X. Parteitag, Bd. 1, S. 31.
[22] Statistisches Taschenbuch der Deutschen Demokratischen Republik 1984. Berlin (Ost) 1984, S. 34.
[23] Ebd., S. 34. Geschichtsunterricht und Staatsbürgerkunde 23 (1981) Heft 6, S. 488 ff.

so studierten 1978 in der Bundesrepublik pro 10 000 Einwohner doppelt soviele (155) wie in der DDR.[24]

Die ideologische Ausrichtung der Studenten soll indes gezielter vorgenommen werden. Neben der Effektivität des Studiums verlangte das Politbüro der SED in einem Beschluß über die »Aufgaben der Universitäten und Hochschulen in der entwickelten sozialistischen Gesellschaft« im März 1980 vor allem die ideologische Indoktrination. Die Studenten sollten in die Lage versetzt werden, »jederzeit und unter allen Bedingungen den Marxismus-Leninismus und die Politik der Partei zu vertreten und sich mit der bürgerlichen Ideologie auseinanderzusetzen«.[25] Da diese Forderung seit Jahren immer wieder auftaucht, scheinen die Erfolge der »marxistisch-leninistischen Erziehung« dem Politbüro der SED offenbar nicht ausreichend. Einflüsse außerhalb der Parteidoktrin wirken eben weiter auf die verschiedenen Bevölkerungsschichten der DDR ein, die als Industriegesellschaft mit vielfältigen Problemen konfrontiert ist.

Abgesehen vom Rückgang der Studentenzahlen (bis 1981) legen die Statistiken der DDR weiterhin typische Symptome der Entwicklung einer Industriegesellschaft offen. Der Rückgang der Beschäftigten in der Landwirtschaft, das Überwiegen des industriellen Sektors, die Qualifizierung der Arbeitskräfte und das Anwachsen der Berufstätigen mit akademischer Ausbildung sowie eine ständige Spezialisierung der Berufe sind Indizien für die weitere industrielle Entwicklung und den technischen Fortschritt. Die in allen Industrieländern zu beobachtende Tendenz, daß die Zahl der Selbständigen und mithelfenden Familienangehörigen rückläufig ist, macht sich in der DDR durch die geänderten Eigentumsverhältnisse noch stärker bemerkbar. Da dort der Staat praktisch zum einzigen Arbeitgeber der Industrie wurde, sind die typischen Probleme der Industriegesellschaft eher komprimiert als überwunden. Nach der Veränderung der Klassenstrukturen durch die Umwälzung der Eigentumsformen in den vierziger und fünfziger Jahren bringt nun der technische Fortschritt auch einen Wandel der Sozialstruktur.

Selbstverständlich verschärften sich mit diesen veränderten

---

[24] Statistisches Taschenbuch 1984, S. 121. Vgl. auch: Zahlenspiegel Bundesrepublik Deutschland/Deutsche Demokratische Republik. 2. Aufl. Bonn 1981, S. 71.
[25] Neues Deutschland, Nr. 68 vom 20. 3. 1980.

Sozialstrukturen auch die sozialen Widersprüche. Die DDR-Spitze versucht die Existenz einer neuen Oberschicht zwar zu leugnen, doch ist nicht zu übersehen, daß die Positionen der neuen Eliten in Partei, Staat, Wirtschaft und Kultur nicht nur für die hierarchische Herrschaftsstruktur bedeutsam sind, sondern auch soziale Privilegierung dieser Gruppen bzw. Unterprivilegierung für breite Kreise bedeuten. So ist zwar insgesamt der Besitz an Gebrauchsgütern weiter gestiegen, auf 100 Haushalte kamen 1983 41 Pkw (1975: 26), 91 Fernsehempfänger (1975: 82), 99 Kühlschränke (1975: 86) und 86 Waschmaschinen (1975: 73).[26] Aber bei den Haushalten mit hohem Nettoeinkommen (2200 Mark und mehr) betrug der Bestand immerhin (bereits 1980 pro 100 Haushalte) 68 Pkw, 126 Kühlschränke, 107 Waschmaschinen und 126 Fernsehempfänger. Bei den niedrigsten Einkommen (unter 800 Mark) hingegen nur 6 Pkw, 71 Kühlschränke, 57 Waschmaschinen und 75 Fernsehempfänger. Doch auch beim »Durchschnitt« der Arbeiter- und Angestellten (3 Personen-)Haushalte, die zwischen 1200 und 1400 Mark (22 Prozent) bzw. zwischen 1400 und 1600 Mark (25 Prozent) verdienten (1980 lag der Durchschnitt bei 1450 Mark), ist die Ausstattung weit geringer als bei den Spitzenverdienern, also vor allem gegenüber den Funktionären in der Wirtschaft oder der Partei.[27] Diese Beispiele veranschaulichen, daß die Lebensverhältnisse selbstverständlich vom Einkommen bestimmt werden. Gerade bei der Verfügung über langlebige Gebrauchsgüter, die die Arbeit erleichtern und bei einer Berufstätigkeit von rund 90 Prozent der Frauen sehr notwendig sind, zeigen sich erhebliche soziale Unterschiede. Die Funktionäre der Oberschicht bleiben privilegiert, deshalb ist die DDR auch trotz eines Netzes sozialer Sicherungen – in SED-Verlautbarungen »sozialistische Errungenschaften« genannt – einer »klassenlosen« Gesellschaft nicht nähergekommen. Der angebliche »Übergang zum Kommunismus«, zur klassenlosen Gesellschaft, bleibt so reine Ideologie.

Ein solcher Übergang wird indes noch mehr durch die hierarchische Herrschaft verbaut. Dagegen hat sich schon immer die demokratisch-kommunistische Opposition in der DDR aufge-

---

[26] Statistisches Taschenbuch 1984, S. 115.
[27] Statistisches Jahrbuch der Deutschen Demokratischen Republik 28 (1983) Berlin (Ost) 1983, S. 277.

lehnt und den Widerspruch zwischen Theorie und Praxis angeprangert. Seit den fünfziger Jahren ist die Traditionslinie dieser Opposition des »dritten Weges« nachzuzeichnen.[28] In der jungen Generation, die ideologisch geschult ist, finden solche Ideen immer wieder Anhänger. Nach der Ausweisung Biermanns zeigte sich, daß in der DDR nicht nur einzelne Oppositionelle, sondern Gruppen solcher Personen existieren, die einen humanistischen Sozialismus fordern und deshalb Repressalien und der Verfolgung durch den SSD ausgesetzt sind.[29]

In seiner letzten Arbeit erklärte z. B. Havemann, die Schwierigkeiten in der DDR seien nicht in der Reife oder Unreife der Arbeiterklasse begründet, sondern entstünden, weil »der reale Sozialismus kein Sozialismus und seine Planwirtschaft keine Planwirtschaft ist«. Er setzte sich ein für die Ausbreitung der Diskussion über Demokratie und Sozialismus.[30] Gerade dies macht der SED-Spitze am meisten Angst. Da ihr System nur funktionieren kann, wenn die Partei (und im Kern der Parteiapparat) intakt ist, d. h., im Sinne des Zentralismus ohne interne Diskussion die Weisungen von oben befolgt werden, ist sie außerstande, innerparteiliche Freiheit zu gewähren. Die Verhaftung Bahros im August 1977 hat dies ebenso gezeigt wie die Ausbürgerung Biermanns und der Exodus der Schriftsteller. Die SED-Führung befürchtet, daß auf die Zulassung pluralistischer Ideen die Entstehung pluralistischer Institutionen folgt und dies schließlich mit ihrem Machtverlust endet. Die Beispiele der CSSR 1968 und Polens seit 1980 sind ihr eine »Warnung« vor jedem Zugeständnis auch an innerkommunistische oppositionelle Vorstellungen.

Für die SED sind alle Ideen des »pluralistischen Sozialismus« Konzeptionen mit dem Ziel, »unter dem Deckmantel einer vermeintlich notwendigen Demokratisierung des politischen Systems des Sozialismus dessen Grundpfeiler zu demontieren und

---

[28] Vgl. dazu Hermann Weber, Der dritte Weg. In: Ulf Wolter (Hrsg.), Antworten auf Bahros Herausforderungen des »realen Sozialismus«. Berlin (West) 1978, S. 145.

[29] Vgl. z. B. Jürgen Fuchs, Gedächtnisprotokolle. Reinbek 1977. Jürgen Fuchs, Vernehmungsprotokolle. Reinbek 1978. W. Biermann, H. Brandt, E. Mandel u. a., DDR. Diktatur der Bürokratie oder »die Alternative«? Frankfurt a. M. 1978. Politische Unterdrückung in der DDR. »Freiheit heißt die Ware«. Köln 1978.

[30] Robert Havemann, Morgen. Die Industriegesellschaft am Scheideweg. Kritik und reale Utopie. München 1980, S. 53.

ihn dadurch zu liquidieren«.[31] Um diese These wenigstens ihren Anhängern glaubhaft zu machen, muß die SED gleichzeitig behaupten, daß ihr »realer Sozialismus« keine »Diktatur der Partei über die Arbeiterklasse und die Volksmasse« bedeute[32] und sie eine Legitimation der Führung als Vertretung der Arbeiterklasse und als Fortführerin der Tradition der Arbeiterbewegung besitze. Die Realität zeigt, wie falsch diese Behauptungen sind, und Theoretiker wie Havemann haben nachgewiesen, wie wenig sich die Praxis der SED-Führung auf die Theorie von Marx und einen »Übergang zum Kommunismus« berufen kann. Verstaatlichung der Industrie und Abschaffung des Privatkapitalismus haben keinen sozialistischen deutschen Staat geschaffen. In der Tradition der Arbeiterbewegung bedeutet Sozialismus Emanzipation des Menschen und ist nur durch Demokratie zu verwirklichen. Schon vor 110 Jahren konstatierte Wilhelm Liebknecht, einer der Führer der deutschen Arbeiterbewegung: »Der demokratische Staat ist die einzig mögliche Form der sozialistisch organisierten Gesellschaft.«[33] In der DDR aber gibt es keine Demokratie, keine Freiheitsrechte des einzelnen und keine Rechtssicherheit. Die Geschichte der DDR belegt ebenso wie die doppelt so lange Geschichte der UdSSR, daß der Weg der Einparteienherrschaft nicht zu Sozialismus und Demokratie führt. Das Fehlen des Pluralismus, der politischen Vielfalt und der Freien Gewerkschaften verhindern dies. Die SED behauptet, die Legitimation ihrer Herrschaft beruhe auf der Interessenvertretung der Arbeiter. Tatsächlich aber hat die Arbeiterschaft in der Politik, gerade auch in der Wirtschaftspolitik, nur ein minimales Mitspracherecht. Nach wie vor übt die SED-Führung eine politische Diktatur aus. Sie allein entscheidet über die Linie der Staatspolitik ebenso allgewaltig wie über die Planung und Leitung der Wirtschaft und damit über die Situation der arbeitenden Bevölkerung. Doch gerade hier offenbaren sich krasse Widersprüche des Systems: Die SED-Führung ist Gefangene ihrer eigenen Politik, aus Gründen der eigenen Ideologie wie der Machterhaltung muß sie die Lebenslage der arbeitenden

---

[31] Karl-Heinz Röder und Wolfgang Weichelt, Über das antisozialistische Pluralismus-Konzept. Einheit 36 (1981) Heft 7, S. 700.
[32] Ebd., S. 704.
[33] Wilhelm Liebknecht, Über die politische Stellung der Sozialdemokratie, insbesondere mit Bezug auf den Reichstag. Berlin 1893, abgedruckt in Hermann Weber, Das Prinzip links. Eine Dokumentation. Hannover 1973, S. 53.

Menschen ständig verbessern. Dazu bedarf es einer gewissen Partizipation der Massen, die wiederum auf die politischen Entscheidungen nicht ohne Einfluß bleiben kann.

Das Politbüro – das Führungsorgan der DDR

In den Jahren 1983 und 1984 gab es im obersten Führungsgremium der SED, dem Politbüro, wichtige Veränderungen. Im November 1983 rückte der »Benjamin«, der jüngste Kandidat Egon Krenz, zum Vollmitglied und gleichzeitig zum Sekretär des ZK-Sekretariats auf. Er wurde in der Folgezeit zum »2. Mann« hinter Honecker aufgebaut. Paul Verner, der bisher diese Position innehatte, schied im Mai 1984 aus dem Politbüro aus, zudem wurden vier Funktionäre zu neuen Vollmitgliedern berufen.

Das Politbüro trifft weiterhin – selbstverständlich in Absprache mit der Führung der Sowjetunion – die politischen Entscheidungen. Damit ist dieses Organ als Machtzentrale die eigentliche »Regierung« der DDR, zuständig sowohl für die Politik als auch für alle gesellschaftlichen, wirtschaftlichen und kulturellen Bereiche und Probleme, worauf bereits mehrfach hingewiesen wurde.

In seinen wöchentlichen Dienstagssitzungen befaßt sich das Politbüro mit Grundsatzfragen, behandelt aber ebenso Routineangelegenheiten wie auch Einzelthemen. Im Politbüro sind die Spitzen des Staates (Regierungschef und seine Ersten Stellvertreter), der Sicherheitsorgane, der größten Massenorganisation FDGB, vor allem aber (anders als in der Sowjetunion) sämtliche Mitglieder des Sekretariats des ZK vertreten, die ihrerseits über die ZK-Abteilungen den Parteiapparat dirigieren. Wie sehr das Politbüro auch die übrigen führenden Instanzen beherrscht, zeigt eine Übersicht der Besetzung der 64 höchsten Positionen der DDR: 25 Mitglieder und Kandidaten des Politbüros, 12 Sekretäre des ZK, der Staatsratsvorsitzende und seine acht Stellvertreter, 15 Mitglieder des Präsidiums des Ministerrats sowie die drei Chefs von Verteidigungsrat, Armee und SSD verteilen sich durch Personalunion auf nur 39 Personen, darunter eben allein 25 Mitglieder und Kandidaten des Politbüros. Damit wird die enge Verflechtung in der obersten Führung der DDR ebenso deutlich wie die Dominanz der Politbüromitglieder sowohl in der Partei als auch im Staat.

Die Arbeitsweise des Politbüros ist im Detail kaum bekannt, die wenigen Hinweise sind bereits erwähnt.[34] Das Politbüro tagt im Haus des ZK, über das der Journalist Theo Sommer nach einem DDR-Besuch kürzlich berichtete: »Der Mittelpunkt der Macht in der DDR ist von preußischer Kargheit wie so vieles drüben. Das Zentralkomitee und das eigentliche Führungsgremium, das zwanzigköpfige Politbüro, amtieren in einem prunklosen grauen Gebäude, das einst das Reichsfinanzministerium beherbergte. Dem Besucher erweist ein erster Posten am Portal die Ehrenbezeugung. Im Hochparterre steht der zweite Posten stramm. Dann geht es im schmalen Fahrstuhl in den zweiten Stock: in die Chef-Etagen der Republik. ›Hier hat der Genosse Honecker sein Arbeitszimmer‹, sächselt der Mann vom Protokoll. ›Er ist die meiste Zeit hier, nicht nebenan im Gebäude des Staatsrats.‹ Honeckers Büro hat die Zimmernummer 2010. Rechts und links zweigen labyrinthische Korridore ab: genoppter beiger Spannteppich, an einigen Stellen parkettgemustertes Linoleum, einfache Türen aus hellem Holz. In einer Ecke ein Raum mit Sitzgruppen: ›Dahinter tagt das Politbüro‹, erklärt mein Begleiter.«[35]

Über Aufgaben und Arbeitsweise des Politbüros heißt es in einer offiziellen Darstellung: »Das Politbüro beschäftigt sich mit allen Grundsatzfragen der Politik der Partei, der Staatsführung und der Volkswirtschaft. Notwendige Ausarbeitungen dazu erfolgen durch den Ersten Sekretär des Zentralkomitees, durch das Sekretariat des Zentralkomitees, durch Mitglieder und Kandidaten des Politbüros, durch den Vorsitzenden des Ministerrates sowie durch die Leiter der vom Politbüro eingesetzten Arbeitsgruppen.«[36] Da das Politbüro der SED sich auch in seiner Struktur und Arbeitsweise am Politbüro der KPdSU orientiert, dessen Tätigkeit durch einige spärliche Informationen wenigstens ansatzweise bekannt ist,[37] können die offiziellen Angaben der SED etwas konkretisiert werden.

---

[34] Vgl. Otto Schön, Die höchsten Organe der Sozialistischen Einheitspartei Deutschlands. Berlin (Ost) 1963, 2. Aufl. 1965, S. 17 ff. Horst Dohlus, Der demokratische Zentralismus – Grundprinzip der Führungstätigkeit der SED bei der Verwirklichung der Beschlüsse des Zentralkomitees. Berlin (Ost) 1965, S. 18 ff.

[35] Theo Sommer, Mit der Geschichte auf dem Buckel. Auch Kommunisten sind Deutsche. Ein Bericht aus den Chefetagen der DDR (II.). Die Zeit, Nr. 32 vom 3. 8. 1984, S. 3.

[36] Schön, S. 22.

[37] Die KPdSU berichtet etwas offener über die Tätigkeit des Politbüros, so

In den wöchentlichen Sitzungen findet der wichtigste Entscheidungsprozeß sowohl für die Partei als auch für den Staat, ja für alle Probleme der Gesellschaft, statt. Die Sitzungen am Dienstag werden traditionell vom Generalsekretär geleitet, der kraft seines Amtes zugleich dem Sekretariat vorsteht und somit über den Parteiapparat bestimmt, verfügt er über die größte Machtfülle. Diese wird noch verstärkt, weil er als faktischer Leiter des Politbüros auch direkt auf die Geschäftsordnung einwirkt. Die technischen Arbeiten und die Koordination erledigt das Büro des Politbüros, das aber ebenfalls in erster Linie dem Generalsekretär dient. Für jedes Politbüromitglied arbeitet ein persönlicher Sekretär. Die Verbindung zwischen diesen und dem Sekretär des Büros des Politbüros (Gisela Glende, die auch dem ZK angehört) ist die »Schiene«, auf der nicht nur die technische, sondern auch die politische Vorbereitung der Sitzungen laufen dürfte.

Über das Sekretariat eines Politbüromitglieds, des inzwischen abgelösten (und verstorbenen) Albert Norden, schrieb der ehemalige DDR-Philosoph Franz Loeser: »Ich öffne die Tür. In der Mitte liegt das Sekretariat, bestehend aus vier Sekretärinnen und dem persönlichen Sicherheitsbeamten von Norden. Rechts das Zimmer von Heinz Stadler, dem persönlichen Referenten, links residiert der ›große Gott‹. Stadler nennt seinen Chef nicht nur so, er behandelt ihn auch entsprechend. Diese Vergötterung ist verständlich, wenn man weiß, daß die ganze politische Laufbahn des persönlichen Referenten, ja, sein gesamtes Leben, mit dem seines Politbüromitglieds schicksalhaft verbunden ist.«[38]

gibt es seit Andropows Führung Mitteilungen über die wöchentlichen Sitzungen in der Prawda. Ebenso wird auf den Parteitagen wenigstens über die Zahl der Sitzungen, Themen usw. informiert, was bei der SED nicht geschieht. In Interviews haben Chruschtschow und Breschnew auch Einzelheiten über die Sitzungen bekanntgemacht. Hier sei auf folgende Literatur verwiesen: Boris Meissner, Der Entscheidungsprozeß in der Kreml-Führung. In: Boris Meissner und Georg Brunner (Hrsg.), Gruppeninteressen und Entscheidungsprozeß in der Sowjetunion. Köln 1975. Michael Voslensky, Nomenklatura. Die herrschende Klasse in der Sowjetunion. Wien 1980. N. S. Chruschtschow, Für dauerhaften Frieden und friedliche Koexistenz. Berlin (Ost) 1959, S. 56. Astrid von Borcke, Das Politbüro und die Probleme der »kollektiven Führung«. Berichte des Bundesinstituts für ostwissenschaftliche und internationale Studien, Nr. 11 (März) 1973. Georg Brunner, Politische Soziologie der UdSSR. 2 Bde. Wiesbaden 1977. Gerd Meyer, Bürokratischer Sozialismus. Eine Analyse des sowjetischen Herrschaftssystems. Stuttgart 1977.

[38] Franz Loeser, Der Rat der sozialistischen Götter. Wie die SED die DDR regiert. Der Spiegel, Nr. 32 vom 6. 8. 1984, S. 111 (Vorabdruck aus: Franz Loeser, Die unglaubwürdige Gesellschaft. Quo vadis DDR? Köln 1984, S. 50).

Wichtig sind informelle Verbindungen und Absprachen zwischen Politbüromitgliedern (die sich fast täglich sehen). Da die Politbüromitglieder in verschiedenen Institutionen arbeiten, sind sie einerseits sowohl für diese verantwortlich, bringen andererseits aber auch die Interessen dieser Apparate ins Politbüro ein.

Auch wenn die grundlegenden Probleme bereits durch Vorabsprachen zwischen den Politbüromitgliedern vorstrukturiert sind, erfolgen die endgültigen Entscheidungen doch erst in der Sitzung selbst. Die anstehenden Fragen werden entweder von den Politbüromitgliedern, den Sekretären oder den vom Politbüro eingesetzten »Fachkommissionen« eingebracht, oder sie werden über den Instanzenweg von untergeordneten Parteistellen an das Politbüro herangetragen. Ein Referent erstattet Bericht, nach einer mehr oder weniger ausführlichen Diskussion erfolgt schließlich die Beschlußfassung. Arbeitspläne, Beschlußvorlagen und Beschlußprotokoll sind die schriftlichen Unterlagen der Sitzung. Zu speziellen Tagesordnungspunkten können auch Fachleute gehört werden. Während in den frühen fünfziger Jahren, wie Heinz Lippmann schilderte, die Auseinandersetzungen der Führungsspitze auch im Politbüro zu spüren waren – so beteiligten sich z. B. bei Diskussionen um FDJ-Projekte Ulbricht-Gegner gar nicht an der Debatte, »Zaisser las Zeitung, Rau blätterte in irgendwelchen Akten«[39] – ist dort inzwischen ein diszipliniertes Verhalten zu registrieren. Über seine Erfahrungen als Teilnehmer einer Politbürositzung berichtet Franz Loeser: »Zwei Stühle stehen für uns bereit. Die Mitglieder und Kandidaten des Politbüros sitzen im Halbkreis vor uns. In der Mitte Erich Honecker, links und rechts neben ihm Willi Stoph und Horst Sindermann, genauso wie sie an der Wand und in der Anmeldung im Großen Haus hängen. Ich kenne viele der Politbüromitglieder persönlich, aber jetzt ist die Atmosphäre völlig unpersönlich. Hier wird das Persönliche beiseite geschoben ... Der Abteilungsleiter stellt mich vor, weist auf die eingereichte Vorlage hin. Erich Honecker schaut mich an: ›Genosse Professor, würden Sie kurz das Anliegen Ihrer geplanten Veranstaltung erläutern.‹ Ich gebe meine Erläuterungen. Alle Augen sind auf mich gerichtet. Niemand unterbricht mich. Dann schaut Honecker zu Norden und Kurt Ha-

---

[39] Heinz Lippmann, Honecker. Porträt eines Nachfolgers. Köln 1971, S. 146 ff. Lippmann nahm als FDJ-Funktionär an Politbüro-Sitzungen teil.

ger hinüber. Das hat seinen guten Grund, jedes der Politbüromitglieder ist der uneingeschränkte Herrscher in seinem Bereich. Keines der anderen Politbüromitglieder wird versuchen, sich in die Belange eines anderen einzumischen. Nur dem Generalsekretär ist es erlaubt, diese Grenzen zu überschreiten ... Honecker schaut auf die Uhr. Die Zeit ist bereits überschritten. Honeckers Blick gleitet über die Genossen. Man ist sich einig. Ich merke, wie der Abteilungsleiter neben mir aufatmet. Alles ist gutgegangen. Die Vorlage wird verabschiedet, zum Beschluß des Politbüros erhoben und ist damit oberstes Gesetz der DDR. Während wir den Sitzungssaal verlassen, beginnen bereits die Räder des Parteiapparats zu laufen, setzt sich die gesamte gesellschaftliche Maschinerie in Bewegung.«[40]

Wieweit der Sachverstand überhaupt (insbesondere auch die wissenschaftliche Beratung) in den Entscheidungsprozeß einbezogen wird, ist unbekannt. Da das Politbüro über Grundsatzfragen – insbesondere der Innenpolitik, aber auch der Ideologie – befindet, werden hier Weichen der Politik gestellt, wobei die grundsätzliche Linie durch die KPdSU vorgegeben ist.

Das Politbüro befaßt sich aber oft auch mit zweitrangigen Fragen, es fällt wichtige Personalentscheidungen und setzt die ritualisierten Kampagnen in Gang (teilweise Wiederholungen, etwa zur Frühjahrsaussaat oder Ernte, Vorbereitungen von Feierlichkeiten wie 1. Mai oder Jahrestag der DDR-Gründung, insbesondere aber die Wirtschaftspläne). Schließlich haben einige Ressorts dem Politbüro regelmäßig Rechenschaftsberichte vorzulegen, die dort behandelt werden. Das Politbüro bedient sich der verschiedensten Informationskanäle (darunter früher auch das Institut für Meinungsforschung), um über alle Bereiche einen Überblick zu bekommen. Dadurch kann es auch seine Kontrollfunktion über Partei, Staat und Gesellschaft umfassend ausüben.

Die erforderlichen Unterlagen, Informationen und die Beschlußvorlagen erarbeiten die Institutionen, die im Politbüro vertreten sind, teilweise selbst, vor allem werden sie vom Sekretariat unter Mitwirkung des Parteiapparats erstellt. Bei den Vorlagen hat das Sekretariat die Aufgabe einer ersten Koordinationsstelle, vermutlich aber legt das Sekretariat (mit Hilfe der Ressort-Abteilungen des ZK-Apparats) auch Gutachten vor, nimmt also erheblichen Einfluß auf die Thematik. Die letzte

---

[40] Loeser, Der Rat, S. 112 f.

Koordination und die endgültige Ausarbeitung der Vorlagen obliegt dann dem Büro des Politbüros, das auch für das Protokoll verantwortlich ist. Die einzelnen Mitglieder haben je nach Aufgabe und Autorität unterschiedlichen Einfluß, auch sind die Kandidaten von den Mitgliedern formal abgehoben.[41]

Das Mitte 1984 amtierende Politbüro ist auf dem X. Parteitag 1981 gewählt worden. Im November 1983 rückte mit Egon Krenz bereits ein Kandidat zum Mitglied auf, und nach dem Ausscheiden von Verner im Mai 1984 wurden die bisherigen Kandidaten Jarowinsky, Kleiber und Schabowski Politbüro-Mitglieder. Werner Jarowinsky (geb. 1927), Sohn eines deutschen Arbeiters, der in der UdSSR starb, kehrte 1945 nach Deutschland zurück. Er arbeitete als Industriekaufmann, studierte und promovierte 1956. 1945 Mitglied der KPD, dann der SED, wurde er 1958 Mitarbeiter im Ministerium für Handel und Versorgung und stieg dort 1961 zum Staatssekretär auf. Er war seit 1963 Mitglied des ZK, Kandidat des Politbüros sowie Sekretär des ZK und wurde erst jetzt, nach 21 Jahren, Vollmitglied des Politbüros. Ähnlich Günther Kleiber (geb. 1931), 1950 Mitglied der SED und nach dem Studium Diplomingenieur für Elektronik. Er kam 1967, also vor 17 Jahren, ins ZK und als Kandidat ins Politbüro und ist seit 1971 Stellvertretender Vorsitzender des Ministerrates. Günter Schabowski (geb. 1929) wurde hingegen schon nach drei Jahren Kandidatenzeit Mitglied des Politbüros. Nach dem Abitur Journalist, war er von 1953 bis 1967 stellvertretender Chefredakteur des FDGB-Organs ›Tribüne‹, dann von ›Neues Deutschland‹, das er seit 1978 leitet. Ins ZK und als Kandidat des Politbüros berief ihn der X. Parteitag 1981.

Daß die Karrieremuster sehr unterschiedlich sind, zeigt auch das Beispiel des vierten neuen Mitglieds, Herbert Häber (geb. 1930), der 1946 der SED beitrat. Er war von 1950 bis 1965 Mitarbeiter des ZK, von 1965 bis 1971 stellvertretender Staatssekretär für gesamtdeutsche bzw. westdeutsche Fragen, von 1971 bis 1973 Direktor und Professor des Instituts für Internationale Politik und Wirtschaft. 1973 wurde er Leiter der West-Abteilung im ZK der SED, 1976 Kandidat und 1978 Mitglied des ZK. Ohne Einhaltung des »normalen Weges«, d. h. zu-

---

[41] Die verbeitete Annahme, die Kandidaten seien im Gegensatz zu den Mitgliedern nicht »stimmberechtigt« ist nicht überzeugend, da in der Regel die Beschlüsse durch Konsens und nicht durch Abstimmung getroffen werden.

nächst Kandidat zu sein, schaffte er sofort den Sprung zum Mitglied des Politbüros und Sekretär des ZK. Schließlich wurde im Mai 1984 noch das Politbüro-Mitglied Konrad Naumann als Sekretär des ZK berufen.

Dieses personelle Revirement veränderte das oberste Machtzentrum: anstelle der 10 Sekretäre von 1981 gibt es nun 12, überdies jetzt 21 Mitglieder und nur noch vier Kandidaten im Politbüro. Bemerkenswert ist, daß keine der beiden Frauen, die ja auch bereits langjährige Kandidaten des Politbüros sind, zum Mitglied aufstieg (und sei es auch nur im Sinne einer Alibi-Funktion).

Ein Blick auf das Mitte 1984 amtierende Politbüro (vgl. Tabelle, S. 482) macht deutlich, daß sowohl von der altersmäßigen und beruflichen Zusammensetzung als auch von der politischen Sozialisation und Erfahrung her verschiedene Gruppierungen zu registrieren sind. Der engere Führungskreis (Honecker, Stoph, Hoffmann, Mielke, Mückenberger und Neumann) hatte einen ähnlichen Lebensweg, und damit gleichen sich wohl auch die Grundvorstellungen, die auf identischen Erfahrungen beruhen: Heute um die siebzig Jahre alt, haben sie einen Arbeiterberuf ausgeübt, sind aber schon seit vierzig oder fünfzig Jahren hauptamtlich im Parteiapparat tätig. Bis auf Mückenberger (der vor 1946 in der SPD war) traten alle bereits vor Hitlers »Machtergreifung« der KPD bei, wurden vom NS-Regime verfolgt, erlitten Zuchthaus und KZ oder lebten in der Emigration. Einen ähnlichen Werdegang hatten auch Axen, Hager und Sindermann; sie waren allerdings ursprünglich keine Arbeiter. Demgegenüber ist eine weitere Gruppe (Dohlus, Felfe, Häber, Herrmann, Krolikowski, Naumann, Schabowski, Tisch und auch der Jüngste, Krenz) erst nach 1945 zum Kommunismus gestoßen, stammt aber ebenfalls aus dem Arbeitermilieu und hat eine rund 30jährige Apparaterfahrung. Aufgrund ihrer Jugend waren diese Parteiführer aber keiner Verfolgung unter Hitler ausgesetzt, sie waren niemals in einem gegnerischen Regime aktiv, sondern gehörten immer zu den Herrschenden in der DDR. Eine andere Gruppe (Mittag, Jarowinsky, Kleiber, Müller), ausgesprochene Fachleute,[42] gelangte in der Ulbricht-Ära in die

---

[42] Dies führte P. C. Ludz dazu, von einer »institutionalisierten Gegenelite« im Politbüro zu sprechen. Vgl. Peter Christian Ludz, Parteielite im Wandel. Funktionsaufbau, Sozialstruktur und Ideologie der SED-Führung. Köln, Opladen 1968.

Politbüro der SED (Stand Mitte 1984):

Name	Alter	Beruf	haupt-amtlich (Jahre)	NS-Haft (H) od. Emigration (E) (Jahre)	KPD/ SED seit	Politbüro seit
Honecker, Erich	71	Dachdecker	53	10 J.H.	1929	1950
Stoph, Willi	70	Maurer	39	–	1931	1953
Hoffmann, Heinz	73	Schlosser	51	10 J.E.	1930	1973
Mielke, Erich	76	Arbeiter	53	12 J.E.	1925	1971
Mückenberger, Erich	74	Schlosser	38	4 J.H.	1927 (SPD)	1950
Neumann, Alfred	75	Tischler	51	4 J.H.	1929	1954
Axen, Hermann	68	Journalist	41	5 J.H.	1932	1963
Hager, Kurt	72	Journalist	50	9 J.E.	1930	1959
Sindermann, Horst	68	Journalist	39	11 J.H.	1929	1958
Dohlus, Horst	59	Friseur	35	–	1946	1976
Felfe, Werner	56	Angestellter	38	–	1945	1973
Häber, Herbert	54	Angestellter	34	–	1946	1984
Herrmann, Joachim	55	Journalist	35	–	1946	1973
Krolikowski, Werner	56	Angestellter	34	–	1946	1971
Krenz, Egon	47	Lehrer	25	–	1955	1976
Naumann, Konrad	55	Landarbeiter	36	–	1945	1973
Schabowski, Günter	55	Journalist	31	–	1952	1981
Tisch, Harry	57	Schlosser	36	–	1945	1971
Mittag, Dr. Günther	57	Dipl. Wirtsch.	33	–	1946	1963
Jarowinsky, Dr. Werner	57	Dipl. Wirtsch.	26	–	1945	1963
Kleiber, Günther	52	Dipl. Ing.	19	–	1950	1967
Müller, Margarete (K)	53	Dipl. Agrar.	24	–	1951	1963
Schürer, Gerhard (K)	63	Schlosser	34	–	1948	1973
Lange, Ingeburg (K)	57	Schneiderin	32	–	1945	1970
Walde, Werner (K)	58	Angestellter	36	–	1946	1976

(*kursiv*: 12 Sekretäre, K: Kandidaten)

oberste Führung, ohne aber maßgeblichen politischen Einfluß zu bekommen. Kandidaten wie Lange und Walde durchliefen wieder die typische Apparatkarriere. Bemerkenswert ist, daß die Hälfte der heutigen Mitglieder bzw. Kandidaten des Politbüros erst nach Ulbrichts Abgang in das höchste Gremium aufstieg. Von diesen Funktionären haben viele mit Honecker bereits in der Jugendorganisation FDJ zusammengearbeitet.

Neben dem Politbüro ist das Sekretariat des ZK wichtigste

Instanz der SED.[43] Alle 12 Sekretäre gehören, wie bereits erwähnt, dem Politbüro an, wobei Honecker als Generalsekretär eine herausragende Stellung innehat. Das Sekretariat ist die eigentliche Schaltzentrale für die Tagesarbeit der Partei, es leitet die parteiinternen Angelegenheiten und dirigiert die staatlichen und gesellschaftlichen Apparate. Die Sekretäre des ZK sind die Vorgesetzten der hauptamtlichen Apparatfunktionäre und verkörpern allein dadurch eine große Macht; sie leiten das Arbeitsorgan der Partei an, den »Apparat des ZK«. Dieser Apparat beschäftigt über 1500 Angestellte; er ist in ca. 40 Abteilungen gegliedert (u. a. die Abteilungen Propaganda, Agitation, Frauen, Kader, Jugend, Parteiorgane, Planung, Finanzen, Wissenschaft usw.).

Alle Bereiche des gesellschaftlichen, staatlichen und politischen Lebens sind jeweils durch Abteilungen abgedeckt, die von einem Abteilungsleiter und einem, manchmal mehreren Stellvertretern geleitet werden (in Einzelfällen leitet der ZK-Sekretär selbst die Abteilung, etwa Dohlus die sehr wichtige Abteilung leitende Parteiorgane). Die Abteilungen sind in Sektoren mit Sektorenleitern, Mitarbeitern und Instrukteuren gegliedert. Eine Reihe von Abteilungsleitern gehört auch dem ZK an (der vom Parteitag »gewählten« Institution), so z. B. der Leiter der Abteilung Agitation, Geggel, der Leiter der Abteilung Planung, Ehrensperger, der Leiter der Abteilung Kader, Fritz Müller usw.

Durch ihre Funktion bilden die Sekretäre des ZK die Spitze der Parteiverwaltung. Sie sind aber gleichzeitig der Planungsstab. Mit Hilfe des Apparats ist es dem Sekretariat (das in der Regel ebenfalls wöchentlich tagt) möglich, die gesamte Partei (über den entsprechenden Parteiapparat) anzuleiten und zu kontrollieren. Außerdem kann über Vorlagen oder Kontrollberichte an das Politbüro auch der Staatsapparat, die Wirtschaft, die Kultur usw. gelenkt werden. Beispielsweise werden die Fünfjahrpläne (und erst recht die Jahrespläne) der Wirtschaft zunächst in den Abteilungen des ZK-Apparats entworfen, gelangen über das Sekretariat ins Politbüro und werden dort im

---

[43] Vgl. die wenigen allgemeinen Aussagen bei Schön, Die höchsten Organe, S. 24 und bei Dohlus, Der demokratische Zentralismus, S. 19: »Das Sekretariat leitet die laufenden Aufgaben. Es organisiert hauptsächlich die Kontrolle der Durchführung der Beschlüsse der Partei in den Bezirken und Kreisen und wählt die Kader aus.«

Grundsatz beschlossen. Dann gehen die vorliegenden Entwürfe zur Konkretisierung in die jeweiligen Ministerien, als staatliche Beschlußvorlage in den Ministerrat, der sie seinerseits formal beschließt und in der Volkskammer einbringt.

Das Sekretariat bestimmt für den ZK-Apparat die Arbeitsplanung. Entsprechend den Direktiven des Politbüros legen die Abteilungen ausführliche Arbeitspläne vor, in denen z. B. ständig wiederkehrende Kampagnen detailliert beschrieben sind, aber auch für aktuell auftretende Probleme Termine offengehalten werden. Die Abteilungspläne regeln ebenso den Einsatz der jeweiligen Mitarbeiter (nach Sektoren geordnet). Das Sekretariat des ZK übt auch hier vor allem die Kontrolle über die Durchführung aus. Die entscheidende Aufgabe des Sekretariats besteht in der – mit Hilfe des ZK-Apparats praktizierten – Anleitung der unteren Parteiorgane und über diese dann auch der übrigen gesellschaftlichen Organisationen (Gewerkschaft, FDJ), des Staates, der Wirtschaft usw. Dabei stehen neben Rundschreiben und schriftlichen Direktiven auch zahlreiche Instrukteure zur Verfügung.

Vor allem aber ist das Sekretariat für die »Auslese der Kader« zuständig. Damit überwacht letztlich das Sekretariat des ZK die wichtigste »Nomenklatur«: Alle Mitglieder und Mitarbeiter des ZK, die Minister und Staatssekretäre, die Bezirkssekretäre der SED, die zentralen Sekretäre der Massenorganisationen, die 1. Sekretäre der SED-Kreisleitungen, leitende Militärs, Diplomaten, Wirtschaftsführer, Wissenschaftler usw. gehören zur Nomenklatur des ZK, d. h., über alle Besetzungen dieser Funktionen bestimmt das Sekretariat, ebenso wie über die Laufbahn der »Kader«. Von diesen »Nomenklaturkadern des Zentralkomitees besitzen 98,1 Prozent einen Hoch- oder Fachschulabschluß«, wie der Leiter der Abteilung für Kaderfragen beim ZK der SED, Fritz Müller, bekanntgab. Er teilte auch mit, daß von »339 000 Nomenklaturkadern des Zentralkomitees, der Bezirks- und Kreisleitungen der SED« in den letzten Jahren Weiterbildungslehrgänge besucht wurden.[44] Aus dieser Zahlenangabe geht hervor, daß rund eine halbe Million der 2 Millionen

---

[44] Fritz Müller, Zu den Grundfragen der Kaderpolitik der SED. Referat auf der Wissenschaftlichen Konferenz zu den Karl-Marx-Tagen. Theorie und Praxis. Wissenschaftliche Beiträge der Parteihochschule »Karl Marx« beim ZK der SED. Nr. 2, 1981, S. 41. Die Zahlen werden wiederholt in der gleichen Zeitschrift, Nr. 1, 1982, S. 86. Vgl. auch Gert-Joachim Glaeßner, Herrschaft durch Kader.

Mitglieder der SED »Nomenklaturkader« sind, also hauptamtliche Funktionen in Partei, Staat, Wirtschaft usw. innehaben und damit von der Parteiführung abhängig sind. Zur Nomenklatur des ZK, über die das Sekretariat entscheidet, dürften demnach mehrere tausend Personen, etwa 5000 bis 10 000 Spitzenfunktionäre, gehören. Das Sekretariat führt zugleich eine »Entwicklungskartei« dieser Kader (um vakante Stellen besetzen zu können) und erarbeitet alle Kadervorlagen für das Politbüro oder ZK. Dabei besteht eine enge Kooperation mit der Zentralen Parteikontrollkommission (Leiter: Mückenberger), eine Art innerparteilicher »Polizei«. Die Arbeitstechniken (soweit sie überhaupt bekannt sind) zeigen die wesentliche Rolle des Sekretariats bei der Zuarbeit für das Politbüro, lassen aber auch erkennen, daß das Sekretariat selbst wichtige Positionen in der Hierarchie einnimmt. Mit Hilfe des Sekretariats kann das Politbüro als die eigentliche »Regierung« der DDR funktionieren.

Inzwischen dominieren auch im Politbüro die Vertreter des Parteiapparats; außer den 12 Sekretären rekrutieren sich drei weitere Funktionäre aus dem Parteiapparat, also 15 der 25 Mitglieder und Kandidaten; noch 1963 waren es nur die Hälfte.

Die personellen Veränderungen des Politbüros in der Geschichte der DDR widerspiegeln die Trends der jeweiligen Politik. Stichproben für einen Rhythmus von je etwa 10 Jahren lassen folgendes erkennen: Dem Zentralsekretariat von 1946 gehörten 14 Personen an, dem Politbüro von 1950 15 (außerdem gab es damals drei Sekretäre des ZK, die nicht zugleich im Politbüro waren), 1958 waren es 21 Mitglieder und Kandidaten, 1971 23 und 1981 schließlich 25. Die Fluktuation von 1945 bis 1950 betrug 50 Prozent, von 1950 bis 1958 sogar 60 Prozent, von 1958 bis 1971 wieder 50 und von 1971 bis 1981 40 Prozent. Vor allem aber: in den frühen Phasen verloren zahlreiche Mitglieder durch Parteisäuberungen ihre Positionen, später erfolgten Auswechslungen in der Regel wegen Krankheit oder Tod.

Aus dem Zentralsekretariat von 1946 waren 1950 bereits vier Mitglieder aus der Führung verdrängt und zwei weitere aus der SED ausgeschlossen. Zehn Jahre später waren von den 14 Mit-

---

Opladen 1977, S. 240 ff., sowie Hans-Jürgen Brandt und Martin Dinges, Kaderpolitik und Kaderarbeit in den »bürgerlichen« Parteien und den Massenorganisationen der DDR. Berlin (West) 1984. S. 15 ff.

gliedern des ZS von 1946 nicht weniger als fünf ausgeschlossen (zwei davon sogar verhaftet) und vier verdrängt. Aus dem Politbüro von 1950 verloren bis 1958 sogar neun ihre Funktion; doch nach 1958 wurden nur noch einige wenige Parteiführer aus dem Politbüro entfernt. Die Zeit der rigorosen Säuberungen war vorbei.

Insgesamt 69 Personen gehörten von 1946 bis 1984 zur Spitzenführung der SED, sie waren Mitglied oder Kandidat des Politbüros bzw. Sekretär des ZK. Davon waren nur sechs Frauen, also weniger als 10 Prozent. Etwa je ein Viertel der Funktionäre war vor 1900, zwischen 1900 und 1910, zwischen 1911 und 1920 oder nach 1920 geboren. Zwei Drittel besuchten nur die Volksschule, je 15 Prozent absolvierten eine höhere Schule oder die Universität. Die Hälfte der Parteiführer war ursprünglich Arbeiter, 20 Prozent waren Angestellte, ein Viertel hatte intellektuelle Berufe (Lehrer, Journalisten, Ingenieure). Drei Personen übernahmen jedoch bereits vor 1914 hauptamtliche Funktionen in der Arbeiterbewegung, 31 in der Weimarer Republik und 24 in der Zeit von 1945 bis 1950, nur 11 erst nach 1950. In der Weimarer Republik gehörten von diesen Parteiführern 32 der KPD an, acht der SPD (ebensoviele waren in der USPD gewesen); sechs waren in der Weimarer Republik Abgeordnete des Reichstages und fünf des Preußischen Landtages. Während der Hitlerzeit war ein Drittel in Deutschland im Widerstand aktiv bzw. in Haft, ein Drittel war in der Emigration, ein Drittel (meist jüngere Personen) lebte unbehelligt in Deutschland. Im Jahre 1945 waren von den 69 Parteiführern 41 Mitglieder der KPD und nur 12 Mitglieder der SPD, 16 traten erst später der SED bei.

Beim Vergleich der Parteiführungen wird deutlich, daß die Sozialdemokraten rasch zurückgedrängt wurden, sich aber an der altersmäßigen und sozialen Zusammensetzung relativ wenig veränderte. Das Durchschnittsalter betrug 1946 53 Jahre, 1950 50 Jahre, 1958 52 Jahre, stieg bis 1971 auf 55 Jahre und 1981 auf 59 Jahre. Der Anteil derjenigen, die ursprünglich Arbeiter waren, lag immer um etwa 50 Prozent; allerdings gab es zunächst kaum akademisch ausgebildete Parteiführer, inzwischen sind es 20 Prozent. Die Männer blieben fast immer unter sich, es waren jeweils nur eine oder zwei Frauen im Politbüro, seit 1950 auch immer nur als Kandidat.

Ein Blick auf die politische Sozialisation der Politbüromitglieder zeigt, daß diese zumeist über 30 Jahre in der sozialistischen Bewegung organisiert waren. Die Dauer ihrer hauptamtlichen Tätigkeit stieg im Durchschnitt von 20 Jahren 1946 auf gegenwärtig über 30 Jahre. Von der Parteiführung 1946 waren noch 60 Prozent zwischen 1933 und 1945 im Widerstand und 40 Prozent in der Emigration gewesen, 1950 umgekehrt 40 Prozent im Widerstand und 60 Prozent in der Emigration. 1958 ging der Anteil der Emigranten und Widerstandskämpfer auf die Hälfte und 1971 bzw. 1981 auf etwa 30 Prozent zurück, die jüngeren Parteiführer bildeten inzwischen die Mehrheit.

Ein Vergleich der ersten Führung der SED, des Zentralsekretariats von 1946 (14 Personen), mit dem Politbüro von 1984 (25 Mitglieder und Kandidaten) zeigt in der Parteispitze nach fast vierzig Jahren bemerkenswerte Unterschiede auf. Das Durchschnittsalter erhöhte sich von 53 auf 59 Jahre. Während 1946 13 der 14 Parteiführer eine Volksschulbildung hatten, sind dies heute nur noch 60 Prozent, 20 Prozent absolvierten eine höhere Schule und weitere 20 Prozent haben eine akademische Ausbildung. Im Jahre 1946 waren die Parteiführer ehemals Arbeiter (10) oder Angestellte (4), heute sind weniger als die Hälfte ehemals Arbeiter (10) oder Angestellte (5) gewesen, aber 10 übten einen intellektuellen Beruf aus. Wichtiger ist, daß von den Sekretären des Jahres 1946 die Hälfte nur 10 bis 20 und die andere Hälfte 20 bis 30 Jahre als hauptamtliche Parteifunktionäre tätig waren, während heute ein Viertel über 40 Jahre, 60 Prozent über 30 Jahre und nur vier Personen, also 15 Prozent, weniger als 30 Jahre hauptamtlich im Parteiapparat sind.

Auch der persönliche Lebensweg ist anders geprägt. Von den Funktionären von 1946 waren acht während der Hitlerzeit in Deutschland inhaftiert, die übrigen sechs lebten in der Emigration. Von der heutigen Führung waren fünf in Haft, drei emigriert, aber 17 lebten (zumeist wegen ihrer Jugend) unbehelligt in Deutschland. 1946 bestand die damalige Parteiführung jeweils zur Hälfte aus Kommunisten und Sozialdemokraten, von den heutigen 25 Politbüro-Mitgliedern und -Kandidaten gehörten vor 1945 nur einer der SPD an, aber acht der KPD, weitere fünf traten 1945 in die KPD ein, die übrigen 11 erst später in die SED. Auch in allen diesen Veränderungen der Zusammensetzung der obersten Führung widerspiegelt sich der Prozeß der Wandlung der SED von einer bürokratischen Arbeiterpartei zur kommunistischen Staatspartei.

Das Ringen um Stabilität

Die Auswirkungen der Weltwirtschaftskrise und die noch immer nicht behobene Funktionsschwäche des eigenen ökonomischen Systems hemmten das Bestreben der SED-Führung, nach dem X. Parteitag 1981 eine Stabilisierung der DDR zu erreichen. Vor allem 1982 zeigten sich wieder Krisensymptome, doch gelangen 1983/84 einige Schritte zu mehr Stabilität. So erhöhte sich nach offiziellen Angaben das Nationaleinkommen 1981 wie geplant um fünf Prozent, 1982 statt der geplanten 4,8 nur um drei Prozent, 1983 stieg es um 4,4 Prozent (geplant 4,2). Auch die industrielle Warenproduktion und die Arbeitsproduktivität wuchsen zwischen drei und fast sechs Prozent, der Außenhandelsumsatz um 15 Prozent.[45] Im ersten Halbjahr 1984 stieg das Nationaleinkommen sogar um 5,1 Prozent, die Arbeitsproduktivität um 7,2 Prozent.[46]

Während 1982 die Engpässe bei der Versorgung der Bevölkerung bedenklich und oft geradezu bedrohlich waren, verbesserte sich bis 1984 die Lebenslage offensichtlich wieder. Die DDR-Führung hatte die Importe gedrosselt und die Exporte erhöht, um die große Auslandsverschuldung abzubauen. Tatsächlich ging die Nettoverschuldung im westlichen Ausland von über 10 Mrd. Dollar 1981 auf 8,3 Mrd. 1982 zurück und sank bis 1983 auf 6,7 Mrd. Dollar. Diese erfolgreiche Konsolidierungspolitik war aber »mit großen ökonomischen Problemen für die binnenländische Entwicklung verbunden. Sie ging zu Lasten der gegenwärtigen und zukünftigen Wachstumschancen und zu Lasten des privaten Verbrauchs, der seit Beginn der achtziger Jahre zurückgegangen ist.«[47]

Dies verstärkte die Tendenz, der Bevölkerung den Wirtschaftsalltag durch flexiblere Methoden erträglicher zu machen. So sollen durch Einschaltung privater Handwerker und Händ-

---

[45] Heinz Heitzer, DDR. Geschichtlicher Überblick. 2. überarb. und erg. Aufl. Berlin (Ost) 1984, S. 294.

[46] Neues Deutschland, Nr. 158 vom 6. 7. 1984. Im 3. Quartal 1984 stieg das Nationaleinkommen noch stärker um 5,2 Prozent und die Arbeitsproduktivität um 7,6 Prozent. Vgl. Neues Deutschland Nr. 236 vom 5. 10. 1984.

[47] Doris Cornelsen, Probleme der Westverschuldung der DDR. Preprint 101 des Instituts für Sozialwissenschaften an der Universität Mannheim, Februar 1984 (Vortrag vom 8. 11. 1983), S. 18. Vgl. auch Frankfurter Rundschau, Nr. 184 vom 9. 8. 1984. Nach einem anderen Bericht (vgl. Frankfurter Allgemeine Zeitung, Nr. 38 vom 14. 2. 1984) lag die Verschuldung bei westlichen Banken sogar nur noch bei 5 Mrd. Dollar.

ler Schwierigkeiten überwunden werden. Egon Krenz sagte im März 1984, die Partei sehe die »Versorgung der Bevölkerung als eine erstrangige politische Aufgabe« an, daher müßten auch die »kleinen Gaststätten und Geschäfte« unterstützt werden.[48] Krenz verwies auch darauf, daß die Versorgung mit langlebigen Wirtschaftsgütern weiter steige. In der Tat gibt es inzwischen in der DDR fast soviele Pkw wie in der Bundesrepublik Ende der sechziger Jahre (41 je 100 Haushalte), bei der Ausstattung mit Fernsehgeräten und Waschmaschinen ist der Unterschied zwischen beiden deutschen Staaten heute gering.

Vor allem aber steht die DDR im Vergleich mit den übrigen kommunistisch regierten Staaten an der Spitze: auf je 1000 Einwohner (nicht Haushalte) gerechnet sind in der DDR fast doppelt soviele Kühlschränke oder Fernseher vorhanden wie in der UdSSR oder Bulgarien. Auch wenn sich der Abstand seit 1960 verringert hat, steht die DDR bei der Ausrüstung mit langlebigen Wirtschaftsgütern im Ostblock nach wie vor an der Spitze.[49]

Insbesondere aber hat die DDR durch ihr Wohnungsbauprogramm den Lebensstandard gegenüber den anderen RGW-Staaten vorangebracht. Die Übergabe der zweimillionsten Neubauwohnung seit dem Beginn des Wohnungsbauprogramms 1971 durch Erich Honecker im Februar 1984 wurde auch als Erfolg im Bemühen um stärkeren Konsens zwischen Bevölkerung und Führung gewertet. Für den Wohnungsbau wurden allein 1980 zehn Prozent des Nationaleinkommens aufgewendet.

Zu den sozialen Verbesserungen zählt die Anhebung der Mindestrenten ab 1. Dezember 1984 um 30 Mark auf 300 Mark. Ab Dezember 1985 sollen auch die anderen Renten um 30 Mark erhöht werden.[50] Schließlich hat die Mark der DDR in den letzten drei Jahren gegenüber der D-Mark »etwa zehn Prozent zugelegt«. Freilich hat die DM noch immer eine erheblich höhere Kaufkraft, und der Abstand der DDR zur Bundesrepublik bleibt für die Konsumenten durch die dortigen qualitativ

---

[48] Neues Deutschland, Nr. 54 vom 3./4. 3. 1984. Vgl. auch Joachim Nawrokki, Beziehungen sind alles... In: Die Zeit, Nr. 14 vom 30. 3. 1984.
[49] Sozialismus. Theorie und Praxis. Digest der Sowjetpresse. Moskau. Nr. 8, August 1984, S. 35. Nur bei Waschmaschinen lag danach die DDR mit 354 hinter der CSSR mit 450 pro Tausend Einwohner.
[50] Neues Deutschland, Nr. 191 vom 14. 8. 1984.

schlechteren Waren, das geringere Sortiment und vor allem das ständig mangelhafte Angebot nach wie vor sehr groß.[51]

Andererseits gingen die Anstrengungen in der DDR auch auf kulturellem Gebiet weiter. »Von 1950 bis 1980 stieg die Pro-Kopf-Produktion an Büchern und Broschüren von 4,0 auf 9,1 Exemplare. Jeder Bürger kaufte im Jahr 1980 durchschnittlich für etwa 40 Mark Bücher.«[52] Die Zahl der Besucher von Kunstmuseen verdoppelte sich von 1965 bis 1980. Die Führung registriert dies alles mit Stolz und ist überzeugt, »1984 wird unser bestes Jahr«.[53]

Dennoch ist die DDR von der erstrebten Stabilität weit entfernt. Die Ausreisewelle, bei der im ersten Halbjahr 1984 31 000 Bürger die DDR verlassen konnten, ist nur ein Indiz dafür, daß weiterhin breite Kreise mit den Verhältnissen unzufrieden sind. Immer wieder gibt es dafür die unterschiedlichsten Beispiele und Signale. Demonstrationen in Jena im Sommer 1983 gehören ebenso dazu wie »Mahnwachen« der unabhängigen DDR-Friedensbewegung am 1. September 1983 in Ost-Berlin (die von der Polizei gewaltsam aufgelöst wurden). Aber auch der Zulauf, den etwa der US-Evangelist Billy Graham im Oktober 1982 in Dresden und Wittenberg hatte, wirft ein Schlaglicht auf die Suche von Unzufriedenen nach neuen Werten und Idealen.

Gerade aus der jungen Generation erhält so die Friedensbewegung weiterhin Zustimmung. Auch die Evangelische Kirche konnte im Rahmen der Diskussion um den Frieden ihre Rolle ausbauen. Der Kirchentag in Dresden im Juli 1983 war ein Zeichen für das wachsende Selbstbewußtsein der Kirche in der DDR. Altbischof Albrecht Schönherr konnte darauf verweisen, daß das Verhältnis von Staat und Kirche, das von gegenseitiger Achtung ausgehe, in den siebziger Jahren eingeleitet wurde und eine langfristige Politik sei. Die Kirchenvertreter gingen auch offen allgemeine Probleme an; so sagte der sächsische Bischof Johannes Hempel im September 1983, der Zentralismus der DDR-Gesellschaft sei gerade bei unteren und mittleren Kadern »eine spürbare Quelle für Enttäuschungen«. Die skeptische und mißtrauische Haltung vieler Bürger gegenüber der Regierung sowie deren Verbitterung führte er sowohl auf die »unfreundli-

[51] Bericht des Berliner Deutschen Instituts für Wissenschaftsforschung, vgl. Frankfurter Rundschau, Nr. 98 vom 26. 4. 1984.

[52] Heitzer, DDR, S. 286.

[53] So die Schlagzeile eines Berichtes von Theo Sommer, vgl. Die Zeit, Nr. 31 vom 27. 7. 1984.

chen, gar demütigenden Formen des Umgangs von Staatsvertretern mit Bürgern« zurück als auch auf die »gefilterte« Art der Information.[54]

Hempel sprach auch den »Zorn« der Jugend an, der sich vielfältig äußert. Aus einer Leserumfrage der ›Jungen Welt‹ ging hervor, daß »Leerlauf im Betrieb« und Bürokratismus von Jugendlichen kritisiert wird.[55] Hier zeigt sich, daß der Alltag eben vorrangig nicht nur von Politik bestimmt wird. Auch in einer politisch verfaßten Gesellschaft wie der DDR spielen Familie, Freizeit, Sport, Liebe, persönliche Freundschaften und Feindschaften für die meisten Menschen die entscheidende Rolle. Schließlich berichten DDR-Zeitungen sogar hin und wieder von verbotenen Glücksspielen, wobei sich Spieler mit gezinkten Karten und manipulierten Würfeln über 200 000 Mark »Vermögensvorteil« verschafften.[56]

Doch auch in den persönlichen Alltag mischt sich der Staat immer wieder ein. So konnte der Rock-Sänger Udo Lindenberg von seinen DDR-Fans umjubelt werden, als er im Oktober 1983 bei einem Festival für den Frieden in Ost-Berlin auftrat (und dort als einziger die Forderung erhob, Raketen nicht nur aus der Bundesrepublik zu entfernen, sondern auch aus der DDR), aber eine für 1984 geplante Tournee durch die DDR wurde von der FDJ-Führung abgesagt. Gerade solche Schwankungen der Politik und die Verhinderung jeglicher autonomer Bereiche schaffen Mißstimmung und vereiteln Stabilität.

Auch untere Funktionäre sind unzufrieden, sie nehmen Anstoß an den Intershopläden, noch mehr am Machtmißbrauch und vor allem – wie die große Mehrheit der Bevölkerung – daran, daß sie nicht frei reisen können. Ein Betriebsleiter faßte dies zusammen, die Ostberliner Zeitschrift ›Sinn und Form‹ druckte es: »Aber mich belastet, daß ich nicht reisen darf, wohin ich will. Vor vier Jahren habe ich eine Frau kennengelernt, die aus Kenia stammt... Jedenfalls kam dann ihr Vater aus Kenia und bemühte sich um unsere Freundschaft. Er ist auch Jäger und hat mich offiziell, mit Stempel der Botschaft, nach Nairobi eingeladen. Ich habe alles mögliche versucht, um dorthin zu fahren, aber nichts erreicht. Das ist etwas, was einen bedrücken

---

[54] Frankfurter Rundschau, Nr. 156 vom 9. 7. 1983 und Nr. 242 vom 27. 9. 1983.
[55] Vgl. Informationen. Hrsg. v. Bundesministerium für innerdeutsche Beziehungen, Nr. 10/1983, S. 15.
[56] Vgl. Frankfurter Rundschau, Nr. 120 vom 23. 5. 1984.

kann... Ist das Mißtrauen größer als das Vertrauen?«[57] In der jungen Generation ist das Gefühl der Unterdrückung noch größer und die starre Haltung des Regimes verstärkt den Widerstand. Gegen unabhängige Geister geht der Staatssicherheitsdienst weiterhin rigoros vor, und es war bezeichnend, daß der junge oppositionelle DDR-Bürger Roland Jahn im Juni 1983 gewaltsam in einen Zug gesetzt und in die Bundesrepublik abgeschoben wurde.[58]

Das Jugendtreffen der FDJ, das wie seit fünf Jahren auch Pfingsten 1984 wieder in Ost-Berlin stattfand, ließ freilich erkennen, daß neben breiten Kreisen kritischer Jugendlicher die FDJ über eine Basis in der Jugend verfügt, die staatstreu und bereit ist, für das System einzutreten. Allerdings zeigte die Heerschau der 500 000 Teilnehmer neben großartigen Sport- und Kulturveranstaltungen auch eine andere Seite der DDR: Die martialischen Paraden mit preußisch-militärischem Drill machen deutlich, daß in der DDR zwar die Gesellschaft vielfach verändert wurde, daß aber neben den neuen Eigentums- und sozialökonomischen Grundlagen und dem neuen politischen System noch viele Inhalte der preußisch-deutschen Tradition beibehalten blieben, und dies sind eben nicht – wie die DDR-Führung behauptet – nur die demokratischen, sondern gerade auch die konservativen und reaktionären Elemente aus der Vergangenheit.

Solche Fakten versucht die SED immer wieder durch ein lautstarkes Bekenntnis zur Arbeiterklasse und zum Marxismus zu übertönen. Die neuesten Zahlen über die Zusammensetzung der Staatspartei belegen in der Tat einen sehr hohen Arbeiteranteil: danach sind 57,8 Prozent der SED-Mitglieder Arbeiter, nur 8,5 Prozent Angestellte, 4,7 Prozent Genossenschaftsbauern, 22,3 Prozent zählen zur »Intelligenz«. Der Organisationsgrad der SED beträgt in der metallurgischen Industrie ein Drittel und in der Chemie über 20 Prozent.[59]

Mit einer ideologischen Offensive versuchte die Führung vor allem den Zusammenhalt ihrer Kader zu bewahren. Die Deklarierung eines »Karl-Marx-Jahres« 1983 und die damit verbun-

---

[57] Vgl. die Auszüge in Die Zeit, Nr. 15 vom 6. 4. 1984, S. 7. Vgl. jetzt auch: Gabriele Eckart, So sehe ick die Sache – Protokolle aus der DDR. Köln 1984.
[58] Vgl. auch das Interview mit Roland Jahn. In: Was tun. Sozialistische Zeitung, Nr. 377 vom 27. 4. 1984.
[59] Einheit, 38 (1983) Heft 9, S. 833.

denen Kampagnen dienten diesem Ziel. Anläßlich des 100. Todestages von Marx (oder des 165. Geburtstages, wie die SED pietätvoll anmerkte), gab es in der DDR eine Flut von Ehrungen, Veranstaltungen und Publikationen. Eine »Internationale Wissenschaftliche Konferenz« im April 1983 in Ost-Berlin bildete den Höhepunkt. Honecker hielt vor Vertretern von 145 Parteien die Eröffnungsrede und das Schlußwort. Der Tenor seiner Ausführungen war der gleiche wie der der Thesen des ZK der SED und hunderter Artikel, die dazu in der DDR erschienen: Karl Marx begründete jene »in sich geschlossene wissenschaftliche Theorie«, nach der die »Arbeiterklasse zur Verwirklichung ihrer historischen Rolle einer revolutionären Partei bedarf«. Diese Partei ist in der DDR allein die SED, die den »realen Sozialismus« als »Verwirklichung der Ideen von Marx« aufbaute.[60] Nach Honecker hat die SED »im Geiste von Marx, Engels und Lenin« ihre Pflicht erfüllt und »Freiheit und Demokratie, diese großen Ideale der Arbeiterbewegung«, erstmals auch auf deutschem Boden verwirklicht.

Die geradezu bombastischen Feiern zum Karl-Marx-Jahr der DDR (das allerdings bezeichnenderweise erst lange nach dem »Luther-Jahr« vom ZK der SED festgelegt wurde) lassen erkennen, daß die SED ihre Gesamtideologie, die jahrelang zugunsten von Teilbereichen zurückgedrängt wurde, wieder verstärkt in den Vordergrund rücken will. Marx wird inzwischen im Lichte Lenins präsentiert und nicht mehr, wie beim ersten Karl-Marx-Jahr 1953, im Sinne Stalins interpretiert. Die SED tritt als orthodoxe Vertreterin der Marxschen Ideen auf, versucht aber andererseits mit der These von der »schöpferischen Weiterentwicklung« des Marxismus die Widersprüche zwischen Theorie und Praxis zu vertuschen. So wurde erklärt, Marx und Engels hätten eben »kein Rezeptbuch für den Aufbau des Sozialismus geliefert«, vielmehr hätten sie »die objektiven Entwicklungsgesetze von Natur und Gesellschaft entdeckt und damit die erste wissenschaftlich begründete Weltanschauung geschaffen«, an der sich die SED orientiere. »Aber die Antworten auf diese neuen Fragen müssen wir selber finden. Dabei hängt der Erfolg unserer Bemühungen weitgehend davon ab, inwieweit wir es verstehen, die Klassiker produktiv zu befragen. Das ist gemeint, wenn wir von der schöpferischen Anwendung und Weiterent-

---

[60] Thesen des ZK der SED zum Karl-Marx-Jahr 1983. Neues Deutschland, Nr. 282 vom 1. 12. 1982.

wicklung des Marxismus-Leninismus sprechen, eine Aufgabe, der sich die SED in der Einheit von Theorie und Praxis immer voll gestellt hat.«[61]

Solche Thesen scheinen zunächst der Marxschen Vorstellung zu entsprechen, scheinen identisch mit der Auffassung von Engels, keine »vorgefaßte Meinung in bezug auf die Organisation der zukünftigen Gesellschaft im einzelnen« zu entwickeln.[62] Doch der Widerspruch zwischen den Konzeptionen von Marx und der Politik der SED zeigt sich freilich deutlich, wenn die SED weiter behauptet, zu den »Gesetzmäßigkeiten«, die Marx und Engels entwickelt hätten und die dem Sozialismus immanent seien, gehörten »vor allem die führende Rolle der Arbeiterklasse und ihrer Partei, die Diktatur des Proletariats, das gesellschaftliche Eigentum an den Produktionsmitteln und die bewußte planmäßige Leitung der Wirtschaft und Gesellschaft, das Bündnis der Arbeiter und Bauern, der proletarische Internationalismus«.[63]

So werden Marxsche Vorstellungen (gesellschaftliches Eigentum an den Produktionsmitteln) mit typisch sowjetkommunistischen Thesen wie »führende Rolle der Partei« und »proletarischer Internationalismus« – was im Klartext führende Rolle der Sowjetunion heißt – vermengt. Bereits bei den theoretischen Konzeptionen (ganz zu schweigen von der Praxis) ist die Berufung der DDR-Führung auf Marx also mehr als zweifelhaft. Daß in der DDR bei Diskussionen auch mit Marx gegen die Praxis der SED-Herrschaft zu Felde gezogen wird, das ging gerade im Karl-Marx-Jahr aus manchen Veröffentlichungen – wenn auch verklausuliert – hervor. Beispielsweise wird »mitunter« der angeblich »humanistische Charakter des Leistungsprinzips« mit Argumenten von Marx in Frage gestellt, der ja vom »bürgerlichen Rechtshorizont« dieses Prinzips schrieb. Die SED ist bemüht, solchen Einwänden mit wenig überzeugenden Argumenten und Hinweisen auf »undialektische« Betrachtungsweise zu begegnen,[64] ob mit Erfolg, darf bezweifelt werden. Durch bloße Veränderungen der Marxschen Begriffsinhalte ist die Führung auf Dauer wohl kaum in der Lage, die in

---

[61] Neues Deutschland, Nr. 178 vom 31. 7./1. 8 1982.
[62] Marx/Engels, Werke. Bd. 22. Berlin (Ost) 1963, S. 542.
[63] Neues Deutschland, Nr. 178 vom 31. 7./1. 8. 1982.
[64] Martin Thom, Sozialismus und Menschlichkeit. In: Forum, Nr. 5, Erstes Märzheft 1983.

ihrem System mit Marx »geschulte« Intelligenz und die kritische Jugend über die Gegensätze hinwegzutäuschen. Den Widerspruch sucht die SED auch mit bloßen Behauptungen, etwa über ihren Staat, zu umgehen, wenn sie erklärt: »Eindeutig geht aus dem Programm der SED, der Verfassung der DDR und der realen Staatsordnung der DDR hervor, daß die Marxschen Ideen über den proletarischen Staat hier ihre konsequente Verwirklichung finden. Ausdruck dessen ist die führende Rolle der Arbeiterklasse und ihrer marxistisch-leninistischen Partei, die in der Verfassung verankert ist und im Leben verwirklicht wird.«[65]

Hier wird die Marxsche These über die Rolle einer Arbeiterpartei ebenso verzerrt wie seine Auffassung vom Staat in der neuen Gesellschaft. Der Kontrast zwischen der Praxis der DDR und den Konzeptionen von Marx tritt besonders drastisch zutage. Sozialismus war eben für Marx und die von ihm geprägte freie Arbeiterbewegung Emanzipation des Menschen, Selbstbestimmung der Arbeiter in einer solidarischen Gesellschaft. Dies beinhaltet auch politische Demokratie, Rechtssicherheit und Freiheitsrechte des einzelnen. Doch gerade diese Grundrechte fehlen im »realen Sozialismus«, der sich damit faktisch auf die Allmacht der Partei – oder genauer: ihrer Führung – reduziert.

Gerade deswegen birgt die Berufung auf Marx auch eine Gefahr für die Führung der DDR. Einerseits benötigt sie seine Person und sein Werk zur Legitimation, andererseits entsteht aus dem kritischen Geist der Theorie von Marx eben auch Opposition. War es doch gerade Marx, der auf die »Explosivkraft der demokratischen Ideen und den der Menschheit angeborenen Drang nach Freiheit« verwies.[66]

Schließlich ist auch in der DDR bekannt, daß Marx in seinen ›Bekenntnissen‹ nicht von ungefähr als sein Lieblingsmotto genannt hat: De omnibus dubitandum – an allem ist zu zweifeln! Das aber ist für ein System wie die DDR gefährlich, dessen Legitimation durch Marx nur mit Glauben und nicht mit kritischem Zweifel abzusichern ist. Dieser Widerspruch ist für die DDR unauflösbar. Deshalb versucht die Führung, ihre Legitimation auf eine breitere Basis zu stellen. Inzwischen beruft sie sich daher nicht nur auf die revolutionären Traditionen, son-

---

[65] Die Staatslehre von Karl Marx und ihre Aktualität in der DDR. In: Staat und Recht, 32 (1983) Heft 2, S. 84.
[66] Marx/Engels, Werke. Bd. 9. Berlin (Ost) 1960, S. 17.

dern auf die ganze deutsche Geschichte. Die Geschichte der DDR wird »im Sinne einer Nationalgeschichte des deutschen Volkes« gesehen, die der »Geschichte der Deutschen ihr wichtigstes, erfolgreichstes und in die Zukunft weisendes Kapitel« hinzufügte.[67]

In einem staatlichen Festakt im November 1983 ehrte Honecker daher Luther als Vorbild; für die DDR konnte so »die vorwärtsweisende Ausstrahlung dieser großen Persönlichkeit bewußt gemacht werden«.[68] Inzwischen wird selbst Bismarck nicht mehr als »dämonischer Bösewicht« gesehen, sondern als Mann, dem »politische Leistungen nicht abzusprechen« sind,[69] und sein »Realitätssinn«, besonders »auf außenpolitischem Gebiet« wird gelobt.[70]

Schließlich zeigt sich aus Anlaß des 40. Jahrestages des Attentats auf Hitler vom 20. Juli 1944 auch hier eine veränderte Sicht. Der Widerstand konservativer Kreise gegen die NS-Diktatur wird nun ebenfalls positiv gesehen, als patriotische Tat – freilich auch mit einem aktuellen Bezug: wie damals so auch heute im Kampf »um Frieden« eine »Koalition der Vernunft« zu finden.[71]

In ihren Grundlinien hat sich die SED-Ideologie freilich nicht gewandelt. Vor allem bleibt das Dogma unverändert, der »wichtigste objektive Faktor« für den Sozialismus sei die »führende Rolle der marxistisch-leninistischen Partei«, also der SED.[72] Zu den »gesicherten theoretischen Erkenntnissen« gehört für die SED weiterhin: »Ohne die führende Rolle der Arbeiterklasse und ihrer Partei gibt es keinen Sozialismus.«[73]

Modell des Sozialismus aber ist für die SED nach wie vor die

---

[67] Kurt Hager, Gesetzmäßigkeiten unserer Epoche – Triebkräfte und Werte des Sozialismus. Rede auf der Gesellschaftswissenschaftlichen Konferenz des ZK der SED am 15. und 16. Dezember 1983 in Berlin. Berlin (Ost) 1984, S. 61 f.
[68] Hager, ebd., S. 63. Allerdings hatte Georg Krausz bereits 1952 (vgl. Neues Deutschland, Nr. 206 vom 2. 9. 1952) »Luthers nationale Sendung« betont und ihn positiv herausgestellt.
[69] Junge Welt, Nr. 34 vom 10. 2. 1983.
[70] Hager, Gesetzmäßigkeiten, S. 64.
[71] Olaf Groehler und Klaus Drobisch, Der 20. Juli 1944. In: Einheit, 39 (1984) Heft 7, S. 635 ff. Die DDR brachte auch entsprechende Fernsehfilme; vgl. Neues Deutschland, Nr. 171 vom 21./22. 7. 1984.
[72] Klaus Sorgenicht, Unser Staat in den achtziger Jahren. Berlin (Ost) 1982, S. 57.
[73] Was ist Sozialismus? Zu einigen aktuellen Problemen der schöpferischen Verwirklichung der marxistisch-leninistischen Lehre vom Sozialismus durch die SED. Hrsg. v. d. Parteihochschule »Karl Marx« beim ZK der SED. Berlin (Ost) 1983, S. 104.

Sowjetunion. Doch werden schon seit einiger Zeit[74] wieder die »nationalen Besonderheiten in jedem Land« hervorgehoben, und es wird betont, durch diese würden die »Formen der sozialistischen Staatsmacht immer mannigfaltiger«.[75] Es können nach der neuen Lesart sogar die »unterschiedlichen Bedingungen in den einzelnen sozialistischen Ländern, die sehr differenzierte Entwicklungsprobleme hervorbringen«, in »der Diskussion auch zu unterschiedlichen Standpunkten« führen.[76] Solche kühnen und eigentlich seit 1948 verpönten Thesen vom »besonderen Weg« kann die SED wagen, da dies theoretisch von der Sowjetunion abgesichert ist; auch deren Ideologen bestätigen: »Die Interessen der sozialistischen Länder sind ihrem Inhalt nach und ihren Erscheinungsformen nach außerordentlich reichhaltig und verschiedenartig ... Der sozialistische und kommunistische Aufbau vollzieht sich heute unter spezifischen nationalhistorischen, ökonomischen, geographischen, demographischen und anderen Bedingungen.«[77]

Auch wenn noch immer die »allgemeingültigen Gesetzmäßigkeiten«, also das Vorbild der Sowjetunion, anerkannt werden,[78] wird mit diesen theoretischen Thesen doch Anspruch auf politische Freiräume, auf begrenzte Eigenständigkeit angemeldet. In der Praxis konnte die SED-Führung ihren Spielraum auch wegen der Veränderungen der sowjetischen Führungsspitze erweitern und dadurch eigene Interessen wahrnehmen. Den raschen

[74] Keineswegs wurde dies, wie die westlichen Massenmedien berichteten, erst im Zuge der Auseinandersetzungen mit der Prawda in der SED-Zeitschrift Horizont (17. Jg. Nr. 8, 1984, S. 10) von Harald Neubert thematisiert, vgl. z. B. Frankfurter Rundschau, Nr. 40 vom 8. 8. 1984. Im übrigen berief sich Neubert ausdrücklich auf ein Buch des sowjetischen Autors W. W. Sagladin.

[75] Die entwickelte sozialistische Gesellschaft. Ergebnis und Aufgabe des Kampfes der Arbeiterklasse. Hrsg. im Auftrag des Rates für Wissenschaftlichen Kommunismus von Günther Hoppe u. a. Berlin (Ost) 1980, S. 154.

[76] Ingeborg Hildebrandt, Lothar Müller und Waldemar Pillukat, Die Ausarbeitung der Konzeption der entwickelten sozialistischen Gesellschaft. Analysen zum theoretischen Beitrag der SED. (Wissenschaftlicher Kommunismus. Theorie und Praxis) Berlin (Ost) 1984, S. 246. Zwar sind hier konkret Diskussionen über Wirtschaftswachstum angesprochen, doch ist die Aussage zu verallgemeinern.

[77] Der sozialistische Internationalismus. Theorie und Praxis der internationalen Beziehungen neuen Typs. Berlin (Ost) 1981, S. 65. Der Band erschien 1979 in Moskau, dem Autorenkollektiv gehören Ideologen aus der Sowjetunion und osteuropäischen Ländern an, der zitierte Teil stammt aus dem Beitrag von A. Wirth (Ungarn) und B. M. Pugatschow (UdSSR).

[78] Die entwickelte sozialistische Gesellschaft, S. 156; vgl. auch Der sozialistische Internationalismus, ebd., S. 68.

Wechsel von Breschnew zu Andropow (November 1982) und von Andropow zu Tschernenko (Februar 1984) und die damit verbundene Unsicherheit und Führungsschwäche sowie die unklaren Machtverhältnisse in der Sowjetspitze nutzte die DDR-Führung für ihre eigene Manövrierfähigkeit.[79] Auch wenn die DDR im Mai 1984 dem Olympia-Boykott der Sowjetunion (zum Nachteil des DDR-Sports) folgte und wohl oder übel als »Antwort« auf die westliche Nachrüstung die neue sowjetische Raketenstationierung auf ihrem Gebiet hinnahm, blieb sie in der Friedensfrage und der Deutschlandpolitik doch bei ihrem alten Kurs.

Die Eskalation der Konfrontationspolitik, die von der Tschernenko-Führung und der Reagan-Administration betrieben wurde, widersprach den Interessen der DDR. Die wachsende Bedrohung des Friedens bleibt eine existentielle Gefahr für Deutschland. So beharrt die DDR auf ihrer These: »Sicherung des Friedens ist Staatsdoktrin.«[80] Außerdem mußte die SED-Führung befürchten, daß eine neue »Eiszeit« in den Ost-West-Beziehungen auch zur Verhärtung im eigenen Lager, also zur stärkeren Einbindung der kleinen Staaten in den Block und damit zur Einschränkung eigener politischer Spielräume führen würde.

Honecker distanzierte sich praktisch von der herrschenden sowjetischen Führungsgruppe, als er im November 1983 auf dem 7. Plenum des ZK der SED erklärte, die Vorbereitung zur Stationierung sowjetischer »operativ-taktischer Raketen größerer Reichweite« löse in der DDR »keinen Jubel« aus. Vor allem seine Absicht, auch nach der Aufstellung neuer Raketen in Westeuropa den »Schaden möglichst zu begrenzen« und weiter zu verhandeln,[81] widersprach der harten Politik, wie sie dann vor allem Tschernenko forcierte. Doch erst Ende Juli 1984 kam mit den indirekten Angriffen der Moskauer ›Prawda‹ gegen Honeckers Deutschlandpolitik dieser Gegensatz auch an die Öffentlichkeit.[82]

---

[79] Vgl. Fred Oldenburg, Die SED und Konstantin Tschernenko. Bundesinstitut für ostwissenschaftliche und internationale Studien. Aktuelle Analysen. Nr. 16 vom 16. 3. 1984.

[80] Walter Wimmer, Geschichtliche Wurzeln des Werdens und Wachsens unserer Republik. In: Einheit, 39 (1984) Heft 2, S. 106.

[81] Neues Deutschland, Nr. 279 vom 26./27. 11. 1983.

[82] Vgl. die genaue Darstellung bei Christian Schmidt-Häuer, Der lange Papierkrieg der roten Brüder. Die Chronik der Krise zwischen dem Kreml und den ostdeutschen Kommunisten. In: Die Zeit, Nr. 33 vom 10. 8. 1984.

Die Differenzen zwischen den Führern der KPdSU und der SED sind jedoch ein Problem des ganzen Ostblocks, ein Ausdruck der gegensätzlichen Interessen zwischen der Hegemonialmacht und den kleineren Staaten. Nicht von ungefähr erhielt die SED von den Kommunisten Ungarns und Rumäniens, aber auch Polens und Bulgariens Rückendeckung. Honeckers Reise nach Bukarest zur Teilnahme am rumänischen Nationalfeiertag im August 1984 war nicht nur eine Geste gegenüber den gerade von der SED bisher angefeindeten rumänischen »Abweichlern«, sondern auch ein Signal nach Moskau. Schließlich sprachen sich Honecker und Ceausescu erneut für einen »Dialog mit allen entspannungsbereiten Kräften« aus und forderten die »Hinwendung zu einer Politik der Vernunft«.[83] Offensichtlich erwartete Honecker für seine Linie Unterstützung innerhalb der Sowjetführung. Denn auf Dauer konnte die SED nicht gegen die sowjetische Taktik (deren Strategie sie ohnehin nicht antastet) in Mitteleuropa Politik machen – das Beispiel seines Vorgängers Ulbricht war für Honecker Warnung genug. Es ist eben eine »traurige Wahrheit«, daß die »Sowjets nicht zulassen werden, daß man die Grundlagen des Systems ihrer Vorherrschaft antastet – ob dies nun radikal oder gemäßigt geschieht«.[84] Da die DDR einerseits sowjetische Truppen in ihrem Land hat und andererseits in ihrer Existenz von sowjetischer Unterstützung abhängt, kann sie keine teilweise Unabhängigkeit wie Rumänien erhoffen. Niemand weiß das besser als die SED-Führung. Sie wird sich auch in ihrer Deutschlandpolitik danach richten, freilich zunächst auf eine Änderung der sowjetischen Linie setzen und wohl ihren Spielraum bis zuletzt ausnutzen.

Das kann sie auch wegen der veränderten Einstellung der Bundesrepublik gegenüber der DDR. Es ist kaum vorstellbar, daß Ulbricht einer Bundesregierung »willkommen« gewesen wäre, und auch Honecker konnte vor zehn Jahren mit einer solchen Haltung nicht rechnen; 1984 wurde sie offiziell ausgesprochen. Nichts könnte den Wandel der Beziehungen zwischen beiden deutschen Staaten deutlicher machen. Eingeleitet wurde diese Politik noch durch die Reise des damaligen Bundeskanzlers Helmut Schmidt in die DDR im Dezember 1981. Es zeigte sich, daß der politische Dialog gerade in schwierigen

[83] Neues Deutschland, Nr. 198 vom 22. 8. 1984 und Nr. 200 vom 24. 8. 1984.
[84] Pierre Kende in: Zdenek Mlynar (Hrsg.), Der »Prager Frühling«. Ein wissenschaftliches Symposion. Köln 1983, S. 101.

Zeiten notwendig und möglich ist. Besonders bedeutsam war bei den Gesprächen zwischen Schmidt und Honecker die Übereinstimmung darüber, daß von deutschem Boden niemals wieder ein Krieg ausgehen darf. Die überragende Rolle des Friedens in Europa für die Politik beider deutscher Staaten wurde durch die Reise Helmut Schmidts erneut ins Bewußtsein der Öffentlichkeit gerückt. Die Reise sollte – auch wenn sie am Schluß von der Errichtung des Militärregimes in Polen überschattet wurde – vor allem der vertrauensbildenden Normalisierung zwischen beiden deutschen Staaten dienen.

Die Notwendigkeit, in der Bundesrepublik und in der DDR alle Anstrengungen zur Erhaltung des Friedens zu forcieren, spiegelte sich auch auf der Konferenz von Schriftstellern und Wissenschaftlern wider, die fast gleichzeitig mit dem DDR-Besuch von Bundeskanzler Schmidt am 13. und 14. Dezember 1981 in Ost-Berlin stattfand. Stephan Hermlin hatte mit Unterstützung Honeckers diese »Berliner Begegnung zur Friedensförderung« organisiert und namhafte Persönlichkeiten aus West und Ost eingeladen, darunter Günter Grass, Bernt Engelmann, Heinar Kipphardt, Dieter Lattmann, Luise Rinser und Peter Rühmkorf aus der Bundesrepublik, Volker Braun, Hermann Kant, Christa Wolf aus der DDR. Doch auch in der DDR verfemte Schriftsteller wie Stefan Heym oder aus der DDR faktisch verbannte Dichter wie Jurek Becker konnten an der Konferenz teilnehmen. Stefan Heym sagte klar, daß es (entgegen der leninistischen Theorie) keine »gerechten Kriege« mehr geben könne, »die SS 20 ist genauso ungerecht wie die Pershing und die Minuteman-Interkontinentalrakete genauso ungerecht wie die sowjetischen Waffen der gleichen Art. Und Menschen, die planen, solche Waffen einzusetzen, und solche Menschen gibt es wiederum auf beiden Seiten, begehen ein Verbrechen. Und außerdem wissen wir, daß die Interventionskriege nicht mehr nur das Monopol einer Seite sind. Es wurde vor ein paar Tagen von zwei führenden deutschen Staatsmännern wieder einmal betont, daß nie wieder ein Krieg von deutschem Boden ausgehen soll. Ich glaube nicht, daß einer der beiden deutschen Staaten zur Zeit einen Krieg plant, aber die Gefahr besteht, daß dieser Krieg sich auf deutschem Boden abspielt und daß dann nicht mehr viel davon übrig bleiben wird.«[85]

---

[85] Berliner Begegnung zur Friedensförderung. Protokolle des Schriftstellertreffens am 13./14. Dezember 1981. Darmstadt 1982, S. 66.

In der Deutschlandpolitik schien die Entwicklung nach dem Regierungswechsel vom 1. Oktober 1982 und den Wahlen vom 6. März 1983 zunächst unklar, auch wenn die Regierung Kohl versicherte, sie werde an die Verträge von 1972 anknüpfen und die Honecker-Führung trotz der Nachrüstung in der Bundesrepublik nicht an einer »neuen Eiszeit« in den deutsch-deutschen Beziehungen interessiert war. Akut schien diese Gefahr freilich nach der Absage des geplanten Honecker-Besuches in der Bundesrepublik im April 1983 im Gefolge der erregten Diskussionen über den Tod des Transitreisenden Burkert. Erst nach dem Milliarden-Kredit an die DDR und nach dem Besuch des bayerischen Ministerpräsidenten Strauß (CSU) in der DDR im Juli 1983 wirkte die Situation entkrampft.

Nachdem die DDR die Ausreisemöglichkeiten Anfang 1984 großzügig handhabte, verbesserte sich das Klima zwischen beiden deutschen Staaten zunehmend. Symptomatisch dafür waren auch die zahlreichen Besuche Bonner Politiker in der DDR. So trafen im März 1984 die Vorsitzenden der Bundestagsfraktionen der FDP, Wolfgang Mischnick, und der SPD, Hans-Jochen Vogel, mit dem Generalsekretär der SED und Staatsratsvorsitzenden Erich Honecker zusammen. Auf der Leipziger Messe im März 1984 schließlich konferierte Honecker mit Franz Josef Strauß (CSU), Bundeswirtschaftsminister Graf Lambsdorff (FDP), dem saarländischen Ministerpräsidenten Werner Zeyer (CDU) und dem Saarbrückener Oberbürgermeister Oskar Lafontaine (SPD).

Mit dem Regierenden Bürgermeister Eberhard Diepgen kam erstmals ein führender Repräsentant von Berlin (West) auf die Leipziger Messe und traf dort mit SED-Politbüromitglied Günter Mittag zusammen, der wiederum im April 1984 mit Bundeskanzler Kohl in Bonn sprach. Dieser vor Jahren noch fast undenkbare intensive deutsch-deutsche Dialog und der für 1984 geplante Besuch Honeckers in der Bundesrepublik ließen die Versachlichung der Beziehungen beider deutscher Staaten zueinander erkennen.

Die Diskussionen im Vorfeld des geplanten Honecker-Besuchs in der Bundesrepublik 1984 zeigten sowohl die Fortschritte der Deutschlandpolitik als auch ihre Schwierigkeiten. Der Beginn des Abbaus der Selbstschußanlagen an der Grenze durch die DDR im Herbst 1983 sowie die Erleichterungen beim Zwangsumtausch für Rentner ab August 1984 nach Gewährung des zweiten Milliarden-Kredits an die DDR oder die Aufnahme des Flugverkehrs zwischen Frankfurt am Main und Leipzig zur Herbstmesse 1984 verbesserten das Klima weiter und waren Schritte zur Normalisierung der Beziehungen zwischen den beiden deutschen Staaten. Die veränderten gegenseitigen Verhaltensweisen sind besonders deutlich abzulesen an (früher im Westen streng verpönten) Gesprächen sogar zwischen der Jungen Union und der FDJ, umgekehrt an der freundlichen Begrüßung von Franz Josef Strauß (früher in der DDR als Erzreaktionär verdammt) durch Erich Honecker.

In der Bundesrepublik führte dies zu einem »Stimmungswechsel in der Beurteilung der Person Honeckers«, seine Popularität stieg, 56 Prozent der Bundesbürger begrüßten seinen vorgesehenen Besuch.[86] Schwierigkeiten, die etwa dadurch entstanden, daß im Juli 1984 über 50 DDR-Bürger Zuflucht in der Ständigen Vertretung der Bundesrepublik Deutschland in Ost-Berlin suchten, konnten durch die Zusicherungen der DDR an die Ausreisewilligen sowie die zeitweilige Schließung der Vertretung überwunden werden.

Die Warnungen der sowjetischen Presse vor dem westdeutschen »Revanchismus« im Juli 1984, die indirekt auf Honeckers Politik gegenüber der Bundesrepublik zielten, veranlaßten die DDR-Führung, eine Rückzugslinie aufzubauen. Die DDR griff den Revanchismus-Vorwurf auf, ohne freilich zunächst ihre inhaltliche Position zu ändern. Die Äußerung des CDU/CSU-Fraktionsvorsitzenden Alfred Dregger, »unsere Zukunft hängt nicht davon ab, daß Herr Honecker uns die Ehre seines Besuchs erweist«, bot der DDR Gelegenheit, eine Argumentation für eine eventuelle – von der Sowjetunion erzwungene – Absage des Besuchs aufzubauen: bestimmte Kräfte im Westen wollten, daß der Besuch nicht stattfinde.[87] Die Verantwortlichen für ein mögliches Scheitern waren gefunden.

Überdies ergriff Honecker die Initiative auch gegenüber Moskau. In einem ausführlichen Interview, das er dem SED-Zentralorgan ›Neues Deutschland‹ am 18. August 1984 gab,[88] verwies er darauf, daß seine Politik der Verhandlungen genau

---

[86] Ergebnis einer Umfrage der »Forschungsgruppe Wahlen«, Mannheim; vgl. Mannheimer Morgen, Nr. 79 vom 3. 4. 1984.
[87] Vgl. den Leitartikel: Herr Dregger wußte, was er tat. In: Neues Deutschland, Nr. 201 vom 25./26. 8. 1984.
[88] Interview Erich Honeckers. Zu einigen aktuellen Fragen der Innen- und Außenpolitik der DDR. Neues Deutschland, Nr. 159 vom 18./19. 8. 1984.

den »einstimmig angenommenen« Dokumenten der Teilnehmerstaaten des Warschauer Vertrages, der Deklaration des RGW vom Juni 1984 usw. entspräche, die ja den Kampf um den Frieden als »wichtigste Frage der Gegenwart« bezeichnet hatten. Als Beweis seiner Bündnistreue nannte er die Zustimmung zur Stationierung neuer sowjetischer Raketen in der DDR und den Olympia-Boykott. Nach entsprechenden Angriffen gegen die »revanchistische Stimmungsmache« in der Bundesrepublik und seiner These, eine »Vereinigung von Sozialismus und Kapitalismus«, also der beiden deutschen Staaten, sei »ebenso unmöglich wie die Vereinigung von Feuer und Wasser«, blieb er bei seiner der Sowjetunion verdächtigen Haltung, es müsse eine »Verantwortungsgemeinschaft« oder »Sicherheitspartnerschaft« beider deutscher Staaten geben und es sei besser, »zehnmal zu verhandeln als einmal zu schießen«. Freilich sagte Honecker auch, von der Raketenaufstellung in der Bundesrepublik gehe die Gefahr eines Krieges von deutschem Boden aus, und er verlangte die »Respektierung« der Staatsbürgerschaft der DDR. Das Interview zeigte, daß Honecker vor seinem geplanten Besuch in der Bundesrepublik trotz des sowjetischen Drucks die Tür für eine weitere Normalisierung des Verhältnisses zu Bonn offenhalten wollte.

Sein Besuch zielte in diese Richtung, daher bedeutete die Absage am 4. September 1984 einen Rückschlag für die Deutschlandpolitik. Der Leiter der Ständigen Vertretung der DDR in Bonn, Ewald Moldt, machte die »öffentliche Auseinandersetzung in der BRD«, die er als »äußerst unwürdig und abträglich« kritisierte,[89] für die Terminabsage verantwortlich. Auch führende Politiker der Bundesrepublik wie Willy Brandt und Franz Joseph Strauß konstatierten, daß diese Diskussionen wenig hilfreich waren. Bei der »Verschiebung« des Besuchs spielten zweifellos Empfindlichkeiten der DDR-Führung in protokollarischen Fragen eine Rolle, ausschlaggebend war aber der Druck der Sowjetunion. Als sich zeigte, daß beim Honecker-Besuch einige Kernfragen – etwa die »Respektierung« der DDR-Staatsbürgerschaft durch die Bundesrepublik – kaum ernsthaft zu beraten waren, fiel es der Ostberliner Führung leicht, wieder voll auf die sowjetische Linie einzuschwenken. So schloß sie sich auch der sowjetischen Kampagne gegen den »westdeutschen Revanchismus« an, obwohl sich die Politik der

---

[89] Neues Deutschland, Nr. 210 vom 5. 9. 1984.

Bundesregierung seit der Einladung Honeckers nicht geändert hatte. Die klare Aussage von Bundespräsident Richard von Weizsäcker beim Besuch des rumänischen Staats- und Parteichefs Nicolae Ceausescu im Oktober 1984, die Bundesrepublik Deutschland achte die territoriale Integrität aller Staaten in Europa, betrachte die Grenzen aller Staaten als unverletzlich und habe keine Gebietsansprüche gegen andere Staaten, bewies die Brüchigkeit der »Revanchismus«-These. Da auch Bundeskanzler Helmut Kohl diese Feststellung gegenüber Ceausescu eindeutig wiederholte, gibt es für das Einschwenken der DDR auf die sowjetische »Revanchismus«-Kampagne keine Grundlage.

Freilich erfolgte keine völlige Kehrtwendung der DDR-Politik. Die These von der notwendigen »Sicherheitspartnerschaft«[90] hat Honecker nicht widerrufen. Verbindungen wurden eher noch ausgebaut: so fand im September 1984 eine Konferenz zwischen SPD und SED für eine chemiewaffenfreie Zone in Europa statt, zu der Politbüromitglied Axen nach Bonn kam. Vor seinem Staatsbesuch in Finnland im Oktober 1984 sprach sich Honecker gegenüber finnischen Journalisten dafür aus, daß der Dialog »mit den führenden Persönlichkeiten der Bundesrepublik« weitergehen solle.[91] Auch in seinem Prawda-Artikel zum 35. Jahrestag der DDR vertrat Honecker weiterhin seine Auffassung, daß die Sicherung des Friedens die »Kardinalfrage« bleibe. Nach wie vor verlangte er aber, in Europa den »territorialen Status quo zu gewährleisten«; zugleich forderte er allerdings den »Kampf gegen den Revanchismus« und berief sich auf den italienischen Außenminister Andreotti und dessen Aussage, es gebe zwei deutsche Staaten, und »zwei sollten es bleiben.«[92]

Gerade in dieser Frage zeigt sich im Verlauf der DDR-Geschichte ein radikaler Positionswandel. Bei Gründung der DDR stellte Präsident Pieck die »Wiedervereinigung unseres zerrissenen Vaterlandes« in den Mittelpunkt der künftigen Politik.[93]

---

[90] Neues Deutschland, Nr. 180 vom 1. 8. 1984 (Die »Sicherheitspartnerschaft« wurde in diesem Artikel zum 9. Jahrestag der Unterzeichnung der Schlußakte von Helsinki mit der »Anerkennung des territorialen Status quo in Europa« verbunden.)
[91] Neues Deutschland, Nr. 243 vom 13./14. 10. 1984.
[92] Erich Honecker in der Prawda zum 35. Jahrestag der DDR. Neues Deutschland, Nr. 237 vom 6./7. 10. 1984.
[93] Neues Deutschland, Nr. 239 vom 12. 10. 1949. Vgl. auch Wilhelm Pieck, Reden und Aufsätze. Auswahl aus den Jahren 1908–1950. 2. Aufl. Berlin (Ost) 1951, Bd. 2, S. 298.

Ministerpräsident Grotewohl sagte 1949, die DDR sei überhaupt nur gegründet worden für den »Kampf um die Wiedervereinigung Deutschlands.«[94] Doch 35 Jahre später stellte DDR-Außenminister Oskar Fischer vor der UN-Vollversammlung kategorisch fest: »Es ist weder etwas offen, noch kann es eine Wiedervereinigung geben.«[95] Und nach wie vor gehört für Honecker die Gründung der DDR zu den »Gesetzmäßigkeiten« der Geschichte, für ihn ist eine »Vereinigung von Sozialismus und Kapitalismus ebenso unmöglich wie die von Feuer und Wasser«.[96]

Die »Gesetzmäßigkeit« der Geschichte wurde jedoch vor 30 Jahren von Honeckers Vorgänger Walter Ulbricht genau umgekehrt gesehen; er hatte 1954 in seinem Schlußwort auf dem IV. Parteitag der SED betont: »Wir sind für die Einheit Deutschlands, weil die Deutschen im Westen unsere Brüder sind, weil wir unser Vaterland lieben, weil wir wissen, daß die Wiederherstellung der Einheit Deutschlands eine unumstößliche historische Gesetzmäßigkeit ist und jeder zugrunde gehen wird, der sich diesem Gesetz entgegenzustellen wagt.«[97] Diese Aussage bleibt heute ebenso unerwähnt wie Ulbrichts Zielsetzung vor 20 Jahren, auf dem VI. Parteitag der SED 1963: »Wir wollen auf dem Wege der Herstellung normaler Beziehungen zwischen den beiden deutschen Staaten eine Konföderation erreichen, durch die das weitere Auseinanderleben des Volkes verhindert und der Weg zur Wiedervereinigung freigemacht wird.«[98] In der ersten Hälfte ihrer bisherigen Geschichte galt also die Wiedervereinigung Deutschlands als ein Axiom der Politik der SED, auch wenn sie dies heute vertuschen möchte.

Gleich geblieben sind indessen die Agitationsmuster, mit denen gegenwärtig die veränderte Politik verbreitet wird. Vor 35 Jahren nannten die Führer der neugegründeten DDR Kriegsgefahr und Revanchismus als Ursachen, die die Schaffung eines

---

[94] Neues Deutschland, Nr. 240 vom 13. 10. 1949.
[95] Grundsatzerklärung des Außenministers der DDR, Oskar Fischer, auf der 39. Vollversammlung der UNO. Neues Deutschland, Nr. 237 vom 6./7. 10. 1984.
[96] Honecker, in: Neues Deutschland, Nr. 237 vom 6./7. 10. 1984.
[97] Protokoll der Verhandlungen des IV. Parteitages der Sozialistischen Einheitspartei Deutschlands. 30. März bis 6. April 1954. Berlin (Ost) 1954, Bd. 2, S. 888. (Die zitierten Sätze sind im Protokoll sogar gesperrt gedruckt).
[98] Protokoll der Verhandlungen des VI. Parteitages der Sozialistischen Einheitspartei Deutschlands. 15. bis 21. Januar 1963. Berlin (Ost) 1963, Bd. 1, S. 52.

eigenen Staates nötig machten. Heute bedient sich die DDR-Politik wieder der gleichen Argumente, der Westen wird der Kriegsvorbereitung bezichtigt, die eigene Aufrüstung indes als »Verteidigung des Sozialismus« verharmlost. Die Militärs der Nationalen Volksarmee haben am 7. Oktober 1984 mit ihrem martialischen Aufmarsch jedoch wieder einmal bewiesen, daß die DDR außer von den ständig beschworenen fortschrittlichen Traditionen der Arbeiterbewegung auch von reaktionären Tendenzen des preußischen Militarismus geprägt ist. Die Widersprüchlichkeit der DDR-Gesellschaft zeigt sich eben auch in ihren Traditionslinien.

Der Zick-Zack-Kurs in der Deutschlandpolitik reflektiert sowohl das deutsch-deutsche Verhältnis als auch vor allem die Abhängigkeit der DDR von der Sowjetunion. Zwischen 1982 und 1984 schwankte die Politik der DDR (aber auch die der Bundesrepublik) zwischen Verteufelung und Radikalforderungen und dem Bemühen um »gutnachbarliche« Beziehungen. Das Umschlagen der »gemäßigten« Argumentation vom Winter 1982/83 nach der Absage des Honecker-Besuchs im April 1983 war vor allem eine Reaktion auf die harten Angriffe aus der Bundesrepublik, die Wende im Juli 1983 erfolgte dann nach dem Milliardenkredit. Die erneute Veränderung der DDR-Taktik gegenüber der Bundesrepublik im Herbst 1984 zeigt indes, wie eng der außenpolitische Spielraum Ost-Berlins ist. Die Politik der DDR hängt – wie letztlich auch die der Bundesrepublik Deutschland – von der politischen »Großwetterlage« ab, bestimmend bleibt die Politik der Supermächte. Dennoch hat die Diskussion im Vorfeld des geplanten Honecker-Besuchs das Bemühen der DDR-Führung deutlich gemacht, verstärkt ihre eigenen Interessen wahrzunehmen. Dafür wird sie – wenn auch nun wieder vorsichtiger in den Formulierungen – bestimmt auch in Zukunft eintreten. Die DDR-Führung erstrebt die »Anerkennung des europäischen Status quo als einer Voraussetzung für die weitere innere Ausgestaltung der DDR gemäß der herrschenden Lehre und für die Erhaltung des europäischen Friedens«.[99]

Die Kampagne zum 35. Jahrestag der DDR 1984 – der 1986 neue Kampagnen zum 40. Jahrestag der SED-Gründung und zum 100. Geburtstag des KPD-Führers Thälmann, vor allem

---

[99] Günter Gaus, Emanzipation nach innen und außen. Der Standort der DDR. In: Die Zeit, Nr. 23 vom 1. 6. 1984.

aber zum XI. Parteitag der SED folgen werden – hat in der Tat gezeigt, daß das Hauptziel die Stabilisierung der DDR im Innern bei Sicherung des äußeren Friedens ist. Die DDR bleibt bei ihrer Behauptung, sie gehe »auf dem richtigen Weg, auf dem wir so gut vorwärts gekommen sind, unbeirrt weiter. Was vor uns liegt, wird nicht leicht sein, aber wir sind gewappnet.«[100]

Der »richtige Weg«, auf dem die DDR angeblich so »gut vorwärtsgekommen« ist, ist freilich auch eine schwere Hypothek, wie ein Blick in die Geschichte der DDR erkennen läßt. Die Durchsetzung des Stalinismus Anfang der fünfziger Jahre und die Übertragung des sowjetischen Modells gegen den Willen der Mehrheit der Bevölkerung lastet als historische Bürde auch auf der heutigen DDR. Gerade auf Grund dieser Entwicklung ist die DDR in vieler Hinsicht widerspruchsvoll geblieben. Das gilt auch für die Stabilität ihres Systems. Diese ist gegeben, prüft man – neben der historischen Stabilität, auf die bereits im Vorwort verwiesen wurde – nur das Parteiensystem, die Kontinuität der Führungspersönlichkeiten oder die Institutionen. Doch die Willensbildung, das Verhältnis von Volk und Führung, die Unzufriedenheit weiter Kreise, sie zeigen ein instabiles System. Hinzu kommt, daß das Regime bei Krisenerscheinungen wenig Lernfähigkeit beweist und schablonenhaft reagiert, also historische Erfahrungen ohne Reflexion einfach übertragen will.[101] Wenn selbst alte Demokratien wie England Schwierigkeiten mit der Anpassung an neue Probleme haben, so erst recht die immer noch diktatorisch verfaßte DDR.

Das gerade auch durch die außenpolitischen Erfolge gewachsene Selbstbewußtsein der DDR-Führung zeigte sich darin, daß sie das Jahr 1984 zum »erfolgreichsten Jahr« in der »Geschichte der Republik« machen wollte.[102] Doch optimistische Prognosen hat die DDR-Spitze seit eh und je abgegeben – die Realität sah oft anders aus, nicht zuletzt, weil der Raum für Innovationen zur Modernisierung in diesem System zu klein ist.

Innere wie äußere Faktoren lassen so gleichermaßen Ansätze

---

[100] Aufruf zum 35. Jahrestag der Gründung der DDR. In: Neues Deutschland, Nr. 18 vom 21./22. 1. 1984.
[101] Vgl. dazu auch: Dietrich Staritz, DDR. Herausforderungen der achtziger Jahre. In: Die DDR vor den Herausforderungen der achtziger Jahre. 16. Tagung zum Stand der DDR-Forschung in der Bundesrepublik Deutschland. 24.–27. 5. 1983. Köln 1983, S. 31 f.
[102] Interview Erich Honeckers. In: Neues Deutschland, Nr. 159 vom 18./19. 8. 1984.

für Stabilität wie Krisenanfälligkeit der DDR erkennen. Ein Rückblick auf die fast 40jährige Entwicklung des zweiten deutschen Staates seit 1945 zeigt die wichtigsten Gründe: Die Sowjetunion sichert auf Dauer die Existenz des Staates, der im Innern vom Funktionieren der Apparate, vor allem der SED, abhängt. Die Geschlossenheit der Führungselite, das Einordnen der Funktionäre in die hierarchischen Strukturen des Systems, zugleich aber die Forcierung wirtschaftlichen Wachstums, der Ausbau des Netzes sozialer Sicherheit, die Verbesserung des Bildungssystems mit Aufstiegschancen der Jugend, das sind Bedingungen für die Stabilität des Herrschaftssystems. Doch im Gegensatz zwischen Bevölkerung und herrschender Elite, hervorgerufen durch wirtschaftliche Schwächen, das Fehlen von politischer Demokratie, von Rechtssicherheit und von Meinungsfreiheit liegt die Ursache für die ständigen Erschütterungen des Regimes. Die Auswirkungen von Ereignissen in anderen kommunistisch regierten Staaten, die Haltung der Sowjetunion, aber auch die des Westens verunsichern die Führung in ihren Planungen und rufen immer wieder Schwankungen zwischen »weichem« und »hartem« Kurs der SED-Spitze hervor. Wie in der Geschichte und der Gegenwart dürfte dieser Kreislauf, der Ausdruck ihrer Lage und des Spannungsverhältnisses von Stabilität und Instabilität ist, auch die Zukunft der DDR bestimmen.

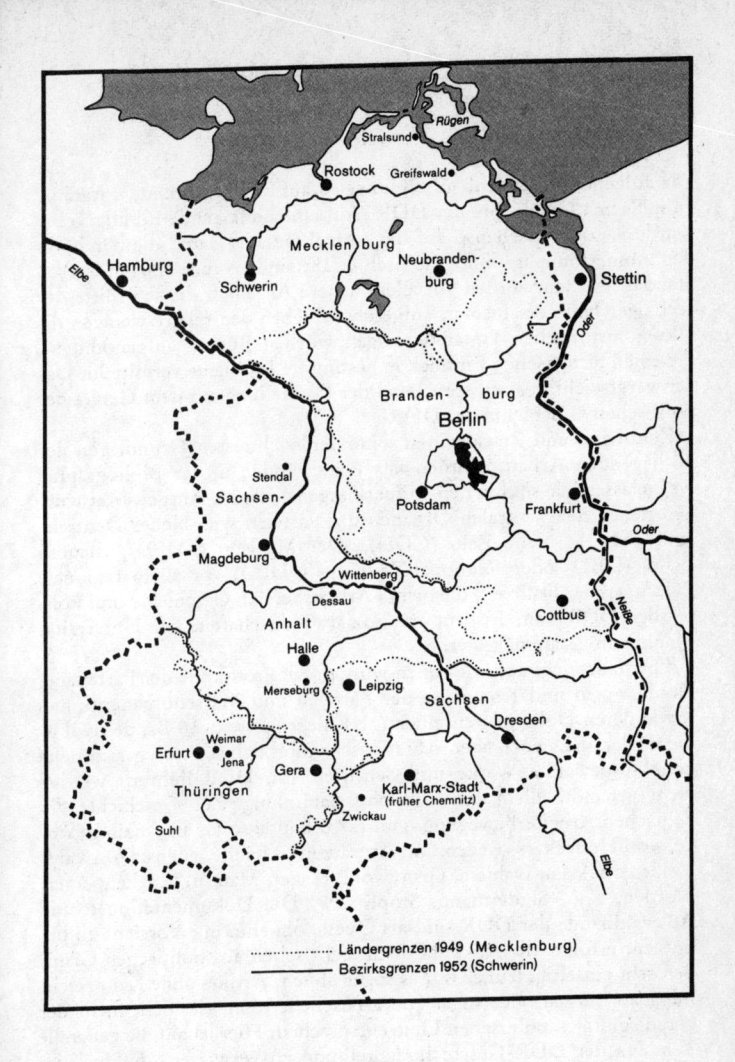

.... Ländergrenzen 1949 (Mecklenburg)
─────── Bezirksgrenzen 1952 (Schwerin)

Auswahlbibliographie

Die folgende Übersicht gibt Hinweise auf weiterführende Literatur zum Thema Geschichte der DDR. Auf eine umfassende Bibliographie wurde verzichtet, ebenso auf die Aufnahme aller Titel, die bereits in den Anmerkungen bibliographisch erfaßt sind. Außer einigen älteren Standardwerken wurden vor allem neuere Arbeiten, die seit Mitte der sechziger Jahre erschienen, aufgeführt. Neben den relativ wenigen direkten historischen Untersuchungen wurden Bücher aufgenommen, die einen historischen Einblick in bestimmte Probleme vermitteln. Das Schwergewicht liegt entsprechend der Darstellung auf dem Gebiet der politischen Geschichte der DDR.

Zeitungen und Zeitschriften, eine der wichtigsten Grundlagen der vorliegenden Arbeit, wurden aus Platzgründen in der Bibliographie weggelassen, sie sind in den Anmerkungen genannt. Ausgewertet wurden neben den zentralen Organen der Parteien wie ›Neues Deutschland‹ (SED), ›Neue Zeit‹ (CDU), ›Der Morgen‹ (LDPD), ›Bauern Echo‹ (DBD) oder ›National-Zeitung‹ (NDPD) vor allem regionale Zeitungen der Frühzeit, die beim »Arbeitsbereich Geschichte und Politik der DDR« am Institut für Sozialwissenschaften der Universität Mannheim gesammelt werden.

Ebenfalls nicht aufgenommen wurden die Protokolle der Parteitage, Konferenzen und Kongresse der Parteien und Massenorganisationen sowie deren Dokumentenreihen (z.B. liegen bereits 18 Bände ›Dokumente der SED‹ vor), ebenso Statistische Jahrbücher. Auch gesammelte oder ausgewählte Werke und Schriften von DDR-Führern werden nicht genannt, allein von Ulbrichts Sammlung ›Zur Geschichte der deutschen Arbeiterbewegung‹ gibt es 10 Bände sowie Ergänzungsbände, von Honeckers ›Reden und Aufsätzen‹ 7 Bände, ebenso Auswahlbände von Axen, Dahlem, Grotewohl, Hager, Matern, Mückenberger, Norden, Rau, Sindermann, Stoph usw. Die Dokumentation und Auswahlbände der DDR sind als Quelle ohnehin mit Vorsicht zu benutzen, erfolgte die Auswahl doch nicht selten aus politischen Gründen sehr einseitig; früher war es sogar üblich, Artikel ohne Kennzeichnung zu kürzen oder sogar zu verfälschen, wenn sie nicht mehr der gerade gültigen politischen Linie entsprachen. Hier ist auf die generelle Tendenz der DDR-Geschichtsschreibung zu verweisen, die auch im vorliegenden Band thematisiert ist. Soweit möglich, wurden daher auch stets die Originalfassungen solcher Arbeiten benutzt.

Wichtige Unterlagen über die Geschichte der DDR enthalten zahlreiche unveröffentliche Dissertationen aus der DDR. Sie sind freilich nicht alle zugänglich; soweit sie ausgewertet werden konnten, sind sie in den Anmerkungen aufgeführt, nicht aber in dieser Auswahlbibliographie wiederholt, in der auch nur Monographien und keine Zeitschriften-Artikel verzeichnet sind. Hier sei auf die angegebenen Bibliographien verwiesen, die einen umfassenden Überblick vermitteln, aber auch auf Literaturhinweise in einzelnen Büchern, z. B. im ›DDR-Handbuch‹, 2. Aufl. Köln 1979.

Zunächst werden die Archivalien registriert (nicht aufgenommen sind die aus dem Privatarchiv des Verfassers stammenden Materialien), danach Bibliographien, schließlich Dokumentationen, dann Memoiren und Biographien sowie schließlich Darstellungen. Nur in einigen wenigen Fällen (vor allem bei Memoiren) wurden erläuternde Bemerkungen in eckigen Klammern zugefügt.

1. Archivalien

Archiv der sozialen Demokratie (AdsD) der Friedrich-Ebert-Stiftung, Bonn
Akten Ostbüro der SPD, 0051, 0301–0321, 0344, 0357, 0361, 0400–0404.
NL Erich W. Gniffke.

Bundesarchiv Koblenz
NL Ferdinand Friedensburg, 26, 27.
NL Wilhelm Külz, 138, 141, 144, 147.
NL Jakob Kaiser, 8, 29, 46, 116, 118, 134, 291, 429.
NL Marie-Elisabeth Lüders, 99, 252, 273, 276.
NL Erich Rossmann, 12, 25, 30, 36, 50.
NL Eugen Schiffer, 33, 47.

Landesarchiv Berlin (West)
Zeitgeschichtl. Sammlung, 8113, 8705.

Staatsarchiv Bremen
Senatsregistratur Bremen, R.1.0. Nr. 8, 17, 121, 184.
NL Adolf Ehlers, 7. 144.

Aus dem Wortprotokoll der 25. Sitzung des Zentralkomitees der SED, 24.–27. 10. 1955.
Wortprotokoll der 33. Sitzung des ZK der SED, 16. 10. 1957. (Kopien im »Arbeitsbereich Geschichte und Politik der DDR« am Institut für Sozialwissenschaften der Universität Mannheim und Staatsarchiv Bremen, Senatsregistratur R.1.0. 194 bzw. 210).

2. Bibliographien

Auswahlbibliographie westlicher Literatur über die DDR (zum 25. Jahrestag der DDR). Deutschland Archiv 7 (1974), S. 1056 ff.

Bibliographie selbständiger Publikationen zur Geschichte der örtlichen Arbeiterbewegung und der Betriebsgeschichte 1971–1979. Hrsg. vom Institut für Marxismus-Leninismus beim ZK der SED, Abt. Geschichte der örtlichen Arbeiterbewegung und der Betriebsgeschichte. Zusammengestellt von Wolfgang Dick. Berlin (Ost) 1980.

Bibliographie zum öffentlichen Sprachgebrauch in der Bundesrepublik Deutschland und in der DDR. Zusammengestellt und kommentiert von einer Arbeitsgruppe unter Leitung von Manfred W. Hellmann. Düsseldorf 1976.

Bibliographie zur Deutschlandpolitik 1941 bis 1974. Bearbeitet von Marie-Luise Goldbach u. a. Dokumente zur Deutschlandpolitik. Beihefte, Bd. 1. Frankfurt a. M. 1975.

Bibliographie zur Deutschlandpolitik 1975–1982. Bearbeitet von Karsten Schröder. Dokumente zur Deutschlandpolitik. Beihefte, Bd. 6. Frankfurt a. M. 1983.

Bibliographie zur Politik in Theorie und Praxis. Hrsg. von Karl Dietrich Bracher, Hans-Adolf Jacobsen und Manfred Funke. Aktualisierte Neuauflage. Düsseldorf 1976. Vollständige Neubearbeitung: Düsseldorf 1983.

Chabir, Gabriele und Michael Haupt, Die Teilung Deutschlands 1945–1949. In: Jahresbibliographie der Bibliothek für Zeitgeschichte, Bd. 49. Stuttgart 1977, S. 359 ff.

Deutschlandforschung in der Bundesrepublik Deutschland und in Berlin (West). Projektverzeichnis. Hrsg. vom Gesamtdeutschen Institut, Bundesanstalt für gesamtdeutsche Aufgaben. Bearbeitet von Ernst Lange. 2. Aufl. Bonn 1981.

Dissertationen und Habilitationen auf dem Gebiet der Deutschlandforschung 1969–1978. Hochschulschriften aus der Bundesrepublik Deutschland und Berlin (West). Bearbeitet von Helga Hundegger. Hrsg. vom Gesamtdeutschen Institut. Bonn 1980.

Gesellschaftswissenschaftliche Literatur aus der DDR. Auswahlbibliographie von Verlagspublikationen 1976–1983. Zusammengestellt von der Deutschen Staatsbibliothek. Berlin (Ost) 1983.

Historische Forschungen in der DDR. Analysen und Berichte. Zum XI. Internationalen Historikerkongreß in Stockholm August 1960 (Sonderband der Zeitschrift für Geschichtswissenschaft). Berlin (Ost) 1960, S. 426 ff.

Historische Forschungen in der DDR 1960–1970. Analysen und Berichte. Zum XIII. Internationalen Historikerkongreß in Moskau 1970 (Sonderband der Zeitschrift für Geschichtswissenschaft). Berlin (Ost) 1970, S. 609 ff.

Historische Forschungen in der DDR 1970–1980. Analysen und Berichte. Zum XV. Internationalen Historikerkongreß in Bukarest 1980 (Sonderband der Zeitschrift für Geschichtswissenschaft). Berlin (Ost) 1980, S. 310ff.

Der Kampf der SED um die Schaffung und Festigung der sozialistischen Gesellschaft in der DDR. Auswahlbibliographie von Literatur der DDR Oktober 1979 bis März 1984. Beiträge zur Geschichte der Arbeiterbewegung 26 (1984), S. 567ff.

Kukuck, Horst A., Bibliographie Geschichte der SED. Deutschland Archiv 2 (1969), S. 1171ff.

Leszak, Mihaly und Ehrenfried Schnebel, Bibliographie SED, Blockparteien. Deutschland Archiv 2 (1969), S. 415ff.

Leszak, Mihaly und Ehrenfried Schnebel, Bibliographie Staatsapparat der DDR. Deutschland Archiv 2 (1969), S. 609ff.

Literatur zur deutschen Frage. Bibliographische Hinweise auf neuere Veröffentlichungen aus dem In- und Ausland (bearbeitet von Günter Fischbach). 4. erw. Aufl. Bonn 1966.

Price, Arnold H., East Germany. A Selected Bibliography. Washington, D. C. 1967.

Ruffmann, Karl-Heinz, Kommunismus in Geschichte und Gegenwart. Ausgewähltes Bücherverzeichnis. Bonn 1964.

Schumann, Hans-Gerd, Die politischen Parteien in Deutschland nach 1945. Ein bibliographisch-systematischer Versuch. Frankfurt a. M. 1967.

Sperling, Walter, Landeskunde DDR. Eine annotierte Auswahlbibliographie. München, New York 1978.

Weber, Gerda, Bibliographie Frau in Gesellschaft und Familie. Deutschland Archiv. 1 (1968), S. 386ff.

Zur Geschichte des FDGB. Auswahlbibliographie 1976–1982. Hrsg. von der Gewerkschaftshochschule »Fritz Heckert«. Bernau 1982.

3. Dokumentationen, Handbücher

Bartel, Horst, Herbert Bertsch u. a., Sachwörterbuch der Geschichte Deutschlands und der deutschen Arbeiterbewegung. Berlin (Ost) 1969–1970. 2 Bde.

Baske, Siegfried und Martha Engelbert, Dokumente zur Bildungspolitik in der sowjetischen Besatzungszone. Bonn, Berlin 1966.

Bednareck, Horst, Albert Behrendt und Dieter Lange (Hrsg.), Gewerkschaftlicher Neubeginn. Dokumente zur Gründung des FDGB und zu seiner Entwicklung von Juni 1945 bis Februar 1946. Berlin (Ost) 1975.

Befehle des Obersten Chefs der Sowjetischen Militärverwaltung in Deutschland. Aus dem Stab der Sowjetischen Militärverwaltung in Deutschland. Sammelheft 1945. Berlin 1946; dass. Sammelheft Januar bis Juni 1946. Berlin 1946.

Bericht der Bundesregierung und Materialien zur Lage der Nation. 3. Bde. Bonn 1971, 1973 und 1974. [Interdisziplinäre vergleichende Untersuchungen der beiden deutschen Staaten, verfaßt von einer wissenschaftlichen Arbeitsgruppe unter Leitung von Peter Christian Ludz.]

Berliner Begegnung zur Friedensförderung. Protokolle des Schriftstellertreffens am 13./14. 12. 1981. Darmstadt 1982.

Die Berliner Konferenz und unsere Aufgaben. Hrsg. v. d. KPD. Berlin 1945.

DDR. Gesellschaft, Staat, Bürger. Berlin (Ost) 1979.

DDR-UdSSR. 30 Jahre Beziehungen 1949 bis 1979. Dokumente und Materialien. Berlin (Ost) 1982.

Dokumente der revolutionären deutschen Arbeiterbewegung zur Frauenfrage 1848–1974. Auswahl. Leipzig 1975.

Dokumente zur Deutschlandpolitik. Begründet von Ernst Deuerlein, wissenschaftliche Leitung Karl Dietrich Bracher und Hans-Adolf Jacobsen. Hrsg. vom Bundesministerium für innerdeutsche Beziehungen, Bonn. [Erscheint fortlaufend, gegliedert in fünf Reihen, beginnend 1941. Umfangreichste, wissenschaftlich bearbeitete Sammlung von allen relevanten deutschen und internationalen Dokumenten zur deutschen Frage.]

Dokumente zur Geschichte der SED. Bd. 1: 1847 bis 1945. Berlin (Ost) 1981.

Friedensbewegung in der DDR. Texte 1978–1982. Hrsg. v. Wolfgang Büschler, Peter Wensierski und Klaus Wolschner unter Mitarbeit Reinhard Henkys. Hattingen 1982.

Geschichte der Pionierorganisation »Ernst Thälmann«. Chronik. Berlin (Ost) 1979.

Geschichte des Staats und des Rechts der DDR. Dokumente 1945–1949. Berlin (Ost) 1984.

Langenbucher, Wolfgang, Ralf Rytlewski und Bernd Weyergraf (Hrsg.), Kulturpolitisches Wörterbuch Bundesrepublik Deutschland/DDR im Vergleich. Stuttgart 1983.

Lübbe, Peter (Hrsg.), Dokumente zur Kunst-, Literatur- und Kulturpolitik der SED 1975–1980. Stuttgart 1984.

Nationale Front des demokratischen Deutschland – sozialistische Volksbewegung. Handbuch. Berlin (Ost) 1969.

Die Nationale Volksarmee der DDR. Eine Dokumentation. Berlin (Ost) 1961.

Politisches Grundwissen. Ausgearbeitet von einem Autorenkollektiv der Parteihochschule »Karl Marx« beim ZK der SED. Berlin (Ost) 1970. [Mit einem umfangreichen Kapitel zur Geschichte der DDR. In der 2. überarbeiteten Auflage – Berlin 1972 – sind alle Hinweise auf Ulbricht getilgt.]

Das Potsdamer Abkommen. Dokumentensammlung. Berlin (Ost) 1984.

Rilling, Rainer (Hrsg.), Sozialismus in der DDR. Dokumente und Materialien. 2 Bde. Köln 1979. [Unkritische Sammlung von DDR-Dokumenten.]
Scheel, Klaus (Hrsg.), Die Befreiung Berlins 1945. Eine Dokumentation. Berlin (Ost) 1975.
Schöneburg, Karl-Heinz, R. Mand, H. Leichtfuß und K. Urban, Vom Werden unseres Staates. Eine Chronik. Bd. 1: 1945–1949. Berlin (Ost) 1966; Bd. 2: 1949–1955. Berlin (Ost) 1968.
Staatliche Dokumente zur Förderung der Frau in der Deutschen Demokratischen Republik. Gesetzesdokumentation. Berlin (Ost) 1975.
Thomas, Stephan (Hrsg.), Das Programm der SED. Das erste Programm der SED. Das vierte Statut der SED. Das nationale Dokument. Köln 1963.
Um die Erneuerung der deutschen Kultur. Dokumente zur Kulturpolitik 1945–1949. Berlin (Ost) 1983.
Um ein antifaschistisch-demokratisches Deutschland. Dokumente aus den Jahren 1945–1949. Berlin (Ost) 1968.
Unser Staat. Eine DDR-Zeittafel 1949–1983. Berlin (Ost) 1984.
Weber, Hermann (Hrsg.), Parteiensystem zwischen Demokratie und Volksdemokratie. Dokumente und Materialien zum Funktionswandel der Parteien und Massenorganisationen in der SBZ/DDR 1945–1950. Köln 1982.
Wörterbuch Geschichte. 2 Bde. Hrsg. von Horst Bartel u. a. Berlin (Ost) 1983. [Neubearbeitung des von Bartel u. a. 1969/70 herausgegebenen ›Sachwörterbuch der Geschichte Deutschlands‹ (vgl. oben) mit erheblich reduziertem Umfang der Artikel zur deutschen Geschichte.]
Wörterbuch des wissenschaftlichen Kommunismus. Berlin (Ost) 1982.
Wörterbuch zum sozialistischen Staat. Berlin (Ost) 1974.
Zur ökonomischen Politik der SED und der Regierung der DDR. Zusammenstellung von Beschlüssen der SED sowie Gesetzen und Verordnungen der Regierung der DDR. 3 Bde. Berlin (Ost) 1955–1960.
Zur Sozialpolitik in der antifaschistisch-demokratischen Umwälzung 1945–1949. Dokumente und Materialien. Berlin (Ost) 1984.
30 Jahre Volkseigene Betriebe. Dokumente und Materialien zum 30. Jahrestag des Volksentscheids in Sachsen. Berlin (Ost) 1976.

4. Memoiren, Biographien

Abusch, Alexander, Der Deckname. Memoiren. Berlin 1981.
Aufbruch in unsere Zeit. Erinnerungen an die Tätigkeit der Gewerkschaften von 1945 bis zur Gründung der DDR. Berlin (Ost) 1976.
Barthel, Horst, Adolf Hennecke. Beispiel und Vorbild. Berlin (Ost) 1979 (Illustrierte historische Hefte, 16).
Becher, Johannes R., Walter Ulbricht. Ein deutscher Arbeitersohn. Berlin (Ost) 1958.

Bokow, F. J., Frühjahr des Sieges und der Befreiung. Berlin (Ost) 1979.
Borkowski, Dieter, Für jeden kommt der Tag ... Stationen einer Jugend in der DDR. Frankfurt a. M. 1983.
Brandt, Heinz, Ein Traum, der nicht entführbar ist. Mein Weg zwischen Ost und West. München 1967, Neuaufl. Berlin (West) 1977. [Brandt war bis 1953 Sekretär der Berliner SED-Bezirksleitung, ging 1958 in den Westen, wurde 1961 vom SSD aus West-Berlin entführt und inhaftiert, auf Grund internationaler Proteste 1964 freigelassen. Wichtige Quelle für die Vorgänge in der SED-Führung um den 17. Juni 1953.]
Brundert, Willi, Es begann im Theater. »Volksjustiz« hinter dem Eisernen Vorhang. Hannover 1958. [Brundert war stellv. Wirtschaftsminister von Sachsen-Anhalt, wurde 1950 im ersten Schauprozeß der DDR wegen »Wirtschaftsverbrechen« zu 15 Jahren Zuchthaus verurteilt.]
Buch, Günther, Namen und Daten wichtiger Personen der DDR. 3. Aufl. Berlin, Bonn. 1983.
Conze, Werner, Jakob Kaiser. Politiker zwischen Ost und West 1945–1949. Stuttgart, Berlin (West) 1969.
Deutschland, Heinz, Alfred Förster und Ernst Egon Lange, Vertrauensmann seiner Klasse – Herbert Warnke. Berlin (Ost) 1982.
Die ersten Jahre. Erinnerungen an den Beginn der revolutionären Umgestaltungen. Berlin (Ost) 1979.
Doernberg, Stefan, Befreiung 1945. Ein Augenzeugenbericht. Berlin (Ost) 1975.
Fricke, Karl Wilhelm, Menschenraub in Berlin. Karl Wilhelm Fricke über seine Erlebnisse. Koblenz 1959. [Der Journalist Fricke wurde 1955 vom SSD aus West-Berlin entführt, bis 1959 in Haft gehalten.]
Friedensburg, Ferdinand, Es ging um Deutschlands Einheit. Rückschau eines Berliners auf die Jahre nach 1945. Berlin (West) 1971.
Geschichte der deutschen Arbeiterbewegung. Biographisches Lexikon. Berlin (Ost) 1970.
Giordano, Ralph, Die Partei hat immer recht. Köln, Berlin (West) 1961. [Giordano war Funktionär der KPD und FDJ in Hamburg, brach 1956 mit der Partei.]
Gniffke, Erich, Jahre mit Ulbricht. Köln 1966.
Handbuch der Volkskammer der Deutschen Demokratischen Republik. 2.–8. Wahlperiode. Berlin (Ost) 1957–1982.
Havemann, Robert, Fragen, Antworten, Fragen. Aus der Biographie eines deutschen Marxisten. München 1970.
Robert Havemann. Ein deutscher Kommunist. Rückblicke und Perspektiven aus der Isolation. Hrsg. von Manfred Wilke, mit einem Nachwort von Lombardo Radice. Reinbek b. Hamburg 1978.
Honecker, Erich, Aus meinem Leben. Frankfurt a. M., Oxford 1980.
Honecker, Erich. Skizze seines politischen Lebens. Hrsg. vom Institut für Marxismus-Leninismus beim ZK der SED. Berlin (Ost) 1977.

Hornstein, Erika von, Staatsfeinde. Sieben Prozesse in der »DDR«. Köln, Berlin (West) 1961.

Jäckel, Hartmut (Hrsg.), Ein Marxist in der DDR. Für Robert Havemann. München 1980.

Kampfgefährten-Weggenossen. Erinnerungen deutscher und sowjetischer Genossen an die ersten Jahre der antifaschistisch-demokratischen Umwälzung in Dresden. Berlin (Ost) 1975.

Kantorowicz, Alfred, Deutsches Tagebuch. 2 Bde. München 1959, 1961. [Kantorowicz, Kommunist seit 1931, Teilnehmer am Spanischen Bürgerkrieg (›Spanisches Tagebuch‹), gründete nach 1945 in Berlin die Zeitschrift ›Ost und West‹, war Professor für Neueste Deutsche Literaturgeschichte in Ost-Berlin, floh 1957 in die Bundesrepublik.]

Klimow, Gregory, Berliner Kreml. Köln, Berlin 1953. [Klimow war Major der sowjetischen Armee und von 1945 bis zu seiner Flucht 1947 führender Mitarbeiter des Chefs der SMAD in Berlin-Karlshorst. Sein Buch war die erste Insiderdarstellung der SMAD.]

Krüger, Horst (Hrsg.), Das Ende einer Utopie. Hingabe und Selbstbefreiung früherer Kommunisten. Olten, Freiburg 1963. [Politische Biographien von Günter Zehm, Manfred Hertwig, Leo Bauer, Ralph Giordano, Hermann Weber, Josef Scholmer, Alfred Kantorowicz, Gerhard Zwerenz, Michael Miller, Carola Stern.]

Kuczynski, Jürgen, Dialog mit meinem Urenkel. Neunzehn Briefe und ein Tagebuch. 2. Aufl. Berlin (Ost) 1984.

Leonhard, Wolfgang, Die Revolution entläßt ihre Kinder. Köln, Berlin (West) 1955. [Leonhard emigrierte 1934 als Kind mit seiner Mutter Susanne Leonhard (›Gestohlenes Leben‹) in die Sowjetunion, absolvierte die Kominternschule, wurde Rundfunksprecher des Nationalkomitees Freies Deutschland in Moskau, kam im Mai 1945 mit der »Gruppe Ulbricht« nach Deutschland, baute in Berlin die deutschen Verwaltungen mit auf, wurde Lehrer für Geschichte an der Parteihochschule der SED, floh 1949 nach Jugoslawien.]

Lippmann, Heinz, Honecker. Porträt eines Nachfolgers. Köln 1971. [Lippmann war bis 1953 Stellvertreter Honeckers in der FDJ-Führung.]

Löw, Konrad, Peter Eisenmann und Angelika Stoll (Hrsg.), Betrogene Hoffnung. Aus Selbstzeugnissen ehemaliger Kommunisten. Krefeld 1978.

Mayer, Hans, Ein Deutscher auf Widerruf. Erinnerungen Bd. 2. Frankfurt a. M. 1984.

Norden, Albert, Ereignisse und Erlebtes. Berlin (Ost) 1981.

Radde, Jürgen, Der diplomatische Dienst der DDR. Namen und Daten. Köln 1977.

Rothe, Lya und Erich Woitinas, Hermann Matern. Aus seinem Leben und Wirken. Berlin (Ost) 1981.

SBZ-Biographie. Ein biographisches Nachschlagebuch über die sowjetische Besatzungszone Deutschlands. Hrsg. vom Bundesministerium für Gesamtdeutsche Fragen. 3. Aufl. Bonn, Berlin (West) 1964.

Schenk, Fritz, Im Vorzimmer der Diktatur. 12 Jahre Pankow. Köln, Berlin (West) 1962. [Schenk war von 1952 bis zu seiner Flucht 1957 persönlicher Referent von Bruno Leuschner, dem Mitglied des Politbüros der SED und Chef der Staatlichen Plankommission.]

Shukow, G. K., Erinnerungen und Gedanken. Bd. 2. Berlin (Ost) 1976.

Selbmann, Fritz (Hrsg.), Die erste Stunde. Porträts. Berlin (Ost) 1969.

Seydewitz, Max, Es hat sich gelohnt zu leben. Lebenserinnerungen eines alten Arbeiterfunktionärs. Bd. 2, Berlin (Ost) 1978. [Erinnerungen des ehemaligen Ministerpräsidenten von Sachsen an die Zeit nach 1945.]

Stern, Carola, Ulbricht. Eine politische Biographie. Köln, Berlin (West) 1963.

Thape, Ernst, Von Rot zu Schwarz-Rot-Gold. Lebensweg eines Sozialdemokraten. Hannover 1969. [Thape, SPD dann SED, war Minister für Volksbildung in Sachsen-Anhalt. Er floh Ende 1948 nach Westdeutschland.]

Thoms, Lieselotte, Hans Vieillard und Wolfgang Berger, Walter Ulbricht. Arbeiter, Revolutionär, Staatsmann. Berlin (Ost) 1968.

Vereint sind wir alles. Erinnerungen an die Gründung der SED. Berlin (Ost) 1959.

Voßke, Heinz, Wilhelm Pieck. 2. Aufl. Leipzig 1975.

Voßke, Heinz und Gerhard Nitzsche, Wilhelm Pieck. Biographischer Abriß. Berlin (Ost) 1975.

Voßke, Heinz, Otto Grotewohl. Biographischer Abriß. Berlin (Ost) 1979.

Voßke, Heinz, Walter Ulbricht. Biographischer Abriß. Berlin (Ost) 1983.

Weber, Hermann, Die Wandlung des deutschen Kommunismus. Bd. 2. Frankfurt a. M. 1969.

Weiss, Grigorij, Am Morgen nach dem Kriege. Erinnerungen eines sowjetischen Kulturoffiziers. Berlin (Ost) 1981.

Wer ist wer in der SBZ? Ein biographisches Handbuch. Berlin (West) 1958.

Wir sind die Kraft. Der Weg der DDR. Erinnerungen. Berlin (Ost) 1959.

Zwerenz, Gerhard, Walter Ulbricht. München, Bern 1966.

5. Darstellungen

Arbeitsbereich Geschichte und Politik der DDR (Universität Mannheim), Ziele, Formen und Grenzen der »besonderen« Wege zum Sozialismus. Mannheim 1984.

Badstübner, Rolf und Thomas Siegfried, Die Spaltung Deutschlands 1945–1949. Berlin (Ost) 1966.

Badstübner, Rolf und Heinz Heitzer (Hrsg.), Die DDR in der Übergangsperiode. Studien zur Vorgeschichte und Geschichte der DDR. 1945 bis 1961. Berlin (Ost) 1979.

Badstübner, Rolf und Evemarie Peters, Wie unsere Republik entstand. Berlin (Ost) 1977 (Ill. historische Hefte, 2).

Baring, Arnulf, Der 17. Juni 1953. Mit einem Vorwort von Richard Löwenthal. Köln, Berlin (West) 1965 (Neuaufl. 1983).

Beiträge zur Geschichte der Sozialistischen Einheitspartei Deutschlands. Hrsg. vom Institut für Gesellschaftswissenschaften beim ZK der SED. Berlin (Ost) 1961.

Benjamin, Hilde (Leiterin des Autorenkollektivs), Zur Geschichte der Rechtspflege der DDR 1949–1961. Berlin (Ost) 1980.

Benser, Günther, Vereint sind wir unbesiegbar. Wie die SED entstand. Berlin (Ost) 1961.

Benser, Günther, Aufruf der KPD vom 11. Juni 1945. Berlin (Ost) 1980 (Ill. historische Hefte, 19).

Benser, Günther, »Zwangsvereinigung« – eine Legende und ihre Variationen. In: Geschichte, Ideologie, Politik. Auseinandersetzungen mit bürgerlichen Geschichtsauffassungen in der BRD. Berlin (Ost) 1983.

Biermann, Wolfgang, Demokratisierung in der DDR? Ökonomische Notwendigkeiten, Herrschaftsstrukturen, Rolle der Gewerkschaften. 1961–1971. Köln 1978.

Blank, Karl, Beiträge zum innerdeutschen Gewerkschaftsdialog. Bonn, Bad Godesberg 1971.

Blücher, Viggo Graf, Industriearbeiterschaft in der Sowjetzone. Veröffentlichungen von Infratest. Stuttgart 1959.

Böhme, Irene, Die da drüben. Sieben Kapitel DDR. Berlin (West) 1982.

Borowsky, Peter, Deutschland 1970–1976. Hannover 1980.

Bröll, Werner, Die Wirtschaft der DDR. Lage und Aussichten. München, Wien 1970.

Brunner, Georg, Kontrolle in Deutschland. Eine Untersuchung zur Verfassungsordnung in beiden Teilen Deutschlands. Köln 1972.

Brunner, Georg, Einführung in das Recht der DDR. Würzburg 1974.

Bruns, Wilhelm, Deutsch-deutsche Beziehungen. Prämissen, Probleme, Perspektiven. Opladen 1982.

Im Bündnis fest vereint. Die schöpferische marxistisch-leninistische Bündnispolitik der SED 1945–1965. Berlin (Ost) 1966.

Im Bündnis vereint. Beiträge zur Theorie und Praxis der Bündnispolitik. Hrsg. vom Sekretariat des Zentralvorstandes der LDPD. Berlin (Ost) o.J. (1971).

Bündnispolitik im Sozialismus. Redaktion Heinz Hümmler u. a. Berlin (Ost) 1981.

Bussiek, Hendrik, Notizen aus der DDR. Frankfurt a. M. 1979.

Butlar, Walrab von, Ziele und Zielkonflikte der sowjetischen Deutschlandpolitik 1945–1947. Stuttgart 1980.

Buxhoeveden, Christina von, Geschichtswissenschaft und Politik in der DDR. Das Problem der Periodisierung. Köln 1980.

Childs, David, The GDR: Moscow's German Ally. London 1983.

Cramer, Dettmar, Deutschland nach dem Grundvertrag. Stuttgart 1973.

Damus, Renate, Entscheidungsstrukturen und Funktionsprobleme der DDR-Wirtschaft. Frankfurt a. M. 1973.

Dähn, Horst, Konfrontation oder Kooperation? Das Verhältnis von Staat und Kirche in der SBZ/DDR 1945–1980. Opladen 1982.

Dasbach-Mallinckrodt, Anita, Propaganda hinter der Mauer. Stuttgart, Berlin, Köln, Mainz 1971.

DDR und Osteuropa. Wirtschaftssystem, Wirtschaftspolitik, Lebensstandard. Ein Handbuch. Mit Beiträgen von J. Bethkenhagen u. a. Opladen 1981.

DDR. Werden und Wachsen. Zur Geschichte der Deutschen Demokratischen Republik. Von Rolf Badstübner u. a. Berlin (Ost) 1974.

Deutsch-sowjetische Freundschaft. Ein historischer Abriß von 1971 bis zur Gegenwart. Autorenkollektiv. Berlin (Ost) 1975.

Diepenthal, Wolfgang, Drei Volksdemokratien. Ein Konzept kommunistischer Machtstabilisierung und seine Verwirklichung in Polen, der Tschechoslowakei und der sowjetischen Besatzungszone Deutschlands 1944–1948. Köln 1974.

Doernberg, Stefan, Die Geburt eines neuen Deutschland 1945–1949. Die antifaschistisch-demokratische Umwälzung und die Entstehung der DDR. Berlin (Ost) 1959.

Doernberg, Stefan, Kurze Geschichte der DDR. 4., durchges. und erg. Aufl. Berlin (Ost) 1969.

Dohlus, Horst, Der demokratische Zentralismus – Grundprinzip der Führungstätigkeit der SED bei der Verwirklichung der Beschlüsse des Zentralkomitees. Berlin (Ost) 1965.

Duhnke, Horst, Stalinismus in Deutschland. Die Geschichte der sowjetischen Besatzungszone. Köln, Berlin (West) 1955.

Eckart, Gabriele, So sehe ick die Sache. Protokolle aus der DDR. Köln 1984.

Ehring, Klaus und Martin Dallwitz, Schwerter zu Pflugscharen. Friedensbewegung in der DDR. Reinbek b. Hamburg 1982.

Emmerich, Wolfgang, Kleine Literaturgeschichte der DDR. Darmstadt 1981.

Erbe, Günther u. a., Politik, Wirtschaft und Gesellschaft in der DDR. Studientext für die politische Bildung. Opladen 1979.

Erfolgreiche Jahre. Der Beitrag der SED zu Theorie und Politik der entwickelten sozialistischen Gesellschaft. Berlin (Ost) 1982.

Fiedler, Helene, SED und Staatsmacht. Zur staatspolitischen Konzeption und Tätigkeit der SED 1946 – 1948. Berlin (Ost) 1974.

Finn, Gerhard, Die politischen Häftlinge der Sowjetzone 1945–1959. Pfaffenhofen 1960.

Finn, Gerhard (unter Mitarbeit von Karl Wilhelm Fricke), Politischer Strafvollzug in der DDR, Köln 1981.

Fischer, Alexander, Sowjetische Deutschlandpolitik im Zweiten Weltkrieg 1941–1945. Stuttgart 1975.

Förtsch, Eckart (in Zusammenarbeit mit Rüdiger Mann), Die SED. Stuttgart 1969.

Die Frau und die Gesellschaft. Leipzig 1974.

Frank, Hennig, 20 Jahre Zone. Kleine Geschichte der »DDR«. München 1965.

Freiburg, Arnold und Christa Mahrad, FDJ. Der sozialistische Jugendverband der DDR. Opladen 1982.

Fricke, Karl Wilhelm, Warten auf Gerechtigkeit. Kommunistische Säuberungen und Rehabilitierungen. Köln 1971.

Fricke, Karl Wilhelm, Politik und Justiz in der DDR. Zur Geschichte der politischen Verfolgung 1945–1968. Bericht und Dokumentation. Köln 1979.

Fricke, Karl Wilhelm, Die Staatssicherheit. Entwicklung, Strukturen, Aktionsfelder. Köln 1982.

Fricke, Karl Wilhelm, Opposition und Widerstand in der DDR. Ein politischer Report. Köln 1984.

Friedrich, Carl Joachim, The Soviet Zone of Germany. New Haven 1956.

Fritsch-Bournazel, Renate, Die Sowjetunion und das doppelte Deutschland. Die sowjetische Deutschlandpolitik nach 1945. Opladen 1979.

Gast, Gabriele, Die politische Rolle der Frau in der DDR. Köln 1974.

Gemeinsam zum Sozialismus. Zur Geschichte der Bündnispolitik der SED. Hrsg. vom Institut für Gesellschaftswissenschaften beim ZK der SED. Berlin (Ost) 1969.

Geschichte der Außenpolitik der DDR. Abriß. Berlin (Ost) 1984.

Geschichte der deutschen Arbeiterbewegung. Hrsg. vom Institut für Marxismus-Leninismus beim ZK der SED. Band 6–8. Berlin (Ost) 1966.

Geschichte der Deutschen Demokratischen Republik. Von einem Autorenkollektiv unter Leitung von Rolf Badstübner. Berlin (Ost) 1981.

Geschichte der Freien Deutschen Jugend. Autorenkollektiv unter Leitung von Karl Heinz Jahnke. Berlin (Ost) 1982.

Geschichte der SED. Abriß. Hrsg. von einem Autorenkollektiv beim Institut für Marxismus-Leninismus beim ZK der SED. Berlin (Ost) 1978.

Geschichte der sozialistischen Gemeinschaft. Herausbildung und Entwicklung des realen Sozialismus von 1917 bis zur Gegenwart. Von einem Autorenkollektiv unter Leitung von Ernstgert Kalbe. Berlin (Ost) 1981.

Geschichte des Freien Deutschen Gewerkschaftsbundes. Hrsg. vom Bundesvorstand des FDGB. Berlin (Ost) 1982.

Die gesellschaftlichen Organisationen in der DDR. Berlin (Ost) 1980.

Glaeßner, Gert-Joachim, Herrschaft durch Kader. Leitung der Gesellschaft und Kaderpolitik in der DDR am Beispiel des Staatsapparates. Opladen 1977.

Gleitze, Bruno, Peter Christian Ludz, Konrad Merkel, Klemens Pleyer und Karl C. Thalheim, Die DDR nach 25 Jahren. Berlin (West) 1975.

Gradl, Johann Baptist, Anfang unter dem Sowjetstern. Die CDU 1945–1948 in der sowjetischen Besatzungszone Deutschlands. Köln 1981.

Gransow, Volker, Kulturpolitik in der DDR. Berlin (West) 1975.

Grosser, Alfred, Deutschlandbilanz. Geschichte Deutschlands seit 1945. München 1970.

Grundriß der deutschen Geschichte. Von den Anfängen der Geschichte des deutschen Volkes bis zur Gestaltung der entwickelten sozialistischen Gesellschaft in der Deutschen Demokratischen Republik. Berlin (Ost) 1979.

Günther, Karl-Heinz und Gottfried Uhlig, Geschichte der Schule in der Deutschen Demokratischen Republik 1945 bis 1971. Berlin (Ost) 1974.

Hacker, Jens, Der Ostblock. Entstehung, Entwicklung und Struktur 1939–1980. Baden-Baden 1983.

Hänisch, Werner, Die Geschichte der Außenpolitik der Deutschen Demokratischen Republik. Grundlagen, Aufgaben, Etappen und Ergebnisse. Teil I, 1945–1955. Potsdam – Babelsberg 1964.

Hanhardt, Arthur M. Jr., The German Democratic Republic. Baltimore 1968.

Hanke, Helmut, Freizeit in der DDR. Berlin (Ost) 1979.

Hannemann, Joachim und Lothar Zschuckelt, Schriftsteller in der Diskussion. Zur Literaturentwicklung der fünfziger Jahre. Berlin (Ost) 1979.

Havemann, Robert, Rückantworten an die Hauptverwaltung »Ewige Wahrheiten«. München 1971.

Havemann, Robert, Morgen. Die Industriegesellschaft am Scheideweg. Kritik und reale Utopie. München 1980.

Heitzer, Heinz, DDR. Geschichtlicher Überblick. 2. Aufl. Berlin (Ost) 1984.

Helwig, Gisela, Zwischen Familie und Beruf. Die Stellung der Frau in beiden deutschen Staaten. Köln 1974.

Helwig, Gisela, Frau '75. Bundesrepublik Deutschland-DDR. Köln 1975.

Helwig, Gisela, Frau und Familie in beiden deutschen Staaten. Köln 1982.

Henkys, Reinhard (Hrsg.), Die evangelischen Kirchen in der DDR. Beiträge zu einer Bestandsaufnahme. München 1980.

Hermes, Peter, Die Christlich-Demokratische Union und die Bodenreform in der Sowjetischen Besatzungszone Deutschlands im Jahre 1945. Saarbrücken 1963.

Herz, Hanns-Peter, Freie Deutsche Jugend. München 1965.

Heydemann, Günther, Geschichtswissenschaft im geteilten Deutschland. Entwicklungsgeschichte, Organisationsstruktur, Funktionen, Theorie- und Methodenprobleme in der Bundesrepublik Deutschland und in der DDR. Frankfurt a. M. 1980.

Heym, Stefan, Wege und Umwege. Streitbare Schriften aus fünf Jahrzehnten. Frankfurt a. M. 1983.

Hildebrandt, Ingeborg, Lothar Müller und Waldemar Pillukat, Die Ausarbeitung der Konzeption der entwickelten sozialistischen Gesellschaft. Analysen zum theoretischen Beitrag der SED. Berlin (Ost) 1984.

Hillgruber, Andreas, Deutsche Geschichte 1945–1972. Die »deutsche Frage« in der Weltpolitik. Frankfurt a. M., Berlin (West), Wien 1974.

Hillgruber, Andreas, Europa in der Weltpolitik der Nachkriegszeit 1945–1963 (Oldenbourg Grundriß der Geschichte, 18). München 1981.

Hoffmann, Ursula, Die Veränderungen in der Sozialstruktur des Ministerrates der DDR 1949–1969. Düsseldorf 1971.

Hofmann, Heinz, Mehrparteiensystem ohne Opposition. Die nichtkommunistischen Parteien in der DDR, Polen, der Tschechoslowakei und Bulgarien. Bern, Frankfurt a. M. 1976.

Hohendahl, Peter U. und Patricia Herminghouse, (Hrsg.), Literatur der DDR in den siebziger Jahren. Frankfurt a. M. 1983.

Holzweißig, Gunter, Diplomatie im Trainingsanzug. Sport als politisches Instrument der DDR. München, Wien 1981.

Holzweißig, Gunter, Massenmedien in der DDR. Berlin (West) 1983.

Horn, Werner, Die Errichtung der Grundlagen des Sozialismus in der Industrie der DDR (1951–1955). Berlin (Ost) 1963.

Horn, Werner u. a., 20 Jahre Sozialistische Einheitspartei Deutschlands. Beiträge. Hrsg. von der Parteihochschule »Karl Marx« beim ZK der SED. Berlin (Ost) 1966.

Jacobsen, Hans-Adolf, Gert Leptin, Ulrich Scheuner und Eberhard Schulz (Hrsg.), Drei Jahrzehnte Außenpolitik der DDR. München 1979.

Jäger, Manfred, Sozialliteraten. Funktion und Selbstverständnis der Schriftsteller in der DDR. Düsseldorf 1973.

Jäger, Manfred, Kultur und Politik in der DDR. Ein historischer Abriß. Köln 1981.

Jänicke, Martin, Der dritte Weg. Die antistalinistische Opposition gegen Ulbricht seit 1953. Köln 1964.

Jaide, Walter und Barbara Hille, Jugend im doppelten Deutschland. Opladen 1977.

Jesse, Eckhard, Bundesrepublik Deutschland und Deutsche Demokratische Republik. Die beiden deutschen Staaten im Vergleich. Berlin (West) 1980.

Kaden, Albrecht, Einheit oder Freiheit. Die Wiedergründung der SPD 1945/46. Hannover 1964.

Kampfgemeinschaft SED – KPdSU. Grundlagen, Traditionen, Wirkungen. Berlin (Ost) 1978.

Kersten, Heinz, Der Aufstand der Intellektuellen. Stuttgart 1957.

Kessler, Horst-Günter und Jürgen Miermeister, Vom »großen Knast« ins »Paradies«. DDR-Bürger in der Bundesrepublik. Reinbek b. Hamburg 1983.

Kiera, Hans-Georg, Partei und Staat im Planungssystem der DDR. Die Planung in der Ära Ulbricht. Düsseldorf 1975.

Klein, Peter u. a. (Hrsg.), Geschichte der Außenpolitik der Deutschen Demokratischen Republik. Abriß. Berlin (Ost) 1968.

Kleßmann, Christoph, Die doppelte Staatsgründung. Deutsche Geschichte 1949–1955. Bonn 1982.

Knauft, Wolfgang, Katholische Kirche in der DDR. Gemeinde in der Bewährung 1945–1980. Mainz 1980.

Knecht, Willi, Das Medaillenkollektiv. Fakten, Dokumente, Kommentare zum Sport in der DDR. Berlin (West) 1978.

Knötzsch, Dieter, Innerkommunistische Opposition. Das Beispiel Robert Havemann. Modellanalyse. Opladen 1968.

Krieg, Harald, LDP und NPD in der »DDR« 1949–1958. Köln, Opladen 1965.

Krippendorff, Ekkehart, Die Liberal-Demokratische Partei Deutschlands in der sowjetischen Besatzungszone 1945–1948. Düsseldorf o. J.

Krisch, Henry, German Politics under Soviet Occupation. New York, London 1974.

Kühnst, Peter, Der mißbrauchte Sport. Instrumentalisierung des Sports in der SBZ und DDR 1945–1957. Köln 1982.

Kuhrt, Eberhard, Wider die Militarisierung der Gesellschaft. Friedensbewegung und Kirche in der DDR. Melle 1984.

Kulbach, Roderich und Helmut Weber, Parteien im Blocksystem der DDR. Köln 1969.

Kulturrevolution in der DDR. Grundlagen, Erfahrungen, Aufgaben. Berlin (Ost) 1981.

Labroisse, Gerd, 25 Jahre geteiltes Deutschland. Ein dokumentarischer Überblick. Berlin (West) 1970.

Lades, Hans und Clemens Burrichter, Produktivkraft Wissenschaft. Sozialistische Sozialwissenschaften in der DDR. Hamburg 1970.

Lapp, Peter Joachim, Der Staatsrat im politischen System der DDR. Hamburg 1971.

Lapp, Peter Joachim, Die Volkskammer der DDR. Opladen 1975.

Lapp, Peter Joachim, Der Ministerrat der DDR. Opladen 1982.

Laschitza, Horst, Kämpferische Demokratie gegen Faschismus. Die programmatische Vorbereitung auf die antifaschistisch-demokrati-

sche Umwälzung in Deutschland durch die Parteiführung der KPD. Berlin (Ost) 1969.
Lentz, Manfred, Die Wirtschaftsbeziehungen DDR-Sowjetunion 1945–1961. Eine politologische Analyse. Opladen 1979.
Leptin, Gert, Die deutsche Wirtschaft nach 1945. Ein Ost-West-Vergleich. Opladen 1970.
Lindemann, Hans und Kurt Müller, Auswärtige Kulturpolitik der DDR. Die kulturelle Abgrenzung der DDR von der Bundesrepublik Deutschland. Bonn, Bad Godesberg 1974.
Link, Werner, Das Konzept der friedlichen Kooperation und der Beginn des Kalten Krieges. Düsseldorf 1971.
Link, Werner, Der Ost-West-Konflikt. Stuttgart 1980.
Loest, Erich, Der vierte Zensor. Vom Entstehen und Sterben eines Romans in der DDR. Köln 1984.
Loth, Wilfried, Die Teilung der Welt. Geschichte des Kalten Krieges 1941–1955. 2. Aufl. München 1982.
Lübbe, Peter, Der staatlich etablierte Sozialismus. Hamburg 1975.
Ludz, Peter Christian, Die DDR zwischen Ost und West. Politische Analysen 1961 bis 1976. 3. Aufl. München 1977.
Ludz, Peter Christian (Hrsg.), Studien und Materialien zur Soziologie der DDR (Sonderheft 8 der Kölner Zeitschrift für Soziologie und Sozialpsychologie). Köln, Opladen 1964.
Ludz, Peter Christan, Parteielite im Wandel. Funktionsaufbau, Sozialstruktur und Ideologie der SED-Führung. Köln, Opladen 1968.
Ludz, Peter Christian, Deutschlands doppelte Zukunft. BRD und DDR in der Welt von morgen. München 1974.
Ludz, Peter Christian, Mechanismen der Herrschaftssicherung. Eine sprachpolitische Analyse gesellschaftlichen Wandels in der DDR. München 1980.
Mallinckrodt-Dasbach, Anita, Wer macht die Außenpolitik der DDR? Apparat, Methoden, Ziele. Düsseldorf 1972.
Mallinckrodt, Anita, Die Selbstdarstellung der beiden deutschen Staaten im Ausland. »Image-Bildung« als Instrument der Außenpolitik. Köln 1980.
Mallinckrodt, Anita, Das kleine Massenmedium. Soziale Funktion und politische Rolle der Heftreihenliteratur in der DDR. Köln 1984.
Mampel, Siegfried, Arbeitsverfassung und Arbeitsrecht in Mitteldeutschland. Köln 1966.
Mampel, Siegfried, Herrschaftssystem und Verfassungsstruktur in Mitteldeutschland. Die formale und materielle Rechtsverfassung der »DDR«. Köln 1968.
Marxistisch-leninistische Partei und sozialistischer Staat. Berlin (Ost) 1978.
Mattedi, Norbert, Gründung und Entwicklung der Parteien in der Sowjetischen Besatzungszone Deutschlands (Bonner Berichte). Bonn, Berlin (West) 1966.

Matthias, Erich und Jürgen Schierbaum, Errungenschaften. Zur Geschichte eines Schlagwortes unserer Zeit. Pfaffenhofen 1961.

McCauly, Martin, Marxism-Leninism in the German Democratic Republic. The Socialist Unity Party (SED). London 1979.

Mehls, Hartmut und Ellen Mehls, 13. August (Ill. historische Hefte, 17). Berlin (Ost) 1979.

Meinecke, Werner, Die Kirche in der volksdemokratischen Ordnung der DDR. Berlin (Ost) 1962.

Meissner, Boris, Rußland, die Westmächte und Deutschland. Die sowjetische Deutschlandpolitik 1943–1953. Hamburg 1953.

Merkel, Konrad und Hans Immler (Hrsg.), DDR-Landwirtschaft in der Diskussion. Köln 1972.

Messing, Manfred, Arbeitszufriedenheit im Systemvergleich. Eine empirische Untersuchung an Bau- und Montagearbeitern in beiden Teilen Deutschlands. Stuttgart 1978.

Mlynar, Zdenek, Krisen und Krisenbewältigung im Ostblock. Köln 1983.

Moraw, Frank, Die Parole der »Einheit« und die deutsche Sozialdemokratie. Bonn 1973.

Müller, Hans und Karl Reißig, Wirtschaftswunder DDR. Ein Beitrag zur Geschichte der ökonomischen Politik der SED. Berlin (Ost) 1968.

Müller, Marianne und Egon Erwin, ... stürmt die Festung Wissenschaft. Berlin (West) 1953.

Müller, Werner, Die KPD und die Einheit der Arbeiterklasse. Frankfurt a. M., New York 1979.

Müller-Römer, Dietrich (Hrsg.), Ulbrichts Grundgesetz. Die sozialistische Verfassung der DDR. Köln 1968.

Nawrocki, Joachim, Das geplante Wunder. Leben und Wirtschaften im anderen Deutschland. Hamburg 1967.

Nawrocki, Joachim, Bewaffnete Organe in der DDR. Nationale Volksarmee und andere militärische sowie paramilitärische Verbände. Berlin (West) 1979.

Nettl, Peter J., Die deutsche Sowjetzone bis heute. Politik, Wirtschaft, Gesellschaft. Frankfurt a. M. 1953.

Neugebauer, Gero, Partei und Staatsapparat in der DDR. Aspekte der Instrumentalisierung des Staatsapparates durch die SED. Opladen 1978.

Neumann, Philipp, Zurück zum Profit. Zur Entwicklung des Revisionismus in der DDR. Berlin (West) 1973.

Nolte, Ernst, Deutschland und der Kalte Krieg. München, Zürich 1974.

Overesch, Manfred, Deutschland 1945–1949. Zur Geschichte der Gründung der Bundesrepublik. Königstein i. Ts. 1979.

Pfeiler, Wolfgang, DDR-Lehrbuch. Bonn 1974.

Pritzel, Konstantin, Die Wirtschaftsintegration Mitteldeutschlands. Köln 1969.
Produktionsverhältnisse in der DDR. Berlin (Ost) 1979.
Raddatz, Fritz J., Traditionen und Tendenzen. Materialien zur Literatur der DDR. Frankfurt a. M. 1972.
Radde, Jürgen, Die außenpolitische Führungselite der DDR. Veränderungen der sozialen Struktur außenpolitischer Führungsgruppen. Köln 1976.
Rausch, Heinz und Theo Stammen (Hrsg.), DDR. Das politische, wirtschaftliche und soziale System. München 1978.
Reuter, Frank, Geschichtsbewußtsein in der DDR. Programm und Aktion. Köln 1973.
Richert, Ernst, in Zusammenarbeit mit Carola Stern und Peter Dietrich, Agitation und Propaganda. Das System der publizistischen Massenführung in der Sowjetzone. Berlin (West) 1958.
Richert, Ernst, Macht ohne Mandat. Der Staatsapparat in der Sowjetischen Besatzungszone Deutschlands. 2. Aufl. Köln, Opladen 1963.
Roggemann, Herwig, Die Staatsordnung der DDR. Berlin (West) 1973.
Roggemann, Herwig, Die DDR-Verfassungen. Berlin (West) 1976.
Rosenthal, Walter u. a., Die Justiz in der Sowjetischen Besatzungszone Deutschlands (Bonner Berichte). Bonn, Berlin (West) 1961.
Rudolph, Hermann, Die Gesellschaft der DDR – eine deutsche Möglichkeit? München 1972.
Rühle, Jürgen, Die Schriftsteller und der Kommunismus in Deutschland. Köln, Berlin (West) 1960.
Rühle, Jürgen und Gunter Holzweißig, 13. August 1961. Die Mauer von Berlin. Hrsg. von Ilse Spittmann. Köln 1981.
Sander, Hans-Dietrich, Geschichte der Schönen Literatur in der DDR. Ein Grundriß. Freiburg 1972.
Sarel, Benno, Arbeiter gegen den »Kommunismus«. Zur Geschichte des proletarischen Widerstandes in der DDR (1945–1958). München 1975.
Schenk, Fritz, Das rote Wirtschaftswunder. Die zentrale Planwirtschaft als Machtmittel der SED-Politik. Stuttgart 1969.
Schmitt, Hans-Jürgen (Hrsg.), Die Literatur der DDR (Hansers Sozialgeschichte der deutschen Literatur, Bd. 11). München 1983.
Schmitz, Helmut, Notstandsverfassung und Notstandsrecht in der DDR. Köln 1971.
Schneider, Eberhard, Die DDR. Geschichte, Politik, Wirtschaft, Gesellschaft. Stuttgart 1975.
Schön, Otto, Die höchsten Organe der Sozialistischen Einheitspartei. 2. Aufl. Berlin (Ost) 1965.
Schöneburg, Karl-Heinz, Staat und Recht in der Geschichte der DDR. Berlin (Ost) 1973.
Schöneburg, Karl-Heinz, Von den Anfängen unseres Staates. Berlin (Ost) 1975.

Schöneburg, Karl-Heinz (Leiter eines Autorenkollektivs), Errichtung des Arbeiter- und Bauernstaates der DDR 1945–1949. Berlin (Ost) 1983.

Schöneburg, Karl-Heinz und Gustav Seeber, Arbeiterklasse und Parlament. Parlamentarische Traditionen der revolutionären deutschen Arbeiterbewegung 1848 bis 1949. Berlin (Ost) 1984.

Schroeder, Friedrich-Christian, Die Strafgesetzgebung in Deutschland. Eine synoptische Darstellung der Strafgesetzbücher der Bundesrepublik Deutschland und der DDR. Tübingen 1972.

Schröder, Otto, Der Kampf der SED in der Vorbereitung und Durchführung des Volksentscheids in Sachsen. Berlin (Ost) 1961.

Schubert, Friedel, Die Frau in der DDR. Ideologie und konzeptionelle Ausgestaltung ihrer Stellung in Beruf und Familie. Opladen 1980.

Schuller, Wolfgang, Geschichte und Struktur des politischen Strafrechts der DDR bis 1968. Ebelsbach 1980.

Schulmeister, Karl-Heinz, Auf dem Wege zu einer neuen Kultur. Der Kulturbund in den Jahren 1945–1949. Berlin (Ost) 1977.

Schultz, Joachim, Der Funktionär in der Einheitspartei. Kaderpolitik und Bürokratisierung in der SED. Stuttgart, Düsseldorf 1956.

Schulz, Eberhard, An Ulbricht führt kein Weg mehr vorbei. Provozierende Thesen zur deutschen Frage. Hamburg 1967.

Schwarz, Hans-Peter, Vom Reich zur Bundesrepublik. Deutschland im Widerstreit der außenpolitischen Konzeption in den Jahren der Besatzungsherrschaft 1945–1949. Neuwied, Berlin (West) 1966.

Schwarze, Hanns Werner, Die DDR ist keine Zone mehr. Köln 1969.

Schwarzenbach, Rudolf, Die Kaderpolitik der SED in der Staatsverwaltung. Ein Beitrag zur Entwicklung des Verhältnisses von Partei und Staat in der DDR (1945–1975). Köln 1976.

Schwerdtner, Edwin und Arwed Kempke, Zur Wissenschafts- und Hochschulpolitik der SED 1945/46–1966. Berlin (Ost) 1967.

Schwindt, Rosemarie, Demokratie und Zentralismus bei der Mitwirkung der DDR-Bevölkerung in der Strafjustiz. Meisenheim am Glan 1979.

Die SED – führende Kraft der antifaschistisch-demokratischen Umwälzung (1945–1949). Hrsg. von der Parteihochschule »Karl Marx« beim ZK der SED. Berlin (Ost) 1984.

Seiffert, Wolfgang, Kann der Ostblock überleben? Der Comecon und die Krise des sozialistischen Weltsystems. Bergisch Gladbach 1983.

Siebert, Horst, Bildungspraxis in Deutschland. BRD und DDR im Vergleich. Düsseldorf 1970.

Sontheimer, Kurt und Wilhelm Bleek, Die DDR. Politik, Gesellschaft, Wirtschaft. Hamburg 5. Aufl. 1979.

Sorgenicht, Klaus, Unser Staat in den 80er Jahren. Berlin 1982.

Spanger, Hans-Joachim, Die SED und der Sozialdemokratismus. Ideologische Abgrenzung in der DDR. Köln 1981.

Spittmann, Ilse und Karl Wilhelm Fricke, (Hrsg.), 17. Juni 1953. Arbeiteraufstand in der DDR. Köln 1982.

Staats- und Rechtsgeschichte der DDR. Grundriß. Berlin (Ost) 1983.

Staritz, Dietrich, Sozialismus in einem halben Lande. Zur Programmatik und Politik der KPD/SED in der Phase der antifaschistisch-demokratischen Umwälzung in der DDR. Berlin (West) 1976.

Staritz, Dietrich, Zur Entwicklung des Parteiensystems in der SBZ/DDR 1945–1949. In: Dietrich Staritz, (Hrsg.), Das Parteiensystem der Bundesrepublik. Opladen 1976.

Steininger, Rolf, Deutsche Geschichte 1945–1961. Darstellung und Dokumente in zwei Bänden. Bd. 1 und 2. Frankfurt a. M. 1983.

Stern, Carola, Porträt einer bolschewistischen Partei. Entwicklung, Funktion und Situation der SED. Köln, Berlin (West) 1957.

Stern, Carola, SED. In: Die Kommunistischen Parteien der Welt. Hrsg. von C. D. Kernig, Freiburg i. Br. 1969, S. 175 ff.

Storbeck, Dietrich, Soziale Strukturen in Mitteldeutschland. Berlin (West) 1964.

Streisand, Joachim, Kulturrevolution in der DDR. Grundlagen, Erfahrungen, Aufgaben. Berlin (Ost) 1981.

Suckut, Siegfried, Die Betriebsrätebewegung in der Sowjetischen Besatzungszone Deutschlands. (1945–1948). Frankfurt a. M. 1982.

Suckut, Siegfried, Blockpolitik in der SBZ/DDR 1945–1949. Die Sitzungsprotokolle des zentralen Einheitsfront-Ausschusses. Köln 1985.

Sywottek, Arnold, Deutsche Volksdemokratie. Studien zur politischen Konzeption der KPD 1935–1946. Düsseldorf 1971.

Thalheim, Karl C., Die wirtschaftliche Entwicklung der beiden Staaten in Deutschland. Opladen 1978, 2. erw. Aufl. 1981.

Thalheim, Karl C., Die Wirtschaftspolitik der DDR im Schatten Moskaus. Hannover 1979.

Thiel, Isolde van, Entstehung und Entwicklung des Parteiensystems der DDR 1945–1949 im Spiegel der ›Pravda‹ (Mit einem Vergleich zu ›Bol'sevik‹). Frankfurt a. M. 1981.

Thomas, Karin, Die Malerei in der DDR 1949–1979. Köln 1980.

Thomas, Rüdiger, Modell DDR. Die kalkulierte Emanzipation. 7., verb. Aufl. München 1981.

Thomas, Siegfried, Entscheidung in Berlin. Zur Entstehungsgeschichte der SED in der deutschen Hauptstadt 1945/46. Berlin (Ost) 1964.

Die Vereinigung von KPD und SPD zur Sozialistischen Einheitspartei Deutschlands in Bildern und Dokumenten. Hrsg. vom Institut für Marxismus-Leninismus beim ZK der SED. Berlin (Ost) 1976.

Vogelsang, Thilo, Das geteilte Deutschland. München 1966.

Vogt, Hartmut u. a., Schule und Betrieb in der DDR. Das Zusammenwirken von allgemeinbildender Schule und volkseigenem Betrieb bei der staatsbürgerlichen Erziehung und polytechnischen Bildung. Köln 1970.

Voigt, Dieter, Soziologie in der DDR. Köln 1975.
Voigt, Dieter, Soziale Schichtung im Sport. Theorie und empirische Untersuchungen in Deutschland. Berlin (West) 1978.
Wagner, Uwe, Vom Kollektiv zur Konkurrenz. Partei und Massenbewegung in der DDR. Berlin (West) 1974.
Waldrich, Hans-Peter, Der Demokratiebegriff der SED. Stuttgart 1980.
Waterkamp, Rainer, Herrschaftssysteme und Industriegesellschaft. BRD und DDR. Stuttgart, Berlin (West), Köln, Mainz 1972.
Weber, Hermann, Von der SBZ zur DDR. 1945–1968. Hannover 1968.
Weber, Herrmann, Ansätze einer Politikwissenschaft in der DDR. Düsseldorf 1971.
Weber, Hermann, Kleine Geschichte der DDR. Köln 1980.
Weber, Hermann, DDR. Grundriß der Geschichte 1945–1981. 6. Aufl. Hannover 1984.
Der Weg nach Pankow. Zur Gründungsgeschichte der DDR. München 1980.
Wehling, Hans-Georg (Hrsg.), DDR. Stuttgart 1982.
Wernet-Tietz, Bernhard, Bauernverband und Bauernpartei in der DDR. Die VdgB und die DBD 1945–1952. Ein Beitrag zum Wandlungsprozeß des Parteiensystems der SBZ/DDR. Köln 1984.
Wiggershaus, Renate, Geschichte der Frauen und Frauenbewegung in der Bundesrepublik Deutschland und der Deutschen Demokratischen Republik nach 1945. Wuppertal 1979.
Wilhelmi, Jutta, Jugend in der DDR. Berlin (West) 1983.
Winkler, Heinrich August (Hrsg.), Politische Weichenstellungen im Nachkriegsdeutschland 1945–1953. Göttingen 1979.
Wolter, Ulf (Hrsg.), Antworten auf Bahros ›Herausforderungen des Sozialismus‹. Berlin (West) 1978.
Wyssozki, V. N., Unternehmen Terminal. Zum 30. Jahrestag des Potsdamer Abkommens. Berlin (Ost) 1975.
Zur Geschichte der marxistisch-leninistischen Philosophie in der DDR. Von 1945 bis Anfang der sechziger Jahre. Berlin (Ost) 1979.
Zur Geschichte der Rechtspflege der DDR 1945–1949. Autorenkollektiv unter Leitung von Hilde Benjamin. Berlin (Ost) 1976. Dass. 1949–1961. Berlin (Ost) 1980.
Zur Geschichte des Vereinigungsprozesses von KPD und SPD im heutigen Bezirk Dresden. Dresden 1976.
Zur gesellschaftlichen Stellung der Frau in der DDR. Sammelband. Hrsg. von Herta Kuhrig und Wulfram Speigner. Leipzig 1978.
Zur Wirtschaftspolitik der SED. Bd. 1: 1945 bis 1949. Berlin (Ost) 1984.
20 Jahre SED. Beiträge. Berlin (Ost) 1966.

Abkürzungen

ABI	Arbeiter-und-Bauern-Inspektion
ADN	Allgemeiner Deutscher Nachrichtendienst (DDR)
AdsD	Archiv der sozialen Demokratie (Bonn)
AEG	Allgemeine Electricitäts Gesellschaft
Antifa	Antifaschismus (antifaschistisch)
BA	Bundesarchiv (Koblenz)
BGB	Bürgerliches Gesetzbuch
BGL	Betriebsgewerkschaftsleitung
BL	Bezirksleitung
CDU	Christlich-Demokratische Union
CDUD	Christlich-Demokratische Union Deutschlands
Comecon	Council for Mutual Economic Assistance, s. RGW
CSR	Tschechoslowakische Republik
CSSR	Tschechoslowakische Sozialistische Republik
CSU	Christlich-Soziale Union
DBD	Demokratische Bauernpartei Deutschlands
DDP	Deutsche Demokratische Partei
DEFA	Deutsche Film-AG (DDR)
DFD	Demokratischer Frauenbund Deutschlands
DNVP	Deutschnationale Volkspartei
DM	Deutsche Mark
D Mark	Deutsche Mark
DSF	Gesellschaft für Deutsch-Sowjetische Freundschaft
DTSB	Deutscher Turn- und Sportbund
DVP	Deutsche Volkspartei
DWK	Deutsche Wirtschaftskommission
dz	Doppelzentner
EKD	Evangelische Kirche Deutschlands
FDGB	Freier Deutscher Gewerkschaftsbund
FDJ	Freie Deutsche Jugend
FDP	Freie Demokratische Partei
FGB	Familien Gesetzbuch
FU	Freie Universität, Berlin
GEMA	Gesellschaft für musikalische Aufführungs- und mechanische Vervielfältigungsrechte
GST	Gesellschaft für Sport und Technik
Gwh	Gigawattstunde (Mio kwh)
ha	Hektar
HIAG	Hilfsgemeinschaft auf Gegenseitigkeit der Soldaten der ehemaligen Waffen-SS
HO	Staatliche Handelsorganisation
KAP	Kooperative Abteilung Pflanzenproduktion

KJVD	Kommunistischer Jugendverband Deutschlands
Kominform	Kommunistisches Informationsbüro
Komintern	Kommunistische Internationale
Komsomol	Kommunistitscheskij Sojus Molodjoshi, Kommunistischer Jugendverband der Sowjetunion
KP	Kommunistische Partei
KPC	Kommunistische Partei der Tschechoslowakei
KPD	Kommunistische Partei Deutschlands
KPD/ML	Kommunistische Partei Deutschlands/Marxisten-Leninisten
KPdSU (B)	Kommunistische Partei der Sowjetunion (Bolschewiki)
KPO	Kommunistische Partei-Opposition
KPU	Kommunistische Partei Ungarns
KSZE	Konferenz für Sicherheit und Zusammenarbeit in Europa
KVP	Kasernierte Volkspolizei
kwh	Kilowattstunde
KZ	Konzentrationslager
LDP	Liberal-Demokratische Partei
LDPD	Liberal-Demokratische Partei Deutschlands
LPG	Landwirtschaftliche Produktionsgenossenschaft
M	Mark
MAS	Maschinen-Ausleih-Station
MdL	Mitglied des Landtags
MdR	Mitglied des Reichstags
MfS	Ministerium für Staatssicherheit
MTS	Maschinen-Traktoren-Station
NATO	North Atlantic Treaty Organization (Nordatlantikpakt)
NDPD	National-Demokratische Partei Deutschlands
NKWD	Narodny Komissariat Wnutrennich Del, Volkskommissariat für Innere Angelegenheiten (sowjetische politische Geheimpolizei)
NL	Nachlaß
NÖSPL	Neues ökonomisches System der Planung und Leitung der Volkswirtschaft
NS	Nationalsozialismus
NSDAP	Nationalsozialistische Deutsche Arbeiterpartei
NVA	Nationale Volksarmee
PGH	Produktionsgenossenschaft Handwerk
Pkw	Personenkraftwagen
Pol-Büro	Politisches Büro
PV	Parteivorstand
PZ	Publizistisches Zentrum (für die Einheit Deutschlands)
RGW	Rat für gegenseitige Wirtschaftshilfe
RIAS	Rundfunk im amerikanischen Sektor (von Berlin)
RM	Reichsmark
SA	Sturm-Abteilung (der NSDAP)

SAG	Sowjetische Aktiengesellschaft
SAP	Sozialistische Arbeiterpartei
S-Bahn	Stadt-Bahn
SBZ	Sowjetische Besatzungszone
SED	Sozialistische Einheitspartei Deutschlands
SMA	Sowjetische Militäradministration
SMAD	Sowjetische Militäradministration in Deutschland
SNB	Sowjetisches Nachrichtenbüro
SP	Sozialistische Partei
SPD	Sozialdemokratische Partei Deutschlands
SPU	Sozialistische Partei Ungarns
SS	Schutz-Staffel (der NSDAP)
SSD	Staatssicherheits-Dienst
SU	Sowjetunion
SWA	Sowjetskaja Wojenneja Administrazija s. SMA
t, to	Tonne
TU	Technische Universität
Twh	Terawattstunde (Mrd kwh)
UdSSR	Union der Sozialistischen Sowjetrepubliken
UN	United Nations
UNESCO	United Nations Educational, Scientific and Cultural Organization
USA	United States of America
USPD	Unabhängige Sozialdemokratische Partei Deutschlands
VdgB	Vereinigung der gegenseitigen Bauernhilfe
VEB	Volkseigener Betrieb
VVB	Vereinigung Volkseigener Betriebe
VVN	Vereinigung der Verfolgten des Naziregimes
ZA	Zentral-Ausschuß
ZDF	Zweites Deutsches Fernsehen
ZK	Zentralkomitee
ZPKK	Zentrale Parteikontrollkommission
ZS	Zentralsekretariat

Personenregister

Die fett gedruckten Ziffern verweisen auf Seiten mit genaueren biographischen Angaben zu der betreffenden Person.

Abbé, Ernst 163
Abusch, Alexander 307, 311, 368
Ackermann, Anton 27f., 53, 55–58, 69, 73f., 97, 112, 117, 124, 130, 133f., 149, 178, 181, 183, 199, 235, 249, 282
Adenauer, Konrad 31, 112, 245, 255, 296, 365
Albrecht, Rudolf 28
Andropow, Juri W. 477, 498
Andreotti, Giulio 504
Apel, Erich 271, 322, 347, **348**, 351f., 367, 369, 380
Apitz, Bruno 312
Arendsee, Martha 73
Attlee, Clement 87
Axen, Hermann 332, 334, 347, **405**, 438, 463, 481f., 504

Babeuf, Francis Nöel 285
Bach, August **302f.**
Bachem, Wilhelm 28, 161, 254
Bachmann, Ingeborg 358
Baender, Paul 282
Bahr, Egon 431
Bahro, Rudolf 445f., 473
Bartel, Kurt (Kuba) 229
Bartsch, Karl-Heinz 347f.
Bauer, Leo 200, 282
Baumann, Edith 155f., **184**, 296, 341, 348
Bebel, August 342, 344, 399
Becher, Johannes R. 53, 74, 84, 155, 158, 228f., 254, 319
Becker, Jurek 452, 500
van Beethoven, Ludwig 230
Behrens, Fritz 285
Benary, Arne 285
Benjamin, Hilde 254, 307, 341, 385
Bergholz, Albert 104
Berija, Lawrentij P. 234f., 247, 250, 255
Berlinguer, Enrico 211
Bersarin, Nikolai E. 58
Biehler, Manfred 368

Biermann, Wolf 356, 367, 437, 452, 454, 473
Bismarck, Fürst Otto von 496
Bloch, Ernst 284
Blücher, Franz 32
Bobrowski, Johannes 312
Böll, Heinrich 446
Bogdanow, Semjon J. 61
Bokow, F. J. 63, 84, 99f., 102, 104f.
Bolz, Lothar 27, 39, 42, **166**, 254, 257, 363f., 378
Bortfeldt, Andreas 446
Brandt, Heinz 240, 292, 334
Brandt, Helmut 28
Brandt, Willy 32, 372, 400f., 503
Brass, Otto 83
Brauer, Fritz 44
Braun, Volker 500
Brecht, Bertolt 229, 244
Bredel, Willi 229, 279
Brentano, Heinrich von 323
Breschnew, Leonid I. 366, 430, 477, 498
Brill, Hermann L. 123
Bucharin, Nikolai 278
Buchwitz, Otto 128
Büsselberg, Walter 192
Bulganin, Nikolai I. 157
Burkert, Rudolf 501
Burmeister, Fritz 27, 43
Buschmann, Hugo 98, 102
Byrnes, James F. 145f.

Carrillo, Santiago 445
Ceausescu, Nicolae 499, 504
Churchill, Winston 48, 87, 89, 146, 255
Chruschtschow, Nikita S. 90, 181, 252, 257f., 275, 277f., 281, 292, 300, 314, 321, 323f., 326f., 331–334, 336f., 343, 345ff., 362, 366, 398, 477
Chwalek, Roman 83, 195
Clay, Lucius D. 154
Correns, Erich 207

534

Dahlem, Franz 73 f., 84, 106, 124, 131, 133 f., 138, 183, 199, 221, 249, 282, 287, 292
Dahrendorf, Gustav 76, 104, 124, 128 f.
Dawidowitsch, D. S. 64
Dertinger, Georg 26, 38, 42 ff., 104, **112,** 162, 188, 192, 206, 254
Dewey, Charles 105
Deutscher, Isaac 94
Dibrowa, P. T. 241
Dickel, Friedrich 355
Dieckmann, Johannes 23, 164 f., 302, 319
Diehl, Ernst 414
Diepgen, Eberhard 501
Dimitroff, Georgi 57
Dohlus, Horst **438 f.,** 461, 463, 481 ff.
Drabkin, Jakov S. 181
Draeger, Fritz 192
Dregger, Alfred 502
Drenjasew 62
Dressel, Albert 262
Dubcek, Alexander 388
Dubrowski, D. G. 62
Duscheck, August 299
Dymschiz, Alexander L. 64

Ebert, Friedrich 155, 160, **183 f.,** 199, 253, 257, 295, 347, 438 f.
Ebert, Friedrich (Reichspräs.) 184
Ehard, Hans 148, 153 f.
Ehrensperger, Günter 483
Eick, Wilhelm 135
Eisenhower, Dwight D. 59 f.
Eisler, Gerhart 32
Ende, Lex 200, 282
Engelmann, Bernt 500
Engels, Friedrich 174, 196, 217, 232, 266, 276, 278, 344, 399, 493 f.
Erben, Rudolf 254
Erhard, Ludwig 365
Ermisch, Luise 296, 348
Ernst, Eugen 132
Ewald, Georg 347

Fabisch, Ruth 28
Fechner, Max 26, **76 f.,** 84, 101 f., 116, 123–129, 133, 152, 183, 245, 282
Fedjuninski, I. I. 61
Feist, Margot (s. auch Honecker) 24
Feldmann, Wilhelm 195

Felfe, Werner 409, 438, **463 f.,** 466, 481 f.
Feuchtwanger, Lion 229
Field, Noel H. 200
Fischer, Oskar 505
Fischer, Kurt 151
Fitzner, Wilhelm 98, 102 f.
Franco, Francisco 433
Frank, Leonhard 229
Friedensburg, Ferdinand 78, 85, 98, 102, 104, 153–156
Friedrichs, Rudolf 95, 149, 151
Frisch, Max 358
Fritsch, Günter 364
Fröhlich, Paul 296, 331, 347, 368 f.
Fuchs, Jürgen 452
Fürnberg, Louis 197

Gaertner, Alphons 165 f.
Ganter-Gilmans, Hans-Paul 28
Geggel, Heinz 483
Geisler, Herbert 156
Georgiew 149
Gerlach, Manfred **304,** 319, 450, 467
Germer, Karl 124, 129
Geschke, Ottomar 58, 73
Geyer, Fritz 28
Gheorghiu-Dej, Gheorghe 326
Girnus, Wilhelm 284
Glende, Gisela 477
Gniffke, Erich W. **76 f.,** 90, 102, 124, 128 f., 133, 149, 174, 180
Göring, Bernhard 83 f., 124
Götting, Gerald **303,** 319, 450, 468
Goldenbaum, Ernst 27, 43, **167,** 450, 467
Gomulka, Wladislaw 292, 346
Gorki, Maxim 210, 229
Gorochow 106
Gotsche, Otto 319
Graham, Billy 490
Grass, Günter 500
Gregor, Kurt 299
Gries, Wilhelm 162 f.
Gromyko, Andrei A. 37
Grotewohl, Otto 23, **25–28,** 30, 36, 43, 76 f., 91, 99 f., 111, 120 f., 123–126, 128 f., 132 f., 149 f., 152, 156, 159, 168, 174 f., 181 ff., 188, 191, 195, 199, 225, 239, 245–248, 253 f., 257, 266, 269, 275, 281, 292, 295, 319, 347, 355, 379, 505

Grüber, Heinrich 155
Grüneberg, Gerhard 333, 347, 379, 438, 463
Grzesinsky, Albert 121
Gundelach, Gustav 98, 104
Gustyschew 62
Gyptner, Richard 150

Hacks, Peter 369
Häber, Herbert **480 ff.**
Hager, Kurt 292, 294, 296, 311, 334, **347 f.**, 368, 415, 438, 455, 463, 478, 481 f.
Halbritter, Walter 380, 409
Hamann, Karl 26 f., 40, 188, 192, 206, 254, 282
Handke, Georg 26, 157
Harich, Wolfgang 284, **287 ff.**, 291
Harnisch, Hermann 129
Havemann, Robert 38, 284, 367, 369, 389, 410, 422, 447 f., 453, 455, 473 f.
Hedermann, Adolf 254
Heidegger, Martin 284
Heilmann, Ernst 131
Helmschrott, Leonhard 167
Hemingway, Ernest 358
Hempel, Johannes 490 f.
Hennecke, Adolf 171, 377
Henze, Marthe 192
Herder, Johann Gottfried 230
Hermann, Kai 369
Hermes, Andreas 56, **78 f.**, 91, 104, 111
Hermlin, Stephan 210, 229, 369, 453, 500
Herrmann, Joachim 373, 409, **438 f.**, 463, 481 f.
Herrnstadt, Rudolf 53, 199, 235, 238, 246, 249 f., 282, 292
Hertwig, Manfred 287 f., 291
Herwegen, Leo 137
Heuss, Theodor 24, 163
Heym, Stefan 367, 453, 500
Heymann, Stefan 347
Hickmann, Hugo 23, 41, 44, 162, **204 f.**
Hieke, Walter 299
Hitler, Adolf 31, 47 ff., 52–55, 68, 109, 111, 373, 409, 481, 496
Hochmuth, Walter 105
Hodscha, Enver 332
Höcker, Wilhelm 95, 151

Hoernle, Edwin **73**, 98
Hofer, Carl 84
Hoffmann, Heinrich 43, 128
Hoffmann, Heinz 331, **409**, 438, 463, 481 f.
Hoffmann, Karl 78
Homann, Heinrich 319, **450**, 467
Honecker, Erich 24, 35, 85, 169, 184, 199, 209, 253, **295 f.**, 333, 341, 346 f., 349, 367, 369, 376, 382, 390 f., 396, 404–408, 410 f., 414, 417 f., 427, 429 f., 433 f., 437 ff., 441, 444, 448 f., 454, 459 f., 462 ff., 466, 469, 475 f., 478 f., 481 ff., 489, 493, 496, 498 f., 500–505
Honecker, Margot (s. auch Feist) **341**, 355
Hoth, Johann 192
Huchel, Peter 312, 454
Hübener, Erhard 96, 149 ff., 154 f.,

Isakow 106
Iwanow 62

Jahn, Roland 492
Jakobs, Karl-Heinz 312, 453
Janka, Walter 287, 291
Jarowinsky, Werner 347 f., 438, 463, **480 ff.**
Jaspers, Karl 284
Jelisarow, Iwan 99, 102
Jendretzky, Hans 58, 73, 83 f., 157, 199, 235, 249, 282
Jentzsch, Bernd 452
Jewtuschenko, Jewgenij A. 356
Johnson, Uwe 312, 454
Jokostra, Peter 312
Jurczyk 105
Just, Gustav 287, 291

Kadar, Janos 326
Kaganowitsch, Lazar M. 333 f.
Kahlau, Heinz 312, 356
Kaisen, Wilhelm 153 f.
Kaiser, Jakob 32, 78, 83, **112**, 135 ff., 141, 152, 155, 161 ff., 166, 245
Kant, Hermann 369, 500
Kantorowicz, Alfred 229
Karsten, August 124, 133
Kast, Gerhard 377
Kastner, Hermann 22, **25 f.**, 40, 43, 157, 165, 192

Katukow, A. G. 61
Kehler, Ernst 58, 98, 102 f.
Kehnscherper, Gerhard 379
Kellermann, Bernhard 84, 229
Kennedy, John F. 324
Kern, Käthe 133
Kielblock, Martin 254
Kiesinger, Kurt-Georg 372, 374
Kipphardt, Heinar 454, 500
Kirsanow, A. W. 54
Kirsch, Sarah 452
Kisch, Egon Erwin 229
Kleiber, Günther 380, 438, 463, **480 ff.**
Klinghöfer, Gustav 124 f., 129
Kluch, Peter 330
Kmitkowski, Herta 330
Koch, Waldemar 79, 82, 91, 113
Koenen, Bernard 73
Koenen, Wilhelm 35, 98, 131, 188
Köppen, Arno 330
Kohl, Helmut 501, 504
Kohl, Michael 431
Kolesnitschenko, J. S. 62, 120
Konitzer, Paul 98, 103
Kotikow, A. G. 62
Kowal, K. J. 63
Krauß, Werner 234
Kreikemeyer, Willi 200, 282
Krenz, Egon 336, 438, 461 f., **463**, 466, 475, 480 ff., 489
Kreuziger, Max 112
Krolikowski, Werner 331, 406, 438, **444**, 463, 481 f.
Krone, Heinrich 78
Krug, Manfred 452
Krummacher, Wilhelm 375
Kuczynski, Jürgen 98
Külz, Wilhelm 79, 83, 101, **112**, 135 f., 141, 144, 152, 161, 163 ff.
Kugler 269
Kunert, Christian 452
Kunert, Günter 312, 453
Kunze, Reiner 452
Kurasow, W. W. 69
Kurella, Alfred 296, 311, 348, 369
Kusnezow, Wassili I. 61, 63

Lafontaine, Oskar 501
Lamberz, Werner 394, 406, 438, 444
Lambsdorff, Otto Graf 501
Lampka, Erwin 157

Lange, Fritz 254
Lange, Hartmut 454
Lange, Ingeburg 409, 438, 463, 482
Lattmann, Dieter 500
de Lattre de Tassigny, Jean 60
Lauter, Hans 221
Lehmann, Helmut 102, 124, 133, 183
Lehmann, Otto 238
Lekscas, Gudrun 254
Lemmer, Ernst 78, 83 f., **111 f.**, 136 f., 152, 161 ff., 166
Lenin, Wladimir I. 131, 134 f., 174 f., 179, 182, 185, 196 f., 217, 232 f., 266, 276, 278 f., 285, 346, 393, 470, 493
Lenz, Otto 155
Leonhard, Wolfgang 57, 150, 185
Leuschner, Bruno 27 f., 157, 240, 253 f., 266 f., 295, 299, 322, 347, 379
Lewischin 62
Liebknecht, Karl 51, 252, 342, 344, 399
Liebknecht, Wilhelm 399, 474
Lieutenant, Arthur 79, 135, 161, 165
Lindenberg, Udo 491
Lingner, Max 229
Lippmann, Heinz 210, 478
Lobedanz, Reinhold 43, 137, 161 f.
Loch, Hans 27, 165, **206**, 254, 257, 304
Löbe, Paul 155
Löhr, Jonny 23
Loeser, Franz 477 f.
Loest, Erich 312, 453
Lützendorf, Hans 242
Lumumba, Patrice 362
Luther, Martin 496
Luxemburg, Rosa 51, 252, 342, 344, 399, 447

Macher, Friedrich 269, 274
Mahle, Hans 74
Maikowsky 106
Mainz, Rolf 446
Majakowski, Wladimir 229
Malenkow, Georgi M. 63, 234, 252, 334
Malter, Friedel 188
Mann, Heinrich 229
Marchwitza, Hans 229
Maron, Karl 58, 266, 268, 275, 307, 355

Marx, Karl 174, 182, 196, 217, 232, 243, 276, 278, 285f., 344ff., 393, 399, 470, 474, 493ff.
Matern, Hermann 23, 43, 53, 69, **73**, 121f., 130, 133, 180, 199, 221, 246, 253, 257, 267, 272, 280, 295, 347
Mayer, Hans 284
Mecklenburg, Ernst **467**
Medek, Thilo 452
Meier, Henry 98
Meier, Otto 124, 133
Mende, Erich 363
Merker, Paul 28, 133, 150, **183f.**, 188, 200, 282, 287, 292
Mewis, Karl 293, 296, **322,** 348
Mielke, Erich 307, 334, 406, **438,** 463, 481f.
Mikojan, Anastas I. 63, 68, 276f.
Mischler, Richard 102
Mischnick, Wolfgang 501
Mittag, Günter 347f., 379, 438, 463, 481f., 501
Moldt, Ewald 503
Molotow, Wjatscheslaw M. 63, 145ff., 234, 252, 255, 289, 333f.
Moltmann, Karl 128
Montgomery, Bernard L. 60
Moog, Leonhard 161, 204
Mückenberger, Erich 199, 253, 295, 347, 438, 463, 481f., 485
Müller, Armin 312, 356
Müller, Fritz 483f.
Müller, Gustav 131
Müller, Kurt 282
Müller, Margarete 347, 438, 463, 481f.
Müller, Vincenz 38, 188
Münzer, Thomas 285, 399

Namokel, Karl 305
Nasarow 22, 165
Nasser, Gamal Abd Al 363f.
Natonek, Wolfgang 164
Naumann, Konrad 409, **438,** 463, 481f.
Neumann, Alfred 253, 271, 295, **322,** 347, 419, 438, 463, 481f.
Neutsch, Erik 369
Niederkirchner, Michael 73
Noll, Dieter 312
Noortwyck, Edmund 58
Norden, Albert 262, 274, 296, 347, 438, 463, 477f.

Noske, Gustav 123
Nuschke, Otto 22, **25f.,** 40, 43, 45, 78, 161f., 188f., 192, 194, 205, 238, 254, 257, 302

Oberdorf, Fritz 281
Oelßner, Fred 36, 152, **199,** 220, 234, 253, 257, 263, 267, 269f., 272, 287, 292, 294
Oestreich, Paul 113
Ollenhauer, Erich 245

Panach, Gerulf 452
Pankratowa, Anna M. 276
Pastow, Wilhelm 192
Paul, Rudolf 95, 151, 154
Peschke, Paul 28
Pieck, Arthur 58
Pieck, Wilhelm 22, **24f.,** 29f., 34, 36, 38–44, 53, 69, 73f., 83, 90, 117, 120f., 123ff., 128, 130, 132f., 141, 152, 155f., 161, 181ff., 194, 196, 199, 253f., 296, 318, 440, 504
Pisnik, Alois 261, 282, 296, 348
Plivier, Theodor 454
Poche, Klaus 453
Prjadkow 62
Pünder, Hermann 32
Puschkin, Georgi M. 257, 288, 296

Raddatz, Karl 334
Rajk, Laszlo 30
Rau, Heinrich 26, **157,** 170, 195, 199, 235, 246, 253f., 296, 363, 478
Reingruber, Hans 27
Reinig, Christa 454
Reuter, Ernst 245
Rietz, Hans 319
Rinser, Luise 500
de Roggenbucke, Lene 102
Rohner, Gerhard 44, 204
Rolland, Romain 210
Roosevelt, Franklin D. 48
Rossmann, Erich 132, 149f., 155
Rühle, Otto 43, 296
Rühmann, Heinz 58
Rühmkorf, Peter 500
Rumjanzew 102
Rumpf, Willy 27
Rutenberg, Fredi 192

Saburow, Maxim S. 90
Sachs, Nelly 358

Sauerbruch, Ferdinand 58, 78
Schabowski, Günter 463, 480 ff.
Schädlich, Hans-Joachim 452
Schäffer, Fritz 296
Schäpsmeier, Karl 315
Scharow, W. M. 62
Schdanow, Andrei A. 63, 158
Schehu, Mehmet 332
Schenk, Fritz 239
Schiffer, Eugen 56, 79, 98, 104, 135, 152, 161
Schiller, Friedrich 230
Schirdewan, Karl 252 f., 257, 266, 278 f., 292 ff., 333 f.
Schirmer-Pröscher, Wilhelmine 135
Schiwkow, Todor 346
Schlaffer, Joseph 104, 106 f.
Schlesinger, Klaus 453
Schlimme, Hermann 83, 124
Schmidt, Alfred 180
Schmidt, Elli 74, 133, 149, 199, 235, 249, 282
Schmidt, Helmut 459, 499 f.
Schneider, Rolf 453
Schnieper 269
Schön, Otto 222, 230, 333, 335, 382
Schönherr, Albrecht 490
Schöpflin, Georg 132
Schoepke, Anton 164
Scholochow, Michail A. 229
Scholz, Paul 188, 254, 257
Schreiber, Walther 78, 111
Schröder, Horst 305
Schröder, Wilhelm 28, 98, 103, 105
Schürer, Gerhard 409, 438, 463, 482
Schütze, Hugo 206
Schukow, Georgi K. 60 f., 65, 69, 85 f., 91, 102, 121
Schulz, Ella 330
Schumacher, Kurt 32, 117, 119, 123 ff., 128 f., 153, 176
Schumann, Horst 305, 336, 356
Schwenk, Paul 58
Schwennicke, Carl-Hubert 164
Sdorow, I. 64
Seger, Gerhart 121
Seghers, Anna 229
Seibt, Kurt 315
Selbmann, Fritz 26, 157, 239, 254, 267, 292 f., 299
Semjonow, Wladimir S. 28, 63 f.
Sens, Max 272 f.

Serebrijskijnow, A. 65
Serow, J. A. 60
Severing, Carl 123
Seydewitz, Max 177
Seyppel, Joachim 453
Siegemund, Helga 329
Sinclair, Upton 229
Sindermann, Horst 347, 378, 380, 419, 438, 444, 463, 478, 481 f.
Skosyrew, M. A. 62
Skrzypczynski, Leo 98, 102
Slansky, Rudolf 200, 221
Smirnow, Andrei A. 63
Smrkowsky, Joseph 391
Sobolew, Arkadij A. 63, 90
Sobottka, Gustav 55, 57 f., 73 f., 104 f.
Sokolowskij, Wassili D. 60, 65, 104, 159, 181
Sollmann, Wilhelm 121
Solotuchin, P. W. 66
Sommer, Theo 476
Sorgenicht, Klaus 387
Sorin, Valerian A. 363
Spartakus 285
Sperling, Fritz 283
Stadler, Heinz 477
Stalin, Josef W. 9, 15, 17 f., 29 ff., 48 f., 52 ff., 59 ff, 63, 68, 72 f., 86 f., 89, 134 f., 146, 152, 173 ff., 179, 182 f., 185, 196 f., 200, 210, 216 ff., 220–223, 225, 232–235, 245, 251 f., 255, 264, 266, 273, 275–279, 283, 332 ff., 342, 366, 397, 493
Stampfer, Friedrich 121, 123
Starke 163
Steel, Christopher 128
Steidle, Luitpold 26, 157, 161
Steigerwald 294
Steinberger, Bernhard 287 ff., 291
Steinhöfel, Günter 468
Steinhoff, Carl 26, 96, 151, 154 f., 183
Steinkopf, Willy 102 f., 105, 107, 126
Steltzer, Theodor 78
Sternheim, Karl 229
Stief, Albert 270
Stock, Christian 154
Stoltzenberg, Wilhelm von 28
Stoph, Willi 253 f., 296, 320, 347, 355, 374, 376, 401, 419, 438, 444, 460, 463, 466, 478, 481 f.
Strasser, Hans Gotthilf 43
Strauß, Franz Josef 500, 502 f.

539

Strauß, Richard 313
Strempel, Horst 228
Strittmatter, Erwin 369
Stroux, Johannes 84
Suharto, Kemusu 433
Suhr, Otto 102
Suhrbier, Max 304
Suslow, Michail A. 277, 445

Tamme, Irene 439
Teichert, Gottlieb 131
Teubert, Hans 189
Thälmann, Ernst 25, 252, 344, 399, 440, 506
Thape, Ernst 126, 180
Tisch, Harry 406, **417f.**, 438, 463, 481f.
Tischenkow 62
Tito, Josip Broz 31, 173, 176, 280, 364
Truman, Harry S. 86f., 89
Tschablin 165
Tschernenko, Konstantin U. 498
Tschuikow, Wassili I. 28, 61
Tulpanow, Sergej I. 22, **64f.**, 128, 149, 165f., 180, 182

Uhse, Bodo 229
Ulbricht, Lotte 363
Ulbricht, Walter 9, 17, **25f.**, 36, 39, 52f., 55–58, 69, 72–75, 77, 84, 90, 114, 117, 121f., 124, 129, 131ff., 140f., 149f., 152, 155f., 159, 171ff., 176, 180–186, 188, 195–199, 208ff., 216ff., 223, 234f., 243f., 246f., 249–254, 257, 263, 266, 273–276, 278ff., 283, 285, 287–289, 292–296, 298f., 307, 310, 315, 318f., 324, 326, 330f., 333f., 336ff., 342–347, 350f., 354f., 358, 360, 362–368, 374, 376f., 379f., 393–398, 400–405, 407, 409, 415, 417, 419, 424, 429, 431, 437, 440, 442, 444, 460, 464, 482, 499, 505

Verner, Paul 202, 294, 296, 333, 347, 349, 368f., 438, 463, 466, 475, 480
Vieweg, Kurt 157
Vogel, Hans-Jochen 501
Vollbracht 102

Wach, Curt 270
Wagner, Richard 313
Walde, Werner 438, 463, 482
Walter, Paul 83
Wandel, Paul 26, 98, **230**, 287, 294
Warnke, Hans 27f., 272
Warnke, Herbert 253, 296, 347, 385, 417
Waschow, Hermann 102
Weber, Alfred 155
Wegner, Erich 192
Wehner, Herbert 232
Weimann, Richard 129
Weinert, Erich 52, 229
Weiss, Peter 358
Weizsäcker, Richard von 504
Wermünd, Hans 254
Werner, Arthur 58, 68
Werner, Manfred 330
Wessel, Horst 229
Whitman, Walt 358
Wiens, Paul 356
Wilhelm, Manfred 446
Williams, Tennessee 358
Winzer, Otto 58, 74, 334
Wirth, Günter 421
Witt, Günter 368
Wittkowski, Grete 267, 299, 341
Wolf, Christa 368f., 453, 500
Wolf, Friedrich 229
Wolf, Hanna 273, 333
Wolf, Richard 287, 291
Wollweber, Ernst 292, 294
Wu Hsiu-Tjüan 346
Wujczak, Joseph 34
Wunderlich, Alfred 28, 63
Wyschinski, Andrei J. 63

Zaisser, Wilhelm 195, **199**, 235, 246f., 249f., 282, 292, 478
Zeuge, Harry 254
Zeyer, Werner 501
Ziller, Gerhart 195, 292, 294
Zipper, Kurt 254
Zöger, Heinz 287, 291
Zuckermann, Leo 254
Zuckmayer, Carl 358
Zweig, Arnold 229
Zwerenz, Gerhard 454

dtv Gebhardt

Neunte, neu bearbeitete
Auflage, herausgegeben
von Herbert Grundmann
WR 4201–4222

1. Ernst Wahle: Ur- und Frühgeschichte im mitteleuropäischen Raum

2. Heinz Löwe: Deutschland im fränkischen Reich

3. Josef Fleckenstein und Marie Luise Bulst-Thiele: Begründung und Aufstieg des deutschen Reiches

4. Karl Jordan: Investiturstreit und frühe Stauferzeit (1056 bis 1197)

5. Herbert Grundmann: Wahlkönigtum, Territorialpolitik und Ostbewegung im 13. und 14. Jahrhundert (1198–1378)

6. Friedrich Baethgen: Schisma und Konzilszeit, Reichsreform und Habsburgs Aufstieg

7. Karl Bosl: Staat, Gesellschaft, Wirtschaft im deutschen Mittelalter

8. Walther Peter Fuchs: Das Zeitalter der Reformation

Handbuch der deutschen Geschichte

9. Ernst Walter Zeeden: Das Zeitalter der Glaubenskämpfe (1555–1648)

10. Max Braubach: Vom Westfälischen Frieden bis zur Französischen Revolution

11. Gerhard Oestreich: Verfassungsgeschichte vom Ende des Mittelalters bis zum Ende des alten Reiches

12. Wilhelm Treue: Wirtschaft, Gesellschaft und Technik in Deutschland vom 16. bis zum 18. Jahrhundert

13. Friedrich Uhlhorn und Walter Schlesinger: Die deutschen Territorien

14. Max Braubach: Von der Französischen Revolution bis zum Wiener Kongreß

15. Theodor Schieder: Vom Deutschen Bund zum Deutschen Reich

16. Karl Erich Born: Von der Reichsgründung bis zum Ersten Weltkrieg

17. Wilhelm Treue: Gesellschaft, Wirtschaft und Technik Deutschlands im 19. Jahrhundert

18. Karl Dietrich Erdmann: Der Erste Weltkrieg

19. Karl Dietrich Erdmann: Die Weimarer Republik

20. Karl Dietrich Erdmann: Deutschland unter der Herrschaft des Nationalsozialismus 1933–1939

21. Karl Dietrich Erdmann: Der Zweite Weltkrieg

22. Karl Dietrich Erdmann: Das Ende des Reiches und die Entstehung der Republik Österreich, der Bundesrepublik Deutschland und der Deutschen Demokratischen Republik.

dtv-Weltgeschichte des 20. Jahrhunderts

Hrsg. von Martin Broszat und Helmut Heiber

Hans Herzfeld:
Der Erste Weltkrieg
dtv 4001

Gerhard Schulz:
Revolutionen und Friedensschlüsse 1917–1920
dtv 4002

Helmut Heiber:
Die Republik von Weimar
dtv 4003

Ernst Nolte:
Die faschistischen Bewegungen
dtv 4004

Hermann Graml:
Europa zwischen den Kriegen
dtv 4005

Erich Angermann:
Die Vereinigten Staaten von Amerika seit 1917
dtv 4007

Karl-Heinz Ruffmann:
Sowjetrußland 1917–1977
dtv 4008

Martin Broszat:
Der Staat Hitlers
dtv 4009

Lothar Gruchmann:
Der Zweite Weltkrieg
dtv 4010

Thilo Vogelsang:
Das geteilte Deutschland
dtv 4011

Wilfried Loth:
Die Teilung der Welt
Geschichte des Kalten Krieges 1941–1955
dtv 4012

Franz Ansprenger:
Auflösung der Kolonialreiche
dtv 4013

dtv